A MARCHA PARA O OESTE

ORLANDO VILLAS BÔAS
CLÁUDIO VILLAS BÔAS

A Marcha para o Oeste

A epopeia da Expedição Roncador-Xingu

2ª reimpressão

Copyright © 2012 by Marina Lopes de Lima Villas Bôas, Noel Villas Bôas, Orlando Villas Bôas Filho

Grafia atualizada segundo o Acordo Ortográfico da Língua Portuguesa de 1990, que entrou em vigor no Brasil em 2009.

Capa
Fabio Uehara

Imagens de capa
Jean Manzon/ Cepar Consultoria e Participações;
Arquivo Guilherme de La Penha/ MPEG – Arquivo Eduardo Galvão

Coordenação editorial
Página Viva

Imagens dos cadernos de fotos
Arquivo pessoal de Orlando Villas Bôas

Cadernos de fotos
Rita da Costa Aguiar

Mapa
Luiz Fernando Martini

Edição de texto
Sergio de Souza

Preparação
Luciane Helena Gomide

Revisão
Christian Botelho Borges
Mariana Zanini

Dados Internacionais de Catalogação na Publicação (CIP)
(Câmara Brasileira do Livro, SP, Brasil)

Villas Bôas, Orlando, 1914-2002.
    A Marcha para o Oeste : a epopeia da Expedição Roncador-
-Xingu / Orlando Villas Bôas, Cláudio Villas Bôas. – São Paulo :
Companhia das Letras, 2012.

    ISBN 978-85-359-1929-5

    1. Diários 2. Expedição Roncador - Xingu, 1943-1944
3. Indigenistas - Brasil 4. Parque Indígena do Xingu (Brasil) - História
5. Sertanistas - Brasil 6. Villas Bôas, Cláudio, 1918-1998 7. Villas Bôas,
Leonardo, 1920-1962 8. Villas Bôas, Orlando, 1914-2002 I. Cláudio,
Villas Bôas. II. Título.

12-02323   CDD-918.17

Índice para catálogo sistemático:
1. Expedição Roncador - Xingu : Brasil : Diários de viagens   918.17

Todos os direitos desta edição reservados à
EDITORA SCHWARCZ S.A.
Rua Bandeira Paulista 702 cj. 32
04532-002 — São Paulo — SP
Telefone: (11) 3707-3500
www.companhiadasletras.com.br
www.blogdacompanhia.com.br
facebook.com/companhiadasletras
instagram.com/companhiadasletras
twitter.com/cialetras

*Ao pai Agnello, à mãe Arlinda
e aos manos que partiram antes
do tempo — Erasmo, Acriso, Nelson
e Leonardo — a nossa imensa saudade.*

Sumário

APRESENTAÇÕES
Aos nobres ideais, *Antonio Houaiss* 9
Os irmãos Villas Bôas, *Darcy Ribeiro* 11
A doce república do Tuatuari, *Antonio Callado* 13
Como vais, Xingu? *Maureen Bisilliat* 15

PREFÁCIO
Uma viagem ao Brasil profundo, *João Pacheco de Oliveira* 17

OS ANTECEDENTES
1. A Marcha para o Oeste 33
2. Brasil Central — O Grande Sertão 52
3. Os sertanejos do Brasil Central 56

O DIÁRIO DA EXPEDIÇÃO
4. Rio das Mortes-Roncador-Kuluene 65
5. O primeiro encontro com os índios 87
6. A primeira chuva 104
7. Kuluene-Xingu 225
8. Cachimbo-Creputiá 553

ATRAÇÃO DE TRIBOS, BRASIL CENTRAL, ARAGUAIA, IMPRENSA
E PARQUE NACIONAL DO XINGU

9. A atração dos txucarramãe 575
10. A atração dos txicão 596
11. A atração dos krinkatire (suyá) 611
12. Brasil Central — Um mundo sem história 616
13. A imprensa no Brasil Central 618
14. Araguaia, rio dos karajá e dos mariscadores 620
15. Parque Nacional do Xingu 627

HOMENAGENS 629

POSFÁCIO
Os Villas Bôas e o Xingu: contatos, contribuições
e controvérsias, *John Hemming* 631

Apresentações
Aos nobres ideais

Antonio Houaiss

Os brasileiros de minha idade (e os poucos de mais...) e os de menos, até os nascituros, não podem ignorar os ideais que estão enlaçados com a história do Parque Nacional do Xingu, nem podem desconhecer a vida-saga dos irmãos Villas Bôas — Orlando, Cláudio e, já no Reino das Sombras, Leonardo —, cuja devoção à causa da redenção dos índios e do desenvolvimento do nosso Oeste é matéria que deve perdurar no nosso imaginário coletivo.

Deles, já tivemos — além da epopeia que vêm sendo sua vida e luta — textos esplêndidos. Isso me garante que estou antecipando entusiasmos não gratuitos para com as páginas que se lerão a seguir: é que neles tudo tem sido amor pela causa dos nossos semelhantes, com uma compreensão profunda do amor à natureza não violentada e de esperança de um futuro menos triste para esta nossa sofrida raça, digo, gênero, digo espécie, digo ser, o humano.

Os irmãos Villas Bôas

Darcy Ribeiro

Orlando, Cláudio e Leonardo compuseram as vidas mais extraordinárias e belas de que tenho notícia. Pequenos-burgueses paulistas, condenados a vidinhas burocráticas medíocres, saltaram delas para aventuras tão ousadas e generosas que seriam impensáveis, se eles não as tivessem vivido. Só se compara à de Rondon a façanha desses três irmãos que se meteram Brasil adentro por matas e campos indevassados ao encontro de índios intocados pela civilização.

Usando do subterfúgio de se fazerem passar por caboclos goianos, conseguiram incorporar-se a uma expedição oficial de penetração no centro do Brasil. Tomaram conta da expedição, transcenderam dela e viveram mais de trinta anos nas matas que vão do Xingu ao Tapajós, convivendo com povos indígenas que eles souberam amar e respeitar.

Entre seus feitos assinala-se a coragem com que, arriscando suas vidas, atraíram diversos povos indígenas à civilização. Triste coisa para estes povos. Menos má, porém, porque sua pacificação foi conduzida pelos Villas Bôas, que souberam defendê-los, garantindo-lhes uma sobrevivência melhor do que a dos outros povos chamados ao nosso convívio.

Sua façanha mais extraordinária, a meu ver, foi a criação, ou recriação, de todo um povo — os yawalapiti, que só existiam dispersos nas várias aldeias xinguanas, até que os Villas Bôas os juntassem, novamente, para retomarem seu destino de uma das caras do fenômeno humano.

Agarre este livro com as duas mãos, com a cabeça e com o coração. Você tem nele a leitura de uma ousadia sem limites, na construção da própria vida, com uma postura solidária e ética, que é uma lição de humanismo.

A doce república do Tuatuari

Antonio Callado

Quando o Brasil em geral fica difícil de aturar, eu fecho os olhos um instante e me refugio no pedaço do Brasil onde corre o Tuatuari. Não passa o Tuatuari de um riachinho, um humilde formador do poderoso Xingu, mas à sua margem os irmãos Villas Bôas — Orlando, Cláudio, Leonardo — estabeleceram a sede do Parque Indígena do Xingu, onde nossos índios passaram a receber o único tratamento VIP que jamais tiveram ou terão. Membros da Expedição Roncador-Xingu, esses irmãos mágicos coroaram sua obra de desbravamento delimitando, criando aos poucos o Parque Indígena xinguano. Tão mágicos eram que, durante o efêmero governo Jânio Quadros, conseguiram que o presidente criasse oficialmente o Parque. Foi o que deixou Jânio de útil e de grande.

Nos anos 1950, como jornalista, estive lá no Parque, com Orlando e Cláudio — Leonardo já estava prestando serviços à Fundação Brasil Central — e com Noel Nutels, que cuidava da saúde dos índios. Minha primeira visita durou uma semana, e fiquei estupefato de ver como, além do exaustivo trabalho de cada um, todos tinham tempo de acolher os índios, conversar com eles por cima das barreiras de língua, conviver com eles. Os curumins se juntavam de tardinha ao redor da rede do médico, não para qualquer consulta: para ouvirem o *crooner* que era Noel, para cantarem com ele. Redimindo as antigas bandeiras de ferro, fogo e escravidão, a bandeira Roncador-Xingu aderiu aos índios. Quando lá cheguei a primeira vez, cheguei de botas. Todos andavam de tênis ou sapato velho. Orlando andava quilômetros por dia, no mato, feito os índios: descalço!

Os Villas não conseguiram, durante seus decênios de vida na floresta a amansar os índios pela ternura, criar como queriam outros parques indígenas, em outras áreas. Mas o que criaram dura até hoje, neste país juncado de ruínas novas. Visitei de novo o Parque Indígena do Xingu em 1988, quando Ruy Guerra lá fazia um filme chamado *Kuarup*. Fiquei entusiasmado ao ver como o Parque, com seus 26 mil quilômetros quadrados e cerca de dois mil índios, resistia bem ao passar dos anos. Criação amorosa é assim, pensei, dura muito, ou talvez não acabe nunca. Lá encontrei um índio velho, antigo "capitão" ao tempo das minhas visitas. Era o chefe yawalapiti Canato, que conheci atlético e garboso, casado com duas irmãs kamaiurá. Ele me garantiu que estava me reconhecendo, lembrando de mim, "amigo de Orlando". Acho que falei com ele um tanto comovido, tentando reatar os fios com o passado e lembrando a Canato que tinha até feito fotografias dele quando moço, com duas belas esposas. Canato me respondeu, tranquilo e orgulhoso: "Agora tenho três".

Assim é o Parque Indígena do Xingu. Assim se vive naquela república dos irmãos Villas Bôas, para onde viajo quando o Brasil exagera.

Como vais, Xingu?

Maureen Bisilliat

Nos vinte anos que decorreram desde minha primeira entrada no Xingu, o vigor vivo, nítido e esculpido do convívio desapareceu, dando lugar aos meandros, brumosos e dóceis, da memória.

Agora, sem contato e sem notícias, pergunto, de longe: Como vais, Xingu?

Cheiros, ruídos, cores, gestos, equilíbrios e exigências.

Fumaça de lenha e urucum; balanço de corpos ralando, socando, preparando; sussurros e risos; perspicácia, argúcia e humor.

O frio de madrugadas úmidas e de tardes de sol sem vento — demolidoras, estendidas no tempo — aliviadas pelo som oco de flautas e a batida de pés no chão. O brio da festa, pontuação física, renovação temporal.

Disso me lembro.

E de pessoas...

De um mundo ao qual, de fato, tive acesso, mas como visitante: espectador de uma realidade-ritual.

Para quem lá vive, para quem adotou esse mundo e o ajudou a ser, a realidade é outra. Redonda, bela e forte; instigante e inspirante, mas também dura. Conflitiva e castigante como a vida é!

Assim, para ousar a singeleza desta escolha de vida é necessário, ademais de coragem, ser possuidor de espírito aberto, ágil e audaz, sabendo conciliar paciência e paixão. Isto, os Villas Bôas — Orlando e Cláudio — tiveram de sobra, mas tiveram também, além e sobretudo, uma visão fundamentada na esperança de poder devolver ao índio o direito de existir dentro das raízes de sua cultura milenar: assegurar um espaço onde as mudanças — inevitáveis e inexoráveis — ocorressem gradativamente, como que autoestimuladas, sem serem impostas, sem lesar demais.

O Xingu é este espaço. É este lugar.

Prefácio
Uma viagem ao Brasil profundo

João Pacheco de Oliveira

Para os leitores de hoje a expressão "marcha para o oeste" necessita de explicações e de uma contextualização. Sobretudo para os mais jovens, que possivelmente pensarão na expansão da fronteira econômica para o meio oeste ocorrida nos Estados Unidos após a Guerra da Secessão e ao longo da segunda metade do século XIX.

Não estarão de todo errados, pois o modelo americano de desenvolvimento e ocupação de espaços interiores foi intensamente admirado pela elite intelectual brasileira tanto na monarquia quanto na república. Serviu de fato como inspiração para diversos planos e intervenções governamentais, bem como para muitas análises (Vianna Moog, Cassiano Ricardo, entre outros) sobre o destino da nação que se formava na parte meridional da América. Em vários momentos de nossa vida política e intelectual, o processo de espelhamento com os Estados Unidos foi importante para pensar as especificidades brasileiras e conferir viabilidade a soluções propostas para o futuro.

Mas a nossa "marcha para o oeste" foi algo muito distinto, um fenômeno do século XX, em que o Estado teve um papel muito mais ativo e os pioneiros — ao menos na imagem bem conhecida de famílias de agricultores que se fixaram em pequenas e médias propriedades, movidos por um discurso religioso de valorização do trabalho — não estiveram nas linhas de frente. As razões que justificavam a penetração nos sertões do Brasil Central eram principalmente de natureza geopolítica, e a ideologia que cimentava suas ações era um apaixonado nacionalismo. Enquanto nos Estados Unidos as populações autóctones foram vencidas por unidades militares regulares, cujas conquistas eram consignadas em tratados de paz, no Brasil o uso da força estava proscrito, o Estado assumia uma tutela quanto aos indígenas, mas não lhes reconhecia territórios específicos.

A "marcha para o oeste" designou um conjunto de iniciativas governamentais vinculadas à Coordenação de Mobilização Econômica (CME), que funcionou como uma espécie de superministério, instituído por Getúlio Vargas em 1940. A CME foi entregue a João Alberto Lins de Barros, que fora integrante do movimento tenentista, participara da Coluna Prestes e mantinha uma intensa atividade política nas décadas de 1930 e 1940. O principal executor desse programa era a Expedição Roncador-Xingu (ERX), criada em 1943, cuja direção Vargas confiou ao tenente-coronel Mattos Vanique, um de seus mais antigos colaboradores e ex-chefe de sua segurança pessoal.

O traçado da Expedição já estava previsto no próprio ato de sua fundação, o decreto nº 77 de 3 de junho de 1943 — sairia da cidade de Leopoldina, em Goiás, às margens do rio Araguaia, atravessaria a região do rio das Mortes (território sob controle dos então temidos xavante), passaria a serra do Roncador, chegando aos formadores do rio Xingu e prosseguindo até o rio Tapajós.

Os objetivos eram formulados claramente — instalar campos de pouso e bases militares, abrir caminhos e picadas, construir pontes. Além da função de desbravamento do interior, a meta era estabelecer bases de apoio radiotelegráficas e campos de pouso que permitissem a integração das redes de comunicação nacionais, ameaçadas por grandes vazios demográficos. Desde 1947 a rota aérea para Manaus passou a fazer uso das bases criadas pela Expedição Roncador-Xingu, que também serviram a rotas internacionais, como as de Miami e Lima.

Os resultados obtidos surpreendem por sua extensão — foram abertos cerca de 1.500 quilômetros de picadas e construídos dezenove campos de pouso, dos quais quatro transformaram-se em bases militares, servindo de controle ao tráfego aéreo. No roteiro da Expedição surgiram 42 vilas e cidades, que na década de 1990 reuniriam mais de um milhão de habitantes. Em tal percurso os expedicionários tiveram contato com dezoito povos indígenas.

Os integrantes da Expedição não eram famílias de agricultores nem cientistas isolados, mas sertanejos experimentados e trabalhadores braçais, incluindo ex-garimpeiros, pequenos negociantes e posseiros. Recusados em sua primeira tentativa de filiar-se à Expedição, os três irmãos Villas Bôas, filhos de um advogado do interior paulista, conseguiram nela ingressar somente no interior de Goiás e apresentando-se como trabalhadores locais. À medida que a Expedição prosseguia, eles — em virtude de seus úteis conhecimentos de escrita e contabilidade — foram sendo colocados como os responsáveis de campo e os interlocutores imediatos do coronel Vanique, que não vivia diretamente nos acampamentos. Após a morte trágica da esposa deste último, em 1947, e de seu afastamento, Orlando passou a ser reconhecido como chefe da Expedição.

A Expedição não foi o único movimento de desbravamento do interior na primeira metade do século XX. Algo similar ocorrera em outros momentos, como nas expedições dos engenheiros e cartógrafos ou nas campanhas sanitaristas, em que gerações de intelectuais se empenharam, respectivamente, nas investigações que buscavam desvendar as imensas potencialidades do país ou na erradicação das endemias que o assolavam.[1]

A finalidade anunciada por todos era de criar condições propícias ao desenvolvimento. No caso da Expedição Roncador-Xingu, ao contrário do viés científico, o que predominava era a preocupação com a integração nacional. A nossa função, dizem-nos os autores neste livro, era "furar os espaços", fazendo *pendant* com as ações bélicas levadas a cabo no exterior, e com a participação do Brasil na Segunda Grande Guerra. A Expedição — que fora declarada de interesse militar ainda em 1943 — tinha uma grande atenção com a disciplina interna, chegando a desligar vários integrantes por condutas inadequadas, sobretudo em relação aos indígenas.

---

1. Sobre este tema podem ser consultados: LIMA, Nísia Trindade. *Um sertão chamado Brasil*: intelectuais e representação geográfica da identidade nacional. Rio de Janeiro: Revan/IUPERJ, UCAM, 1999; MAIA, João Marcelo Ehlert. *A Terra como invenção*: o espaço no pensamento social brasileiro. Rio de Janeiro: Jorge Zahar, 2008; MOTA, Maria Sarita. Cruzando fronteiras: a expedição científica do Instituto Oswaldo Cruz e a expedição do Roncador-Xingu. *Revista Ideas* — Interfaces em Desenvolvimento, Agricultura e Sociedade, Rio de Janeiro, v. 1, n. 1, pp. 7-25, jul.--dez. 2007; SÜSSEKIND, Flora. *O Brasil não é longe daqui*. São Paulo: Companhia das Letras, 1990.

Além das motivações práticas, um estímulo possível para alguns dos integrantes desses movimentos era o desejo de encontrar as mais originais e agrestes raízes de nossa nacionalidade. Aquelas que mais distavam das matrizes europeias, que não se tornavam visíveis nas cidades, com seus portos, escolas e meios de comunicações. Algo que exigia um movimento redentor na direção dos sertões, que permitisse vê-las em sua forma mais pura e não lapidada.

Dois paralelos, em especial, merecem ser lembrados. O primeiro, com a chamada Comissão Rondon, que três décadas antes percorrera o interior de Mato Grosso, Guaporé, Acre e sul do Amazonas, pacificando as tribos arredias e hostis, assentando as estações e as linhas telegráficas.[2] Também aí era necessária uma disciplina militar para fazer vigorar entre seus integrantes o mais absoluto respeito pelos indígenas, em cumprimento à máxima de "morrer se preciso for, matar nunca".[3] Nada poderia ser mais contrastante com as práticas relacionadas à expansão da fronteira norte-americana.[4] Os irmãos Villas Bôas evidenciam em seu relato uma permanente vigilância para que o comportamento da Expedição seguisse os mesmos parâmetros delineados por Rondon.

O segundo paralelo tem relação com a Coluna Prestes, que também passou pelas mesmas regiões de Goiás, dirigindo-se depois ao Pará (enquanto a Expedição Roncador-Xingu rumou para o Mato Grosso). A cômica cobrança de um sertanejo a João Alberto, de um jumento requisitado quase vinte anos antes, nos traz à presença a Coluna Prestes. Faz-nos lembrar que muitos dos mais destacados sertanistas vieram de famílias identificadas com as causas revolucionárias e as utopias libertárias. Foi o caso, por exemplo, de Francisco Meireles, encarregado pelo Serviço de Proteção aos Índios (SPI) da pacificação dos xavante e, logo

---

2. LIMA, Antonio Carlos de Souza. *Um grande cerco de paz*. Petrópolis: Vozes, 1995.
3. Tal divisa gerava no plano internacional uma grande admiração pela política indigenista brasileira, fazendo com que destacados antropólogos, como David Maybury-Lewis, a comparassem favoravelmente com a de outros países. Para uma visão mais ampla em termos do continente americano, vide MAYBURY-LEWIS, David; MACDONALD, Theodore; MAYBURY-LEWIS, Bjorn. *Manifest destinies and Indigenous Peoples*. Cambridge (Mass.): Harvard University Press, 2009.
4. Vide, por exemplo, o famoso livro de Dee Brown, *Enterre meu coração na curva do rio* (Porto Alegre: LP&M, 2003). Para uma visão mais relativizadora, ver BLANCHETTE, Thaddeus. *Cidadãos e selvagens:* antropologia aplicada e administração indígena nos Estados Unidos, 1870-1940. 2006. 450 f. Tese (Doutorado em Antropologia Social) – Programa de Pós-Graduação em Antropologia Social, Museu Nacional-UFRJ, Rio de Janeiro, 2006.

em seguida, da passagem da Expedição pela área do rio das Mortes. Ali, a Expedição teve de enfrentar uma tenaz resistência dos indígenas, cujas estratégias eram o cerco permanente e a ameaça constante de ataque, paralelamente à queima de tudo que estivesse no entorno dos expedicionários e do que lhes pudesse, de algum modo, ser útil.

Pacificar ou proteger os indígenas não fazia parte dos objetivos centrais da Expedição. Em algumas ocasiões, contudo, como a da passagem pela região dos xavante e quando dos primeiros contatos com povos isolados, a curiosidade da imprensa foi despertada para esta virtualidade da Expedição. Orlando e seus irmãos logo se destacaram, não só nas matérias propagandísticas oficiais, como também concedendo entrevistas e participando de reportagens e documentários. Eles foram, progressivamente, tornando-se personalidades conhecidas da opinião pública.

Na época, a hegemonia nos meios de comunicação de massa era exercida pela cadeia dos *Diários Associados*, pertencentes ao então poderoso empresário e jornalista Assis Chateaubriand. Nesse império das comunicações se incluía a revista *O Cruzeiro*, na qual apareciam os temas mais discutidos da semana. Também no radiojornalismo, e mais tarde no telejornalismo, o *Repórter Esso*, principal informativo daquela época, dava grande destaque aos trabalhos que a Expedição desenvolvia com os indígenas. Um indicativo de sua grande visibilidade e reconhecimento é o fato de que, nos dizem os autores deste livro, "todos os presidentes da República, com exceção de Médici e Sarney, visitaram o Parque Nacional do Xingu ou a vanguarda da Expedição".

Durante alguns anos, em decorrência da grande redução de recursos governamentais recebidos e de disputas com os governos de Mato Grosso e Pará pela legalização das terras percorridas, a Expedição permaneceu na região do Alto Xingu, que constituía uma espécie de área de refúgio natural, onde convivia em estado de relativa harmonia interna um conjunto de onze povos. Assim, pelo menos, os surpreendera, na década de 1880, quase um século antes, o naturalista alemão Von den Steinen. Os Villas Bôas igualmente foram muito bem recebidos pelos índios xinguanos, partilhando com eles os serviços médicos da Expedição, atraindo para um trabalho de assistência o sanitarista Noel Nutels e mais tarde firmando um convênio com a Escola Paulista de Medicina. Era fundamental vencer as epidemias que, como em 1946, causaram dezessete mortes entre os kalapalo e kuikuro (só dentre estes últimos houve catorze casos graves).

Conflitos com povos indígenas vizinhos sempre fizeram parte das memórias dos índios xinguanos. Com a pacificação dos xavante (realizada pelo SPI) e a abertura de caminhos (pela Expedição Roncador-Xingu), a circulação de brancos aumentou muito — assim como sua fixação na região —, pressionando fortemente aqueles povos e tornando mais frequentes as suas investidas contra as aldeias xinguanas. Para prevenir confrontos, que se tornavam cada vez mais graves, os irmãos Villas Bôas atraíram e pacificaram os txucarramãe (1953) e, nos anos seguintes, os suyá e os txicão, estabelecendo-os ao abrigo dos brancos, ainda nos limites da atuação da Expedição.

As características singulares da região e a experiência de atuação dos irmãos Villas Bôas inspiraram a proposta de criação de um parque indígena no Alto Xingu. Na sua elaboração trabalharam os antropólogos Darcy Ribeiro, Roberto Cardoso de Oliveira e Eduardo Galvão, todos na época vinculados ao SPI. Uma comissão integrada pelo vice-presidente Café Filho, pelo marechal Rondon, por D. Heloisa Alberto Torres (diretora do Museu Nacional), por José Maria da Gama Malcher (então diretor do SPI), por Noel Nutels e pelos irmãos Villas Bôas apresentou ao presidente da República a proposta, que, contudo, só foi implementada em 1961 por Jânio Quadros, incluída em uma relação de parques nacionais por ele criados. Poucos anos depois, o Parque foi afinal reconhecido como indígena.

A argumentação desenvolvida para justificar a proposta de criação do Parque Indígena do Xingu foi bastante inovadora em relação aos padrões anteriores de atuação do SPI, no que tange à atribuição de terras a comunidades indígenas no país.[5] Assim, o projeto estabelecia pela primeira vez uma conexão umbilical entre os indígenas e um território específico, o qual deveria ser dotado de recursos ambientais que pudessem assegurar sua reprodução sociocultural. Não se tratava de confinar os indígenas em espaços físicos limitados, insuficientes para a sua existência e, algumas vezes, até estranhos ou rejeitados por eles, como frequentemente fizera o SPI e como ainda o faria a própria FUNAI.

---

5. Para uma análise das mudanças nos padrões de demarcação de terras indígenas, vide PACHECO DE OLIVEIRA, João (Org.). *Indigenismo e territorialização*: poderes, rotinas e saberes coloniais no Brasil contemporâneo. Rio de Janeiro: Contra Capa, 1998; e PACHECO DE OLIVEIRA, João (Org.). *Hacia una antropologia del indigenismo*. Lima; Rio de Janeiro: CAAAP; Contra Capa, 2006. Para um vivo registro de época, vide DAVIS, Shelton. *As vítimas do milagre*. Rio de Janeiro: Zahar, 1978.

A Constituição de 1988 veio a consagrar este novo princípio, uma terra indígena sendo definida como objeto de ocupação tradicional, realizada segundo seus usos e costumes. Hoje, nos procedimentos administrativos para o reconhecimento de terras indígenas, exigem-se igualmente estudos realizados por antropólogos e ambientalistas, que devem ter um caráter complementar e integrado, produzindo uma proposta que seja aceita pela comunidade.

Em um de seus primeiros textos escritos, Orlando e Cláudio já revelavam aguda consciência do papel histórico ambíguo desempenhado pela atuação governamental diante dos povos indígenas da região. Protegia-os através da Expedição e do SPI, enquanto paralelamente favorecia o avanço dos interesses que ameaçariam tais povos. Quando os autores enunciaram as duas motivações presentes na criação daquele parque nacional, a colonização entrou também na coluna negativa, pelos problemas que acarretava para a continuidade dos povos e culturas indígenas: "constituir uma reserva natural onde a flora e a fauna intocadas guardassem, para o Brasil futuro, um testemunho do Brasil do Descobrimento", além de prestar assistência direta e proteger as tribos da região, "defendendo-as de contactos prematuros e nocivos com as frentes de ocupação da sociedade nacional".[6]

Os trabalhos realizados pela ERX contribuíram para esses avanços (incontrolados e incontroláveis) das frentes de expansão, o que conferiria ao discurso dos Villas Bôas, nos anos seguintes, um tom bastante pessimista. "Não há lugar para o índio na sociedade brasileira de hoje, ele só sobrevive dentro de sua própria cultura." "O Brasil tem uma dívida com os índios e esta dívida não está sendo paga."[7] Em um artigo para o *Jornal do Brasil*, em 1989, Cláudio e Orlando afirmam: "Métodos predatórios e o imediatismo destruiriam as condições naturais do meio em que vive o índio, e não se poderia esperar sua continuidade em áreas devastadas pelo desenvolvimento (...). De que forma se poderiam conciliar as duas sociedades: uma estável, ajustada ao meio, equilibrada, apoiada em padrões culturais bem definidos; e outra adventícia, desordenada, que chega

---

6. VILLAS BÔAS, Orlando e Claudio. *Xingu:* os índios, seus mitos. Rio de Janeiro: Zahar, 1970. p. 9.
7. A primeira referência é de entrevista à TV Cultura de São Paulo, em 1992; a segunda, do *Jornal da Tarde*, São Paulo, 1997, ambas analisadas no importante estudo de Carlos Augusto da Rocha Freire, *Sagas sertanistas:* práticas e representações no campo indigenista no século XX. 2005. 445 f. Tese (Doutorado em Antropologia Social) – Programa de Pós-Graduação em Antropologia Social, Museu Nacional-UFRJ, Rio de Janeiro, 2005.

para transformar florestas em pastagens, e cujos membros não mantêm entre si nenhum vínculo, exceto o mesmo e persistente propósito de obter lucro".[8]

Como pondera acertadamente Rocha Freire no estudo anteriormente citado, os Villas Bôas não propunham uma solução, mas uma questão para a qual, aparentemente, não havia resposta. O que os movia de fato era a defesa do Xingu e a singularidade dessa experiência. O fortalecimento da agência indigenista, com o aumento de recursos e o exercício responsável da tutela, eram tão somente os meios que puderam enxergar, no contexto preciso em que viveram e atuaram, para dar continuidade ao trabalho no Xingu, ao qual dedicaram a própria vida.[9] Neste livro, os autores voltam a criticar duramente a "mão predadora do civilizado", a ação destrutiva do "procurador de riquezas", que fazem com que o Xingu se afaste cada vez mais do "Brasil do Descobrimento".

É fundamental lembrar que a Expedição nunca pôde atuar segundo seus próprios desígnios. Em função da mobilidade e do relativo isolamento de seus integrantes, foi constituída, ainda no mesmo ano de 1943, outra entidade, a Fundação Brasil Central (FBC), à qual caberia o planejamento e a gestão das áreas atravessadas pela Expedição, desde então subordinada à FBC. Por seu caráter híbrido, de entidade que operava com recursos públicos, mas possuindo personalidade jurídica de direito privado, a FBC desenvolveu ações bastante contraditórias, sendo objeto de inúmeras denúncias e disputas.

Entre as empresas criadas pela FBC, figuravam usinas, transportadoras e entrepostos comerciais.[10] Também por seu caráter de exceção, a FBC foi dispensada da exigência do artigo 35, do Decreto-Lei 1202/39, que regulava as concessões de terras devolutas, podendo conceder, ceder ou arrendar terras de área superior a quinhentos hectares sem expressa autorização da presidência da República.[11] O engenheiro Carlos Telles, ferrenho opositor da

---

8. Apud Rocha Freire, op. cit, 2006.
9. A Constituição de 1988 reconheceu a capacidade civil dos indígenas e a legitimidade de suas formas próprias de organizar a vida e fazer-se representar. Hoje, numerosas organizações, lideranças e intelectuais indígenas reivindicam o protagonismo político. Para uma análise dessa mudança, vide PACHECO DE OLIVEIRA, João. Sem a tutela, uma nova moldura de nação. In: OLIVEN, R. G.; RIDENTI, M.; BRANDÃO, G. (Orgs.). *A Constituição de 1988 na vida brasileira*. São Paulo: ANPOCS, 2008. pp. 251-275.
10. Idem, p. 22.
11. MENESES, Maria Lucia Pires. *Parque Indígena do Xingu:* a construção de um território estatal. Campinas: UNICAMP, 2000.

entidade, mencionava em um livro uma área de dez milhões de hectares no Pará.[12] Situações similares ocorreram com o estado do Mato Grosso. Em alguns momentos, a FBC parece ter-se envolvido diretamente na produção e no comércio de minerais (tantalita e berilo) e no comércio do cristal de rocha com os Estados Unidos.[13]

Em muitas ocasiões a FBC adotou posições contrárias às da ERX. Assim foi, por exemplo, na proposta de criação do Parque do Xingu, em 1955. Mais tarde, em 1961, a FBC, consultada pelo presidente Jânio Quadros antes da instituição do Parque Nacional do Xingu, manifestou-se sugerindo uma área dez vezes menor do que a projetada. Por fim, em 1967 a FBC foi encampada pela Superintendência de Desenvolvimento do Centro-Oeste (SUDECO), que destruiu quase a totalidade da documentação existente no órgão, fato que muito revoltou os Villas Bôas.

Este livro, escrito na década de 1990, quase vinte anos após a desaparição da FBC e da Expedição, tem o inquestionável mérito de retratar o cotidiano, as motivações e angústias dos membros da Expedição de campo. À medida que avançamos na leitura, os grandes nomes de personagens que ficaram na história (Getúlio Vargas, João Alberto etc.) começam a rarear, e são substituídos por sertanejos valorosos, negros, cafuzos e mulatos, cujo anonimato o relato rompe com exuberância. Os heróis aqui são outros — Antônio Cuca, Batom, Zé Preto, Joaquim Come-Língua, Negro Piauí, João Mandioca, Mané Baiano, Eleutério, Abel Goiano, Celino Muriçoca e Umbelino da Nepomucena.

Também o índio, menos que um obstáculo a ser contornado ao longo do caminho, transforma-se progressivamente em objetivo principal de sua atenção. Surgem em cena os indígenas — Izarari, chefe dos kalapalo; Afukaká, dos kuikuro; Kamalive, dos nahukuá; Catipula, dos mehinako, e muitos outros. Os heróis são homens que não atendem por nomes e sobrenomes ilustres e que roçam a história ao longo dos séculos, mas, sim, por apelidos bizarros e estigmatizados, por nomes que mal podemos pronunciar e que soam estranhos aos nossos ouvidos portugueses.

---

12. TELLES, Carlos. *Retrato de João Alberto e de uma época*. [s.l.]: Chavantes, 1946.
13. Meneses, 2000, op. cit, ao citar material de pesquisa realizada no CDE-Museu do Índio-FUNAI e matéria publicada pelo jornalista Firmino Peribanez, na *Revista Geográfica Americana*, n. 165, em 1947.

A "epopeia", que está no subtítulo do livro, deixa de ser a da propaganda oficial, da pretensão de levar através das preces ou a ferro e fogo o progresso econômico ao interior, repetindo o mito norte-americano da fronteira em expansão e da construção de uma nação-império,[14] para se transformar em uma cruzada de heróis anônimos e de sertanistas abnegados, em busca de corrigir um dos mais terríveis desacertos da nossa história.

Este livro não é — nem pretende ser — uma história da Expedição Roncador-Xingu, nem uma fonte histórica que possa ser utilizada sem os devidos cuidados. Muitas informações essenciais para compreender o fenômeno não são mencionadas, o relato nem sempre recupera as datas e os contextos das ações apresentadas. Não é também um diário em sua acepção mais estrita. As partes iniciais (capítulos 1 a 3) e final (capítulos 9 a 15) do livro foram nitidamente escritas depois, a fim de introduzir o leitor ao diário propriamente dito (capítulos 4 a 8), o qual foi claramente editado e atualizado, tendo em vista os anos 1990.

O livro foi, com absoluta justiça e propriedade, contemplado com o Prêmio Jabuti, na edição de 1995. A sua extraordinária força e poder de sedução decorrem de um fato elementar — a autenticidade de seus narradores, que falam do alto de uma convivência exemplar de mais de três décadas com os índios e os sertões. Não há como questionar homens que se adoentaram de malária mais de 250 vezes, que escaparam do esturro da onça e dos ataques de índios isolados. Homens que resistiram dia e noite aos carrapatos, às muriçocas, aos piuns, às mamangabas e aos marimbondos, às formigas-de-fogo e às cortadeiras, e às abelhas lambe-olhos. Que abriram caminhos e construíram campos de pouso — o que já era muito! — e viabilizaram o surgimento de uma região intensamente povoada e, ao cabo de tudo, conseguiram criar e manter uma janela para o "Brasil do Descobrimento".

Quem reencontramos nestas páginas é uma figura cada dia mais rara, às vezes até considerada extinta, a do narrador. De alguém que fala do fundo de sua experiência, que relata coisas que viveu e delas retira ensinamentos e lições.

---

14. Para uma visão da tese de Turner sobre a fronteira norte-americana, vide TURNER, Frederick Jackson. *O espírito ocidental contra a natureza:* mito, história e as terras selvagens. Rio de Janeiro: Campus, 1990. Para uma concepção crítica do autor e uma tentativa de aplicação da noção de fronteira ao contexto brasileiro, vide VELHO, Otavio Guilherme. *Capitalismo autoritário e campesinato.* Rio de Janeiro: Zahar, 1976.

Porém os mestres dos Villas Bôas não são os memorialistas, os clássicos gregos nem os estudiosos da literatura, são as extraordinárias figuras de sertanejos, que à beira do fogo e ao longo dos caminhos, desfiavam os seus "causos" muitas vezes ao som da viola ou em desafios ritmados. Eram, entre muitos outros, Zé Eufrásio, Beira d'Água e Tapiti, que viviam às margens do Araguaia e de outros rios, cada um deles dotado de um encanto próprio. Longe de vir em paletó e gravata, ou em beca e com pretensões acadêmicas, a visão a que chegamos ao longo deste livro sobre a Expedição, os sertões e os índios é saborosa, cheia de surpresas, de medos, de fatos extraordinários, de homens bons e maus. Translúcida, profundamente humana.

Quase ao mesmo tempo que, na Europa, cindida pela guerra e por ideologias imperiais, étnicas e nacionais, Benjamin falava da morte do narrador,[15] ocorria no Brasil a "marcha para o oeste". Quase meio século depois, esta narrativa, revivida pelos Villas Bôas, se autoclassifica como épica. Como é possível isto, que universo, vivido ou imaginado, nos une tão intensamente ao narrador, dissolvendo tempos e espaços? Ainda que não tenhamos ido jamais ao Araguaia ou ao Alto Xingu, conhecemos muito bem um dos mitos inspiradores do amor a essa terra, o Brasil, e o povo que nele vive e viveu — o paraíso terreno. Somos, assim, plenamente capazes de compreender, ou seja, na expressão de Benjamin, "fazer sugestões sobre a história que está sendo narrada" e nos identificar fortemente com os narradores.

Trata-se de salvar o Brasil do Descobrimento, de salvar a sua natureza pujante e o encantador modo de vida de seus indígenas, para que os contemporâneos e as gerações futuras também possam sentir os seus aromas e o seu esplendor. Darcy Ribeiro, outro apaixonado pelo Brasil e pelos índios, ao falar desta obra, nos convoca para a sua leitura: "Agarre este livro com força, com as duas mãos, com a cabeça e com o coração". Que esta poderosa força de iluminação de nossa imaginação social e política nos ajude a construir um futuro melhor para o país, sem buscar repetir mecanicamente modelos externos de desenvolvimento, hoje profundamente desacreditados em seus países de origem.

---

15. BENJAMIN, Walter. O narrador. In: *Obras escolhidas:* magia e técnica, arte e política. Rio de Janeiro: Brasiliense, 1985.

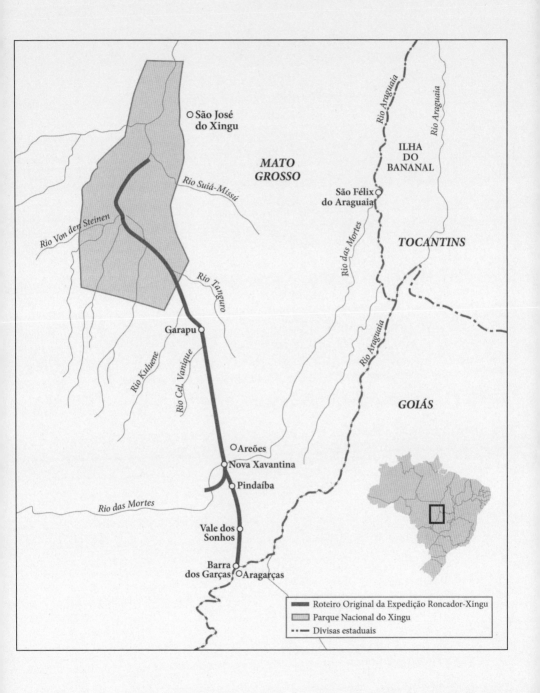

OS ANTECEDENTES

1. A Marcha para o Oeste

Desde o início do século, ou talvez desde a proclamação da República, o governo e a sociedade brasileira vinham (mais o governo que a sociedade) defendendo a mudança da capital do país para o interior. Não se falava em interiorização como movimento expansionista, mas em tirar a capital da beira do mar, por questão de segurança.

Com a Primeira Grande Guerra, a ideia ganhou corpo. Tanto assim que companhias imobiliárias, nos anos 1920, mal terminada a guerra, vendiam lotes de terras no Brasil Central, para onde seria levada a capital. Curioso é que essas áreas loteadas eram exatamente as mesmas onde hoje se ergue Brasília.

Antes mesmo do fim da década de 1920, porém, deixou-se de lado o assunto. Foi longo o período de esquecimento. Só na Segunda Guerra é que voltaria a ser lembrada a tese da mudança. Mas dessa vez o assunto não ficou circunscrito à simples transferência da capital — a mudança expressava a exigência natural de uma sociedade em franca explosão demográfica. Estávamos deixando de ser uma nação litorânea. Contudo, para que a interiorização se tornasse realidade, era preciso que o movimento fosse liderado pelo próprio governo, e foi o que aconteceu, tendo como ponto de partida a *Marcha para o Oeste*.

Não fosse a guerra no mundo, e o consequente estado de guerra no Brasil, a Marcha teria tido outra amplitude em termos de divulgação. A guerra absorvia recursos, noticiário e tudo o mais.

Em 1943, os nossos quarenta e tantos milhões de habitantes viviam praticamente na faixa litorânea. A Amazônia era um mundo remoto, e o Brasil Central, como dizia o jornalista Jorge Ferreira, parecia "mais distante que a África". A faixa-limite do conhecimento civilizado morria ali mesmo no Araguaia. E a Segunda Guerra, com a sua tônica do espaço vital, serviria para trazer à nossa visão a imensa carta geográfica brasileira, com suas não menos imensas manchas brancas. Nascia, assim, em plena guerra, um impulso expansionista, desta feita alentado pelo próprio Estado. Dois organismos foram criados pelo governo: o primeiro, a Expedição Roncador-Xingu (ERX), com a atribuição específica de entrar em contato com os "brancos" das nossas cartas geográficas; o segundo, a Fundação Brasil Central (FBC), com a função definida de implantar núcleos populacionais nos pontos ideais marcados pela Expedição. O primeiro órgão era, assim, a vanguarda do segundo.

A guerra limitava os dispêndios da empreitada, mas mesmo assim a Marcha para o Oeste começou a acontecer. Uberlândia, a bela e rica cidade do Triângulo Mineiro, era a boca do sertão. Dali para o oeste, uma estradinha precária aceitava e castigava a trôpega jardineira que sumia sertão adentro no rumo do distante Araguaia.

Para dirigir os primeiros passos na concretização da Marcha, o presidente da República, Getúlio Vargas, designou o ministro João Alberto Lins de Barros, da Coordenação e Mobilização Econômica — órgão criado por ocasião da Segunda Guerra. Ficaria a seu cargo, além da estruturação das duas entidades recém-criadas, providenciar os estatutos, estipular as dotações necessárias, instalar sedes, ajustar gente e tudo o mais que fosse indispensável para o funcionamento de ambas. Havia ainda a recomendação taxativa para que fosse cauteloso nos gastos, de forma a não pesarem no erário. Tanto assim que sua excelência sugeriu uma campanha de doações, lembrando que São Paulo seria, como sempre foi, uma excelente praça para o movimento.

DOAÇÕES DE SÃO PAULO

São Paulo foi visitada pelo ministro João Alberto, acompanhado do tenente-coronel Flaviano de Mattos Vanique, chefe da guarda pessoal do presidente da

República e que, por indicação do próprio presidente, fora convidado a chefiar a Expedição. Inicialmente o chefe da guarda relutou em aceitar o convite. O ministro conseguiu convencê-lo. Falava-se no palácio que já havia algum tempo o presidente desejava afastá-lo daquele cargo. As más-línguas iam mais longe: diziam que o Brasil avançou para o oeste só para que o presidente pudesse se livrar de um incômodo no Catete.

Em São Paulo, o ministro e o chefe da guarda tiveram boa recepção e farta doação. Sinhá Junqueira, dona de um império agrícola em Ribeirão Preto, doou noventa mil litros de álcool-motor (na falta de gasolina, um combustível que concorria com o terrível gasogênio); a São Paulo Alpargatas deu dois mil metros de lona; a Cia. Antarctica cedeu, para manter o alto ânimo expedicionário, alguns milhares de litros de "incentivo"; a Armour e a Swift doaram perto de trinta mil galões de *corned-beef*; e, ainda, as senhoras paulistas bordaram a ouro uma bandeira brasileira que acompanharia a vanguarda da Expedição — o dr. Goffredo da Silva Telles, intelectual paulista, fez a entrega da bandeira, proferindo na ocasião uma magnífica oração.

O VAGÃO QUEIMADO

Só faltava o transporte. As companhias de estrada de ferro Paulista e Mogiana se encarregaram de levar, cada uma em seu trecho, toda a carga até Uberlândia. Dali em diante a carga seguiria em caminhões, numa precária estrada de terra. Alguma coisa, porém, havia de acontecer para ofuscar tanta beleza e, também, testar a fibra expedicionária. E aconteceu o incêndio de um dos vagões. O pior é que, a partir do acidente, tudo o que fosse procurado e não encontrado era jogado pra cima do vagão queimado. Nunca se supôs que um vagão pudesse transportar tanto!!!

CONVITE A PAULISTAS E CARIOCAS

Ainda em São Paulo, o chefe da Expedição convidou alguns paulistas que já conheciam o Araguaia a participar da entrada. Começava assim a formar-se o primeiro escalão da Expedição.

No Rio, o Ministério da Aeronáutica cedera, para atender a recém-criada Fundação Brasil Central, o capitão Antônio Eugênio Basílio, juntamente com um avião Focke-Wulf. Pelo seu espírito dinâmico, o capitão Basílio em pouco tempo era o braço direito do ministro João Alberto. Disposto, decidido, ágil nas resoluções, o capitão tornou-se imprescindível naquela fase da Fundação e Expedição.

Alguns médicos cariocas foram também convidados a tomar parte na avançada para o oeste. O dr. Darcílio Vahia de Abreu foi o primeiro a se engajar. Tarimbado nos prontos-socorros do Rio, onde tinha fama de bom bisturi, o dr. Vahia antevia hérnias e apêndices à sua espera. Outra excelente aquisição foi o dr. Alcides Estilac Leal, pediatra, presença imprescindível — aquela parte do Brasil Central jamais vira um doutor de criança. Outro pediatra, dr. Pinto Duarte, e esposa, também não foi difícil conquistar.

O grupo de médicos foi ainda reforçado pelo dr. Vicente Lins de Barros, irmão do ministro João Alberto. Baixinho, magro, irrequieto, atencioso, dr. Vicente tinha como grande amor a sua Copacabana. Na mata, quando mais tarde bateria a nostalgia, o nosso doutor, de cabeça pendida, quase lacrimejando e falando rouco, iria reviver em voz alta a paixão pela sua praia querida. Um dia, passados uns quatro meses de Expedição, confessou que não conseguia viver longe do Rio. E lá se foi o bom dr. Vicente, que nunca mais foi visto longe do Rio de Janeiro.

Outros médicos ainda prestaram excelentes serviços à Fundação: dr. Lemos Bastos, dr. Cabral, dr. Loureiro Maior e outros de passagem mais rápida.

Com a saída do coronel Vanique da guarda presidencial, uns quatro ou cinco dos seus comandados resolveram acompanhá-lo. Viam eles com certa reserva o novo chefe, Gregório Fortunato, cria dos pagos dos Vargas lá no Sul. Para que não perdessem os empregos que ocupavam na guarda, foram requisitados para a Expedição. Malas prontas, lá se foram de ônibus e trem até Uberlândia e dali, numa velha jardineira da Fundação, até a Barra Goiana, no Araguaia. A viagem dos "seguranças" não foi nada pacata. Na passagem pela cidade de Rio Verde, Goiás, fizeram muita desordem, porque sabiam estar, como realmente aconteceu, acima de punições. Em Caiapônia, cidade mais adiante, marcaram a passagem prendendo o delegado no xadrez. Para libertá-lo foi preciso buscar um serralheiro da cidade vizinha, porque os "visitantes" haviam jogado fora a chave da cela. Felizmente, a seleta guarda não esquentou lugar. Assim que vislumbraram o término dos "incentivos" doados pela Cia. Antarctica, tocaram eles de volta para suas querências à beira-mar.

AMIGOS DO RIO GRANDE E O CAÇADOR REIS

Retornando a calma, decorridos os atabalhoados primeiros dias do movimento, o chefe da Expedição, coronel Vanique, voltou as atenções para o seu Rio Grande distante e vieram-lhe à cabeça figuras de sua confiança que, claro, podiam ser úteis na empreitada. Para assumir a secretaria da Expedição foi convocado Alexandrino Borba Filho, membro de ilustre família gaúcha; Ruy Monteiro deixou a sua querida Santo Ângelo e passou a tomar conta das chaves do almoxarifado, o órgão vital da Expedição; um outro, chamado Ney, veio para ser o responsável pelas viaturas existentes e as que viessem a engrossar o patrimônio da entidade. Contudo, a figura que ao chefe parecia indispensável era a de um velho companheiro de caçadas de patos e marrecões nos banhados e descampados sulinos.

A Expedição, pensava o coronel, havia de ser uma valente devoradora de caça. Daí o acerto do convite. Viria o mestre de campo com a mais louvável das intenções: alimentar a quase com certeza esfaimada Expedição com tenras perdizes e marrecões na manteiga (o pato no tucupi não era conhecido dos cucas sulinos). Poderiam as antas, porcos-do-mato, capivaras, veados e tatus campear pelas matas, cerrados e espraiados, que contra eles não se dispararia um único tiro. Infelizes, porém, dos marrecos, patos e perdizes do mundo bruto a desbravar! A sentença sobre eles havia sido lavrada, e os seus algozes surgiam na forma de um alentado gaúcho com enormes bombachas e meia dúzia de cachorrões comilões que aguardavam, primeiro o transporte, e mais tarde a ordem de ataque. Enquanto isso não acontecia, atacavam eles a cara marmita da pensão. Major Reis, o caçador pestanudo, desempenado, dono de imensa simpatia, era também um grande contador de casos:

— Certa feita — conta ele —, num caminho da mata encontrei uma onça mal-encarada, com ar agressivo. Tirei calmamente do ombro a minha 12, carreguei, apontei...

Nesse momento surge um meninote e grita:

— Seu major, o ministro tá chamando.

Logo depois volta o caçador e, distraidamente, continua:

— ... puxei o gatilho... foi pena pra todo lado...

LEOPOLDINA OU BARRA DO GARÇAS

Os planos da Expedição, traçados no Rio de Janeiro, falavam em Goiás Velho — antiga capital do Estado — como porta de entrada para o sertão. Dali o Araguaia seria alcançado por uma estrada precária, arenosa, que saindo da capital ia esbarrar em Leopoldina, na margem do rio. O traçado não era do agrado do governador Pedro Ludovico, que não queria que a área da capital velha fosse prestigiada por uma frente de trabalho ligada ao governo federal. Aquilo era reduto dos Caiado, seus opositores políticos de grande força, com quem não afinava desde a mudança da capital. Jogou todos os trunfos o governador e, prestigiado pelo governo federal, conseguiu mudar o traçado do avançamento. Em vez de ser Goiás Velho a porta de entrada para o Araguaia, ele propôs Uberlândia, embora fora do seu Estado. O Araguaia, pela nova rota, seria alcançado na junção com seu maior afluente, o rio das Garças. Ali iria se estabelecer a base da Expedição, que ficaria na margem goiana, defronte à foz do tributário.

A LIGAÇÃO COM GOIÁS

Na passagem por Goiânia, Vanique, o chefe da Expedição, pôde rever o seu compadre dr. Acary Passos de Oliveira, funcionário-jurídico do Instituto de Aposentadoria e Pensões dos Industriados (IAPI) e auxiliar imediato do coronel nas ligações com o governo do Estado. Nessa ocasião ficou mais ou menos ajustado, segundo se comentava, que a Expedição teria o concurso do Estado, com a presença de um grupo militar da polícia goiana, comandado por um major, compondo a vanguarda. Uma vanguarda militar numa área indígena não tinha outra significação senão a de "limpar o caminho". Já se falava na presença dos xavante do outro lado do rio das Mortes. A ideia da coluna militar, recebida com muitas reservas, não demorou a chegar aos ouvidos do marechal Rondon. Incontinente, o marechal convocou o ministro João Alberto, e o plano foi imediatamente cancelado. A "desistência" militar não foi muito bem aceita por pessoas da direção, mesmo porque colunas de fumaça já estavam sendo vistas lá pelos lados da serra do Roncador.

A PRIMEIRA BASE DA EXPEDIÇÃO

Barra Goiana, à margem direita do Araguaia, fronteava com a sua irmã cuiabana do outro lado do rio, bem na foz do tributário Garças. A Expedição começou a sentar base na primeira, e surgiam as construções para atender os serviços: administração, almoxarifado, ambulatório, escritório, alojamentos, moradias. Mais uma olaria e uma serraria, obras imprescindíveis.

A base, que ia tornar-se permanente, vivia praticamente em torno dos trabalhos de instalação. Correram seis meses até a partida do primeiro escalão da Expedição, e esse meio marasmo arrefecia o ânimo expedicionário. O chefe, Vanique, dividia o seu tempo entre o Rio de Janeiro e o sertão. Mas o acampamento não deixava de estar movimentado. Na verdade, mais parecia um acampamento cigano: aqueles vindos da cidade grande para participar da coluna desbravadora, geralmente barbudos, desajeitadamente calçados com enormes botas, trazendo de um lado da cintura enormes revólveres e do outro largos facões, pisavam a macega, tomavam cachaça, cantavam de noite e brigavam de dia, tudo numa agitação de vésperas de batalha. Os sertanejos, por seu lado, riam escondido de tanto desajeito.

O REGRESSO DOS PAULISTAS

A instalação da base, no ver dos paulistas, não era uma boa justificativa para retardar, como estava acontecendo, a movimentação da vanguarda. Por isso, Francisco Brasileiro (Chicão) e Inácio da Silva Telles, líderes do grupo paulista, tomaram a iniciativa de fazer uma exploração além-Araguaia. Na exploração, chegaram ao Bico da Serra Azul, mais ou menos a setenta quilômetros do ponto de partida. Na volta, os dois sertanistas fizeram um minucioso relatório ao ministro João Alberto, apresentando um plano para o avançamento da vanguarda. Pediam plena autonomia e propunham levar uma picada até Santarém, foz do Tapajós com o Amazonas, numa distância de dois a três mil quilômetros, em pouco mais ou pouco menos de dez meses(!). Claro que alguma coisa estava acontecendo. Ou superestimaram a velocidade de um "pique", ou estavam provocando — e acabou acontecendo uma cisão na cúpula do comando expedicionário. O ministro não aceitou a proposta. Além de julgar impossível vencer tanto espaço em tão pouco tempo, achou que os sertanistas esqueceram de levar em conta o regime das águas (chuvas) na região. A recusa do ministro resultou no regresso dos paulistas.

O PRIMEIRO ESCALÃO

Entretanto, de alguma coisa valeu a reação dos paulistas. O marasmo foi quebrado, começou-se a pensar na movimentação da vanguarda, e uma leve agitação sacudiu o acampamento. Os setenta quilômetros até o Bico da Serra Azul constituíam um bom começo, já que dali até o rio das Mortes (final da primeira etapa) a distância seria de outros setenta, mais ou menos.

As reais necessidades da avançada começaram a surgir: burros, apetrechos, gente habilitada etc. Contratar sertanejos, aliás, era a única solução. Um goiano gordo, forte, conhecedor de gentes e de burros, Vergílio Nascimento, nascido em Meia Ponte (depois Pirenópolis), ingressou na Expedição e foi logo de início, pela sua experiência, encarregado de comprar animais e aparelhar essa tropa que serviria à Expedição. Função árdua. Vergílio saiu por Goiás escolhendo animais, cangalhas, e ajustando gente prática para a dura missão de tropeiro.

Dos garimpos do Araguaia e Garças muita gente veio para a Expedição, trocando a bateia pela foice e o machado. Inicialmente receamos que essa gente viesse a dar trabalho, em razão da vida tumultuada do garimpo. Um ou outro, pelo gênio mais "expansivo", foi posto de volta, mas a maioria se comportaria, nas horas mais difíceis — como nas escaramuças com os xavante e na escassez de alimentação —, de forma mais controlada. E não se há de esquecer que o garimpeiro é um "desafeto" natural do índio.

O primeiro escalão foi constituído de 23 homens, incluindo o chefe coronel Vanique e parte de seu estado-maior. Todos cavalgando e levando muares de carga e de reserva e, ainda, por garantia, uma "madrinha". Algum tempo antes, como parte do primeiro escalão, haviam partido duas colunas: uma, chefiada pelo dr. Alexandrino Borba Filho, à frente de seis companheiros; a outra com dez expedicionários, incluindo o chefe, major Reis — o caçador. As duas tinham missão definida: melhoria do caminho e instalação de postos em pontos estratégicos para descanso e reabastecimento da Expedição.

A terceira coluna, fechando o primeiro escalão e sob a chefia do chefe geral, no dia seguinte à partida chegou ao rancho do último morador da região. O caminho já aberto, apesar de alguns trechos difíceis, facilitou a avançada do grupo. Ali, aguardando a chegada do chefe grande, estava o major Reis com seu pessoal.

No dia seguinte, o grupo-chefe, agora com 33 homens, partiu rumo ao Bico da Serra Azul, aonde chegou à tardinha, lá encontrando o dr. Borba e sua turma. Estes haviam aberto um bom acampamento, com um rancho pequeno para estação de rádio e outros dois para cozinha e almoxarifado.

Reunido todo o primeiro escalão, quarenta homens, a Expedição alcançou o rio das Mortes, fim da primeira etapa, depois de 84 dias de avançada! Foram vencidos mais ou menos 150 quilômetros, e muito mais tempo teriam gasto não fosse os primeiros setenta já terem sido relativamente batidos pelo grupo paulista.

O SEGUNDO ESCALÃO

Foi organizado um segundo escalão, que, sob a chefia do dr. Acary, completou o trajeto em quinze dias, levando dois carroções com carga de ferramentas, víveres e medicamentos. Seguiam também 47 animais, inclusive doze bois. A viagem foi muito mais rápida, em virtude de o caminho já estar bem batido. Com a chegada do reforço representado por gente, ferramentas e víveres, o acampamento do rio das Mortes foi crescendo. O aglomerado de ranchos dava uma impressão de vila. Daí começou a nascer a ideia de um nome. O primeiro a surgir foi São Pedro do Rio das Mortes, sugestão, por certo, de algum devoto de São Pedro. Embora significativo, o nome não resistiu, talvez pelo tamanho. A fumaça do outro lado do rio, denunciando a presença dos xavante, acabou sendo o maior argumento para que a vila nascente se chamasse Xavantina. Era como se fosse um grito vindo dos xavante: "Estamos aqui!".

XAVANTINA

Com a expansão de Xavantina, a carga armazenada em Aragarças começou a fazer falta. Mas de avião só poderia vir coisa de pouco peso e pouco volume. E o que ficara em Aragarças, além de utensílios como fogão, geladeira e querosene, camas, mesas e cadeiras, era carga ainda mais difícil, como cimento, ferro para construção, madeira serrada, canos e, para completar, um caminhão de tamanho médio que fazia falta nos trabalhos de abertura do campo de pouso. A experiência do segundo escalão, que usara caminhão até a metade do caminho, deixando para os carroções e a tropa de burros o segundo trecho, não era aconselhável, porque as pequenas pontes e os precários mata-burros haviam cedido na passagem da caravana, sem falar nos atoleiros.

O NAUFRÁGIO DO *SÃO FÉLIX*

A navegação surgiu como única alternativa. Descer o Araguaia e subir o Mortes, centenas de léguas mais ou menos navegáveis. O primeiro barco a ser fretado foi o *São Félix*. Não foi respeitada a sua capacidade de doze toneladas, nem a altura da carga e muito menos os protestos do comandante e proprietário. No toldo e no convés empilharam camas e colchões, que, pela altura, punham em perigo o equilíbrio da embarcação. O dono do barco fez veemente reclamação, mas a autoridade "fretadora" não deu a menor importância. A noitinha estava chegando quando o *São Félix* largou ferros no porto de cima para pernoitar no porto de baixo. A saída foi suave, apesar dos galeios provocados pela carga alta. Oitocentos metros abaixo, no ponto em que o Araguaia recebe as águas do Garças, o barco foi embicado para o porto. A manobra foi correta, suave numa volta larga, mas as águas apressadas do Garças não perdoaram aquela coisa oscilante e a puseram ao fundo. O lastro era tão pesado que nunca mais foi encontrado. Tudo foi perdido, e um marinheiro que estava junto à carga ficou preso por ela e morreu. O naufrágio, a morte e as suas causas foram logo esquecidos, a carga não. Essa continuou a ser chorada.

O *CAPITARIGUARA*

Uma nova carga foi sendo acumulada. Um dia, apitou no rio uma embarcação bem maior, com capacidade para trinta toneladas — o *Capitariguara*. Foi fretado, só que desta vez quem distribuiu a carga e orientou os trabalhos foi o comandante do barco em pessoa. Prático, enérgico, não admitia o menor palpite, fosse de quem fosse. O caminhão foi atravessado na proa, rigorosamente preso. O que assustou o comandante foi o número de passageiros — dezoito pessoas. Nem por isso ele perdeu o controle, apenas atrasou a viagem até que fosse encontrado um batelão de boa capacidade para ir rebocado levando uma parte da carga. Um dia bastou para que tudo se arranjasse. A descida do Araguaia e a subida do Mortes consumiram dezoito dias.

A CABEÇA DE BOI

Em Xavantina, a Expedição estava instalada em ranchos de palha. O do chefe coronel Vanique tinha a forma de cone e ocupava a parte central do pátio espaçoso. Enfileirados na barranca do rio, dando frente para o pátio, ficavam o rancho grande do almoxarifado, um pequeno com medicamentos, que foi chamado de "farmácia-curativos", e um menor ainda, onde fizeram um forno para assar pão. Deram-lhe o nome de "padaria", mas dali nunca saiu um pãozinho. Serviu, isso sim, para que uma vez ou outra, às escondidas, assassem uma cabeça de boi, quase sempre furtada logo após o abate. Um dia, o comandante, nariz de churrasqueador, percebeu de longe um cheiro estranho ali mas peculiar na sua terra, e acabou descobrindo o assado. Não zangou, apenas disse: "Gosto tanto de comer cabeça de boi...". Desse dia em diante nunca mais se furtou uma cabeça, mas também nunca mais se comeu. Ou ela apodrecia esperando ordem para assar, ou era assada e se estragava, intocada, porque o comando a esquecia.

O último rancho na fileira da barranca era o do alojamento dos trabalhadores. Era comprido, mais de vinte metros, e bem largo para que se armassem duas alas de redes. Os demais foram erguidos na linha do rancho do comando e eram o do médico dr. Vahia, o do escritório com a rede do contador, e outros três destinados aos funcionários mais graduados. À esquerda do rancho da chefia ficava o da estação de rádio, e próximo dele mais dois, do pessoal das comunicações.

As comunicações haviam sido a preocupação imediata, assim que se instalara o acampamento. O oficial da FAB, capitão Basílio, que era o único piloto do grupo, incumbiu-se de organizar o departamento de comunicações — transporte aéreo e rádio. A FAB, que desde o início vinha dando substancial ajuda, ampliou a colaboração cedendo aviões, para ela já fora de voo, mas ainda em condições de prestar bons serviços.

Vieram dois Waco Cabine de duas asas (bons de voo mas manhosos na aterrissagem); um Fairchild de treinamento, asa baixa; um Fairchild de quatro lugares, asa alta; um Bellanca e um Paulistinha. Esta foi a aviação do começo.

O SONHO DO MINISTRO

Quando vinha ao Brasil Central tomar contato com a frente de trabalho, o ministro João Alberto ficava de dois a três dias na base. O nome do lugar, Barra Goiana, nunca o agradou. Já que se pretendia fazer ali uma cidade, pensava ele, era tempo de arranjar um nome adequado, e que fugisse também dos sufixos "polis" ou "ândia", que andavam muito em voga. Acabou ele próprio encontrando o nome: Aragarças (Araguaia-Garças).

À beira do rio, mirando as águas claras do Araguaia se confundindo e empurrando para a margem esquerda as águas turvas do Garças, o ministro divagava, visualizando num futuro não muito distante um Brasil Central pujante, respondendo ao movimento da Marcha para o Oeste. Muitos riam dos sonhos do ministro. Suas divagações eram ouvidas, mas poucos acreditavam nelas:

— No pontal formado pelos dois rios, se assentará a pilastra-mestre da ponte que ligará os dois Estados — Goiás e Mato Grosso. Barcos correrão o rio levando às populações ribeirinhas toda a assistência necessária. Para o interior, no rasto do desbravamento, surgirão arraiais e vilas, que se transformarão em cidades. Nada deterá esse avanço. É o país que se expande.

Pena que aqueles que profetizam nunca vivem para alcançar as profecias. A Ponte João Alberto lá estaria no futuro, unindo os dois Estados. As margens do Araguaia seriam tomadas por fazendas. As vilas se fariam cidades e outras vilas nasceriam. Para o interior, no rasto da Expedição, surgiriam 42 cidades e vilas, com população acima de um milhão de habitantes. As linhas aéreas internacionais sairiam da faixa litorânea e passariam a cortar em suas rotas o centro do país, apoiadas nos postos de segurança de voo instalados e mantidos pela Aeronáutica.

A COMPRA DAS TERRAS

O fato de toda aquela terra da base ser propriedade de um velho sertanejo de nome Mané Pio não preocupava o ministro João Alberto. Ele planejara comprar aquelas terras e mais a corrutela que estava encravada dentro delas. Convocado para um encontro, Mané Pio, o velho cafuzo, cabelo enrolado, vivo, desconfiado, compareceu. A conversa foi curta e objetiva. O ministro foi o primeiro a falar:

— Seu Mané Pio, estamos querendo comprar as suas terras para construir aqui uma cidade. O que o senhor acha?

— É... depende.

— Temos duas propostas.

— Duas?

— É preciso que o senhor repare bem e escolha aquela que achar melhor.

— Entonce... pode falar.

— Na primeira, damos cinquenta contos de entrada e cinco contos por mês durante o resto de sua vida...

— Num tá ruim... e a outra?

— Oitenta contos numa pancada só. Fica tudo liquidado.

— Oia, siô... a premera é boa pra daná... mas o mió é dá logo os oitenta... sei lá!

O negócio foi feito. Restava saber os limites das terras. Mas isso foi fácil. Nada de mapa, croquis ou coisa que o valha. Houve, isso sim, uma descrição verbal rápida, sem rodeios:

— Vosmicê desce o Araguaia até a boca do rola [córrego]; daí sobe por ele arriba até a divisa do compadre Mané Bunda. Dali vira às direita até a Serrinha. Chegano lá torna virá às direita e rumá de vorta pro Araguaia.

Divisa contada, negócio fechado. O dinheiro não demorou. Mas melhor seria se Mané Pio tivesse aceitado a primeira proposta, pois viveu o velho muito mais de dez anos depois de fechado o negócio.

O CAVALO "ROUBADO" PELA COLUNA PRESTES

Foi ainda em Aragarças, depois de um jantar, que um cavaleiro velhusco freou o cavalo e lá de cima perguntou:
— Quem é o seo ministo aí?
— Sou eu — respondeu o ministro João Alberto.
— Eu vim aqui pra vê si vosmicê pode me pagá aquêli cavalo que o sinhô e um magote di gênti me robô na era de 24.
O ministro riu e pacientemente explicou:
— Qual é a sua graça?
— Torquato, sim, sinhô.
— Pois é, seu Torquato. Aquilo não foi um roubo. Foi uma aquisição da Coluna Revolucionária. Naquela época nós levamos um cavalo do seu pasto e hoje, já que estamos seguindo na nossa avançada o mesmo caminho da Coluna, estamos dando para o senhor uma estrada. Sabemos até que o senhor tem uma pensão que dá refeições aos viajantes e, depois, sua fazenda está valendo muito mais. E tudo isso só por causa de um cavalo levado.
O velho aprumou o corpo na sela, olhou para o ministro, coçou a cabeça e disse:
— É. Num é que vosmicê tem razão? Num carece pagá mais nada, não. Entonce até logo.
Cutucou o animal nas esporas e saiu tão apressado como chegou.
Realmente, o roteiro da Expedição, naquela área do Brasil Central, era exatamente o da Coluna Prestes em 1924, na sua fuga para o interior. Do Araguaia, a Coluna foi para o norte; a Expedição, para o oeste.

ARAGARÇAS, BASE PRINCIPAL

Aragarças tornou-se a base efetiva da Fundação Brasil Central, com todos os serviços burocráticos já instalados e tratando de construir um hospital, uma igreja, uma escola, um espaçoso hotel e, prioritário, o aeroporto, que se chamaria Salgado Filho e seria o primeiro da série de outros construídos no Brasil Central e entregues à Aeronáutica como bases de escala e segurança de voo na ligação Rio-Manaus.

Uma expedição que tem como roteiro furar sertões desconhecidos sempre exerce um fascínio irresistível em todos aqueles que possuem espírito de aventura. Mas a realidade, no mais das vezes, arrefece o impulso. O sertão cobra um tributo pesado do "intruso" que quer conhecê-lo, desvendá-lo. A condição essencial do candidato é ter uma indiscutível saúde. Um ponto fraco naquele que se aventura mais dia menos dia irá traí-lo. A sensação de estar no "ignoto" (termo muito ao gosto do coronel comandante) não é tão sublime a ponto de a pessoa não se molestar com a primeira cobrança dos borrachudos, piuns, maruins, tatuquiras, varejeiras, lambe-olhos, enfim, os impertinentes "anicetos", como reclamava Mariano, sertanejo nascido, criado e vivido na beira da mata. Assim foi na Expedição. O tanto de gente que vimos chegar foi o mesmo que vimos partir.

OS MÉDICOS E O FARMACÊUTICO JACOBSON

A instalação de um ambulatório médico num lugar que nunca soube que isso existisse foi uma novidade que provocou romarias. E mais ainda que o ambulatório da base contava com médicos que não só eram ótimos profissionais como boníssimas criaturas.

Dr. Estilac Leal, clínico, tranquilo para falar, seguro para examinar, paciente para ouvir longas histórias de doenças, e meio adivinhador diante de um doente inibido, assustado, que ficava indeciso diante do "33" do doutor. O clínico jamais perdia o seu ar sereno, ao contrário de seu colega pediatra, dr. Pinto Duarte, que de todos os doutores era o que mais sofria com a clientela. Porque, além de ter de lidar com um doente que não diz onde dói e só sabe chorar, o médico tem de suavizar a aflição da mãe, que no mais das vezes chora também. Por fim, o cirurgião, dr. Vahia de Abreu, extrovertido, falante, bravo e brincalhão, contador de "causos" de caçada sem, contudo, possuir um só troféu de caça. Foram tantos os apêndices extirpados por ele que muitos, às escondidas, chamavam-no de "Dr. Apêndice". Andando devagar, às vezes meio capenga, por força dos calos, nunca se furtou a um chamado, fosse onde fosse.

O Araguaia e o Garças, na época da chegada da Fundação, viviam fora do alcance dos socorros médicos. Só aqueles mais abastados podiam se dar ao luxo de sair da área à procura de uma melhor assistência médica. Baliza, poucas léguas acima da confluência dos dois rios, tinha uma farmácia bem sortida, a do velho Jacobson. Farmacêutico experiente, meticuloso, Jacobson era o doutor da cidade. Vinha gente de longe consultá-lo, e sua familiaridade com as endemias da região faziam dele uma figura respeitada e procurada.

DR. NOEL E OUTRAS FIGURAS INESQUECÍVEIS

Em Santa Helena, sul de Goiás, cidade vizinha da próspera Rio Verde, havia uma usina de açúcar que fazia parte do patrimônio da Fundação Brasil Central. Era subordinada diretamente ao Rio de Janeiro, à sede da Fundação, que destacou para lá atender doentes e correr atrás dos anofelinos o médico malariologista, tisiologista e sanitarista dr. Noel Nutels. Acontecia, porém, que os núcleos da frente da Expedição — Aragarças, Vale dos Sonhos, Xavantina — e a vanguarda, principalmente esta, estavam a exigir um doutor em malária. Foi por isso que um dia surgiu em Aragarças um fordinho de bigode, tossindo nas rampas, mais parecendo um cabriolé, carregado até as tampas de malas, com dois passageiros: dr. Noel e sua esposa, dona Elisa, entomologista.

Russo de nascimento, engolido pelo Nordeste, aonde chegou menino, dr. Noel, extrovertido, alegre, falante, trazendo uma experiência de outras áreas brasileiras, foi conquistando todo mundo. Sua passagem pela Fundação foi das mais úteis.

Lá dentro, no Brasil Central, nos limites do mundo civilizado com o "ignoto", dentro de um país que não conhecíamos, fomos encontrar uma gente admirável, não só pela formação moral, mas pela tenacidade em lutar e sobreviver em áreas tão hostis e sem o menor amparo público.

Não há como esquecer algumas figuras extraordinárias de sertanejos, como o velho Piauí, Zacarias, Elias, Batom, Félix, Zé Preto, Raimundo, Eleutério, Damásio, Come-Língua, Mané Baiano, Umbelino da Nepomucena e, somado a muitos outros, o velho Cuca — Antônio Gomes, figura singular, violeiro e cantador. Baixinho, mirradinho, conversador, conta-se dele que, depois de 25 anos de garimpo, bamburrou um diamante regular, que lhe deu algumas dezenas de contos de réis. Alegre com o feito, começou a preparar a viagem de volta à sua morada lá no distante Maranhão, onde deixara mulher e uma filhinha de cinco anos. Pano estampado, de seda, vidros de "cheiro" (perfume), linho 120 e muito mais coisa constavam de suas compras. Pra filhinha, Cuca não teve dúvida, comprou o mais bonito sapatinho que encontrou. Na hora em que caprichosamente arrumava a mala, um companheiro que estava ao lado observou:

— Pra que esse sapatim, mestre?

— Pra filhinha. Ela vai pulá de sastifeita.

— Faiz tempo, mestre?

— Sei lá... uns vinte ano.

— Virge Nossa Sinhora, então já é um pau de preta [preta grande] qui num tem tamanho.

— Ié... — foi a única exclamação do velho.

Desistiu de viajar para ser cozinheiro da Expedição. A sorte não voltou a sorrir para o velho Cuca, que durante a Marcha acabaria perdendo o uso da razão e sendo encaminhado a um hospital.

Havia outros três sertanejos notáveis, que viviam às margens do Araguaia: Beira d'Água, Zé Eufrásio e Tapiti, três contadores de "causos". Cornélio Pires, grande humorista paulista, criou a figura do Joaquim Bentinho, o maior mentiroso caipira; e Monteiro Lobato, a extraordinária personagem Jeca Tatu (Rui Barbosa disse em um de seus discursos: "Cai um império e levanta uma república e o Jeca Tatu permanece de cócoras"). Esses nossos dois heróis nacionais não passariam de principiantes comparados com qualquer um dos três do Araguaia. Cangalha é só pra dois, mas se ajoujássemos os três numa só, os rastos seriam parelhos. Eram porém diferentes os estilos e temas dos três. Zé Eufrásio contava as coisas que "viu"; Beira d'Água criava imagens; e Tapiti usava as coisas corriqueiras do dia a dia.

BEIRA D'ÁGUA

Era assim chamado porque o seu ranchinho sempre foi no beicinho do rio — na enchente se afastava, na vazante se achegava. Quando falava, os gestos eram comedidos e o ar, professoral:

— Eu tava nus campo banzano, num tinha nada pra fazê, quando vi uma coisa voando lá em cima. Olhei fiche [fixo] e vi qui avião não era. Avião não bate asa, uai, aquêli batia! O trem era grândi. Si era maió do qui êssis aí du campo, não era muito não. Pra encurtá a cunversa eu si alembro que o diabo da coisa deu um merguio pra cima dus gádu, pegô um garrote e subiu. Pra falá a verdade, fiquei cum dó foi da vaca, ficô chorano...

Beira D'Água segurava uma plateia por bom tempo. Além disso, era curandeiro. "Pra hemorroida", dizia ele, "cristé cum pimenta-do-reino é santo remédio."

O MESTRE ZÉ EUFRÁSIO

Zé Eufrásio era diferente. Fazia suspense. Parava a narrativa, enrolava um cigarrão de palha, ajeitava o fogo do cujo com a unha amarela do dedão, pigarreava, suspirava. Dava atenção aos apartes. Sacudia mansamente a cabeça e invariavelmente começava: "Pra falá a verdade...", ou "Duma feita nóis tava...".

Das suas histórias, ficou mais conhecida a da anta:

— Duma feita nóis tava, Joaninha minha muié mais eu, arpoano pirosca [pirarucu], quando apareceu uma anta rentinho com a canoa. Num tive cunversa, passei o arpão na bruta. A bicha ficô enfezada e saiu rastano a canoa rio acima, rio abaxo. Eu só gritava: "Guenta na jacumã, Joaninha!". A anta cada veiz mais afrita rastava a ubá. De repente a danada da bicha rumô pruma praia. Eu gritei: "Guenta, Joaninha!". A anta travessô a praia, subiu numa ribancera e nóis atrais. Eu só gritava: "Guenta, Joaninha!". Vai daí a anta, já cum raiva, entrô num agrésti e passô prum cerrado grosso rastano a canoa. Aí eu gritei: "Joaninha, desvia dos grosso que os fino eu tiro no facão!".

TAPITI

Tapiti morava na margem esquerda do Araguaia. Morador abastado, tinha uma casa confortável, de padrão melhor que as comuns de beira-rio. Galinhas, leitõezinhos, um pomar variado de fruteiras, embora maltratado. Tapiti era prosa. Gostava de mostrar a importância de suas relações:

— Eu si dô muito bem com o ministo João Alberto. Toda veiz qui êli passa aqui por cima manda incostá o avião quási na copa das laranjeira e nóis fica conversano. Dava inté pra jogá umas laranja prele, mais o qui num dava era pra nóis cunversá direito; o avião, além de ficá fazeno um baruião danado, ficava todo sacolejano!

2. Brasil Central — O Grande Sertão

O grande sertão do Brasil Central, compreendido entre o rio Araguaia e seus afluentes da esquerda, a leste, o Tapajós com seus formadores a oeste, os chapadões mato-grossenses ao sul, e uma linha correspondente aproximada ao paralelo 4 (latitude sul), que corta aqueles rios na altura dos seus grandes encachoeirados, com uma área de aproximadamente um milhão de quilômetros quadrados, até poucos anos era a região menos conhecida de todo o continente americano, talvez do mundo.

Isso não significava que a partir desses limites começasse o Brasil demográfico. Não. O sertão bruto, com pequenas interrupções constituídas por escassos e dispersos moradores, se estendia — como em algumas regiões ainda se estende — por centenas e centenas de quilômetros. Um verdadeiro mundo ignorado que abrangia toda a região central do território brasileiro, com uma população altamente rarefeita.

Mas não era só a vastidão deserta, aureolada de lendas e mistérios, que empolgava a imaginação e acendia o entusiasmo de todos ao iniciar-se o movimento desbravador da Expedição Roncador-Xingu.

Com mais realismo, via-se também naquilo tudo um conjunto verdadeiramente formidável de recursos e condições indispensáveis para o completo desenvolvimento futuro do país: na fecundidade das imensas glebas virgens, nas incalculáveis riquezas que deviam se acumular no solo e subsolo inexplorados, na impressionante pujança dos grandes rios centrais que, correndo de sul a norte, transformar-se-iam em novos "São Franciscos" da unidade nacional.

E somente quem teve, mais tarde, oportunidade de percorrer o grande sertão, navegando os seus cursos majestosos, deslizando nos seus igarapés sombrios, transpondo suas serras e seus espigões, rompendo suas matas quase intermináveis, é que iria verificar que mesmo as perspectivas mais imaginosas estavam muito aquém da realidade dessa grandeza territorial.

Na periferia da grande região desconhecida, os poucos e dispersos criadores, castanheiros, seringueiros, mariscadores e aventureiros do garimpo — formando às vezes grupos avançados, pela natureza de suas atividades — nunca se aventuravam sertão adentro. Obstáculos estabelecidos pela própria natureza e algumas tribos como os xavante, ao sul e leste, e as hordas kayapó ao norte, como que "estrategicamente" situadas, barravam qualquer tipo de penetração.

O divisor rio das Mortes-Xingu, hábitat secular dos xavante, onde se encontra a lendária serra do Roncador, e, mais adiante, a extensa região do Alto Xingu constituíam os primeiros desafios.

O Alto Xingu, bem no centro do país, é uma extensa planície quase toda coberta de mata. Vista do avião, é como um enorme tabuleiro cortado por sinuosos rios de água clara. Na parte sul, os grandes varjões e os últimos cerrados marcam a transição dos descampados do Brasil Central para a mata compacta e contínua da hileia amazônica. Aí a vegetação é variada, já que reúne espécies típicas dos campos e cerrados e da floresta tropical.

Na verdade, Amazônia e Brasil Central se encontram, se interpenetram, se ajustam e compõem um quadro admirável. E nele está a planície xinguana. Desnecessário dizer que por ali não andou a mão predadora do civilizado. Livre da ação destrutiva do "procurador de riquezas", a quem tudo interessa — tronco de pau, fruta, animal, orquídea, cardume ou mesmo asa de borboleta —, o Xingu dos índios e das lendas permanece íntegro, brasílico, verde e bruto como era o país à época do descobrimento. Sua fauna, que vai da onça-preta, pintada ou parda aos pequenos roedores, das garças e dos jaburus aos ruidosos bandos de periquitos, ainda não foi agredida. Nos rios é tão grande a riqueza de peixes que o índio, quando vai à pesca no "verão", tempo de céu azul e água transparente, pode e rejeita os de couro para escolher os de escama para sua flechada.

Como o equilíbrio ecológico ainda não foi rompido, as condições de tempo e clima se mantêm regulares. Ali o ano compreende dois períodos distintos: o "inverno" — estação chuvosa, que começa em outubro e termina em março, e o "verão" — estação seca, que vai de abril a setembro. Diversos sinais prenunciam a aproximação do "inverno". O primeiro é a "bruma seca" de agosto, uma espécie de névoa sem umidade que invade toda a região e pesa sobre a alma dos viventes. Depois vêm outros sinais: muriçocas, piuns, o mormaço e, de vez em quando, o eco dos trovões. No fim de setembro, ou pouco mais tarde, cai a primeira chuva. Refrescante, passageira, que "limpa" os ares afastando a melancolia da bruma. Seguem-se dois dias de sol ardente, depois outra chuva, mais longa e pesada e acompanhada de faíscas e trovões. Daí em diante o céu permanece encoberto, com nuvens cinzentas, cor de chumbo, enquanto cá embaixo as águas sobem, as muriçocas se assanham e as aves, os peixes e animais desaparecem.

Nos últimos meses do ano as chuvas caem pesadamente. Chuva triste, chuva branca escorrendo pelos tetos abaulados das malocas. Dentro delas, o índio retraído, silencioso, passa o dia à beira do fogo, ocupado com trabalhos miúdos. Não pinta o corpo, não cuida de enfeites, nem procura lustrar os cabelos com óleo de inajá. Tudo isso voltará com o "verão". Agora é só chuva, mas não há ansiedade. É o "inverno" que continua, até que em fevereiro e março chega ao ponto máximo — as praias desaparecem e os rios invadem as matas. O índio, então, pega a sua canoa de casca, um chuço de pau, algumas flechas e entra pela mata à procura dos peixes que lá estão esperando os frutos que caem das árvores. No dia de São José, 19 de março, as águas atingem o seu nível mais alto. Daí em diante começa a vazante. Alegres sinais anunciam o "verão": as garças e os jaburus voltam à sua querência; bandos de periquitos, tuins, maritacas e tirivas passam ruidosos rumo aos buritizais. O vento em lufadas sacode as folhagens. Na quietude do meio-dia uma pequena borboleta amarela cruza o rio num voo indeciso e saltitante.

Afinal o "verão" chegou. Os índios saem em pescaria na preparação de seus cerimoniais. A aldeia se agita. Corpos fortemente pintados de vermelho cruzam o "ocarip" — o pátio da aldeia.

Um dia, de repente, ouve-se o canto da cigarra. É o ciclo do tempo que recomeça.

De tudo fica a impressão, quase a certeza, de que o índio, o meio que o cerca, sua cultura espiritual e material fazem parte de um todo indivisível, ajustado ao tempo, um equilíbrio que os civilizados perderam há muito, num passado distante e talvez para sempre.

É nesse mundo do Grande Sertão que nações indígenas, originárias e legítimas donas da terra por tempos imemoriais, vivem "absolutas" e felizes. A presença de invasores estranhos aos seus domínios constitui uma ameaça às suas características culturais e o início de um processo que as levará, sem dúvida, à tragédia de uma assimilação.

3. Os sertanejos do Brasil Central

Pouca coisa se tem escrito sobre as populações sertanejas do Brasil Central, constituídas quase na maioria de sertanejos dos diversos Estados do Leste e Norte brasileiros.

O feitio moral desses nossos patrícios, sua psicologia, seus costumes, decorrentes do desordenado viver que levam, formam no conjunto uma pitoresca manifestação do comportamento humano livre das peias da civilização. Ali expande o homem rude suas fortes emoções — nas ações temerárias, nas atitudes morais e nos lances de espírito.

No Brasil Central encontramos essa nossa gente nas corrutelas garimpeiras do Garças e do Araguaia. Os homens "sem lei" dessa região ficaram afamados. A arma de maior calibre era a que impunha maior respeito. A justiça era puramente local, e o rio das Garças levou nas suas águas turvas inúmeros corpos abatidos nos conflitos dos "boliches" (as vendas).

Dos núcleos garimpeiros, os mais afamados e primeiro abertos foram os do Lageado e Tesouro. Outros iriam surgindo à medida que mais gente afluía à região: o da Manga, às margens do córrego Matovi, pequeno afluente do Garças; Criminosa, assim chamado em decorrência das inúmeras mortes ali ocorridas; porém, de todos o mais tumultuado foi o de Cassununga, corrutela no beicinho do Garças. Era raro o dia em que não surgissem nos becos da vila um ou dois corpos, resultado do tiroteio da noite anterior. A jogatina corria desenfreada em todas as vilas. Jogadores havia que, ao verem-se arruinados, iam à noite de candeia em punho lavar cascalho, na esperança de um xibiu (diamante pequeno).

Muito raramente, no entanto, se via um crime movido pela cobiça. E quando tal acontecia, o criminoso, onde quer que estivesse, era castigado pelos próprios garimpeiros. E é de notar que grande parte dos homens que povoaram os garimpos era de foragidos da polícia.

A notícia de um crime corria depressa de garimpo em garimpo, e todos se interessavam mais pela identidade do criminoso do que do assassinado:

— Morreu um moço lá no garimpo da pedra — diz um.
— Quem matou? — pergunta outro.
— Foi um tar de Baiano, mode muié.
— Mataro êli?
— Quar nada. Moiô os óio e saiu cabeça baxo [fugiu rio abaixo].

Garimpeiro meia-praça que tentasse lograr o "patrão" (dono do garimpo) fugindo com a pedra encontrada era imediatamente perseguido e quase nunca escapava com vida. "Meia-praça" é o garimpeiro sustentado pelo patrão e que recebe uma porcentagem (geralmente 50%) do diamante achado. O meia-praça é livre e pode especular preço com outro capangueiro (comprador de diamantes), porém, preço por preço, tem de dar preferência ao capangueiro patrão.

Lageado e Tesouro já não são simples corrutelas, mas centros comerciais para onde converge o maior comércio de pedras preciosas do sertão do Garças. Hoje, possuindo destacamentos militares, com Baliza, Aragarças e Barra do Garças, conseguiram sofrear as desordens nos garimpos. Assim mesmo não é raro a polícia ter muito trabalho.

Era comum encontrar-se, entre garimpeiros, homens que deixaram mulher e filhos nos longínquos sertões de seus Estados natais para vir tentar a sorte. Jogam às costas o "galo de briga" (nome que dão à mochila onde carregam a rede e a roupa), e no embornal a tiracolo levam a resumida matula de farinha e rapadura, e quatro dedos de fumo. Pendente da cinta, o facão "ponta direita", arma inseparável do sertanejo. Assim equipados, estão prontos, aptos, para varar sertões em demanda dos garimpos, na esperança de num bambúrrio melhorar de vida.

Os sertanejos são orgulhosos da sua condição de homem. Para ver, por exemplo, um maranhense confundido e revoltado, dê-lhe uma vassoura. São, por outro lado, de extrema boa-fé. Não duvidam da honestidade de ninguém, até que se lhes prove o contrário. O sertanejo que afluiu para o Brasil Central é desembaraçado, prosa e cantador. Nas noites de festa, rompem os desafios: coco baiano, baião do Piauí e cadenciados catiras.

O catira diferencia-se do cateretê porque nele só dançam homens, o que não se dá no cateretê, em que as mulheres participam formando uma das fileiras. O catira é tipicamente indígena. Dispostos em duas filas, uma frente à outra, os participantes, às vezes quinze de cada lado, sapateiam acompanhando a cadência da moda cantada por um dos violeiros que ficam na extremidade da fileira. As modas, geralmente iguais às cantadas nos cateretês, se diferenciam pelo acréscimo de recortados. Recortado, ou recorte, são quadras cantadas num ritmo diferente da moda entoada, ligando-se a ela somente pelo sentido, pelo enredo. Para uma melodia romântica, um recorte choroso. É nos recortados que o cantador deixa transparecer a sua satisfação ou a sua mágoa. Seus motivos são diversos: um amor mal correspondido, um arroubo de valentia, ou então um rasgo de gabolice. Nada escapa à observação do cantador violeiro. É inteligente, malicioso e crítico. Não perde vaza e fixa no recortado os desmandos das autoridades da corrutela:

Em Goiás não tem justiça,
Nem Goiás nem Minas Gerais.
A justiça de Goiás
É faca, bala e carabina.
Quando o cabra é meio afoito,
Na cintura um trinta e oito.
Delegado mesmo fala
Que a justiça é faca e bala.

Há também o caboclo gastador, bonachão, jogador gabola e que usa de artimanha para conquistar a bela amada:

Sento na mesa de jogo,
Morena vamo jogá.
Se eu perdê ocê me ganha,
Se eu ganhá ocê é minha.
Eu tando te namorando,
Premero quero tirá uma linha.

Há humor, também, nos recortados. Se está cantando e passa uma mulher feia, o cantador não perde vaza e lembra:

Quem tivé muié feia,
Num carece zelá dela.
Num precisa comprá meia,
Nem sapato nem chinela.
Pega uma garra de couro,
Faz uma precata pr'ela.

O namoro vai indo bem. De repente, a moça começa a ficar indiferente, e o caboclo chora na viola a sua mágoa:

Eu num sei o que ti fiz
Que ti acho diferênti.
Eu óio pra vossa banda,
Vóis oia pra outra gênti.
Di hôji em diânti
Eu vô fazê ansim:
Eu óio pra outra banda
Quano vóis oiá pra mim.

Foi com sertanejos desse tipo que a Expedição Roncador-Xingu iniciou sua entrada nos sertões do Brasil Central. Afamados violeiros e cantadores passaram por ela: Antônio Cuca, João Preto, Joaquim Come-Língua, Negro Piauí, João Mandioca, Abel Goiano, Celino Muriçoca e outros colossos da viola e do recorte.

E à noite, na picada, depois do duro serviço do dia, a viola entrava em função. Só a chuva e o vendaval que sacudia a mata é que a faziam silenciar.

— *Encontrei piquizero véio*
Todo cheio de gondó.
Em cima tem tataíra,
Embaixo tem sanharó.

Principiava o velho Cuca enrodilhado na viola. João Preto emendava para não esfriar:

— *A riqueza que eu tenho*
Herdei da minha vó:

Uma camisa sem manga,
Uma cirola cotó,
Uma redinha furada,
Um pedaço de lençó.

— Eta cabra! Se ocê tá influído, alimpa a garganta qui lá vai o véio acabadinho, mais qui num é ismuricido — gritava o Cuca.
João Preto não esperava e saía rompante:

— *Oiê, oiê... oiê oiá.*
Ocê é fio da porca ruça,
Neto do marrão fubá.
Pisei na tábua di cima
Fiz a di baxo morgá.

Cuca não demorou e respondeu:

— *Oiê, oiê... oiê, oiá.*
Eu tirei uma tataíra
Do cupim dum marruá,
Eu subo ocê pra riba
Cumo um fuguete nu á.

E o eco vindo do fundo da noite que pesava sobre a mata repetia as trovas despreocupadas dos homens, cantadas à beira do fogo.
Não importava o xavante gemendo como jacamim ou imitando mutum ali bem perto, tampouco o esturro da onça na dobrada da serra. Os cachorros, amedrontados, iam cada vez mais encostando no fogo, até que um pé os empurrava: "Sai, macambira, pois num tá veno que êssi cachorro tá ficano ismuricido, gênti!".
E a prosa no intervalo das trovas caía sobre caçadas, índios, até que o apito do guarda-vigia dava o sinal de que estava na hora de silêncio. Mariano, alto, olhos esbugalhados, supersticioso, ainda arriscava:

— É coisa sem termo, ostrodia eu...

— Fica quieto, Mariano — intervinha o guarda. — Ocê paréci mãe-da-lua, só fala di noite. Num tá veno que os caboco tão influído, chegano de mansinho?

Quando tudo parecia estar a caminho do silêncio absoluto, ouvia-se ainda, vindo de uma rede distante, a voz do cafuzo Elias:

— Bicho véio valênti qui nem índio só mesmo caititu acuado de cachorro im oco di pau!

Mais um apito enérgico do guarda e o silêncio caía de vez no acampamento.

O DIÁRIO DA EXPEDIÇÃO

4. Rio das Mortes-Roncador-Kuluene

Às três horas da tarde do dia 12 de junho de 1945, acompanhados por dezesseis homens que compõem a vanguarda, atravessamos, em canoas, o rio das Mortes, para reiniciar a marcha da Expedição, que tinha o rio Tapajós como o seu objetivo mais remoto.

Nessa primeira tarde, nada fizemos além de acampar, próximo da margem do rio. Agora são oito horas da noite. As nossas redes formam um semicírculo em torno do fogo da cozinha. Os homens conversam animadamente. De todos, o mais falante é o velho Antônio, o cozinheiro.

Natural do Maranhão, o velho Cuca deixara sua terra havia mais de vinte anos para vir tentar a sorte nos garimpos. Nunca pegou coisa maior do que xibiu, mas, em compensação, agitava as corrutelas com a sua viola de doze cordas.

O assunto de hoje, porém, são os xavante. Nem podia ser outro, pois já estamos dentro do seu território. Na animação da conversa, começam a surgir aqueles que estão mais assustados, e dentre eles há sempre um que pede silêncio por achar que ouviu assobio estranho. Exageros do medo!

Prestando atenção às opiniões de cada um, chegamos à conclusão de que há os assustadiços e os despreocupados. Mas, num aspecto geral, a turma é uniforme. Boa gente! Há garimpeiros, vaqueiros do Norte, castanheiros do Pará e até dois ex-soldados de polícia. Um deles, o Piauí, fora da turma volante de captura da polícia cuiabana.

Com o avançar da noite, baixou muito a temperatura. Alguns acendem seu próprio fogo junto à rede. Resolvemos não fazer guarda, pois nada indica que haja índios nas proximidades. Às dez da noite, demos o sinal de silêncio, para ir acostumando o pessoal com essa medida, sem dúvida muito útil e prudente. Reina, agora, silêncio quase total no acampamento, quebrado apenas por um resmungo ou bater de panelas do velho Cuca, que, a toda lei, quer fazer o café da manhã antes de dormir!

— Seo Antônio, café amanhecido não presta!
— Não cuido mais disso, patrão, já tô na rede!

A ESCALAÇÃO DO PESSOAL

Antes de clarear o dia, pusemos todo o pessoal em pé, a fim de dar conhecimento da escala de serviço.

Para abrir o pique, sinalizando o rumo: Antônio Ferreira Lima. Foiceiros: Mariano, Altino, José Ribeiro e João Ribeiro. Machadeiros: Sebastião Santana, Didi, Zequinha e Luís Pernambuco. Baliza: José Acelino de Almeida (o Piauí). Cozinha: Antônio Gomes (o velho Cuca). Tropeiros: Joaquim (o Come-Língua) e Alcino. Serviço de segurança: José Valadão, Luís Preto e Félix dos Santos.

O rumo que seguimos é norte exato.

Embora fosse o primeiro dia de serviço, tudo correu bem. Depois de rompidos uns dois quilômetros de cerrado, atingimos uma mata alta que margeia um córrego (batizamos o córrego de Dr. Estilac, em homenagem ao médico da Fundação).

Nas últimas horas da tarde, a tropa de burros trouxe de onde acampamos, em duas viagens, toda a nossa carga: mantimentos, medicamentos, tralha de cozinha e outras peças menores. Os pertences do pessoal, por se tratar de muitos volumes, difíceis de transportar no lombo dos burros, fizemos cada homem levar o seu, medida que vamos adotar até o fim da marcha. Isso fará com que cada um passe a ter na bagagem apenas o essencial.

Antes de anoitecer, exploramos as imediações do acampamento. Vestígios recentes não encontramos, mas, a julgar pelos restos de fogo e um casco de jabuti, os índios devem ter andado por aqui não faz tanto tempo. Resolvemos iniciar a vigilância noturna. De duas em duas horas, um guarda renderá o outro. A vigilância é necessária para que, no caso de um ataque dos índios, bem possível, não haja confusão ou pânico, sempre de desastrosas consequências. Conhecemos bem a crônica das expedições que têm percorrido regiões de índios bravos, sabemos que o pânico e as atitudes precipitadas são os grandes responsáveis pelos desastres.

O PRIMEIRO PERNOITE

São dez horas da noite. Os nossos cinco cachorros — Pendão, Seguro, Roncador, Gestapo e Garimpeiro — estão agitados. Latem e avançam sempre numa mesma direção. Os homens cochicham. Ouvimos Mariano dizer: "São os caboco, Piauí". Intervém o velho Cuca: "Caboco o quê, seo Mariano. Isso é pau de rabo [onça] que qué comê os bichim".

As opiniões iam se multiplicando e tivemos de pedir silêncio. Às dez e meia já não havia mais nada. Os cachorros aquietaram-se e o acampamento voltou à calma.

O FEIJÃO "DROBADO" DO CUCA

A madrugada do dia 14, hoje, foi bem fria. Muito antes de clarear já estávamos todos de pé, ao redor do fogo da cozinha, aquecendo-nos e ouvindo os casos do Cuca: "Meu patrão, eu sô véio mirradim mais não sô cabra ismuricido. O sol nem vermeiô o céu, o café já tava no bule e o feijão na latra. O feijão vai sê drobado hoje".

Todos os dias ele fala no feijão "drobado". E ainda não sabemos bem o que é feijão dobrado!

Quebrado o jejum, atravessamos o córrego e seguimos com o picadão algumas braças para a frente, mas logo adiante damos com um morro barrando o nosso rumo. Transpô-lo não é conveniente; o íngreme da encosta dificultaria os passos dos burros. Explorando o lugar, vimos que é possível desviar a picada pela esquerda. Feito isso, assentamos novamente a bússola e retomamos o rumo norte; a picada avançou alguns quilômetros, por um cerrado ralo, queimado pelos índios há mais ou menos um ano, calculamos.

O PIAUÍ E A ONÇA

O balizeiro Piauí, afastando-se um pouco do acampamento, ouviu um chiado nas folhas atrás dele. Ao voltar-se rápido, deu de frente com uma onça-pintada, que o encarava, movendo a cauda e a cabeça. Nervoso, Piauí ajeitou o mosquetão e atirou, mas no afobamento errou o alvo e a onça ganhou o cerrado.

A onça foi o tema da conversa no fim do dia.

— Cumo a é, Piauí, num é à toa que o povo diz que nego é comida de onça. Você andou perto do gatão te engoli.

A resposta do antigo praça da volante mato-grossense veio na hora:

— Ela podia mi comê, mais morria engasgada com esse espinho na garganta! — E puxa da bainha os dois palmos de lâmina da sua faca-punhal. Enquanto isso, outro acrescenta:

— Eta nego preverso! Quantos pobre ocê num furô cum êssi ferro nesses ano de garimpo! — O assunto não morreu; volta e meia a onça vinha à baila e até esturros andaram ouvindo. À noitinha, caiu uma chuva fina e fria, mas passageira.

Um socó-boi, com o seu gemido rouquenho e entrecortado, deixaria alguns homens, os mais impressionados com os índios, de olhos abertos uma boa parte da noite. Às oito horas foi tocado o silêncio e a ronda iniciou seu serviço. Um vento frio espantou as nuvens que corriam no céu e com elas o nosso receio de chuvas.

O PRIMEIRO RESTO DE ALDEIA

Às seis e meia deixamos o acampamento e seguimos para a picada. O céu está completamente limpo. Ainda no período da manhã, a picada saiu num campo encharcado, com um buritizal no centro. Na orla do campo demos com uma aldeia de caça xavante: quinze casas toscas formando um semicírculo, sem ninguém. O almoço foi às margens de um córrego pequeno de água limpa e fresca. Os córregos e ribeirões que estamos encontrando são todos tributários do rio das Mortes. Não se avista, ainda, o Roncador, serra que é o nosso objetivo imediato. Todos ansiamos por conhecê-la. Sabemos que é uma serra igual às outras, mas quanto mistério, quantas lendas em torno dela! Por mais realistas que queiramos ser, uma grande curiosidade, um quê de mistério mesmo, nos enche de impaciente vontade de chegar lá.

Agora temos o Roncador despertando a nossa curiosidade, amanhã as florestas do Xingu, e mais além o majestoso Tapajós.

A MUDANÇA DE ACAMPAMENTO E A VISITA DO CORONEL

Fizemos hoje a mudança do acampamento do córrego Dr. Estilac. Já era noite quando terminamos de instalar o novo acampamento. O córrego para onde viemos recebeu o nome de Discussão, por ter havido, à chegada, uma rixa entre dois homens, sem importância e comum em ocasiões como esta.

Hoje, 17, primeiro domingo na picada, o dia vai ser dedicado à caça. Determinamos que as saídas se dessem de dois em dois homens, pelo menos. A caça viria melhorar nosso passadio, que há alguns dias vem sendo apenas arroz com feijão.

Os que desceram margeando o córrego retornaram rápido, dizendo ter visto vestígios recentes de índios. Por prudência, voltaram, no que agiram muito bem. Como a coisa não era muito longe, resolvemos ir verificar. Realmente encontramos batidas frescas, restos de embira, galhos quebrados, golpes de facão cego e outros sinais. Na hora do almoço estávamos de volta ao acampamento. Apesar dos esforços, a única caça conseguida hoje foi um tatuzinho, dos menores que há, mas que deu para modificar o gosto da boia. Nas últimas horas da tarde chega ao acampamento, vindo do Mortes, o coronel Vanique, acompanhado de alguns trabalhadores e de um casal de repórteres argentinos. Esses jornalistas, adeptos do esperanto, conforme soubemos, pretendem escrever um livro sobre o Brasil Central. Coisa perfeitamente possível, pois já estão há quase 48 horas na região!!!

Conversamos até altas horas da noite com o coronel Vanique e pusemo-lo a par de todos os serviços. Pedimos que apressasse alguns víveres, visto que nossas reservas estavam reduzidas. À noite esfriou e todos acenderam fogo junto à rede.

NA ROTA, UMA COLUNA DE FUMAÇA

Iniciamos novo dia de trabalho. Como os sinais dos índios tornam-se cada vez mais frequentes à medida que avançamos, escalamos dois guardas, José Valadão e Luís Preto, para fazer a proteção do pessoal em serviço na picada. Os guardas seguem algumas centenas de metros à frente do pessoal, devendo ficar atentos a qualquer movimento estranho.

À tarde, o coronel e sua comitiva regressaram ao Mortes. O serviço da picada rendeu bem, graças à vegetação rala e mirrada do cerrado. Ao córrego que encontramos no fim do dia demos o nome de Tibor, em homenagem ao jornalista visitante.

Iniciamos o dia, hoje, fazendo nova mudança. Ainda cedo, chegamos trazendo os buchos (sacos de pertences) e, logo em seguida, os gêneros e o resto do material. O acampamento ficou ótimo. O córrego, grande e de água gelada, é ladeado por uma mata sem praga e limpa por baixo. Instalado o acampamento, partimos para o serviço do picadão. À tarde verificamos que havia sido ótimo o rendimento durante o dia. Rompida a matinha do córrego, entrou a picada num cerradinho fino, pouco denso; daí o bom avanço. Ainda não temos uma ideia clara da região que estamos percorrendo, o que só será possível quando encontrarmos um morro descoberto, que ofereça, do ponto mais alto, uma vista geral destes lugares. Os córregos que estamos cortando devem ter as cabeceiras nas vertentes do Roncador e seus contrafortes. Todos fluem para o leito do Mortes, aonde chegam, depois de reunidos, na forma de ribeirões mais ou menos volumosos.

Nessa mesma tarde avistamos, para as bandas do poente, uma coluna de fumo que logo se desfez. Os xavante devem ter atiçado fogo num capinzal. À noite, já com o acampamento em sossego, uma jaó solitária começou a piar bem ali perto. O velho Cuca, em voz alta, diz consigo mesmo: "Pode até num sê caboco, mas passo [pássaro] num é, que eu sei".

OS PRIMEIROS XAVANTE

Tivemos muito frio nesta madrugada. Dormir com fogo junto à rede é bom, embora a gente tenha de acordar muitas vezes para alimentar as chamas. Os guardas estiveram a noite toda vigilantes. Nada notaram de anormal nas imediações que se pudesse atribuir aos índios. Cedo, como de costume, seguimos com o pessoal para a ponta da picada. No acampamento, em companhia do cozinheiro e dos tropeiros, ficaram, como sempre, dois guardas. Os outros dois acompanharam o pessoal, batendo sempre o terreno à frente e dos lados do picadão.

Logo depois do almoço, que foi trazido pelos tropeiros, atingimos um novo córrego de caixa rasa e muito empedrado. Quando explorávamos a matinha que o margeia, saímos, de súbito, diante de uma cabana de índios. Depois de verificar que estava vazia, entramos: o fogo fora recentemente apagado, havia camas (palhas no chão) de folhas de babaçu, restos de embira, pontas de flechas, sabugos de milho, cestos vazios, algumas cabaças vazias, e seis delas cheias de mel, penduradas na vara que sustentava o ranchinho. Examinamos tudo, mas deixamos cada coisa no seu lugar. Bem que gostaríamos de provar um pouco daquele mel saboroso, que reconhecemos ser de benjoim, mas nosso propósito é respeitar tudo o que seja de propriedade dos índios. Como não deve lutar essa gente para arrancar deste solo duro, com seus instrumentos rudimentares, o sustento necessário!

Atravessando o córrego e rompidas algumas braças da mata que o margeia, saímos numa roça de milho, já colhida, e num cabaçal com alguns pés de algodão. No momento de regressar ao acampamento no Tibor, um avião pequeno, vindo dos lados do rio das Mortes, sobrevoou a picada e desapareceu. Amanhã traremos o acampamento para o novo córrego encontrado, que tomou o nome de Ribeirão dos Índios.

Antes de amanhecer já estávamos em pé. Tudo correra normalmente à noite. Alguns homens dizem ter ouvido vozes numa determinada direção, o que achamos pouco provável, pois os índios, se vieram espreitar-nos, não conversariam, está claro, em voz alta.

Iniciamos a mudança logo após o café. Fomos nos instalar bem próximo da maloquinha encontrada. A picada, no dia anterior, já avançara além da mata estreita do córrego do acampamento. Depois de avançar um quilômetro, mais ou menos, o picadão deu em cheio num morro isolado, em forma de cone. O pique e o baliza seguiram em linha reta, transpondo o morro, enquanto o resto do pessoal abriu o desvio, contornando pela direita. Às primeiras horas da tarde, a picada larga do desvio encontrou do outro lado do morro o pique estreito do rumo. Novamente o rumo norte foi tomado. Do alto do morrote avistamos para a frente a encosta de uma serra, as primeiras elevações do Roncador, com certeza.

DOIS XAVANTE NA PICADA

Quando procurávamos descer a elevação pelo lado do nosso acampamento, vimos dois índios atravessando a picada. Diante disso, suspendemos os serviços e voltamos para o acampamento, onde só se encontravam dois homens. Chegando, percorremos os arredores e encontramos rastos dos índios na barranca do ribeirão, pouco acima do nosso pouso.

O silêncio foi dado mais cedo e, em lugar de um, pusemos dois guardas de cada vez na vigia. Os burros, que estavam na soga, meio retirados do acampamento, foram trazidos para junto de nós. Até o anoitecer, nada de estranho se passou ao redor. Depois da noite fechada, porém, começamos a ouvir ruídos vindos do outro lado do ribeirão: estalar de galhos e ramos secos, e piados de jaó, que, por se repetirem muito, desconfiamos não ser dos pássaros, mas sim dos "caboco". Ainda havia dúvida quanto à presença dos índios, quando uma pedra veio cair perto da rede de um dos homens. Enquanto examinávamos essa "primeira pedra", uma segunda caiu em cheio no acampamento — não tivemos mais dúvidas de que, bem próximos de nós, separados apenas por um córrego estreito, estavam os famosos xavante.

Se conhecêssemos sua língua, arriscaríamos gritar-lhes algumas palavras que exprimissem os nossos propósitos honestos e intenções pacíficas. Mas, infelizmente, ignoramos completamente o seu idioma. Sabemos, apenas, que pertence ao grande grupo linguístico jê, do qual, como muitos outros, é um simples dialeto. À proporção que a noite avançava, os índios, num crescendo, iam evidenciando o seu assédio ao acampamento, até que eclodiu um grande alarido, que promovem batendo nas árvores e arremedando em conjunto, agora dos dois lados do córrego, o canto da seriema. De repente, silenciaram, e assim foi até pouco antes do amanhecer, quando gritaram, repetidas vezes, córrego abaixo.

Por que não haveriam de estar zangados, se estamos invadindo suas terras?

O PRIMEIRO PROTESTO XAVANTE

Temendo uma emboscada dos índios, só seguimos para o serviço depois do dia completamente claro. Além dos dois guardas que se revezavam na vigilância do acampamento, destacamos mais dois homens. A picada avançou mais de dois quilômetros; até o fim do dia não encontramos água nenhuma. A dos cantis e do ancorote levado pelos tropeiros com o almoço não deu para nada. Nas primeiras horas da tarde, já não tínhamos uma gota d'água, e o serviço tornou-se estafante por causa da sede e do calor, agravado por um sol causticante.

Quando chegamos de volta ao acampamento já ia escurecendo. Fartamo-nos de água e recuperamos as forças e o ânimo com um banho no gelado ribeirão.

O dia correu calmo. Os índios afastaram-se, com certeza. Na hora do jantar, comentávamos o fato de não termos abatido ainda nenhuma caça importante, sabendo que os animais preferem as proximidades dos vales maiores, ou mesmo de campos mais bem servidos de água. Até agora não passamos por zonas assim. As águas cortadas são pequenas, as matas marginais estreitas e, no mais, cerrados duros e com pouca vida. Talvez mais perto da serra, nas nascentes ou cabeceiras, encontremos mais caça, veados-campeiros e antas principalmente.

A ÁGUA BOA AINDA ESTÁ LONGE

A madrugada de hoje, 23, foi uma das mais frias. Antes mesmo de clarear o dia, já estávamos em pé ao redor do fogo da cozinha. A mesma conversa de sempre do velho Cuca: "O feijão hoje é drobado".

O martírio da sede e do calor foi o mesmo de ontem. O cerrado continua seco e áspero na ponta da picada. Não há sinal de água por perto. Antes de deixar o serviço, avistamos, do alto de uma árvore, alguns quilômetros à frente, uma faixa de mata alta que deve acompanhar algum córrego maior, talvez o Areões, um ribeirão respeitável que deságua no Mortes, uns quarenta quilômetros a jusante da base. Enxergamos, também, uma serra que deve pertencer ao Roncador; chegamos de volta ao acampamento quase noite.

Domingo, aproveitamos para fazer uma exploração além da ponta da picada. Ficamos sabendo que só uns três quilômetros à frente é que vamos encontrar, na orla de um charco, lugar onde acampar; assim mesmo, dependendo de cacimba para obtenção de água.

ÍNDIOS RONDAM O ACAMPAMENTO

Saímos cedo, levando, cada um, os respectivos pertences. Deixaríamos na ponta da picada até que esta alcançasse o lugar já escolhido para o acampamento. Enquanto o serviço caminhava, fizemos uma exploração até a orla da mata alta que vimos há três dias.

Encontramos lá um ribeirão empedrado, o Areões com toda a certeza. Na volta, não pegamos o rumo certo e só depois da resposta aos tiros de chamada que disparamos é que conseguimos orientar nosso retorno.

Os índios, agora sem muita preocupação de dissimulação, voltaram a rondar o acampamento — gritam e deixam sinais bem próximos. À noite, principalmente, têm se avizinhado muito. Os cachorros fazem um alarido enorme e se encolhem para perto do fogo. Não são cachorros de guarda, mas de caça. Daí o medo dessa coisa desconhecida.

O acampamento, servido de cacimba, não ficou ruim. O trabalho no charco é que é mau. Os homens trabalham quase metade do dia com água pelos joelhos. Transposta a mata, encontramos do outro lado o mesmo capinzal pantanoso.

Um dos homens de vigilância, que mandamos dar batidas em volta do acampamento, veio informar que encontrou, bem perto, um lugar onde os índios devem ter passado alguns dias. Havia no lugar casco de jabuti e espinhas de cobra.

O LOBO E A TROPA QUE CHEGA

O nosso sertanejo é muito supersticioso, daí os arrepios de muitos quando ouviram, esta madrugada, um lobo que passou uivando bem perto do acampamento. Há uma lenda no sertão, em que muitos creem: "Quem quiser conquistar o que quer que seja, basta olhar a coisa desejada através do olho do lobo". É coisa certa; não há como fugir! Daí, na hora do café, o rompante de alguns que, dormindo, nada ouviram.

— Si tô acordado, pode crê que esse lobo essa hora tava sem os óio.

— Tava nada, sô, tiro nesse bicho num certa.

Os cachorros é que ficaram apavorados com o uivo do lobo. Os mais patifes chegaram quase a se enfiar no fogo da cozinha.

O serviço, hoje, foi consumido no desvio do alagado. O pique do rumo foi por ele afora, mas sempre há que procurar caminho melhor para a passagem da tropa que vem vindo do Mortes com novos mantimentos.

À tardinha chegou a tropa. Não era sem tempo. A carência já andava beirando a cozinha. Todo mundo deu uma mão e dali a pouco toda a carga estava acomodada, as cangalhas penduradas e os burros na soga. A chegada da tropa é sempre uma satisfação. Há sempre novidades, que vão sendo contadas devagarinho, entremeadas com os recados trazidos em resposta àqueles que os tropeiros levaram na ida. No embornal, quase sempre, um punhado de bilhetinhos. Ler um é ler todos. O começo é invariável: "ESCREVO ESTA PRA MANDÁ MIAS NOTISSAS E PIDI AS SUAS...".

No envelope, então, a coisa é ainda mais uniforme; abaixo do nome do destinatário lá vai o infalível S.R. (Sua Residência).

Com a tropa de hoje chegou um novo auxiliar, Enzo Pizano, conhecido como Paulista. Magro, narigudo, cabeleira longa e ondulada, até os ombros, Paulista será de muita utilidade na vanguarda.

AS CANTORIAS

Como era natural, a chegada da tropa trazendo boia e gente nova constitui motivo de contentamento geral. O velho Cuca não resiste, salta no saco, arranca a viola e entra em função. Ouvimos essa noite, pela primeira vez na picada, bonitas modas, no ritmo dolente da catira. Temos entre o nosso pessoal, reunidos por acaso, alguns cantadores afamados da região. Além do velho Cuca, aqui estão João Preto, Joaquim Come-Língua e o velho Félix.

O velho Antônio, depois de uma moda chorosa, em que a bela amada dá um espetacular fora no bem-amado, toma um fôlego e, já noutro tom e ritmo, encarando o Come-Língua, desafia:

— *Maré virô, maré virô.*
Maré virô em bera má.
Eu quero que ocê me diga
Onde as garças vão ninhá.

Come-Língua responde:

— *Maré virô...*
Do outro lado do rio
No maió tiriricá.

Aplauso geral. Cuca, sempre ponteando, continua:

— *Eu quero que ocê me diga*
Quantas pexa tem no má.

Responde Come-Língua:

— *Eu contei uma por uma,*
Só fartô uma crumatá.

Sai novamente Cuca:

— *Eu quero que ocê me diga*
Quantas vorta o mundo dá.

Responde o terrível Come-Língua:

— *Eli anda e desanda,*
Fica no memo lugá.

Novos aplausos. O velho Antônio, arcadinho, mirrado, levanta-se, faz uma mesura e oferece a viola para João Preto. João pega, corre os dedos nas cordas, tosse, diz que está com a voz ruim e se ajeita, enquanto o Cuca cochicha para um companheiro: "Esse nego canta qui é só mer [mel]".

João Preto solta o verso:

— *Lá vai a garça voando, ai,*
Batendo o papo na areia,
Me leva contigo, garça, ai,
Me tira di terra aleia.

A cantoria se perderia noite adentro, não fosse amanhã dia de serviço duro.

Dado o sinal de recolher, cada um caminhou para a sua rede. Cuca, com a viola na mão, caminhou para o lado dos seus guardados, mas foi cantarolando:

— *Eu vou tomá cachaça,*
Eu vou me embriagá,
Eu vou deitá na lama,
Pra vê si a moça chama:
Antonim deite na cama.

A VOLTA DO LOBO

O lobo voltou a passar uivando aqui por perto. Por um momento pareceu que vinha na nossa direção. Novamente os cachorros ganiram e se achegaram ao fogo. Desta vez um dos homens, mais supersticioso, achou que aquilo era agouro.

— Com essas coisas ninguém brinca — comenta outro.

O desvio que fizemos não prestou. Não oferece passagem segura para a tropa. Vamos tentar pelo outro lado: pela direita. A serra que de longe avistávamos e que nos parecia grande, alta, barrando a nossa frente, é, ao contrário, uma série de morros isolados, não muito altos e facilmente contornáveis.

Dois tropeiros e um guarda que tinham saído para caçar voltaram na boca da noite com uma anta, a primeira caça importante do rio das Mortes para cá. Já havíamos jantado, mas isso não nos impediu de fazer, hoje mesmo, uma excelente farofa com o fígado da caça.

Os três caçadores encontraram sinais de índios. Devem ser os mesmos do acampamento de trás e que não é de hoje vêm nos seguindo.

Os tropeiros que vieram do Mortes regressaram hoje cedo. Ficou combinado que, doravante, o abastecimento ficará totalmente a cargo deles. A nossa tropa pequena será usada só para as mudanças de acampamento e outros serviços relacionados com a marcha.

INSETOS "TEMEROSOS"

Instalamos o acampamento às margens do Areões. Saímos da beira do charco, o que foi uma grande coisa. Toda manhã tínhamos a rede e a coberta umedecidas pelo sereno. O acampamento era no descampado. Na mata é sempre melhor! Não há tanto sereno, tampouco vento, que esfria. Aproveitando o domingo, 1º de julho, alguns homens saíram à caça nas matas do Areões. Ainda antes do almoço, regressaram trazendo um mutum-de-penacho. Há duas espécies de mutum: o de penacho e o de castanha. Este último é maior e só encontrado nas grandes matas. O mutum concorreu para a janta.

Zequinha, o homem do pique, foi ferroado por um formigão: tocandira ou cabo-verde. O bicho é pequeno, mas a ferroada é dolorosa. Algumas pessoas chegam a ter febre.

A mata do Areões, talvez por estar, neste trecho, encravada num alagadiço enorme, é terrivelmente praguejada de insetos "temerosos", como diz o Cuca. É infestada de carrapatinho e formiga-de-fogo. Os primeiros são quase invisíveis, mas sua ação molestadora abate o moral de qualquer um. Numa só folha acumulam-se milhares, e basta que nela se esbarre, mesmo levemente, para que se transfiram em massa para o corpo da gente. Daí vão lentamente tomando todo o corpo e provocando uma coceira tão exasperante como uma sarna. Com a insistência da coceira, a pele vai-se irritando, e o prurido transforma-se em queimação e ardume. Hoje fomos, quase todos, atacados por essa praga.

De volta ao acampamento, fizemos fogo e fumigamos nossas roupas, para livrá-las dos carrapatinhos. Os mais aderentes, que ficam no corpo, têm de ser retirados um a um, ou então derrubados com uma esfregação ou com uma infusão de água e fumo de corda; água e sabão são totalmente inúteis.

A formiga-de-fogo não perde para o carrapatinho; ao contrário, sua ação é mais imediata, mais violenta e mais dolorosa. Ela não adere; é uma "brasinha"! Fica nas ramadas, nos cipoais ou faz casas no alto, em enxus abandonados. Basta o desavisado bater com o machado, ou mesmo facão, cá embaixo, para despencarem lá do alto em cima da vítima. Tomam logo conta do corpo, e a única solução é arrancar toda a roupa.

Hoje fomos vítimas também da formiga-de-fogo.

A refeição já foi sem anta. Ela foi bem aproveitada; nada se perdeu!

Volta e meia ouvimos gritos dos índios. Os sinais continuam frequentes. Já estamos nos habituando com sua presença e seus ruídos.

Nem por isso deixamos de nos acautelar!

MANADA DE VEADOS E UM CASAL DE CERVOS

A picada esbarrou num córrego de água salobra. Daí o nome de Salgadinho que demos a ele. Para trás, aqui perto, deixamos uma serrinha que, de longe, tal como a outra, parecia coisa de importância. Na beira do riacho demos com uma palhoça. Tudo o que havia dentro — cestinhos, cabaças, camas de folhas — indicava uso recente.

Antes de instalar o acampamento, temos por norma dar uma batida nas imediações do lugar escolhido. Hoje, na volta do serviço da ponta da picada, saímos num capinzal onde pastavam, em sossego, muitos veados-campeiros e um casal de cervos. Valendo-se das moitas, um dos homens conseguiu aproximar-se e abater a suçuapara. Teria sido melhor se fosse um veado. Não porque a carne seja muito superior, mas tão somente porque o cervo deve ser preservado, dado o perigo de sua extinção.

Os tropeiros que nos trouxeram o almoço na picada levaram o cervo para o acampamento e ainda nos informaram que, de manhã, quando estavam campeando os animais, deram com uma anta e a abateram. Estamos, portanto, com uma boa quantidade de carne no varal.

Na volta ao acampamento, à tarde, encontramos os tropeiros empenhados numa calorosa discussão, mas chegamos a tempo de contê-los.

O ESTURRO DA ONÇA, A MENSAGEM DO JORNAL E OS VISITANTES

Mudamos, dia 6, para o córrego Salgadinho.

Pouco antes de sair o sol, ouvimos repetidos esturros de uma onça. Passou perto e foi distanciando-se. Na mata, do outro lado do córrego, piaram muitos jaós, que são da família do inhambu.

A região, em linhas gerais, continua com o mesmo aspecto: cerrados, faixas de matas, buritizais, pequenas elevações do terreno, que se apresenta um pouco mais empedrado. Nos cerrados predominam as sambaíbas, os paus-terras, cascas-de-anta, craibeiras, carvoeiros, tinguis, sucupiras, candeias, cagaiteiras, umbiruçus e muitas outras árvores e arbustos. Entre as palmeiras são comuns o jatobá, a aroeira, o angelim, a farinha-seca, a cangirana, o moçari, a pindaíba, o almescão, o mandiocão e outras. Representando as palmeiras de grande porte, encontradas em grandes capões, temos o babaçu e o buriti, além de outras menores, como a juçara e uma espécie de inajá rasteira. Nas várzeas ou nos charcos e nas cabeceiras dominam os belíssimos buritizais.

A boia está sendo melhorada pela suçuapara; enquanto isso, a anta no varal, ao sol, aguarda a sua vez.

O serviço tem tido bom rendimento. A praga, agora, está sendo a quantidade absurda de abelhas que esvoaçam e a todos envolvem.

Pela manhã, um avião nos sobrevoou e lançou uma mensagem que dizia:

O Correio da Manhã *homenageia os bravos expedicionários da Expedição Roncador-Xingu — Adalberto Correia — 7/7/45.*

De volta ao acampamento, encontramos alguns volumes jogados do avião.

Durante o almoço, chegaram da base do Mortes o dr. Borba Filho, secretário da base, os jornalistas argentinos Tibor e senhora e mais uma pequena tropa tangida pelos tropeiros Raimundão, Almiro e João Preto. Findo o descanso do meio-dia, voltamos ao serviço, acompanhados agora pelo dr. Borba e pelo casal de jornalistas, que tirou algumas fotos do pessoal no trabalho da picada e da palhoça dos índios encontrada ontem.

À noite, depois de ouvirmos novamente o velho Cuca, enrodilhado na viola, cantar algumas modas do seu variado repertório, quando já reinava o silêncio no acampamento, um baque surdo sobressaltou a todos. Fomos rápido verificar e encontramos, ainda no chão, o casal de jornalistas. Haviam amarrado as redes num mesmo galho, mas não repararam que estava podre...

O tropeiro Come-Língua matou uma campeira num capinzal próximo. Dos veados-campeiros, é o melhor, mas não o macho — este exala um cheiro forte que em certas épocas do ano chega a ser intolerável.

Os visitantes voltaram à base do rio das Mortes.

Num reconhecimento feito além da ponta da picada, encontramos um ribeirão que corre paralelo ao nosso rumo, ladeado por uma mata limpa, com numerosos pés de babaçu. E, na beira do mato, um grande acampamento de caça dos xavante. Parecia abandonado há alguns dias apenas.

O FOGO DOS ÍNDIOS

Temos tido madrugadas frias, mas como esta ainda não.

Leonardo, o mais moço de nós três, está, de uns dias para cá, padecendo de fortíssimas dores nos joelhos e tornozelos. Com o avanço do dia e depois de alguns exercícios, melhora um pouco, para piorar com o frio da noite.

Fizemos, na parte da manhã, a mudança do Salgadinho para o ribeirão ontem encontrado, e que recebeu o nome de Tabocal. A tropa fez duas viagens para completar a mudança. Quando já vínhamos voltando da segunda viagem, com o resto da tralha, demos com o fogo nos dois lados da picada. O calor e a fumaça nos envolviam e sufocavam. Não podíamos parar, e foi um trabalho enorme conter os cargueiros, os burros, que, a todo momento, ameaçavam disparar. Era coisa dos índios.

O primeiro serviço no novo acampamento foi fazer um aceiro em toda a volta, para resguardá-lo do fogo que vinha devorando tudo. Como medida preventiva, construímos algumas defesas contra os índios, não só porque estão se assanhando um pouco, como também por causa da má posição do acampamento. As defesas que imaginamos consistiam nuns anteparos feitos com varas grossas, colocadas horizontalmente umas sobre as outras. Boa medida! No caso de um ataque, o pessoal terá um abrigo para ficar mais ou menos a salvo das flechas, mas a maior conveniência da medida é estabelecer uma defesa comum, reduzindo o risco de pânico e ações isoladas, sempre desastrosas para ambos os lados.

Embora sempre prevenidos, continuamos a não acreditar na apregoada ferocidade xavante.

O fogo chegou a encostar no aceiro, mas o trabalho continua.

Um avião, que reconhecemos ser o Fairchild da Fundação, sobrevoou a picada e lançou, onde estávamos, alguns volumes contendo carne fresca. À nossa esquerda, logo que o avião regressou, vimos irromper mais um fogo, a menos de um quilômetro de distância. Tivemos vontade de ir até lá, tentar um contato amistoso com os índios, mas o adiantado da hora e a pouca probabilidade de êxito fizeram com que desistíssemos da ideia. Teremos, sem dúvida, oportunidade melhor.

A picada entrou, agora, em ritmo de rotina: cerrado, várzeas, matinhas, córregos, cerrado, fumaça, índios, a mesma coisa; dos índios, gritos, sinais perto e ao longe, choças abandonadas, fogo sempre distante, mas, às vezes, como há poucos dias, quase dentro do acampamento. Felizmente não rondaram o acampamento.

O último córrego encontrado corria numa matinha alagada.

RONCADOR, A SERRA LENDÁRIA

Hoje, 12 de julho. Faz exatamente um mês que partimos do rio das Mortes. E exatamente hoje atingimos as primeiras elevações do Roncador, deste Roncador tão falado e tão pouco conhecido. Podemos dizer que nesta data vimos e transpusemos essa serra famosa, em cujas encostas e desfiladeiros domina, impassível e livre, o xavante poderoso. Não há dúvida de que esperávamos alguma coisa mais do que estas simples elevações e morrotes desnudos e empedrados. Por outro lado, quem poderá negar que estivemos sobre o dorso de um gigante que o tempo inexorável abateu? Deixamos a picada descendo a encosta do outro lado da serra, onde encontramos uma aldeia de índios abandonada.

Antes de voltar para o acampamento, procuramos o ponto mais alto dos morros, e de lá tivemos uma vista bastante ampla da região que estamos percorrendo. Os cerrados se estendem para a frente até onde a vista alcança, cobrindo chapadas, espigões e elevações maiores. Por todos os lados, colunas de fumaça isoladas e grandes queimadas. Não há dúvida de que os xavante são numerosos e ocupam toda esta região, a menos que também a habitem outras tribos ainda desconhecidas. A verdade é que, para qualquer lado que se olhe e até onde a vista alcança, uns cem quilômetros ou mais ao redor, há rolos de fumo subindo para o céu.

Andam frias as manhãs, e Leonardo continua padecendo de horríveis dores nas juntas. De maneira alguma quer regressar para tratamento; continua tomando os remédios que temos aqui. Quando o dia esquenta um pouco, ele melhora e se movimenta com desembaraço.

Mudamos o acampamento para o córrego alcançado dias atrás: o Cana Brava.

Os domingos agora são esperados com certa ansiedade, porque as semanas têm sido trabalhosas. Mesmo assim, sempre há os que nesse dia saem à caça. Hoje trouxeram uma enorme anta. A carne da anta varia muito de região para região. Em alguns lugares, é fibrosa, rija, escura. Em outros, como aqui, por exemplo, é macia e tem melhor sabor.

À tarde, diante dos lombos e dos lombinhos cuidadosamente preparados, não pudemos deixar de concordar com o Cuca que a janta de hoje foi "drobada duas veiz".

Pouco depois de anoitecer, ouvimos ruídos vindos do outro lado do córrego: uns estalidos de paus e ramos secos quebrando. Deve ser alguma onça curiosa ou friorenta, que está namorando de longe o nosso fogo ou algum petisco em forma de cachorro.

Nova mudança. Saímos do Cana Brava para uma várzea onde há um grupo de árvores que suportam as nossas redes. A água dista uns duzentos metros. O corixo aqui perto corre no meio de um charco. A mudança era mais do que necessária. A distância do Cana Brava à ponta do serviço já ia a mais de dez quilômetros. Percorrer isso duas vezes por dia, além do serviço, não é brincadeira.

SERIEMA OU ÍNDIO?

À tarde, bandos de seriemas cantaram longamente na orla dos cerrados que nos circundam. Estranhamos o fato de elas não terem saído no limpo, já que são tão irrequietas. Ou teriam sido índios?

O acampamento, agora no descampado, quase mata a gente de frio pela madrugada. O certo é que ninguém amanheceu na rede, mas em torno do fogo da cozinha. Leonardo quase não pôde sair da rede pela manhã, tal a dor nas juntas. O guarda da noite avistou um ponto luminoso que se movia na orla do cerrado, bem perto, como um tição na mão de alguém. E ainda pergunta ele: "Será que é índio?".

A picada avança, rendendo conforme a densidade da vegetação.

Hoje amanheceu soprando um vento frio, cortante. O café foi acompanhado da farofa de um jabuti encontrado ontem. Falamos "encontrado", porque jabuti não se caça, encontra-se.

Logo cedo saímos do varjão gelado, cada um levando os seus pertences, deixando para a tropa os mantimentos e o resto da tralha. Está claro que temos tido pouca sorte em matéria de acampamento. Saímos de um varjão e caímos num brejo, nesta época seco, onde abrimos diversas cacimbas para suprir o acampamento de água. Não pudemos acampar junto do córrego próximo pelo mesmo motivo anterior, isto é, margens pantanosas.

UMA ALDEIA XAVANTE EM NOSSO RUMO

A picada continua. Depois de atravessar o banhado e romper um pouco da mata, chegamos à beira d'água e verificamos tratar-se de um escoadouro de lagoa e não de um córrego, como pensávamos. Água feia e estagnada, nesta época. O ribeirão encontrado no reconhecimento de ontem descamba para a direita, desviando do nosso rumo. É possível que mais adiante tome a nossa frente.

Um tabocal que temos perto do acampamento estava infestado de pulgas, que subiam aos milhares nas nossas calças.

Não há dúvida de que este é o nosso pior pouso até agora. É um sacrifício tomar banho com água de cacimba. A maioria do pessoal foi se lavar na água verde do escoadouro da lagoa.

Com os obstáculos que temos encontrado, mata baixa, banhados, capinzais pantanosos, além dos inúmeros desvios que temos tido necessidade de fazer, o avanço da picada tem sido mais lento.

Hoje, mal o sol esquentou, irrompeu do nosso lado um fogo que está tomando grandes proporções. Os índios estão perto.

Chega, à tarde, a tropa da base do Mortes trazendo mais uma carga de víveres. Como tropeiros vieram Raimundão, João Preto, Elias e José Severo. Soubemos por eles que há, para a frente, mais ou menos no nosso rumo, uma aldeia xavante descoberta há poucos dias pelo major Basílio, num reconhecimento aéreo.

A notícia trazida pelos tropeiros nos surpreendeu e trouxe-nos uma dúvida séria. Por que a base não nos avisou? Era natural que o fizesse, para que ficássemos prevenidos.

A PRIMEIRA FLECHA

De alguns dias para cá temos notado uma ronda mais assídua dos índios. Com a informação recebida dos tropeiros a coisa ficou bem clara. A proximidade de um aldeamento definitivo é que tem acarretado essas visitas mais constantes. Mas, ora bolas! Estamos caminhando com um picadão para o terreiro de uma das suas aldeias e ainda achamos estranho que eles se agitem? Em verdade, não achamos nada estranho, achamos, isto sim, um absurdo uma intromissão desta. Em todo caso, como nosso rumo não pode ser torcido, faremos o possível para nos manter alheios a eles.

Pertinho do acampamento levantou uma coluna de fumaça. Tocamos para lá e vimos um capinzal que começara a queimar. Os índios deviam estar escondidos por ali. Se tivéssemos sido alertados com antecedência, como seria o normal, por certo teríamos pensado numa solução. Agora é tarde.

À noite, os cachorros não param de latir, correndo ora numa direção ora noutra, completamente desorientados. Já não há mais tranquilidade. Notamos que diversos homens permanecem acordados quase que a noite toda. Volta e meia cai, entre as redes, um pau ou uma pedra, atirados pelos *donos do lugar*.

Durante o dia, eles se limitam a agir com fogo, atiçando-o na picada ou nas imediações. Já está se tornando comum caminharmos no serviço envoltos em fumaça.

Almoçamos um "maria-isabel", o prato mais comum no sertão. Arroz misturado com carne-seca. É o mais prático e o mais rápido, e também o mais econômico. A banha e o sal de um servem para o outro.

Nos domingos não temos deixado os homens saírem para a caça, a fim de evitar um possível encontro com os índios.

Mudança de acampamento é sempre coisa cansativa. Desta vez viemos para a beira de uma água corrente, abundante, fria, cristalina. A nossa tropinha fez uma viagem só, pois contou com o auxílio da tropa da base, que ainda está aqui.

Como o córrego tem ribanceiras muito altas, foi preciso construir uma ponte para a passagem dos burros. Durante o serviço, um cipó grosso cortado por um dos homens oscilou pesadamente e veio bater nas costas do Paulista, atirando-o de bruços a alguns metros de distância. A não ser o tombo, por sinal muito cômico, e pequenas escoriações no peito, ele nada sofreu.

Antes de anoitecer fizemos uma pequena exploração nas imediações do acampamento e encontramos vestígios recentes da presença dos índios: penas de aves, lugar onde estiveram sentados e restos de um porco queixada.

Estamos cada vez mais convencidos de que a qualquer instante tentarão nos atacar. Há momentos em que se aproximam bastante, sempre hostilizando. Esta noite lançaram uma flecha que passou sobre o acampamento e foi cair do outro lado do ribeirão. Como havíamos esquecido alguns objctos no acampamento anterior, a tropa da base para lá havia seguido. Os tropeiros contaram na volta que os xavante haviam se apossado da tralha de cozinha e de um caixão com rapadura. Mais adiante, abandonaram o caixão, levando somente as panelas.

Novo assédio dos índios durante a noite. A guarda tem tido trabalho dobrado. Para nós, seria facílimo afugentá-los. Bastaria a descarga de uma de nossas armas para o ar; mas não queremos, em absoluto, que nos tomem por inimigos, muito menos despertar animosidade. A todos os seus gestos de hostilidade temos respondido passivamente.

5. O primeiro encontro com os índios

Na picada tudo correu normalmente até o meio-dia. Depois de um mato cerrado, que foi rapidamente cortado, a picada passou a romper uma mata que margeia um pequeno córrego. Os guardas, Félix e Luís Gonzaga, como sempre, seguiram na frente e quando o pique já estava para sair no limpo deram com um bando de índios, armados com arco e flecha. Os dois não tiveram a necessária calma de procurar conhecer as intenções dos índios e precipitadamente fizeram disparos para o ar. Corremos todos para o local: os índios haviam corrido para a orla do cerrado, de onde dispararam uma saraivada de flechas que caíram no capinzal que nos separava deles. Em seguida, afastaram-se, mas é notável o fato de não terem fugido aos tiros de uma vez. Tiveram a coragem de alcançar a orla do carrasqueiro, enfrentar-nos e atirar destemidamente as suas flechas.

Se um contato amistoso já era pouco provável, agora, com esses tiros inoportunos, parece quase impossível.

Embora os guardas tenham se precipitado um pouco, portaram-se, por outro lado, perfeitamente de acordo com as nossas instruções, ou seja, atirar para o ar.

Registramos a data do primeiro encontro com os xavante: 25 de julho de 1945.

OS ÍNDIOS ESBOÇAM O PRIMEIRO ATAQUE

Estamos agora no acampamento que batizamos de Grota Funda. Pouco além, do outro lado da matinha, estende-se um campo que desce para um plano mais baixo, onde nasce um corixo entre alguns pés de buriti. Lembra um lugar doméstico, um terreiro de fazenda.

Há duas noites os índios não dão sinal. Desistiram? Ou preparam alguma coisa?

Bem cedo, a picada desceu a baixadinha, cortou a nascente e começou a escalar uma lombada coberta por cerrado baixo e ralo. Na parte mais alta, este espigãozinho forma uma assentada plana e limpa. Quando já estávamos descendo a outra encosta, mais ou menos às três da tarde, começamos a ouvir gritos e vozes à nossa direita. No princípio era um grito isolado, que se repetia de momento a momento. Não demorou muito e evoluiu para uma assustadora gritaria. Tratamos rapidamente de reunir num só ponto o pessoal da picada, inclusive os guardas que estavam mais distanciados. A gritaria ia num crescendo. Dava a impressão de se aproximar cada vez mais.

Alguns dos homens ficaram completamente transtornados. Um deles, com a carabina a tiracolo, gritava: "Cadê minha carabina?". Outro fez menção de sair correndo; um terceiro perdeu a ação e a voz. A gritaria aumentava a cada segundo. Pareciam mais de cem vozes. Nesse momento ficamos realmente conhecendo os nossos homens. Alguns permaneceram tranquilos e alertas às nossas instruções. Outros ficaram visivelmente nervosos, mas se controlaram. Outros ainda chegaram ao limite do pânico, e sobre estes tínhamos de manter total vigilância.

A gritaria parecia não ter fim. Começamos a nos preocupar com o acampamento, onde haviam ficado apenas quatro homens: dois guardas, um tropeiro e o Cuca mirradinho. Lembrávamos as suas palavras: "Sô véio mirradim mais não sô ismuricido".

O que estaria acontecendo por lá? Quando a gritaria ia mais exaltada e também mais próxima, resolvemos subir num cupim que ficava bem no centro da picada. Dali, um metro mais alto, talvez se pudesse localizar os índios. Ao endireitar o corpo no alto do montículo, vimos um grupo de vinte a trinta índios que avançava correndo, pelo cerrado, em nossa direção, do lado oposto ao do vozerio. Do alto do cupim alertamos o pessoal, enquanto os atacantes se aproximavam velozmente. Não havia outra maneira de sustar o avanço senão fazer, e rápido, alguns disparos para o ar. Foi o que determinamos. Na hora os homens ergueram as armas e dispararam a um só tempo. Como por encanto, cessaram a gritaria e o avanço. Não fosse o cupim, hoje haveria nas crônicas dos massacres mais um para contar.

A gritaria foi bem mais que uma "guerra de nervos". Foi, está claro, uma manobra estratégica bem pensada. Tão bem pensada que íamos caindo direitinho no golpe. A intenção deles não podia ser outra: prender a nossa atenção para um lado e atacar pelo outro, com os seus rijos tacapes de sucupira.

Passado o susto (e os muitos comentários), tratamos de voltar ao acampamento, preocupados com o que poderia ter acontecido. Felizmente, os índios não tiveram a lembrança de ir até lá. Aproveitamos o resto da tarde para alargar mais um pouco a roçada em volta do acampamento.

Registramos a primeira escaramuça dos índios: 28 de julho de 1945.

Ainda bem que a primeira ameaça foi no sábado. Tivemos o domingo para um descanso em todos os sentidos. Nada de caçadas. O dia foi dedicado à lavagem e ao remendo das roupas.

À tarde chegou a tropa da base, com pequena carga de mantimentos. Os tropeiros não trouxeram novidades.

O CERCO À TROPA

Carrapatinho, nesta época, é praga. Pegamos hoje uma respeitável carga desses bichinhos. Volta e meia parávamos com os serviços para fumigar as roupas.

O foiceiro João Ribeiro amanheceu tal qual Leonardo: fortes dores nas juntas das pernas e articulações das mãos. Aplicamos Iodalgin e vitamina B1.

Já é hora de fazermos um campo de aviação. Isso aliviará a tropa e nos garantirá um abastecimento mais a tempo. A extensão do espigão que estamos cortando oferece condições favoráveis para uma pista pequena, de uns quinhentos metros mais ou menos. Disso vamos dar conhecimento ao substituto imediato do coronel Vanique, o secretário Borba Filho.

Estamos no dia 1º de agosto, domingo. A noite transcorreu sem novidades, a não ser insistentes piados de aves nativas: urutau, caboré, curiango e outras. Para alguns homens, foram piados de índios...

Os quatro tropeiros que foram nos levar o almoço na picada, na volta para o acampamento, tiveram uma surpresa: deram com um bando de índios. Não eram muitos, uns vinte talvez. Assim que viram os burros, os índios se dividiram, metade para cada lado. Passado algum tempo, certos de que os índios haviam ido embora, os tropeiros retomaram a caminhada. De repente, a gritaria e os xavante irrompem na picada. A sorte é que surgiram bem na frente dos burros, que se assustaram e, "virando nos pés", desembestaram de volta à ponta da picada. Com o movimento brusco dos animais, foi a vez de os índios se assustarem e recuarem para o cerrado. Tempo suficiente para que tropa e tropeiros "abrissem no pé".

Elogiamos o comportamento dos tropeiros. Embora armados, preferiram fugir a dar tiros para o ar.

Não há dúvida de que nos encontramos perto de alguma aldeia. A todo instante passamos por trilhas, restos de caça e restos de fogo.

Os xavante — índios jê — são parentes próximos dos xerente do rio Tocantins. Há um século e meio, todos esses índios estiveram em boas relações com os civilizados, tendo mesmo vivido por algum tempo nos arredores da antiga capital de Goiás: Vila Boa. Ali viveram como hóspedes do governo da província. Um dia foi suspensa a ajuda que o Estado lhes oferecia e os xavante, desgostosos, retomaram o rumo do mato. Só que, em vez de voltar para o leste, preferiram tocar para o oeste. O primeiro rio grande que encontraram nessa emigração foi o Araguaia. Mas os karajá, em maior número, não permitiram que ali se fixassem. Caminharam os xavante mais um pouco para o oeste, indo se aldear ao longo da margem esquerda do rio das Mortes, estabelecendo que este seria seu limite leste.

O novo acampamento, para onde mudamos hoje, é servido por um corixozinho que corre entre pés de buriti. A água é pouca, mas limpa e fresca.

O SALTO DO DIVISOR

A picada tem progredido bem. Parece que estamos chegando ao grande divisor de águas Mortes-Kuluene.

Uma nova praga começa a surgir: a muriçoca.

Depois de transpor um morro e cortar no baixio dois arroios cujas nascentes estavam à vista, o picadão começa a subir uma lombada grande. A certa altura, um avião nos sobrevoou, lançando volumes com gêneros diversos, inclusive uns metros de fumo, que havia dias nos faltava. Por último jogou uma mensagem que dizia:

Villas Bôas. Respondam atendendo às seguintes convenções:
1º) homens doentes: tantos deitados quantos forem os doentes necessitando de socorro;
2º) boia: tantos de pé quantos dias aguenta a que está aí:
3º) ataque sério de índios: três homens sacudindo os braços;
4º) necessidade urgente de socorro: maior quantidade possível de homens sacudindo os braços. Mandamos um pouco de arroz, rapadura, fumo etc. A tropa saiu ontem cedo. Os homens sairão amanhã de manhã, de madrugada, para a construção do campo no lugar que vocês escolheram.

Respondemos apenas sobre a boia. Deixamos de responder às demais para que compreendessem que aqui está tudo bem. Ficamos sabendo que o piloto era o Gilberto, ótimo piloto.

Permitimos a caça no domingo, porém em grupo de quatro. Rodaram muito e voltaram de mãos vazias. Não tivemos sorte.

A tropa anunciada pelo avião chegou à tarde. Vieram com ela: Raimundão, José Severo, Elias e Alberto. E mais um homem para o serviço de segurança, José Corbeliano Lima, conhecido por Carvão.

As muriçocas estão cada vez mais impertinentes.

O picadão, subindo o Divisor, ultrapassou-o e alcançamos um corregozinho de água limpa e que está parecendo-nos pertencer ao sistema do Xingu. Ao atingi-lo, o pessoal disputou a primazia de beber da sua água. Batizamos o corixo de Água do Meio.

Do alto do Divisor, que é uma chapada plana e encascalhada, avistamos, para todos os lados, grandes queimadas. Como os índios judiam destas terras! Não se encontra uma árvore, um arbusto, em toda a região, que não tenha a casca carbonizada pelo fogo periódico e implacável, que vai desnudando e empobrecendo cada vez mais o solo.

O salto do Divisor foi hoje, dia 7 de agosto. Deixamos as águas do Mortes, lendário, e estamos entrando agora nas do Kuluene, desconhecido.

Os índios já cruzam a picada sem reservas. Numa ocasião em que os guardas e tropeiros campeavam os animais, viram três índios cruzar a picada. Portavam arcos e flechas.

Achamos curioso o fato de ainda não terem flechado nenhum dos nossos animais, que às vezes, livres das peias, se afastam para longe.

Do alto do Divisor enxergamos também, à frente, um vale, pouco maior que os demais; ele vem do leste e se encurva depois para o norte. Isto confirma, sem mais dúvida, que estamos na bacia do Xingu.

A tropa chegada no domingo regressou à base.

O picadão corre agora num cerradão ralo, o que o tem feito progredir mais.

O sol passou o dia todo empanado pelo fumo que se levanta dos fogos mais próximos. Os dias estão se tornando mais quentes e opressivos, embora as noites continuem frias.

Os cachorros, esta noite, estiveram inquietos o tempo todo. Latiam, avançavam e recuavam, ora de um lado, ora doutro. Quando se trata de bicho, os cachorros saem logo em perseguição...

As estivas e os desvios para passagem da tropa têm-nos tomado muito tempo. O fogo não cessa; está, agora, tomando toda a nossa frente. A intenção dos índios é com ele nos envolver.

Novo sobrevoo de um dos aviões da base. Joga-nos um volume com canos de bota.

O "VALENTE" CARVÃO

Outra mudança e preparação do novo acampamento. A tropa teve de fazer duas viagens: nossa carga aumentou muito com os últimos mantimentos enviados pela base. Na segunda viagem, quando vínhamos trazendo o restante do material, o Paulista, que seguia pouco à frente, ao dobrar a curva de um desvio, avistou um grupo de índios parados à beira do caminho. Ao serem descobertos, ocultaram-se no cerrado. Avisados pelo Paulista, tratamos logo de tomar algumas medidas de segurança. De todos os homens, o mais nulo em experiência com índios é o recém-chegado Carvão. Por isso mesmo, desde o começo demos-lhe recomendações especiais. Pois bem, ao aviso do Paulista, Carvão não tem dúvida: manobra nervosamente a arma, arregala os olhos e assume a postura de quem vai saltar sobre um inimigo. Incluímos no rol dos amedrontados e fizemos sérias advertências ao ridículo "valente".

Nosso novo acampamento ficou bem instalado. Devido à temperatura da água, denominamo-lo Água Fria.

O jantar foi melhorado com a presença de uma campeira abatida aqui perto.

À tarde, as seriemas voltam a cantar. Desta vez eram seriemas mesmo. Tentamos nos aproximar delas, mas "quá"... saíram numa corrida danada. São velozes e ariscas.

Esse negócio de fogo de índio está ficando corriqueiro. Temos colunas de fogo em todas as direções.

Tivemos um domingo quente, depois de uma madrugada fria. Continuamos dormindo com fogo junto à rede.

Ao clarear o dia, as seriemas vieram cantar aqui perto, outra vez. Só que desta vez não conseguimos avistá-las. De longe percebem a gente, calam e desaparecem, sem ao menos permitir que a gente as veja. Hoje parecia mais ser coisa de índio.

FOGO E FUMAÇA

A picada saiu da mata densa e passou a cortar um terreno limpo, avançando rápida até a orla de outra mata. Na volta, à tarde, ao explorar o lado da picada, demos com um bando de veados pastando às margens de uma lagoinha. Valendo-nos do cerrado, conseguimos nos aproximar e abater uma campeira. O fogo dos índios andou beirando o acampamento, não o invadindo graças ao fogo de encontro ateado pelos nossos homens.

A fumaça nos envolveu até bem tarde.

Para alguma coisa essa ameaça está servindo: depois de romper toda a mata que tínhamos pela frente, saímos num cerrado torrado pelo fogo. Na mata, havíamos passado por um córrego grande. Fizemos tombar sobre ele um grosso jatobá, que, alcançando a outra barranca, nos serviu de pinguela. A noite está agradável, embora muito "enfumaçada"...

Acordamos ouvindo gritos e umas pancadas surdas, como se alguém batesse num tronco oco de árvore.

Pusemos o pessoal em pé antes de o dia clarear, para nos prevenir de uma arremetida mais ousada dos índios.

Alguns homens queixam-se de fraqueza nas pernas. Vamos dar-lhes, por alguns dias, vitamina B1, que temos em boa quantidade.

A trilha em torno do acampamento amanheceu nas cinzas da queimada de ontem, e toda cheia de rastos de índios, inclusive de crianças. Não cremos que seja uma "visita"; parece mais um grupo que por aqui passou acidentalmente.

Fomos fazer um reconhecimento até bem à frente. Na volta, tivemos de contornar bastante pela esquerda, devido ao fogo no rumo da picada. De repente, ouvimos um tiroteio, à direita. Corremos para lá certos de que era um incidente com índios. Temos confiança na nossa gente, mas quando estão perto de nós. Distantes, não podemos saber como reagirão num encontro. Por alguns, pomos a mão no fogo, mas há outros que se descontrolam completamente. O tal de Carvão é um deles.

Mariano, também um dos assustadiços, dera um tiro feliz numa anta. Já andávamos com saudade de uma carne forte.

Come-Língua é ótimo tropeiro e excelente cantador, mas por outro lado é um terrível discutidor. Hoje, por motivo banal, promoveu uma disputa com o velho Cuca, o que nos levou a chamar seriamente sua atenção.

Estes índios, parece que não dormem. Era ainda de madrugada e já andavam dando sinais aqui por perto.

Sebastião, Zequinha e Ferreira Lima, os três que, somados a mais uns três, formam a elite do nosso pessoal, trouxeram cinco cantis de mel de mandaguari, tirados aqui perto. Tão perto que do acampamento ouvíamos o machado bater. Daqui estamos ouvindo também o crepitar do fogo no carrasqueiro próximo. Se as chuvas demorarem este ano, não vai ficar um pau sem o batismo do fogo, que se alastra por todos os lados, com fúria às vezes verdadeiramente demoníaca. Abranda aqui, cresce acolá e se assanha mais adiante, onde o campo é mais propício à sua voracidade.

A tropa levou cinco dias do Mortes até aqui. Esta foi a informação que nos deram os tropeiros chegados ontem. Disseram ainda que o campinho de aviação que deixamos demarcado e iniciado já está quase pronto.

Construir no acampamento paliçadas de segurança já é medida normal. O que acabamos de instalar ficou à margem do ribeirão que pende para o norte. Aqui, como nos outros lugares, os vestígios de índios são muitos. Os cachorros andam alvoroçadíssimos.

CÓLICA COLETIVA

Foi embora o frio. Já não atiçamos mais o fogo perto das redes.

À boca da noite os índios voltaram a gritar. O que pretendem gritando e nos rondando constantemente? Estamos achando que é, acima de tudo, uma grande curiosidade, misturada a um grau não menor de desconfiança.

O Fairchild sobrevoou-nos jogando dois volumes com carne fresca. Ficamos sabendo que a bordo estava o coronel Vanique.

Às margens do córrego matamos uma capivara. A maioria do pessoal não come desta carne. Nós a apreciamos muito. É uma das mais saudáveis que há.

Em homenagem ao "papai" dos roedores, demos a este ribeirão o nome de Capivara e para a sua margem transferimos o acampamento.

A tropa da base regressou hoje, dia 25, depois de nos ajudar na mudança do acampamento.

À hora da partida, o tropeiro Raimundão travou uma discussão com um dos guardas, mas foi em tempo advertido. Temos sabido que Raimundão tem procurado despertar entre o nosso pessoal animosidade contra os xavante, que odeia, porque há algum tempo mataram um filho seu no alto do rio das Mortes. Não podemos desprezar o fundamento do seu rancor, mas também não podemos permitir que seja alterada, sob qualquer pretexto, a política que adotamos, de respeito à comunidade indígena.

Ao chegar a este acampamento, quase todos os homens foram acometidos de cólica intestinal. Aplicamos Sulfaguanidina e Elixir Paregórico, com ótimos resultados.

Aproveitamos o domingo para uma exploração. Saímos logo cedo, em oito pessoas, e começamos a subir a serra que se eleva pouco além do nosso córrego e bem no nosso rumo. Chegamos ao ponto mais alto, estudando a região que se descortina à nossa vista. O acidente mais interessante é o vale de um riacho, sinalizado por uma faixa de mata que se dirige para o norte e espremido entre os morros onde estávamos e outras elevações à direita.

Vimos fogo também, embora um pouco distante, vindo em direção do acampamento. Amanhã prepararemos o aceiro.

A fim de desviar dos morrotes, fizemos uma quebrada de 55 graus na picada. Vamos seguir até que possamos retomar o norte.

À tarde, teríamos o Fairchild sobrevoando. Passou rumo ao norte. Na volta, depois de localizar-nos, baixou um pouco e lançou volumes contendo carne, rapadura, cigarros e jornais. Recebemos também uma mensagem acompanhando um croqui que indicava alguns acidentes à nossa frente, anotados pelo piloto. Com isso ficou confirmado que já estamos nas águas do Kuluene e que o pequeno rio à nossa esquerda é o Tanguro.

A notícia sensacional dos jornais recebidos foi o término da guerra dos Estados Unidos com o Japão. Os primeiros, empregando engenhos de misteriosa construção e formidável poder destruidor, teriam feito o último render-se incondicionalmente.

Seguimos mais um quilômetro pelo rumo 55 graus. Mais tarde fomos até o Tanguro. Na sua água fresca e limpa vimos cardumes de matrinxãs e outros peixes maiores, isolados, migrando água acima. Num cardume de matrinxãs atiramos de fuzil e matamos dois.

A picada atingiu o ponto em que deverá pender novamente para o norte.

Já estamos nos habituando a passar o dia à beira do fogo do índio, engolindo fumaça.

À noite, os cachorros não sabem mais o que fazer.

OS BURROS FUJÕES E AS CORTADEIRAS

Três burros da tropa desapareceram. Livraram-se das peias e ganharam o mundo. É preciso ser muito bom campeiro para andar sem se perder nestes campos imensos. Só às três horas da tarde voltaram os batedores com os três fujões. Com isso a mudança do acampamento atrasou muito. Quando chegamos com a tropinha no novo pouso, já andava pelas dez da noite. Pensávamos na janta e na rede. Jantamos e logo nos acomodamos. Da rede se vê no céu, além da mata, o clarão do fogo dos índios. De repente, alguns homens deram o alarme: uma legião de formigas-cortadeiras invade o acampamento e, em poucos instantes, corta roupas, cintos, embornais, sacos, tudo o que foi possível em quinze minutos, o tempo de levantarmos e corrermos com a carga para outro ponto — aí construímos uma estiva alta e colocamos todo o material danificável.

O acampamento instalado ontem ficou às margens de um córrego de água morna, curiosa temperatura! A pequena caixa onde a água corre é toda revestida duma espécie de tabatinga pegajosa e escorregadia.

Neste 1º de setembro de 1945 três coisas associaram-se: a bruma, o fumo das queimadas e o calor. Os dias assim enfumarados e quentes tornam-se opressivos. Este é o mês da primeira chuva. Chuva de estação, não essa chuvinha boba do caju — "chuva do caju" é a chuvinha que estimula a florada do cajueiro. Geralmente cai quarenta dias antes do início da estação chuvosa. Sem essa chuvinha não haverá caju.

Paulista matou um veado-galheiro do qual não se podia nem chegar perto, que dirá comê-lo. O bicho catingava tanto que nem os cachorros suportaram. Nesta época o galheiro é assim mesmo, terrível. Mas a coisa não passou em brancas nuvens. Os tropeiros que foram até o Tanguro trouxeram quarenta peixes: piranhas, pintados e matrinxãs. Jantamos os matrinxãs, o peixe mais gostoso de água doce, e salgamos o resto.

Tudo indica que os índios perceberam que nossa missão é pacífica. Tanto assim que estão nos deixando de lado. Os homens já andam com mais desembaraço, sem o perigo de encontros nas veredas.

Domingo foi dedicado à caça e pesca. Os da caça trouxeram dois mutuns-de-penacho e um jacubim. Não se saíram mal os da pescaria: conseguiram três gordos matrinxãs, dois surubins e seis dúzias de piranhas.

Aos homens em serviço estamos ministrando, nas horas quentes, uma pastilha de sal.

A MENSAGEM DO FAIRCHILD

Nosso pouso, agora, já está na beira de um córrego grande. A faixa de mata por onde ele corre é longa, e as barrancas são altas. Não dá passagem nem a montante nem a jusante do local do acampamento. O remédio é uma ponte reforçada, rústica, dois troncos inteiros de barranca a barranca, com forquilhas de apoio por baixo. O tabuleiro, fizemos de lascas unidas.

Quase ao meio-dia, o Fairchild da base, com o coronel Vanique a bordo, sobrevoou a picada. Depois de muito voar à frente, localizou-nos na volta e jogou uma mensagem:

Villas Bôas: bons dias. A direção norte que vai está muito boa e o terreno é favorável. Cortarão alguns córregos afluentes do Tanguro. Daí mais ou menos quarenta quilômetros encontrarão a beirada de uma mata que é o Tanguro: com pouca coisa será desviada para a esquerda. Assim que encontrarem terreno bom, façam um campo de aviação, pois na frente o terreno vai piorando. Mandem a relação da quantidade de gêneros que possuem aí. Com a turma de vocês mesmos vão iniciando o campo, que logo, se possível, mandarei outra. Tudo correndo bem, abraços a todos. Mattos Vanique.

Mais abaixo dizia:

Vamos ver se chegamos antes da chuva à mata do Kuluene.

Na volta para o acampamento abatemos uma anta.

Estreando a ponte no "água morna", lá atrás, chegou a tropa da base. Os mesmos tropeiros: Raimundão, Zé Severo, Elias e Batom. Como acontece quase todas as vezes, a chegada da tropa destramela a língua do pessoal, e os casos e histórias se sucedem, num crescendo de exageros e fantasias. É uma flecha de fogo que cruzou o ar, ou dois olhos, quase duas brasas, que campeavam no escuro. E o bate-papo foi nesse quilate, daí afora, até pouco antes do silêncio, encerrando com alguns "recortes" que o velho Cuca "desembuchou" de viola em punho, isto depois de o pessoal muito pelejar com ele, pois gosta de ser rogado, como todo artista!

OS ÓCULOS DO CORONEL

7 de setembro de 1945. Reunimos o pessoal e hasteamos a bandeira nacio-

nal. Folga nas atividades normais. Aproveitamos o dia para uma exploração à frente. Estamos procurando lugar para o campo, conforme recomendação lançada pelo avião.

Fomos muito além na nossa exploração para a frente. Percorremos mais de dez quilômetros além da ponta da picada. Nada vimos que servisse. O terreno vai piorando cada vez mais. Lembramos de uma chapada passada há alguns dias, lá na altura do "água morna".

Ótimo lugar, chão firme e vegetação rala. Chegamos à conclusão de que dará uma pista de mil metros.

Domingo. Fomos novamente ao local escolhido. Estávamos examinando o lugar quando o Fairchild nos sobrevoou e soltou dois volumes de carne-seca. Deu uma volta e o coronel Vanique, que estava a bordo, lançou um bilhete amarrado num pau pedindo que procurássemos uns óculos escuros que deixou cair no momento de jogar os volumes.

Atendemos ao pedido, mas os óculos não foram encontrados. Pudera... Outra volta do avião e outro bilhete: "Mais pra cá"(!).

Logo cedo no dia seguinte estamos de volta ao "água morna". Instalamos o acampamento no mesmo lugar da nossa primeira passagem. Enquadramos, por meio de balizas, uma área de 800 x 30 metros: serão as dimensões da futura pista de pouso.

Na área do acampamento, demos início à armação de um rancho, que servirá de armazém do futuro posto.

Regressou à base do Mortes a tropa que aqui estava.

Para o campo, doze homens trabalhando; para o rancho, cinco.

Logo no primeiro dia o campo avançou duzentos metros. Vai indo bem. O madeirame do rancho foi todo cortado. Logo estará pronto.

OS PRIMEIROS TROVÕES

Estamos, sem dúvida alguma, na pátria das cigarras. Deste ponto é que esses insetos devem se irradiar para todos os quadrantes do mundo, pois não é possível uma quantidade tão grande desse bicho tão pequeno, dentro de limites tão estreitos, como os desta restinga de mato.

Deixam-nos zonzos com o seu zunir interminável. Há momentos, sem nenhum exagero, que temos de nos comunicar aos berros, como se fôssemos uma colônia de surdos ou exaltados!

Ouvimos hoje os primeiros trovões do "inverno" — estação das águas —, que já vem perto.

O sertanejo fica irrequieto. Desperta nele um mundo de coisas, vontade de andar, saudades de outras paragens. Muitos respondem com gritos ao reboar dos trovões, outros sacam as armas e dão para o ar uma rajada.

Nós, por nosso lado, ficamos apreensivos; são as chuvas que se anunciam, trazendo consigo um "corolário" intenso de dificuldades para o tipo de trabalho que estamos empreendendo.

Os serviços caminham em ritmo de rotina: campo e rancho. À noite, os cachorros continuam latindo. O rio continua a fornecer peixes e nas suas margens, vez ou outra, uma anta incauta.

É curioso o fato de encontrarmos em alguns lugares diversos cacos de panela. Nada indica que sejam de xavante estas cerâmicas. Nem um só sinal delas encontramos em suas choças, habitadas e desabitadas.

Por falta de "mistura" ao arroz e feijão, comemos hoje um rabo de jacaré, caçado lá no Tanguro. Caiu a primeira chuva. Veio pesada e demorada. Jogamos sobre a carga as nossas lonas. Não esperávamos uma chuva assim tão em cima dos trovões. Mas concluímos o campo de aviação e o rancho. Ficaram ótimos.

Resolvemos alargar a pista para quarenta metros. Serviço rápido e que oferecerá maior segurança aos pilotos.

Cuca, agora já mais espaçadamente, pega a viola para o desafio com Come-Língua. Este tropeia cantando, campeia cantando, tudo o que faz é cantando, e sempre aceita o desafio. Desafios ligeiros, de gente cansada, tomada de uma alegria rápida como o trovão que ouviu. Hoje foi assim.

Cuca:

— *Quero que ocê me diga*
O que é maximbambá.

Responde Come-Língua:

— *É um cabelo tão duro*
Que não há pente pra penteá.

Volta Cuca:

— *Travesso um rio de nado*
Num merguio sem me moiá.

Retorna Come-Língua:

— *Qui mintira tão danada*
Ocê aqui veio largá.

Já noutro ritmo, Cuca continua:

— *Nu dia que eu amanheço*
Fazeno as minha ladainha,
Home num monta a cavalo,
Muié num deita galinha,
Cana num dá açuca
Mandioca num dá farinha.

No mesmo tom e ritmo, emenda Come-Língua:

— *Baxa no chão é buraco,*
Gancho de pau é forquia,
Entrei na casa da hóstia,
Saí na tesouraria,
Pisei no calo do padre,
Bebi toda água da pia,
Andei na igreja de choto [chouto, apressado],
E lá da porta me ria.

O Paulista adoeceu com febre alta.
O dia amanheceu completamente limpo.
Colunas de fumo, evolando-se dos poucos fogos que resistiram à borrasca passada, continuam a subir. Não chegam a se adensar. São logo espancadas pelo vento. Mas o azul do céu, com o avançar do dia, foi sendo, a princípio, tomado

por grandes e alvos flocos de nuvens que se movimentavam do sul para o norte e que, aos poucos, com o inclinar do sol, foram intumescendo à medida que o calor e a pressão aumentavam. Depois das primeiras horas da tarde, já cobria uma parte do céu, para o nascente, um bom número de nimbos pesados.

O CAMPO PRONTO E A VINDA DO CORONEL

Hoje, 24 de setembro de 1945, foi inaugurado o campo do Tanguro. Pilotando o PP-FBA veio Gilberto. Achou o campo ótimo. A decolagem seria tão boa e livre como a aterrissagem.

Veio com o avião alguma coisa de que necessitamos, menos arroz. A notícia do campo pronto trouxe-nos o coronel Vanique, que aqui permaneceu quase duas horas. Fizemos a ele o relato da marcha da Expedição. No regresso, depois de recomendar que aumentássemos o campo duzentos metros, partiu levando o Paulista — Enzo Pizano.

Carvão, durante o almoço, depois de destratar o velho Cuca, numa visível tentativa de arruaça, partiu para cima do outro com a clara intenção de completar fisicamente a agressão. Chamamos severamente a atenção do desordeiro e o demitimos da Expedição. Dois outros homens, Altino Barbosa e Luís Gonzaga, solidários com o bagunceiro, pediram demissão. Foram imediatamente atendidos.

Não irão de avião. Sairão amanhã, a pé, para o Mortes.

As cigarras continuam infatigáveis no intento de nos ensurdecer.

Hoje, 28, às quatro da madrugada, deixaram o acampamento com destino à base do Mortes os três demitidos ontem.

Às onze horas chegou o PP-FBA, com Gilberto trazendo um radioperador e respectivos aparelhos e motor. O radioperador, Benício Ferreira, montou a estação mas não conseguiu pô-la em contato com a ZVI-7 da base.

O campo está sendo aumentado. Isto vai atrasar a picada.

O piloto Gilberto nos informou que, aqui bem perto, há duas malocas xavante. À tarde, do rumo indicado levantaram duas colunas de fumaça.

Os domingos, agora, são dedicados ao Tanguro, nosso fornecedor de "misturas".

1º de outubro: terminamos definitivamente o campo. Vamos tratar da mudança. Ficou combinado que agora a tropa nos cobrirá daqui para a frente.

O avião manterá abastecido este posto com gêneros que atendam à frente. Daí o campo, o armazém e a estação de rádio. Por falar em estação, apesar dos esforços do operador, continua fora do ar, isolada das suas irmãs, à maneira de São João Batista, pregando no deserto. Ninguém a ouve, só nós escutamos a sua estática. Que pane diabólica será?! Dos aparelhos? Motor não é. Seria "antropológica"? O operador acha que se trata do cristal. Rádio tem isso? Da nossa parte, e até certo ponto, estamos de acordo que está tudo "cristalizado".

Mariano é que está com a razão: é só o "técnico".

6. A primeira chuva

Despachamos para a frente da picada todo o pessoal. Ficamos com a tropa para seguir mais tarde. Novamente o PP-FBA com Gilberto trazendo o coronel Vanique e um conde francês. O conde é correspondente, segundo diz, do *Petit Parisien*. O coronel, que, naturalmente, não conseguiu reter o nome do visitante, disse-nos que ele se chamava Nestlê, conde Nestlê.

Partiu o coronel Vanique, e com "seu" Nestlê; partimos nós para a frente. No posto ficaram: o radioperador Benício, mais Cassiano Castro, Raimundo Pereira da Silva, João Pereira, José Severo, Elias Pereira e Alberto Rodrigues, o Batom. Todos tropeiros e bons. Raimundo Pereira da Silva, Raimundão, era o único ponto fraco.

Nosso acampamento está agora no Taquari. A certa altura desta madrugada fomos, quase todos, despertados por atroante tiro de fuzil dentro do acampamento. Era Mariano, que julgou ter visto um vulto mexer-se na orla do cerrado. Fizemo-lo compreender o absurdo e a imprudência daquele comportamento, que punha em perigo a vida dos próprios companheiros. E se fosse índio? Mariano é trabalhador bom e disciplinado. Há muito o incluímos no rol dos "amedrontados".

De manhã, na hora do café, foi a vez do pessoal censurar o companheiro.

Mariano, num esforço tremendo, procurava justificar o seu desatino. Mas, de todas as observações, a mais sintética e cabal foi a do Luís, da Guarda:

— Atirá com uma arma temerosa dessa, di noite, no meio da sociedade, é uma coisa enorme e soceptive.

Reiniciamos a picada, há vinte dias parada por causa do campo.

À tarde voltamos ao posto, pois sabíamos que o coronel viria. Pouco depois da nossa chegada aterrissou o avião, desta vez pilotado pelo sargento Filon. Com o coronel Vanique veio um senhor inglês, Frank Rough. Mr. Frank, gerente de uma das grandes fazendas do Frigorífico Anglo do Pantanal, veio conhecer esta outra região do Estado no qual há muitos anos trabalha. À maneira do Pantanal, veio vestido num chiripá, traje completamente estranho para o nosso pessoal, que é quase todo do Norte e Nordeste do país.

Foi só o avião decolar, saímos de volta ao nosso pouso no Taquari.

Transferimos o acampamento. Mudamos para a "pátria" das abelhas. Tínhamos de estar o tempo todo nos abanando com um ramo verde. Nuvens de abelhas nos envolviam, cobrindo-nos o rosto, braços e mãos.

Começaram as chuvas. Esta noite choveu pesadamente e o céu amanheceu com nuvens escuras. Entramos no "inverno". Aproveitando o domingo, alguns homens saíram à caça. À tardinha, voltaram com uma campeira.

Luís Gonzaga foi pra rede com febre por causa da ferroada de uma mamangaba. Fomos, também, vítimas desses "abelhões", mas em menor escala. O Santana, o mestre meleiro, trouxe-nos mel de benjoim e de "limãozinho".

Uma pequena tropa trouxe-nos uma carga do posto. Choveu torrencialmente a noite toda, mas as nossas lonas resistiram bem. O "inverno" parece que vai ser rigoroso. As mudanças de acampamento estão ficando mais complicadas. Há sempre necessidade de fazer armações de varas para as lonas, por causa dos aguaceiros.

Regressou ao posto a tropa vinda de lá. Levou João Ribeiro, para tratamento de saúde.

O tempo amanheceu carrancudo e já anunciando os excessos aos quais se entregaria mais tarde. O calor durante o dia foi terrível. Com o "dilúvio" que caiu à tarde, a coisa melhorou.

Um avião passou a grande altura na direção norte.

Três burros da frente desapareceram. Dois tropeiros saíram no encalço dos fugitivos.

Levamos, por isso, o dia todo na mudança para o Tangurinho, afluente do Tanguro.

Não há pragas nas noites frias. Os pernilongos desaparecem por completo. À medida, porém, que as noites vão esquentando, as muriçocas vão chegando e com fúria. Como se não bastassem as muriçocas, temos agora as tatuquiras. Estes mosquitos, quase invisíveis, atuam de preferência à noite e são tão pequenos que atravessam o tecido dos mosquiteiros. Suas picadas queimam, como se a gente fosse atingido por uma infinidade de fagulhas de fogo.

REAPARECEM OS XAVANTE

Temos encontrado boas frutas no cerrado. Hoje demos com uma cagaiteira carregada. São boas estas frutas, e até mesmo verdes são apreciadas. Passamos, também, por um lugar forrado de cajuzinhos rasteiros. São exageradamente azedos e se prestam muito bem para refresco, que aqui se chama tiquara. Se tivéssemos um estoque mais forte de açúcar, prepararíamos alguns litros de tiquara. Mesmo sem açúcar, devemos estar bem abastecidos de vitamina C.

A caça não anda tão frequente como antes das primeiras chuvas, mas mesmo assim temos conseguido alguma coisa.

Demos hoje com uma vara de caititus, mas já em fuga dos cachorros que a seguiam. Com um tiro de revólver abatemos um do bando, o mais assustado, que parou quando nos viu e assim tornou-se alvo fácil e seguro.

Há dias os índios não davam sinal de vida, mas hoje, domingo, quando caçava, João Preto deu de frente com um grupo deles.

Fugiram ao avistar o tropeiro — que, por sua vez, reuniu-se aos companheiros e voltou ao acampamento para comunicar o fato.

O calor nestes últimos dias tem estado de desanimar.

O pessoal transpirou em bica durante o serviço; em consequência consumiu uma quantidade respeitável de água. Continuamos dando, em dias assim, comprimidos de sal a todos os homens.

A picada tem rendido bastante. No serviço, as abelhas não nos dão folga. As pequeninas lambe-olhos chegam a martirizar a gente. Têm o mau costume de se introduzir nos olhos da vítima.

Estamos no dia 24. As chuvas nos retiveram nas barracas até as nove horas. Elas servirão, felizmente, para afugentar as abelhas e também o calor.

A SUCURI E OS MARIMBONDOS

Levantamos já preparando a mudança para as margens de um córrego que atingimos ontem com a picada.

Quando procurávamos, já com a carga arrumada, uma boa localização para o acampamento, um dos homens, que margeava o córrego à procura de madeira, pisou no rabo de uma sucuri. O monstro deu um bote meio preguiçoso e recolheu-se na toca. O homem, ainda pálido, veio contar o ocorrido. Fomos até lá ver o bicho. Arranjamos uma vara e cutucamos a toca imensa. Nada. Batemos, fizemos barulho. Nada. "O bicho foi embora", disse um. Quando estávamos já desistindo, Leonardo teve a ideia de enfiar a cabeça na toca, para ver se distinguia alguma coisa. Na primeira vez, olhou para o fundo e nada viu.

— Toca grande — disse ele.

Nova tentativa, desta vez mais arrojada. Ainda nada.

Na terceira vez sentiu um bafo na orelha. Virou o rosto e ficou cara a cara com o monstro! Nem um palmo de distância!

— Tá aqui — gritou ele, saltando fora.

O córrego que encontramos despertou nos homens a mesma sensação do trovão — saudade de casa... É que eles, numa vistoria rápida, deram com variadas formas de cascalho diamantífero: ferrugem, ovo de pombo, feijão reluzente etc.

A chegada ao "garimpinho" não foi das melhores. Um trabalhador, num golpe de facão, cortou ao meio uma casa de marimbondo. O ataque foi imediato. Alcançaram a todos. O mais castigado foi o autor do corte, que levou uma esporada na pálpebra. E como se isso fosse pouco, quando ele mesmo, momentos depois, enfiou a caneca no córrego para beber água, dentro da caneca havia um "soldado" da colmeia. A ferroada foi dentro da boca. O homem passou mal. Teve falta de ar, dores terríveis, e quase precisou ser recambiado para a retaguarda.

OS CUPINS DE HUMBOLDT E AS ARARAS

Hoje, dia dedicado aos mortos, guardamos a data. Despachamos a tropa para o posto.

Inclinamos a picada dez graus para o lado do Tanguro. De manhã avistamos uma cortina de vapor. Pensamos ser do rio Kuluene.

Tivemos o pior dia de descanso que se pode imaginar. Domingo terrível, este. O calor insuportável das lonas e os borrachudos em nuvens não permitiam que ficássemos na rede. Tínhamos de estar constantemente nos abanando e procurando, aqui e acolá, a sombrinha mais camarada de um arbusto.

A tropinha que havíamos mandado ao posto está de volta. Veio pouca coisa. E nessa pouca coisa, um feijão bastante caranchado. Alguns objetos de couro, uns livros e medicamentos que havíamos deixado no posto estavam quase inutilizados pelos cupins. Diante dos destroços do nosso *Casa-grande e senzala*, veio-nos à lembrança a figura do grande Humboldt, que afirmava não haver uma cultura na América do Sul por causa da ação constante e danificadora das térmitas nos arquivos e bibliotecas! Sem dúvida nenhuma, arriscamos dizer que o maior dos naturalistas exagerou. Primeiro, negando aos sul-americanos uma cultura e, segundo, dando aos cupins uma importância tão grande. Mas se o autor de *Kosmos* dissesse que os seus bichinhos constituem, em determinadas épocas do ano e em alguns lugares, uma praga bastante nociva, nos sertões principalmente, teria dito alguma coisa mais modesta, porém mais acertada.

Iniciamos nova semana de trabalho. Logo adiante encontramos um córrego que imediatamente recebeu o nome de Araras. Bandos enormes e barulhentos delas pousavam e saíam a todo momento da copa dos buritis que margeiam a água.

Agora onças andam rondando o acampamento. Uma esturrou muito, ao clarear do dia. Serão os burros os chamariscos? Ou andam elas atrás de presa mais macia?...

Transferimos nosso pouso para junto do Araras. O espetáculo é belo e o barulho é infernal. Em bandos de vinte, sempre gritando, as aves vêm nos sobrevoar. Acima dos buritis, fazem malabarismos: dão cambalhotas, quedas bruscas e outras evoluções. Os ninhos sempre são nos buritis mortos, descopados, onde elas desaparecem na extremidade ocada. Quando voam, tiram "finas" da gente. Quando enraivecidas, abrem as penas da cauda, à maneira das tesourinhas.

São todas araras-canindés: peito amarelo e asas azuis. Daquelas totalmente azuis vimos poucas. Vivem separadas e não fazem algazarra.

A CRISE DA BOIA

A onça do esturro está tirando as mangas fora do sério. Hoje um burro da tropa apareceu arranhado nas costas por garras afiadas.

A nossa crise de alimentação acentua-se. Feijão sem gordura, exclusivamente isso, é o nosso passadio desde ontem. Feijão carunchado, ainda por cima.

Alguns homens queixam-se de fraqueza, dor nas pernas e tremores. Aguardamos a tropa reabastecedora.

Ainda bem que à noitinha dois homens trouxeram um caititu. Sempre é alguma coisa. E essa alguma coisa será a nossa alimentação de amanhã.

Apesar da boia fraca, continuamos o serviço. Acabou-se o caititu.

Dia 9 amanhecemos muito mal de alimentos. Já estamos sem sal. Os outros gêneros estão reduzidos a um fundo de latão com dois punhados de açúcar, uma "muqueca" de café, uma mão cheia de farinha e nada mais. O apetite cresce à medida que diminui o suprimento. Nossa esperança vai da caça à tropa e da tropa à caça. Hoje, nem uma nem outra.

A única coisa que os caçadores conseguiram abater foi uma jaguatirica. Na falta de coisa melhor, churrasqueamo-la sem sal. Carne dura, fibrosa. Queima e não assa. Cresce e não cede aos dentes. E quando vai esôfago abaixo, o faz protestando, arranhando, zangada como viveu. Mesmo assim continuamos com os serviços. A queixa da fraqueza e tremores está se generalizando.

Hoje, sábado, 10, paramos com os serviços. Sem alimentação não é possível. Os homens estão sentindo física e moralmente a carência de alimentação. Uns, já doentes, não saem da rede; outros se mostram abatidos e desanimados; alguns, contudo, ainda estão em pé. Mandamos estes últimos à procura de uma caça. Conseguiram abater uma suçuapara e uma anta, que, com esforços sobrenaturais, foram trazidas para o acampamento. Que festa não seria se tivéssemos sal! A anta foi a primeira a ser atacada em forma de churrasco. Deixamos tostar bem.

Ventou muito esta noite. Uma rajada mais forte derrubou uma árvore sobre a nossa barraca, desarmando-a completamente. Felizmente não nos atingiu.

Logo em seguida, desabou violento temporal. Sem fogo, sem luz e às apalpadelas, conseguimos recompor as lonas. A chuva continuou noite adentro, até as primeiras horas da manhã. Coisa tenebrosa um temporal na mata. E pior ainda quando é durante a noite. O barulho é ensurdecedor. As copas das árvores se torcem gemendo. Aqui, um galho seco desprende-se e cai ruidosamente; ali, uma árvore seca tomba pela fúria do vento. A escuridão é completa, cortada apenas pelos clarões dos relâmpagos. A impressão que se tem é de que o mundo vem abaixo. As chuvas de novembro sempre são assim, violentas.

Choveu toda a madrugada e ainda o dia amanheceu fechado.

Quebramos o jejum com alguns bocados de carne assada sem sal. Os homens que estão se queixando de tonteiras e fraqueza nas pernas ficaram nas redes.

A picada prosseguia. Os borrachudos, em nuvens, nos perseguiam no serviço. Quase toda a carne manteada estragou por falta de sal. Os pedaços duvidosos... foram assados e comidos com duas araras que caçamos a tiro de revólver. Nós, que não tínhamos intenção de molestar aquelas aves...

Estamos no dia 12, e a tropa que dia 5 seguiu para o posto em busca de víveres ainda não voltou.

Agora quase a totalidade dos homens queixa-se de fraqueza e revela desânimo. Raimundo Telles pediu demissão. A turma toda desejou demitir-se, mas, atendendo a nosso pedido, resolveu aguentar mais alguns dias.

Dia 13, com os que ainda estão mais ou menos bons, fizemos a mudança do acampamento. Toda a carga foi acomodada nos três burros que temos. Transferimo-nos para a beira de uma mata alagada.

Suspendemos os serviços logo após a mudança. Os doentes, isto é, os debilitados, gastaram mais de quatro horas para vencer os seis quilômetros de picada do acampamento anterior até este.

A melhor solução seria removê-los para o posto e dali para a base, mas não temos animais que cheguem para todos, e tampouco suprimento para a viagem. Fracos como estão, não aguentariam a viagem, que é longa, piorada agora com os temporais diários.

Despachamos três homens para o posto do Tanguro, com a incumbência urgente de trazer-nos qualquer espécie de mantimento. Para substituir o açúcar arranjaremos mel. Com mel temos adoçado o chá feito de folha de douradinha-do-campo.

Com os homens mais resistentes, na parte da manhã exploramos as redondezas à procura de um lugar que nos dê acesso ao Tanguro sem precisar passar pelos brejões encharcados que margeiam o rio. Com a exploração, chegamos até o Tanguro. Seu volume aumentou bastante do posto para cá. A caixa agora é profunda e algo larga. A margem direita é toda coberta de mata. Do nosso lado há campos encharcados, cerrados e lagoas. Junto de uma destas, matamos uma anta bem gorda.

Hoje, dia 15, depois de oito dias de crise, a situação melhorou um pouco, com os volumes jogados pelo avião. Temos sal e gordura para alguns dias. Mas sal e gordura não são alimentos, só tempero. Resta-nos, agora, procurar alguma coisa "sólida" para aplicar o condimento recebido. A anta estragou-se. Piauí, Zequinha e Zé Preto abateram um cervo. A carne desse imponente animal é meio perfumada, mas estamos pouco exigentes... É uma pena abater tão belo representante da nossa fauna, mas o que fazer se a situação exige?...

Temos feito ingentes esforços para não paralisar o serviço.

Os cachorros, durante a noite, derrubaram dos varais a carne do cervo.

Voltamos assim ao "nenhum".

Estamos com o pessoal bem dividido. Parte está doente, guardando rede. Uma parte no serviço, alguns caçando e os tropeiros e um guarda viajando para o posto, em busca de recurso.

"SÓ VEIO COMPRIMIDO DE SAL IODADO"

O almoço foi tamanduá-mirim, bem assado em fogo vivo. Regressaram à noitinha os homens que tinham ido ao posto. Ao percebê-los de volta, a satisfação foi geral. Um dos debilitados exclamou em voz alta:

— Assunta minha gênti, tá chegano o diabo do feijão! Vô cumê que nem karajá, e dispois deitá de barriga pra baxo!

Não tardou, porém, que sofresse uma decepção enorme. Os tropeiros trouxeram, apenas, dois litros de comprimidos de sal iodado e um pouco de banha, única coisa que encontraram no posto. Lá nada sabiam de avião. O rádio em pane. Eles com falta também de alimentação, mas com mais sorte, por terem ali perto o Tanguro, que não nega peixe.

Tudo indica que estamos nos aproximando da mata geral do rio Kuluene. Ao meio-dia, um avião grande sobrevoou a picada, a grande altura, fazendo longa incursão para a frente. Algum tempo depois regressou rumo sul. Reconhecemos, na volta, o Focke-Wulf do capitão Basílio.

Isso indica que, para o reabastecimento, perdemos muito na troca da tropa pelo avião. Antes do campo, a tropa ia e vinha morosamente, mas vinha. Tínhamos sempre o essencial. Agora que o transporte ficou a cargo dos aviões, temos experimentado todos os contratempos, inclusive fome.

Possivelmente existe alguém que anda somando o preço da gasolina ao arroz com feijão e está achando caro...

Vinte homens, infelizmente, comem que não é brincadeira.

Está claro que a nossa expedição cabocla devia continuar com a tropa, como começou. O avião como meio de abastecimento está um pouco acima da mentalidade da nossa "retaguarda próxima", que, para economizar viagens, deixa vinte homens sem alimentação. Não há dúvida de que, no fim do mês, vai aparecer nas fichas do almoxarifado uma apreciável economia. Mesmo porque as fichas não registram ocorrências como homens no fundo das redes impossibilitados, por fraqueza, de ficar em pé. Não se anota, lá, o esforço de gente comendo onça sem sal, anta estragada, mas tocando o serviço.

Matamos outra anta. Carne de anta com sal iodado. Andamos com saudades de arroz, café, feijão, coisas de que há quinze dias nem o cheiro sentimos.

Fomos procurar lugar para o novo acampamento. Foram conosco Didi, Zequinha, Santana e Valadão. À esquerda do picadão encontramos um córrego bem grande com água muito clara, com ótimos lugares nas margens para o que queremos.

Estamos no vale do Kuluene. Acabaram-se os morros, os espigões, as serrinhas. A região é plana e a vegetação aos poucos vai se encorpando e se tornando mais densa, embora ainda se encontrem campos encharcados e buritizais pantanosos.

Manteamos e, com bastante economia, salgamos a anta abatida ontem.

Os homens doentes continuam com os mesmos sintomas, fraqueza extrema.

Hoje comemos anta e mel!

Enquanto restar um pouco de ânimo tocaremos o serviço. Mudamos, hoje, mais para a frente.

A TROPA NÃO VEM

Nada de tropa. Será que houve algum cataclismo lá pela retaguarda? Nem um longínquo "eia" dos tropeiros. Coisa séria deve ter acontecido. O abastecimento está na sua crise aguda. Muitos homens falam em abandonar tudo, mas há os que permanecem firmes e que, por justiça, não podemos deixar de registrar. São eles: Sebastião Santana, Antônio Ferreira Lima, Félix dos Santos, José Acelino de Almeida (o Piauí) e Antônio (o Cuca).

Infelizmente, este último tem apresentado sintomas de desarranjo mental. Não raras vezes chama o pessoal para o almoço e anuncia em alta voz que o feijão está "drobado", que o arroz está solto e a carne bem assada. Completando as palavras, empunha a concha e se coloca diante das panelas vazias enfileiradas no jirau, como quem está pronto para servir. Na primeira vez a coisa foi recebida por troça, mas a repetição e a seriedade com que a fazia, mais o seu abatimento, levaram-nos a suspeitar de coisa mais grave. A esperança é de que, com a chegada de provisão, o estado do velho se normalize. Está muito desnutrido.

A onça voltou a esturrar. A nossa cachorrada assanhou-se mas não se animou a sair em perseguição. Saímos nós bem na direção de onde vinham os esturros. Ela havia chegado bem perto do acampamento. Daí o alvoroço dos cachorros. Vimos os rastos: era grande. O nosso sertanejo calcula o tamanho da "bicha" não pelo rasto grande ou pequeno e sim pela extensão da passada.

Seguimos explorando a área sem nada trazer de animador para os planos de abertura de um novo posto com campo de aviação. Trouxemos foi uma arara e um jacupemba, e um bom carregamento de pequi. Pequi é um fruto que regula em tamanho com uma laranja-da-baía. A polpa vem agarrada ao caroço. Ele pode ser comido cru ou cozido misturado no arroz ou na carne.

Os homens enfraquecidos, quando saem das redes, cambaleiam até a beira do fogo.

Estamos no dia 23, dezessete dias da última tropa, o que vem a ser dezessete dias sem nada, nem mesmo um grama de sal. A caça tem nos mantido em pé.

O velho Cuca continua com os sintomas de fraqueza mental.

A TROPA CHEGA, FINALMENTE

A onça, sabendo da nossa pouca disposição para caminhadas extras, tem vindo esturrar aqui perto. Esta manhã se aproximou tanto que os cachorros entraram em brios e saíram na sua perseguição.

A acuação foi cerrada. Percebemos, de longe, os cachorros acuando no mesmo lugar.

Ao chegar, demos com um belo exemplar de canguçu, que, rosnando enraivecido, lentamente movia a cauda e a cabeça enorme. O pau em que estava empoleirado era baixo, três a quatro metros de altura.

A cada movimento que fazíamos, procurando posição boa para atirar, o felino faiscava os olhos, rosnava e franzia a pele da cara numa expressão de grande ferocidade. Com a maior rapidez possível, tratamos de apoiar a arma numa forquilha baixa e desfechar o tiro. Foi certeiro, mas o animal, embora tenha caído mortalmente ferido, ainda teve tempo de golpear alguns dos cachorros.

Hoje, deixando um pique de sondagem, rompemos numa mata alagada e emaranhada de uma espécie de taquari que chega a soltar chispas de fogo aos golpes de facão.

Chegou a tropa. A tão esperada tropa. Conduzindo-a vieram João Preto, Severo, Cassiano, Augusto. A alegria foi geral. Os mais brincalhões pegavam na mão um punhado de arroz ou farinha e perguntavam:

— Uai, moço, qui troço é isso? Cascaio num é, que eu sei.

Se não fossem os doentes, a satisfação seria enorme.

A tropa descansou no domingo e hoje, segunda, regressou ao posto.

As chuvas continuam assíduas. O Tanguro já começou a transbordar. Diabo de rio que enche tanto com um mês apenas de chuva!

Um avião, que não identificamos direito, jogou-nos alguns volumes: café e farinha. Como a carga trazida pela tropa havia sido pequena, entramos hoje,

1º de dezembro, no sexto dia da vinda da tropa comendo só a farinha jogada ontem do avião.

Dos homens doentes, dois parecem graves. Sem falar do velho Cuca, que continua na mesma. Os dois mais graves, Luís Preto e Antônio Ferreira Lima, apresentam febre alta, vomitam bile e gemem de dores no corpo.

Decidimos prosseguir a picada no rumo trezentos graus, até encostar na orla de uma grande mata que temos à frente, possivelmente a do Kuluene. Vamos ver se por lá o terreno é melhor para o posto que projetamos.

O velho Cuca, que agora vinha melhorando, foi hoje repentinamente acometido de febre alta, perdendo completamente as forças. Demos-lhe Atebrine e uma injeção de Panteína.

As chuvas não cessam. É um diluviozinho particular aqui para a região. Entremeando as chuvas temos, durante o dia, nuvens de piuns; à noite, terríveis chusmas de muriçocas, que nos molestam terrivelmente.

Chegou a tropa do posto com alguns víveres. Com ela vieram mais três homens para o serviço: Antônio Anastácio, José Sergipano e Ítalo Queirós. Os dois primeiros, sertanejos, e o terceiro, carioca, à procura de "emoções fortes". Viera recomendado do Rio à chefia da Expedição.

Passamos o dia na chuva, fazendo reconhecimentos. Ficamos encharcados e tiritando de frio. Na barraca a coisa estava mais agradável: roupa seca, rede quente e boa boia. Um dia de alimentação normal, depois dos dias de carência passados. A picada cruzou o Água Clara, onde estamos acampados. Nesse córrego fizemos uma pequena ponte, para o trânsito da tropa.

Hoje, só temos fora do serviço três homens: o velho Cuca, o Piauí e o Luís da Guarda, este com cólicas de fígado.

O "vermelhinho" da base, com o coronel Vanique a bordo, sobrevoou nosso acampamento por algum tempo e tomou rumo de volta. A mensagem jogada falava de mata à frente, alagado embaixo, morros à esquerda e serras à direita.

A ponta da picada está a quase duas léguas do acampamento. Pernada longa para depois de um dia de trabalho.

Domingo passamos na rede. Segunda, dia 10, nos encontramos enfrentando cerrado grosso cheio de pequizeiros, carvoeiros e pororocas, que têm retardado muito os serviços.

O VELHO CUCA ESTÁ PIORANDO

O velho Cuca oscila entre melhoras razoáveis e pioras apreensivas. Até há pouco esteve de viola em punho, mais desvairado que lúcido, improvisando versos, cantando trechos de "modas" e dizendo alguns disparates. Esteve a tarde toda assim. Como exímio repentista que é, chegou a dizer algumas quadras até bem expressivas, que guardamos na memória:

— *Caboco mau pega frexa,*
E branco sabedoria.
Sordado briga na guerra,
E negro na feitoria.
Na boca de quem não presta
Quem é bom num tem valia.

Continuando, filosofou:

— *Eu andei no mundo todo*
Num achei quási valia.
Vi os fios xingano a mãe,
E pai pastorando as fias.

E olhando o céu, continuou:

— *Nunca vi alto sem baixo*
Nem morro sem boquerão.
No mar tem bicho feio,
Tem "turco", boto e leão.

E caminhando com a viola, finalizou:

— *Despedindo do governo*
E também da Expedição,
Da bandeira brasileira
Das vertentes dos xavante.

Recomendamos aos tropeiros que na próxima vinda trouxessem um burro de sela, a fim de encaminharmos o doente para o posto, onde aguardaria avião para a base.

A caça está ficando difícil. Com as chuvas, a caça grossa afasta-se das margens do rio. As antas passam para as partes mais altas, os porcos se embrenham pela mata, os veados desaparecem dos buritizais e as aves emigram.

Enviamos nossa tropa ao posto. Não sabemos por que a do posto não tem vindo. A ausência da tropa acarreta sempre grande atraso. Nossos víveres estão no fim.

Mandamos alguns homens à caça; trouxeram um cervo.

Hoje, dia 13, mandamos homens à caça, novamente.

Os nossos gêneros acabaram. Voltamos a depender da carne da anta e do veado, já muito seca e rija, estendida no varal.

Perto do acampamento matamos um pato e no fundo do caixão encontramos uma mão cheia de farinha. Tão pouco para tanta gente! Demos quase tudo aos doentes.

Suspendemos os serviços. Sem alimentação a coisa não dá. Já que a caça anda difícil, saímos à procura de mel e pequi. Achamos um e outro. Voltamos com os embornais cheios.

O atraso da tropa pode muito bem ser devido à travessia dos córregos. É possível que alguma ponte tenha rodado.

A CAÇADA DE PORCOS

Dia 16, e nada da tropa. Como nossa alimentação não tem sido outra senão pequi, mel e alguma caça desgarrada, resolvemos fazer uma caçada grande levando a cachorrada. Saímos cedo levando Roncador, Seguro, Pendão, Macambira, Gestapo e Garimpeiro.

Procuramos batida de porco, agora que está caindo pequi.

Não andamos muito. Seguro, que puxava a fila, latiu perto. Ouvimos alguns latidos esparsos e depois a corrida da cachorrada liderada por Seguro. A corrida ia para uma mata próxima. Seguro, o mestre, sempre na frente, puxava os demais. A corrida ia animada. Virava, agora, para a direita e vinha beirando a mata, encurtando assim a distância.

De repente, cessa a corrida. Um instante depois ouvimos uma algazarra. "É porco!", grita um. O lugar era feio e sujo. A nossa chegada aumentou a confusão. O ronco dos porcos, quando longe, dá uma ideia de trovoada. De perto, acuados, enraivecem e batem as queixadas fazendo um barulho que tonteia. Isso tudo, e mais a algazarra dos cachorros, vira um pandemônio.

O primeiro tiro partiu da direita; logo um segundo, e um terceiro não se fez esperar.

Da esquerda, um homem gritou repreendendo um dos cachorros, ao mesmo tempo que dois tiros ecoaram, quase simultâneos. Um cachorro ganiu desesperadamente. Não pudemos saber qual. Caçada de porco dá sempre confusão. Parte grande da porcarada fugiu. Nossa atenção, agora, estava voltada para um porco malferido, que, arrastando o quarto traseiro, tentava, num último esforço, se defender da cachorrada que avançava de todos os lados. Um tiro de misericórdia pôs fim ao barulho.

Fizemos um levantamento nos estragos: quatro porcos mortos; Macambira lanhado profundamente na parte traseira; Garimpeiro, Seguro, Gestapo e Roncador ilesos; Pendão ferido no focinho. Destripamos ali mesmo os porcos e dois fígados serviram de repasto aos cachorros. Alçamos as caças em varas e as transportamos para o acampamento.

Chegamos bem tarde ao pouso. Logo depois chegou a tropa do posto, com mantimento. Veio boa quantidade de arroz, farinha, feijão, banha, açúcar, café, rapadura e uma manta de carne de anta que abateram na viagem. A satisfação foi geral. Saltamos do estado de penúria para um outro de relativa fartura. A janta foi variada e generosa. Todos ajudavam o cozinheiro. Um repicava a lenha enquanto outro soprava o fogo. Os tropeiros quase não tiveram trabalho. Num instante todos descarregaram os seus burros e ajeitaram a carga nos jiraus. O fogo da cozinha clareava parcialmente o acampamento. Em torno dele, mais de uma dezena de homens estão acocorados e conversam. Os tropeiros já contaram os acidentes da viagem, das pontes caídas, do atraso do avião e da ronda xavante nos acampamentos de pouso.

Conversam agora sobre a caçada: cada um salta em defesa do seu cachorro predileto.

— Quem achô premero a porcada foi o Roncador — diz Ferreira.

— Tá doido quem num conhece o Seguro barrando, moço! — replica Santana.

— Seguro tá véio, Santana — volta o primeiro.

— Qui tá véio eu sei, mas aqui num tem cachorro qui dê num rasto dum bicho e qui despois de pegá num larga mais, isso num tem. Veja a onça doutro dia — argumenta Santana.

— Êssi negoço de sê véio num infrói. Eu cunheço um véio no Piauí, véio memo, que põe roça, lida com gádu e inda casô cum moça moderna [nova] — entra na conversa Mariano.

— Para, Mariano. Nóis tá falano em cachorro e ocê vem cum gênti; isso lá é jeito, moço? — protesta Zequinha.

— Tô só veno. Ninguém fala na Gestapo. Aquele porco ali — aponta uma manta no varal —, foi ela que trouxe pro ponto da 44. Foi só vê, arrastei o dedo. Agora tá aí pro cês cumê — acrescenta, rindo, Piauí.

— Tá doido, que nego mitido, gênti — observa Mariano.

— Óia, Piauí, eu num sô muito branco, mais nêgru oxidado qui nem ocê e o Juão nem deve entrá na cunversa dus cráru que nem nóis — fala Elias.

Risada geral. João e Piauí riram também. O cafuzo Elias é de bom gênio e brincalhão.

O velho Cuca está, hoje, num dos seus dias de profunda nostalgia. Senão estaria no meio da conversa animada. Seu substituto deu o grito de boia pronta. O pessoal entrou na fila e, raspando a colher no prato esmaltado, fazia o ritmo do cururu. Um ou outro mais animado arriscava dois ou três passos de sapateado.

Normalizada a situação com a chegada da tropa, reiniciamos os serviços que estavam suspensos havia alguns dias. Refizemos a ponte do Água Clara, que havia caído. E mudamos o acampamento para a beira de um buritizal, perto da extremidade da picada. Tivemos de fazer fogo para afugentar as abelhas que, em nuvens, nos importunavam. Não fomos bem recebidos aqui. Além das abelhas, o lugar é cheio de formigões. É terrível a ferroada desses "bichinhos". A dor prolonga-se por horas a fio, e a vítima, às vezes, sente febre e dor de cabeça.

O GARAPU

Saímos cedinho para a picada. Queremos aproveitar bem a boia que temos. Um dos homens abateu um veadinho desconhecido de quase todos nós. Identificou-o o cozinheiro Antônio:

— É garapu, moço. Só dá na mata grande.

Isto confirma as nossas suspeitas de que estamos na orla da mata geral que cobre as vertentes do Kuluene e se estende por ele abaixo formando com a do Xingu, e de outros rios, as espessas florestas do Centro brasileiro.

Com o regresso da tropa, mandamos para o posto o velho Cuca. Há sete meses veio alegre, conversador, cantando na viola e dando uns passos de xaxado. Regressa agora abatido, olhar vazio e profundamente abalado no seu sistema nervoso.

Encontramos batidas velhas dos índios. Demos ao córrego pequeno e cristalino que encontramos o nome de Garapu, como lembrança do veadinho ligeiro, de lombo quase roxo, que abatemos aqui perto.

21 de dezembro de 1945. Nesta data já nos encontramos na mata grande. Certificamo-nos disso depois de avançar alguns quilômetros. Dentro da mata tiramos de um pau oco cinco litros de mel de mumbuca.

Na exploração mata adentro, saímos num córrego que batizamos de Jacamim. Isto porque ali demos com um bando dessas aves. Quando surpreendidas, elas emitem um som idêntico ao grunhido de porco-do-mato. Em seguida aos "hum-hum..." soltam gritos estridentes e debandam.

Um pouco atrás do córrego, valendo-nos de um cipó, alcançamos os galhos mais altos de um jatobá que se sobressaía da copa da mata. Esperávamos ver alguma coisa pra frente, mas nada vimos a não ser mata.

Hoje, véspera do Natal, saímos para novos reconhecimentos. Alongamos a caminhada até as margens do Tanguro. Nada de peixe. Com o transbordamento das águas, eles encontram muito o que comer e mais dificilmente pegam em anzol.

A SUCURI

Na volta, resolvemos tomar banho numa poça no buritizal. A poucos metros de nós entraram os cachorros em alarido medonho. Corremos ao local e vimos, enrodilhada, uma sucuri de tamanho considerável. Inicialmente pensamos que fossem duas cobras amontoadas, mas verificamos logo que o enorme volume era de uma só. A serpente acompanhava com a cabeça os movimentos dos cachorros, que, na sua afoiteza, quase a tocavam.

Depois de alguns tiros de revólver, acertamos um na cabeça do enorme réptil. Com o tiro, contorceu-se todo, escorregando sobre si mesmo. Morto, arrastamo-lo para lugar mais limpo. Medimos: nove metros de comprimento, e circunferência respeitável.

Sem dúvida nenhuma a sucuri é o gigante da nossa fauna e a maior serpente do mundo. A única que com ela rivaliza é a píton, da Ásia. Mas esta nunca ultrapassa os nove metros, ao passo que a nossa sucuri atinge, às vezes, catorze.

O sol de hoje — 25 de dezembro de 1945, Natal — encontrou-nos na rede.

Não tivemos um almoço melhor do que aquele que o nosso Cuca chamaria de "drobado". Podíamos tê-lo melhorado com alguma caça, mas não quisemos matar nada hoje por ser Natal.

Nosso pessoal agora não vai além de dezesseis homens. E, assim mesmo, volta e meia estamos a "nenhum" em matéria de provisão. Por causa da irregularidade das tropas, que, por sua vez, dizem que o posto está mal suprido e o avião vem muito espaçadamente, e quando o faz traz cargas pequenas. Daí, agora que estamos mais distantes, a constante falta de gêneros. Hoje, por exemplo, já estamos somente com arroz, um pouco de gordura e um punhado de sal.

À tarde, um avião sobrevoou o acampamento. Pela mensagem jogada soubemos que a bordo estava o coronel Vanique.

A mensagem dizia o seguinte:

Villas Bôas, bons dias. Creio que já chegaram na mata geral. Já estou principiando a substituir os homens daí. Mandem, gradativamente, dois de cada vez, para não ficarem parados no posto Tanguro. A mata é aí mesmo onde estão. Feliz Ano-Novo e abraços. Mattos Vanique.

E abaixo:

Agora o avião virá mais seguido. Escrevam e mandem dizer as condições do lugar aí.

No segundo rasgo do "vermelhinho" foi lançado um volume. Abrimos na esperança de encontrar mistura para a janta, uma vez que o almoço foi tão fraco. Era uma manta pequena de charque.

Iniciamos os últimos dias de trabalho do fim do ano fazendo uma estiva no Garapu.

Augusto e o novo cozinheiro, Aírton, mataram aqui perto um jacupebazinho.

Em alguns homens estão voltando os sintomas de fraqueza, dores no corpo e suor frio.

O PRIMEIRO *RÉVEILLON*

Saímos cedo com o pessoal à procura de lugar para a instalação do posto. Como o Garapu corre na orla da mata, resolvemos, nas proximidades dele, desenvolver as nossas explorações. Do lado direito, do ponto onde a picada cruzou, o cerrado encosta no córrego em lugar seco.

Escolhemos o melhor campo para o acampamento e futuro posto.

O lugar é plano, mas coberto de vegetação densa. O Garapu é o limite do cerrado. Do outro lado dele começa a mata.

O Tanguro dista três quilômetros do ponto escolhido.

Iniciamos hoje, 28, a limpeza a foice do lugar escolhido ontem. Deixamos o pessoal trabalhando e fomos até o Tanguro, à procura de caça. Vimos alguns jacubinos e um bando de macacos-prego. Só conseguimos matar um macaco, que, por sinal, ficou enroscado lá no alto da árvore.

Esta madrugada, uma onça esturrou aqui muito perto. Os cachorros rosnaram mas não tiveram coragem de deixar a beira do fogo: o tempo estava frio e úmido.

Mal o dia clareou, pusemos o pessoal fora das redes para tratar da mudança.

Uma pancada de chuva tardou um pouco a saída. À tarde, já tínhamos instalado o acampamento, com lonas, jiraus etc.

Ao anoitecer chegou uma tropinha do posto, conduzida por Elias e Batom. Com ela vieram mais três homens para o serviço: Raimundo Lopes, Moisés Pinheiro e Ascendino Silva. Muito pouca coisa veio com a tropa.

Aproveitamos o domingo para uma exploração mais funda na mata. Para isso madrugamos. Como já tínhamos notado, a mata, de certa altura em diante, se torna mais encorpada e limpa por baixo e o seu teto é mais fechado e frondoso. Mata bonita. De cima das árvores mais avantajadas pendem inúmeros cipós que a embelezam grandemente, mais parecendo fios soltos de um tear imenso. Outros cipós grossos e retorcidos envolvem os troncos nodosos, e outros ainda, como os imbés, caem paralelos aos caules até o chão. É bem diferente a mata alta das simples restingas ou matas ribeirinhas. Nestas, quase sempre, entremeiam-se os cipoais finos, os taquarizais, os tabocais e toda uma vegetação rasteira e espinhenta.

Na mata alta cobre o chão um folhiço espesso e fofo. Na exploração de hoje, vimos inúmeras árvores que não conhecemos. Entre as conhecidas encontramos: jatobá, tarumã, goiabeira (árvore de tronco liso, longo e retilíneo), gameleira, landi, pau-d'arco e outras de menor porte.

Encontramos, bem no fundo da mata, sinais de fogo. De que índios seriam? Chegamos de volta ao acampamento já com o sol baixo.

Voltou para o posto a tropa que aqui estava, seguindo com ela: Santana, Ferreira Lima, Firmino Maia, Didi, José Tavares e Ítalo Queirós. Este último vai com destino ao Rio, para tratamento de saúde. De lá viera há um mês, à cata de "emoções fortes"... e as teve. Um bom rapaz, esforçado, mas que pegou a Expedição numa fase muito difícil, principalmente quanto à alimentação.

Instruímos os tropeiros para voltar em uma semana, o mais tardar. Nossas reservas aguentarão ainda uns seis dias.

Chegamos ao último dia de 1945!

Trouxemos o picadão até as matas gerais do rio Kuluene, formador do Xingu. Os temporais, as chuvas mansas e contínuas, as muriçocas, as tatuquiras, as abelhas e os formigões; os xavante matreiros com seus fogos e fumaças, com suas ciladas; e, ainda mais, os longos períodos de carência de víveres para uma alimentação normal somados ao quadro acabrunhante de companheiros doentes, fracos, gemendo no fundo das redes, não constituem empecilho que nos tire o ânimo de levar a termo a tarefa que nos foi dada.

Que venha melhor o 46!

DEUS NOS AJUDE NO ANO NOVO

1º de janeiro de 1946, terça-feira. Descanso aqui significa caçar. A saída de hoje trouxe-nos uma paca. O almoço foi à altura da data. Paca e "vinho". Vinho de buriti. A fabricação é a mais fácil possível. Para prepará-lo, ou melhor, consegui-lo, derruba-se uma palmeira e faz-se no tronco uma cova que atinja o miolo. Isso feito, deixa-se o tronco em repouso e bem coberto. A seiva que drena para a cova é o "vinho". O sabor não é lá muito agradável e é levemente adstringente. O nome, porém, é bom: vinho...

Em substituição ao velho Cuca, foi para a cozinha, em caráter efetivo, o trabalhador Moisés Pinheiro.

O primeiro serviço do ano foi a continuação da limpeza da área do acampamento, encoivaramento, fogo etc.

Ideal seria o "verãozinho" de janeiro, se viesse logo.

Um mês de sol numa estação de chuvas! Queimaríamos as coivaras e faríamos uma boa provisão de boia. A tropa correria com desembaraço; a caça voltaria e o peixe também. Isto porque o veranico de janeiro são trinta dias de sol num período de chuvas.

Todas as nossas buscas giram em torno de um lugar bom, aqui perto, que dê campo de aviação. Saímos para verificar uma zona encascalhada que vimos lá atrás. Além de nada conseguir, tivemos de arrastar as nossas montarias, que afrouxaram.

Três homens caíram doentes com muita febre e desarranjo gástrico: Cassiano, Augusto e Altelino. Ficamos surpresos com o mal que subitamente atacou os três. Não fosse o nosso passadio arroz com feijão, pensaríamos numa intoxicação alimentar. Mas desse mal estamos livres.

Dos quatro homens que saíram para caçar, dois nada trouxeram, e os outros dois perderam-se na mata, só voltando muito tarde ao acampamento.

A nossa medicina está falhando nos três doentes. Continuam eles com os mesmos sintomas de desarranjo gástrico, só que agora com vômitos constantes. Aumenta para quatro o número de doentes. Caiu mais um, Ailon. O mal é o mesmo, pelo menos os sintomas são.

Novamente suspendemos todos os trabalhos.

Só permanece a caça, que tomou feição de trabalho penoso, pelas distâncias a caminhar, pelos alagados, pelo arredamento da própria caça etc.

Acabou no almoço o último "caroço" de feijão. Não deixou saudade. Bichado e sem gordura como vinha sendo consumido, até foi bom que acabasse.

Para os doentes, sim, a coisa vai complicar. Vinham eles alimentando-se, quando podiam, de caldo de feijão. Cremos que estamos pagando sobejamente o tributo que o sertão cobra de seus invasores.

Em matéria de doença a coisa está se agravando com rapidez impressionante. Como se não bastassem os quatro homens gemendo no fundo da rede e vomitando a todo momento, surge agora o trabalhador chegado há quinze dias, Ascendino, com visível perturbação mental. Fala sozinho, zanga à toa e diz os maiores absurdos.

Saem à caça os homens que estão em condições de andar, na renovadora esperança de conseguir alguma coisa que melhore a nossa alimentação. Voltaram sem nada.

Não podemos mais contar com caça como coisa certa, como vinha acontecendo. A tropa está com um atraso de seis dias. E nós com fome acumulada de seis dias. Estaria o posto novamente sem suprimento? Abate-se o moral dos expedicionários.

Altelino e Ailon vomitaram sangue. O que seria?

Despachamos três homens para o posto: Piauí, Bertoletti e Félix. Por eles enviamos uma mensagem ao serviço médico do Mortes, falando dos doentes. Pedimos resposta urgente. Não temos alimentação para eles. Já não suportam mais caldo de espécie alguma, principalmente o de buriti, que, na realidade, fornece mais uma gosma do que um caldo.

ASCENDINO ESTÁ "ENLOUCANDO"

O calor insuportável das lonas e a febre põem-nos em estado de quase desespero.

Acentuam-se no Ascendino os sintomas de loucura.

Dia 11. O ano está começando mal, muito mal. O barracão de lona mais parece uma enfermaria de salvados de um acidente, tal o gemer que se ouve.

Alguns estão tão fracos que, para evacuar, são tirados da rede por dois homens. Seguros pela cabeça e pernas, são levados a algumas braças da barraca e, nessa posição, satisfazem as suas necessidades. Há até o caso de um deles que, levado a se aliviar fora, depois de um esforço tremendo, consegue evacuar um quase nada. Elias, um dos carregadores, exclama:

— Tanta labuta por uma bestagezinha!

À tarde, um temporal repentino desarmou nossas barracas, deixando-nos ao relento. Protegemos os doentes com duas lonas pequenas, enquanto recompúnhamos as grandes. Foi quase uma tempestade. As violentas descargas magnéticas sucediam-se quase ininterruptamente. Acompanhavam a chuva rajadas de um vento frio vindo do sul.

Um dos homens piora consideravelmente. Resolvemos aplicar-lhe uma injeção de óleo canforado, já que estava com o pulso muito fraco. No momento em que o aplicador da injeção entrava no rancho, já com a seringa na mão direita e uma lamparina na esquerda, uma rajada forte apagou a lamparina. O aplicador, tropeçando no escuro, aplicou a possante dose de óleo canforado no esteio do rancho!...

Os doentes, inclusive Ascendino, que está cada vez mais louco, não estão em condições de ser removidos para o posto.

Nem podemos pensar nisso. Não se aguentam um momento em pé. As pernas estão como se fossem trapos. A cabeça, sem firmeza sobre o pescoço, fica descansando sobre o ombro. Este é o sintoma que mais tem nos preocupado. Um médico gostaria de ver de perto este mal que não sabemos qual seja.

Mas como pensar em médico, se nos falta feijão?...

Apesar do estado, os doentes manifestam vontade de comer. Hoje, na nossa ausência, comeram um pouco de palmito de buriti (massa limbosa e aguada), e o resultado foi uma verdadeira crise de vômitos, suores e convulsões.

Mandamos mais dois homens para o posto — quatro dias de caminhada dura, a fim de apressar a tropa e comunicar-se com o serviço médico do Mortes. Não levaram matula, a não ser um pouco de sal e os nossos votos de que encontrem caça pelo caminho.

Somos ao todo dez homens, inclusive os doentes e o doido Ascendino. A nossa crise alimentar está no auge. É tão grande a fome dos cachorros que não conseguimos contê-los. Derrubam cangalhas e arreios do jirau para comer as correias e outras peças de couro cru.

Esta manhã acordamos com os gritos do Ascendino para o cozinheiro. Andando agitado pelo pátio, gritava:

— Cozinheiro, nego vagabundo, mata a vaca da dona Maria pra nóis cumê. Tira o gado do arçapão, tá tudo bichado. Sai, cão danado, fio do capeta.

Às onze horas da noite, depois de oito dias de angustiante espera, chega a tropa. Na mesma hora mandamos preparar um panelão de arroz. Trouxeram a tropa Elias e José Ribeiro. A fim de que tudo corresse bem, os trabalhadores Santana e Zequinho, que aguardavam no posto condução para a base, vieram auxiliando.

A demora foi, como esperávamos, falta de provisão no posto!

A situação melhorou com uma anta morta aqui perto, que veio reforçar o arroz e feijão.

Os doentes comeram com sofreguidão o arroz mole que servimos.

Ouvimos, aliás já de alguns dias, mas sem a intensidade de hoje, gritos vindos da mata. Que índios seriam? Xavante? Outros da mata?

"SOU FILHO DO CAPETA"

Ascendino continua agitado. Tencionamos mandá-lo com esta tropa. Hoje ele levantou dizendo que é filho legítimo do capeta e que os xavante, nesta época de chuva, estão chocos nos galhos de pau, por isso não são vistos agora.

— O xavante é pau seco! O xavante é pau seco! — saía ele gritando pelo acampamento.

Caiu por terra nosso plano de retorná-lo ao posto com esta tropa. Quando viu os preparativos e percebeu a nossa intenção, agradando-o, saiu em disparada, dizendo:

— Os sordado qué me prendê, o curpado é aquela véia de Caiapônia.

Retivemos a tropa até bem mais tarde, enquanto procurávamos o louco pelos arredores. Mas não o encontramos. A tropa partiu e com ela mandamos Cassiano e o guarda Valadão para auxiliarem na próxima viagem para cá. Quase noite surgiu o Ascendino. Vinha molhado, rasgado e dizendo as maiores incoerências. Era sempre a velha de Caiapônia a culpada de tudo, repetia ele. Na hora mais quente de hoje, pusemos fogo no roçado do acampamento. Os doentes passaram melhor.

Dia 16. Ascendino amanheceu hoje um pouco mais calmo que nos outros dias. Enquanto os outros trabalhavam nos ranchos, ele, quase a manhã toda, passou escrevendo numa folha de papel, que, cuidadosamente, apoiara sobre um caixote. Quase na hora do almoço veio nos entregar uma carta endereçada ao ministro João Alberto. Cabeçalho e conteúdo diziam:

Sinhori Ministro Juã Arberto
Técnico da viação
Rio di Janero

Escrevu esta para dá mias notissa e pedi as sua. Nóis tamo sem trens de cumê — pesso mandá pra nóis 2 latras de mantega [banha] carne de gádu farinha de fubá fóscu [fósforo] dois litru de criosene. Mande tomém pra mi i prus cumpanhero cigarru manso.

Garapu Xavanti
Adeus
Ascendino da Silva

"MATO O HOMEM, SEO CLÁUDIO?"

Na hora de retornarmos ao serviço, depois do descanso do almoço, Ascendino, já de novo completamente transtornado, ameaçou-nos com uma garrucha. Rapidamente, porém, foi seguro pelos homens que estavam junto dele. Tivemos de agir prontamente para dissuadir Mariano, que, com o cano de seu imenso revólver 44 encostado na frente do louco, perguntava alto: "Mato o homem, seo Cláudio? Posso matá o homem?". O louco, seguro pelos outros, lutava desesperadamente para escapar. Mandamos que o soltassem, e ele se acercou rapidamente de nós, para dizer que o culpado daquela coisa toda era a velha de Caiapônia: "É uma véia danada, chocô doze ovo e saiu doze antinha. Quando chega gênti ela esconde eles tudo embaixo da saia".

Resolvemos de vez removê-lo para o posto, o que faremos amanhã, dado o adiantado da hora. Não há outra solução.

Como havíamos resolvido ontem, logo cedo começamos a tratar da remoção do louco para o posto, onde aguardará condução para a base. Depois de convencê-lo, num momento de lucidez, a seguir Leonardo, Mariano e Biotônico, saíram os quatro a pé, levando pequena matula. Teriam de andar, no mínimo, cinco dias.

À tarde, passamos ocupados com o "agradável" serviço de manteação e salga de cinco porcos queixadas que matamos aqui perto.

Concluímos três ranchos, com tamanho variado: pessoal, 6 x 11; armazém, 5 x 10; e cozinha, 4 x 5.

De todos os serviços o mais importante é o acampamento. Bem alojados, todos melhoram, até os doentes. Principalmente considerando que estamos no meio da estação chuvosa.

Matamos o primeiro mutum-de-castanha, também chamado mutum-cavalo. Ele regula com uma perua em tamanho e tem sobre o bico uma cartilagem vermelha em forma de castanha. As penas são pretas luzidias e as do rabo têm as pontas brancas. Nas manhãs de "verão", enchem a mata de um gemido triste.

CHEGA GENTE NOVA

Novos trabalhadores chegam hoje.

Com eles regressou Leonardo. Contou-nos a luta para conduzir o pobre Ascendino. Por mais de uma vez tiveram de segurá-lo para evitar que fugisse. Duma feita tentou apoderar-se de uma arma, sendo dominado a tempo. Ficou no posto vigiado por três homens, até a vinda do avião. Os trabalhadores chegados foram: Abel Cardoso, apelidado Goiano, Raimundo Carlos de Almina, Umbelino Caldeira da Nepomucena, Hermínio Alves dos Reis e Hélio Francisco de Abreu.

São bons trabalhadores, práticos e dispostos.

Quando procurávamos, na mata, cipó para amarração dos novos ranchos, matamos uma surucucu-de-fogo. É a cobra mais temida do Brasil! Seu nome varia com a região. Na Bahia, por exemplo, é conhecida como surucucu-pico-de-jaca; no Pantanal, como surucucu-do-pantanal; e nas zonas de florestas, como surucuru-do-mato-virgem. É grande, quase dois metros e meio, feia, escamas como as da jaca, e quando enraivecida avança. É, na realidade, a única cobra venenosa que avança. O contraveneno é raro. Isto porque pouquíssimos exemplares recebe o Instituto Butantan. E a única cobra venenosa que põe diretamente os filhotes: é ovovivípara.

ONÇA OU ÍNDIO?

Onça ou índio esturrou hoje perto daqui. Está mais parecendo índio.

A chuva anda mexendo com as cobras. Hoje, no armazém, demos com uma enorme jiboia. Cobra brava, irritadiça, sem veneno, mas sua mordida dói. Guardamo-la num caixão.

Saímos cedo, hoje, 28, para encontrar a tropa, que pelos nossos cálculos não deve estar longe. Por coincidência, chegamos à nossa obra de engenharia — a ponte do Água Clara — no momento exato em que a tropa a atravessava e em que um dos tropeiros caiu com o animal e toda a bagagem dentro d'água. Tipo do acidente cacete para quem está viajando. Não ficou uma peça livre do banho. Falhou a nossa engenharia. Essa ponte já rodou duas vezes e, agora, soltou a mesa na presença de todo o corpo técnico!

Veio a tropa com Cassiano, Batom e Zé Feio. Hoje madrugamos e saímos para uma exploração no córrego das Araras. Lembramos ter visto lá uma enorme área encascalhada. Conosco foram Zé Ribeiro — o Feio — e Mariano.

Pernoitamos no Araras. Prosseguimos a exploração, deixando os dois homens campeando os burros da tropa, que haviam se livrado das peias e embrenhado no cerrado.

O terreno no Araras, embora encascalhado, é mole e irregular. Regressamos no firme propósito de encontrar lugar por aqui mesmo.

MÉDICO, SÓ LÁ NO POSTO DE TRÁS

Chegamos ao dia 31 de janeiro. A situação é regular. Partiram para o posto seis homens — quatro, para tomar vacina contra a febre amarela, os dois outros, Altelino e Ailon, que estiveram gravemente doentes, para seguir para o Mortes. Foram todos montados.

Iniciamos hoje, 1º de fevereiro, a limpeza da área para o campo de aviação. Fizemos o possível para arranjar um lugar mais limpo, mas não deu, e usaremos este mesmo, que havíamos deixado como último recurso. Demandará muito serviço e será demorado. Preocupa-nos o tempo que vai levar, mas não podemos, de forma alguma, prescindir de campo aqui. Ele será o ponto de apoio da nossa avançada.

Com o início do campo, primeiro limpo com foice, entramos numa fase monótona de trabalho. Sempre os mesmos horizontes, a mesma mata barrando a frente, os mesmos cerrados nos circundando.

Dividimos nossa minúscula turma em dois setores: campo e extração de palmas de buriti para a cobertura do nosso rancho.

No buritizal, surpreendemos uma volumosa anta pastando despreocupadamente. Ela não acreditou no barulho dos cachorros, nem no nosso — continuou pastando. Com certeiro tiro na paleta conseguimos derrubá-la.

Era um belíssimo exemplar, dessas que no sertão são conhecidas por "sapateira". Passamos quase toda a manhã ocupados com o "boi", que tivemos de levar para o acampamento no lombo dos burros, dados o seu tamanho e sua gordura.

O GRITADOR

Os índios voltaram a dar sinais.

Não se limitam a imitar bichos, assobiar e bater em árvores. Agora há gritos vindos da mata. Seriam os xavante? Xavante é índio do cerrado.

Alguns homens acham que o que anda nos rondando, vagando por estes lados, ou é um capelobo, ou um gritador, ou ainda um pé de garrafa.

Há muito tempo vimos ouvindo as horripilantes histórias desses fantasmas, todas elas narradas, quase sempre, por sertanejos do Norte, castanheiros do Pará, principalmente os que trabalham nos rios Ipixuna e Itacaiuna, afluentes do baixo Tocantins.

Hoje, depois dos comentários e opiniões ao pé do fogo da cozinha, ouvimos duas histórias completas do gritador, dos três terrores o mais encontradiço. Registramos tal qual ouvimos:

— ... Ora pois, moço, quem num sabe que o gritadô é uma fera temerosa? Êli é peludo que nem um macaco cuatá. Grande de pórti de hómi e meio, anda na mata e di quando im veiz dá um grito monstro. Êli só num tem pelo no imbígu i só ali i nos oio a bala 44 faiz istrago. Atirá no peito é bobícia. A bala rebate i pula lôngi.

Comenta o Baiano, que conclui com a segunda história:

— Uma veiz, um hómi muito conhecido lá pru Tocantins saiu pra caçá. Passô dois dia e êli num vortô. Saiu um magóti di gênti atrais dêli. Dero tiro di chamada. Gritaro e num adiantô nada. Nisso, dois que tinha desgarrado ouviro um pisero danado pru lado dum varjão. É anta, diz um. Vâmu qui tá. O baruio foi chegano, chegano, até encostá nêlis. Êlis viro que era o gritadô. Levava di baxo do braço o corpo du caçadô que êlis procurava. O pobre já num tinha a tampa da cabeça, e o gritadô vinha cumeno o miolo.

Vai bem longe a imaginação do nosso sertanejo. Não nos admiramos, pois já havíamos conhecido Zé Eufrásio e o Beira d'Água lá no Araguaia; o primeiro havia matado um "negro-d'água" (negrinho que mora no fundo do rio), e o segundo pegou uma sereia pelos cabelos!!!

A tropa chegou. Veio dividida. Parte ficou presa no caminho por causa da fuga de um burro. Quando chegou, bem mais tarde, Elias, o tropeiro, apontando um ruão, foi dizendo: "Êssi imundo ganhô o oco do mundo".

Fizemos aqui uma horta com as sementes que recebemos da base.

Plantamos, nos melhores lugares por perto, mamão, abóbora, melancia e umas sementes de limão.

ÍNDIO BRAVO BATE EM ÁRVORE

À noite, sentimos movimentos estranhos em torno do acampamento: assobios, batidas em árvores, roncos. Estávamos ainda procurando identificar os ruídos quando um pedaço de pau bateu forte na porta da cozinha. Não havia dúvida de que eram os índios. Tomamos as precauções devidas. Felizmente ficou nisso a aproximação.

Com a breve estiagem, a caça voltou a melhorar. Biotônico e Augusto abateram outra anta no buritizal.

O sol tem sido terrível. O de hoje está de "arrebentar mamona". Aproveitamos e pusemos fogo na roçada do campo. Temos toda tarde um magnífico espetáculo, quando bandos e bandos de periquitos voltam da mata para os buritizais, passando por cima do acampamento. Passam numa algazarra infernal.

Iniciamos o serviço de carpa e destoca. São os trabalhos mais duros e demorados na abertura de um campo. Toda a segurança da pista se assenta no cuidado com a destoca. Os tocos têm de ser cortados bem fundo. Os buracos enchidos com terra, bem socados. Os formigueiros, cavamos até a panela principal, para depois receberem nova terra que vem socada desde a primeira camada.

Os ranchos ficaram definitivamente concluídos. O calor das lonas estava tornando-se insuportável. Coberta de palha é outra coisa.

Quando estávamos ultimando a mudança para os ranchos, a cachorrada toda saiu correndo no rumo da trilha que vai para o Tanguro. Corremos para atender os cachorros, certos de que daríamos com uma anta. A corrida de repente torceu para a esquerda, enveredou para uma várzea pequena e entrou num cerrado grosso. Ali parou, numa acuação cerrada.

Quando chegamos, demos com uma onça-parda encarapitada numa sambaíba baixa, fazendo careta para os cachorros, que embaixo respondiam com um alarido dos diabos. Ela nos fixou com seus olhinhos pardos e continuou rosnando. Foi um tiro fácil. A onça oscilou querendo firmar-se no galho onde estava, mas o tiro havia sido certeiro. Ela caiu com um baque e, como despedida, ainda lanhou um cachorro mais afoito que saltou sobre ela. A onça-parda, embora não seja a maior e a mais perigosa, é a mais atrevida, a ponto de vir no terreiro pegar cachorro ou qualquer outro vivente descuidado. A de hoje estava gorda e com a barriga cheia. Sua passagem pelo acampamento foi mera coincidência. Não tinha más intenções, é o que julgamos.

CAMPO DE AVIAÇÃO, TRABALHO PESADO

Novamente índios por aqui: esturros, assobios etc.

Continuam morosamente, devido ao número pequeno de trabalhadores, a destoca e a capina do campo.

Tiramos, ao todo, 1.600 palhas de buriti para as coberturas do acampamento.

No campo foram pegos dois tatus-bola. Bom petisco!

Alguns homens, hoje, domingo, foram ao Tanguro. Trouxeram alguns peixes e uma catana: rabo de jacaré.

A luta continua dura. Temos apenas cinco homens. Trabalho sem descanso. Quem pode parar com a quantidade espantosa de piuns que temos tido?! No segundo rancho do armazém construímos estivas reforçadas para os gêneros. Fizemos, também, prateleiras para a farmácia.

Garimpeiro, o mais pacato dos cachorros, desenvolveu sozinho uma cerrada acuação na beira da mata. Corremos atendê-lo. Era um jabuti a presa. Jabuti tem boa carne, pena ser pouca. Quando chegamos, Garimpeiro latia agitado, enquanto a "caça", toda escondida dentro do casco, permanecia indiferente como uma pedra.

Garapu, com todas as suas instalações, ranchos, acampamento e campo, continua sendo, ainda, o nosso local de trabalho. O campo, anteontem, alcançou duzentos metros na destoca leve, que vem a ser a remoção dos pequenos arbustos pela raiz. A destoca grossa vem depois; é a parte mais pesada do serviço, mas a mais animadora, pois vai-se descortinando a área trabalhada. Depois dela vem a aplanação, que é a fase final. A chuva continua caindo pesada. Na boca da noite e da madrugada, ruídos estranhos têm nos alertado. São gemidos e esturros a menos de cem metros dos ranchos. Cremos que sejam índios nas suas constantes aproximações. A tropa que estávamos aguardando chegou conduzida por Batom, Leônidas e Zé Ribeiro. Vieram só quatro cargueiros desta vez. Com o regresso da tropa, foi, em descanso de férias, o trabalhador Mariano; alto, olhos esbugalhados, sempre assustado, Mariano "furou" do Mortes até aqui, mais por opinião que por outra coisa. Um descanso nesta altura irá lhe fazer um bem enorme.

Estamos no campo, agora, com nove homens. Quase toda tarde assistimos a verdadeiras tempestades magnéticas e logo depois a uma torrente de água. O campo já está com uma boa extensão. Os ranchos por sua vez já estão quase todos cercados de pau a pique, dando ao acampamento um aspecto diferente. Hoje o nosso avião, vindo do Mortes, andou nos sobrevoando. Jogou-nos uma mensagem dizendo que a tropa saíra ontem do nosso posto da retaguarda, Tanguro, rumando para cá.

O posto de Tanguro, distante da base do rio das Mortes mais de duzentos quilômetros, com um campo de pouso que construímos numa bela chapada, está sendo o ponto de apoio da vanguarda, que — através de cerrados, varjões e matas — vai levando o picadão em direção ao Kuluene, formador principal do Xingu. Tanguro é abastecido pelos aviõezinhos, e a tropa se encarrega de suprir a frente da Expedição.

Os obstáculos que a tropa tem a vencer são inúmeros, sem contar os índios que estão sempre na espreita. Os córregos inundam as margens, carregando as pontes rústicas e provisórias que o pessoal da vanguarda foi construindo. Diversos ribeirões, agora cheios, com aspecto de rio, têm de ser atravessados a nado, e as cargas na "pelota", isto é, volumes envoltos em lonas e bem amarrados com cordas finas. Bem presas por uma corda longa, as pelotas são jogadas n'água e puxadas para a outra margem. Além do homem que puxa a corda, um outro vai nadando ao lado da pelota, sustentando-a à flor d'água. O serviço é estafante, mas não desanima o tropeiro, para quem cada pelota que vai é um motivo de riso. Numa tropa, são de 20 a 25 as pelotas a serem feitas, somente com a carga. Depois, há ainda a travessia dos arreios, cangalhas, "buchos" (sacos das roupas) e, por fim, os animais. Destes, sempre há os que desgarram rio abaixo, dando trabalho dobrado. São diversas as águas que assim têm de ser atravessadas. Nunca são muitos os tropeiros. Organiza-se a tropa na proporção de dois a três burros por tropeiro.

Nesta tropa vinham: Zé Ribeiro, Batom, Cassiano e Zé Maranhense. Moços ainda, mas sertanejos desses para quem o sertão não guarda muitas surpresas. Nem mesmo a fome os surpreende. A todo momento descobrem aqui uma cuviola, ali um bacupari, mais adiante um "bruto" da quaresma; nem a resina do angico é perdoada, pois a comem com apetite.

Os córregos já todos batizados vão sendo vencidos: Mensagem, Taquary, Abelha, Água Morna e muitos outros. Depois de atravessar inúmeros chapadões, pântanos e vastas campinas, surgem diversas elevações de onde se descortinam panoramas de beleza.

De uma elevação mais alta se vê ao longe uma faixa de mata. Maranhense, aprumando-se na sela, indica:

— Aquela mata é do rio Tangurinho. A passagem é a nado e o atoleiro é grande.

Novamente um silêncio, e a viagem continua. A mata avistada e o seu rio serão vencidos amanhã.

No dia seguinte o Tangurinho é vencido com muito trabalho e, vencendo-o, repetem-se as chapadas imensas e os brejões enormes. O córrego do Tarzan sucede ao Tangurinho.

O SUMIÇO DE TARZAN

Tarzan, um cachorrão enorme, não tão grande como o seu homônimo de Hollywood, mas nem por isso menos inteligente, passou vários dias sumido, reaparecendo quando menos se esperava, todo estropiado e varado de fome. Ficou perdido na mata uns dez dias, e quando apareceu trazia no pescoço um laço de embira. Isso evidenciava que ele havia sido roubado pelos índios e pelo jeito apanhado muito, pois perdeu a antiga coragem.

O campo, numa extensão de 600 x 25 metros, está somente dependendo da destoca grossa.

A pescaria que fizemos domingo deu mais de cinquenta piranhas. Parece que nesse rio só há desses peixes.

Temos apenas oito homens mourejando no campo. Aproveitando o dia de folga, saíram quase todos para caçar. No Água Clara abateram uma anta que foi trazida aos pedaços para o acampamento.

Tivemos hoje, segunda-feira, o sobrevoo de um dos nossos aviões, que jogou dois volumes: botinas e correspondência. No serviço, Zacarias foi acidentado com a queda de uma árvore, que o atingiu nas costas. Felizmente conseguiu se esquivar no último momento, evitando acidente bem mais sério.

Terminou a destoca do campo, restando agora a remoção dos troncos cortados para que o terreno fique descoberto.

Todas as noites depois da janta a porta da cozinha torna-se o lugar preferido do bate-papo. Fala-se de tudo e de todos.

Os mais simples casos vêm à baila: coisas do garimpo, incidentes de viagens etc.

O serviço tem sido muito pesado; hoje resolvemos dar folga a todo o pessoal. Ninguém quis sair à caça, estão realmente quebrados com a remoção dos troncos.

A tropa agora anda bem normal. Hoje chegou conduzida por Rosendo, Batom e Leônidas. Vieram 24 caixas de rações de reserva, e outros três trabalhadores: Inácio Ferreira de Moraes, Luís Valadão e José Valadão. Este último regressando das férias.

Estamos agora com onze homens no serviço.

O nosso "vermelhinho" nos sobrevoou hoje. Lançou umas miudezas e duas carteiras de cigarro.

Na abertura de um campo de aviação a aplanação é a fase final. Entramos hoje nessa última fase.

A PRIMEIRA ETAPA DE UM CAMPO

Terminamos hoje, 30 de março de 1946, um campo com praticamente 610 x 30 metros. Resta apenas o desmatamento das cabeceiras.

Com seis foices e cinco machados iniciamos esse trabalho.

Breve transferiremos para cá o posto do Tanguro com todo o seu material e sua gente. Para abrigar a estação do rádio estamos levantando um rancho especial.

As chuvas continuam pesadas e aborrecidas. Faíscas elétricas temos tido em abundância. Parece que aqui é o lugar preferido pelos raios do Brasil Central. Estamos na orla da grande mata, talvez seja por isso.

A RONDA DOS ÍNDIOS

Hoje, 5 de abril, pela primeira vez os índios rondaram de dia o nosso acampamento. Felizmente fizeram só barulho para nos amedrontar. Começaram esturrando como onça, e depois roncos, gritos e piados de jacamim, mutum, seriema, jaó etc. Vendo que não entrávamos em pânico, como naturalmente esperavam, passaram a jogar paus no rancho e no terreiro. Nós, que já estávamos desconfiados desde o começo, ganhamos certeza de sua presença. Que uma onça esturre, vá lá... mas que jogue pau... E a coisa não ficou nisso. O barulho entrou noite adentro, pondo a cachorrada em polvorosa.

As cabeceiras do campo já estão bem boas. Do jeito que está, o campo já pode ser inaugurado.

GARAPU, O PRIMEIRO POUSO NO CAMPO

O dia hoje amanheceu enfarruscado. Nuvens pretas rolam no céu ameaçando aguaceiro. Depois do meio-dia, o tempo foi piorando. Por volta das duas horas, quando mais torrencial ia a chuva, começamos a ouvir ronco de avião que se aproximava. Dali a pouco o som estava em cima do acampamento. Nós localizamos o avião apenas pelo barulho do motor, pois era nula a visibilidade.

Depois de nos sobrevoar durante mais de quarenta minutos na vã expectativa de que melhorasse o tempo, vimos, furando a cortina densa do aguaceiro, o nosso PP-FBB a poucos metros de nossa cabeça, dirigindo-se firme e seguro para a pista. Logo em seguida a aterrissagem. Gilberto, o piloto, saltou do avião sorrindo, como se a viagem tivesse sido normal.

Não fosse a necessidade de medicamentos de que era portador, a aterrissagem naquelas condições teria sido uma loucura. As situações difíceis que comumente surgem na vanguarda exigem dos companheiros da retaguarda os maiores esforços e mesmo sacrifícios. O que mais nos preocupava era não saber como se comportaria o piso do campo na sua estreia e, ainda por cima, com aquele aguaceiro. Da perícia e firmeza dos nossos pilotos, não tínhamos dúvida: Filon, Gilberto, Ramalho.

O primeiro, o veterano Filon, mestre cruzador do sertão a quem as mais difíceis matas do Tocantins e Araguaia deram uma segurança e perícia invejáveis, transmitia aos seus auxiliares Gilberto e Ramalho todos os ensinamentos e manhas necessários para enfrentar uma região como esta. Filon Araújo é um mestre. Gilberto vai-lhe no rasto e bem rentinho. O mestre que abra os olhos, pois que o sobrinho e discípulo é um ás de verdade. Ramalho é novo na lida mas traz todo o jeito do bom piloto.

Com a inauguração do campo ficou assim vencida a primeira grande etapa da Expedição Roncador-Xingu. A serra do Roncador é coisa da retaguarda. As imensas chapadas com seus córregos, seus varjões cheios de trilhas xavante, ficaram também definitivamente para trás. Nova etapa temos agora pela frente: vencer uma região diferente. Inicialmente, a grande mata em cuja orla nos encontramos.

VAMOS ENTRAR NO SEGUNDO PAÍS

Estamos exatamente na linha divisória de duas grandes e diferentes regiões. Para um lado, cerrados e campos cobrindo chapadas vastíssimas, vales e serras; para outro, as florestas inexploradas dos rios Kuluene e Xingu. Os dois habitados por numerosas tribos indígenas. No primeiro vivem os xavante, já nossos conhecidos, que habitam de preferência as fraldas do Roncador, onde têm suas malocas definitivas. No tempo da seca, "verão", saem eles para todas as direções, à procura de caça e outros recursos, muito escassos no seu vasto país. Nessas caminhadas, vão construindo aldeias que abandonam logo em seguida ao término de suas caçadas. Na enorme área que percorrem todos os anos, compreendida, de um modo geral, entre as matas do rio Kuluene e as águas do rio das Mortes, parece não habitarem outros índios a não ser eles.

No segundo país, para além das matas, nos campos que margeiam o Kuluene e outros rios que formam o Xingu, localizam-se muitas outras tribos. Umas, por índole, pacíficas, outras guerreiras e arredias. Vivendo nas margens de grandes cursos d'água, estas nações têm mais à mão a caça, o peixe, enfim, o sustento de cada dia.

Para o lado de cá da mata, na orla onde estamos, parece não existir morada definitiva de índios. Entretanto, sempre os temos aqui ao nosso redor. Nas noites, principalmente de lua, ouvimos seus gritos, imitação de aves e outros sinais de sua aproximação. Embora estejam constantemente nos rondando, espreitando, ainda não nos causaram nenhum prejuízo. Nem por isso deixamos de estar sempre vigilantes. Não sabemos ao certo que índios são. É provável que sejam ainda os xavante que nos acompanham, ou outra tribo qualquer, desconhecida, habitante dos rios Tanguro ou Sete de Setembro, cursos inexplorados que passam aqui por perto.

Ainda não terminamos completamente os trabalhos no campo de aviação. Primeiro estamos limpando uma faixa lateral para segurança maior das aterrissagens. Depois vamos aumentar a extensão da pista. Temos de contar com este campo para o nosso reabastecimento de material leve e pesado, para a continuação do avanço da Expedição. E já iniciamos algumas explorações na mata.

No último reconhecimento, hoje, avançamos quase dez quilômetros. Matamos durante a caminhada um mutum-de-castanha e um jacamim e fomos perseguidos de perto, um bom trecho, por uma onça. Só uma vez conseguimos vê-la rapidamente cortando a nossa frente. Depois foi só o ruído e pisadelas.

Nova viagem do PP-FBB trazendo gêneros. Para reconhecer bem a rota veio com Gilberto o seu colega Ramalho. Ramalho, na aparência, é um menino. Cheio de corpo, rosado, num contraste gritante com uma dezena de homens barbudos e amarelos, Ramalho conquistou logo de início a simpatia geral. Depois de uma parada curta, decolou com o "vermelhinho" para a base do Mortes.

QUASE O PRIMEIRO ACIDENTE

Parece que a rota caiu no gosto dos nossos pilotos. Cá está novamente o PP-FBB, conduzido por Ramalho. A decolagem, depois, foi infeliz e por muito pouco, pouquíssimo, não lamentamos um acidente, não sabemos se por falha do piloto ou do avião. O PP correu todo o campo gingando a asa com ar de malandro e nada de sair do solo. Quando faltavam uns dois metros apenas para terminar o campo foi que resolveu levantar voo. A sorte foi tanta que as rodas, batendo no tronco de uma árvore tombada, foram impulsionadas como por uma catapulta que levou o avião um metro para cima. Foi um alívio quando o avião, embora sacolejando, conseguiu arremeter e superar os obstáculos da derrubada recente. Aconteceu assim, neste dia, 10 de abril, o nosso primeiro susto com descidas e subidas de avião.

Iniciamos hoje, dia seguinte ao da péssima decolagem, mais duzentos metros no prolongamento do campo. Para andar mais depressa, pusemos os tropeiros no serviço.

DEIXANDO O TANGURO

Com a chegada do grosso da tropa, hoje à noite, lá no posto do Tanguro, conduzida por Batom, Leônidas, Rosendo e Zé Ribeiro, começamos a mudança do pessoal e material aqui para o Garapu. Com os 21 burros que vieram foi trazida a carga pesada que lá estava. O posto de rádio e seu operador, Ranulfo

Matos, mais o trabalhador Mariano, virão com o avião. Rádio é uma carga delicada para vir com a tropa.

Aumentada a turma do campo com a chegada dos quatro tropeiros, o serviço adiantou bastante.

Hoje, domingo, alguns homens foram à caça e outros à pesca. Os dois grupos voltaram de mãos abanando. Os da pesca acharam no caminho, já na volta, um jabuti. Um jabuti, para uma turma grande, cheia de apetite, como a nossa, vem a ser um caramelo para dez crianças.

Estamos no dia 15 de abril de 1946. Ficaram prontos os duzentos metros de prolongamento do campo, que está agora com 810 x 30 metros. Levantamos um rancho para a estação de rádio. Fizemos um bonito e enorme mastro para a bandeira e três menores para as antenas de rádio. Quando menos se esperar, chegará um dos nossos PP com rádio, radiotelegrafista e outras coisas. Ainda não estamos completamente satisfeitos com o campo. Os homens estão aumentando as cabeceiras.

Ao meio-dia pousou o FBA pilotado pelo tenente França. Trouxe ele a estação de rádio e o técnico Jurandir Santos para a instalação. Enquanto a turma trabalhava, o tenente França voltou ao posto do Tanguro para buscar o radioperador Ranulfo e mais algum material. Nem bem saiu o FBA com o tenente França, chegou o FBC com Filon trazendo um cinegrafista que veio filmar o acampamento.

Filmadas as cenas que julgou interessantes, o cinegrafista regressou com Filon ao Mortes. À uma hora e quinze minutos da tarde do dia 17, hoje, nossa estação entrou em contato com a da base do Mortes. Tudo bem.

Logo após ter chegado de nova viagem — trazendo o trabalhador Mariano e miudezas —, decolou para o Mortes o PP-FBA — tenente França — levando o técnico Jurandir. Nossa estação ficou funcionando bem.

O PRIMEIRO HORÁRIO-RÁDIO

Dia 18, hoje, foi feito o primeiro horário normal, às nove horas. Ficamos sabendo por ele que amanhã virá até aqui o ministro João Alberto, presidente da Fundação Brasil Central.

Depois do longo isolamento, o rádio abriu-nos o mundo lá de fora. Justamente agora que já estávamos começando a pensar que o mundo era só isto — xavante, onça, cerrado, chuva e mato.

Hoje, 19 de abril de 1946, às oito horas nosso radiotelegrafista trouxe a notícia recebida na sua comunicação normal com o Mortes: o PP-FBA acabara de decolar com destino a este acampamento, conduzindo o ministro João Alberto e o dr. Artur Neiva, secretário-geral da Fundação Brasil Central.

Às 9h45 o avião aterrissou. Pusemos o pessoal em forma, a fim de ser apresentado ao ministro, e ser hasteada pela primeira vez aqui a bandeira nacional. Pronunciamos na ocasião as seguintes palavras:

Companheiros: com o hasteamento pela primeira vez da nossa bandeira e com a presença do sr. ministro João Alberto, o nosso acampamento está inaugurado, o que marca a realização da longa e difícil jornada que fizemos até aqui. Neste momento, deixamos de ser apenas um grupo de homens acampados no sertão para representar um posto avançado de um pacífico exército da civilização, que é a Fundação Brasil Central. E não devemos esquecer que, de agora em diante, temos uma gloriosa bandeira para zelar e honrar. Honrar e zelar com o nosso trabalho, com a nossa disciplina e, acima de tudo, com a nossa fé no futuro do Brasil.

Em seguida o ministro dirigiu algumas palavras aos expedicionários, lembrando-os que muito ainda se tem a fazer para chegar ao fim desta grande e patriótica marcha.

Finda a cerimônia, o ministro e o dr. Neiva percorreram o acampamento, pondo-se a par de todo o trabalho.

Depois da demorada conversa conosco sobre o prosseguimento da avançada, partiram de regresso ao rio das Mortes.

Demos hoje descanso ao pessoal. Alguns foram tentar a sorte no Tanguro e trouxeram, em vez de peixe, um enorme tamanduá. Boa carne. A janta foi arroz, feijão e tamanduá.

SEU HONORINO É MAIS "CARMO" QUE TIRADENTES

Dia 21 de abril. Hasteamos a bandeira em memória de Tiradentes e fizemos ao pessoal uma pequena dissertação sobre a data. Um dos trabalhadores, baiano, censurou Tiradentes. Para ele, bom mesmo é o Honorino, dentista da Barra do Garças. O nosso sertanejo vive à margem da história. Se o Jeca Tatu de Monteiro Lobato assistiu de cócoras, indiferente, ao cair do Império e ao levantar da República, não menos indiferente o nosso sertanejo de hoje assistiu ao desenrolar da Segunda Grande Guerra. Como podem eles entender Tiradentes? Depois da nossa preleção sobre a data, o baiano perguntou:

— Me esprica que é qui esse dentista queria cos reis?

Explicamos. Ele replica:

— Eta cabra influído. Eu cunheço um dentista na Barra do Garça, mais êssi é carmo, é o seo Honorino.

NOVA SEMANA NO CAMPO — TRABALHO DURO

Voltamos ao campo de aviação para aumentá-lo em mais 150 metros. Os homens já estão visivelmente cansados do "campo". É nosso propósito, em primeiro lugar, estabelecer a melhor segurança possível. Não há dúvida de que caçar e pescar é mais cômodo do que abrir verdadeiras crateras de dez metros de boca, para descobrir panelas de formigueiro lá embaixo, a mais de dois metros de profundidade.

Tivemos hoje a visita de Ramalho com o "vermelhinho" FBC. Trouxe-nos arroz e charque. Tivemos de ontem para hoje a primeira noite fria do ano. As chuvas já estão espaçadas. Antes de qualquer pancada d'água o céu se fecha, faz carranca, joga nuvens pretas pra lá e pra cá, estronda de ensurdecer, solta faíscas que resvalam pela cabeça da gente, pra no fim largar uma aguinha vagabunda que a gente nem liga. Está no fim a estação das águas. Vêm agora seis meses de seca. Seca que põe os rios lá no fundo, esturrica as várzeas, veste de rapé o cerrado e deixa o céu azul dia e noite. Isto até agosto, quando, então, vem a bruma seca que oprime e aborrece.

Ramalho regressou logo depois do almoço.

Continuamos com o campo. Pelo jeito da nossa arrumação, teremos aqui em breve um segundo aeroporto Santos Dumont...

O "MIÓ MEMO É ROÇA"...

Caçada e pescaria aos domingos já é uma instituição. Hoje é dia, e os nossos catorze homens se esparramaram; uns para o rio, outros para a mata e uns dois pelo cerrado. A julgar pela disposição e o barulho na hora da saída, tem-se a impressão de que desta feita teremos até de exportar alguma coisa, caça ou peixe.

O sol está tombando. Um fogaréu enorme lambe o fogão. Na porta, o cozinheiro de faca na mão espera os que foram à caça e pesca. Tudo está preparado, seja lá que tipo for de presa. Chega o primeiro grupo. O mesmo ar desenxavido de todos os domingos. Este é o da caça. Os da pesca vêm perto. A mesma decepção. Um deles traz, enroscado no anzol, um cari de um palmo. Alguém lembra com acerto:

— O mió memo é nóis plantá roça.

— Tô ainda pra vê um magóti di gênti mais panema do que nóis. Tá doido!!! — acrescenta outro.

Estamos aplanando o último trecho destocado. Concluímos uma pista de 960 metros, com amplas alas laterais de segurança e cabeceiras extensas. São raras as chuvas agora. Já andávamos mais que fartos delas.

Liquidamos a aplanação do campo. Vamos agora tratar de outras coisas e deixar um pouco de lado esse negócio de pista.

Reunimos o pessoal e hasteamos a bandeira em comemoração ao Dia do Trabalho. Fizemos uma ligeira explicação sobre a data. Nem todos entenderam. O baiano, temos certeza de que não, pois logo que ouviu falar em feriado ficou indócil, convidando um e outro para sair atrás de uma vara de porcos que havia passado por perto.

O rádio tem funcionado regularmente.

Soubemos por ele da saída de Filon da base do Mortes trazendo gêneros cá pra frente. Fará três viagens e vai levar para a base, em gozo de férias, Cassiano de Castro, José Ribeiro e Alberto Rodrigues, três ótimos trabalhadores. Trará Altelino dos Santos, que desde janeiro se encontrava em tratamento de saúde em Aragarças, e Joaquim Nunes, o contador da Expedição.

O SONHO DO CONTADOR

Nunes, contador formado, otimamente colocado numa firma importadora em São Paulo, foi contagiado pelo "vírus" da marcha para o oeste. Abandonou o emprego, comprou um facão e rumou para Aragarças. Vinha ansioso para desbravar. Cheio de saúde e disposição, já se via de barba espessa, chapéu dobrado à testa, trabuco pendente da cintura e facão na mão furando brenhas, saltando aldeias e molhando as botas longas nos charcos das baixadas.

Coisas incríveis acontecem — faltava um contador na Expedição Roncador-Xingu. Nunes foi a custo catequisado para ocupar a função. Foi-lhe dado inicialmente um vencimento de quinhentos cruzeiros. Assim mesmo a contragosto do chefe da Expedição, que achava alto o ordenado.

Nós que o conhecemos bem, sabemos que em qualquer setor pode a Expedição contar com o seu contador. Rijo e disposto como é, não duvidamos de que concretize a ameaça que tem feito de abandonar a base e vir se reunir à vanguarda.

Filon regressou ao Mortes. Nunes ficou para seguir amanhã ou depois.

Tivemos à tarde um valente temporal. Não há dúvida de que chuva já em maio é um abuso por parte da natureza. Maio está fora da estação.

O PP-FBA chegou cedo, decolando logo depois com o Nunes de volta ao Mortes.

Hoje, domingo, dia 5, a turma da pesca saiu-se bem. Trouxe mais de setenta piranhas.

Estamos fazendo uma limpeza nas áreas laterais do campo, para maior segurança dos aviões. Os tropeiros fizeram um rodeio geral e reuniram todos os animais. Isto é necessário amiúde, pois as várzeas e campinas são extensas e nada mais fácil que um ou outro se extravie.

CHEGA CASADO O CORONEL VANIQUE

Soubemos pelo rádio hoje, dia 8 de maio, que o coronel Mattos Vanique e sua esposa chegaram à base de Aragarças, procedentes do Rio de Janeiro.

O coronel Vanique, que há bom tempo estava ausente, regressou agora, depois de se casar no Rio Grande do Sul, para sua sede em Xavantina.

Augusto e Leônidas abateram, nas margens do Tanguro, cinco jacubins. Chegou ao rio das Mortes, hoje, dia 9, o coronel Vanique.

Esta noite os índios fizeram um alarido em redor do acampamento, pondo em alvoroço a cachorrada e fazendo com que tomássemos algumas medidas de segurança.

De alguns dias para cá, diversos homens vêm sofrendo fortes cólicas intestinais. Por rádio comunicamos o rio das Mortes. O médico que se encontrava na estação, dr. Vahia de Abreu, recomendou que déssemos sulfa aos doentes.

Terminamos todos os trabalhos do campo e estamos agora abrindo um picadão do acampamento ao porto no rio Tanguro, uma distância de mais ou menos quatro quilômetros. Lá vamos preparar um posto. Nosso plano, para ganhar tempo, é descer o Tanguro para alcançar o Kuluene. O Tanguro faz barra no Kuluene, e este, reunindo-se ao Ronuro e Batovi, uma centena de quilômetros ao norte, forma o Xingu.

Armamos no campo um pequeno rancho para acolher carga chegada de avião.

Bem próximo ao acampamento irrompeu um fogo dos índios. Diabo de gente irritada e irrequieta! À noite gritam, esturram, jogam pau nos ranchos e nos cachorros, põem fogo no capim seco e não querem dar o ar de sua presença. Estamos no dia 15. Chegamos com a picada ao rio Tanguro. Preparamos também o porto: uma rampa larga de uns quatro metros.

Estamos com todo o pessoal fazendo algum serviço no acampamento: limpeza, abrigo para o mastro do rádio, reparo em alguns ranchos etc.

VANIQUE TOMA CONTATO COM A VANGUARDA

Dia 17. Ficamos sabendo da vinda de Filon. Na primeira viagem, trouxe apenas gêneros. Na segunda, veio o coronel Vanique para conhecer o acampamento, que ainda não conhecia. Às quatro e meia da tarde regressou o avião para o Mortes.

Organizamos um grupo de dez homens para uma pescaria à noite no Tanguro.

Ao anoitecer, os índios — que com certeza viram a saída e não o regresso de quase todo o pessoal do acampamento — se aproximaram bastante. A gritaria foi enorme. Tocaram borá até alta noite. Naturalmente pensam que isso nos amedrontará de forma a sairmos correndo e deixando tudo para um saque total.

Por outro lado, a pescaria noturna deu bom resultado. Trouxeram uma grande quantidade de peixes, piracará, fidalgo, pintado, piranha e matrinxã. Salgamos e manteamos todos os peixes.

Voltamos ao trabalho do campo. Esse campo parece de trabalho eterno. Vamos agora alargá-lo para 45 metros.

A PRIMEIRA CANOA SEM MESTRE

Destacamos dois homens para construir uma canoa a fim de explorarmos o rio em uma boa extensão. Assim ficaremos sabendo mais sobre sua navegabilidade. Nenhum dos homens, porém, tem prática de fabricação de canoa.

Tememos que saia uma coisa mais parecida com cocho do que com embarcação...

Logo no primeiro dia de serviço, lá no rio, os "canoeiros" foram assustados pelos índios, que puseram fogo numa macega a menos de cem metros deles. O fogo, felizmente, caminhou muito pouco, porque a vegetação não está ainda bem seca. Mas com isso tivemos de aumentar a turma da canoa. Inicialmente estavam Zacarias e Hermínio. Agora mandamos mais três.

UMA CAÇADA

A vida aqui no acampamento nunca chega a ser totalmente monótona. A mata logo em frente, densa, exuberante, está sempre agitada pelo vento. As aves que cruzam do descampado para a mata são constantes e voam em grandes bandos. Dificilmente corre um dia sem novidade. Há sempre um incidente qualquer, quando menos se espera, que deixa em suspense a atenção de todos. Ora são os índios percebidos a pequena distância, ora uma onça esturrando nas imediações ou uma sucuri num brejão perto, ou ainda o gemido de um cachorro imprevidente abocanhado por um jacaré sempre em tocaia.

Ontem, descansávamos após o almoço quando ouvimos uma zoada enorme vinda da mata. Fomos para lá e demos de frente com uma respeitável vara de queixadas. Sentindo nossa aproximação, os porcos se enfureceram e promoveram tamanho barulho com o seu ronco e estalar de dentes que mais parecia vir o mundo abaixo. Com a chegada dos cachorros, a coisa ficou mais preta ainda. Quanto mais atirávamos, mais se enfureciam os porcos. Era uma vara enorme. A certa altura, como resultado da confusão, ela se dividiu em bandos menores, indo cada bando para um lado, num típico movimento de defesa. Assim dispersa ela se torna menos vulnerável.

A todo momento ouvíamos ganidos de cachorros alcançados pelas presas de um marrão.

Abatemos apenas quatro no fim de toda a fuzilaria. Ao anoitecer, uma onça, que naturalmente andava no rasto da vara de porcos, esturrou pertinho.

OS ÍNDIOS FECHAM O CERCO

Prosseguimos nos mesmos trabalhos de ontem: alongamento do campo e confecção de uma canoa.

Mandamos dois tropeiros ao posto do Tanguro (já abandonado com a mudança para cá) buscar umas lonas que lá ficaram. Recomendamos regressarem o mais breve possível.

Os índios resolveram, a toda força, nos tocar daqui à custa de fogo. Tornaram a queimar mata nas imediações do acampamento.

Os homens do rio podem não saber fazer canoa, mas para matar queixadas são bons. Hoje trouxeram três de lá.

Resolvemos ampliar o nosso "estaleiro".

Mandamos para lá o Abel, que, com Hermínio, iniciara a serragem de tábuas. Enquanto isso, Mariano e Zacarias trabalham no "casco" da futura embarcação.

Dia 25 de maio. Acossados pelos índios, os homens da beira do rio tiveram de abandonar o serviço e se recolher ao acampamento. É nossa instrução rigorosa que todo e qualquer homem em serviço, caça ou pesca que for importunado pelos índios deve se recolher incontinente ao acampamento, sem esboçar um gesto que possa ser recebido por eles como hostilidade.

Resolvemos o problema da beira do rio mandando que os homens fizessem um roçado grande em torno do local em que estão trabalhando na canoa. Assim, com mais visibilidade, fica ampliada a zona de segurança.

No campo o trabalho caminha firme.

O FBA esteve duas vezes aqui trazendo gêneros.

Os tropeiros regressaram do posto do Tanguro trazendo as lonas.

Tivemos ontem um domingo calmo, sem caçadas e pescarias. Hoje reiniciamos os trabalhos do campo e canoa. Os índios estão deixando o nosso acampamento em paz. Transferiram seus cantos, esturros e gemidos lá para os homens da beira do rio.

Como as ferramentas são volumosas e incômodas de transportar da beira do rio todos os dias para cá, os homens acharam melhor transferir suas dormidas e uma pequena cozinha para lá.

FERIDAS ESTRANHAS

Hoje é 29 de maio. De uns vinte dias para cá, alguns homens vêm exibindo umas feridas de aspecto feio. Radiografamos ao serviço médico do Mortes dando parte do ocorrido.

Hoje, 30, o rádio no seu horário das nove nos informou da saída do coronel Vanique para cá, bem como de um radioperador para substituir Ranulfo, que vai de férias. Quase onze horas chegaram o PP-FBA e o PP-FBC, pilotados por Filon e Ramalho, respectivamente. Vieram o coronel Vanique e o radiotelegrafista Benigno Limeira. Filon regressou quase em seguida. O coronel Vanique ficou para ir com o Ramalho. Depois do almoço acompanhamos o coronel até a beira do rio, onde estamos tirando tábuas para as embarcações.

O coronel Vanique correu rapidamente os trabalhos do campo e às quatro e meia da tarde regressou com Ramalho à base do Mortes.

Os índios resolveram, já há uns três dias, fazer silêncio. Inicialmente estranhamos, pois já estávamos nos acostumando com o barulho. Depois começamos a desconfiar, e demos uma batida ao redor. Não tivemos de andar muito: a menos de cem metros, atrás de pequenas moitas, encontramos inúmeros rastos e sinais no lugar onde sentaram, além de galhos quebrados.

Chegou ao nosso acampamento, hoje, dia 6, o dr. Vahia de Abreu. Veio vacinar o pessoal contra varíola. Amanhã regressa ao Mortes.

Diariamente fazemos uma viagem ao "estaleiro" no Tanguro para acompanhar de perto os trabalhos em andamento. Ficou definitivamente resolvido, quando da última viagem do coronel Vanique, que faremos dois batelões grandes, com capacidade de dois mil quilos cada um, e também algumas embarcações pequenas. Com essa "frotinha" desceremos o rio até sua barra, e de lá, pelo Kuluene abaixo, até o Xingu. Do Mortes, ou melhor, de Leopoldina, no Araguaia, virá um prático em embarcações. Isto porque não acreditamos que estes dois, Zacarias e Mariano, sejam capazes de fazer qualquer coisa que se assemelhe a canoa.

Fazer embarcações requer muita prática. Vamos, por nosso lado, acelerar os trabalhos relacionados com a descida, enquanto a retaguarda, por seu turno, deverá trazer para cá, com a maior presteza possível, todo o material necessário. E não é pouco, o rol é enorme: gêneros para quinze homens (para dois meses), gasolina, óleo, motores, lonas, armas, ferramentas e muita coisa mais.

Os aviões deverão nestes próximos dias correr bastante.

Terminadas as vacinas, o dr. Vahia regressou ao Mortes em um dos PP.

O FBA, com Filon, esteve hoje duas vezes aqui. Foram com ele o radioperador Ranulfo e o trabalhador Hermínio Alves dos Reis. O primeiro em férias e o segundo para ser examinado — é um dos portadores das tais feridas feias. Com Filon, além de carga, vieram os trabalhadores Zé Ribeiro e Cassiano, que estavam em férias.

Vamos assim refazendo a nossa turma para a próxima arrancada.

ÍNDIOS ATIRAM PAUS NOS RANCHOS

Estamos no dia 6 de junho. Com o FBC recebemos a visita do dr. Acary Passos de Oliveira, antigo membro da Expedição, que a convite do coronel Vanique veio de Goiânia visitar o rio das Mortes e aproveitou para dar uma chegada até aqui. O dr. Acary, na primeira etapa da Roncador-Xingu (Araguaia-rio das Mortes), prestou bons serviços respondendo pelo segundo escalão. O avião pernoitará aqui.

Nossos trabalhos continuam em bom andamento. As pescarias no Tanguro, agora em plena vazante, estão surtindo efeito. A turma que mandamos pernoitar lá trouxe boa carga de peixe: dois pintados, um fidalgo, uma pirarara e dez piranhas. Alguns que preferiram ir à caça nada trouxeram.

Reiniciamos todos os trabalhos. O campo tem agora 45 metros de largura. Vamos aumentar mais dez, já balizados.

O dr. Acary ficou conosco dois dias e regressou ao Mortes.

A paciência dos índios de estar sempre imitando jacamim, seriema, onça, às vezes se esgota. Quando isso acontece, passam a jogar paus nos cachorros e nas paredes dos ranchos. Eles devem mesmo estar irritados, pois não temos dado às suas movimentações a menor importância. Os cachorros é que ficam furiosos com a brincadeira e não param de latir.

A ÚLCERA DE BAURU

O frio desta última madrugada não foi brinquedo. Quase todos abandonaram as redes e foram se acocorar à beira do fogo lá na cozinha.

Diversos homens estão gripados. O PP-FBA fez duas viagens do Mortes trazendo material. Continuamos com cinco homens atacados de feridas. Agora já estão bem definidas, o diagnóstico é úlcera de Bauru.

Radiografamos ao Mortes novamente.

Esta última semana, apesar das gripes e das feridas, o serviço rendeu bem. Demos hoje, sábado, 15 de junho, folga ao pessoal no período da tarde.

Por volta do meio-dia um avião grande sobrevoou o acampamento, rumando em seguida para o norte. Uma hora e meia depois regressou, passando a grande altura. À tarde soubemos pelo rádio tratar-se de uma B-25 fazendo uma exploração no Kuluene, com o coronel Vanique.

Pouco depois da passagem da B-25 chegou o PP-FBC com o dr. Vahia, que agora ficará alguns dias para examinar e orientar o tratamento das úlceras. O dr. Vahia confirmou tratar-se mesmo de úlcera de Bauru, mas como são muitos os casos, seis, resolveu fazer um exame de laboratório. Lembramos-lhe de que na retaguarda, provavelmente em Aragarças, se encontra um dos portadores, que seguira daqui para exame. O dr. Vahia ficou de verificar e enviar medicamentos específicos. Decolou o PP com Ramalho, levando o médico.

Às onze horas aterrissaram três aviões — PP-FBA, PP-FBC e TGP, pilotados por Filon, Ramalho e Vilella, respectivamente. Trouxeram quase quatrocentos quilos de carga. Os pilotos almoçaram conosco e decolaram depois para o Mortes. Começa, assim, o armazenamento de carga para a nossa avançada.

O rádio nos avisou hoje, 20 de junho, da passagem de um Douglas da FAB. Dito e feito: pouco depois um Douglas deu algumas voltas sobre o acampamento e tomou a direção do Kuluene. Passou de regresso às cinco e quinze da tarde, cruzando o acampamento a grande altura.

Chegaram mais 250 quilos de carga com o FBA e o TGP — Filon e Vilella.

PRONTA A *CARMEM MIRANDA*

Terminamos a construção da canoa, a primeira do Tanguro. Como prevíamos, saiu uma grandíssima droga. Foi batizada de *Carmem Miranda*, por ser muito "agitada".

Tripulando a *Carmem Miranda* fizemos uma ligeira exploração Tanguro abaixo. Não há dúvida de que este rio está sendo navegado pela primeira vez por civilizados.

Aproveitamos hoje, domingo, dia 23 de junho de 1946, para uma caçada e pescaria três quilômetros abaixo do nosso porto. Abatemos uma anta, dois jacubins, um mutum-de-castanha. Da pesca trouxemos quinze piranhas. Durante nossa ausência, esteve no acampamento o TGP com o técnico Juramir para reparar a estação de rádio, que estava em pane. Nosso campo anda com um movimento espantoso. Acontece que é relativamente grande a carga a transportar, e a capacidade dos aviões é diminuta. Um carrega duzentos quilos; o outro, cem; e o menor (o TGP), noventa.

A CHEGADA DO NORTHWIND

24 de junho de 1946. São João. Hoje não trabalhamos. Para surpresa nossa, às onze horas aterrissou um avião Northwind do Parque de São Paulo.

Pilotando veio o tenente Ciro Toledo Piza. Este é o primeiro avião pesado a descer no campo. Trouxe quinhentos quilos de carga, inclusive um tambor de gasolina.

Notamos que sua aterrissagem foi meio brusca. Mas logo ficamos sabendo o motivo. Quando estava tomando a direção do vento para a descida, a tela da parte superior começou a se desprender com violência. O piloto deu um "mergulho" e aterrissou rápido. Dois metros de tela, numa largura de mais de sessenta centímetros, já haviam se desprendido.

Foi com satisfação que revimos o Piza. Há algum tempo não o víamos. Enquanto conversávamos com o tenente, o sargento repôs a tela de revestimento, prendendo com esparadrapo. Essa gente calejada em voos e imprevistos não se aperta. Remediam qualquer situação.

Pequena foi a demora do Northwind aqui. Mais ou menos às três da tarde Piza decolou para o Mortes. Sua vinda foi de uma ajuda enorme. Nenhum de nossos aviões poderia ter trazido um tambor de gasolina.

Todos os trabalhos vão bem. O campo está adiantado e já temos uma boa quantidade de tábuas para os dois batelões. O construtor deverá chegar a qualquer momento.

Já temos também, graças às repetidas viagens dos nossos aviões, uma boa parte da carga.

Chegou hoje, dia 27, o construtor de barcos Antônio Palmeira. Veio com o PP-BBC. O TGP trouxe o dentista da base de Aragarças, dr. Simão. Exame geral, sempre tinha um de cara inchada.

À tarde regressaram os aviões e com eles o dentista Simão.

A fim de medicar os homens das úlceras, chegou hoje o farmacêutico da base do Mortes, o José Alberto.

José Alberto, ótimo farmacêutico e bom enfermeiro, é um homem de estatura média, calvo, dessas calvícies luzidias, olhos redondos e irrequietos. Ele todo é um agitado. Um dos garfos mais respeitáveis que conhecemos. Desses que, atrasado meia hora o almoço, empalidece, sua frio, tem dores de cabeça, para logo depois cair numa apatia profunda. Ventrudo, sem ser obeso, José Alberto é um homem para todas as mesas e não para uma panela de sertão, onde é a sorte que enriquece o cardápio.

Quando alimentado, o nosso farmacêutico é de uma prosa fácil, versátil, animada e alegre. Vem ele para ficar conosco uma semana. Ficará?

Os aviões continuam trazendo carga para a nossa descida. Vamos assim armazenando gêneros e material diverso para a nossa longa viagem Tanguro abaixo.

Palmeira iniciou hoje os batelões. Pusemos quatro homens à sua disposição. Os índios, talvez amedrontados com o movimento de aviões, pararam com a gritaria.

O farmacêutico chegado ontem, dia 28, iniciou o tratamento dos enferidados. Como todos os sábados, demos folga ao pessoal do meio-dia para a tarde.

Para felicidade de José Alberto, conseguimos hoje, domingo, um mutum e quinze piranhas.

Prosseguimos, segunda-feira, com os serviços que, felizmente, caminham em ritmo acelerado. Iniciamos assim o mês de julho. Estamos hoje no dia 1º. Já dois meses se foram da estação propícia, e estamos ainda em meio dos preparativos.

Pelo avião do dia 4, o TGP, chegou o trabalhador Hermínio, que havíamos mandado a Aragarças para ter examinada sua ferida. Pelo mesmo avião regressou ao Mortes o José Alberto. Continuaremos o tratamento por ele iniciado. Foi-se o nosso Zé Alberto depois de uma permanência de cinco dias. Seguiu pálido e de olheiras. Convidado para tomar parte da próxima avançada, ele concordou, dando uma única condição: ter para seu uso exclusivo, sem interferência de quem quer que fosse, vinte caixas de ração de reserva.

Fizemos o cálculo: vinte caixas a doze rações cada caixa — 240 rações! Nosso estoque todo é de apenas 24 caixas. Não foi possível fechar negócio. Preferimos ir dando injeções nós mesmos.

Gilberto, com o PP-FBA, esteve hoje duas vezes trazendo víveres para o nosso armazém.

A PONTE AÉREA

A nossa afobação aumenta à medida que vai desaparecendo o mês de julho. Por isso mandamos mais dois homens para ajudar o Palmeira.

Os aviões continuam estocando material e víveres no acampamento. Gilberto e Vilella foram os pilotos mais ativos. Hoje pernoitaram aqui. Amanhã querem sair cedo com a intenção de fazer mais viagens trazendo carga.

Diminuímos as caçadas e pescarias, e estamos agora mais empenhados nos preparativos para a descida. Quanto mais cedo, melhor será.

Terminamos o alargamento definitivo da pista. Deixamos com 45 metros. No campo, agora, o trabalho é nas cabeceiras. Vamos aumentá-las. Nossa preocupação no momento são os barcos.

Não aumentamos mais o pessoal lá do rio porque não adianta. O mestre é um só, o número de auxiliares é mais que suficiente.

Esta é boa... Trovões e relâmpagos lá pras bandas do norte. Coisa assim em julho é de causar espanto.

O Tanguro, agora com a *Carmem Miranda*, está sendo o nosso viveiro. Por dá cá aquela palha, vamos lá buscar aves e peixes. Na última vez, anteontem, fomos lá e trouxemos dois mutuns, um jacubim, piranhas, pirarara, pintados e um barbado.

Foi aberto a fogo o segundo casco. Já estamos com duas dúzias de tábuas. O campo vai indo bem. Quase concluído. O FBA, conforme fomos avisados pelo rádio, fará duas viagens hoje trazendo carga.

Não se passa um dia sem que surja um dos nossos aviões trazendo carga, que vamos acumulando para a descida. Com a animação e disposição dos nossos pilotos, se não arrancarmos breve, vão ser poucos os nossos dois batelões de dois mil quilos cada para transportar tudo. Vamos acabar apelando à Marinha de Guerra para que nos ceda o *Minas Gerais*...

Os serviços vão indo a toque de caixa.

Tiramos as folgas de sábado.

Domingo, dia 21, os homens se dividiram em grupos de quatro e cinco e saíram à caça, à pesca e à procura de mel. Os da caça trouxeram araras, jacubins, mutuns e um jabuti.

A carga trazida pelos aviões já encheu uma enorme estiva.

Gilberto tem vindo diariamente nestes últimos três dias. Hoje, 25, resolveu pernoitar para tentar uma pescaria no Tanguro. O rapaz é do seco da Paraíba, mas tem uma sorte danada na água. Tanto que conseguiu pescar dez pintados e doze piranhas.

Terminamos definitivamente o roçado das cabeceiras. No mesmo dia iniciamos mais quarenta metros somente no encompridamento do campo, a fim de completar mil metros de pista.

Este domingo, 28 de julho, fizemos com a canoa uma ligeira exploração no Tanguro, rio acima. Em ambas as margens predominam as várzeas e o cerrado. O Tanguro do nosso porto para baixo corre francamente na mata. O madeirame no casco já está tomando feição de barco.

AS PRIMEIRAS VISITAS E A "FOX MOVIETONE" WRIGHT

Estamos em 1º de agosto de 1946. Outro mês já se foi. Está aqui, vindo do Mortes, o PP-FBA, com Gilberto trazendo mais mantimentos.

Com o tratamento continuado com Eparceno, os trabalhadores portadores das feridas já estão quase bons.

Carga preciosa chegou hoje: Gilberto trouxe 22 mosquetões recondicionados, curtos, tipo cavalaria. Pelo próximo avião, devolveremos os velhos.

Terminamos o aumento do campo, que fica, portanto, definitivamente entregue ao tráfego dos nossos aviões. A pista tem 1.000 x 45 metros de solo firme.

Concentramos agora todo o pessoal lá pras bandas do rio. Vamos melhorar o porto e erguer um rancho na barranca, para o depósito da carga, até a ocasião da descida.

Ficaram prontos no mesmo dia o roçado e o rancho. Os homens, entusiasmados com a descida, trabalham com afinco.

Leônidas e Inácio abateram na mata dois mutuns-de-castanha.

Hoje, 6 de agosto de 1946, cortamos e amontoamos 280 folhas de buriti, para cobrir os ranchos do posto. A tropa está trazendo as folhas, dos varjões, para a cobertura.

Pelos aviões CSO e FBA — Filon e seu sobrinho Gilberto — recebemos a visita do dr. Luiz Signoreli e do sr. Hélio. Os dois visitantes são de Belo Horizonte e estão passeando no Brasil Central. Fomos com eles até o porto. O dr. Signoreli, de máquina em punho, filmou algumas cenas que achou interessantes. Estamos bastante adiantados com os batelões. Já estão os dois "encavernados" e com as tábuas pregadas.

O nosso "aeroporto" está tomando ares de importância. Hoje, dia 8, foi visitado por um avião de treinamento avançado da FAB, com dois funcionários do Departamento de Rotas da Aeronáutica. Tomaram as dimensões e localização do campo e regressaram em seguida.

Terça-feira, 13 de agosto de 1946. Procedentes do rio das Mortes, aterrissaram às dez horas, mais ou menos, o CSO e o FBA, com Filon e Gilberto — a rota está sendo concessão da família Araújo... Com o primeiro vieram os radiotelegrafistas Ranulfo Matos e Elpídio Cardoso. Com o segundo, dois visitantes: Mr. Harry Wright e Roberto Burle Marx. À tarde levamos os dois a um passeio até o Tanguro. Os aviões regressaram; os visitantes ficaram. Com um dos aviões seguiu o radioperador Benigno Limeira, que pediu demissão.

Os visitantes pernoitaram aqui.

Continuamos lutando com os barcos.

Logo cedo chegou o FBA com Gilberto. Trouxe carga. De regresso levou o sr. Roberto Burle Marx; Mr. Wright ficará mais um ou dois dias. Na vinda, Gilberto sobrevoou um grande aldeamento xavante.

A máquina de Mr. Wright parece uma metralhadora em plena guerra. Não para nem para esfriar.

Lançamos hoje, dia 16, o primeiro batelão n'água. Ficou ótimo. Fizemos repetidas viagens até o porto nestas últimas 48 horas. Mr. Wright estava em todas. Se formos avaliar pela maquinaria que esse cidadão traz pendente do ombro e pescoço, não há dúvida de que ele valerá por uma equipe. Calvo, calvíssimo, vermelho, rotundo, suando dentro de um macacão de mil bolsos — todos eles cheios — e encravado dentro de um par de botas horrendas de grossas, o nosso hóspede sozinho é um estúdio...

Com Gilberto regressou hoje ao Mortes a "Fox Movietone" Wright. Foi também o trabalhador Altelino dos Santos.

RECOMEÇA A RONDA DOS ÍNDIOS

Iniciamos hoje, 16 de agosto, embora um pouco tarde, uma roça para plantio.

Está entrando em cena o FBC, com Vilella. Antes do almoço aterrissou ele em nosso campo trazendo o almoxarife da base do Mortes, Ruy Monteiro. Vilella regressou, Ruy ficou.

Já estamos em 18 de agosto, domingo. Saímos para uma pescaria no Tanguro. Descemos o rio uns dois quilômetros. Ruy e Ranulfo andaram tiroteando uns pacatos jacarés nas margens da pequena enseada.

Irromperam grandes fogos dos índios do outro lado do Tanguro. Os homens acampados na beira do rio têm percebido o aproximar dos índios, que gritam e arremedam aves, na margem oposta. Em vista disso, e para que os trabalhadores dos barcos não sejam perturbados, designamos homens para fazer a guarda noturna daquele acampamento.

Prosseguimos os trabalhos da roça e do batelão.

Fomos todos de manhã para a beira do rio ajudar a lançar o segundo batelão n'água. A exemplo do primeiro, também ficou ótimo.

Os índios estão cada vez chegando mais perto do acampamento da beira do rio. Destacamos mais homens para a guarda. O frio não tem sido brincadeira.

Regressou hoje, quinta-feira, 22 de agosto, para o Mortes o almoxarife Ruy Monteiro, com o PP-FBC aqui chegado. Lançamos o último barco n'água. Passamos ao coronel um rádio com essa informação.

O DONO DA ROTA

Gilberto — o dono da rota — fez hoje, dia 23, duas viagens até aqui. Trouxe 360 quilos de carga. Segue para o Mortes o trabalhador Augusto de Souza, em gozo de férias. Seguiram ainda José Ribeiro, demitido, e o mestre em barcos Antônio Palmeira, por ter concluído o seu trabalho.

Os PP-FBA e FBC aqui estiveram hoje trazendo mais carga.

Concluído o roçado para a plantação.

Começamos hoje, dia 26, a levar a carga para a beira do rio. Três trabalhadores pediram demissão: José Valadão, João Rodrigues e Inácio Ferreira. Seguirão na primeira oportunidade para o Mortes.

Os índios continuam pondo fogo. Só que agora mais à vontade. O capim está seco.

Para a descida, chegou hoje um motor de popa e um para o rádio. Com os aviões de hoje seguiram os homens demitidos ontem.

Estamos em 30 de agosto de 1946. Às onze horas pousou o FBA com Gilberto conduzindo o coronel Vanique. O avião partiu, devendo voltar à tarde para levar o coronel, que foi até o rio para conhecer os batelões. À tarde regressou ao Mortes, na segunda viagem do avião.

Dia 31 de agosto correu brumoso e muito quente. Tudo indica que as chuvas virão mais cedo este ano. Domingo, 1º de setembro de 1946, ainda nos alcançou aqui no Garapu. Tivemos hoje a primeira chuva da estação que se aproxima.

O SUICÍDIO DA SENHORA VANIQUE

Chegou hoje com o FBC um cinegrafista de nome Lincoln. Pilotando veio o Vilella. Fomos até o Tanguro, onde o rapaz pôs sua máquina a funcionar. O Tanguro, pelo menos para nós, não tem nada de bonito. É um rio de barrancas altas, com uns cinquenta metros de largura, mata cerrada em ambas as margens. Mas é para lá que levamos toda visita que aqui desembarca. Para nós, o Tanguro funciona como viveiro de anta e peixes. O fato é que o visitante chega e diz logo "que beleza". Não achamos a tal beleza. Só se no fundo o visitante completa o pensamento com a frase "(...) o Rio de Janeiro".

Regressou à tarde o FBC, levando o cinegrafista que partiu deslumbrado com o Tanguro. Tem caído alguma chuva pesada. Isso para nós é um contratempo enorme.

Hoje, 7 de setembro de 1946, reunimos os homens às sete horas e hasteamos a bandeira em comemoração à grande data nacional.

Está se tornando um hábito fazermos nas grandes datas, por ocasião do hasteamento da bandeira, uma rápida preleção. Nem todos entendem, mas escutam com atenção. Ouvimos um deles, comentando com outro, usar o termo "independência" — pensamos que o homem tivesse entendido alguma coisa da preleção, mas o resto da frase não demorou "(...) cadela mió pra corrê paca, inda num vi... independença".

Iniciamos nova semana de serviço. O dia correu todo enfezado mas não choveu. Fortes rajadas do norte.

Os tropeiros que andavam campeando os animais trouxeram cinco patos. Dos animais mesmo, um não apareceu.

11 de setembro. Tivemos pelo rádio a acabrunhadora notícia de que a esposa do coronel Vanique tentou suicídio, tendo sido levada em estado grave para Aragarças, onde faleceu às seis horas.

No dia seguinte, 12, enviamos ao coronel a seguinte mensagem-rádio:

Todo pessoal ponta picada consternado infausto acontecimento envia sentidos pêsames PT
Os Villas Bôas PT

Os índios, depois de breve descanso, voltaram incendiários. Não há um capim seco aqui por perto. Já queimaram tudo. Uma pequena moita, quase no nosso terreiro, ardeu hoje. As queimadas estão se estendendo em todas as direções.

Estamos já em condições de iniciar a nova etapa. Aguardamos apenas os medicamentos pedidos e mais alguns homens para completar a turma.

O auxiliar de cozinha Abel Cardoso adoeceu hoje. Tem uma violenta inflamação na garganta. Sobre o caso radiografamos ao Mortes. À tarde o PP-FBA veio buscá-lo.

UMA ANTA NA PANELA

Perseguida pelos cachorros, uma anta veio dar no acampamento — foi morta a menos de trinta metros da cozinha, quase dentro da panela. Na janta a cuja foi devorada à moda de churrasco.

As queimadas dos índios continuam se alastrando. É tanto o fumo, que chega a embaçar o sol.

Continuamos a aguardar os medicamentos e o resto do pessoal para partir "rumo ao ignoto".

Hoje, 22 de setembro de 1946, domingo, confirmando a notícia que viera pelo rádio, aterrissou aqui um avião Lodestar, pilotado pelo capitão Parreiras Horta. Faziam parte da numerosa comitiva o dr. Artur Neiva, secretário-geral da Fundação Brasil Central, o professor André Siegfried, lente catedrático de Ciências Políticas e Sociais da Sorbonne e membro da Academia Francesa, o senhor encarregado dos negócios da França no Brasil, acompanhado de sua Exma. esposa, e outras pessoas ilustres.

Depois de uma hora de permanência em nosso posto, o avião regressou para Aragarças, num voo direto.

Já estamos hoje, dia 25, com mais de dois terços do material acumulado no posto. Rolamos o tambor de gasolina do campo para o porto, quase quatro quilômetros.

Recebemos pelos aviões PP-FBE e FBA mais alguns homens para a descida e o restante do material.

Marcamos a partida para domingo de manhã. Não há mais nada a transportar para a beira do rio.

A PARTIDA

29 de setembro de 1946. Domingo. A descida, que marcamos para logo de manhã, acabou sendo à tarde, por estarmos aguardando um avião que nos traria rapadura e anzóis. Apreensivos com a demora do avião, o dr. Roxo da Mota — que substitui interinamente o coronel Vanique — e o piloto Olavo, que aqui pernoitaram, decolaram com o PP-FBC para o Mortes, ficando combinado que até o meio-dia ficaríamos aguardando uma comunicação. Hora e meia depois de decolar, voltou ao acampamento o FBC: não conseguira furar um forte temporal na altura do campo do Tanguro. Resolvemos, então, levantar ferros. Presentes o dr. Roxo, Olavo e João Guintzel — este último, o novo encarregado do posto Garapu —, iniciamos a descida, sem discurso e choro, à uma e meia da tarde, sob um tempo terrivelmente fechado. A flotilha ficou assim organizada: Batelão nº 1 — no piloto, Zacarias; na zinga, a revezar, Antônio, Elias, Cassiano e Raimundo. Nesse mesmo batelão seguimos nós (Orlando e Cláudio), Aires e Nilo Veloso — cinegrafista enviado pela Fundação para documentar a viagem. Batelão nº 2 — no piloto, Eduardo; nas zingas, Félix, Luís, Perpétuo, Baiano, João, Abel e Mariano. Vinham ainda Leonardo e Ranulfo. Ubá — no piloto, Piauí; e Hélio no remo.

A carga foi distribuída igualmente entre os batelões, ficando para a ubá os tarecos da cozinha e gêneros de consumo. Os batelões saíram sobrecarregados. Contamos, porém, com a boa navegabilidade do Tanguro. Vamos viajar o máximo possível na zinga e remo, não só por não conhecer o rio como também para economizar gasolina.

Às quatro horas da tarde encontramos um travessão. Passamos a pulso as embarcações. Trezentos metros abaixo do travessão, numa praia que denominamos "da Laje", paramos para o primeiro pouso. A navegação foi curta. Temos, porém, intenção de acampar cedo todos os dias, armando o acampamento para instalar, antes que escureça, a estação de rádio. Desta vez não conseguimos comunicação. O radioperador Ranulfo informa que nenhum dos dois motores que vieram está em condições, sendo portanto necessário o seu regresso ao Garapu. Por que não verificaram isso antes, não conseguimos compreender. Resolvemos, ao fazer as anotações deste primeiro dia, que todas as ocorrências durante a viagem serão anotadas dia por dia.

30 de setembro de 1946, segunda-feira, segundo dia de viagem. Levantamos às cinco e meia. Ranulfo regressou ao Garapu com quatro homens para efetuar a troca dos motores do rádio. Foram na ubá com o motor Penta, para ganhar tempo.

Às dez e meia regressa a ubá trazendo a notícia do desaparecimento, ontem, do avião PP-TGP, pilotado por José Póvoa (Juca) e acompanhado pelo radiotelegrafista Laurentino Chaves. O avião partira do Mortes com destino ao Garapu e levava, além do passageiro, rapadura e anzóis.

Em face dessa notícia, Orlando e seis homens regressaram ao Garapu.

Chegando, foram informados de que o avião desaparecido havia aterrissado na foz do rio Pindaíba — afluente da direita do rio das Mortes —, tendo sido localizado pelo piloto Olavo. Diante da notícia tranquilizadora, regressaram os homens que haviam ido ao posto. O radioperador Ranulfo encontrou no posto do Garapu o tenente França, chefe interno do Departamento de Rádio e Navegação Aérea (DRNA), que não consentiu na troca de motores, mandando que insistisse com os existentes depois de uma limpeza nas escovas. Ranulfo faz a limpeza e retorna com os mesmos motores. Passamos assim o dia na praia da Laje, nosso primeiro pouso.

1º de outubro de 1946, terça-feira. Levantamos acampamento às seis e meia e às sete partimos. Navegação normal. Por diversas vezes as tripulações foram, a braço, empurrar os batelões, principalmente o nº 2, nos baixios. Até agora uma só árvore tivemos de cortar para que as embarcações passassem. Navegamos hoje consecutivamente oito horas. Calculamos em cinco léguas a distância percorrida.

Às cinco horas da tarde acampamos à margem direita. Pela primeira vez tivemos comunicação com a base de Aragarças. O rádio funcionou bem. A caça é abundante. Pesca, então, nem se fala. Iniciamos um controle no consumo de gêneros. A muriçoca anda solta por aqui.

2 de outubro de 1946, quarta-feira. Partimos às sete horas. O rio está com melhor aspecto quanto ao volume de água. Resolvemos, por isso, fazer funcionar os motores. No batelão nº 1 pusemos o Penta e como piloto Zacarias — como é novato nisto, seguiu "vigiado" por Leonardo. No nº 2 funcionou o motor Arquimedes; Eduardo, bom motorista, tomou conta desse piloto. O batelão nº 1, do Zacarias, andou beirando o barranco por diversas vezes. Pusemos na proa o zingador Elias, e com isto melhorou muito sua navegação.

Às duas da tarde começamos a encontrar extensos baixios. Notamos mesmo que o rio tomava maiores proporções.

Às três demos num importante afluente do Tanguro, medindo na barra uns cinquenta metros de largura. Com esse afluente, o nosso curso duplicou de água. Batizamos esse rio com o nome de rio Coronel Vanique.

A navegação continua normal. Nenhum travessão. Estão sumindo os baixios.

O último raso que vencemos foi antes do afluente. Arrastamos aí as barcas por mais de trezentos metros. Nessas ocasiões todos os homens ajudam. Todos caem n'água para fazer força.

O PRIMEIRO "SUSTO"

Ranulfo, o radiotelegrafista, é o único que permanece indiferente, olhando do alto, comodamente sentado, dando "sugestões". Também não é possível, seria exigir demais que ele dispa sua camisa colorida, descalce sua botina amarela lustrosa e deixe de lado, embora por pouco, seu capacete de caçador e — oh, absurdo! — sua faquinha de mato, que traz presa na anca, e seu pomposo óculos *ray-ban*.

Forçados por um temporal medonho, aportamos hoje às quatro horas em lugar não muito apropriado. Não convinha continuar a navegação com tempo ruim em rio desconhecido.

Às seis horas o tempo levantou, fazendo uma bonita tarde. Não instalamos o rádio. O lugar não se prestava para isso.

3 de outubro de 1946, quinta-feira. Saímos às sete horas. Com as águas

do Coronel Vanique melhorou muito a navegabilidade do rio. Os motores funcionam agora normalmente. Nada de baixios e curvas acentuadas. O rio atravessa grande trecho de mata densa em ambas as margens. À margem esquerda avistamos o primeiro sinal de índios: paus quebrados e uma queimada. São constantes as barreiras na margem esquerda. A margem direita é baixa e alagadiça.

Às três e meia da tarde chegamos à foz do Tanguro, que forma uma grande e bonita baía. Uma bela ilha de areia, colocada bem na foz, faz com que as águas do Tanguro caiam por dois braços no rio Kuluene. Teríamos o nosso primeiro susto quando o cinegrafista Nilo Veloso, chegado no dia da partida, sacou uma caixa enorme, quadrada, e assentou em cima de um tripé. Pensamos que fosse bombardear o rio ou fazer alguma coisa misteriosa. Ficamos tranquilos ao constatar que era uma máquina de filmagem. Não duvidamos da perícia do cidadão — duvidamos, isso sim, de que aquela coisa enorme sirva na realidade ao que se propõe. O tipo da cuja não é de hoje. Deve ser do começo do século ou fim do passado. O fato é que, quando tentamos ver o operador, o que vimos, em verdade, foram apenas duas pernas e um braço, que à direita girava uma manivela. O resto do dito ficava oculto atrás daquele engenho enorme, quadrado, cujo transporte absorveria uma equipe.

EXPLORAÇÃO DO RIO KULUENE

Fizemos, ainda no mesmo dia da chegada ao Kuluene, uma rápida exploração. Resolvemos acampar à margem direita perto da baía, mas já na margem do curso grande. Instalamos o rádio e passamos uma mensagem comunicando nossa chegada ao Kuluene para a base do Mortes. Respondemos, ainda, um rádio recebido do major Basílio. Foram assim os rádios trocados:

Chefe expedição e companheiros Roncador-Xingu PT
Todos meus votos felicidades sucesso PT
Major Basílio PT

Respondemos:

Major Basílio PT
Em nome coronel e nosso agradecemos votos enviados PT
Para êxito completo nossa missão VG contamos como sempre apoio DRNA PT
Os Villas Bôas PT

Estamos no dia 4 de outubro de 1946. Conforme o combinado ontem pelo rádio, saímos às oito e meia com um dos batelões para uma exploração Kuluene abaixo, à procura de lugar para abertura de um campo de pouso. Equipamos o barco com o motor Arquimedes e destacamos os seguintes homens: cinegrafista Veloso com o seu monstrengo; Eduardo Ferreira Lima, motorista; Elias Pereira da Silva, Luís Valadão, José Acelino de Almeida (Piauí), Umbelino da Nepomucena — todos trabalhadores, menos o cinegrafista, que é técnico, artista, cineasta e diretor de si mesmo. Completando a equipe, os três Villas Bôas (Leonardo, Cláudio e Orlando).

Na descida "assassinamos" uma incauta capivara, que reforçou as refeições seguintes. A parada para o almoço foi curta. Já andamos bom pedaço: até agora não encontramos nenhum terreno que sirva para campo. Fizemos exploração em algumas barreiras. À uma e meia encontramos alta barreira à margem esquerda. Paramos para explorá-la. Nessa ocasião ouvimos ronco de avião e cinco minutos depois avistamos um que não conseguimos identificar, pois passou muito ao lado. Continuamos abrindo piques no cerrado. Novamente o avião passou, desta vez vindo rio abaixo. Reconhecemos o "vermelhinho" FBA. Fizemos uma coluna de fumaça para dar nossa posição. Fomos avistados: logo em seguida o avião baixou e numa das passadas jogou uma argola de arame com anzóis. Ficamos sabendo tratar-se do Gilberto. O local passou a ser conhecido como barreira do Gilberto. O avião desapareceu no céu, no rumo do Garapu. Continuaríamos nossa exploração, mas satisfeitos por saber que essa barreira, em último caso, daria um campo de aviação.

Partimos, então, rio abaixo, esperando encontrar terreno melhor. A exploração na barreira do Gilberto levara duas horas e meia; partimos, portanto, às quatro horas da tarde.

Às cinco, uma hora depois do último reconhecimento, avistamos à esquerda uma alta barreira. Continuamos descendo, deixando para a volta sua exploração.

Às seis horas paramos para pernoitar numa bonita praia. Sinais de índios vamos encontrando a todo momento. Pouco antes da parada à margem esquerda, havíamos visto uma canoa de casca de jatobá como as que usam os índios desta região.

Nosso plano é descer amanhã mais uma hora apenas.

5 de outubro de 1946, sábado. Às 6h45 seguimos rio abaixo. O plano, que era somente deslocar mais uma hora na descida, foi alterado e acabamos descendo até as dez e quarenta. Nada encontramos. A região é muito batida de índio. Disso já sabíamos. Foi por aqui que o coronel inglês Percy Fawcett e mais dois companheiros desapareceram. Não devemos estar longe dos índios kalapalo. Resolvemos voltar para o ponto de partida na barra do Tanguro. Com muito esforço, conseguimos atingir às sete e meia da noite a mesma praia em que passamos a noite anterior.

OS KALAPALO

6 de outubro de 1946, domingo. Saímos cedo da praia. Às cinco e quarenta o motor já estava funcionando. Às oito horas chegamos à grande barreira, que batizamos de Kalapalo. Iniciamos imediatamente a exploração do terreno com todos os homens, com exceção do motorista e do cinegrafista Nilo Veloso, que foram com o batelão para a praia em frente, onde ficariam à nossa espera.

Mal iniciado o serviço, fomos surpreendidos por gritos vindos da ponta superior da barreira. Percebemos logo que eram gritos de índios. Reunimos os homens que estavam esparramados pelo cerrado e tocamos para lá. Chegamos a tempo de ver um grupo de índios se dirigindo rapidamente para a mata próxima. Um, porém, permaneceu parado. Fomos direto a ele. Era um rapaz dos seus dezessete anos. Estava bastante agitado e falando muito, numa linguagem que não podíamos entender, a não ser a palavra "kalapalo", que repetia seguidamente. Aproximamo-nos mais dele, até pôr a mão nos seus ombros, e dissemos algumas palavras, intercalando "karib" e "kalapalo", dando a entender que éramos amigos. O pobre rapaz, visivelmente perturbado, apontava para o poente e dizia: "Kalapalo cuiabá". Com muito trabalho, conseguimos fazê-lo entender que queríamos que fosse buscar ou chamar o resto do grupo que havíamos visto. Ele saiu rapidamente para voltar dali a alguns instantes acompanhado de três homens e uma mulher.

Estávamos assim frente aos famosos kalapalo, responsáveis pelo desaparecimento do explorador inglês coronel Percy Fawcett e seus dois acompanhantes. A primeira coisa que procuramos saber foram seus nomes. O mais velho, "capitão" conforme disse, chamava-se Iuaikuma. A única mulher, sua esposa, chamava-se Quevezo. Os três restantes, moços ainda, eram Waurica, Kavuquiri e Tartaruga.

Não demorou muito e eles estavam aparentemente tranquilos entre nós. O casal, que trazia suas redes de buriti e fios de algodão, atou-as nas árvores e calmamente nelas se acomodou. A rede de Iuaikuma esticada sobre a da sua jovem e formosa esposa.

Pouco tempo depois, ao meio-dia, estávamos seguindo viagem para o acampamento no Tanguro, levando conosco Waurica e Kavuquiri.

Depois de duas horas de viagem, demos com três pequenas canoas. Eram kalapalo voltando da pescaria. Depois da pequena conversação, na qual nem eles nem nós saímos entendendo o que foi dito, continuamos viagem até as cinco da tarde, quando chegamos ao acampamento.

Os índios da canoa haviam estado no acampamento, onde ainda encontramos outros três índios: dois kalapalo e um kuikuro. Tudo estava em ordem. Durante nossa ausência, que foi de três dias, deixamos o auxiliar de enfermagem, Aires Câmara Cunha, responsável pelo acampamento.

Nesse mesmo dia, passamos à chefia do Mortes um rádio comunicando o resultado de nossa exploração, bem como à United Press a notícia do encontro com os índios kalapalo. Antes da saída do Garapu, o coronel Vanique, atendendo a um pedido da United Press, incumbiu-nos de mandar mensagens focalizando os aspectos mais interessantes da marcha da Expedição, para serem transmitidas pelo *Repórter Esso*. Assim é que ao sair para a exploração havíamos deixado um rádio endereçado ao rio das Mortes comunicando a nossa chegada ao Kuluene. Os dois comunicados ao Mortes tiveram a seguinte redação:

Atingimos o rio Kuluene PT Navegação normal tudo correndo bem PT Sobrevoando avião envie pedaço verga pino motor PT Satisfeitos salvamento TGP pedimos transmitir Olavo nossos cumprimentos pelo grande

feito PT Encontramos baixo Tanguro um afluente calculamos 40 m largura VG visto não constar carta geográfica denominamos mesmo como rio Coronel Vanique PT
Os Villas Bôas PT

O segundo rádio, sobre a exploração, ficou assim redigido:

Regressamos exploração descida rio procura local campo PT Encontramos lugar pouco abaixo onde Gilberto jogou anzóis PT Desceremos amanhã a fim iniciar campo quanto antes PT Local escolhido fomos surpreendidos por índios kalapalo estes arredios início VG aproximaram VG correndo tudo bem PT
Os Villas Bôas PT

Amanhã sairemos cedo para o local escolhido. Substituindo o furioso movimento de aviões do Garapu, nas vésperas da nossa saída, estamos agora com um não menos furioso movimento de rádio. Vamos porém registrar só aqueles que digam respeito aos serviços e à exploração. Os longos e jornalísticos despachos à United Press não terão aqui seus textos reproduzidos.

7 de outubro de 1946, segunda-feira. Reiniciamos nossa viagem; os batelões que haviam sido descarregados foram logo cedo carregados de novo. Saímos às nove horas. Fomos forçados a encostar diversas vezes por causa dos baixios no rio. Não podemos facilitar. A carga é enorme e para nós muito preciosa. Os batelões estão pesados, o rio é longo, e nos grandes estirões o vento levanta ondas que brincam com a embarcação.

Às duas horas chegamos à barreira. Acampamos, provisoriamente, na ponta sul. Vamos deixar para amanhã a descarga dos batelões. Hoje limparemos o lugar, endireitaremos o porto; enfim, trabalhos preliminares. Durante bom trecho da viagem o cinegrafista veio oculto pela sua avantajada máquina, aquele enorme "engenho".

CHEGA IZARARI, O CHEFE

Terminamos a viagem. Entraremos amanhã no cansativo trabalho de instalar um posto: campo de aviação, ranchos e mais ranchos. O rádio reiniciará sua tarefa novidadeira de jogar mensagens nas ondas e das ondas tirar recados. Rádio funcionando surge um rol de necessidades — agulha para um, pedra de isqueiro para outro, beijo no filhinho daqui, beijo do filhinho de lá, parabéns de lá, não tem de quê, e por aí afora.

Iniciamos hoje, dia seguinte ao da chegada, a construção do primeiro rancho provisório, que será coberto de palha. Os ranchos definitivos, que serão levantados depois do campo pronto, talvez não sejam aqui. Vamos ainda procurar um lugar mais ajeitado. No momento este é o melhor.

Às nove horas mais ou menos começaram a chegar, em grupos de cinco a dez, os kalapalo. Vamos ter muito trabalho com esta gente nesta fase inicial de instalação. Trouxeram eles reserva alimentar e suas redes. Os primeiros a chegar avisaram da vinda do chefe Izarari com o grosso da tribo. Às onze horas chegou o "anunciado". Todos eles foram acampando bem perto de nós, menos de vinte metros! Izarari é o suposto matador de Fawcett, pois foi nesta região e na tribo kalapalo que desapareceram o explorador, seu filho e seu secretário.

Calculamos em mais de 150 os índios que aqui já se encontram. É grande a quantidade de crianças. Lembramos da anedota: "Também, sem cinema...". Os índios apresentam uma constituição física invejável. As mulheres, quando solteiras, têm o corpo esbelto e bem-feito. Tanto os homens quanto as mulheres andam completamente nus e se pintam de preferência de vermelho com óleo de pequi e urucum. A essa mistura dão o nome de "móngui".

Construímos dois ranchos e cercamos de pau a pique. A coberta é de lona. Um servirá para o rádio e armazém, e o outro para o pessoal. Izarari já começou a se "associar" aos nossos trens: cedemos a ele uma lona de barraca, ficando ao relento nós três — Leonardo, Cláudio, Orlando — e o auxiliar de enfermagem Aires. O cinegrafista e o radiotelegrafista ficaram na barraca do rádio. É interessante o acampamento dos índios. No mesmo armador atam as duas redes, uma embaixo, outra em cima. A de cima é do marido, a de baixo da mulher. Um pouco ao lado da rede fazem um fogo que é mantido aceso a noite toda. A mulher é incumbida dessa tarefa.

Dos ranchos só falta um, que poderá ser armado somente depois que os índios forem embora, porque Izarari está com uma das lonas. As mulheres fazem beijus a toda hora.

Estamos no segundo dia de instalação. Tudo correndo bem, inclusive o rádio, o que já é um grande tento. Temos passado e recebido mensagens. Passamos a seguinte:

Chegamos local construção campo PT Iniciamos instalação acampamento PT Amanhã iniciaremos campo PT Todos bem saúde PT Índios acampados aqui PT Bom relacionamento com eles PT
Os Villas Bôas PT

Ao serviço médico do Aragarças enviamos a seguinte:

Diversos índios têm vindo nosso acampamento PT Apresentam espécie queimaduras formato placas quase palmo PT Características eczema seco PT Consultamos possibilidade Departamento providenciar remédios específicos a fim atender inúmeros doentes que procuram acampamento PT Índios apresentam ótima saúde e compleição atlética PT
Os Villas Bôas PT

Hoje às seis e meia já tínhamos iniciado os serviços. Deixamos três homens no acampamento e rumamos com o resto para locar o campo. Na terceira picada conseguimos traçá-lo. Ficou mais ou menos no rumo N-S.

Os índios continuam aqui. Não dão o menor sinal de ter pressa.

Amanhã atacaremos o campo com todo o pessoal. Distribuiremos, inicialmente, enxadas e enxadões. A vegetação é rasteira e a área pouco arborizada.

Os motores do rádio começaram a falhar. Hoje não tivemos comunicação boa, foi regular.

Entramos de rijo no campo. Cinco na enxada e quatro no enxadão. Os índios até agora em nada auxiliaram e pelo jeito em nada auxiliarão — pretendem ficar como espectadores. Pensando bem, é melhor assim. Se eles forem para o campo, forçosamente encostarão na cozinha. Daí é que a coisa complica. Izarari foi pernoitar na aldeia com alguns "imediatos". A aldeia dista daqui umas três léguas. Até agora, tudo bem.

O Kuluene aqui é bem largo, 300 a 340 metros. Defronte à nossa barreira estende-se uma praia enorme e bonita. O tempo anda firme.

Medimos hoje o trabalho de ontem — 85 metros de capina. Estamos com doze homens no campo. O serviço está rendendo bem. Continuamos aqui com os kalapalo agora de braços com alguns naruvotu e nahukuá. Virão amanhã os kuikuro.

O rádio está mudo. As ondas estão passando por aqui prenhas de mensagens, mas não temos com que nem como esvaziá-las. Todo mundo bem de saúde.

O CACIQUE AFUKAKÁ

Estamos em 13 de outubro de 1946. Domingo. Primeiro dia de descanso depois que aqui chegamos. Alguns homens saíram cedo para a caça. Hasteamos pela primeira vez a bandeira. Assim faremos todos os domingos. Chegou hoje um bom grupo kuikuro, acompanhando o seu "cap" (capitão) Afukaká. Estão aqui, portanto, dois grandes caciques do Xingu. O chefe kuikuro tinha um grande pedido a fazer: dar um passeio de motor até a curva do rio. Ao atendermos o pedido do cacique, mais de trinta índios saltaram para dentro da embarcação. Depois do passeio, o barco foi encostado na praia da frente e lá houve um banho geral.

O rádio, depois de alguns dias emudecido, funcionou hoje. Enviamos ao Mortes uma comunicação:

Nossa estação rádio mau funcionamento PT Não dando ouvir ZV 17 PT Temos insistido acarretando mais gasto gasolina PT Logo chegue avião novo motor melhoraremos comunicação Mortes PT Sugerimos contatos momento intermédio Aragarças para economizarmos combustível PT Iniciamos abertura campo no melhor terreno encontrado PT
Os Villas Bôas PT

Foi ainda um despacho para a United Press, o sexto. Segundo comunicações que dela chegam, os nossos despachos têm sido bem recebidos e transmitidos no *Repórter Esso*.

Vamos entrar hoje no terceiro dia de serviço no campo. A boia foi hoje muito melhorada com os três veados-campeiros que os caçadores abateram ontem nos varjões. Elias, um dos nossos melhores homens, adoeceu com uma novidade no ouvido.

Não há pane em motor, rádio ou em coisa nenhuma do material da estação. Houve "pane" foi com o radiotelegrafista Ranulfo. Por "excesso de atenção" ele pôs no tanque do motor querosene em lugar de gasolina. Daí não ter funcionado o motor.

Kalapalo e kuikuro continuam aqui. Falam já em regressar às aldeias. Temos tido algumas chuvas pesadas.

Marcamos hoje, 15 de outubro, o quinto dia de trabalho no campo. As chuvas têm estorvado um pouco. Ouvimos ontem, às 8h25, o *Repórter Esso*, que divulgou o nosso último despacho. O fato de estarmos em contato com os kalapalo, principalmente Izarari — o apontado matador de Fawcett —, tem despertado o interesse de alguns jornais ingleses. Recebemos até pedidos para procurar pretensas cidades subterrâneas, pois muitos creem que Fawcett e seus companheiros estejam por lá! Não seria mau uma cidade subterrânea nesta altura, uma vila mesmo já servia.

Temos colhido boas informações dos índios: ficamos sabendo que o rio Tanguro — por eles conhecido — não é o que descemos. O Tanguro está localizado entre este local e a baía dos kuikuro. O rio que descemos eles chamam de Turuini.

IARUMÁ, OS ÍNDIOS MISTERIOSOS

Sobre índios na região, informam os kuikuro e kalapalo que no alto Tanguro habitam os iarumá. A região à margem direita do Kuluene é batida pelos terríveis suyá. Já Von den Steinen, em 1886, chamava os iarumá de "misteriosos".

O rio Kuluene, segundo as informações dos índios, é o ponto divisório entre os índios pacíficos e os arredios e agressivos. As principais tribos de margem são kalapalo, kuikuro, nahukuá, matipu, mehinako, aweti, kamaiurá e waurá, à esquerda. Na margem direita, lá para o interior, estão os iarumá, suyá e outros desconhecidos.

Os índios que estão aqui regressam amanhã às suas aldeias.

16 de outubro, quarta-feira. Regressaram às aldeias os kalapalo e kuiku-

ro. Todos prometeram voltar quando concluirmos o campo. Fica aqui uma família kuikuro. O único "auxílio" que tivemos dos índios até agora foi no consumo de açúcar.

Os serviços estão caminhando. Pelo rádio enviamos algumas notas sem grande importância e recebemos uma comunicação da base do Mortes dizendo, entre outras coisas, que o coronel Vanique — ainda ausente desde o suicídio de sua esposa — mandava agradecer a lembrança do seu nome no curso que encontramos desaguando no Tanguro. Comunicamos ainda, ao Mortes, que os índios — aproximadamente uns 250 — voltaram às suas aldeias.

HOMENS ADOECENDO

Há dois dias não temos chuvas. O calor tem sido coisa brutal. De saúde não temos tido novidades. O avião nos sobrevoou hoje, jogando uma rede e umas latas de filmes pedidas pelo cinegrafista Nilo para alimentar a monstrenga máquina.

O terreno onde estamos fazendo o campo é bom; firme e duro a ponto de dificultar a carpa. O ritmo de trabalho continua bom e esperamos que lá pelos primeiros dias do próximo mês tenhamos pista para o FBA.

Com a ida do cacique Izarari recobramos a nossa lona e iniciamos a construção do quarto rancho, onde ficaremos alojados nós três (Leonardo, Cláudio e Orlando), o cinegrafista Veloso, o radiotelegrafista Ranulfo e o auxiliar de enfermagem Aires Câmara Cunha. Depois que o serviço estiver mais adiantado iremos à aldeia; por enquanto, nossa preocupação é tocar o campo com a maior presteza possível. À exceção do radiotelegrafista Ranulfo, do cinegrafista Nilo e do cozinheiro Hélio, todos os homens do acampamento estão trabalhando no campo. O rádio tem funcionado diariamente em horas certas trocando, como de hábito, notas sem importância. Nilo com a sua máquina às vezes é visto girando a manivela. Ranulfo, com afinco, devora sua biblioteca de x-9.

Com as chuvas que têm caído, a água do rio está intolerável. Abrimos, por isso, um poço, mas não tivemos bom resultado. Da terra de tabatinga a água vem leitosa e pesada. Assim mesmo está melhor que a do rio. O calor é estafante. Temos notado que alguns homens vêm se ressentindo da falta de vitaminas — pernas pesadas, corpo mole, indisposição e constantes dores de cabeça. Assim mesmo estão todos no serviço. Vamos iniciar hoje uma distribuição de vitaminas e pastilhas de sal.

Descanso geral hoje, domingo. Depois do hasteamento da bandeira, alguns homens saíram à caça e outros à pesca. As duas turmas foram bem-sucedidas. Tivemos dois veados e bom número de peixes. Às seis horas arriamos a bandeira. Cedo se aquietou o acampamento. Não há dúvida de que a canseira é geral.

Iniciamos mais uma semana de serviço. Choveu muito esta noite. Ótimo, chovendo somente à noite o serviço não é prejudicado. Os índios continuam nas aldeias. Aqui estão apenas dois casais. No quadro geral de saúde não há novidade. O rádio diariamente vai ao ar levando e trazendo mensagens. No horário de hoje pedimos ao Mortes que no primeiro sobrevoo do avião joguem três pratos, três garfos e três canecas. Hoje o Esso divulgou notícias que transmitimos daqui.

IZARARI DELIRA COM O TECO-TECO

Hoje, 23, amanheceu claro e firme. O calor continua. Às dez horas começou a sobrevoar o acampamento o PP-FBB. Ficamos sabendo no horário da tarde que o ministro João Alberto estava a bordo. Depois de umas voltas sobre o acampamento, rumou o FBB em direção à aldeia kalapalo e de lá para a dos kuikuro. Às cinco e meia passamos ao ministro o seguinte rádio, em resposta a uma série de perguntas feitas por ele e lançadas pelo avião:

Índio kalapalo a oeste aproximadamente 200 PT Kuikuro ao norte mais ou menos 250 PT Descampados além barreira alagadiça PT Próxima aldeia pequena faixa onde moram índios VG restante alaga PT Nosso campo firme VG superior Garapu PT Não há cascalho redondeza PT Campo estará pronto de 15 a 20 próximo mês VG tendo 12 homens serviço campo PT Chuvas periódicas PT Lugar salubre PT Não muito longe barra Kurisevu VG existe nação kamaiurá perto grande lago PT Kalapalo informam aqui bem próximo VG outro lado rio VG valentes e agressivos suyá PT Porém ainda não fomos incomodados por eles PT Solicitamos DM Aragar-

ças indicar e enviar específico tratamento espécie eczema seco portadores índios PT Diariamente solicitam remédio esse mal PT Não tivemos resposta nosso rádio PT Informamos ainda campo direção N-S com 800 por 30 metros PT
Os Villas Bôas PT

Os serviços hoje andaram bastante. Em matéria de saúde só temos o Aires há muitos dias mal dos intestinos. Elias abateu um galheiro e uma campeira. Ótima melhoria no rancho.

Todas as tardes o tempo fecha, mas nem sempre chove. As manhãs são claras e de céu totalmente azul. O calor continua intenso. Às dez horas mais ou menos o PP-FBC sobrevoou o acampamento.

Reconhecemos Olavo de piloto e Roxo ao lado. O dr. Roxo continua respondendo pela base de Xavantina em lugar do coronel Vanique, que anda, ainda, pelo Rio Grande do Sul, segundo soubemos. O teco-teco deu seguidas voltas na praia, como quem queria descer. Izarari, que havia chegado pela manhã, estava presente quando das evoluções do FBC. O velho cacique perdeu a compostura e corria e pulava na praia como um menino, entusiasmado com o avião.

O *Esso* hoje deu notícia que enviamos ontem sobre a vinda do ministro João Alberto sobrevoando a região. Só Aires continua doente. O serviço anda muito bem.

Os homens, agora mais animados com o campo que se descortina, nada fazem depois do jantar senão conversar. Caçadas, índios e vida alheia são os assuntos preferidos.

Ouvimos na altura da conversa um dizer:

— Aquela famia é dum desajeito marmo [enorme].

— Menos a véia — replica outro —, essa sempre foi muito importante [de compostura].

AIRES MARAVILHA

Todas as tardes venta ciclonicamente. Os homens vão bem de saúde, o único que se queixa é o Aires — ora é o intestino, de repente é o pé que incha e qualquer outra novidade. Está combinado que no primeiro avião ele irá pra "revisão".

Assim mesmo, umas trinta vezes por dia, ele com sua voz fina repete: "Que maravilha de natureza, seo compadre". Durante a viagem tantas vezes ele saiu com essa, que todos passaram a chamá-lo de Aires Maravilha. É um bom sujeito o nosso auxiliar de enfermagem, pena que não tenha saúde muito boa. Nem por isso deixa ele de estar sempre pronto para qualquer serviço.

Entramos hoje animados no campo. A capina foi levada ao fim. O terreno é duro em toda a extensão, somente na cabeceira norte se apresenta meio arenoso.

O *Esso* deu a notícia que daqui enviamos ontem. Falava sobre índios.

Hoje no período da tarde mandamos Elias e Baiano à caça. À noitinha regressaram com três veados.

Piauí pegou um bonito jaú. Isso significa que por três dias estamos livres do *corned-beef*.

O tempo continua o mesmo, calor intenso. À noite a muriçoca incomoda até altas horas. O campo vai otimamente. A turma é muito boa. Com as pastilhas de sal e vitaminas todos os dias, desapareceram aqueles sintomas todos, moleza e mal-estar. O rádio funciona normalmente. Respondendo a uma nota do dr. Roxo, no rio das Mortes, passamos o seguinte rádio:

Recebemos tudo em ordem PT Índio pusemos isolado praia onde caiu 3º pacote é grande cacique Izarari tribo kalapalo PT Entendemos queriam aterrissar praia PT Informamos areia muito solta e perigosa PT Esperamos dar campo de 15 a 20 do mês próximo PT Índios comeram toda rapadura PT Todos entusiastas piloto PT
Os Villas Bôas PT

Izarari, que aqui estava já havia alguns dias, regressou hoje à aldeia. Ficaram ainda dois casais. Nova semana iniciamos hoje. O dia amanheceu firme. O calor continua estafante.

Os homens estão nos últimos 130 metros de destoca da ponta norte. Continuam animados e dando o melhor dos seus esforços, apesar do sol e do calor incrível. Nós três (Leonardo, Cláudio e Orlando), Aires e mais um homem iniciamos a retirada das árvores do campo, na parte já destocada.

Ouvimos no *Esso* nova notícia que havíamos enviado ontem. Ao Mortes enviamos comunicação nos seguintes termos:

Serviços correndo normalmente PT Estado saúde pessoal satisfatório PT Pedimos Nunes enviar papel almaço e envelopes pelo 1º avião sobrevoo PT Boticário enviar comprimidos VG Purgoleite e pomada milagrosa sua fórmula PT
Os Villas Bôas PT

MURIÇOCAS E VENTANIA

À medida que vamos entrando na estação chuvosa, as muriçocas vão se assanhando terrivelmente. Esta noite foi um martírio. A única coisa que elas respeitam é o fogo, mas não há quem aguente com este calor. O remédio é balançar a rede até que o cansaço acabe vencendo e a futura vítima durma. Daí é que as muriçocas se regalam.

Chegou hoje um kuikuro dizendo que dentro de alguns dias, mais ou menos quatro, teremos a visita de um grande número deles, que irão à aldeia kalapalo. Sempre há cerimônia quando tal coisa acontece. Estamos na terça-feira; provavelmente será sábado ou domingo o dia da visita. Vamos estar lá para assistir a toda a cerimônia.

Concluímos hoje a destoca do campo em toda a sua extensão. O enjoadíssimo serviço da retirada de galhos e troncos continua.

A ventania de hoje à tarde quase levou a nossa "cidade". O rádio continua jogando e recolhendo mensagens e "bilhetinhos".

Da base do Mortes recebemos o seguinte radiograma:

Para efeito balanço Fundação e acordo resolução nº 10 secretaria-geral VG esse acampamento deverá fornecer até 1º novembro levantamento inventário geral VG motores embarcação VG armas etc. Pedimos enviar inventário quando descer aí o primeiro avião PT

Faremos assim como determina o rádio. Irá com o primeiro avião o inventário geral aqui da frente.

Cassiano de Castro, ótimo trabalhador, adoeceu hoje.

Com o término da destoca, redistribuímos hoje todo o pessoal no serviço: quatro homens no machado limpando a área de segurança lateral; dois homens no rastelo; cinco homens retirando a coivara.

O cozinheiro Hélio passa a cozinha para o ajudante Abel, por se achar doente. No polegar da mão direita do cozinheiro está saindo um panarício.

DOIS HOMENS SE PERDEM

Entramos de rijo no serviço. Alguns índios tentaram nos ajudar, mas não foram além de uma hora de trabalho e assim mesmo parando para se pintar de preto mal avistavam um bom carvão. Não contaremos com eles, definitivamente. Mais dois homens, Raimundo e Antônio, adoeceram. Estamos assim com quatro fora de serviço. Não obstante, os trabalhos progridem razoavelmente.

Entramos em novembro. Vamos puxar hoje; amanhã é feriado e depois domingo — dois dias de descanso.

Amanhã iremos à aldeia, pois nos nossos cálculos lá deverão chegar os kuikuro.

Um índio kalapalo aqui chegado hoje nos informou que os kuikuro chegarão daqui a dois dias. Iremos, assim, amanhã à tarde ou depois de amanhã para a aldeia.

2 de novembro de 1946, sábado. Dia dos mortos. Nós outros mais ou menos vivos não trabalharemos. Foi ótimo não termos ido hoje à aldeia. Dois homens resolveram sair à procura de mel. Saíram cedo e o dia correu sem que voltassem. Quando vimos, pelo adiantado da hora, que o atraso dos "meleiros" só podia ser perdida, iniciamos a busca. Alguns índios nahukuá prontamente auxiliaram as turmas de procura que organizamos.

Nada planejamos nessa noite.

Pela manhã de domingo apareceram os dois. Por eles soubemos que, desorientados pela chuva do dia anterior, perderam o rumo do acampamento e, como não quisessem pernoitar na mata, seguiram por uma trilha que foi dar na aldeia kalapalo, lá chegando à noite.

Mais ou menos ao meio-dia saímos nós para a aldeia. Foram conosco os índios que aqui estavam. Nilo, ou melhor, uma equipe levou a sua modesta máquina que deve pesar de trinta a quarenta quilos! Deixamos aos homens instruções sobre o serviço, pois na certa lá pernoitaríamos. Depois de quase três horas de caminhada, inicialmente por um cerrado que desemboca num varjão enorme onde o sol torrava e não havia água, alcançamos uma restinga de mata. Ali, depois de encontrar um modesto olho-d'água, saímos num cerrado grosso que nos levou até a mata. Dali em diante, por uma trilha sinuosa, numa caminhada longa, chegamos a outro cerradão que nos levou até a aldeia. Fomos muito bem recebidos. Os kuikuro, informou Izarari, estavam pernoitando não muito distante, devendo chegar amanhã cedo.

Fomos acomodados na maloca de Izarari. Quase todas as mulheres nos trouxeram beijus, como sinal de regozijo. Além do Nilo, com a sua possante máquina, foi também o Aires.

Amanhecemos segunda-feira, dia 3, na aldeia kalapalo.

A CERIMÔNIA

Logo pela manhã percebia-se um movimento desusado; homens que se pintavam, mulheres fazendo riscos de jenipapo ao longo da coxa já toda vermelha de urucum; outros carregando lenha; reservas de mandioca "timboco" sendo levadas do pátio para dentro das casas; e a toda hora um grito agudo de homem que era por todos respondido. Podiam ser umas nove horas da manhã quando ouvimos um grito ao longe, imediatamente respondido pelos da aldeia: "Kuikuro! Kuikuro!" foi o grito que correu de maloca em maloca quando um grupo de índios daquela nação entrou na aldeia. Afukaká, chefe kuikuro, vinha na frente. Izarari o recebeu no meio do pátio. Três bancos foram colocados bem no centro. No do meio sentou Afukaká; nos dois bancos ao lado, os seus imediatos. Os demais visitantes se postaram atrás do seu chefe. Seguiu-se uma conversação entre o cacique visitante e o cacique anfitrião.

Logo depois Afukaká e seus acompanhantes se levantaram e acompanharam Izarari até uma maloca. Foi como se tivessem dado um grito de "à vontade": os índios se esparramaram pela aldeia, invadindo todas as malocas. Minutos depois, um kalapalo, com uns ramos à guisa de vassoura, varreu um trecho do centro do pátio. Começavam os preparativos para as lutas.

De tempos em tempos, num espaço relativamente curto, ouvia-se um grito que era respondido pelos demais. Logo depois começou a cerimônia da luta. Dois grandes grupos ficaram separados pela faixa do terreiro limpa. A uma palavra de Izarari, salta um lutador forte e afamado — a primeira luta é sempre dos dois melhores —, e aguarda indócil no terreiro o adversário, que, por seu turno, não se faz esperar muito. E a luta se inicia. Um pouco agachados, com o braço esquerdo encolhido e o direito meio esticado, os dois lutadores negaceiam um em frente ao outro, dando voltas, batendo o pé direito no chão e imitando roncos. Até que se agarram.

O espírito esportivo, a disciplina, nem um só momento são postos de lado.

Quando há vencedor, este nunca faz pouco do vencido. Tampouco o vencido se enfeza e fecha a carranca. Não há gesto contrafeito ou uma palavra áspera.

A luta consumiu um bom espaço de tempo.

A DANÇA, OS ENFEITES, O RITUAL DO CARRUTU

Veio depois a "atangá", uma dança. É dançada até tardinha, por dois homens que empunham longas flautas, quase três metros de comprimento. Ornamentados com belíssimos capacetes de penas de arara, mutum e ricongo (rei-congo), que chamam "furcco", os dois percorrem a aldeia de maloca em maloca, dezenas de vezes, em passos cadenciados e acelerados. Depois que o sol começa a tombar, duas moças ou mulheres tomam parte, colocando a mão esquerda no ombro direito do homem e acompanhando, no mesmo ritmo, todos os passos.

A tarde estava no fim. Os dançadores de atangá já haviam encerrado a cerimônia quando de um pequeno rancho partiram uns sons breves de uma flauta curta.

Imediatamente modificou-se o aspecto da aldeia. As portas das malocas foram fechadas, e todas as mulheres, mesmo as menores, se recolheram.

As crianças pararam de correr, a prosa dos demais caiu em tom bem baixo, enquanto o velho tocador continuava de cabeça pensa para trás emitindo os mesmos sons. Ainda não era o toque de "carrutu", era apenas o aviso. Os que estavam mais próximos, compreendendo a nossa curiosidade, explicaram:

— Carrutu itão uinhano avoto. [O carrutu a mulher não pode ver.]

Não demorou muito, três índios saíram do ranchinho. Vinham magnificamente vermelhos de urucum, com arabescos feitos de carvão com óleo vegetal, nas costas e no peito.

Não traziam enfeites de pena. Todos os três munidos de uma flauta de pouco mais de um metro, tendo o do centro um chocalho no tornozelo direito. Dissemos o do centro porque os três ficam em linha e o do centro é o que, com o chocalho no tornozelo, dá o ritmo batendo o pé com energia no chão. Os outros dois acompanham-no com o mesmo vigor.

A música sem melodia é de um ritmo extraordinário, e seus compassos são acompanhados pelo chocalho e pelo bater cadenciado dos pés, o que acompanham com o corpo todo. Avançam alguns metros e voltam, o que fazem girando lentamente.

O ritual é severo e de uma gravidade impressionante. As mulheres ouvem o carrutu, mas, de maneira alguma, podem olhá-lo. Aquela ou aquelas que violam essa tradição são terrivelmente castigadas.

Valeu a pena a caminhada que demos.

Saímos cedo da aldeia kalapalo, nem mesmo o sol havia nascido. Conosco vieram três índios — menos do que isso estupora no carregar a máquina do Nilo. No regresso da aldeia, parece, estava ainda mais pesada. Não duvidamos — espaço há — que tenham vindo dentro os três dançadores de ontem...

CHEGA O CHEFE DOS NAHUKUÁ

Às oito horas em ponto de hoje, dia 5 de novembro, terça-feira, chegamos ao acampamento. Encontramos, felizmente, tudo em ordem. Os homens continuaram com o trabalho que vinham fazendo. Apesar dos três doentes, pessoal desfalcado, o serviço andou bem. O radiograma que havíamos feito sábado só ontem, segunda-feira, pôde ser passado devido aos feriados e ao domingo. Estava nos seguintes termos:

Serviços correndo normalmente já bem adiantados PT Tivemos ontem 5 homens doentes fora serviço VG hoje continuam sem trabalhar apenas 3 PT Os Villas Bôas PT

Chegaram mais ou menos ao meio-dia um grupo de índios nahukuá com o seu chefe, Kamalive. Este, quando menino, acompanhou o cacique Aloic — que foi o guia de Fawcett — de sua aldeia, nas imediações do rio Kurisevu, até a aldeia kalapalo.

Kamalive, Narruiro — filha de Aloic —, Cau e outros da tribo vieram nos comunicar que a última maloca da aldeia foi há pouco atacada e incendiada por índios bravos que eles acham ser kaiabi. Kamalive insistiu por uma arma de fogo, mesmo por empréstimo. Sabendo-o violento, por informações de outros índios, não achamos conveniente ceder.

Kamalive, segundo informa, ficará aqui três dias. Os nahukuá, agora muito reduzidos, pretendem construir novo aldeamento na baía dos Buritis, ainda perto do rio Kurisevu.

FUXICOS DE RÁDIO

Em virtude de notas não bem explicadas do rio das Mortes, na questão da transmissão de rádios, achamos conveniente fazer àquela chefia um comunicado extenso:

Serviços correndo normalmente PT Continuamos com 3 doentes fora de serviço conforme rádio anterior PT Sobre um caso consultamos ontem diretamente ARA pois sabemos dr. Loureiro não regressou VG e necessitamos resposta urgente PT Nossas comunicações Esso estão sendo intermédio ARA por motivo economia combustível e dificuldades sinais Mortes aqui PT Geralmente nossas mensagens Esso contêm de 100 palavras para cima e nossas comunicações ZVE2 são claras até em fonia VG devido potência daquela estação PT Transmitindo intermédio Mortes VG Zétola não poderá enviar Rio com tempo divulgação horário Esso PT Contudo enviaremos intermédio essa base caso achar conveniente PT Temos feito diretamente Mortes rádio sobre andamento serviço e saúde de 3 em 3 dias

PT Sabedores dr. Estilac se acha essa base fazemos seguinte consulta PT Doente com gripe oito dias com febre VG aplicamos diariamente antefenol PT Hoje febre cessou porém doente tem suor frio abundante PT Não sente dores PT Temos dado vitaminas via oral e injeção PT Solicito enviar medicações VG se possível hoje PT
Os Villas Bôas PT

Hoje naturalmente não virá resposta. Para isso seria preciso que o dr. Roxo e o dr. Estilac estivessem na estação, mas eles não estavam avisados.

Mandamos hoje logo cedo Piauí e Elias à caça. Embora o serviço esteja apertado e o pessoal continue desfalcado por causa dos doentes, achamos conveniente prover de carne a cozinha para manter a melhor alimentação possível.

Logo cedo chegaram dois índios kalapalo trazendo um caititu cada um, que abateram a flecha no caminho. Logo depois Elias e Piauí voltaram com um veado cada.

Os serviços andaram bem. Recebemos do Mortes resposta ao nosso rádio de ontem. Veio exatamente como esperávamos. Sabíamos disso. Fizemos o rádio para cancelar de pronto certas informações que diziam que aquela chefia estava aborrecida com a nossa atuação na transmissão de mensagens ao *Repórter Esso*. Rádio se presta muito a formar panelinha. Os radiotelegrafistas, com raras exceções, se acham na obrigação de pôr o colega distante a par de todos os diz-que do lugar onde está. Chamam a isso de "coleguismo". Acontece que nem sempre há o que dizer, mas como ele é "safo" e não quer deixar o colega distante, que está com cócegas no ouvido, sem uma novidadezinha qualquer, faz dum espirro uma pneumonia. O daqui, se a conversa é em grafia (sinais), dá um sinal longo de admiração pela coisa ouvida. O de lá, boníssimo, conclui: "... pois é o que disseram".

Como resposta ao nosso rádio de ontem, recebemos:

Dr. Estilac aconselha tratamento convalescença doente gripado PT Suores abundantes VG administrar Abdecol diário VG alimentação bem salgada VG injeção diária de Glineurim PT Villas VG em nome velha amizade franqueza VG não acredite intrigas astutas PT Continue agindo como achar mais conveniente PT

Com exceção do Hélio, que ainda está passando mal com a mão, os doentes hoje amanheceram melhor. Estamos aprontando com a maior presteza possível um pedaço de campo que possa receber o teco-teco, para poder remover para Aragarças o doente Hélio.

Regressaram à aldeia os índios nahukuá. Seguiram para a baía dos Buritis.

Aprontamos hoje trezentos metros utilizáveis. Consultamos Aragarças, onde estava o encarregado dos pilotos, Gilberto. A resposta foi que trezentos metros não bastam para o teco-teco. Diante disso voltamos a correr para conseguir mais cem metros. A retirada do doente é a nossa preocupação. Não há mais hora de serviço. Hoje foi do clarear ao anoitecer, com meia hora de almoço. Amanhã será o mesmo ritmo.

DESCE O PRIMEIRO AVIÃO: ÍNDIOS DELIRAM

Às cinco e meia de hoje já estávamos no campo. Depois do almoço levamos todos os índios para nos ajudar na remoção do cisco.

Não foi grande a ajuda que prestaram, embora demonstrassem boa vontade. Não aguentam o ritmo do civilizado. Inicialmente, a primeira meia hora, trabalharam bem, havia um aspecto de movimento, festa, mas esfriaram rapidamente. Apesar de tudo e graças ao cancelamento da hora do almoço, às cinco horas da tarde tínhamos quatrocentos metros de pista. No horário das cinco e meia passamos à base do Mortes o seguinte rádio:

Trecho campo compreendido entre biruta e bandeirinhas pode ser utilizado PT
Os Villas Bôas PT

Esperamos que amanhã venha o avião. O doente continua mal. A mão está volumosa e o braço, inchado.

10 de novembro de 1946. Domingo. Num horário feito de manhã ficamos sabendo que virá hoje um avião para finalmente levar o doente. Às duas horas aterrissava em nosso campo, pela primeira vez, o PP-TGP, conduzido por Gilberto: foi um verdadeiro delírio entre os índios. É grande o número

deles que aqui estão. A aterrissagem de Gilberto foi ótima. À tarde arriamos a bandeira.

Amanheceu claro e sem sinais de chuva. Continuamos firmes no cálculo inicial: campo pronto de 15 a 20 do corrente. Enviamos ao Serviço Médico de Aragarças um rádio pedindo colírio para atacar infecções nos olhos em diversos índios. Eles usam a seiva de um cipó, mas não é tão eficiente como o nosso colírio, embora não os desestimulemos quanto ao uso da seiva, mesmo porque o "laboratório" deles está à mão.

No campo estamos na fase de aplanação. É o serviço que os homens mais gostam; não por ser o mais leve da série, mas porque o campo vai ficando pronto para a retaguarda. No horário ficamos sabendo da vinda provável amanhã do FBB. Confirmarão amanhã cedo. Soubemos ainda que virá, tão cedo possa, o dr. Estilac. Respondendo a um rádio do Mortes, informamos hoje o seguinte:

Em resposta seu rádio ontem VG informamos Departamento temos 18 mosquetões e atebrinas PT
Os Villas Bôas PT

Entramos hoje, dia 16, animados nos trabalhos. Às onze terminamos o aplainamento de todo o campo. Lá pelas cinco horas chegou o FBB pilotado por Gilberto e trazendo o dr. Estilac. Ficamos satisfeitos com a chegada do médico, não só pela sua confortadora presença como, principalmente, pela sua simpática figura. O dr. Estilac e o dr. Vahia formam uma dupla excepcional — um clínico e outro cirurgião cuja fama vem de longe, de muitos anos de luta. Um dia o dr. Estilac resolveu fugir do Rio por uns meses e aceitou o convite do ministro João Alberto, rumando para Aragarças. "Quem bebe água do Araguaia num sai mais; se sai, volta" — diz o sertanejo, e o dr. Estilac bebeu água do Araguaia. Os meses foram passando e ele foi ficando. Dá gosto vê-lo, paciente, ouvindo o doente dizer: "Pois é, seo dotô, a dô bate fininho aqui no lombo e responde fornida lá no vazio".

E, agora, aqui está o dr. Estilac para passar uns dias conosco.

Ouvimos um trabalhador dizer, contrariado: "Justamente agora que o dotô Estilac taí, aquela dô que eu tinha nos quarto foi simbora".

Havia mais ou menos uns 150 índios aguardando a chegada do avião. Da metade da tarde em diante dispensamos os trabalhadores. A essa hora já tínhamos concluído o campo de aviação. No horário das cinco e meia enviamos ao Mortes o seguinte radiograma:

> *Comunicamos essa base conclusão construção campo este posto PT Campo conta 800 metros de comprimento por 30 de largura VG 20 metros desmatamento cada lado com cabeceiras descortinadas de 400 metros cada ponta PT Lembro presente comunicação deverá ser transmitida sr. ministro atendendo sua solicitação PT Regular saúde pessoal PT*
> *Os Villas Bôas PT*

Gilberto decolou à tarde para o Mortes dizendo que regressaria amanhã. Com Gilberto seguiu o cinegrafista Nilo e sua enorme filmadora.

CINCO CACIQUES VÃO VOAR

Há muito o *Repórter Esso* transmitiu uma nossa comunicação falando da existência de índios brancos entre os rios Kurisevu e Batovi. Essas informações foram dadas pelos índios Petalacinho (matipu) e Cau (nahukuá). A esses índios "prováveis brancos" eles dão o nome de mapíni.

Domingo, 17 de novembro de 1946. Dia de descanso. O dr. Estilac iniciou logo cedo os exames em todo nosso pessoal e em diversos índios. Contrariando totalmente a expectativa, o dr. Estilac constatou diversos casos adiantadíssimos de impaludismo entre os índios. Constatou ainda casos de verminose.

Soubemos à tarde, pelo rádio, da chegada ao Mortes do tenente Piza com o avião Northwind. Vamos pleitear amanhã cedo a sua vinda até aqui. Todos os doentes foram medicados, e eram diversos.

À tarde chegaram alguns índios mehinako acompanhando o cacique daquela aldeia, Catipulá.

Estão aqui não muitos índios, mas por coincidência cinco chefes de aldeias: Izarari (kalapalo), Afukaká (kuikuro), Kamalive (nahukuá), Petalacinho (matipu) e Catipulá (mehinako).

O dr. Estilac, pelo jeito, está gostando. Passa bom pedaço do dia ora conversando com a Fuza — a mulher do maior baço do mundo, conforme diz —, ora com o "colega" Petalacinho.

Petalacinho não fala uma só palavra em português, mas é de uma vivacidade impressionante. Há ocasiões em que visivelmente "discorda" dos processos médicos dos brancos, pacientemente expostos pelo dr. Estilac, embora não deixe de ouvir com atenção. O dr. Estilac está com a mímica de tal maneira aperfeiçoada que o seu "colega" matipu compreende perfeitamente todos os males que aqui ocorrem: verminose, malária, surtos disentéricos (este foi fácil) e aí por diante.

Soubemos de manhã que o tenente Piza virá com o Northwind. O sucesso será grande entre os índios.

Piauí matou uma onça-parda acuada pelos cachorros, aqui bem perto.

Demitimos, ficando aguardando o primeiro avião, o trabalhador Antônio Barbosa Lima, por não se comportar com decência e respeito diante dos índios.

Em matéria de serviço estamos abrindo nas duas extremidades da pista dois círculos para as manobras do avião.

No rádio só tivemos de passar uma nota do dr. Estilac ao seu colega dr. Franco em Aragarças:

Dr. Franco PT
Peço fineza cuidar estado saúde Ondina PT Aqui tudo bem PT
Estilac PT

Ao sair de Aragarças para vir atender a frente, o dr. Estilac deixara sua esposa, dona Ondina, meio adoentada. Daí o rádio ao colega Franco.

Esperávamos o Piza hoje, mas no horário ficamos sabendo que adiou para amanhã.

Piza chega hoje. O dr. Estilac passou a manhã toda em "conferência" com Petalacinho. Ao meio-dia desceu o Northwind — do Parque de Aeronáutica de São Paulo — com o tenente Piza, o sargento Lineu Madasio e, ainda, o piloto da Fundação, Gilberto. Veio com o avião uma boa carga. A satisfação foi geral. O campo novo aguentou galhardamente o peso respeitável do Northwind sem que o terreno cedesse um dedo. Às cinco horas mais ou menos, Piza proporcionou magnífico espetáculo levando a um rápido passeio de avião os cinco caciques que aqui estão: Izarari, Afukaká, Catipulá, Petalacinho e Kamalive. Todos ficaram contentíssimos com o voo. Não houve manifestação de espanto ou medo — subiram e desceram da aeronave com a mesma tranquilidade. Alguns não conseguiram se conter e rumaram para a aldeia para contar o grande feito.

Piza decolou cedo para Aragarças levando o radiotelegrafista Ranulfo e o trabalhador demitido Antônio Barbosa Lima.

Regressaram às aldeias quase todos os índios.

UM "AEROPORTO" MOVIMENTADO

Nosso "aeroporto" está em grande atividade. Hoje virão dois aviões, o Northwind e o FBA. O primeiro a chegar foi o FBA, com Olavo trazendo um companheiro, o piloto Juca e o radiotelegrafista Laurentino Chaves em substituição ao que se retirou. Além da tripulação veio o almoxarife do Mortes, Ruy Monteiro. Outra boa carga recebemos. O *Repórter Esso* transmitiu a notícia que enviamos sobre a chegada do Northwind e o passeio dos caciques.

Combinamos uma ida à aldeia de todas as pessoas em trânsito que aqui estão. Vamos sair cedo.

Conforme combinamos ontem, saímos cedo para a aldeia. Fomos nós (Cláudio e Orlando), o dr. Estilac, o tenente Piza, o sargento Madasio, Ruy Monteiro e quatro trabalhadores. Chegamos na aldeia às onze horas, sendo muito bem recebidos por Izarari e todos os índios. A viagem foi feita sob grande aguaceiro. Pernoitamos lá.

Saímos de volta mais ou menos às dez horas, mas só à tarde chegamos ao acampamento. A viagem foi muito penosa para o dr. Estilac, pouco habituado a caminhadas. Chegou pouco antes de nós o PPT-BB com Filon. O pessoal, sob a orientação de Leonardo, que resolveu ficar, concluiu o serviço de limpeza do terreno para as instalações do novo acampamento.

O rádio — com Laurentino, a metralhadora dos radiotelegrafistas da Fundação Brasil Central — está em pleno funcionamento.

Pernoitarão aqui, além do dr. Estilac, que já está há alguns dias, o tenente Piza, Filon, Madasio, Juca e Ruy Monteiro.

Hoje, domingo, 24 de novembro, hasteamos a bandeira às oito horas.

O tenente Piza, que pretendia regressar logo, adiou sua saída para amanhã, por se encontrar meio indisposto. Filon também deixou para amanhã a sua decolagem. Izarari e Kamalive, que chegaram ontem à noitinha, voltaram hoje para a aldeia. Essa caminhada daqui à aldeia para os índios é uma distração. Não raras vezes, muitos deles chegam aqui de manhã, ficam uma ou duas horas e regressam.

Soubemos que o ministro João Alberto virá até aqui nestes dois ou três dias. Às seis horas arriamos a bandeira sob o "comando" do tenente Piza, a maior patente militar neste milhar de quilômetros quadrados.

O NEGRO-D'ÁGUA

A prosa foi animada até altas horas da noite. Filon estava presente e, quando isso acontece, a conversa fica movimentada. Filon é vivo de inspirado e um fabuloso contador de história. De prosa não menos agradável, estavam na roda o dr. Estilac, o tenente Piza, que certa vez, em uma reunião, convidado a recitar, respondeu "prefiro uma facada no fígado", e ainda o sargento Madasio, vivo, vivíssimo, mas já rouco de tanto contar casos a tarde toda. A prosa foi movimentando-se e variando com a presença de sertanejos como Elias, Zacarias, Piauí e outros. A certa altura falava-se de coisas do sertão. Figuras horrendas que vagueiam pela mata, irmãos do caapora, foram lembradas. Elias, morador das barrancas do Araguaia, começou a falar sobre o negro-d'água:

— É um negrim piquininim, barrigudim, que mora no fundo do rio. Marvado como o quê. De noite ele vira a canoa da gente.

Zacarias, que também crê no duende, querendo conquistar o testemunho do viajado Filon, pergunta:

— O sinhô qui anda sempre no Araguaia nunca viu o negro-d'água, seo Filon?

Filon responde rápido, num segundo:

— Olha, pra falar a verdade, tenho visto muito negro safado, mas fora d'água.

Logo pela manhã de hoje — segunda-feira — decolaram rumo Mortes-Aragarças os aviões FBB e Northwind, levados por Filon e Piza. O dr. Estilac, que conosco ficou uma semana, regressou para Aragarças depois de prestar inestimáveis serviços aos índios e a nós.

A VISITA DO MINISTRO

Soubemos da chegada do ministro João Alberto ao rio das Mortes com o avião do Correio Aéreo Nacional (CAN), cedido à sua comitiva composta de inúmeros deputados federais. O rádio confirmou, ainda, sua vinda amanhã ao nosso acampamento, acompanhado de deputados.

26 de novembro de 1946. Pelo primeiro horário foi confirmada a visita e às dez horas tivemos duas confirmações dizendo que viriam quatro aviões: PP-FBB, FBC, TGP e o Northwind.

Às duas horas o FBB sobrevoou o acampamento, rumando para o lado da aldeia kalapalo. Momentos depois voltou e aterrissou em nosso campo. Pilotando veio Filon e como passageiros o ministro João Alberto e um deputado federal. As visitas permaneceram neste acampamento cerca de duas horas e foram recebidas por todos nós e, ainda, por Izarari com mais de 150 índios.

Ao ser apresentado Izarari ao deputado visitante, este não teve dúvidas: declinou o nome, Estado e bancada. Pouco depois perguntava se os índios não tinham acanhamento em andar nus. O ministro João Alberto, ao mesmo tempo em que expunha ao deputado o plano de desbravamento da Expedição, abria latas de doce, bolacha, cortava melancia e distribuía tudo aos índios. Quando não havia mais nada que comer, foi que se lembrou de não ter almoçado e estar com fome. Fizemos o cozinheiro improvisar alguma coisa: arroz, veado e o terrível *corned-beef*. Enquanto isso o tempo foi piorando. Uma massa negra em forma de nuvem ameaçava dar por terra qualquer tentativa do "vermelhinho". Foi quando o tempo mais parecia pior que o ministro resolveu decolar. Filon olhou o horizonte e sacudiu levemente a cabeça. Ao deputado tal gesto não passou despercebido, daí ter assentado de pernoitarem conosco. João Alberto, porém, não deu a menor importância. Limitou-se a dizer, apontando despreocupado para as nuvens:

— Essas coisas são feias de longe — e continuou se despedindo dos índios.

Alguém perto cochichou ao Filon:

— Olha o tempo, você não tem medo de morrer?

Ao que Filon replicou:

— Tenho sim. Anda morrendo tanta gente boa que ando com um medo danado.

Pouco depois das quatro horas decolou o PP-FBB, apesar do temporal que se desencadeou na região.

Diversas foram as instruções deixadas pelo ministro. Frisou muito a necessidade de nos aparelharmos novamente e prosseguirmos na marcha. Isso nos deixou bastante animados, e daqui em diante começaremos a apressar a instalação do novo acampamento e iniciaremos os reparos no barco.

Ao *Repórter Esso* fizemos uma mensagem sobre a visita do ministro e do deputado.

Ficamos sabendo que os demais deputados não vieram porque o Northwind entrou em pane.

Pelo primeiro horário de hoje soubemos da vinda do tenente Piza. Às três horas chegou o Northwind, trazendo ótima carga.

Pelo tenente Piza soubemos que ainda hoje deverá chegar o FBB com Olavo, trazendo dois jornalistas. Já eram mais de quatro horas da tarde quando chegaram. Fomos apresentados ao repórter e ao fotógrafo. O primeiro, Lincoln de Souza, e o segundo, Mário Baldi, ambos do *A Noite* do Rio. Os aviões ficarão aqui hoje.

O tempo tem estado brusco e desfavorável à navegação. A rota, informaram os pilotos, é cortada por "frentes" extensas e ameaçadoras. Mesmo assim eles têm conseguido "furar".

Baldi, o fotógrafo, empolgou os índios fazendo a grande mágica de tirar e pôr a dentadura. Lincoln gentilmente abriu uma lata de doce aos índios, que gostaram mais da lata que do conteúdo. Laurentino, o radiotelegrafista, muito moleque, surrupiou, à noite, algumas latas de doce do jornalista. Mas de tudo o mais aborrecido foi o desaparecimento da gravata de Lincoln.

Era uma gravata de estimação, presente de pessoa amiga. Fizemos uma procura rigorosa mas não a encontramos.

Prometemos a ele enviar assim que a encontrássemos.

Hoje, mais ou menos às nove horas, decolaram os dois aviões. No FBB, com Olavo, os dois do jornal *A Noite*. No Northwind, com Piza, Ruy Monteiro, que aqui estava havia dez dias, e o cacique Kamalive. Piza pretende voltar amanhã ou depois, quando, então, trará Kamalive de volta.

Estamos com dois homens doentes, Nicanor e Zacarias. Estão ambos na penicilina. A instalação do novo acampamento é agora o nosso serviço.

Tivemos muita chuva. Mesmo assim iniciamos a tiração de folhas num buritizal não muito longe. Traremos as palhas de batelão. Soubemos pelo rádio que o tenente Piza não mais poderá vir. O Northwind está sem bequilha. Kamalive virá com um dos nossos aviões.

Estamos em dezembro. Hoje, domingo, dia 1º.

À hora de praxe hasteamos a bandeira. Elias, que saiu para caçar, matou a cem metros daqui uma onça-parda. Eram duas, uma fugiu.

É sabido que a onça-parda é atrevida, mas estas, além de atrevidas, estavam esfaimadas, pois tentaram tomar do caçador o veado que ele trazia nas costas.

Dois homens que saíram bem cedo à procura de caça se perderam na mata não muito longe daqui. Organizamos a procura a pé, e por água com batelão. Às nove horas foram localizados e trazidos de volta. Vieram estropiados e rasgados.

GAFANHOTO NA CHAPA

Iniciamos hoje, dia 2, a fase mais dura de nossa estada neste lugar. Os índios insistentemente pedem alimentação, porque, segundo dizem, a mandioca que têm cultivada está muito nova. O pequi de reserva terminou. O alimento da tribo está sendo gafanhoto, que pegam diariamente e em grande quantidade. O gafanhoto é o camarão do cerrado. Sem asa e cabeça, e passado na chapa, é bem comível. Os índios não perdoam, e nós também não.

A grita por alimentação, porém, não cessa.

O pequeno estoque que tínhamos e que consistia em quatro sacos de farinha foi distribuído racionalmente entre eles. Os índios chegam a roubar de nosso reduzido armazém punhados de arroz. A situação, num aspecto geral, com relação aos índios kalapalo, no momento é triste.

Continuamos com o serviço de armação dos ranchos.

A TRISTE SITUAÇÃO DOS KALAPALO

O tempo continua chuvoso. A ventania todos os dias ameaça desarmar nossas barracas. Os índios continuam pedindo alimentação.

Chegou hoje o FBC, com Olavo, trazendo o cacique Kamalive.

Continuamos com os ranchos. A gripe está campeando solta aqui no acampamento. Índios e civilizados andam espirrando e tossindo o dia todo. Está em estado grave a índia Quevezo, mulher do subcacique Iuaikuma. Fizemos ao ministro um rádio expondo a situação de penúria em que se encontram os índios. Não foi pelo fato de aqui chegarmos que vieram os índios a cair nesta situação. Coincidiu, apenas, o chegarmos em ano de crise. Crise que pode ter surgido do excesso de chuva, grandes varas de porcos nas roças etc. No rádio ao ministro pedimos, para atender aos índios nesta emergência, quinze sacos de farinha, cinco de feijão e quinhentos quilos de rapadura. Não vai o pedido além de uns quatro mil cruzeiros.

O PP-FBC pernoitará aqui.

Hoje amanheceu chuvoso. Olavo irá decolar lá pelas nove. Continuamos com todos no trabalho dos ranchos. As cobertas já foram iniciadas. Dos índios que estavam aqui, uma parte seguiu para a aldeia. Ficaram os doentes. Diariamente novos adoecem.

Quevezo, mulher de Iuaikuma, atacada de forte pneumonia, foi julgada morta pela tribo, mas é salva pela penicilina. Agora meninos estão gravemente doentes. Solicitamos do Mortes penicilina e sulfadiazina, para atender casos urgentes que estão aparecendo constantemente.

Soubemos que Olavo também caiu doente, no Mortes. Para nós isso é duplamente lamentável. Primeiro porque uma gripe, mesmo fraca, abate, incomoda e aborrece. Segundo porque vamos ficar seriamente prejudicados com sua ausência na nossa rota. Atualmente é ele o piloto mais animado a enfrentar essa cansativa linha.

Pelo horário das sete e meia fomos informados que o FBB com Gilberto trazendo o dr. Vahia virá hoje até aqui. Fizemos novo horário, às nove, e por ele soubemos que o avião, na decolagem em Aragarças, sofreu uma pane e em consequência caiu e quebrou a hélice e uma das asas. Não temos, portanto, avião hoje. A índia Quevezo, que medicamos com penicilina, está convalescendo rapidamente.

Enviamos ao *Esso* notícia a esse respeito. No horário habitual, 8h25, ela foi transmitida.

No último horário nosso, cinco e meia, ficamos sabendo que nada aconteceu aos tripulantes do avião acidentado e que no piloto estava o José Póvoa (Juca).

Terminamos a cobertura de um dos ranchos.

Com as palhas cortadas hoje completamos a carga para um batelão que amanhã irá buscá-la. Se não houver alteração no serviço, poderemos mudar para o novo acampamento terça-feira próxima.

Alguns índios continuam graves. O pior é que estamos sem medicamentos específicos para pneumonia. Sobre medicamentos e doentes, fizemos ao Mortes o seguinte despacho:

Ciente rádio boticário PT Mudamos tratamento aplicando penicilina veio com Laurentino PT Caso índia manifestou claramente pneumonia PT Estamos aplicando penicilina intercalando sulfadiazina PT Amanhã transmitiremos estado PT Pergunto recebeu rádio passamos ministro e qual sua opinião PT Caso exista penicilina pedimos enviar para aplicação Laurentino e estoque PT
Os Villas Bôas PT

O VENTO LEVOU AS BARRACAS

Os índios hoje amanheceram melhor. Não obstante, um deles, o de dez anos mais ou menos, está em tal estado de fraqueza que mal pode falar. O dia, que de manhã estava esplêndido, foi fechando a carranca, até que às duas horas desabou um violento temporal, precedido de descargas magnéticas. Impetuoso vendaval descobriu nossas barracas, arremessando lonas e antenas de rádio a grande distância, deixando doentes, rádio e víveres expostos à intempérie. O temporal durou mais ou menos uma hora. Mesmo com chuva, lutamos o resto da tarde para consertar o estrago feito pelo vento.

Trazidos da aldeia apareceram, depois do aguaceiro, dois índios carregados em redes e molhados pela chuva que pegaram no caminho. Estão graves. Já não temos medicamentos. Vamos apelar para a base do Mortes. Assim fizemos, lembrando que, quando da sua visita a este acampamento, o ministro João Alberto determinou que solicitássemos de Aragarças todo o medicamento que julgássemos necessário.

À hora habitual hasteamos a bandeira, como todos os domingos. Estamos em 8 de dezembro de 1946. Os doentes amanheceram melhor. Estávamos aplicando tiazamida, único medicamento que temos além de atebrina. Narrun e dois índios kuikuro chegaram hoje da aldeia. Logo depois chegou Afukaká. Vieram nos comunicar que na aldeia há muita gente doente.

Afukaká, amedrontado com as dezenas de casos aqui, resolveu regressar hoje mesmo, passando pela aldeia kalapalo. Depois de descansar um pouco, reiniciou viagem. Esta gente tem uma disposição para andar que chega a espantar. Afukaká, por exemplo, já não é criança. Anda pela casa dos cinquenta e tantos. Da sua aldeia até aqui há, seguramente, umas onze léguas! Daqui aos kalapalo, umas três.

Ainda não tivemos avião hoje. Com a doença de Olavo cessaram as nossas comunicações aéreas.

Arriamos a bandeira com um bonito pôr do sol.

Pelo horário de hoje, segunda-feira, recebemos da secretaria-geral da Fundação um rádio assinado pela presidência comunicando que estão sendo tomadas as providências pedidas em nosso último rádio com relação aos índios.

Trouxemos uma boa viagem de palha de buriti. Vamos iniciar a cobertura do segundo rancho. O tempo tem estado bom.

Chegou hoje, terça-feira, o FBC conduzido por Olavo. Foi preciso ele sarar para que viesse avião até aqui. Os doentes amanheceram bem melhor. O índio Amutuá, vindo ontem da aldeia, caiu doente e à noite estava com 41 graus de febre. Que gente danada pra ter febre alta! O avião trouxe alguns medicamentos, infelizmente poucos. E decolou para o Mortes via Garapu.

Terminamos a cobertura do segundo rancho destinado aos trabalhadores. Mudamos ainda esta semana definitivamente para o novo acampamento.

Hoje não tivemos avião, em compensação notícias deles tivemos e muitas. Disseram-nos que o Piza virá por estes dias. Virá também um Waco Cabine, conduzido pelo tenente Cláudio, filho do ministro João Alberto. Ao que fomos informados ainda, os dois aviões virão conduzindo carga.

Atendendo a um chamado de Izarari, mandamos à aldeia o auxiliar Aires, levando medicamentos, inclusive duzentas mil unidades de penicilina.

Todos os ranchos estão cobertos e cercados. Mudaremos amanhã. Cláudio saiu cedo para a aldeia kalapalo levando mais medicamentos e penicilina. Resolveu ele que, se preciso, ficará lá alguns dias atendendo os inúmeros casos surgidos.

O índio kuikuro Amutuá continua mal. Já não sabemos mais o que dar. Atebrina, sulfa e penicilina ele já tomou. E nossa sabença e recursos não vão além disso. À noite, geralmente, a sua febre bate lá nos 41 graus.

Mudamos parte do acampamento velho para o novo. Tivemos a notícia da possível vinda do ministro João Alberto sábado próximo.

Ótimo tempo está prometendo. Pelo primeiro horário ficamos sabendo que chegará hoje em Aragarças o ministro. É provável, não certeza, que venha até aqui. Enviamos ao Cláudio, que continua na aldeia, mais medicamentos e quatrocentas mil unidades de penicilina. À tarde aterrissou o Waco Cabine com o tenente França. O motor do Waco permaneceu funcionando durante a descarga. O tenente França não ficou aqui mais que uns dez minutos, tempo mais que suficiente para descarregar e dar suas notícias: a vinda talvez amanhã do ministro e o adiamento da viagem de Piza, que adoeceu em São Paulo.

MISTÉRIO: AVIÕES NÃO DESLIGAM O MOTOR

14 de dezembro de 1946, sábado. Continuamos com a destoca e limpeza da área do acampamento. Tiramos uma reta do posto ao campo e abrimos um caminho espaçoso. O rádio nos deu a notícia de que em Caiapônia casa-se hoje o radiotelegrafista Ranulfo Matos, que fez conosco a descida do Garapu até aqui. O ministro João Alberto será o padrinho do casório. Quer dizer isto que sua vinda até aqui será adiada.

Antes das nove horas chegou o Waco com Gilberto. A exemplo do seu chefe ontem, não parou o motor, e feita a descarga voou para Aragarças. Avisou antes que o FBC com Olavo deverá chegar à tarde. Não ficamos ainda sabendo o motivo desse novo processo de não parar o motor. Qual será? Pressa? Não. O tempo está ótimo.

Olavo chegou no FBC com cem quilos de carga. Parou o motor. Almoçou conosco e decolou à tarde. O ministro virá segunda-feira, disse o rádio.

Os homens que foram à aldeia regressaram dizendo que lá tudo vai bem.

Os casos graves foram debelados. Com referência à alimentação, a crise perdura. Cláudio talvez venha mais tarde. O recado que dele recebemos dizia que ia medicar ainda hoje com recursos levados pelos homens.

Piauí e Elias trouxeram uma bonita onça que abateram aqui perto. A chuva que ao anoitecer começou a cair já não nos incomoda agora, em ranchos novos.

Como todo domingo, a bandeira foi hasteada e arriada na hora normal.

Logo cedo regressaram da aldeia Cláudio e Aires. Na aldeia a situação ficou normalizada. Com respeito à alimentação, a situação ainda é má.

Segunda-feira é o dia da chegada no Mortes do Correio Aéreo da semana. No de hoje seguirá para o Rio o piloto Olavo. De antemão sabemos que vamos entrar em crise de transporte. Nossa rota não é das mais namoradas pelos pilotos. O ministro alterou seu programa, rumando de Caiapônia para Uberlândia. A chamado dele está em Aragarças o dr. Roxo da Mota, para chefiar aquela base. O avião-cabine seguirá com o ministro João Alberto para Uberlândia. Não o teremos, pois, nestes próximos cinco dias — os demais aviões estão em setores diversos, segundo nos avisou o rádio: Pantanal, Fazenda Filon, Rio.

Rádio é uma grande coisa. Por ele vamos acompanhando os passos dessa gente toda lá fora. Daí sabermos que Gilberto seguiu com o Correio até Uberlândia, a fim de trazer o Waco lá deixado pelo tenente França. O dr. Roxo nos informou que tem instruções do ministro para nós. Instruções essas que serão trazidas pessoalmente, pretendendo ele vir com o primeiro avião que por lá surja. Chegaram das duas aldeias — kalapalo e kuikuro — chamados urgentes dizendo que lá, diariamente, morrem índios. Transmitimos o apelo ao Mortes e Aragarças, porque estamos sem medicamentos. Vamos ver amanhã o que dirão.

Com a ida do Olavo para o Rio, nossos contatos aéreos com a retaguarda ficaram reduzidos a um terço. O diabo do amazonense é de uma boa vontade a toda prova. Sabemos de outros pilotos, como o Juca por exemplo, que fariam a mesma coisa se estivesse a seu gosto.

De ontem para hoje choveu muito, a noite toda. O radiotelegrafista Laurentino Chaves e o auxiliar Aires Câmara Cunha estão doentes e aguardando avião para Aragarças.

O dr. Roxo comunicou-nos pelo horário da tarde de hoje que não sabe quando poderá vir o avião — mesmo a sua base está sem comunicação.

Impossibilitado de vir com a presteza que desejava, por falta de condução, o dr. Roxo da Mota transmitiu parte das instruções recebidas do ministro:

> *Em virtude falta absoluta transporte VG comunica sr. ministro deseja intercâmbio índios fique reduzido mínimo possível necessário manter paz PT Suspensos forçosamente penicilina e mantimentos aos mesmos PT Primeira oportunidade irei até aí tratar questão viva voz PT*

Fica, portanto, com esta nova deliberação do ministro, cancelado oficialmente todo e qualquer auxílio aos índios doentes e famintos.

Temos a impressão de que o ministro João Alberto não estava bem a par do assunto, pois, sabidamente humano como é, não negaria, temos certeza, socorro médico a pobres índios nesta fase dura que atravessam. A dificuldade de transporte justifica esta resolução no que diz respeito à alimentação, mas com referência a medicamentos é de difícil compreensão. Quando da sua estada aqui, lembramos a possibilidade que teríamos de conseguir em São Paulo remédios para os índios. Ideia que o ministro repeliu vigorosamente. De maneira alguma acreditamos que da sua cabeça tenha saído esta ordem. Deve ter sido, isso sim, da cabeça dessas moscas que andam em torno do leão. O dr. Roxo ficou acabrunhado com o assunto.

No mesmo dia fizemos um rádio ao Mortes, solicitando fossem adquiridos em Aragarças dez milhões de unidades de penicilina e mil comprimidos de sulfa, por nossa conta, embora fossem miseráveis os nossos vencimentos. O dr. Roxo e mais alguns auxiliares da base do Mortes se associaram às nossas despesas na compra da sulfa, a mais cara.

De aviões não tivemos mais notícias.

Nosso rádio está funcionando muito mal: ora é motor, ora receptor, ou ainda transmissor. Laurentino e Aires — gemendo — aguardam o avião para seguir para Aragarças em tratamento de saúde. O Waco já regressou de Uberlândia e talvez venha amanhã até aqui.

Sábado, 21 de dezembro. O Waco Cabine com Gilberto e o dr. Roxo chegou às dez horas. A carga foi só de gasolina, pois, de acordo com as instruções da presidência da Fundação, deveríamos utilizá-la em uma exploração aérea no baixo Kuluene. Às dez e meia, depois de reabastecido o avião, rumamos Kuluene abaixo. Estavam no avião: Gilberto, o piloto, e nós três (Leonardo, Cláudio e Orlando), encarregados da vanguarda da Expedição Roncador-Xingu. No fim das anotações deste dia, descreveremos todo o voo realizado. De volta ao nosso acampamento, Gilberto tocou para o Garapu, a fim de buscar o radiotelegrafista Sarmento, que aqui ficará em substituição ao Laurentino, que irá em tratamento de saúde. Ficamos com o dr. Roxo para dele receber as instruções emanadas do ministro. O rádio anterior sobre os índios foi confirmado; e quanto a nossa próxima arrancada ficou determinado que começaríamos a estocar víveres e material necessário. Fornecemos, então, a relação completa de tudo o que precisávamos.

O Waco voltou do Garapu e logo em seguida saiu para o Mortes levando, além do dr. Roxo, Laurentino e Aires Cunha.

O dr. Roxo havia trazido penicilina e sulfa.

Segunda-feira o avião irá ao Pantanal, o que significa uma semana ou mais sem avião.

SEPULTURAS NA ALDEIA KALAPALO

22 de dezembro de 1946, domingo. De posse dos medicamentos comprados, organizamos duas turmas para as aldeias: Leonardo, Orlando, Elias, Zacarias, Eduardo e o índio yawalapiti Kanato, para a kuikuro; Cláudio, Sarmento e Umbelino, para a kalapalo. As duas turmas levavam penicilina, sulfa e outros medicamentos. Com a ausência dos encarregados, ficaram respondendo pelo posto os trabalhadores Perpétuo e Félix.

O grupo para a aldeia kuikuro saiu às seis e meia. O outro, às dez horas. Foram as seguintes as anotações feitas pelos dois grupos:

Cláudio anotou: "Ao chegarmos à aldeia kalapalo presenciamos um quadro desolador. Nove sepulturas recentes indicavam a situação angustiosa da tribo. Izarari — seu chefe geral — estava à morte. A desolação e a fome corriam pela aldeia. Tratamos de aplicar em Izarari a penicilina que levamos. Os medicamentos foram poucos para atender os inúmeros casos encontrados.

Contudo, socorremos os que nos pareceram mais graves. Ao regressar ao nosso acampamento no dia seguinte, encontramos tudo em ordem. Os que foram à aldeia kuikuro voltarão nestes dois dias. Mandamos de volta à aldeia kalapalo dois homens: Piauí e Mariano, levando um pouco de farinha e duas rapaduras para o velho cacique Izarari, que há dois dias não come. Estes dois trabalhadores regressaram dizendo que os índios estão bem melhor, principalmente Izarari".

Ontem, dia de Natal, à meia-noite chegaram os que foram à aldeia kuikuro. Vieram acompanhados de quatro índios. Leonardo e Orlando anotaram o seguinte: "Saímos de nosso posto às seis e meia do dia 22. A distância daqui à aldeia é de aproximadamente onze léguas. O caminho se estende, em quase sua totalidade, através de campos e varjões enormes. São pequenos os trechos de cerrado que se encontram. A falta de água durante o percurso é profundamente sentida. Duas léguas, mais ou menos, antes da aldeia, há uma mata cuja orla alagada dificulta a marcha. Depois de nove horas e quinze minutos de caminhada ininterrupta, chegamos à aldeia, que fica numa área de cerrado espesso. Distante das malocas um quilômetro, mais ou menos, fica a grande lagoa de cuja água se servem.

"A situação dos índios kuikuro, no que diz respeito a doença, é a mesma dos kalapalo. Quando chegamos, vimos oito covas abertas no pátio central, mostrando bem a gravidade da situação. Com referência à alimentação dos kuikuro, estão com fartura. A mandioca é abundante, e o peixe é fácil graças à grande lagoa.

"Encontramos catorze casos que reportamos graves. Todos, na medida do possível, foram medicados, e nos mais graves aplicamos penicilina. Depois de esgotados os medicamentos levados e termos assistido a algumas melhoras, iniciamos viagem de volta, saindo da aldeia às duas horas do dia 25, chegando à meia-noite no posto.

"De regresso, um terço do caminho vencemos com bom tempo. Ao anoitecer a chuva nos alcançou. A noite escura dificultava seguir a trilha estreita. Por duas vezes não nos perdemos nas intrincadas trilhas dos varjões graças ao índio Kanato, que nos acompanhava. É notável como podem os índios caminhar rapidamente em estreitíssimas trilhas noite escura, cheias de encruzilhadas, sem se perder. Com dez horas de marcha chegamos ao acampamento bastante cansados."

DESFEITO O MISTÉRIO DO MOTOR LIGADO: PERNILONGOS

Os dados do voo de exploração que ficamos de descrever no fim das anotações do dia 21 deixamos de fazer então por não ter sido proveitoso como esperávamos. Ficamos sabendo apenas que a trinta minutos daqui cai um rio à esquerda, o Kurisevu; que à margem esquerda há uma grande lagoa onde moram os índios kuikuro e à direita a imensa lagoa Itavununo, habitada por índios bravos; nova grande lagoa abaixo do Kurisevu, onde estão os kamaiurá, e finalmente, mais abaixo, a junção dos rios Kuluene, Ronuro e Batovi, que passam a correr com o nome de Xingu. Gastamos entre ida e volta quase duas horas.

Nosso primeiro horário foi novamente prejudicado pelo motor. Iniciamos a construção de um rancho pequeno ao lado do nosso para alojar os índios em trânsito. Para surpresa nossa ouvimos ronco de avião, e pouco depois aterrissava o Waco Cabine com Gilberto, trazendo trezentos quilos de carga.

O avião, como das vezes anteriores, não parou o motor, nem mesmo o piloto desceu.

Soubemos que essa "tática" foi iniciada pelo tenente França, para evitar que os pernilongos o incomodassem! Os outros vão seguindo o mestre. Momentos depois, o Waco acelerou o motor, o que fazia parte da estratégia de espantar os mosquitos, e decolou para Aragarças.

À noite alguns homens que foram à pesca regressaram trazendo uma piraíba, que calculamos ter uns 120 quilos. Um belíssimo exemplar que Elias com perícia tirou da água com anzol e linha de pescar piranha. O rádio continua em pane. Estamos propensos a acreditar que a pane não é no motor, nem nos aparelhos, mas sim no radiotelegrafista. No horário de hoje, o radiotelegrafista conseguiu distinguir somente um "alô colé..." que ele depois de muito pensar concluiu satisfeito: "colega", não pode ser outra coisa. Concordamos com ele, pois a palavra que pensávamos não começa com "co".

Adoeceu mais um índio.

Não esperamos avião nestes dias. Gilberto, da última vez que veio, nos avisou que avião por aqui só lá pra depois do dia 2.

Índios vindos da aldeia kalapalo dizem que lá vai tudo bem. Izarari já está em pé. Aqui o kuikuro Amutuá amanheceu bom. Ora bolas! Esse índio há dias estava com 39 a 41 graus de temperatura. Hoje lá está ele no ranchinho enrolando a rede para ir embora. Fomos vê-lo. Está sem febre e até meio ágil, embora bem magro. Este é um dos que não aceitam, de maneira nenhuma, a nossa alimentação. O jeito é deixar que ele se vá. São só onze léguas...

Boas notícias vieram. Todos os índios que estavam doentes, tanto numa quanto noutra aldeia, estão em convalescença. Chegamos assim ao fim do domingo. A bandeira foi hasteada e arriada na hora de praxe.

O campo está todo coberto de mato.

Iniciamos com todo mundo uma capina.

Nosso rádio continua mudo. Nada de avião. Também, pretender que aqui apareça algum neste dia de festa já é "pleitear" demais. Por mais bonita e amena que seja a nossa rota, nunca poderá se comparar a um arrasta-pé em cima de tijolo cru em chão batido, lá em Aragarças.

Estamos com céu nublado neste último dia do ano. A nós tanto faz que chova ou faça sol, mas por este mundo afora muita gente pede um dia bonito e uma noite seca. E vão ter. Vão ter porque estão se derretendo por aqui todas as nuvens do céu.

Chegaram alguns kalapalo. Vieram tentar algum peixe no rio. Disseram que na aldeia a alimentação continua escassa.

O ANO QUE FINDA

Passando em revista, rapidamente, o ano que finda, podemos dizer que foi todo ele de luta no chapadão xavante. Para atingir o Kuluene, principal formador do Xingu, atravessamos a perigosa região do Roncador habitada por aqueles índios. Logicamente não poderíamos atravessar tão extensa região sem que fôssemos surpreendidos diversas vezes por eles. Felizmente, porém, saímo-nos bem de todas as surpresas que nos fizeram. Os cercos nos acampamentos provisórios da marcha, os fogos levantados de surpresa para barrar nossa avançada, não passaram de guerra de nervos. E isto sem falar na atrevida aproximação, por longos períodos, ao nosso posto do Garapu e ao acampamento das canoas à margem do rio.

Se de tudo nos saímos bem, forçoso é reconhecer que muito devemos à conduta estupenda dos nossos homens, quase todos sertanejos radicados no Araguaia. Um pânico teria sido fácil e as consequências, por certo, fatais.

Uma vez alcançado o rio Kuluene fomos encontrando índios de melhor índole, kalapalo, kuikuro, nahukuá e outros.

Os kalapalo, mundialmente falados pelo caso Fawcett, são amáveis e inteligentes. Fawcett foi vítima, como seria qualquer outro, da aspereza e falta de tato que todos reconheciam nele. Ainda sobre os ombros dos kalapalo pesa o desaparecimento do jornalista americano Albert de Winton, envenenado com água de mandioca-brava. Não teria Winton cometido alguma falta ou usado a política de Fawcett? O que sabem é que realmente Winton, envenenado ou não, morreu lá embaixo, já no rio Xingu.

Izarari nos prometeu para mais tarde notícias sobre Fawcett e Winton. O remédio é aguardar a vontade do cacique.

Mas não partiram dos índios, bravos ou mansos, as nossas maiores dificuldades de 1946. Foram elas, isso sim, as falhas nos transportes, nas comunicações do rádio, nos longos e diversos períodos sem ou quase sem alimentação, nas doenças e, finalmente, nos dois tristes casos de insanidade dos trabalhadores Ascendino e Antônio (o velho Cuca) na travessia do Roncador. Mas isso tudo é natural, é o tributo que o sertão cobra. Estava, porém, reservado para os últimos dias de 1946 o quadro mais triste da etapa vencida: os índios doentes. Nas aldeias, quinze covas recentes atestam bem o período de amargura por que passaram e ainda passam, se bem que mais branda na sua fase final.

Temos certeza de que 1947 nos trará dias melhores. Para nossas comunicações, avião e rádio, nos basta a volta rápida do major Basílio.

Aviões bem escalados e rádios bem instalados é tudo o que queremos. Bem, depois vem a nossa arrancada, mas essa Deus ajuda.

A MORTE DE IZARARI — O SEPULTAMENTO

1º de janeiro de 1947, quarta-feira.

Hasteamos a bandeira na hora habitual. O primeiro dia do ano amanheceu nublado e chovendo a cântaros.

Nosso rádio está mudo como uma pedra. Surgiram dois homens com malária. Amanhã estarão bons, atebrina temos a rodo. Izarari piorou, soubemos pelos índios que chegaram.

Arriamos a bandeira na hora normal.

Em matéria de serviço, vamos entrar no ano novo capinando o campo. Chuva não tem faltado. Rádio mudo. Avião de ressaca, pudera...

Novos comunicados da aldeia dando conta do estado grave de Izarari.

Cláudio, levando algum medicamento, rumou para lá com dois homens. Voltaram logo, os três — Izarari havia morrido. Encontraram-no morto e toda a aldeia em pranto. Amanhã será sepultado. Deixamos os homens em serviço e o radiotelegrafista respondendo pelo acampamento e rumamos para a aldeia kalapalo a fim de assistir ao sepultamento do cacique.

Cláudio, embora cansado, foi também.

O maior inimigo dos índios é a chuva.

O ambiente abafadiço e quente no interior das malocas onde armam as redes sobre os pequenos fogos, contrastando com a friagem exterior, ocasiona frequentes casos de pneumonia e outras enfermidades.

Izarari foi uma das vítimas deste "inverno".

Forte, corpulento, adoecera repentinamente.

A defumação do pajé e os nossos próprios recursos não foram suficientes para salvá-lo.

O funeral do cacique foi emocionante. Desde o momento de sua morte a aldeia perdeu o seu ar tranquilo; uns gritavam, outros gesticulavam, deixando transparecer a dor pela perda irreparável.

Só um índio, notamos, permaneceu indiferente: Maiuri, o feiticeiro da aldeia.

Izarari foi enterrado com todos os seus objetos de uso, desde o mais simples: o aviãozinho de latão, o colar de unha de onça, o facão, a sua esteirinha cheia de enfeites de pena, tudo o que lhe pertencia, como acontece com todos os caciques. Havíamos dado a Izarari havia algum tempo uma bandeira nacional. Ele, quando lhe dava na cabeça, hasteava na aldeia tal como fazemos no acampamento. A bandeira era sua e daí terem envolvido com ela seu corpo.

A morte do grande chefe abalou profundamente os kalapalo. Ficamos sabendo que muito breve, passados os primeiros dias, Maiuri seria sacrificado.

No momento de colocarem o corpo de Izarari na cova a gritaria foi ensurdecedora. A sepultura consistia em dois buracos de oito palmos de fundo, distando um metro e meio um do outro; embaixo foi cavado um túnel ligando as duas covas; no centro de cada buraco foi plantado um tronco; e a rede com o inditoso cacique foi armada no túnel. A terra jogada não atinge, assim, o corpo do morto. Todo grande chefe, quando sepultado, não pode levar terra no corpo ou no rosto.

Regressamos ao acampamento profundamente consternados com tudo o que havíamos visto. Não esqueceremos tão cedo a morte de Izarari neste 3 de janeiro de 1947.

No acampamento tudo estava em ordem.

Os dois índios kuikuro que aqui estavam foram para a aldeia levar a notícia da morte do cacique kalapalo.

Tem caído muita chuva. Avião continua fora do ar, pelo menos do nosso aqui.

Temos tido alguma caça. Mais caça do que peixe. O rio está enchendo bem.

Os dias vão se sucedendo sem grandes alterações — é índio que chega e que sai.

Hoje cedo, dia 7, chegaram diversos kalapalo. Estão todos apreensivos com a repercussão que pode ter na aldeia kuikuro a morte de Izarari. Afukaká, chefe dos kuikuro, era parente e muito amigo do cacique morto.

À tarde começamos a ouvir barulho de avião.

Pouco depois o Douglas do Correio Aéreo Nacional começou a nos sobrevoar. No pacote de jornais e recortes que jogaram veio um recado. Por ele ficamos sabendo que o avião do CAN estava sendo pilotado pelo tenente Décio e que a bordo estavam o dr. Roxo e sua noiva, dona Eny. Dona Eny, já sabíamos, é assistente social trabalhando com a Fundação em Aragarças. Recebemos, no mesmo pacote, o bilhete de uma turista que nos cumprimenta, dizendo que também é filha de Tupã e nos aconselha a manter a paz com os índios. Tudo muito bonito a quatro mil pés de altura. Mal sabem esses inocentes turistas que os pobres índios não querem somente a paz, querem também assistência e proteção.

Proteção que não deixe, pelo menos assim tão rapidamente, morrer dezesseis índios, como constatamos.

Amanhã virá avião, acrescenta o recado. Virá?

Não é sem tempo. Estamos sem avião há doze dias e sem rádio há dezesseis. A Fundação conta no momento com seis aviões, parece, e muito bons pilotos; o que está faltando é um plano de trabalho bem organizado nesse Departamento.

Continuam os kalapalo cada vez mais apreensivos pela vida da aldeia. Alguns pedem nossa proteção, pois Afukaká, dizem eles, com um grupo kuikuro, irá incendiar a aldeia. Afukaká é esperado a qualquer momento.

Com grande surpresa nossa chegou de manhã o PP-FBC pilotado por Juca (José Póvoa) e trazendo o contador Joaquim Nunes. Pelo Juca fomos informados de que não veio antes por falta exclusiva de quem determinasse. Os aviões estão todos bons, aguardando apenas orientação do Departamento, que, com a ausência do major Basílio, anda um futebol.

O FBC com o piloto Juca decolou para o Mortes prometendo vir novamente amanhã.

Tem chovido muito, mas só quase à noite. Estamos aparelhando cabos de ferramentas para a nossa descida. Já estamos com 25 cabos de machado e com madeira aparelhada para as estivas dos dois batelões.

Chegou novamente o FBC com o piloto Juca trazendo desta vez o menino Lourenço Ribeiro de Souza, "Secretário". Com o mesmo avião veio um motor para o rádio. O tempo, hoje péssimo, impediu o regresso do avião. Diversas experiências foram feitas com o motor que chegou. Nenhuma deu resultado. Ele funciona, mas de repente dispara pondo em perigo o transmissor e o receptor. Continuamos, portanto, sem rádio.

A EXECUÇÃO DO PAJÉ

À tarde chegou o esperado Afukaká, cacique dos kuikuro. Veio de cara fechada e com um bom grupo de índios. Tivemos muitas chuvas durante a noite. Logo cedo, acompanhados por Cláudio, foram os kuikuro para a aldeia kalapalo. No rádio o motor funcionou, mas o transmissor não. Aqui não há gosto completo, se se fala não se escuta, se se escuta não se fala...

Dia firme e ensolarado foi o de hoje.

Cláudio e os kuikuro voltaram da aldeia. A presença de Cláudio lá foi muito boa. Talvez os kuikuro tivessem feito alguma coisa não fosse um de nós com eles.

Temos tido tanta muriçoca estas noites como nunca tivemos. Não há quem durma sem mosquiteiro, e mosquiteiro não temos. Quanto mais calor à noite, mais muriçoca aparece.

Em matéria de rádio agora estamos completos: pane nos motores, receptor e transmissor. Só falta adoecer o radiotelegrafista. Mas não há mal que sempre dure — Olavo, com o TGP, chegou trazendo o radioperador Sebastião Garibaldi, de Caiapônia. Com a chegada de Sebastião, Sarmento regressará para pôr em pane a estação de Garapu... Laurentino, o efetivo desta estação, continua um tratamento de saúde em Aragarças, juntamente com Aires Câmara Cunha.

Olavo dormirá aqui, se as muriçocas deixarem. Há coisas engraçadas! Um piloto vem, para o avião, conversa, janta, deita e dorme. Um outro fica aflito sentado, com o avião funcionando enquanto o pessoal, correndo, descarrega o avião!

Olavo, que chegou do Rio neste último Correio, contou-nos que o major Basílio reassumiu suas funções do DRNA da Fundação e baixou logo instruções escalando Olavo para atender exclusivamente a vanguarda da Expedição. Pena que seja o PP-TGP o avião que lhe coube, porque de piloto estamos bem servidos.

Estamos refazendo o pessoal e acumulando carga para a nossa avançada. Tudo está agora melhorando. Índios chegaram da aldeia dizendo que lá tudo está bem e que já há alguma mandioca em ponto de arrancar. Não há mais fome, não há mais doença. Soubemos que os filhos e parentes mais próximos de Izarari sacrificaram ontem o pajé Maiuri. Alta noite, dois índios foram chamar o pajé na sua maloca. O pobre levantou e acompanhou apressado os dois moços que vieram chamá-lo. Seis outros índios no meio da praça aguardavam sua chegada.

Maiuri, com certeza, naquele momento percebeu seu fim próximo. Nem por isso vacilou ou recuou. Assim que alcançou o centro da aldeia, foi bruscamente agarrado e prostrado com violento golpe de tacape. Morreu sem um gemido e sem fazer um gesto de defesa. O sepultamento foi rápido e simples. A cova foi feita ali mesmo. Em lugar do choro, apenas quatro fogueiras, uma em cada canto da sepultura.

Isso tudo entre risos, contam os kalapalo aqui chegados.

O PNEU FURADO

Os dias vão correndo e Olavo não para com o seu aviãozinho. O rádio está também se normalizando. Chuvas pesadas caem constantemente.

A caça continua fácil. A pesca variando com o tempo. Apesar das chuvas o rio está baixando um pouco, sinal de que estamos no tal veranico de janeiro. Temos a impressão de que este ano a estação das chuvas não vai ser muito rigorosa. Pelos menos não tanto quanto a do ano passado.

20 de janeiro. Os dias têm estado ótimos, claros e de céu limpo. Só à noite chove, assim mesmo pouco.

Olavo continua na sua andança do Mortes pra cá e daqui pro Mortes. Na viagem de hoje ele não teve sorte. Quando foi para o campo decolar, um dos pneus do avião estava arriado. No mesmo dia queimou o nosso receptor. Estamos, portanto, sem meios para comunicar ao Mortes a pane do TGP. Olavo tentou de toda a sorte sair com o avião, primeiro enchendo de capim o pneu, mas o avião faz pião na roda pesada. Os aviões não trazem sobressalentes nem material para remédio rápido.

Nova tentativa fez ele indo buscar leite de mangaba para tentar um remendo na câmara do pneu. Conseguiu, mas agora o problema é encher de ar a câmara. O que queimou no rádio não foi o receptor e sim o transmissor, pior ainda. Nenhum dos dois motores tem funcionado; nada se consegue com eles. O maior acontecimento, porém, tem sido o avião de pneu furado. Com muito esforço, cada um soprando um pouco, conseguimos deixá-lo com um pouco de ar. Colocado no avião, ele aguentou galhardamente o peso. Mas o tempo está muito fechado. Olavo deixou para decolar mais tarde. Antes fez duas experiências de aterrissagem e decolagem. Foi tudo bem. Quando mais tarde veio para decolar de vez, o pneu estava novamente vazio. O remendo se soltara completamente. Socorro de fora é o único remédio. No Mortes, o paradeiro de Olavo com o TGP continua ignorado, pois nosso rádio segue fora do ar.

Ótima pescaria fizeram dois índios que saíram hoje de manhã: duas enormes pirararas e outros peixes menores.

Hoje, 24 de janeiro, quatro dias depois do pneu furado, foi que surgiu do meio da cerração o "quatro-asas". Veio pilotado pelo tenente França acompanhado do Vilella. O tenente França veio do Rio ontem. Trouxe alguma carga.

208

Foi bom ter vindo, já que é o vice-rei do departamento. Constatou a pane geral das nossas comunicações: dois motores, um transmissor, um receptor e um avião coxo.

França entrou em atividade imediatamente, mas nada conseguiu com os motores e a roda do TGP. O Waco virá amanhã com Vilella, porque França seguirá para o Rio. Tivemos uma noite chuvosa e povoada de muriçocas.

O Waco chegou cedo, não eram ainda dez horas. Trouxe uma carga de 350 quilos, a roda do TGP e um motor de rádio. Imediatamente Sebastião pôs a estação no ar. O motor foi uma beleza! Funcionou tão bem que disparou novamente e queimou o transmissor...

À uma da tarde decolou toda a "flotilha" — TGP e Waco. O tal veranico de janeiro está chegando ao fim. Tivemos hoje — domingo — um dia horroroso.

A bandeira foi hasteada e arriada nas horas habituais.

Hoje, 25, chegará em Aragarças-Mortes o CAN da quinzena. A nossa situação está melhorando com respeito ao transporte. Temos agora outro avião para atender a vanguarda — o Waco com Vilella. Olavo com o FBA e Vilella com o Waco vão começar a armazenar material e víveres para a nossa descida.

DR. NOEL DÁ AULAS SOBRE MALÁRIA

Hoje, 28 de janeiro, chegou cedo o Waco trazendo o dr. Noel Nutels e o auxiliar de enfermagem Aires Câmara Cunha, que há mais de um mês estava em tratamento de saúde.

O dr. Noel, malariologista e clínico da FBC, ficará conosco alguns dias. É uma companhia fabulosa. Temos recebido desde a sua chegada verdadeiras aulas sobre malária. Nós "malarientos" já estamos até orgulhosos da doença complicada de que somos portadores.

O avião Waco decolou e logo depois cá estava de novo. Olavo já havia estado aqui, também com carga, e seguido para pernoitar em Garapu. O dr. Noel fez hoje "estupenda colheita", conforme diz, de transmissores de malária.

A nossa "pinguela aérea" está iniciada: Olavo e Vilella cruzam no ar e no campo acumulando a carga para a nossa descida.

Como nosso rádio continua em pane, Vilella, numa das vindas, trouxe o radiotécnico Jurandir, que achou melhor levar os aparelhos para consertar no Mortes. Levou também o operador Sebastião. Dificilmente se verá criatura com tanto medo de malária: nas duas horas que aqui passou, Jurandir reluzia de tanto repelente no corpo. Enquanto isso, o dr. Noel, de calção, caçava pacientemente no próprio corpo toda muriçoca que ia sentando.

Na última viagem do Waco veio o dr. Sick, naturalista da FBC. E vieram os aparelhos todos, mas ficou o radiotelegrafista. Esta é boa!

Continua funcionando ativamente a nossa "pinguela aérea". Vilella trouxe o paulista Enzo Pizano, encarregado de Garapu e provavelmente daqui quando sairmos.

Olavo chegou. O Waco com Vilella saiu. Parecem dois malcasados. A aterrissagem de Olavo foi dificílima. A ventania era violenta. Quando o avião ia tocando o solo, uma rajada de vento o punha longe, fora da pista. Foram diversas tentativas. Só depois de quase meia hora foi possível encostar no chão.

Melhorando o tempo, Olavo saiu levando o dr. Sick.

De saúde vamos muito bem. O mesmo acontece com os kalapalo. A mandioca já está sendo a alimentação. O dr. Noel continua pegando anófeles aos montes. Hoje andou pelo outro lado do rio "caçando" muriçocas e procurando poças d'água nos charcos.

Ouvimos Baiano falando a um companheiro:

— Pru que que esse home tá catano essas imundícias, gênti?

À noite o dr. Noel ainda anima a conversa contando coisas do seu Pernambuco distante.

Acertamos para amanhã uma viagem à aldeia.

Nosso radiotelegrafista ainda não voltou. Tão logo chegue, nossa estação entrará no ar.

Domingo, dia 2. Saíram cedo para a aldeia o dr. Noel, Orlando, Leonardo, Enzo Pizano e dois trabalhadores. Cláudio resolveu ficar por causa do hasteamento da bandeira.

Às dez horas chegaram os que foram ontem à aldeia. O dr. Noel não encontrou um só anofelino nas malocas. Em compensação, encontrou poças enormes. Chegou e partiu o TGP levando Paulista. Chegaram alguns índios: Zárama, Ritz, Waurica, Tianaco e Komatsi. Iniciou-se hoje nova semana de atividades para os nossos aviões.

As nossas comunicações aéreas com Olavo e Vilella não podiam ser melhores com esses tipos de avião. Estão sendo de uma eficiência só comparável, nunca superada.

Os gêneros estão se acumulando no armazém. Os aviões que estavam sediados em Aragarças foram transferidos para a base do Mortes, uma das primeiras providências do major Basílio.

Piauí trouxe uma campeira; Elias, pouco mais tarde, um caititu.

O dr. Noel está com um respeitável estoque de pernilongos e contente com a colheita.

Numa das viagens de hoje — dia 5 — regressou o radiotelegrafista Sebastião. Trouxe nosso motor. Parece que vamos ficar bem equipados.

Chegou um grupo de índios kuikuro. Com a chegada destes, os kalapalo que aqui estavam regressaram à aldeia. Depois da morte de Izarari, entre as duas aldeias surgiu como que uma desconfiança recíproca.

O GOLPE DO CIGARRO NÃO PEGOU

O dr. Noel está com vontade de regressar amanhã com um dos aviões. Tivemos um "sair de lua" notável hoje. Tão bonito está o luar que lá está o dr. Noel de máquina em punho tentando fotografar.

A "pinguela aérea" começou hoje logo cedo.

O primeiro a chegar foi Vilella. Com ele veio um seu amigo de Uberlândia. Como há muito vimos fumando só fumo de corda, a chegada do visitante faz vislumbrarmos a possibilidade de um "cigarro manso".

Tudo ficou combinado: mal desembarcasse a visita, o dr. Noel, em voz alta, pediria cigarro a um de nós, que, naturalmente bem audível, responderia dizendo não haver cigarro, só fumo.

Tudo combinado, partimos para o campo. O avião aterrissou. O visitante foi apresentado a todos nós. No minuto seguinte, o dr. Noel age como o combinado, e respondemos como o estabelecido. O visitante interrompe: "Espera", e enfia a mão no bolso.

Todas as fisionomias se abriram com o acerto do "golpe". E o visitante: "Tenho aqui um fuminho especial", passando ao decepcionado dr. Noel um pedaço de fumo de rolo.

Pouco depois do Waco chegou o TGP com Olavo. Vilella decolou com seu amigo, que, aliás, ficou nosso também. Olavo, como levaria o dr. Noel, deixou para sair o mais tarde possível.

À tardinha lá se foi o TGP levando uma das grandes figuras desta fundação, o dr. Noel Nutels. Nove dias passou ele conosco e prometeu voltar em breve.

O rio agora tem subido um pouco, mas a enchente nunca chegará à altura do ano passado.

Graças à "pinguela aérea" dos nossos valentes Olavo e Vilella, já estamos com gêneros suficientes para a descida.

Faltam-nos apenas roupas, botinas, gasolina, óleo e pequenas miudezas.

Mal chegou ao Mortes, o dr. Noel nos enviou 880 comprimidos de polivitaminas, quatrocentos de plasmoquina e mil de atebrina.

Vamos deixar de ter avião por alguns dias.

É nulo no Mortes o estoque de gasolina para avião. Nosso rádio está funcionando ativamente.

Segundo comunicação do Rio, as roupas e botinas pedidas virão no próximo CAN.

É o único material, fora combustível, que nos falta, principalmente roupas, pois estamos quase nus. Os homens estão aproveitando os sacos brancos, e deles fazem camisas.

O RÁDIO DO GENERAL RONDON

Nada temos sabido do coronel Vanique, que há seis meses saiu para o Sul.

Depois de uma breve interrupção, temos enviado à United Press alguns despachos. Os últimos falavam da morte do cacique Izarari, da ameaça dos kuikuro e da estada aqui do dr. Noel Nutels.

Recebemos com muito atraso um rádio do Exmo. general Rondon, pedindo detalhes da morte do cacique Izarari. No mesmo dia respondemos informando que nesta data estamos endereçando-lhe uma carta sobre o ocorrido.

Temos tido alguma caça: veado, caititu e jacubim.

Constantemente chegam aqui índios kalapalo ou kuikuro.

As aldeias voltam ao ritmo normal. As chuvas continuam, mas dando boas tréguas.

Nosso rádio, em plena forma, funcionou hoje pela manhã. Soubemos que o Mortes continua sem gasolina. Segunda-feira, depois de amanhã, chegará àquela base o Correio da quinzena. Por ele virão gasolina e o magneto para o motor do FBA. Até lá não teremos voo. Com o estoque que temos, podemos agora dar uma folga aos aviões.

10 de fevereiro de 1947. Domingo. Tempo firme. Chuvas só à noite, leves. Hasteamos a bandeira, presente todo o pessoal. O dia correu sem novidades, com todos os homens em descanso. Às seis horas arriamos a bandeira.

Agora que já temos tudo pronto, dependendo apenas de combustível e roupas, a vida no acampamento entrou em sossego. Nenhum serviço estamos fazendo. Todos os homens estão de folga. Livres como estão, diariamente temos caça e peixe frescos. À noitinha, depois da janta, forma-se no alto da barranca uma roda de bate-papo. Há os comunicativos, como Zacarias, Elias, Cassiano, Baiano; e há os taciturnos, como Perpétuo, Feliz, Nélson e outros. Aires, de mãos nas costas, olhando o horizonte, repete cem vezes que "a natureza é uma maravilha".

Diz ele que voltou noivo de Aragarças, da filha de um fazendeiro chamado Moraes. Não duvidamos. É possível até que a moça saiba.

Os dias vão se sucedendo, calmos, bonitos de manhã, quentes durante o dia e chuvosos à noite. Não fossem as muriçocas, que o dr. Noel não conseguiu levar todas, estaríamos numa "estação de águas", tal o sossego.

Do meio-dia para a tarde, contrariando a norma que todos os dias vinha se repetindo, formou um temporal sério lá pelos lados do sul e veio furioso para o nosso lado. Com diferença de minutos, correndo para não ser alcançado, chegou o FBA com Vilella, que mal teve tempo de trancar o avião e sair a toda para o rancho: mesmo assim não escapou de um começo de banho.

Hoje é loucura pensar em sair. Pernoitará aqui o FBA.

Entramos no dia 14 de fevereiro de 1947 com um bom tempo. A chuva da noite gastou com todas as nuvens. E antes de surgir qualquer surpresa, o FBA decolou para o Mortes.

O MINISTRO MANDA SEGUIR A EXPEDIÇÃO

Tivemos dois rádios do operador da estação central e controladora, que tem como encarregado o radiotelegrafista Zétola. O primeiro informando que o dr. Noel, que daqui fora havia poucos dias, conversou com o ministro João Alberto e este mandou prosseguir a marcha, tendo autorizado a aquisição do material faltante. O segundo rádio era da secretaria-geral, perguntando se a época é propícia para a vinda de três cientistas do Museu Nacional para fazer estudos na região. Respondemos que seria melhor em princípio de abril.

O tempo amanheceu incerto.

O FBA com Olavo chegou cedo trazendo o farmacêutico José Alberto, desta feita terrivelmente moderado. Tanto, que nem quis almoçar. Olavo adoeceu logo que chegou, com um acesso de malária. Como carga veio rama de mandioca. Por Olavo soubemos que no próximo CAN, depois de amanhã, chegam as roupas que estamos aguardando.

Como tivesse melhorado à tarde, Olavo resolveu regressar até o Garapu.

Domingo, 16 de fevereiro de 1947. À hora habitual hasteamos a bandeira. Temos tido fartura de caça. Damo-nos ao luxo de escolher os pedaços a cozinhar. O campo está coberto de mato.

Iniciaremos amanhã uma capina. Descansado como anda o pessoal, a capina será uma brincadeira.

Às seis horas arriamos a bandeira.

Hoje temos pelo horário da manhã o texto completo do rádio Zétola. É o seguinte:

Villas Bôas PT
Dr. Noel acaba informar almoçou hoje ministro que determinou aquisição roupas e calçados estando de acordo prosseguimento Expedição logo vocês achem oportuno PT Outrossim VG esteve ontem com general Rondon que irá nomeá-los delegados SPI PT
Abraços Zétola PT

Ficamos satisfeitos com ambas as notícias. Ao secretário-geral, sobre a vinda dos três cientistas, fizemos a seguinte mensagem:

Informamos devido época chuvosa acesso aldeia não muito fácil PT Fim março ou princípio abril ocasião mais propícia por ocasião festas e reunião índios outras aldeias nas duas mais próximas deste acampamento PT Além disso há possibilidade essa época termos campo pouso de onde será possível visitar também kamaiurá PT
Os Villas Bôas PT

Agora temos tido chuvas constantemente.
Entramos hoje na semana da "paralisia nacional", Carnaval. Manteremos com Aragarças um só horário. Alguns índios têm vindo e saído logo em seguida em pescaria.
A capina do campo está caminhando rapidamente. Depois de alguns dias de folga os homens entraram animados no serviço.
Piauí foi "buscar" um veado no campo e trouxe, melhor, um caititu. Depois da morte de Izarari apareceu hoje, pela primeira vez, o seu filho Djarrula. A aldeia está sendo chefiada pelo capitão mais velho, Iuaikuma.
Chegaram dois aviões — FBA e Waco: Olavo e Juca. No Mortes já não há mais carga, estão aguardando o CAN que segunda-feira passada não veio — Carnaval. Chegamos ao fim da limpeza do campo. Estamos armando ali um pequeno rancho para gasolina.
Nosso rádio continua ótimo. Soubemos que chegou em Aragarças o tenente França. Vilella foi até lá entregar-lhe o Waco. Olavo está ocupado levando doentes do Garapu para o Mortes.

RETARDADA A PARTIDA

O rádio nos informou que o tenente França virá almoçar aqui hoje.
Às dez horas ele chegou. Veio em sua companhia um funcionário do Gabinete da presidência da FBC.
Depois do almoço, França decolou daqui para São Félix. A região que irá cruzar nunca foi sobrevoada — é completamente virgem. Vivem ali inúmeros grupos hostis ainda desconhecidos. Nessa rota o Waco cortará perto daqui o verdadeiro Tanguro e, cremos, as cabeceiras do Suyá-Missu.
Pedimos a ele que enviasse via rádio algumas informações sobre a região.

Domingo. Hasteamos e arriamos a bandeira nas horas de praxe.
Tivemos chuva a noite toda.

O CAN saiu do Rio com atraso; mesmo assim chegará hoje em Aragarças. À tarde o tempo melhorou sensivelmente. Olavo, que estava aqui, regressou à sua base no Mortes. Leonardo foi com ele, devendo regressar amanhã.

Vieram no horário da tarde os dados que havíamos solicitado ao tenente França sobre o voo que fez daqui para São Félix. Foram os seguintes:

Chegamos São Félix PT Vão os detalhes solicitados PT Tempo gasto acampamento ao Tanguro cruzado VG 12 minutos PT Kuluene-São Félix VG 105 minutos PT Nenhuma aldeia avistada PT Detalhes observados vistos 25 minutos após a partida acampamento VG riacho corrente direção Tanguro PT 35 minutos grande rio sinuoso água clara mesma direção Tanguro PT 40 minutos rio mais ou menos Coronel Vanique mesma direção Tanguro PT 55 minutos zona montanhosa PT 60 minutos zona plana PT 65 minutos rio correndo 150 graus PT 80 minutos rio das Mortes VG 95 minutos confluência São João-rio das Mortes PT Até 55 minutos saída daí estivemos sobrevoando zona mata compacta PT
Gastão PT

Ficamos confusos com alguns dados. Do ponto de onde estamos só existem dois rios correndo à margem direita: Tanguro, ainda no Kuluene, e Suyá-Missu, no Xingu e 25 léguas abaixo da confluência. Que grande rio sinuoso de água clara na direção do Tanguro?

O Suyá-Missu, na altura cortada, deve ser pequeno. Que rio vem a ser igual ao Coronel Vanique na direção do Tanguro? Não será uma curva do próprio Tanguro?

Uma coisa está mais do que certa: o rio que descemos do Garapu para cá, e que os índios chamam de Turuini, não é o Tanguro e sim o Sete de Setembro.

O Tanguro fica abaixo do nosso acampamento doze minutos de avião.

Logo depois da chegada do CAN, Olavo decolou para cá trazendo Leonardo. Por ele soubemos que não vieram as roupas que estamos aguardando para a descida. Recebemos, sim, a seguinte informação: FBC adquiriu nos Estados Unidos roupas do tipo das usadas pelos expedicionários americanos.

Essas roupas chegaram essa semana ao porto do Rio e não houve tempo de retirá-las. São roupas de bom artigo e é conveniente aguardá-las. Virão sem falta no próximo CAN. Fica, portanto, retardada nossa partida mais uns dias. Nada perderemos com isso, pois nesse intervalo faremos nova exploração com Vilella. Além do mais, cada dia que passa mais nos aproximamos do fim das águas.

O rio continua baixo.

O CONVITE DO GENERAL RONDON

Pelo CAN recebemos do Exmo. general Rondon uma carta dizendo que o SPI cogita fundar um posto nas proximidades da foz do rio Kurisevu, ou melhor, transferir um já existente no rio Batovi, e pergunta o general se um de nós três quer aceitá-lo. Em rádio informamos ao general que trataríamos do assunto em carta próxima.

Chegaram cinco índios kuikuro, que ficarão aqui alguns dias. Olavo amanhã estará ausente do Mortes, voando para o Meruri — sede da Missão Salesiana do rio das Mortes. Com ele irá o dr. Roxo da Mota.

Calma no acampamento. Poucos índios em trânsito. Os homens estão todos em descanso, aguardando o dia da descida que se aproxima. O tempo está dos piores possíveis. Quase ninguém sai dos ranchos. Quando sai o sol um pouco, um ou dois homens vão à caça. Hoje saíram Baiano e Aires logo depois do almoço. O dia correu, a noite chegou, e nada de eles aparecerem. Mandamos quatro homens com rojões para soltar lá nos varjões. Não foi preciso, os dois já vinham perto. Ficamos sabendo que Aires se perdeu, mas foi encontrado por Baiano. Trouxeram um veado.

Março, dia 1º. Ótima manhã. Vamos assim entrando no terceiro mês do ano. Roupas e gasolina continuam sendo as únicas coisas que nos faltam. Isto agora já não depende do Mortes. Deverão vir do Rio. O rádio nos informou que Olavo, ao sair do campo no Meruri, teve uma pane séria depois da decolagem. Com muita perícia conseguiu descer no cerrado da frente do campo sem machucar ninguém. No avião estavam, além dele, o dr. Roxo e o padre Colbachini, da Missão Salesiana. O avião ficou inutilizado.

O primeiro domingo de março amanheceu claro e ensolarado. Chegaram índios kuikuro e kalapalo. Hasteamos a bandeira. Dois homens que foram à caça trouxeram uma enorme campeira.

Nada de chuva. O dia correu claro e bonito. Arriamos a bandeira. Começamos a preparar hoje todas as ferramentas: vazamos os machados novos, aparelhamos os usados; desencabamos as enxadas e os enxadões e arrumamos tudo em um caixão para viagem. Com as lonas fizemos o mesmo serviço, expondo tudo ao sol, principalmente as mais importantes.

Piauí regressou com dois veados, um deles garapu. Contou-nos que perto da lagoa encontrou duas onças, só podendo alcançar e alvejar uma com pouca precisão. Mal largou os veados voltou ele atrás das onças levando os cachorros. Cláudio e Zacarias foram também. Voltaram depois das sete da noite trazendo uma delas, um belo exemplar de onça-parda.

Logo pelo primeiro horário fomos cientificados de que virá o Waco trazendo visitantes. O tempo está bom. Pouco depois do almoço aterrissou o Waco pilotado por Vilella e trazendo o major Coimbra e senhora e a esposa do major Rincão, chefe da base de Aragarças.

Os visitantes encontraram aqui muitos índios.

MULHER BRANCA, UMA NOVIDADE

Foi uma novidade para os índios, que nunca tinham visto uma mulher branca. Para as índias, mais ainda. E para as mulheres civilizadas, um constrangimento. As índias se empolgaram com aquele "horror" de roupa: vestido, combinação, sutiã, tudo aquilo cobrindo uma pele branca coroada de cabelos louros. Era demais! Queriam tirar tudo, examinar tudo...

À tardinha decolou para Aragarças o Waco Cabine.

Estamos novamente com o acampamento em calma, de braços cruzados aguardando o "restinho" da carga para sair rio abaixo. Já a esta altura "pleiteamos" apenas a gasolina. Resolvemos seguir nus mesmo.

Não temos feito nestes últimos dois dias nenhum despacho ao *Esso*. Nada tem havido que mereça citação especial. Isto aqui nem parece um acampamento de uma expedição em marcha; parece, isso sim, uma corrutela de garimpeiros esperando o rio baixar para tirar de mergulho os cascalhos do fundo d'água. Só falta, para completar o quadro, um cabaré com cachaça.

Chegou da aldeia kuikuro o bastante velho Curisapá. Veio a nosso chamado para tratar de um braço que está inchado com reumatismo.

Todo dia sai gente para caçar. Hoje foi Baiano que voltou com uma enorme campeira. Piauí chegou mais tarde com um caititu. O Piauí é um ótimo caçador.

AS FIGURAS DA EXPEDIÇÃO

Temos figuras interessantes na Expedição: o velho Piauí — José Acelino de Almeida — é um deles. Foi garimpeiro (foi, não; é, pois garimpo amarra o indivíduo para o resto da vida), soldado da captura da polícia cuiabana, viu e fez "misérias" por esses garimpos afora. Não é à toa que Elias sempre diz: "Negro preverso, quantos coitado ocê num furô com essa faca nojenta que ocê tem".

Piauí ri. No Garças sua fama é conhecida. Félix é outro, foi ele também da polícia de captura de Cuiabá. Não é preciso outra apresentação. Até hoje nos confrontos dos garimpos tremem com a notícia da chegada da captura. Os criminosos são apanhados, e dificilmente levados...

Elias — moço ainda — é um dos bons elementos que temos. Foi no Roncador um dos nossos melhores tropeiros e hoje é o nosso proeiro. Alegre, trocista, bom caçador e muito estimado por todos.

Zacarias é outro. Cafuzo, cara larga, está sempre presente para qualquer serviço. É ele que nas rodas anima a conversa contando coisas do garimpo, da castanha e do serviço. É ele, ainda, que fala do gritador, do capelobo, modernos irmãos do caapora que vivem pondo em sobressalto os seringueiros e castanheiros do baixo Araguaia.

Perpétuo é casmurro, "sistemático" — como dizem os companheiros.

Baiano — Umbelino da Nepomucena —, preto baixo, retaco, é de uma dureza de cabeça impressionante. Estouvado como é no gesto e no trato, não é dos mais apreciados pelos companheiros. A ele tanto faz andar com uma calça com duas pernas ou uma com uma perna só. A camisa é quase sempre um trapo, preso no pescoço e pendente nas costas.

Cassiano é um "bom será". Trabalhador, disposto, alegre, embora pouco conversador.

Nicanor, baixinho, falante, viajado, está sempre disposto à briga. Bom trabalhador, obediente, mas por qualquer coisa quer discutir com os companheiros. Fica enfezado quando Elias diz: "Óia, eu num gosto de cunversá cum gênti que nem cresceu".

Raimundo, Piauí, Nélson, Luís Valadão, são completos como trabalhadores. Pouco conversadores, mas cordatos. Não discutem, tampouco falam alto. Estão sempre prontos. João Coisa-Boa pode entrar nesse rol.

Eduardo é motorista. Habituado no Araguaia aos barcos de carreira, é um homem à parte. Os outros são trabalhadores; ele não, ele é motorista. E ser motorista é ser muito importante. Ser motorista é ter uma calça branca, uma camisa colorida dentro de uma mala bem arranjadinha, ficar de braços cruzados nos carregamentos e pegar no timão.

Raimundinho é o ponto fraco. Muito moço para o tamanho da empreitada. Mas no meio dos outros ele desaparece e trabalha.

Sebastião Garibaldi é o radiotelegrafista. Radioperador é um homem que de fone no ouvido ouve tudo e, tirando o fone de vez em quando, diz umas palavras que ninguém entende e recoloca o fone no ouvido. É um ótimo sujeito. Casado, mora em Caiapônia, e tem uma meia dúzia de filhos. É o mais constante dos radiotelegrafistas que temos tido. E isso é muito importante. Porque o radioperador, de tanto ouvir coisas lá de fora, fica doido para ir embora. E há sempre um acesso de malária pra ajudar.

Para encerrar esta apresentação rápida dos homens que aqui temos e que conosco descerão, falta apenas o auxiliar de enfermagem Aires Câmara Cunha. É ele um ótimo companheiro, embora repita de cinco em cinco minutos, isto há um ano, que a natureza é uma maravilha. "Maravilha de natureza, seu compadre" — é a sua frase preferida. É um homem que, conforme diz, foi noivo umas quinze vezes. Natural do Rio Grande do Sul, foi irmão leigo em uma missão religiosa, que nunca ficamos sabendo qual. Distraído ao extremo — chega a ser meio "aéreo" —, Aires tem saídas que às vezes nos deixam confusos. Certa feita um avião grande — Douglas — nos sobrevoou. Aires calculou:

— Esses aviões devem valer bem uns quinhentos contos, não?
— Que nada — alguém respondeu —, vai pra mais de cinco mil contos.
— Só? — foi a exclamação de Aires.

UMA VISÃO MELHOR DA REGIÃO

O rádio tem funcionado otimamente. O Waco Cabine continua à disposição do major Coimbra, com Vilella no piloto. Olavo foi ao Meruri buscar um auxiliar de mecânico do Departamento, que está desmontando o avião acidentado.

Fomos avisados pelo rádio da vinda hoje de dois aviões: Paulistinha com Olavo, e Waco com Vilella. Aterrissaram às onze horas. No Waco veio o dentista Simão, para fazer algumas extrações. Com Olavo veio Antônio Paristi, auxiliar de taxidermista. O Waco veio preparado para uma exploração rio abaixo.

Temos de aproveitar bem este reconhecimento, pois não teremos outro antes da descida. O primeiro voo não nos trouxe muitos esclarecimentos.

Foram: piloto Vilella, Olavo e nós três (Leonardo, Cláudio e Orlando).

Com a exploração de hoje encontramos um lugar aparentemente bom. O lugar escolhido, situado quatro minutos abaixo da confluência, aparenta ter sido de um aldeamento antigo. Não sabemos se ainda há índios por lá. Notamos, porém, inúmeras trilhas cruzando em todos os sentidos.

A exploração se estendeu até a foz do Suyá-Missu, afluente da margem direita. A região, num aspecto geral, vai com alguns varjões até a confluência Ronuro-Kuluene. Daquela confluência em diante se estende pelas margens uma mata espessa a perder de vista. Com setenta minutos de viagem avistamos bem longe no horizonte um contorno que julgamos ser os contrafortes da serra Formosa, divisor Xingu-Tapajós. A vertente do Xingu nessa altura, segundo apuramos, tem todos os seus tributários e formadores correndo numa imensa planície. Com a exploração de hoje passamos a ter uma visão mais geral da grande região.

Foram os seguintes os horários e os principais acidentes encontrados:

Campo K-rio Tanguro — 5 minutos
Campo K-aldeia kuikuro — 10 minutos
Campo K-Grande Lagoa M.D. — 18 minutos — Itavununo
Campo K-aldeia matipu — 23 minutos
Campo K-rio Kurisevu — 28 minutos
Campo K-rio "Novo" — 30 minutos

Campo K-aldeia aweti— 32 minutos
Posto Kuluene-aldeia kamaiurá — 35 minutos
Posto Kuluene-confluência — 45 minutos
Posto Kuluene-ponto escolhido — 49 minutos
Posto Kuluene-Suyá-Missu — 85 minutos
Tempo total de voo — 2 horas e 46 minutos

O Kuluene, em ambas as margens, para o interior conta com inúmeros lagos. Pudemos avistar, saindo do nosso posto no Kuluene, uma lagoa à esquerda, um pouco distante; mais abaixo, umas duas léguas do rio à margem esquerda, a bonita lagoa kuikuro; mais abaixo, à direita do rio, a imensa lagoa Itavununo; nessa mesma margem três outras lagoas regulares e, confrontando com a última, na margem esquerda, a bela lagoa kamaiurá.

Registramos com satisfação o estupendo voo que hoje realizamos. Sobre ele enviamos uma mensagem ao *Esso* e, à noite, ouvimos a mesma irradiada.

A EXPEDIÇÃO DOS HOMENS NUS

Chegaram hoje as primeiras notícias do coronel Vanique, que estava ausente da Expedição desde a lamentável ocorrência que foi o suicídio de sua esposa em 11 de setembro de 1946. A notícia dizia que o coronel Vanique sairia por estes dias do Rio Grande do Sul com destino ao Rio. Oportuna a vinda agora do coronel. Talvez possa desencavar no Rio meia dúzia de sungas para cobrir a nossa nudez...

Domingo, 9 de março. Hasteamos e arriamos a bandeira nas horas de praxe. A estação das águas, arrependida dos dias de sol que nos deu, resolveu nos castigar com chuva pesada. Chove o dia todo e todos os dias pesadamente. As muriçocas andam num assanhamento nunca visto.

Apesar do aguaceiro, Piauí, Cassiano e Baiano nos trouxeram dois veados e um caititu.

Hoje é o dia do CAN em Xavantina. Naturalmente, pensávamos, viriam as roupas esperadas há tantos e tantos dias. Puro engano! Não só não vieram, como o nosso motor de rádio começou a falhar. Com reza, chave de fenda e alicate voltou a funcionar, mas o receptor queimou. Sim, senhores, queimou o receptor. Queimou de sair fumacinha, com cheirinho de borrachinha torrada. Será que anda faltando um pouco de água benta? É apelar para o Mortes. Anda por lá o padre Colbachini. Mas não foi com esse missionário que caiu o avião um dia destes? Nossa Senhora! Vamos rezar nós mesmos.

Na primeira oportunidade vamos comunicar ao dr. Roxo a nossa intenção de zarpar mesmo sem roupas. Seremos a "expedição dos homens nus".

Vamos aguardar o avião amanhã.

Sebastião desde cedo está mergulhado no receptor. Às onze chegou o Waco com Vilella trazendo o dr. Vahia de Abreu. Soubemos, por eles, que o Olavo está vindo para cá com Enzo Pizano, o Paulista, que ficará como encarregado deste posto.

Vilella decolou. O tempo piorou e Olavo não veio. O dr. Vahia ficou. Sebastião, o radioperador, foi com Vilella. Virão sexta-feira, estamos na terça.

O dr. Vahia examinou todo mundo.

Achou tudo muito bem. Se desse, ele arrancaria uma meia dúzia de apêndices — é cirurgião e grande cirurgião, mas felizmente esqueceu o bisturi.

Chegou hoje, quarta-feira, o Olavo. Veio com ele o Paulista. Vilella com o Waco chegou pouco depois trazendo o trabalhador Nélson; ficará hoje aqui. Veio também o contador Nunes.

Chegaram dezoito kuikuro. Todos tiveram o "vazio" apertado pelo dr. Vahia na altura do apêndice. Os índios já andam impressionados com a investida civilizada: vem o dr. Estilac e puxa as pálpebras, examina a língua, ouve as costas e manda respirar fundo; chega o dr. Noel e apalpa o baço, deita e vira o paciente; agora vem o dr. Vahia e vai direto no apêndice. Sem dúvida que estes índios não teriam perdido um só parente se na ocasião da epidemia já tivéssemos campo.

As chuvas continuam caindo ininterruptamente. Nem por isso os nossos aviões com Vilella e Olavo têm deixado de vir até aqui.

Quando melhorou um pouco o tempo, Vilella rumou para o Mortes levando o dr. Vahia. Nunes ficou para assistir à nossa saída, que marcamos para domingo próximo. Dependendo, é claro, da vinda do Sebastião com o receptor do rádio.

ARRUMANDO A CARGA PARA A PARTIDA

Estamos preparando a carga para arrumar nos batelões. Mandamos três homens à caça. Vamos preparar carne para a viagem. O toucinho trazido pelo avião derretemos hoje. Ladrões! Numa manta de toucinho com menos de cinquenta quilos, tiramos dez quilos de sal! Passamos o dia de hoje, sábado, enxugando e fazendo vistoria nos batelões.

Se o avião vier amanhã até o meio-dia, sairemos à tarde.

Os kalapalo estão chegando em massa, e os kuikuro em grupos. Sebastião, cada vez que vai a Aragarças, desaparece como boi na larga. Ficou de vir sexta-feira, e veio chegar hoje, domingo, às duas horas, com o Waco de Vilella. Veio também o almoxarife Ruy Monteiro.

Arlinda e Agnello Villas Bôas com os filhos, em 1924: à esquerda, Erasmo, Acrísio, Lourdes, Cláudio, Leonardo e Álvaro (no colo); à direita, Orlando e Nelson.

Uma das primeiras fotos com os índios kalapalo: Cláudio, Orlando e Leonardo Villas Bôas com o cacique Izarari Kalapalo na margem do rio Kuluene, Alto Xingu, 1946.

Sino da Expedição Roncador-Xingu.
Xavantina, início da década de 1940.

Xavantina, início da década de 1940.

Balsa da Fundação Brasil Central, que tinha na Expedição Roncador-Xingu seu órgão de vanguarda. Rio Araguaia, década de 1940.

Orlando (de camisa aberta) e o coronel Vanique (à direita) no marco de fundação de Xavantina. 1944.

Leonardo, Orlando e Cláudio.
Garapu, agosto de 1946.

Campo de pouso aberto na floresta.

Sertanejos da expedição. O curtidor Antônio Aires no acampamento do rio das Mortes (1945), o contador de casos Zé Eufrásio e o violeiro Cuca (1947).

A partir da foto acima, em sentido horário, o piloto Ramalho, o "secretário" Lourenço Souza, o contador Nunes e o almoxarife Ruy. Fotos de maio de 1946.

Dois sertanejos da Expedição e Leonardo e Cláudio Villas Bôas (à direita) chegam à região do rio Kuluene.

Orlando Villas Bôas na margem do rio das Mortes. Xavantina, junho de 1945.

Trabalhadores da Expedição embarcam burros para descida do rio. No canto direito da foto, sem camisa, Orlando. Década de 1940.

Acampamento no córrego da Mensagem, julho de 1945.

Cláudio e Orlando, no canto esquerdo, atravessam o território dos xavante.
Setembro de 1945.

Leonardo e Cláudio com sertanejos e índios recém-contatados. Década de 1940.

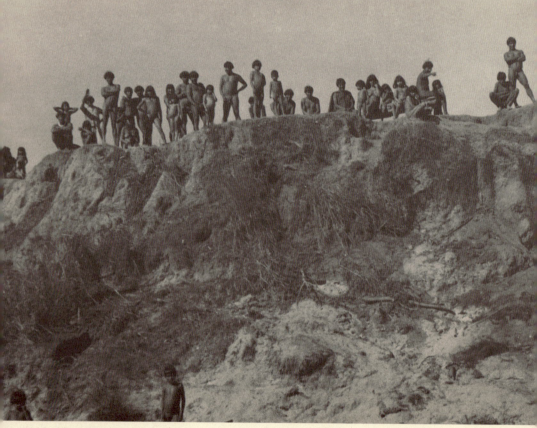

Índios kalapalo em barranca. Foto do primeiro contato, 1946.

Cláudio e Leonardo com o chefe Izarari Kalapalo, no dia do contato. Foto de Orlando Villas Bôas.

O sertanista Aires Câmara Cunha, Orlando (conversando com o ministro João Alberto, em sua primeira visita ao Xingu) e Cláudio. 1947.

Um dos barcos da Expedição desce o rio Kuluene. Leonardo Villas Bôas está no centro, sentado. 1948.

Orlando e o amigo Joaquim Nunes, contador da Expedição. Aragarças, década de 1940.

Orlando Villas Bôas, Noel Nutels, Leonardo Villas Bôas e Darcy Ribeiro no gabinete do vice-presidente Café Filho. Meados da década de 1950.

Noel Nutels, médico sanitarista e presidente da Fundação Brasil Central, com índios do Alto Xingu e suyá. O índio à direita, Arrarrí Trumai, tinha os olhos verdes.

1

Rio, 1º de Abril de 1948

Aos Irmãos Villas Boas
Acampamento do Xingú

Sua carta de 1º do mês findo trouxe-me bela impressão da patriótica missão que os meus caros compatrícios estão desempenhando nos confins do Oeste do Brasil Central, no serviço da República e da Pátria.

2

O funcionário do Museu Nacional, o Dr. Pedro [...] entregou-me uma bela coleção de artefactos indígenas que vieram enriquecer o nosso pequeno mostruário etnográfico em organização. Por tão valiosa cooperação peço receberem os meus cívicos agradecimentos por tão preciosa colaboração.

5

que hajam de ficar nesse acampamento, quando tiverem de continuar a marcha para frente em busca da Coletoria do Tapajós. Os srs. conhecem bem os costumes dos nossos trabalhadores. Homens sem cultura moral, em geral, não respeitarão as famílias dos Indios, quando se virem sós, sem fiscalização superior.

6

Essas tribos do Xingú até há pouco tempo viveram felizes, isolados da pseudo civilização, que os meus caros amigos sabem perfeitos representantes dela que penetram o sertão desrespeitadores das famílias dos Indios.

Confio na dedicação que os srs. têm demonstrado no cumprimento do dever.

*

3

...é escusado acrescentar
...tenho a esperança de
...tinuar a receber no-
... artefactos de outras
...os, ou mesmo dessas,
... quais me enviaram a
...meira remessa.
...exemplar da cerâmica
... Mauá impressionou
... todos que o viram. É sa-
...do que essa tribo é especialista

4

nesse genero de industria
doméstica.
*
Faço ardentes votos para que
os meus dignos amigos e
companheiros da Causa Indígena continuem a bem servir
nossa Pátria nos trabalhos
patrióticos à cargo da "Fundação Brasil Central".
Permitam-me que recomende-
lhes todo cuidado na escolha
do Encarregado e trabalhadores

7

...erei feliz si continuarem
... dispensar amor ao
...ndio e à Grande
... Causa Nacional, a
...e o S.P.I. e o C.N.P.I.
...edicam o seu destino.
...qui, neste Pôsto da Repú-
...lica e da Pátria, me
...contrarão sempre pronto a
...vi-los fraternalmente.
...tos sinceros pela saúde de
...os. — Velho amigo — Cândido M. S. Rondon

Carta endereçada pelo marechal Cândido
Rondon aos irmãos Villas Bôas em 1948.

Cláudio Villas Bôas e Noel Nutels no Posto Diauarum, Baixo Xingu.

Roupas, redes e mochilas sobre a cabeça, na travessia de um alagado. Início dos anos 1950.

Saída para expedição na barranca do Posto Capitão Vasconcelos, que mais tarde passou a se chamar Posto Leonardo Villas Bôas. Década de 1950.

Cláudio e Orlando com sertanejos trabalhadores da Expedição. Início da década de 1950.

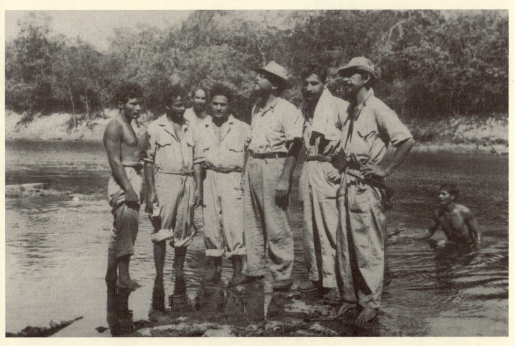
Cláudio, Leonardo e Orlando com sertanejos trabalhadores da Expedição. Rio Kuluene, início da década de 1950.

Centro Geográfico do Brasil, demarcado em 1958 por Orlando e Cláudio Villas Bôas.

Leonardo, Orlando e Cláudio. Final da década de 1950.

7. Kuluene-Xingu

Às três da tarde iniciamos o carregamento dos barcos. Logo depois caiu uma chuva pesada, mas breve.

Às seis horas arriamos a bandeira e transmitimos ao pessoal a escala e a distribuição nos batelões.

Batelão nº 1 — Penta 4 $^{1/2}$
Leonardo — motorista e encarregado; Zacarias — auxiliar e motorista; Orlando — encarregado; Elias — proeiro; Nicanor, Perpétuo, Raimundinho, Cassiano, Raimundo e Kanato (índio).
Carga — mais ou menos 1.400 quilos

Batelão nº 2 — Motor Arquimedes 6 hp
Eduardo — motorista; Cláudio — encarregado; Sebastião — radiotelegrafista; Aires — auxiliar de enfermagem; Luís — proeiro; Feliz, Baiano, João e Nélson.
Carga — mais ou menos 1.500 quilos

Ubá
Piauí — piloto; Antônio Pereira — cozinheiro; Rosendo — auxiliar.
Carga — gêneros de consumo e tralha de cozinha.

A escala de "porão" é feita por batelão: são os homens encarregados a noite toda de tirar água da embarcação, examinar a coberta por causa da chuva etc.

DESCENDO O KULUENE

13 de março de 1947, segunda-feira. Hoje que queríamos um dia de sol, amanheceu nublado e muito. Às oito horas ajeitamos os sacos de viagem nos batelões e cada um tomou o seu lugar. Da barranca, Vilella, Ruy e Nunes assistiam à nossa partida. Nunes — de "olhos compridos" — sairia a nado atrás dos barcos, não fossem as colunas "Deve — Haver" que o aguardavam no Mortes.

Nosso Penta fez feio na saída, mastigou muito para poder arrancar. Da proa do nosso barco, Elias, de varejão em punho, fazia força para afastá-lo da barranca, gritando: "Eh! Pau mereré, sô home, num sô muié!". O motor pegou. O Arquimedes já ia lá adiante na ponta da barreira. Fomos nos afastando lentamente da barranca até que ganhamos o fio d'água, no meio do rio. Da barranca, índios e civilizados sacudiam os braços, menos Nunes. Este, naturalmente, media a distância para um salto.

O rio está muito cheio; os matos ribeirinhos, alagados. Às 8h45 encontramos a primeira ilha, entramos pelo braço menor. Às nove horas nova ilha. O Penta foi pelo canal principal, e o Arquimedes pelo furo. Às nove e cinquenta fizemos uma refeição fria e estivemos parados apenas 25 minutos. Às dez e cinquenta passamos pela foz do Tanguro. Este é o verdadeiro Tanguro, aquele que descemos, não há dúvida, foi o Sete de Setembro.

Ao meio-dia e meia, forte banzeiro nos fez encostar na margem esquerda. Combinamos não facilitar no rio; queremos atingir o objetivo sem alteração.

Num barco sempre há os "práticos", os "bichos desassombrados", que não se cansam de dizer: "Pra mim tá bem". Resolvemos, porém, de antemão, que nós determinaríamos os movimentos do barco. Aos pilotos e sua perícia deixávamos as manobras em viagem. No caso de um alagamento, a perda para qualquer um deles não iria além do contratempo, do aperto, no máximo do saco de viagem, mas para nós está em jogo o sucesso de uma missão.

O Penta vem falhando. Atingimos às cinco e meia a baía dos kuikuro e resolvemos pernoitar. Lá havia seis índios dessa aldeia. A viagem no primeiro dia foi muito boa. Perdemos tempo só nas paradas com os banzeiros. Ótimo pouso.

18 de abril de 1947, segunda-feira. Iniciamos o segundo dia de viagem às sete e meia. Isto porque havíamos marcado um horário-rádio para as sete horas. De agora em diante, para não atrasar viagem, vamos cancelar esse horário. O rio estava sereno quando rompemos viagem. O céu azul promete ir assim pelo dia afora. O rio está alto e as margens alagadas. Às dez e cinco paramos para o almoço, que já vinha pronto, e às dez e meia saímos.

Havíamos passado, antes do almoço, por uma enorme barreira, de uns trinta metros mais ou menos. Informam os kuikuro que ali aparecem os suyá, arredios e inamistosos.

A todo momento encontramos barreiras bonitas, mas nenhuma tão alta e bonita como esta da terra vermelha, que passamos a chamar de barreira dos Suyá.

Pouco depois do meio-dia passamos pela foz do Kurisevu. O Kuluene, agora engrossado pelo Kurisevu, atinge uma largura média de duzentos metros. À tarde, forte banzeiro nos obriga a encostar os barcos. Geralmente nas barreiras, lugares mais fundos e descortinados, o rio se encrespa mais fácil.

A CORRIDA NAS ALDEIAS — ÍNDIOS FOGEM E SÃO ALCANÇADOS

Quando estávamos parados avistamos, distante, do outro lado do rio, uma canoa que nos pareceu com dois índios. Presumimos que sejam kamaiurá, uma vez que entramos em seus domínios. O banzeiro, porém, nos retém mais tempo, e eles desaparecem.

Quando amainou o vento, saímos e avistamos a canoa já lá longe rio abaixo. Eles nos haviam percebido mas não quiseram esperar. Quanto mais nos aproximávamos da canoa, mais notávamos o vigor com que remavam para sair de nosso alcance. Kanato gritou, e eles, embora respondessem, não pararam. Tocamos mais o batelão e os alcançamos. Eram três, e quando nos viram ao lado começaram a gritar: "Kamaiurá! Kamaiurá!". Acompanhamos a canoa e entramos pela baía dos kamaiurá, seguindo os índios, que, nervosos, apontavam para o lado da aldeia. Fomos entrando por um verdadeiro labirinto que constitui a baía. Encostados os batelões, deixamos ali todo o pessoal e, por uma trilha, nós três (Leonardo, Cláudio e Orlando) acompanhamos os índios, que, apressados e ainda nervosos, caminhavam na frente. De repente um deles, o mais velho, começou a dar uns gritos. Mais alguns passos e desembocamos na aldeia. Não era a primeira vez que os kamaiurá recebiam visitas de civilizados; já houvera uma tentativa de contato, mas não sabemos que coisa aconteceu em tal tentativa que à nossa entrada os moços correram maloca adentro e saíram armados de arco e flecha, ao mesmo tempo que as mulheres se abalaram para o mato. Ouvimos alguns gritos e a calma foi restabelecida. Os moços descansaram os arcos e as mulheres voltaram.

Lá no Kuluene ouvíramos falar muito de dois índios — Maricá e Tamacu, este último raptado pelos kamaiurá ainda mocinho.

E aqui estavam os dois no meio da aldeia.

Foram eles, mais Tamapu, o chefe kamaiurá, e o velho e simpático Karatsipá, que sossegaram os moços e mulheres.

Ficamos um pouco na aldeia e regressamos aos batelões. Pouco abaixo da baía kamaiurá fizemos o nosso pouso.

ACAMPANDO NAS MARGENS DO XINGU

19 de março de 1947. Quarta-feira. Durante a noite tivemos chuvas pesadas.

Amanheceu nublado. Embora tivéssemos levantado acampamento às seis, só conseguimos sair às oito, isto porque prometemos aos kamaiurá esperá-los antes de sair. Os índios começaram a chegar às sete, trazendo-nos beijus, batatas etc. Retribuímos os presentes dando-lhes alguns anzóis, fósforos, fumo etc.

Depois das despedidas, agora sob chuva torrencial, partimos.

Quando um dos batelões começou a se mover, dois índios pularam para dentro dele. Por mais que explicássemos que o batelão estava muito carregado, não conseguimos convencê-los a desembarcar. Diante disso, apressamos a saída antes que outros os imitassem.

Nessa ocasião tivemos de chamar energicamente a atenção do trabalhador Raimundinho, exatamente o "ponto fraco" da turma. Saímos já com banzeiro. Abaixo da baía dos kamaiurá, o rio, nesta época, vai folgadamente a setecentos metros de largura.

Às onze horas paramos para o almoço e às onze e quarenta reiniciamos viagem. Mesmo com o rio encrespado não paramos de navegar. À medida que vamos nos aproximando da confluência, maior é o alagamento das margens. O Kuluene vem mantendo uma largura média de seiscentos metros. Às duas e meia alcançamos a foz do Ronuro. Sua água escura divide o Xingu em dois rios — a água barrenta do Kuluene e a água escura do Ronuro. Pouco antes da barra com o Kuluene, o Ronuro recebe pela direita o Batovi. A junção dos três rios forma a praia do Morená, área lendária dos xinguanos. Desse ponto em diante as três águas reunidas que correm para o norte tomam o nome de Xingu, que nasce já com oitocentos metros de largura.

Entramos no Xingu e cinco quilômetros abaixo, numa pequena barreira da margem esquerda, armamos acampamento. Deixamos todo o pessoal na barreira e, apenas com sete homens, tentamos localizar o ponto marcado do avião. Nada conseguimos. O alagamento encobriu as referências que havíamos marcado no voo. Descemos esta tarde uma hora e meia com o Arquimedes. Faremos amanhã nova exploração. Foi feita a segunda ligação radiofônica com as estações da retaguarda. Por enquanto tudo vai indo bem.

20 de março de 1947. Quarta-feira. Amanheceu nublado prometendo muita chuva para o período da tarde. Logo após o primeiro horário saímos em exploração com um batelão levando dez homens.

No horário de ontem à tarde passamos o seguinte rádio ao Mortes:

Alcançamos 3 horas Xingu PT Rio média 800 metros PT
Estamos acampados 4 km rio abaixo PT Procuraremos amanhã lugar visto avião PT
Os Villas Bôas PT

Uma hora depois que saímos o avião nos sobrevoou, não nos localizando devido ao tempo, que está cada vez mais fechado. Avistamos bem distante o Waco, que já regressava aos kalapalo. Continuamos nossa exploração descendo três horas e meia ininterruptamente e não encontramos o lugar marcado. Às 11h45 iniciamos viagem de regresso sob a forte chuva que já vínhamos tomando desde as nove horas. A chuva aumenta progressivamente, não há mais o que molhar.

CONTINUA A PROCURA DO LUGAR MARCADO — A BORDUNA

Às sete e meia, já noite, chegamos ao acampamento. Todos encharcados. O rio aqui corre muito; levamos três horas e meia na descida, e gastamos sete na subida. E o pior é que não demos com o lugar procurado. Numa barreira pequena encontramos uma borduna suyá. Estava cravada na barranca. Não podemos descuidar da gasolina fazendo grandes explorações.

Havia ainda a possibilidade de não encontrarmos o lugar procurado, ou mesmo que não venha ele a servir para o fim que queremos. Nesse caso, teremos como último remédio voltar aos barreirões do Kuluene e fazer lá um campo de emergência. Essa medida, contudo, tomaremos em último caso, quando esgotados aqui todos os recursos.

Vamos ver se pelo rádio podemos coordenar com o avião uma procura certa.

Faremos pelo primeiro horário de amanhã um rádio a respeito.

21 de março de 1947. Sexta-feira. Entramos no quinto dia de viagem. Amanheceu azul e firme. Nenhuma nuvem no céu. O acampamento está forrado de redes, embornais, pedaços de calças e camisas expostas ao sol para secar. Nosso primeiro horário fracassou devido a motor e receptor. Nós (Orlando, Cláudio, Leonardo), Piauí, Eduardo, Kanato e dois índios kamaiurá subimos o rio para verificar um lugar que os índios dizem existir aqui perto, descampado e firme.

Chegaram duas canoas com índios. Como resultado da exploração constatamos tratar-se de lugar alagado, feio e impróprio em todos os sentidos.

Perdemos um ótimo dia para o avião.

Nosso acampamento, pequeníssimo, já começa a se tornar intolerável pelo mau cheiro. É uma barreira pequena, agora com a enchente cercada de água pelos lados e fundo.

Sebastião conseguiu enviar um rádio no horário da tarde. Nele pedimos um voo para localizar o lugar.

É possível que o avião venha amanhã.

Depende muito do tempo.

22 de março de 1947. Sábado. Tempo ótimo. Estamos aguardando o avião.

Não queremos mais gastar gasolina à toa. Mandamos três homens à pesca com a canoa. Não havia ainda a canoa se afastado cem metros quando ouvimos ronco de avião. Momentos depois o Waco nos sobrevoou. Fizemos retroceder às pressas a canoa e pusemos nela o motor. Cláudio, Leonardo, Piauí, Eduardo e Kanato depressa largaram rio abaixo procurando, assim, se colocar em ponto mais favorável no meio do rio e de lá ver bem o avião e o local que ele marcaria dando voltas. Sumiu na volta do rio o avião e logo depois a canoa. O avião sobrevoou o local e o nosso acampamento seguramente mais de duas horas. Em uma das voltas jogou um bilhete informando que os da canoa localizaram o lugar. Feito isso, rumou para os kalapalo. Duas horas depois chegaram Cláudio e Leonardo dizendo que encontraram o lugar. Era uma antiga aldeia de índios. Um campo ali depende de uma exploração bem-feita, porque parece ser uma mancha de cerrado alto encravado na mata densa.

Faremos amanhã a exploração.

A ANTIGA ALDEIA

23 de março de 1947. Domingo. Depois do primeiro horário descemos com o batelão e todos os homens para uma verificação completa do terreno. Levamos boia e disposição para regressar somente depois de concluído o serviço.

Constatamos tratar-se realmente de uma grande área de cerrado alto encravada na mata. O terreno é mais ou menos uma chapada. Depois de quatro longos piques, verificamos que no máximo poderíamos abrir um campo — com grande trabalho — de quinhentos metros. As cabeceiras dão para a mata, o que triplicará o serviço. Não estamos em condições, porém, de perder mais tempo na procura. Vamos iniciar amanhã mesmo o campo. Se por acaso aparecer coisa melhor e que compense o tempo perdido, transferiremos o serviço. Aproveitamos o pessoal o resto da tarde para começar a limpeza do acampamento.

A água é péssima, pois a enchente põe água até dentro da mata.

O tempo parece querer estiar. Já é uma boa ajuda. Às 3h45 voltamos ao acampamento.

24 de março de 1947. Segunda-feira. Amanheceu com tempo bom, nem tanto quanto o de ontem. Carregamos os batelões e a canoa. A estação de rá-

dio ficou montada, pois às dez horas tínhamos um horário com o Mortes. A canoa voltará, mais tarde, para levar Orlando, Sebastião e os aparelhos.

Acampados conosco, nesse torrão, havia uns trinta índios.

Fizemos ao Mortes um rádio extenso nos seguintes termos:

Verificamos ser local regular mancha espessa cerrado encravado densa floresta PT Não dá campo grande VG tentaremos contudo fazer campo maneira firmar pé Xingu e servir ponto apoio maiores explorações profundidade VG visto margem rio não existir lugar mais fácil até grande distância daqui PT Pedimos combinar piloto fazer seguinte exploração PT Sobrevoar nosso lugar indicando se cabeceiras sentido campo escolhido pegam grandes matas VG principalmente lado dirigido rio VG informando se cabeceira desemboca rio ou segue paralelo PT Verificar se é córrego ou escoadouro lagoa PT Informar distância e direção mesma PT Índios informam existir próximo confluência Batovi-Ronuro grande e comprida barreira margem esquerda Batovi PT Calculamos 5 a 10 minutos avião da confluência 3 rios PT Não fizemos exploração nesse lugar para economizar gasolina PT Nossos pilotos poderão jogar mensagem detalhando informações pedidas para nós de grande importância e urgência PT Nosso acampamento invadido trumai e kamaiurá VG acabam informar existir uma nação bravíssima txucarramãe que breve virá nos aborrecer PT Trumai insistiu não ficarmos aqui PT
Muriçocas enchem camburões PT
Os Villas Bôas PT

Às onze horas chegou a canoa e às onze e meia saímos para o novo lugar.

O resto da tarde tratamos da instalação do acampamento, localização das barracas, descarregamento dos batelões etc. O local é sombrio e está localizado num cerrado alto entre a mata e o rio. Fizemos uma pequena caminhada. Logo depois da canoa, chegaram os índios, grupo grande que está nos acompanhando desde anteontem.

25 de março de 1947. Terça-feira. Dia nublado, mas sem chuva. À noitinha, ontem chegaram mais 35 índios com o cacique Tamapu e o capitão Maricá.

Tivemos o primeiro dia de serviço no campo.

Os homens iniciaram a capina e às seis horas da tarde tínhamos sessenta metros. O Waco que nos sobrevoou às três e meia forneceu diversas respostas ao rádio de ontem.

O avião nos jogou quatro volumes com roupas: quinze calças e quinze camisas, que distribuímos aos mais necessitados.

Os kamaiurá chegados ontem insistem que pouco acima da confluência, no local que denominam Iacaré, há uma chapada com água, buriti perto, enfim, um bom lugar. Resolvemos verificar, enquanto vai o serviço aqui andando. Iremos amanhã num grupo reduzido e bem cedo.

Os trumai regressaram à aldeia.

NOVA EXPLORAÇÃO E MUDANÇA

26 de março de 1947. Quarta-feira. Saímos com tempo nublado: nós (Leonardo, Cláudio, Orlando), Perpétuo, Eduardo e o índio Maricá. Ontem à noite enviamos o nosso segundo comunicado ao *Repórter Esso*. Aires ficou olhando pelo acampamento na nossa ausência.

Chegamos ao lugar indicado depois de três horas de viagem. No Iacaré existiu uma antiga aldeia trumai. Encontramos inúmeros pés de pequi e um extenso mangabal.

Iniciamos imediatamente três longas picadas e concluímos que o local dá para a abertura de um campo mais rápido e maior do que lá onde estamos. O terreno do Iacaré é mais firme, a água, embora não das melhores, é muito superior às da enchente do rio.

No Iacaré a vegetação é baixa, sendo quase toda a área coberta por cerrado fino e mangabeiras. Poderemos atacar, inicialmente, um campo de setecentos metros, levando-o, futuramente, a mais de mil.

27 de março de 1947. Quinta-feira. Amanheceu nublado, mas sem chuvas. Fomos até o campo iniciado para fazer um paralelo com o novo terreno visitado. Em 120 metros capinados constatamos oito imensos formigueiros com mais de quatro metros de diâmetro. O piso nos pareceu mais frouxo. Chegamos à conclusão de que a nova área em tudo é superior a esta.

Resolvida a transferência, determinamos o carregamento dos batelões com a maior urgência possível. Os batelões foram rapidamente carregados, graças a nossa turma, que é ótima. Fizemos uma ligeira refeição e aguardamos o horário das dez e cinquenta, quando fizemos à base do Mortes um comunicado da nossa resolução, dando mais ou menos os motivos.

O Penta logo de saída nos fez perder quarenta minutos com uma pane.

À uma e meia ele bateu num pau submerso e quebrou o cachimbo, peça que refrigera o motor. Felizmente estamos preparados para esses contratempos. Encostamos à margem direita em uma pequena barranca, fizemos um fogo, e meia hora depois Eduardo já havia concluído o serviço de solda.

A MENSAGEM NA GARRAFA

Reiniciamos viagem; havíamos navegado, até o incidente do cachimbo, apenas duas horas. Às três da tarde fomos sobrevoados pelo TGP — Vilella e Olavo. Percebendo que pretendiam jogar uma mensagem, encostamos as embarcações numa pequena barreira da margem esquerda. Logo em seguida, numa garrafa, veio um bilhete dizendo que se entrássemos pela boca de um lago, pouco abaixo de onde estávamos, e por ele subíssemos umas três léguas, daríamos em uma aldeia habitada onde havia terreno bom para campo. Diante de tal informação, embora já soubéssemos tratar-se de uma aldeia trumai, resolvemos pernoitar na barreira onde estávamos encostados. Deixamos os homens preparando o acampamento e saímos imediatamente para o lugar indicado. Fomos em sete: nós três (Leonardo, Orlando e Cláudio), Elias, Zacarias, Eduardo e Maricá. Felizmente as três léguas ficaram reduzidas a uma. Meia de motor e estávamos na aldeia. Fomos recebidos por Aluari — capitão trumai.

Há na aldeia três casas, sendo que duas, no momento, estão desabitadas. Ao chegar, tem-se a impressão de uma aldeia abandonada. O mato alcança a porta das malocas. Além de Aluari lá estavam mais cinco homens, duas mulheres e três crianças.

Saímos para verificar o terreno. Ficamos entusiasmados. Dá para abrir um campo, mas por informação dos índios, no "verão", secando a parte final da lagoa, fica a água muito distante. É a época em que os índios se retiram para outra aldeia vanivani ou ainda outra, crem-nhem-nhem. A esta eles denominam nariá. Permanecemos na aldeia pouco mais de uma hora e regressamos para pernoitar na barreira.

28 de março de 1947. Sexta-feira. Apesar da tarde bonita de ontem e da noite agradável, tivemos uma madrugada aborrecida com uma chuvinha enjoada que só cessou de manhã. Saímos às seis e quarenta para o Iacaré. Viagem boa, sem a menor interrupção, a não ser para reabastecimento.

Chegamos às nove e quinze. O rio agora está muito "corredô" — como diz Elias.

Queremos recuperar em parte o tempo gasto nas explorações e no serviço iniciado lá embaixo. Não tanto por causa do "tempo", um mês a mais um mês a menos pouco significa, mas por causa dos víveres, isso sim. Iniciamos imediatamente a instalação do acampamento. A nossa turma é realmente boa. Às quatro da tarde concluímos as armações e colocamos as lonas. Ficou muito bom o acampamento, constando de um rancho grande para o pessoal; outro grande para o armazém; o nosso, com um puxado para a farmácia e o rádio e capacidade para seis pessoas: Leonardo, Cláudio, Orlando, Sebastião, Aires e Kanato.

Às cinco horas da tarde o rádio falou com o Mortes. Nenhuma novidade.

Amanhã entraremos de rijo no campo.

FAZENDO UM NOVO "AEROPORTO"

29 de março de 1947. Sábado. Demos por encerrado ontem o período de viagem. Entramos novamente, depois de uma noite serena e estrelada, no trabalho do campo. Vem outra vez a cansativa sequência: enxadão, machado, rastelo, enxada, soquete, tranqueira, cisco etc.

Foi gasto hoje o dia todo com a demarcação do campo, oitocentos metros de início. Alguns homens que ficaram no acampamento fecharam de pau a pique o armazém e a farmácia, colocaram o mastro para a bandeira e fizeram duas estivas na lagoa, uma para água da cozinha e do pote e outra para banho.

Chegaram mais alguns índios kamaiurá. Andam por aqui uns cinquenta.

Hoje, domingo, à hora de praxe hasteamos e arriamos a bandeira. Saíram à caça Elias, Piauí, Baiano e dois índios. Estes informaram que do outro lado do rio existem varjões enormes com veados, cervos e suçuaparas. Outros preferiram sair para a mata: Zacarias, Nélson e João. À tarde regressaram os dois grupos — os da mata trouxeram um caititu, e os do campo dois veados. Contam eles que o campo é imenso e que viram muito veado e cervo. Recomendamos insistentemente aos nossos homens que não abatessem cervos, só em última necessidade achamos tal coisa admissível.

À noitinha tivemos chuvas passageiras.

O FIM DAS ÁGUAS SE APROXIMA

Parece que estamos às portas do "verão". As chuvas são passageiras, e as noites frescas e claras.

O primeiro dia foi ótimo — 250 metros de capina e 200 de destoca!

Nosso rádio, bem instalado, está funcionando bem. Soubemos que José Vilella está doente em Aragarças e Olavo pernoitando em Caiapônia. O terreno se descortina cada vez mais firme.

Nada de chuvas. Entramos no segundo dia com céu nublado, mas de água nada. Reiniciamos os serviços. Todos os homens, com exceção de Raimundinho, "puxam" igual.

Mandamos à caça Piauí, Kanato e outro índio. Voltaram os três na hora do almoço com dois jacubins. À tarde Piauí, Kanato e Eduardo saíram para o campo do outro lado e voltaram à tardinha com quatro veados. O serviço hoje, 1º de abril, rendeu otimamente.

Tiramos 330 metros de capina e 250 de destoca. Estamos, portanto, no segundo dia de serviço com 580 metros de capina e 450 de destoca fina.

Nenhuma novidade pela retaguarda.

Tivemos uma noite fria. As chuvas são rápidas e pesadas. Nos últimos cem metros demarcados encontramos uma depressão no terreno que atrasará uns dez dias o aplainamento. Resolvemos, por isso, preparar primeiro um campo de setecentos metros, deixando como trabalho complementar qualquer extensão além disso.

A capina, no terceiro dia, chegou ao final dos setecentos metros. A destoca atingiu seiscentos metros. Os trabalhos nestes três dias renderam excepcionalmente.

Hoje, quinta-feira, 4 de abril de 1947, amanheceu nublado. À tarde caíram chuvas pesadas. Nosso rancho ficou alagado, dadas as más condições das nossas lonas.

Já ia o pessoal no rumo do campo quando lembramos que hoje é quinta-feira santa. Fizemos voltar cada um e demos folga a todos.

Amanhã também é feriado — Sexta-Feira Santa.

As chuvas são poucas mas violentas. Sinal de fim de estação.

Continuam conosco uns trinta índios. Parte regressou ontem para a aldeia.

Amanheceu hoje, sábado, dia 6 de abril, com uma forte cerração.

Fizemos uma escala do pessoal atacando diversos serviços: destoca, sete homens; destoca grossa, três; rastelo, dois; três para fazer soquetes; um e o motorista para caçar.

Alguns índios voluntariamente estão nos auxiliando. Cinco deles trabalham firme. Estamos descobrindo agora inúmeros monchões e formigueiros.

Pelo rádio soubemos que Olavo deverá nos sobrevoar amanhã. Os dois que foram à caça regressaram com cinco veados.

Olavo veio — hoje, domingo — e nos jogou quatro volumes. Às horas habituais hasteamos e arriamos a bandeira.

Depois dos feriados e do domingo, os homens entraram com renovada energia no campo.

Nosso rádio está mais do que ótimo. Sebastião é, realmente, um excelente profissional.

Os índios continuam nos ajudando na limpeza do terreno — remoção de galhos e troncos. Em todos os campos essa tarefa é quase sempre de nós três da chefia, esporadicamente surge o Aires e algum voluntário índio.

Estamos no "verão", não há dúvida.

Noites frias, dias quentes e céu azul. Terminamos a destoca geral e o primeiro rastelamento. Pelo rádio soubemos da chegada ao Rio do coronel Vanique. Volta assim às atividades o chefe da Expedição Roncador-Xingu, depois de uma ausência de oito meses!

Soubemos, ainda, que pelo CAN não vieram as roupas. É um absurdo!

Embora as chuvas já tenham espaçado, a muriçoca continua violenta. Nunes, informou o rádio, seguiu para o Rio a chamado do coronel Vanique.

Entramos hoje no sétimo dia de serviço no campo. O progresso tem sido notável.

Iniciamos a pior tarefa, monchões e formigueiros.

Aires já começa a adoecer — entrou hoje com Perpétuo na penicilina para combater uma furunculose. Doença no Aires é coisa cíclica.

Os dias vão correndo sem grande alteração. O trabalho agora, com os monchões e formigueiros, vai mais devagar. Temos tido no vento um grande aliado. Já por duas vezes ele tocou para longe umas nuvens pretas que andavam nos rondando. Nas primeiras horas do dia, ainda com calor, as muriçocas não dão sossego.

O CARDÁPIO INDÍGENA

Piauí, Rosendo e um índio trouxeram sete veados, sendo que um flechado pelo índio. A abundância de veados nos campos indica que até a nossa chegada eles não eram caçados.

Entre os índios do Alto Xingu, quase só os velhos comem tal carne de caça, os demais preferem macacos e aves. A base alimentar deles se assenta na mandioca e no peixe. De caça, como dissemos, preferem o macaco, principalmente o prego. A anta, o veado, o porco, a paca, a cotia, são desprezados.

Os porcos — o maior inimigo de suas roças —, quando mortos a flecha, são jogados fora.

A REGIÃO

Os homens continuam no campo lutando com os monchões. Isto é um serviço que não pode ser feito às pressas. O monchão, geralmente, foi um formigueiro; assim, o terreno frouxo é cheio de "panelas". O trabalho tem de ser criterioso, do contrário não oferecerá o campo a menor segurança.

Zacarias deitou com malária, João com uma gripe forte e Perpétuo com disenteria.

Os índios continuam chegando e saindo.

O verão cada vez se define mais. As chuvas vão se espaçando, as noites esfriando e o céu sempre azul.

Os homens, cansados da lida no campo, jantam e se recolhem. Um outro mais friorento fica até mais tarde na beira do fogo.

Agora enviamos despachos ao *Esso* com maiores intervalos.

Pelo índio Aluari, aqui chegado, ficamos sabendo que neste lugar houve um grande aldeamento trumai: aqui foram eles atacados pelos seus inimigos juruna, sofrendo um massacre que os levou a abandonar o lugar.

Foram os trumai que plantaram as mangabas e os pequis aqui encontrados.

NO CORAÇÃO DO DESCONHECIDO

15 de abril. Os serviços do campo têm progredido lentamente. O trabalho está sendo muito bem-feito. Estamos agora preocupados com o nosso estoque de gêneros. Temos de fazer com que o campo termine antes de terminar a boia.

Nosso estoque: banha, uma lata — dará para dez dias —; arroz, três sacos e meio — darão para dezoito dias —; feijão, dá só para o almoço de amanhã (trouxemos apenas um saco, que, bem controlado, deu exatamente para um mês); açúcar — para dez dias —; sal temos bastante; farinha, quatro sacos e meio — darão para vinte dias.

Não podemos dispensar a caça. Sem ela só teremos arroz, alimentação muito fraca para a natureza do trabalho que estamos fazendo. Todos os doentes sararam.

Estamos com a turma completa no campo, trabalhando nos monchões, que mais parecem "contraforte de serra", tal o tamanho.

O grupo que foi à caça ontem trouxe cinco veados. O veado tem sido a nossa maior vítima. A ele devemos o campo. Justo seria que viesse a se chamar "Campo dos Veados".

Agora que estamos com pés firmes na região, podemos, de uma maneira geral, registrar a impressão que vimos tendo desde que entramos nas vertentes do Xingu. O grande território por onde fluem as águas da região do Alto Xingu, compreendido entre a serra do Roncador e as cabeceiras do Tapajós, encontra-se ainda em grande parte inexplorado.

Podemos dizer, sem perigo de erro, que é um dos mais desconhecidos da América.

Na vastíssima região povoada apenas por índios arredios, correm caudalosos rios ainda completamente desconhecidos. As poucas expedições que percorreram a região limitaram seus itinerários e programas à navegação em curtos trechos dos formadores do Xingu, os rios Kuluene, Ronuro e Batovi.

O primeiro e o último — Xingu e Batovi — foram navegados pelo explorador alemão Von den Steinen, e os outros — Ronuro e Kuluene —, por alguns valorosos oficiais do nosso Exército, componentes da Comissão Rondon.

Mas os inúmeros tributários destes rios, que se estendem a leste e oeste, encontram-se inexplorados, excetuando o Sete de Setembro, pelo qual atingimos o Kuluene.

Ainda abaixo da confluência dos seus três formadores, o Xingu recebe os mais importantes rios, dentre os desconhecidos. São eles: pela margem direita, o Paranaiuva ou Suyá-Missu, o Auaiá-Missu e o Liberdade; e, pela esquerda, o Maritsauá-Missu, o Uaiá-Missu e o Jarina.

Todas as terras por onde correm esses rios, inclusive cursos conhecidos, numa área de milhares e milhares de quilômetros quadrados, são em grande parte habitadas por inúmeras nações indígenas, muitas das quais desconhecidas dos civilizados.

Estamos no âmago dessa região.

Pelo que pudemos observar na exploração aérea e excursão por terra, a região, no seu aspecto geral, apresenta-se como uma imensa planície, coberta, quase na sua totalidade, por densas matas e cortada por inúmeros rios. A ausência completa de morros e serras torna-a monótona e apreensiva. Os horizontes sempre estreitos alargam-se apenas nos estirões do rio ou nas margens dos belíssimos lagos, que são numerosos.

Nas terras próximas aos rios estendem-se as margens planas e limpas, onde abundam, em quantidade verdadeiramente prodigiosa, as belas palmeiras buriti, contrastando o verde de suas folhas com a planura amarelecida dos varjões.

Nas proximidades dos buritizais estão os lagos majestosos em cujas imediações os índios constroem suas aldeias.

Esses campos e lagos são verdadeiras clareiras abertas pela própria natureza na cobertura maciça das grandes matas. Estas são excepcionalmente densas. As copas altas dos tarumãs, dos jatobás, dos paus-d'arco, dos tamboris, dos angicos e das gameleiras se entrelaçam formando um teto compacto. Os enormes e retorcidos cipós-de-mucuna, enleando os grandes vegetais, parecem querer estrangulá-los num abraço sem fim, enquanto os cipós-de-imbé, enlaçados nos galhos mais altos, descem livres, paralelos aos troncos, dando a impressão de fios de um tear imenso. Esta selvagem região não é apenas um hábitat de tribos indígenas, mas também um paraíso da fauna.

Habitam-na desde as volumosas antas até as mais belas aves. Nas madrugadas quentes de novembro, as terríveis onças-pintadas vagueiam pelas matas soltando seus rouquenhos esturros, enquanto da penumbra, das ramagens, chegam aos nossos ouvidos o canto do anambé e o gemido soturno dos mutuns.

Rompido de todo o sol, altera-se a paisagem. Calam-se as onças e os mutuns. Substituem-nos os acauãs e as seriemas estridentes, produzindo verdadeiros alaridos ao redor do nosso acampamento.

Sobe o sol mais algumas braças e todas essas coisas belas desaparecem para dar lugar às nuvens martirizantes dos borrachudos, piuns e maruins.

O VENTO ESPANTA A CHUVA

Uma ou outra chuva tem caído, o suficiente para retardar e dificultar o serviço do campo, cuja terra empapada adere à ferramenta.

Pelo rádio temos estado em contato com o que se passa lá pela retaguarda. Soubemos que o dr. Noel, no Waco com o tenente França, chegará em Aragarças hoje ou amanhã e que o FBC nos sobrevoará amanhã.

O dia 18 de abril amanheceu com uma cerração incrível.

Entramos hoje no 14º dia de trabalho efetivo no campo. Se não fosse o vento que soprou com fúria, espantando para longe uma série de nuvens pretas que aqui estavam, teríamos, sem dúvida, um temporal hoje. Tudo, porém, ficou reduzido a uma chuvinha sem importância. O FBC, conforme disseram ontem, nos sobrevoou jogando seis volumes, com toucinho, feijão, limão e redes.

Não há ninguém doente, estão todos no eito. As muriçocas continuam atacando assanhadamente.

Entramos na aplanação. O piso do campo vai ficando pronto para receber o avião. Terminado este serviço, é só abrir as cabeceiras e as alas laterais. Uma das cabeceiras é ótima e quase nenhum serviço dará.

Alguns kamaiurá que aqui estão saíram para buscar lenha e pouco depois regressaram apressados dizendo que haviam visto suyá nas imediações. Fomos verificar. Havia muito rasto. Como diferenciar?

Com relação a índio bravo, todo índio é meio assombrado.

Como todos os domingos, alguns homens saíram à caça e trouxeram três caititus.

Às horas de praxe hasteamos e arriamos a bandeira.

Chegamos, hoje, primeiro dia da semana, nos quinhentos metros de campo aplainado.

Pusemos dois homens para iniciar o desmatamento das cabeceiras. Alguns índios com foices deram uma boa ajuda desbastando uma das faixas laterais da pista.

Amanhã, no período da tarde, um avião tipo FBC poderá descer aqui em segurança. Extraoficialmente comunicamos isso ao Mortes. Queremos que Olavo venha estrear o campo.

O coronel Vanique virá do Rio na próxima quinta-feira.

Amanheceu hoje nublado. À noite uma chuva pesada, mas passageira. Está terminado o trabalho de aplanação. Iniciamos logo em seguida a derrubada das faixas laterais. Rendeu este serviço muito acima do que esperávamos.

WACO INAUGURA O CAMPO

Às duas e meia, contrário ao que pensávamos, o Waco Cabine nos sobrevoou e aterrissou logo em seguida. Ficou assim inaugurado o campo — em 22 de abril de 1947 — pelo Waco com o tenente França no piloto e Olavo à direita. O avião ocupou na aterrissagem nada mais que 220 metros. Suspendemos os serviços por hoje. O tenente França decolou pouco depois levando daqui, como prêmio pela ajuda que nos deu, o índio Maricá, que deverá voltar amanhã com a nova viagem do Waco.

Amanheceu hoje, quarta-feira, 23 de abril, nublado tal como ontem. Estamos aguardando a nova viagem do Waco. Terminamos, com todo o pessoal, a derrubada lateral. Já não aguardávamos mais o Waco, quando, pelo horário das cinco e meia, soubemos que ele estava voando para cá. Logo em seguida roncou o "quatro-asas". Na primeira tentativa não conseguiu descer; na segunda pousou no solo sem novidades. Com ele vieram o dr. Noel e Maricá. Nesse horário havíamos comunicado ao Mortes que nosso campo estava praticável num trecho de 500 x 30 metros, que os trabalhos prosseguiam para levar a oitocentos metros e, ainda, que o Waco havia descido e subido normalmente. Recebemos pelo avião uma comunicação do dr. Vahia, datada do dia 18:

> Irmãos Villas Bôas expedicionários Xingu PT
> Na impossibilidade de ir aí VG mando um grande abraço PT Estarei Alcobaça para onde fui transferido PT Esperando suas ordens PT Forte abraço PT
> Dr. Vahia PT

Ficamos, assim, sabendo da partida do bom dr. Vahia, que ótimos serviços prestou, como bom médico e operador que é, às populações do Araguaia e aqui à vanguarda. Alcobaça fica no Pará, às margens do Tocantins. Lá o dr. Vahia conquistará aquela gente toda, como conquistou aqui. Quando ele aparecer novamente pela região, já não estaremos neste Iacaré, e sim em outro ponto mais longe. Iacaré não o verá, como Kuluene o viu, naquela roupona amarela, com bolsos cheios de cartuchos, de chapéu mole desabado dos quatro lados, arrastando uma enorme e estupenda 16 — com a qual, de uma feita, deu um tiro na cara de uma onça-parda, nas margens do Araguaia. Vá, grande dr. Vahia, e que Deus o proteja.

Dr. Noel chegou e já foi aplicando um inseticida violento, que fez um estrago danado nas muriçocas. Amanhã faremos uma aplicação geral do DDT que ele trouxe.

DR. NOEL FICOU. VIAGEM AO MORENÁ

Amanheceu um ótimo tempo. França saiu logo. Dr. Noel ficou. Temos a impressão de que, se não fossem a esposa e as obrigações da retaguarda, este homem não sairia tão fácil daqui.

Fizemos uma aplicação de DDT nos ranchos do acampamento. Se diminuir 50% já está bom, muito bom.

Os serviços foram reiniciados nos duzentos metros faltantes.

Agora que estamos com um médico aqui, ninguém adoece — o Aires, que andava perrengue, melhorou. Eta cabra manhoso.

O acampamento entrou, passada a novidade do avião, na sua rotina de trabalho.

Temos muito o que fazer. Resta um bom trecho do campo; depois os ranchos do acampamento definitivo.

Índios trazidos pela curiosidade do avião têm vindo em maior número e com mais frequência. Um mehinako chegou e voltou para avisar os seus da nossa estada aqui.

Domingo, 27 de abril. Depois do hasteamento da bandeira, saímos para um passeio ao Morená, lugar da junção dos rios Ronuro-Kuluene-Batovi. Foram o dr. Noel, Orlando, Piauí, Cassiano, Eduardo e dois índios. Anotamos os dados, para confirmar os anteriores.

Saída Iacaré— 10h
Chegada Confluência — 11h18
Saída Confluência — 14h45
Chegada Iacaré — 16h
Ida 1h18; Volta 1h15

Subimos quinze minutos o Ronuro e dez o Batovi, e descemos vinte o Xingu.

Fomos até o primeiro pouso da Expedição, naquela barreirinha da sujeira.

Esteve aqui, na nossa ausência, o Waco com o tenente França, trazendo mais ou menos uns trezentos quilos.

Nosso rádio funcionando ativamente.

Por ele soubemos da ida do tenente França para Rio Verde e das viagens do Olavo para o Garapu e o Kuluene.

O DDT é coisa séria. Diminuiu seguramente uns 80% do número de pernilongos.

Terça-feira, 29 de abril de 1947. Pelo primeiro horário ficamos sabendo da volta do Waco para buscar o dr. Noel. Em lugar do Waco chegou o FBB "vermelhinho" com o tenente França. Dos nossos aviões o FBB é o pior para decolar e o que consome mais campo. Sabíamos disso; foi ele que no Garapu, com Ramalho, andou quebrando galhos na cabeceira. Foi com apreensão que seguimos para o campo assistir à decolagem. O tenente França com o dr. Noel ao lado foram à cabeceira norte, no fim dos setecentos metros.

Fomos acompanhando todos os detalhes. O avião deu partida e foi acelerando. Passou por nós naquele bamboleio de quem não está querendo subir. Quando faltavam uns trinta metros de pista foi que desgarrou do solo e, meio mole ainda, saiu ganhando altura. Foi um alívio vê-lo no ar.

Vieram com o FBB 250 quilos de carga.

Com as aplicações de DDT desapareceram quase totalmente as muriçocas. A droga é "uma maravilha da natureza", diria o Aires se tivesse chance.

Bom número de índios continua aqui. Quinta-feira, 1º de maio de 1947, hasteamos a bandeira e dissemos aos trabalhadores o motivo do feriado.

Soubemos pelo horário de hoje da chegada em Aragarças do coronel Vanique, pelo Cruzeiro do Sul. Amanhã ele falará em fonia para cá. Às seis arriamos a bandeira, com todos os trabalhadores presentes.

Entramos no dia 2 de maio com bom dia. Muito sol. Quase todos os kamaiurá regressaram à aldeia. Agradecemos pelo rádio ao DRNA (major Basílio) o radiograma por ele passado nos cumprimentando pela conclusão da etapa Kuluene-Xingu.

CORONEL NO RÁDIO. CONTINUA O TRABALHO NO CAMPO

No último horário o coronel Vanique usou do microfone e nos disse: "Cumprimento vocês pelo serviço executado. Tenho em mente novos planos para a Expedição e vanguarda. Estive no Palácio conferenciando com o presidente Dutra sobre assuntos de interesse geral da Expedição".

Vamos aguardar a vinda do coronel. Disse ele finalizando a transmissão: "Por esses dias irei até aí para reconhecer. Passarei também no Kuluene. Abraço para vocês e até logo".

Nosso serviço está sendo tirar um monstruoso tronco de pequi da cabeceira sul. Fica ele bem no rumo do meio do campo, e na sua direção o FBB correu velozmente três dias atrás.

Pelo rádio estamos acompanhando o nosso pessoal da retaguarda. O coronel Vanique continua em Aragarças, o tenente França regressou de Cuiabá para onde tinha ido anteontem, e Olavo está voando para o Garapu.

Estamos no quinto dia de maio.

O coronel pisou novamente o Mortes, vindo de Aragarças, depois de nove meses de ausência.

O último avião esteve aqui há oito dias. Foi exatamente o FBB da decolagem péssima. Temos caçado alguma coisa. Na pesca o malogro tem sido grande. Quase todos os índios regressaram a suas aldeias: mehinako, kamaiurá, trumai e outros.

O CAN está fazendo viagens ao Mortes.

Olavo deitado com malária. Vilella em Uberlândia.

Amanhã tomaremos o último café com açúcar e comeremos o último arroz na banha, se não vier avião hoje ou amanhã cedo.

No campo estamos agora aumentando a derrubada das cabeceiras.

O tempo tem corrido ótimo. Olavo continua doente, informa o rádio. Vilella chegou de Uberlândia com o Waco. Possivelmente virá aqui amanhã. Estamos no décimo dia da vinda do último avião.

Chegou hoje, dia 8, o Waco com Vilella, trazendo banha, açúcar e outras cargas. No regresso o avião levou o nosso ótimo trabalhador Elias Pereira.

O trabalhador Perpétuo está fora do serviço com uma terrível furunculose. Com a penicilina chegada hoje ele entrará na agulha.

O coronel Vanique voltou a Aragarças, disse o rádio hoje no primeiro horário.

Estamos procurando palha para a cobertura dos ranchos. Fomos hoje até uma barreira distante quatro quilômetros daqui à procura de um capão de palmeiras que os índios disseram existir.

Iniciamos mais um dia na derrubada da cabeceira. Começamos, com alguns homens, a tiração de madeira para os ranchos. Vamos dar a cabeceira por terminada hoje. A extensão já está boa. Outros serviços também urgentes estão aparecendo.

DEMARCAÇÃO DOS NOVOS RANCHOS

Saíram hoje, domingo, Kanato, Baiano e Cuçapu para uma pescaria. Hasteamos e arriamos a bandeira nas horas habituais. À tardinha voltaram os pescadores trazendo grande quantidade de piranhas e fidalgos.

Atacamos hoje, segunda-feira, o carregamento de madeira com todo o pessoal. São quatro os ranchos marcados, sendo: rádio, 3 x 4; armazém, 4 x 5; cozinha e refeitório, 5 x 8; pessoal, 6 x 11 metros.

A madeira trouxemos de longe. O serviço é pesado e não há ombro que aguente.

Enquanto os homens puxavam as madeiras, os índios abriam os buracos para os esteios.

Amanhã irão todos para a tiração das palhas. Nós, com auxílio dos índios, ergueremos os ranchos.

Ao meio-dia, sem que esperássemos, surgiu o Waco com Olavo no piloto. Junto veio o seu novo colega, Saraiva.

Improvisamos almoço para os dois.

Duas horas depois decolaram rumo ao Mortes levando o trabalhador Zacarias. Soubemos por eles que o coronel Vanique continuava em Aragarças e que possivelmente regressará hoje ao Mortes. Veio boa carga com o Waco.

Saíram para buscar palha os dois batelões. Leonardo com o Penta e Eduardo com o Arquimedes. Leonardo chegou logo com 150 palhas e voltou em seguida. À tarde chegaram os dois com 580 palhas de inajá. Por lá, informaram eles, não há mais palhas para transportar nem para tirar.

Os ranchos, hoje, ficaram armados e encaibrados. Os índios muito nos ajudaram. Não há dúvida de que os kamaiurá são mais prontos e trabalhadores que os kalapalo. Estes não nos deram a menor ajuda durante todo o tempo que lá estiveram. Enquanto aqueles, principalmente Kamauitá, estão sempre prontos para qualquer serviço. Geralmente nós não os chamamos. Eles ajudam voluntariamente, pois não queremos desviá-los dos afazeres normais da aldeia.

A CHEGADA DO CORONEL VANIQUE

14 de maio de 1947, quarta-feira. Tempo bom.

Pelo primeiro horário ficamos sabendo que o coronel Vanique virá hoje com o Waco, devendo escalar em Garapu e Kuluene.

Iniciamos cedo o transporte de palha do porto para a sombra de um belo pequi que deixamos bem no pátio do acampamento.

À uma e meia chegou o Waco com o coronel Vanique e seu cunhado Clóvis Teixeira de Melo. O avião veio pilotado por Vilella. O coronel Vanique ficou muito emocionado quando nos encontrou, isto porque, desde que perdeu a esposa, com nenhum de nós havia se avistado. Levamo-lo para o rancho e fizemos com que repousasse um pouco. Era intenção do coronel regressar ainda hoje para o Mortes, mas o convencemos não só a ficar como a ir amanhã até a confluência, para ter uma impressão melhor da região. Tudo assentado, regressou o Waco para o Mortes, devendo voltar amanhã cedo com Ruy e Nunes.

À tarde o coronel Vanique correu todo o campo examinando as cabeceiras, o local de nosso acampamento, e achou tudo muito bom. Como consta do plano da Expedição alongar até aqui a rota do Correio Aéreo, falou na necessidade de encompridarmos o campo para mil metros e dar uma largura de 45.

Quanto à missão da vanguarda, falou-nos o coronel em fazer uma exploração aérea subindo o rio Maritsauá-Missu para verificar a possibilidade, havendo lugar favorável, de levantar lá uma grande base. De lá, disse ainda, futuramente alcançaríamos um dos afluentes do Tapajós, ou mesmo o rio Telles Pires.

O primeiro passo, portanto, depois de terminadas as instalações aqui, é a exploração aérea para o assentamento definitivo do programa a cumprir.

Pelo horário da tarde comunicamos ao Mortes o pernoite aqui do coronel Vanique e marcamos para amanhã um horário-rádio para seis e meia.

Tivemos uma noite fria.

O dia amanheceu firme. Pelo horário marcado ontem ficamos sabendo que o Waco saíra do Mortes às 5h45 — ainda escuro — conduzindo Nunes e Ruy, contador e almoxarife, respectivamente, da Expedição Roncador-Xingu.

Estávamos apenas aguardando a chegada deles com algumas miudezas para sair rumo à confluência. O avião chegou às oito horas e por ele soubemos que o FBC está também viajando para cá com ferramentas. As ferramentas se destinam ao Kuluene, estão vindo por engano.

O coronel resolveu, porém, que podiam ficar aqui. Às nove horas saímos com o batelão para a confluência. Fomos nós (Leonardo, Orlando, Cláudio), coronel Vanique, Clóvis Teixeira de Melo, Joaquim Nunes, Ruy Monteiro, Eduardo, Nicanor e os índios Kanato, Taconi, Tacumá e Cuçapu. Na última hora Vilella resolveu ir também. Aires também, e tinha como encargo churrasquear, à maneira dos seus conterrâneos, uma leitoa que o Waco trouxe.

Depois de uma hora e meia de viagem alcançamos a confluência dos três rios. Deixamos ali, preparando a boia, Aires, Nicanor e dois índios, e rumamos Ronuro acima para um rápido reconhecimento. No Batovi fizemos também uma entrada de quinze minutos. Retornando à barra, descemos o Xingu até a barreira do nosso primeiro pouso quando da descida.

De volta, encontramos pronto o almoço. Depois de um banho geral na água que banha a bela praia do Morená e almoçados, regressamos ao acampamento. Gastamos 2h25. Chegamos quase às cinco da tarde. Novamente pernoitará aqui o coronel Vanique, devendo, amanhã bem cedo, sair para a base do Mortes.

Tivemos uma noite agradável.

Antes de ir embora, o coronel Vanique resolveu fazer conosco um voo até a confluência. Ele e nós três. Voamos um bom trecho do Xingu e do Ronuro. Gastamos uma hora. Assim que aterrissamos, resolveu o coronel em seguida sair para o Mortes, deixando aqui o seu cunhado Clóvis Teixeira de Melo. Com ele foram Nunes e Ruy. No piloto, Vilella. Ontem, dia santificado, demos feriado a todos. Hoje retornamos aos ranchos. Armazém e rádio ficaram prontos.

Repartimos hoje cedo, sábado, o pessoal em duas turmas — uma ficou cobrindo os ranchos com as palhas que ainda temos aqui e a outra subiu com o batelão para procurar mais palha. Regressou apenas com 105 palhas. Infelizmente o batelão, depois de carregado com 220 palhas, alagou — com isso perdemos 115. O motor nada sofreu, embora tenha demorado muito para ser retirado.

O FBC com Saraiva, o novo piloto, chegou fazendo a sua viagem de estreia. Vinha com o propósito de levar Clóvis, cunhado do coronel, mas este cedeu lugar para o trabalhador Rosendo.

Domingo, 18 de maio de 1947. Hasteamos a bandeira. Alguns homens e índios saíram cedo para a pesca. Regressaram à tarde com piranhas e pirararas. À hora regulamentar arriamos a bandeira.

19 de maio, segunda-feira. Estamos começando uma nova semana de serviço nos ranchos.

Chegaram dois aviões: FBC com Saraiva e Waco Cabine com Vilella. O primeiro com pequena carga e o segundo com trezentos litros de gasolina para estoque. Ficaram aqui muito pouco tempo. Com o Waco seguiu, desta vez bem de saúde, o passeador irrequieto Aires Câmara Cunha.

Há grande expectativa no eclipse total do sol amanhã. Da United Press recebemos dois radiogramas pedindo nossa atenção nas reações que possam ter os índios diante do fenômeno. Os despachos, informam ainda, serão divulgados em edição extraordinária, se forem interessantes. Uma rede seria formada para essa transmissão.

A United Press ficará em ligação com o escritório central no Rio, e nossa estação de Aragarças em contato com o Rio e conosco. Temos aqui aproximadamente uns 130 índios. É possível que surjam coisas interessantes.

À noitinha desabou forte temporal, coisa raríssima nesta época.

ECLIPSE DO SOL

20 de maio de 1947, terça-feira. Apesar do mau tempo da noite, amanheceu com um tempo muito bom. Sabíamos que o eclipse seria das oito e meia em diante, mas às oito horas entramos em contato com a nossa estação em Aragarças e esta, por sua vez, nos comunicou que estava com o Rio na escuta. Enquanto a nossa estação funciona, muitos índios vêm para a porta do rancho ouvir, mas não era preciso que viessem, estão acampados embaixo de umas árvores a menos de trinta metros do rancho. Nenhum deles podia sonhar com a surpresa que teriam dali a instantes. Nós três (Leonardo, Cláudio, Orlando) observamos atentos todos os seus movimentos.

Às oito e meia estavam tranquilos. Homens andando, crianças brincando e as mulheres fazendo beiju. Nessa hora seguiu o nosso primeiro rádio:

Da Expedição Roncador-Xingu acampada no Alto Xingu PT Condições tempo ótimas VG apesar chuvas torrenciais desabadas noite VG aqui amanheceu completamente limpo VG o que favorecerá observação eclipse PT Os Villas Bôas PT

Às oito e quarenta os índios ainda sossegados conversavam calmamente conosco.

Às oito e cinquenta emitimos o segundo rádio:

Estamos observando neste momento, 8h50, primeiros sinais eclipse solar PT Aproximadamente 150 índios kamaiurá e trumai acampados nosso lado tornam-se apreensivos medida luz do sol perde intensidade PT
Os Villas Bôas PT

Daí em diante começa a confusão. Gritos, choros, discursos, correrias, flechas com fogo para acender o sol. Mulheres e crianças todas brancas de cinza e provocando vômito com pedaços de pau. Alimentos jogados no rio. Pálidos, os índios corriam e gritavam que o sol ia morrer. Flechas e flechas untadas de resina e incendiadas foram lançadas para acender o sol. Um grande quadro de aflição.

O terceiro rádio foi nos seguintes termos:

Registra-se neste instante VG 9h34 VG fase crítica eclipse VG com ensombramento geral digo total cobertura disco solar PT Pequena queda temperatura e aspecto sol causam índios grande apreensão PT Dirigem-se nossas barracas amedrontados PT Lemos em sua fisionomia muita incompreensão e espanto PT Apontam sol perguntam se sol vai morrer PT Amedrontados atiram no rio refeição já preparada VG enquanto mulheres e crianças passam cinza nos braços e rostos PT Índios kamaiurá lançam flechas com fogo direção sol PT Mulheres tomam grande quantidade de água fim provocar vômitos refeição já ingerida PT
Os Villas Bôas PT

Não acrescentamos nos nossos despachos, mas anotamos, a preocupação e o ar de espanto dos sertanejos trabalhadores da Expedição. E a eles desde ontem vínhamos falando e explicando o fenômeno do eclipse do sol.

No mesmo dia recebemos do Rio o seguinte comunicado:

Villas Bôas PT
Calorosas felicitações magnífico despacho reação eclipse PT História irradiada edição extraordinária às 11h30 e repetida no Repórter Esso *12h55 PT Também foi transmitido para exterior como mais pitoresca das reações*

em face do fenômeno PT Abraços PT Saúde PT Capelonid Diretor — Peribanez Secretário PT

Sebastião é um radioperador expedito, sem a sua eficiência nada teríamos feito.

A BAGAGEM DO CIENTISTA

Trabalhamos hoje na cobertura dos ranchos.
Chegaram à tardinha alguns índios kamaiurá que foram pescar no Xingu.
Quarta-feira. Os índios chegados ontem pediram o motor para levá-los à aldeia. Considerando o grande peso a ser transportado, mais de trezentos peixes — matrinxãs, tucunarés e outros —, resolvemos atendê-los, e ainda pela conveniência de trazermos de lá o restante da palha necessária para completar o serviço. E, ainda mais, levar o visitante Clóvis para conhecer a aldeia, pois ele ficou para isso.
Saíram às 7h45 Leonardo, Orlando, Clóvis, Nélson, Cassiano e o motorista Eduardo. Levaram do nosso porto até os kamaiurá 3h45.
O avião chegou quando o batelão estava ausente.
Com o Waco que veio e voltou, vieram três cientistas do Museu Nacional: dr. José Cândido Carvalho, zoólogo, dr. Eduardo Eneas Galvão e dr. Pedro Estevão de Lima, estes dois antropólogos interessados, principalmente, nos índios kamaiurá.
Veio ainda o trabalhador Romualdo Moraes, em substituição ao cozinheiro Rosendo.
Tiramos da turma cinco homens para trabalhar na cobertura do último rancho-administração, e os outros foram para o campo continuar com o trabalho de alongamento.
As noites estão cada vez mais frias.
Com as palhas trazidas dos kamaiurá terminamos a cobertura dos ranchos. Já que tudo está pronto, começamos hoje a mudança.
No período da tarde tiramos o pessoal do campo e concentramos todos nos serviços do acampamento. Já mudamos o armazém, o rádio e todo o pessoal. O rádio já no horário da tarde funcionou na nova instalação.

Amanhecemos hoje, 24 de maio, nos ranchos novos. Os três rapazes do Museu são excepcionais. São três tipos diferentes.

José Cândido, o zoólogo, um apaixonado do seu estudo, pesquisa e coleciona o dia inteiro os insetos de sua especialidade. Calmo nos gestos, sossegado no falar, é uma figura simpática e que cativa. Eduardo Galvão, antropólogo, não poderia nunca ter escolhido outra profissão. Foi feito para estudar "gentes", tem a calma e a paciência do pesquisador. Pedro Lima é o agitado dos três — dedicou-se à antropologia física, a todo mundo quer mensurar, é um apaixonado da sua ciência.

Valeu a pena a vinda desta "equipe".

Inauguramos aqui no acampamento novo um foguinho em torno do qual o papo vai até tarde.

Pedro Lima fala insistentemente numa bagagem que era para ter vindo e que não veio até agora. Nem ele sabe ao certo onde se encontra a dita.

Tivemos notícia hoje da existência de uma comissão de verificação de contas da Fundação que está correndo todos os setores e que deveria ter chegado hoje em Aragarças.

CHEGADA DE UMA COMISSÃO — O PRIMEIRO BIMOTOR

Pelo primeiro horário de hoje, 25, fomos informados que o avião conduzindo a comissão, chegada ontem em Aragarças, virá hoje para cá.

Às nove chegou o Waco Cabine com o coronel Vanique, o tenente-coronel Keller, da Aeronáutica, o major Basílio e o tenente França pilotando.

Infelizmente o tenente França, na aterrissagem, deu um cavalo de pau, quebrando uma asa do avião. Disse ele que o freio prendeu uma roda, ocasionando o acidente. Pouco depois aterrissou o FBA com Vilella — trouxe um saco de açúcar e uns quilos de toucinho.

O rádio em contato constante com o Mortes dava-nos ciência da posição do Beechcraft conduzido pelo major Sampaio com a comissão ontem anunciada.

Antes das dez chegou o bimotor com o dr. Manoel Ferreira e três membros da comissão.

Com a carne trazida pelo coronel foi servido um churrasco. Às dez e dez decolou o FBA, com Vilella, levando o major Basílio e o tenente França. O avião ficou de voltar para nova viagem.

Ao meio-dia saiu o Beech levando um membro da comissão e os coronéis Keller e Vanique. Ficaram aqui o dr. Manoel Ferreira e dois membros da comissão, um deles o dr. Osório de Britto.

O Beechcraft — com o major Sampaio — fez a segunda viagem para levar os que ficaram aguardando.

Todas as aterrissagens e decolagens foram boas. O único acidente foi com o Waco. O major Basílio, com quem queríamos conversar, saiu sem que pudéssemos trocar uma só palavra. Estava visivelmente aborrecido com a ocorrência.

No primeiro horário de hoje recebemos uma nota nos seguintes termos:

Irmãos Villas Bôas PT
Com todos os aborrecimentos de ontem não pude conversar bem com vocês nem me despedir como devia PT Mando daqui o meu abraço VG que espero repetir em pessoa muito breve PT
Basílio PT

OS CIENTISTAS SE AGITAM

Pedro Lima, que além de antropólogo é dentista e quartanista de medicina, fez hoje algumas extrações. Dois homens ficaram de "molho" mas valeu a pena, pois viviam se queixando de dor de dente.

José Cândido não para: pega, examina, classifica e recolhe tudo o que acha interessante ao seu estudo.

Galvão e Pedro esperam a bagagem.

Enquanto Galvão filosoficamente ri, Pedro se agita e protesta.

Cada avião que chega o encontra rentinho à porta examinando, para ver se no bojo estão as malas. Estamos também começando a ficar agitados, pois ficamos sabendo que com os cadernos, livros e ferros de mensurar estão umas sopinhas cuja amostra ontem nos conquistou. Não é possível que se extraviem sopinhas, é uma falha imperdoável no nosso sistema de transporte.

Redistribuímos hoje o pessoal. Um na caça com dois índios, dois nos serviços de exame e reparos no campo, os demais na destoca. Com os da caça foi também Pedro Lima.

Às dez e meia chegou PP-TGP com Saraiva.

Saraiva veio ver o avião danificado. Depois de examinar detalhadamente o avião, decolou para o Mortes. Levou o motorista Eduardo, em férias.

José Cândido mal é visto no rancho, passa o dia na mata, na beira do rio ou então no varjão enorme existente além da mata. Galvão, peado de pés e mãos com a falta da bagagem, conversa com os índios, o que já é, na sua especialidade, um trabalho. Pedro, não — este veio disposto a medir e tomar nota. Sem o seu instrumental é um homem desempregado, daí a sua justa aflição. Todos eles sabem ter paciência. Nenhum é de primeira viagem. São viageiros calejados. Há pouco estiveram lá nos sertões do Gurupi medindo e especulando os guajajara.

A comissão, soubemos pelo último horário, está com o FBB correndo os diversos setores da Fundação: Aragarças, Caiapônia, Rio Verde e Uberlândia.

O outro Waco Cabine está em Uberlândia. Olavo deverá trazê-lo esta semana para o Mortes.

Entramos no dia 28 de maio atacando ainda a destoca do aumento do campo.

Comunicamos ao Mortes que nosso arroz acabou hoje. Em resposta fomos informados de que não há arroz no Mortes.

Aguardam lá o CAN da próxima segunda-feira com esse gênero. Para nós é muito tempo, já que estamos na quarta-feira...

O fogo desta noite foi até altas horas.

De manhã, hoje, segunda-feira, ficamos sabendo que a situação dos aviões continua a mesma: Waco em Uberlândia; FBB com a comissão; TGP com Saraiva preparando material para vir recuperar o Waco da asa quebrada.

À uma da tarde chegou o TGP, trazendo o Paulista (Enzo Pizano) — encarregado do posto Kuluene — e três quilos de arroz. Paulista ficou e o TGP partiu de volta, não ficamos sabendo para onde.

Terminamos o serviço de destoca. Amanhã começaremos o desmonte dos monchões.

Hoje não virá avião, diz o rádio.

Pedro Lima está às portas de um colapso. Galvão sossegadamente passeia os seus um metro e oitenta de altura no acampamento.

Fizemos os três quilos de arroz aguentar três refeições.

IPOJUCAN VEM DIZER ONDE NOS ENCONTRAMOS

Começamos o cacete serviço dos monchões da parte nova do campo.

Tivemos hoje, dia 31 de maio, a "visita" do FBC com Saraiva, conduzindo o comandante Ipojucan Cavalcante. Este cidadão está realizando um trabalho muito útil, com o levantamento das coordenadas de todos os campos da Fundação. Ipojucan é oficial reformado da Marinha. Vem ele desde Aragarças, Mortes e Garapu levantando as coordenadas geográficas do lugar.

Chegado aqui iniciou imediatamente os seus trabalhos. O avião regressou ao Garapu para trazer o resto dos trens do "seo" Ipojucan. No ponto escolhido pelo observador, colocamos um marco indicativo da nossa exata posição no globo. As observações se prolongaram por três dias.

Voltamos hoje a comer arroz.

À tardinha chegou o resto da bagagem do "seo" Ipojucan.

Afinal o "seo" Ipojucan foi hoje o homem do dia. Em torno dele agitou-se todo o nosso acampamento e a nossa aeronáutica. No fim ele dirá, à guisa de pagamento, onde estamos.

Os índios apelidaram o nosso observador de Anhangá (diabo) logo que ele desembarcou. Não sabemos o que eles viram, só se foi porque "não viram" nele um só fio de cabelo. Será que o diabo de índio é careca?

O FBC — com Saraiva — está numa fúria aviatória impressionante. Chegou às quatro e às quatro e cinco saiu levando o Paulista, emburrado qual um menino a quem se nega doce — queria pernoitar aqui. É que no Kuluene não tem com quem conversar e aqui o foguinho vai até a meia-noite, e com ele o papo.

Nosso passadio não está nada bem.

Temíamos que isso fosse incomodar o nosso comandante visitante, mas ficamos tranquilos quando ele nos disse que na Comissão de Fronteiras da Marinha — no seu tempo — uma lata de goiabada dava para dez homens durante três dias, almoço e janta!!!

Nessa base, os nossos quatro litros de arroz de anteontem dariam para uns quinze dias e tanto...

Junho está entrando num domingo.

Hasteamos pela primeira vez no novo acampamento a bandeira.

Diversos homens foram à caça. Almoçamos somente virado de feijão. Estamos aborrecidos em tratar tão mal os nossos hóspedes.

À tarde os que foram à caça voltaram com dois veados. Juntamos o feijão à carne vinda. Às seis arriamos a bandeira.

Hoje pelo primeiro horário soubemos da chegada no Mortes — livre da comissão — do FBB.

Ontem o rádio avisou que não viria avião por falta de carga. E a bagagem dos antropólogos? Não é carga? E as roupas? Monstros!

Monstros anticientíficos!

Continuamos lutando com os monchões.

Chegará hoje em Aragarças — segunda-feira — o CAN da quinzena.

O dia 3 de junho veio encontrar o comandante Ipojucan de bagagem pronta para a retirada.

Ao meio-dia chegou o FBB, com o tenente França, trazendo o novo radiotelegrafista, Celino Braga, e uma boa carga, inclusive arroz. O FBA com Saraiva chegou pouco depois trazendo o auxiliar de mecânico conhecido por Tenente.

Com Saraiva veio todo o material necessário para reparar a asa do Waco.

Logo depois saiu o FBB levando o "seo" Ipojucan Cavalcante, que aqui permaneceu três dias. Foram os seguintes os dados fornecidos por ele:

Azimute verdadeiro da mira: 81 09 NE; latitude aproximada: 12 00 15 S; longitude aproximada: 53 23 50 OGw; altitude aproximada: 260.

O marco que havíamos plantado no lugar da observação ficou valendo como ponto indicado do lugar demarcado.

Forneceu-nos ainda, o comandante, as posições do rio das Mortes, Xavantina e Garapu:

Xavantina — latitude aproximada: 14 40 25 e longitude: 52 21 N; Garapu — latitude aproximada: 12 19 00 e longitude: 52 32 00.

O PP-FBC pernoitará aqui. Saraiva, auxiliado por Tenente, iniciou imediatamente os serviços na asa do Waco.

AFINAL, A BAGAGEM

Estamos aguardando hoje, dia 4, a chegada do tenente França com o outro Waco.

As nossas refeições estão bem melhoradas com a chegada do arroz e toucinho.

Às dez e vinte aterrissou o Waco com toda a bagagem dos cientistas do Museu Nacional e mais alguma carga. Minutos depois decolou, tendo antes o tenente França avisado que voltaria ainda hoje.

Com a chegada de dois casais kuikuro gripados, já surgiram entre os kamaiurá diversos casos.

Às três horas estava de volta o Waco com o tenente França, trazendo mais uma carga de arroz, toucinho, sabão, feijão etc. Minutos depois decolou para pernoitar no Kuluene, porque amanhã fará a mudança da estação de rádio do Garapu para aquele posto.

Hoje, dia 5, suspendemos os serviços por ser santificado: Corpus Christi. Afinal, depois de catorze dias de espera, Pedro Lima e Galvão tiveram as suas bagagens. O zoólogo José Cândido Carvalho pretende regressar nestes dois dias.

Pelo último horário da tarde ficamos sabendo que o Waco não havia chegado ao Garapu.

Saraiva e Ângelo, o Tenente, continuam lutando com a asa do Waco.

O novo radioperador ainda não recebeu a estação. É ele um rapazinho de boa cara, mas pelo jeito de malíssima transmissão e recepção radiotelegráfica. Risonho, expansivo, o rádio Celino não inspira tecnicamente muita segurança. Só o tempo dirá.

Está o nosso acampamento, agora, em grandes atividades: Saraiva e Ângelo na asa do Waco, Sebastião na estação "checando" o seu substituto, os do Museu catando subsídios científicos...

ENTREVISTA DO CORONEL VANIQUE É AUSPICIOSA

Na mata, no campo e no cerrado, José Cândido colhe material que mais o interessa.

Na porta do rancho, Galvão interroga, interroga e interroga os índios e anota num caderninho já todo rabiscado.

Noutro canto, Pedro Lima abre e fecha um compasso, mede e anota.

Saraiva interrompeu o seu trabalho no Waco e resolveu tirar a limpo a posição do seu chefe, tenente França, que saiu anteontem para o Garapu e ainda não chegou: à uma hora, com Leonardo, ele decolou para o Kuluene. Às quatro aterrissava de volta, trazendo o tenente França, que ficara preso naquele posto por pane no Waco Cabine.

França pernoitará aqui e Leonardo lá.

Os papos à beira do fogo na friagem da noite são agora acompanhados de suculenta sopinha.

Saraiva e Ângelo entram cedo no serviço da asa, que está sendo feito com bastante segurança.

O tenente França continua conosco aguardando o avião ficar pronto.

É provável que amanhã se deem os últimos retoques.

No campo, continuamos com os monchões.

Talvez na próxima semana estejam terminados os 1.100 metros.

Domingo, 8 de junho de 1947. Com a presença de todas as pessoas do acampamento hasteamos a bandeira na hora habitual.

Ficou pronta a asa do Waco; compete ao sol agora dar uma demão. À tarde, com toda a técnica, assentaram a asa consertada. Na mesma hora o tenente França fez um teste, encontrando um pequeno defeito que julga ser na biquilha do avião. Irá amanhã cedo para o Mortes levando o dr. José Cândido Carvalho, que pretende regressar ao Rio com o primeiro CAN.

Os dois aviões decolaram cedo: o Waco com o tenente França levando José Cândido, e o Piper com Saraiva levando o auxiliar de mecânico Ângelo.

Olavo virá hoje, informou o rádio no seu primeiro horário.

Os monchões do prolongamento do campo têm sido o nosso setor principal de trabalho. Olavo chegou ao meio-dia com boa carga: farinha, café etc.

No regresso do avião enviamos para o Mortes, com destino ao CAN, um porco queixada, nosso velho companheiro, que irá para o Jardim Zoológico do Rio.

Galvão e Pedro Lima estão em atividade.

Pedro Lima, que também é dentista, tem prestado grandes serviços fazendo extrações não só em trabalhadores como em índios. Olavo, na sua última viagem, nos informou que o coronel Vanique, em Goiânia, de volta do Rio, deu uma entrevista aos *Diários Associados* dizendo que a vanguarda da Expedição seguirá ainda este verão para o rio Maritsauá-Missu, onde será aberto novo campo de pouso.

O CASO DAS ROUPAS

O rádio nos disse, operado ainda por Sebastião, que amanhã virá um avião trazendo o dr. Acary Passos de Oliveira.
Estamos no acampamento com índios kamaiurá e trumai.
Virá o Waco hoje, 11 de junho — informou o rádio —, com o tenente França trazendo alguns trabalhadores. Isso aconteceu, mas o dr. Acary não veio.
Nossos serviços caminham normalmente, mas estamos em vias de perder todos os trabalhadores por causa da nova orientação dada pelo coronel Vanique, que determina que todos os trabalhadores da vanguarda passem a ter por conta própria roupas e calçados — coisas que eles vêm recebendo como ajuda desde a saída da Expedição em 1945. O vencimento dos trabalhadores da vanguarda é idêntico ao dos trabalhadores de todas as outras bases — Mortes, Aragarças e outras. As roupas e os calçados eram as únicas vantagens dos homens da frente; isso, claro, a troco de um regime de trabalho mais severo e imprevisível. Incluindo-se aí a alimentação muitas vezes precária, o isolamento, a surpresa do índio arredio etc. Além disso, a distribuição de roupas sempre foi muito irregular. Houve até alguém que, por troça ou não, alcunhou a vanguarda de "expedição dos farrapos".
Ao meio-dia o avião tomou a pista. Como os nossos ranchos agora estão a cinquenta metros do campo, tocamos para lá para assistir à aterrissagem do Waco. O vento estava furioso, soprando do nordeste. O avião tomou a pista e entrou firme. Tocado o solo, correu normalmente um pequeno trecho, quando, bruscamente, derrapou para a direita e precipitou-se para fora do campo, ficando sensivelmente danificado. No avião vinha somente o tenente França, trazendo roupas, botinas e o resto do material do extinto Garapu. Disse o tenente França que a causa do acidente foi exclusiva do avião; foram duas asas inutilizadas, o trem esquerdo e a hélice.

Estamos assim com os dois Waco fora de voo, um com pane séria de motor no Kuluene, e outro danificado hoje aqui.

Às três horas os postos Mortes e Aragarças foram cientificados da ocorrência.

Mortes, que está em ligação com o Kuluene, transmitiu ao piloto Saraiva, que lá se encontrava, aviso para vir até aqui.

Saraiva chegou à tardinha. Saíram para a aldeia kamaiurá hoje de manhã, no batelão: Galvão, Pedro Lima, Leonardo e o trabalhador Umbelino; ficamos, assim, privados por alguns dias da prosa à beira do fogo e, mais triste, das sopinhas. O Piper decolou cedo para o Mortes, levando França, bastante aborrecido. Saraiva ficou de voltar ainda hoje para levar o radioperador Sebastião Garibaldi, que há cinco meses vem tomando conta de nossa estação transmissora. Sebastião, velho profissional, desempenhou com eficiência seus serviços, demonstrando, sempre, ser conhecedor da profissão e zeloso funcionário. Vamos pleitear que seja ele o nosso radiotelegrafista na próxima arrancada.

Celino, o sorridente, seu substituto, passa assim a operar de hoje em diante.

O Piper chegou de novo. Com ele veio o dr. Acary Passos de Oliveira.

O coronel Vanique está de saída para o Rio, mas, segundo informou, virá antes aqui.

O dr. Acary, que é muito alegre, fez tal movimento e gritaria com os índios que, à noite, não podia articular uma só palavra.

13 de junho, dia de Santo Antônio. A noite de ontem para hoje foi bem fria. A conversa à beira do fogo, aumentada hoje com a presença do dr. Acary, foi até mais tarde — Acary entrou só com a presença, não conseguia falar.

Com o FBB pilotado por Olavo, que há muito tempo não aparecia por aqui, vieram o tenente França, Elias e as ferramentas para levantar o trem de aterrissagem do Waco danificado. Almoçaram conosco e às quatro horas, levando o dr. Acary, decolaram para o Mortes.

FUMAÇA DE ÍNDIOS, DE NOVO

Continuamos com o pessoal reduzido, pois não foram substituídos os que se retiraram e que estavam trabalhando na área aumentada do campo. É possível que, com mais amanhã, sábado, possamos segunda-feira iniciar o aplainamento — fase final — da área aumentada. Disso temos agora necessidade maior, pois está em cogitações vir até aqui um Douglas trazendo as asas para o Waco.

Pelo primeiro horário de hoje — feito com muita dificuldade — ficamos sabendo que o coronel estava resolvendo se viria ou não até aqui. No novo horário, às nove, ainda estava pensando. Novo horário às nove e meia — continuava pensando. Novo às dez, resolveu — não viria mais.

A sua vinda era para nós muito importante. O caso das roupas e botinas não foi ainda resolvido. A nova medida de cobrança de roupas e botinas implica uma redução de vencimentos, quando todos esperam melhorias.

Diante de sua resolução de não vir, fizemos ao coronel uma extensa carta expondo o assunto, e ficamos aguardando a primeira condução para enviá-la.

Chegaram hoje índios trumai espantados com a fumaça que viram bem perto e que dizem ser dos suyá.

Os cientistas e Leonardo continuam na aldeia. E nós aqui sem sopinhas.

Hoje, domingo, 15, dia quente e azul, hasteamos a bandeira às oito horas. Foram dois índios à caça. Ontem não conseguimos horário-rádio no período da tarde e logo de manhã a mesma coisa. O nosso radioperador é muito fraco.

À tarde tivemos sorte de ver aterrissar o FBC com Saraiva. Ansiávamos por vir avião que levasse a carta ao coronel antes de sua partida para o Rio.

Com Saraiva seguiu a carta.

Às seis horas descemos a bandeira.

Pelo Saraiva veio uma retificação no azimute deste acampamento. Retificação enviada pelo comandante Ipojucan.

Nosso horário de hoje, 16, foi feito com Aragarças.

O radioperador do Mortes está ausente. Terminamos com o aplainamento de duzentos metros no campo. A pista está agora praticável, com 900 x 30 metros. O CAN está pernoitando em Aragarças. Nós não sabemos se nele irá o coronel, pois nada mais sabemos. O coronel não respondeu a nossa carta e pelo jeito não responderá.

À tarde não falamos. O novo telegrafista é bom para sorrir. Já é uma qualidade. Pior seria se além de não conseguir ligação andasse de cara amarrada.

AINDA SEM SOLUÇÃO O CASO DAS ROUPAS

Já hoje, 17, fizemos bem o primeiro horário. Soubemos que o CAN que pernoitou em Aragarças irá ao Mortes e de lá ao Kuluene, sendo possível vir até aqui sobrevoar.

Prevendo a possibilidade de uma aterrissagem aqui, uma vez que virá nos sobrevoar, mandamos tirar as balizas grandes de uma das alas do campo, bem como fazer um repasse rápido com todos os homens.

Às dez horas tínhamos a pista com boa segurança.

No horário das três ficamos sabendo que o CAN regressou do Kuluene, já estando em Aragarças. Com ele seguiu do Mortes o coronel Vanique. Seguiu sem responder a nossa carta e sem dar solução alguma ao assunto nela tratado. Todos os trabalhadores estão somente aguardando essa solução para continuar ou se retirar.

A economia que fará a Expedição cobrando dos homens de vanguarda roupas e botinas andará no máximo em uns dez ou doze mil cruzeiros num ano!

Com a conclusão dos novecentos metros de campo, iniciamos os cem restantes para atingir os mil exigidos pelo Douglas. A carpa desse trecho já está feita; entramos, portanto, nos monchões e formigueiros.

Ao meio-dia chegou o FBA com Olavo e o contador da Expedição, Joaquim Nunes. Momentos depois, o FBC com Vilella e Ângelo.

A instrução que traziam do tenente França era de, com a nossa ajuda, tirar o motor do Waco (seiscentos a setecentos quilos), transportá-lo para a beira do rio e embarcar em um batelão para o Kuluene. Fizemos sentir a todos a impraticabilidade de tal coisa, pelo seguinte:

a) Não temos gasolina nem óleo. O motorista está em férias e Leonardo, na aldeia.

b) Precisaríamos de, no mínimo, uns doze homens para mexer com o monstro. No momento só temos sete.

c) No Kuluene o barco para no pé de uma barreira íngreme, com uns cinco metros de altura. Nem aqui nem lá existe talha. Lá, por causa da barreira de areia, quinze homens não poriam o motor em cima. E só há três homens.

Como solução propusemos a aterrissagem aqui de um Douglas trazendo uma talha. Em meia hora o motor estará dentro do avião.

O campo na próxima segunda-feira estará com uma extensão de no mínimo 950 metros com piso bom.

No Rio, soubemos, não gostaram desta solução.

Para eles é mais cômodo que quinze sujeitos fiquem suando embaixo das quinas e dos parafusos do que conseguir que um Douglas do CAN estique uma viagem até aqui.

Olavo e Vilella, auxiliados por Ângelo, puseram provisoriamente o trem de aterrissagem do Waco e trouxeram-no para o acampamento, onde ficará melhor na sombra do pequizeiro.

Os aviões pernoitarão aqui.

As muriçocas desapareceram faz bom tempo.

As noites agora são frias e os dias excessivamente quentes.

Os dois aviões saíram cedo — um para o Mortes, outro para o Kuluene.

O TIRO ACIDENTAL

Chegaram diversos índios da aldeia kamaiurá. Trouxeram uma carta de Leonardo comunicando um acidente na aldeia com a arma automática 22 dos cientistas do Museu. O índio Tacumã, lançando mão da arma que estava guardada, disparou-a inadvertidamente, indo a bala atingir o menino Totoporé. Segundo a carta, a bala fraturou o braço do menino, indo alojar-se no pulmão. Pedro Lima, estudante de medicina, prestou os socorros possíveis. Estamos enviando com os índios que voltarão ainda hoje os medicamentos pedidos, alguns gêneros e os soros vindos do Rio endereçados ao Pedro Lima. Pela carta fomos inteirados ainda de que permanecerão mais alguns dias na aldeia.

Joaquim Nunes, que está conosco desde ontem, regressará ao Mortes na primeira condução.

Hoje nós (Cláudio e Orlando) e dois índios saímos de madrugada para caçar mutum. Quando clareou já estávamos dentro da mata. O mutum quase só esturra de madrugada, nos galhos mais altos das árvores. Pelo esturro, vai o traiçoeiro caçador se postar bem embaixo, e quando no lusco-fusco distingue o vulto da ave, pode atirar. Trouxemos três mutuns e um jacubim. Chegamos de volta bem antes do almoço.

À tarde chegou o FBC com Olavo para levar o contador-secretário. Conquistado por Nunes, Olavo resolveu pernoitar e à tardinha deu um voo com Cláudio até o Batovi para ver de perto uma fumaça espessa que tem levantado daqueles lados.

A zona ali é batida por índios ainda desconhecidos e pelos waurá, de forma que não ficamos sabendo de quem é a fumaça.

Nosso rádio está funcionando bem, mas o radiotelegrafista risonho, positivamente, não acerta com os botões. Os horários, antes de dez minutos, vão agora a quarenta, cinquenta, até uma hora. Os aviões chegam sem aviso. Sebastião, na saída, nos dissera que a recepção do moço é fraquíssima.

À noite a conversa à beira do fogo foi até tarde. Nunes contou suas caçadas e pescarias no rio das Mortes.

Iniciamos hoje, dia 21, os serviços com dois homens a menos — José Acelino de Almeida (Piauí) e Cassiano de Castro. O primeiro, com o último voo, foi para o Mortes em férias; o segundo estava doente.

Às oito horas saiu o FBC com Olavo e Joaquim Nunes.

Alguns índios aqui chegados dizem que amanhã virão os caribe que estão na aldeia. Romualdo Moraes, o cozinheiro, também adoeceu. Amanhã bem cedo, domingo, sairão à caça alguns homens.

O veado, agora, está se fazendo de rogado.

Nós (Cláudio e Orlando) quase todos os dias saímos de madrugada com dois índios, em canoas de casca, para o outro lado do rio, para caçar mutuns. Amanhã iremos novamente.

A FAUNA DA REGIÃO

O vale do Xingu tem uma fauna riquíssima.

Nele se encontram em abundância representantes das mais variadas famílias zoológicas, dos mais curiosos e mimosos insetos até animais de grande porte. O grande número de rios, lagos, pântanos, assim como as matas extensas e os campos, oferece aos animais um hábitat privilegiado.

Os rios e os lagos são riquíssimos em peixes e animais aquáticos, como jacarés, tracajás, sucuris e ariranhas. Estas últimas, embora não sejam propriamente d'água, vivem de preferência na beirinha, onde preparam suas tocas e lapas. Excetuando-se o pirarucu e o peixe-boi, encontram-se aqui quase todas as espécies de peixe da bacia amazônica, inclusive as grandes piratingas, que chegam a atingir dois metros e meio de comprimento, e os inúmeros cardumes das assanhadas piranhas. Nos matos e campos abundam os queixadas, caititus, quatis, tamanduás, pacas, veados, cervos com suas imensas galhadas e as terríveis onças-pintadas.

As antas volumosas são encontradas nas lagoas e nos varjões, um meio privilegiado para viverem. Por serem pouco caçadas, não temem os caçadores e, quando surpreendidas, suspendem as pequenas trombas e permanecem imóveis. Só quando o primeiro disparo ecoa pela várzea afora é que elas despertam diante do perigo e fogem ruidosamente.

Os queixadas e os caititus percorrem a região em grandes varas.

Mas é entre as aves que a região se apresenta verdadeiramente rica. Nos cerrados e varjões que se estendem ao longo dos rios habita grande variedade delas. Dentre muitas outras, temos as enormes anhumas, as seriemas, as araras ruidosas e os grandes gaviões-de-penacho, que são a ave totêmica das tribos do Xingu. Sobressaem, ainda, as agourentas acauãs e as majestosas harpias (gaviões-reais).

Nas praias dos rios e nas margens das lagoas, passeiam vagarosos e em grande número os jaburus, as garças-brancas, as gaivotinhas, enquanto os socós-boi e os maguaris esvoaçam lentamente sobre as águas. Entretanto, nas matas é que estão as aves mais interessantes. São os mutuns, com sua crista cor de brasa, os jacubins "encanecidos", os jacamins, os jaós e os anambés com o seu canto que se assemelha ao som do berrante dos vaqueiros.

A NOITE DE SÃO JOÃO

A turma que foi à caça no campo trouxe dois veados. E os que foram na mata, dois mutuns e um jaó.

Ao anoitecer deste domingo a temperatura caiu muito.

Celino conseguiu falar hoje (23 de junho, segunda-feira) no primeiro horário. Estão a caminho do acampamento com o FBB — pilotado por Vilella — o dr. Franco Ramalho e o dentista Mozart Batista.

Na hora do almoço chegou o motor que há dez dias saiu para a aldeia kamaiurá com os cientistas Eduardo Galvão e Pedro Lima, acompanhados por Leonardo e o Umbelino. Trouxeram o menino Totoporé, vítima do disparo da 22, e mais alguns índios. Momentos depois da chegada do batelão aterrissou o FBB com os passageiros anunciados pelo rádio.

O dr. Franco veio atender aos que necessitavam de consulta, principalmente fazer a vacinação antiamarílica. O dr. Franco Ramalho, no mesmo dia da chegada, vacinou todo o acampamento, índios e civilizados, não escapando nem os dois antropólogos. Uma mulher aweti, chegada ontem com um terrível golpe de facão na mão, desferido pelo marido — um bruto de cara amarrada que também está aqui —, foi atendida pelo médico.

Pernoitará aqui o FBB. O nosso rancho suportou bem as nove redes com mosquiteiros.

À tarde Vilella fez um voo até a confluência, com o dr. Ramalho, Pedro Lima e Cláudio.

À noite fizemos uma grande fogueira e soltamos uns fogos que vieram de Aragarças. Hoje é véspera de São João. Era uma novidade sem precedentes, o entusiasmo foi delirante. Com o primeiro estrondo, houve recuo; com o segundo, de "lágrimas", espanto.

Amanhã "não haverá expediente nesta repartição".

A conversa na beira do fogo foi até bem tarde.

24, São João. Suspendemos os serviços.

O avião saiu às oito horas, devendo escalar no Kuluene. Totoporé, o menino acidentado, seguiu com o dr. Ramalho.

Mais índios chegaram da aldeia, inclusive Tamapu com a família.

MORRE UM ÍNDIO. ACUSAÇÃO: FEITIÇO

Os dias estão tranquilos e sem grandes novidades. Nossos trabalhos no campo continuam na remoção de monchões e formigueiros. O Piper chegou com Olavo trazendo um trabalhador, José Nascimento. Pela cara, estamos vendo, regressará breve. O dr. Eduardo Galvão deu por encerrada a sua tarefa e se dispõe a regressar ao Rio com o primeiro CAN. Já o dr. Pedro Lima está empenhado na coleta de sangue para classificação Rh.

Olavo, que chegou com o Piper de manhã, pernoitará aqui e regressará amanhã com tempo de levar Galvão para alcançar o próximo avião do Correio Aéreo.

Estamos com uns oitenta índios, entre kamaiurá, aweti e trumai. Um índio vindo da aldeia kamaiurá nos informou ter falecido lá um mehinako nosso velho conhecido, casado com Caiti, filha de Maricá. Os kamaiurá responsabilizam os kuikuro pela morte desse índio. Dizem que foi feitiço e sabem de quem. Kamaiurá e trumai estão aqui em forte política. Dizem os trumai que estão ameaçados com feitiço.

Tiramos dois homens do serviço e mandamos à caça. Voltaram sem conseguir nada. O veado anda agora muito difícil. Andam com um medo terrível de tiro.

Estamos no sábado, 28. Nada soubemos pelo rádio; isso, porém, não constitui novidade. Nosso serviço no campo terminou hoje com a remoção e aplanação de monchões e formigueiros — 1.050 metros.

Adoeceu Luís Valadão, um dos nossos melhores homens. Parece que é malária.

Os índios aweti seguiram à tarde para a aldeia. Recebemos pelo Piper uma boa quantidade de Aralem, enviada pelo dr. Noel. Olavo ficará aqui hoje. O dr. Galvão terá assim a oportunidade de, pela última vez nesta temporada, ouvir os "casos" ao pé do fogo. Já não teremos sopinhas, pois consumiram todas na aldeia.

As noites têm sido frias.

Mal o sol se escondeu, Galvão e Pedro Lima compareceram com pesados blusões de frio.

Já não há pernilongos, os que dormem de mosquiteiro assim o fazem para espancar o frio. Olavo decolou cedo levando o Galvão, que aproveitou muito bem o seu tempo estudando os kamaiurá-tupi. Estamos no domingo. Como de praxe hasteamos e arriamos a bandeira nas horas habituais. Os homens que logo cedo mandamos à caça e pesca regressaram, os primeiros com um veado e uma onça; os da pesca, nem um lambari... Comemos na janta uma perna de veado e um lombo de onça.

O "CONSERTO" DO RADIOPERADOR

Nova semana de serviço começamos hoje, 30. O CAN da quinzena deve chegar a Aragarças. Pelo rádio nada soubemos. O motor-rádio só é ligado em cima da hora ou com atraso. Os horários avançam em média 45 minutos e quase sempre sem resultado. Quanto ao motor, já fizemos mil recomendações, mas não há dúvida de que o rapaz tem um parafuso fraco. Fora, longe, de preferência bem longe do rádio, é uma ótima criatura. Para avaliar a sua "perícia", basta lembrar que um dia resolveu fazer uma limpeza no seu relógio, à noite! Acendeu uma lamparina, muniu-se de um facão (à guisa de chave de fenda) e debruçou em cima do relógio — a mola saiu "fácil", o "cabelo" idem; quando tentava descolar um rubi para pôr óleo, sim, senhores, um rubi, chega uma pessoa apressada e carrega a lamparina. Celino não diz uma palavra, ri e continua a operação! Quando volta a lamparina, Baiano, que está sentado a sua frente desde o início, exclama:

— Chi! tá só o oco.

Só havia a caixa do relógio, o restante tinha desaparecido. Celino se limitou a dizer:

— Estes relógios são muito frágeis.

Dito isso, juntou as peças que estavam à mão e guardou tudo numa caixa de fósforos para mandar consertar no Rio!

No dia seguinte, ouvindo dizer que Mido era uma boa marca de relógio, passou um rádio para o seu colega no Rio:

COMPRE MIDO
CELINO PT

Diante disso, não faz mal que o motor não funcione, que entre com duas horas de atraso; tampouco se estranhará se explodir o transmissor; temos a certeza de que, se ele não morrer no acidente, estará rindo, suavemente rindo.

Novo horário-rádio à tarde. Por ele ficamos sabendo que o CAN está voando — de onde vem e para onde vai, só Deus sabe. Celino não sabe.

Entramos em julho, mais um mês de verão já se foi. Conseguimos pelo primeiro horário saber que o CAN saiu às seis e quarenta do Mortes para o Kuluene.

Pedro Lima continua conosco. Sem sopinhas!

Os dois aviões, FBC e TGP, com Saraiva e Vilella, chegaram hoje. Por eles soubemos que o CAN que desceu no Kuluene ontem deixou 770 quilos de carga. Mal chegados, os dois aviões decolaram para o Kuluene buscar mais carga, principalmente arroz, que estamos em falta desde ontem. Aguardamos os aviões para jantar com arroz, e eles chegaram quando já estava quase escurecendo. Demarcamos a faixa de alargamento da pista, trinta metros de cada lado. Este campo, terminado tão rapidamente — 22 dias —, já está consumindo meses em retoques, alargamento da pista, das laterais e até alongamento das cabeceiras.

Continuam conosco índios kamaiurá, trumai e alguns mehinako.

Saíram cedo os dois aviões para buscar mais carga no Kuluene. Voltarão antes do almoço trazendo feijão, farinha e principalmente gasolina. Recomeçamos a trabalhar nas alas laterais de aumento. Avançamos a pista trezentos metros.

Passamos um rádio ao DRNA (Rio) pedindo autorização para um voo de reconhecimento no rio Maritsauá-Missu. O rádio foi assinado por Vilella. Amanhã virá resposta. Os aviões regressaram e, aproveitando a ausência deles, tocamos fogo nas cabeceiras. A queimada foi ótima. O terreno ficou limpo. Plantaremos lá, no tempo próprio, milho e mandioca. Chegaram índios aweti. Estamos com dois homens — Perpétuo e Baiano — fora de serviço. Já estão medicados.

FUMAÇA NO LESTE É SUYÁ, ÍNDIO BRAVO

O acampamento continua na sua rotina de trabalho. Quase não podemos nos ausentar dele. Temos feito, porém, algumas viagens às aldeias. A caça continua difícil. A pesca idem. Estamos aguardando ansiosos a resposta do rádio pedindo autorização para o voo ao Maritsauá-Missu. Se ficarmos quietos, a retaguarda se acomoda deixando os meses correrem. Até hoje, dia 4 de julho, não tinha vindo resposta do Rio. Vilella apareceu com o FBB, trazendo seu irmão — a passeio — e o técnico Juramir. A estação foi toda examinada e considerada boa. A fonia ficou funcionando bem. Não são falhas da estação os nossos horários truncados, Senhor Técnico, é o nosso risonho operador que tem uma válvula queimada.

O avião decolou. Juramir tem pavor, pavor gritante, de muriçocas.

Temos visto, para leste e sul, inúmeras colunas de fumaça. Quanto às do sul, pode-se pensar em trumai e waurá em pescarias, mas as do leste não. Leste é suyá. E suyá significa índio bravo.

Estamos com uns cinquenta índios aqui.

A faixa de alargamento do campo progride rapidamente. Alcançamos o fim de um dos lados de 1.100 metros.

Com a fonia, nossas comunicações melhoraram muito. Porque mudo o nosso operador não é. Soubemos da possível vinda do major Basílio, hoje ou amanhã, com o seu Focke-Wulf.

Chegou o Saraiva trazendo o Ângelo e boa carga. Nada mais soubemos do major Basílio.

Dispensamos os homens mais cedo hoje. Cinco deles foram pernoitar na praia grande aqui perto, para pegar tracajá. Voltaram no dia seguinte sem nenhum, mas com alguns peixes.

À tarde índios vieram correndo dizer que na cabeceira do campo estava passando uma vara de queixadas. Alguns homens saíram na correria e pouco depois regressaram com dois porcos.

Os serviços vão caminhando bem.

Na ala capinada levamos a destoca, e já rastelamos trezentos metros.

Nosso rádio, com fonia ajudando a grafia, melhorou um pouco.

Pedro Lima, do Museu Nacional, continua mensurando todo mundo que aparece.

A fumaça de leste persiste — suyá.

À ESPERA DO "AVIÃO GRANDE"

E continuam chegando índios. Hoje vieram duas canoas com mehinako, todos ansiosos por presentes.

A curiosidade por "avião grande" é o que move todos eles.

Dentro de poucos dias virão os waurá, ficamos sabendo. O número agora vai muito acima de cem.

Tudo caminha normalmente: os serviços do campo, os malogros na caça, os horários não entendidos e tudo o mais.

Até que num horário feliz ficamos sabendo que o major Basílio virá terça ou quarta-feira. Aproveitamos a chance desse horário bem-sucedido para mandar rádio dizendo que o pesquisador do Museu Nacional, dr. Pedro Lima, pede reserva para o próximo Correio e, dessa forma, condução daqui para o Mortes.

O frio continua muito sério de madrugada. As prosas ao pé do fogo são desanimadas. Em todos os horários lembramos ao Mortes que temos um passageiro para o CAN.

12 de junho. Com um dia limpo e quente aterrissou, depois de oito dias, o TGP com Saraiva. Devido ao volume da bagagem do "retirante", o TGP com Saraiva teve de desdobrar a viagem. Assim, na primeira foi só carga até o Kuluene. Na segunda foi Pedro Lima com o restante da carga diretamente ao Mortes.

Dia 13. Entramos num domingo ensolarado e bonito. Hasteamos a bandeira. Dois homens saíram à caça. Andamos sem carne há já alguns dias. À tarde, sem que esperássemos, desceu o TGP com Vilella trazendo um jornalista — Mr. Scott Seagers.

Pernoitarão aqui os dois "chegantes".

O PRIMEIRO DOUGLAS — 23 PESSOAS PARA O JANTAR

Hoje, 14 de julho de 1947, segunda-feira, é o dia do CAN no Mortes. Não conseguimos vencer todos os monchões; pelo que soubemos, amanhã virá até aqui esse CAN da quinzena.

Depois do almoço o TGP decolou rumo ao Mortes. Estamos há quatro dias com dois bons trabalhadores fora de serviço, com conjuntivite transmitida pelos índios. Presente de civilizados — os primeiros passos no sentido da aculturação! Entre os kamaiurá são diversos os casos de conjuntivite.

Caiu doente mais um civilizado — José Nascimento.

Pela fonia de hoje foi confirmada a viagem para amanhã do CAN até aqui.

Amanhecemos hoje, 15, terça-feira, na expectativa do Douglas-CAN.

Logo cedo começaram nossos horários. Soubemos que o CAN havia saído para Caiapônia e que voltaria ao Mortes ainda hoje. Continuamos com os serviços da faixa alargada. Levamos diversos índios para apressar o trabalho. As providências mais urgentes, tomamos no período da manhã.

Às duas horas completamos o serviço e ficamos aguardando o CAN, que já havia saído do rio das Mortes para o Kuluene e para cá.

Às cinco horas aterrissou, como se fosse num campo batido, o Douglas pilotado pelos capitães Humberto, Luís Aguiar e Elmo Carvalho. Vieram ao todo 23 pessoas, inclusive o dr. Noel Nutels, o dr. Baggion, médico em Aragarças, diversos estudantes de engenharia, alguns funcionários de Aragarças, dois índios do Kuluene, o dr. Sick e seu auxiliar Bruno Romualdo e três trabalhadores para o posto.

O dr. Sick ficará aqui, por designação da presidência da FBC, por alguns meses captando e estudando material de interesse da sua especialidade — ornitologia.

O avião pernoitará aqui. Improvisamos janta para as 23 pessoas. O pernoite será dos piores. Não estamos preparados para um grupo tão grande.

Os pilotos, apesar de nossos insistentes oferecimentos, foram dormir no avião. No nosso rancho ficaram o dr. Noel, o dr. Baggion, Mr. Seagers e um sargento da tripulação. Mandamos alguns trabalhadores correr o campo em toda sua extensão. Nenhum sulco foi encontrado. A carga geral do avião, incluindo passageiros e tripulação, subiu a 2.500 quilos.

Dia 16, às sete e meia, começaram a funcionar os motores do avião. Alguns índios ontem à tarde exibiram lutas para os visitantes.

Os capitães Elmo e Humberto, apesar da noite maldormida, gostaram do lugar. Mostram-se prontos em nos auxiliar, inclusive pedir a regularização da rota com vinda do avião quinzenal até aqui.

Às sete e quarenta o CAN partiu, levando dezessete passageiros. Ficaram o dr. Noel, o dr. Sick, seu auxiliar Bruno e os trabalhadores. O CAN utilizou seiscentos metros na decolagem, ficando, portanto, livres ainda quinhentos metros. Os pilotos acharam bom o piso, que em nada prendeu o avião.

CHEGA JEAN MANZON

Teremos um movimentado fim de semana, com a vinda do major Basílio e Jean Manzon, o afamado repórter fotográfico francês.

Terminamos uma das faixas de alargamento e imediatamente iniciamos a outra. Queremos dar ao Douglas a maior segurança possível, oferecendo um campo extenso e largo.

O rádio agora com a fonia auxiliando está razoável.

Com dois homens iniciamos um rancho para o dr. Sick, que aqui ficará um bom tempo.

Entramos hoje, 18, sexta-feira, ativamente no campo. À tarde tínhamos na ala iniciada ontem 580 metros de campo e quinhentos de rastelamento.

O dr. Noel nos trouxe bons medicamentos e, como sempre, movimentou o acampamento com seu gênio expansivo. Major Basílio chegou de manhã em Aragarças e amanhã virá até aqui.

Dois homens continuam fora de serviço com forte conjuntivite. Dispensamos hoje o trabalhador Nascimento, por ineficiência. Aliás, no dia que chegou registramos a nossa pouca confiança no seu serviço; o jeito, a cara, os modos, não o recomendavam. Boa parte da aldeia kamaiurá continua conosco.

O horário da tarde nos cientificou que o major Basílio, com o Focke--Wulf, atingiu hoje o Kuluene, onde pernoitará.

Tudo corre normal: o dr. Noel catando pernilongo; o dr. Sick estudando passarinhos e o pessoal empenhado na capina.

Fizemos um horário às sete da manhã de hoje, 19, com o Kuluene. A essa hora o Focke-Wulf estava saindo do campo. Quarenta minutos levou a viagem do Kuluene até aqui. Às sete e quarenta desceram em nosso campo o major Basílio, o repórter Manzon, seu auxiliar Marcel Congnac, o piloto do FBC, José Vilella, e o mecânico do avião, Antônio.

Um dos objetivos da viagem do major Basílio era voo de exploração ao rio Maritsauá-Missu, além da inspeção normal das estações de rádio da Fundação — subordinadas ao DRNA, departamento chefiado por ele.

Ficamos sabendo, logo após a chegada, que o motor da direita está falhando, comprometendo, assim, nosso voo ao Maritsauá.

O repórter Manzon, o agitado Manzon, iniciou uma série de fotografias com índios flechando peixe. Desnecessário lembrar a fama internacional desse repórter. Manzon, fora da máquina, é um grande sujeito; com a máquina, um respeitável documentarista, mas implica com os mínimos detalhes. Numa pescaria movimentada, sabe pegar os flagrantes melhores. Manzon não fotografa, ele fixa quadros e tipos.

O Focke-Wulf com toda a sua gente pernoitará aqui. É plano do major Basílio sair amanhã cedo para o Kuluene levando algumas peças do motor do Waco que está aqui acidentado para o Waco que está lá em pane.

À tarde, Tamacu — juruna de nascimento, suyá e kamaiurá de criação — contou a sua vida movimentada de menino raptado, primeiro pelos suyá e depois pelos kamaiurá.

Arranjamos acomodações, as melhores possíveis, aos visitantes, mas temos certeza de que ficaram mal acomodados. São coisas do mato.

Conforme praxe, hoje, domingo, hasteamos a bandeira às oito horas.

Os índios quase todos foram pescar na ponta da lagoa. Manzon foi também e aproveitou a ocasião para uma nova série de fotos. Enquanto isso, major Basílio decolou com o Focke-Wulf para o Kuluene levando as peças do Waco. Serviu o voo também para testar os motores. Como funcionaram razoavelmente, ficou combinada a exploração para a tarde — quatro horas.

São os seguintes os horários e dados anotados no voo:

Decolagem Iacaré — 16h01
Confluência — 16h07
Foz Suyá-Missu — 16h36
Foz Maritsauá — 16h40
Rio Maritsauá acima até — 17h12

Iniciamos viagem de regresso porque o motor voltou a falhar às cinco e doze.

A observação sobre o rio foi a seguinte: o Maritsauá-Missu, que apresenta uns cem metros de largura em média, é perfeitamente navegável até o ponto que atingimos. É quase nada sinuoso e corre bem de oeste, atingindo o Xingu pela margem esquerda, pouco abaixo do Suyá-Missu, afluente da direita. Notamos pequenos córregos caindo à esquerda e um de regular tamanho fazendo barra à direita. Este afluente do Maritsauá é totalmente desconhecido. No ângulo formado pela junção dos dois, há uma lagoa redonda de regular tamanho. O Maritsauá, até o ponto atingido, corre através de uma planície extensa coberta de densa floresta. Pareceu-nos ainda que a margem direita é mais alagadiça que a esquerda. O voo, num aspecto geral, foi bom. Maiores detalhes do rio não puderam ser notados porque tínhamos pela frente o sol tirando boa parte da visibilidade.

Redigimos, para o primeiro horário da manhã, um despacho para o *Repórter Esso*.

Três homens que cedo saíram à caça trouxeram três veados.

Fizemos hoje um bom fogo fora do rancho, e à sua beira a conversa foi até mais tarde.

Às seis horas arriamos a bandeira.

Começamos nova semana de serviço: campo e rancho do dr. Sick. Com o sol a boa altura iniciou Manzon o final de seu programa de fotografias, fixando aspectos do acampamento dos índios e detalhes como confecção de beiju, preparação da mandioca etc. Marcel Congnac — auxiliar de Manzon — fez um solo de clarineta, da qual é um terrível principiante, que agradou muito aos índios.

Depois do almoço, o major Basílio partiu com o bimotor para o Mortes com todo o seu pessoal.

Às 8h25 o *Repórter Esso* divulgou o despacho que enviamos sobre o voo de ontem.

Não deu para ir no Focke-Wulf o trabalhador que dispensamos por ser malandro e preguiçoso. Irá na próxima condução.

Novamente o acampamento no seu sossegado ritmo de trabalho. O dr. Noel continua aqui, mas ele já se tornou peça inteiriça desta vanguarda. O rancho do dr. Sick entrou em fase de cobertura.

Momentos depois do nosso risonho radiotelegrafista informar que hoje não teremos avião, o Waco aterrissou pilotado por Vilella e trazendo o dr. Roxo da base do Mortes, chefe interino de lá na nova ausência do coronel Vanique, que foi para o Rio há quarenta dias.

Entra, para nossa satisfação, um novo Waco em voo. O avião ficará hoje aqui.

Novamente, agora mais concorrido, o papo ao pé do fogo. Não há conversa: ouvimos o dr. Noel. Ouvi-lo não é sorte que todos têm. Dr. Noel tem mil coisas a contar, e sabe contar; sabe falar de sua meninice nas Alagoas, do seu curso em Recife e da sua luta, no Rio, de médico recém-formado.

A noite foi esfriando, a lenha acabando e não tivemos outro remédio senão a rede.

Sabemos que amanhã essa gente toda vai embora e que no fogo à noite estaremos apenas nós três nos olhando mutuamente sem nada dizer.

Que temos a contar um ao outro?

OS ÍNDIOS DO XINGU

Dia 23 amanheceu frio. A primeira nesga de sol encontrou o dr. Noel, o dr. Roxo, o dr. Sick, Vilella e nós de mãos no bolso e nariz vermelho.

Vilella decolou às oito horas. Lá se foram o dr. Noel, o dr. Roxo e o vagabundo Nascimento.

Boa parte dos kamaiurá que aqui estão desarma as redes para regressar à aldeia. É o tempo das roças.

Nossos serviços prosseguem sem alterações. O dr. Sick está com o rancho pronto e bastante contente. No campo foi começada a destoca grossa da última ala.

Temos mandado homens à caça. Nem sempre regressam com as mãos cheias, no mais das vezes de mãos abanando. O dr. Sick está apaixonado pelos curiangos. Até alta noite fica ele no campo, de lanterna e espingarda, namorando os caburés. É uma maneira estranha essa de namorar... mas cada qual namora a seu modo.

E assim passamos a semana e entramos no domingo com homens saindo e voltando da caça sem resultado.

Do nosso auxiliar de enfermagem, Aires, que seguiu dia 19 de maio, nada mais soubemos. Já se passaram quase setenta dias da sua ida e dele não tivemos notícias. Provavelmente não volta mais.

Passamos no começo da semana dois dias na aldeia kamaiurá.

É oportuno lembrar que a região do Alto Xingu, por movimentos migratórios ainda não estudados, mas que hoje estão merecendo as atenções de nossos etnólogos, reuniu representantes das quatro grandes famílias linguísticas indígenas do Brasil, classificadas de acordo com as suas características culturais: tupi, caribe, aruak e jê, e algumas ainda com seu dialeto. Incluem-se, também, línguas isoladas, que são aquelas que não se enquadram nas grandes famílias citadas. Representando os *caribe* temos os kalapalo, kuikuro, matipu, tsuva, aipatse, todos oriundos do tronco nahukuá, que por sua vez vieram da dispersão da grande concentração naruvotu; os *tupi* estão muito bem representados pelos kamaiurá, aweti e outra grande nação que, embora fora da área xinguana, é por eles citada — os kaiabi; os *aruak* abrangem os waurá, os mehinako e os yawalapiti; e finalmente os *jê* contam com os suyá (krinkatire) e seus parentes menkragnotire e metotire, que habitam as proximidades da cachoeira de Von Martius, área ainda não alcançada pela Expedição. Representando um grupo de língua isolada vive o desconhecido trumai, cuja fala se diferencia de todas as outras.

Notícias de outros índios a todo momento estamos recebendo. Os kalapalo e os kuikuro falam dos iarumá e apontam o leste (Quevezo, mulher de Iuaikuma — kalapalo — é iarumá); os nahukuá são inimigos dos txicão lá das margens do Kurisevu; os kamaiurá contam os ataques dos juruna do baixo rio, e o mesmo falam os waurá. A incidência de índios nesta grande região do Brasil Central, onde se incluem inúmeras nações já desaparecidas, como anumaniá, tonori, urupatsi, auara, cutenabu e outras, faz crer ter sido ela a grande área de refúgio de índios de todos os quadrantes, pressionados pela invasão branca.

Estas tribos que ainda hoje vivem nesta região foram populosas no passado.

Agora estão reduzidas por causas diversas: lutas de acomodação, doenças e outros fatores. Durante muitos anos os junina e suyá, além de lutar entre si, atacavam os kamaiurá, waurá e trumai. Estes últimos, aguerridos, irrequietos, além de brigar com os índios lá do baixo rio, lutavam com seus vizinhos.

Só na linguística todos estes grupos xinguanos mantêm a sua independência — ou melhor, a sua característica própria. Seus hábitos são os mesmos, são as mesmas suas casas e algumas das principais cerimônias. O casamento entre índios de grupos diferentes muito influiu para essa difusão de costumes.

Os trumai, que presumimos sejam os últimos chegados nesta área do Xingu, adquiriram dos kamaiurá o corte do cabelo e o uso do uluri (fio envolto na cintura, com um pequeno triângulo de entrecasca colocado sobre o órgão genital).

Nas onze aldeias que tivemos oportunidade de visitar, observamos, conforme dissemos, os mesmos costumes, tanto na agricultura quanto em todas as outras atividades da sua cultura.

São gentis e hospitaleiros, fazem o possível para ser agradáveis. Às vezes rejeitamos delicadamente algumas de suas comidas; eles, por gentileza, nunca recusam as que lhes oferecemos. Recebem, provam e quando não gostam dizem que vão guardar para comer quando o sol estiver em uma altura que tomam o cuidado de apontar. As crianças são dóceis e carinhosas.

Nunca assistimos a uma discussão nem vimos um gesto brusco que denunciasse contrariedade. Vivem uma vida social invejável.

Em cada tribo existe um chefe — o cacique. Auxiliam o cacique na direção da aldeia os chefes de casa (malocas), que já chamam, por influência do civilizado, de "capitão". Os capitães possuem os seus dependentes. À noitinha o cacique, quando há algum assunto de interesse coletivo, munido de arco, discursa na porta da sua maloca.

À noite, quase todos os pajés sentam no meio do pátio em torno de um fogo e fumam, passando o cigarro de um para o outro. O que recebe o cigarro emite uma exclamação característica. Nessa ocasião, os pajés conversam e deliberam e sugerem medidas que o cacique, presente, transmite à aldeia nas primeiras horas do dia, da porta de sua casa, sempre com o arco na mão. Certa feita as mulheres começaram a colher água em uma lagoa pequena, resto da enchente, com preguiça de ir à água corrente do rio. Os homens ficaram descontentes e a queixa chegou aos pajés. Na manhã seguinte, ouvimos, estávamos lá, o cacique expressando a vontade dele e dos mestres: censurar todas as mulheres pelo desleixo.

Nesse dia a água das cabaças estava clarinha, colhida no rio.

Os caciques podem ter até três mulheres, não porque possam sustentá-las, não. É tão somente por ser ele, por força da função, patrocinador de festas e necessitar do trabalho de mais de uma mulher. A obrigação de que nenhum chefe pode descuidar é a de grandes e boas roças. Ele tem de estar bem prevenido, pois é o anfitrião.

Estivemos dois dias na casa do Tamapu e mais não ficamos porque amanhã ou depois deverá chegar o Correio da quinzena.

O FUTEBOL NO CAMPO DE AVIAÇÃO

Segunda-feira, 28, entramos no serviço às seis e meia para liquidar duma vez com os monchões. Pelo primeiro horário nada soubemos, porém no da uma hora informaram que o CAN havia passado em Uberlândia.

O calor hoje foi terrível — 38 graus à sombra. A bruma seca já se denuncia com alguma densidade.

No último horário o CAN já havia chegado ao Mortes e voltado para Aragarças para pernoitar.

Terminamos de vez com os horrorosos monchões. Amanhã virá o CAN por volta do meio-dia.

Terça-feira, 29. Tempo ótimo, claro e firme. Marcamos diversos horários. No do meio-dia soubemos que o CAN já saíra havia muito tempo, devendo escalar no Kuluene.

Ao meio-dia e meia, vindo do lado da mata, ele aterrissou sem a menor alteração. Era a segunda aterrissagem desse tipo de avião no nosso campo, o que justificava nossa satisfação. Nós que sabíamos quantos monchões e formigueiros foram escavados, socados e aplainados.

Veio com o CAN ótima carga: arroz, farinha, toucinho, charque etc. A demora do avião no campo foi a do tempo suficiente para descarga e almoço.

No CAN de hoje vieram, a passeio, o radioperador Sebastião, o almoxarife Ruy e alguns trabalhadores do Kuluene rumando para o Mortes.

Aqui para o posto vieram três homens: Miguel José Pereira, Alcides Lima e Raimundo Pereira.

Os comandantes do avião nos informaram que esta rota já está regularizada com escala quinzenal no nosso campo. Ficamos satisfeitos com a notícia.

Continuam aqui índios kamaiurá, mehinako, waurá e trumai.

Reiniciamos o serviço na ala esquerda do campo. Agora, com a vinda do CAN, nossos aviões estão se tornando raros. A bruma seca está se acentuando.

Temos mandado homens à caça. Nem sempre são bem-sucedidos. Quando o caçador é bom, consegue, com muito esforço, trazer dois veados.

O dr. Sick continua com suas observações "passarinhescas".

Alguns índios que se apresentam gripados estão sendo por nós medicados.

Chegamos, ainda lutando com o campo, ao último dia de julho. Já não estamos tão longe da estação das águas. Sobre o prosseguimento da vanguarda nada se ouve falar.

Entramos em agosto com 36 graus à sombra. As noites, embora não tão frias como aquelas de julho, ainda convidam ao fogo.

Cada dia se acentua mais a bruma seca. Para quebrar a monotonia do acampamento, percebe-se que os homens procuram uma distração para as horas de folga. Até há dois dias era uma gritaria no jogo de malha, mas rapidamente enjoaram.

Agora estão encarando o futebol. Começou há dias com uma bolinha de mangaba, mas logo se aperfeiçoou com o aparecimento, ninguém sabe como, de uma bola grande de borracha. O número reduzido de futebolistas aumenta a responsabilidade do jogador, que tem de se desdobrar. O campo de aviação se transforma, nessas ocasiões, em campo de peleja. Torcida não falta.

Algumas dezenas de índios lá estão olhando sem entender, fazendo, porém, enorme algazarra quando dos tombos espetaculares, das topadas violentas, dos valentes encontrões.

Assistir a um jogo aqui no Xingu é coisa estupenda. É de ver as exclamações espontâneas e o movimento indeciso de dez homens gingando o corpo como se estivessem negaceando caça grossa, investindo uns contra os outros como marruá no cerrado.

Um jogo no Xingu é mais ou menos assim:

— Cinco de cada lado tá bom. Ocê joga de golero, ocê de dianteiro, ocê na retranca. Véio Féli, ocê joga aí memo no gor.

— Baiano! — grita um — tira o revorve pra jogá; qui ocê jogue de facão ainda vá lá, mais de revorve num tá certo.

— Mané, ocê vae jogá de carção? Tá doido...

Terminadas as observações iniciais, começa o jogo:

— Passa a bola! Fecha! Istora pra riba dela! Ocê assim num vae Mané; ocê ricua qui nem caititu!

— Ai! — grita Elias. — Já dei duas veiz com o gargalo do dedão num toquinho acolá.

— Tire essa peia, moço. Ocê vai indo bem e de repente destroce.

O jogo continua cada vez mais bruto, e o falatório não para.

— Avança rapais, num fíqui aí qui nem curujão cos oio parado em riba da bola.

— Corre! — grita outro. — Taí gruvinhado qui nem pioio-di-cobra e não arriba o pé nem nada.

De repente a bola vem e passa entre as pernas do goleiro. Imediatamente o "dono" do quadro reclama:

— Tomém, o golero parece formigão, abre os quarto e não bambea!

Duvido que na cidade se torça tanto.

O REVÓLVER DO CELINO

Já que os nossos aviões estão se divorciando do nosso campo, com ciúme dos Douglas, resolvemos sair com o motor logo cedo indo até Uaraim — lugar do Xingu onde começamos a fazer campo — à procura de abóbora e batata que lá plantamos. Nada encontramos, mas valeu o passeio. Fomos nós (Leonardo, Cláudio e Orlando), Miguel no motor, o trumai Aluari e o kamaiurá Tapiri.

Nos campos, à esquerda do Ronuro, vimos diversas colunas de fumaça. Não há índios conhecidos por lá, tampouco os daqui frequentam aqueles campos.

Chegamos de volta às oito da noite.

Domingo, 3 de agosto. Hasteamos a bandeira à hora habitual. Alguns homens que mandamos à caça trouxeram à tarde dois veados, depois de muito andar.

O rádio ontem havia anunciado no último horário a vinda hoje do dentista, mas no horário seguinte a viagem foi cancelada. E provável que o nosso próximo avião seja o CAN, daqui a dez dias. Às seis horas arriamos a bandeira.

Entramos numa nova semana de serviço.

Algumas nuvens já andam toldando o poente. A bruma continua espessa, e só se chover se dissipará.

O dr. Sick e seu auxiliar Bruno estão em grandes atividades "passarinheiras".

Quase todos os índios se retiraram.

Os dias estão se sucedendo sem novidades. O rádio funcionando em tenebrosos horários não dá notícias do avião. Foi terminado definitivamente o alargamento do campo, o que representa uma grande vitória, visto o número reduzido de gente nesse serviço. Sempre temos de ter um ou dois na caça.

Nosso campo agora está com 1.100 metros de comprimento, cinquenta de largura, trinta de mato rebaixado como margem de segurança, isto de cada lado; uma cabeceira ótima e a outra com quinhentos metros derrubados; piso bom e tudo em condições. Ainda, para maior segurança, vamos derrubar mais um trecho de mata da cabeceira norte.

Despedimos o trabalhador Romualdo Moraes, que faltou com a disciplina, sacando, na cozinha, de um revólver e ameaçando um companheiro. Era um bom trabalhador, mas só pelo fato de puxar uma arma já o dispensamos sem tardança — irá ele na primeira condução.

João Preto assumiu na cozinha o lugar do demitido, que era ajudante e substituía o efetivo, que se encontra doente (que, por sua vez, irá também na primeira oportunidade).

Nosso radioperador dá seguidamente provas de estupenda vivacidade: há pouco adquiriu ele um revólver Colt 32 cano longo. Achou, porém, que a arma tinha um cano muito longo para sua altura (1,55 metro). "Vivo" como é, passou a serra no cano e deixou a seu gosto... Não rasga dinheiro porque aqui não há.

Chegou pelo rádio uma vaga notícia do major Basílio.

Só temos um doente, o cozinheiro.

Estão aqui poucos índios. A bruma continua espessa. Os jogos no campo continuam com entusiasmo. Felizmente nenhum craque, a bem do serviço.

Agosto, dia 9. Nada tivemos pelo rádio da manhã, mas isso não é novidade. Já nos habituamos a não confiar nas suas informações.

Hoje, por exemplo, contrariando informações, chegou um avião. Às onze horas desceu o Beechcraft pilotado pelo major Sampaio. Vieram com ele o coronel Keller, o major Basílio e o dr. Salgado.

Vinham com vontade de fazer um voo sobre o Suyá-Missu e Diauarum — antiga aldeia suyá próxima à foz daquele rio.

Às duas horas, mais ou menos, decolamos. Além dos que vieram no avião, fomos nós dois (Cláudio e Orlando). Leonardo preferiu ficar. Atingimos o Suyá-Missu em 25 minutos. Sobrevoamos o Diauarum e em seguida saímos Suyá acima por quarenta minutos. Encerrando a exploração, o major Sampaio fechou o triângulo vindo a sair bem na altura do nosso campo, com 25 minutos. É um piloto e navegador que pode ser comparado, mas nunca superado. Como era plano pernoitar no Mortes, o Beechcraft mal desceu e sem apagar os motores despediu-se e alçou voo rumo à base.

Domingo, 10, descanso. Hasteamos e arriamos a bandeira nas horas habituais.

O NOVO PRESIDENTE, DR. FERREIRA

O CAN deve chegar ao Mortes hoje. Ângelo, auxiliar de mecânico do DRNA, vindo com o major Basílio e Sampaio, está desmontando o Waco para que parte do dito vá amanhã com o Correio. Nosso rádio está mudo há alguns dias. Agora é motor. Isso quer dizer que o CAN vai chegar sem aviso, como vem acontecendo há bom tempo.

Amanheceu com vento constante e de través no campo.

Ao meio-dia desceu o Correio. Com ele veio o novo presidente da Fundação Brasil Central, o dr. Manoel Ferreira, que substitui o ministro João Alberto. Só hoje soubemos dessa importante mudança, o que constitui mais uma falha da nossa possante retaguarda. Com o CAN veio, também, uma singular criatura — o dr. Harry Wright, que aliás já esteve conosco dois dias o ano passado lá no Garapu. Ele declina algumas vezes por dia suas credenciais, que não são poucas e que procuram nos convencer da existência de tanta "sabença" numa criatura só: "antropólogo, jornalista, médico, dentista, coronel e sertanista de larga experiência". Com ele veio outro doutor, no momento com a função de cinegrafista: dr. Martins. Rapidamente o dr. Martins virou "Geo" e se revelou uma excelente criatura.

A visita do dr. Ferreira, o presidente, foi para uma rápida inspeção, não tendo nem tempo de expor o programa planificado para a Expedição — principalmente com referência à vanguarda. Contudo, manifestou-se favorável a uma exploração aérea e por água até o Suyá-Missu. Isso era realmente o que queríamos e ficamos satisfeitos em conhecer a opinião do presidente. Achou o dr. Ferreira que a água aqui no Iacaré é meio parada. O novo presidente, nos poucos minutos que aqui ficou, deu vida e alento a esta modorrenta vanguarda, que, em verdade, sedenta de ação, já andava meio desanimada.

O dr. Wright e o dr. Martins ficarão conosco alguns dias.

Com o Correio despachamos o "valente" Romualdo Moraes e o doente Antônio Pereira.

A ONÇA QUE VIROU VACA

Quinta-feira, 13. Manhã nublada, noite quente. Desde ontem à noite estamos ouvindo esturro de onça aqui bem perto. Hoje de madrugada uma esturrou tão perto que mr. Wright de manhã perguntou se tínhamos vaca no acampamento! Para um afamado sertanista como sua senhoria, confundir vaca com onça é meio grave.

Os primeiros trovões da estação que se aproxima já se fizeram ouvir.

Amanhã, atendendo à recomendação do dr. Ferreira, iremos até a aldeia levando o "sábio" americano e o cinegrafista nativo.

Dos dois serviços que estavam sendo tocados, derrubada e fechamento do rancho dos trabalhadores, ficou pronto este último.

Atendendo ao dr. Ferreira, um grupo saiu bem cedo para a aldeia levando os dois visitantes: mr. Wright e dr. Martins (Geo). Foram Leonardo, Orlando, o motorista Miguel e o trabalhador Manoel Cearense.

A aldeia estava bastante movimentada, com a presença dos aweti e yawalapiti. Muitas cenas interessantes puderam os cinegrafistas filmar: lutas, trabalho de mandioca, confecção de redes etc. À noite mr. Wright, que levara um gravador, pôde registrar uma interessante narrativa do velho Karatsipá, que era moço quando em 1886 passou pelo Xingu o explorador alemão Von den Steinen, um discurso do cacique Tamapu e, ainda, trechos da dança uruá e o iamaricumá das mulheres. O engraçado é que essas coisas nunca saem completas. Depois de tudo pronto, os índios se agruparam para ouvir, mas, como sempre acontece, a essa altura o acumulador do gravador já estava descarregado!

Pernoitamos na aldeia e no dia seguinte voltamos ao acampamento. O Waco Cabine havia chegado, trazendo o comprador da Expedição em Uberlândia, Leonindo Moreira.

A não ser os dois filmadores — Wright e Geo — que tiram filme, disparam máquinas e falam em "realce", "*close*", "cor local" etc., tudo no acampamento segue o ritmo comum de trabalho.

Os dois visitantes — Wright e Geo —, o primeiro o "gênio" e o segundo uma excelente criatura, deram por terminados os trabalhos aqui e pedem condução de regresso. Pelo último horário fomos informados que amanhã virá avião.

Dito e feito — logo cedo, hoje, dia 20, chegou o Vilella trazendo um trabalhador e um pouco de carga. O tempo anda ótimo para as explorações que andamos programando, seja por avião ou por barco. Por avião já percebemos que hoje não vai dar certo. Vilella a toda hora está olhando o céu lá para os lados da volta. Os dois visitantes, por sua vez, já estão levando para o campo a imensa bagagem, um monte, felizmente, de volumes pequenos. Não fosse assim, por certo não caberia no avião.

O FASCÍNIO DO ACAMPAMENTO

As noites estão bem mais agradáveis. O frio, diga-se de passagem, nunca menos de 16 graus, está indo embora. Dentro em pouco vamos voltar ao calorzinho de 34-36 graus. A bruma seca, por sua vez, graças aos ventos, está sendo espancada.

Com o sol a pino chegou o Piper (dois lugares) com Olavo na direção. Com ele veio o Paulista (Enzo Pizano), que ficará aqui enquanto durar a nossa exploração rio abaixo. Paulista, nosso velho companheiro, é engenhoso, cheio de expediente, predicados imprescindíveis no sertão — além disso o moço é uma grande figura.

Leonardo, Paulista, Olavo, dois trabalhadores e o trumai Aluari subiram até a aldeia crem-nhem-nhem para verificar se lá existe buriti. Regressaram à noitinha dizendo que o buritizal é muito distante, não valendo a pena contar com ele. Olavo passou mais um dia conosco. Não há dúvida de que o nosso acampamento exerce um fascínio no pessoal da retaguarda. Olavo fez um voo até a aldeia vanivani dos trumai. Isto porque andam eles dizendo que por lá têm aparecido constantemente sinais estranhos e, vez ou outra, gritos de índios desconhecidos, que chegam até a roubar mandioca. Olavo, cujo propósito era constatar alguma fumaça saindo da mata, voltou sem nada registrar. Tudo o índio pode camuflar, ocultar ou disfarçar, menos fumaça. Não há fogo na mata sem fumaça. De longe ela denuncia se é fogo na mata, fogo na roça ou fogo de acampamento.

Chegou da aldeia a índia Caiti, filha do velho Maricá, muito doente. No horário seguinte consultamos o serviço médico de Aragarças dando todos os sintomas: "Mulher doente, parto recente, perna esquerda congestionada com muita dor".

OVOS DE TRACAJÁ, UM PRESENTE

Alguns homens que foram pernoitar na praia trouxeram quinhentos ovos de tracajá. O ovo de tracajá é um presente para o índio e o não índio. Um tracajá põe mais ou menos 36 ovos. Cru é bom, cozido é melhor. Digesto, a tal ponto que tínhamos homens que comiam sessenta! Nós mesmos, mais requintados, comíamos trinta! É do tamanho de uma bola de pingue-pongue. Não tem clara, só gema. O índio adora. O ovo é procurado pelo urubu, pelo gavião, pelo guará, todo animal que frequenta a praia, menos a gaivotinha, que grita quando os inimigos naturais dos tracajás aparecem. Quando a ninhada bem escondida pela mãe tracajá consegue vingar, sai em fileira rumo à água e, à medida que nela vai entrando, vai sendo devorada pela piranha ou pelo jacaretinga (jacaré de barriga branca). Mesmo assim o tracajá prolifera. Só em uma praia, certa vez, colhemos cinco mil ovos! Não chegou a desequilibrar a fauna, pois nas outras havia muito mais.

Em resposta ao rádio que anteontem mandamos sobre a índia doente, fomos informados de que dr. Franco estava de saída para cá. Contudo, com medo de qualquer contratempo e, ainda, em face do sofrimento da índia, aplicamos toda a penicilina que tínhamos aqui. Isso fez com que ela apresentasse consideráveis melhoras.

Em matéria de serviço, estamos reforçando a calafetagem dos barcos.

Foi muito boa a nossa iniciativa em medicar a índia, pois o avião não veio e, claro, tampouco o dr. Franco.

HÓSPEDES INESPERADOS

Hoje, dia 19, terça-feira, chegou pelo primeiro horário resposta ao nosso rádio do dia 16 sobre a doente:

Remeti intermédio piloto Vilella medicamentos VG inclusive um milhão unidades penicilina serem aplicadas índia com tromboflebite puerpural esquerda PT
Dr. Franco PT

A índia já está sentada e se alimentando. Valeu o rádio, pois vimos que acertamos na medicação. O dr. Franco não pôde vir por falta de avião. Somente isso o impediria. Excelente criatura.

Do major Basílio, que muito nos tem ajudado com seus voos e sua presença, recebemos um rádio nos seguintes termos:

Irmãos Villas Bôas PT
Com muito sentimento informo companheiros inspeção saúde nos colocou fora de voo tempo indeterminado PT

Fica assim interrompido meu programa qual espero em Deus breve retornar PT Abraços PT
Basílio PT

Respondemos ao major Basílio, a quem muito deve a vanguarda:

Major Basílio PT
Cientes dizeres seu rádio PT Lamentamos seu afastamento motivo saúde e fazemos votos seu pronto restabelecimento PT
Os Villas Bôas PT

Está voltando com certa impetuosidade a bruma seca. A visibilidade horizontal está quase nula. Olavo inteira seu terceiro dia conosco. Hoje, sábado, ele e diversos homens foram pernoitar na praia para colher ovos de tracajá. Está na época da desova.

Olavo, que é amazonense, é um respeitável "papa-ovo" de tracajá.

Recebemos do rio das Mortes, Xavantina, nota de mr. Wright pedindo para nos acompanhar na exploração que estamos preparando e cuja partida será por estes dias. Informamos que infelizmente não seria possível, porque vamos em barco pequeno e levando alguns homens para as explorações e, além do mais, não temos prazo de volta. Em verdade, ficamos é com medo da "massa da bagagem" que ele traria.

Chegaram hoje, domingo, os que foram pernoitar na praia. Quase nada trouxeram. As praias daqui por perto são muito frequentadas por índios, que não se descuidam de colher, também, ovos de tracajá.

Olavo decolou hoje, segunda-feira, 25 de agosto, antes das sete da manhã para o Mortes. Passou conosco três dias.

Estamos retocando alguns ranchos. Por falta de palha de buriti, usamos sapé. Esta cobertura é melhor, mas rende muito menos. Hoje terminamos a casa do rádio.

O CAN da quinzena chegou em Aragarças. Amanhã o teremos aqui. Já estamos prontos para sair amanhã, logo depois do CAN, para a exploração.

Terça-feira, 26, amanheceu bom. A bruma continua densa. Carregamos o batelão e ficamos aguardando a chegada e a saída do CAN, para iniciar viagem. A tarde foi caindo e nada do avião. Às cinco horas, sem que esperássemos mais, chegou o Correio. Veio ótima carga. Resolveram os comandantes pernoitar aqui. A confusão, como sempre, foi enorme, pois não estamos aparelhados para essas emergências. Faltam-nos redes, cobertas, pratos, talheres, quase tudo.

Se fosse só a tripulação a coisa seria mais fácil, mas acontece que sempre vêm passageiros. Neste, além de alguns "perus", vieram os dois cinegrafistas que daqui foram há três dias — mr. Wright e Geo.

Saiu tudo muito bem.

DESCENDO O XINGU

Às sete horas de hoje, quarta-feira, 27, decolou o Correio para Aragarças, indo antes, conforme informação do comandante, sobrevoar a região dos suyá.

Saímos às nove horas com o barco. Fomos nós (Leonardo, Cláudio e Orlando), o motorista Miguel, o cozinheiro João Preto, Perpétuo, Cassiano, Nélson, Elias, Raimundo e os índios Maricá e Cuçapu. Respondendo pelo posto para ir anotando as ocorrências ficou o funcionário Enzo Pizano, o Paulista.

Nas anotações feitas pelo Enzo Pizano constatamos na volta que no período de 28 de agosto a 6 de setembro nada houve de especial a registrar, a não ser a chegada e o regresso do Waco trazendo o técnico Juramir.

Ao meio-dia do dia 6 chegou de volta ao posto o batelão que saíra em exploração no último dia 27.

Foram as seguintes as anotações feitas durante a exploração:

Exploração: dia 27 de agosto de 1947 — Saímos às oito e quarenta do posto Iacaré, ao todo treze pessoas. A viagem seguiu normal até atingirmos o Uaraim, ao meio-dia e cinquenta, onde almoçamos. Os índios na enseada do Uaraim pescaram dois tucunarés e um matrinxã. Os dois melhores peixes deste rio. A viagem prosseguiu normal até as seis e dez, quando paramos para pernoitar na margem direita.

28 de agosto de 1947 — Saímos às sete horas. O rio, depois de uma grande curva, torce para o sul contornando uma grande ilha que os índios chamam de Yawalapiti. Às duas horas atingimos a foz do Suyá-Missu (Paranaiuva) em viagem ininterrupta desde a saída. O Suyá-Missu, na foz, tem uma largura de mais ou menos duzentos metros. Ali paramos para o almoço. Bem perto estava

a aldeia Diauarum (onça-preta, na língua tupi), objetivo principal da nossa viagem. Depois do almoço tocamos para lá, onde acampamos e iniciamos um reconhecimento detalhado do lugar. Andamos e encontramos muitos sinais de índios. Armações recentes de rancho, inscrições em árvores, fogo, jirau etc. Não pudemos identificar o tipo de índio. Não havia um só objeto. Notamos apenas que os paus eram quebrados e não cortados. O lugar é belíssimo e o rio tem ali seguramente uns novecentos a mil metros de largura.

29 de agosto de 1947 — Saímos cedo para continuar a exploração. Vimos a possibilidade de fazer ali um campo inicial de oitocentos metros. Terreno bom de terra preta, mais ou menos firme. É uma zona francamente de mata. O descortinado que percorremos é um macaubal antigo forrado de sapé por baixo. Durante a exploração ouvimos na mata gritos e pancadas distantes. Os índios que estavam conosco se alarmaram; não há dúvida de que Diauarum foi durante muitos anos aldeia de índios. Há ali mangabas, pequis etc.

Voltamos ao acampamento para o almoço. Queríamos, no mesmo dia, alcançar a foz do rio Maritsauá-Missu. Partimos logo após o almoço. Quando descíamos, avistamos ao longe uma canoa com dois índios. Eles largaram a canoa e desapareceram na mata. Não mais pudemos vê-los nem tampouco encontrar a canoa. Daí em diante aumentaram nas praias os sinais de índios: fogos, jiraus e buracos de pouso. Os índios que estavam conosco nada sabiam — ora diziam que eram juruna, ora que eram suyá ou então txucarramãe, o povo temido por todas as tribos xinguanas. Numa praia, vimos de longe um amontoado de areia. Paramos para exame: era uma trincheira de uns sessenta centímetros de largura por uns quinze metros de comprimento. Tinha sido feita recentemente. Uns dois dias, talvez. Calculamos que pernoitaram ali e que a trincheira era para proteger do vento.

Às quatro e meia alcançamos a foz do Maritsauá-Missu. Este rio cai pela esquerda e regula na foz com o Suyá-Missu em largura, mas no volume d'água é bem maior. Já que era cedo resolvemos ir abaixo da barra do Maritsauá--Missu e por isso continuamos descendo. Meia hora depois, avistamos um grupo de casas numa bonita e grande praia — tal como uma ilha. Fomos nos aproximando e distinguimos ranchos cobertos de folhas de inajá e cercados, também, por essas palmas. Distinguimos ainda movimento na praia. Tocamos o motor o mais direto possível naquela direção. Vimos que apressadamente índios tomavam as suas canoas e partiam remando energicamente.

Contamos naquela arrancada oito canoas, umas flechando para a margem, outras descendo o rio.

Aportamos na praia. Aves domesticadas corriam entre os ranchos. Uma arara-vermelha gritava estridentemente, estranhando os intrusos. Os fogos acesos. Redes, algumas armas sobre a areia branca, gostosa de pisar. Ficamos com inveja daquele arranchamento agradável, dormir no meio daquele rio enorme, sem terra, sem poeira, sem pau e com a água ali, a cinco metros. Coisa muito cômoda. Ambiente cativante. Os nossos índios gritavam, mas não havia resposta. Não tocamos nem deixamos que tocassem na menor coisa. Maricá ficou contrariado, pois queria levar a arara-vermelha. Dissemos que não. Insistiu, tornamos a dizer que não. Quis zangar, zangamos também. Riu e disse que estava brincando. O índio é danado para experimentar! Julgou Maricá que se zangasse nós cederíamos, não custava experimentar e experimentou, jogando toda a sua reputação de índio afamado e respeitado. Perdeu tempo e daí em diante nunca mais discordou.

As canoas já haviam sumido, com exceção de uma, que distante nos vigiava. Resolvemos descer para tentar uma aproximação: quando o motor contornou a ilha de areia, a canoa se movimentou. Pusemos o batelão na sua direção. Vendo que a canoa não podia competir com o motor, saltaram na água, mergulharam — eram dois — até a margem, galgaram a barranca e sumiram na mata. Donde estávamos, avistamos uma ilha bem perto. Continuamos descendo até lá, ainda mais que o nosso Penta soltou uma peça e deixou de funcionar. Acabamos de chegar no remo. À noite tivemos uma chuva pesada. Certos de que não teríamos chuva, só trouxemos uma loninha para proteger a carga do sereno. Aguentamos a chuva encolhidos nos troncos das árvores. Quando parou, fizemos um fogo e armamos as redes. As muriçocas atacaram em massa.

30 de agosto de 1947 — Quando clareou, avistamos da ilha uma maloca grande à margem esquerda, bem pertinho. Desfizemos o acampamento e, antes de prosseguir viagem, fomos à maloca grande. Fizemos uma chegada com precaução, pois parecia habitada. Os índios tinham ali pernoitado e de lá vigiaram nossos movimentos. Eles a abandonaram pouco antes desta nossa chegada. O fogo estava aceso e as redes, armadas. Medimos a maloca — 35 x 15 metros. Deve pertencer aos mesmos índios da praia. Desta feita colhemos algum material para identificação e no lugar de cada peça colhida (apenas quatro) deixamos em pagamento um objeto: facão, colar, machado,

faquinha. Reencetamos viagem de volta. Paramos na praia. Os índios tinham voltado à noite e levado alguma coisa que haviam deixado, e não se esqueceram da arara e do resto das canoas. Na praia largamos mais alguns machados, facões, colares e três flechas dos índios aqui de cima. Com o Penta fora de serviço, vínhamos com o Arquimedes desde a ilha. Na barra do Maritsauá paramos para o almoço. Fizemos uma boa parada — das dez e meia à uma hora. Na altura da primeira praia — onde havíamos avistado os índios — também o Arquimedes começou a falhar. Resolvemos alcançar a aldeia Diauarum a qualquer preço. Não tardamos muito. Às oito da noite chegamos.

31 de agosto de 1947 — Examinamos o Penta e limpamos o Arquimedes. Saímos tarde, oito e meia, para a barra do Suyá-Missu. Levamos vinte minutos, é muito perto. Subimos o Suyá-Missu até as dez e vinte — quase duas horas, para ter uma impressão do rio. Ele mantém — até onde fomos — uma largura média de cem metros. Fizemos diversas paradas e entradas explorando o terreno fora do rio. Chegamos à barra às três horas. Deixamos o pessoal tratando do acampamento e voltamos à aldeia Diauarum para examinar um detalhe. Regressamos às seis e meia da tarde.

1º de setembro de 1947 — Saímos às sete e meia da foz do Suyá-Missu. Navegamos normalmente até as dez e cinquenta sem uma parada. Reiniciamos viagem, depois do almoço, até as três e meia, quando o motor começou a encrencar. O motorista informou ser magneto. A coisa está complicando. Passamos toda a tarde numa praia, enquanto o motorista Miguel lutava — cercado de palpites — para tirar a pane. Como já estava escurecendo, rumamos para uma barranca na margem direita, para pernoitar.

2 de setembro de 1947 — De manhã encostamos numa praia defronte ao pouso e continuamos a reparar o motor. Perdemos a manhã toda nesse serviço e nada conseguimos. Vendo que nada mais poderíamos esperar do motor, resolvemos prosseguir na zinga. Rompemos ao meio-dia e quarenta. Só Elias estava em dia com a zinga; os demais, destreinados, pouco fizeram render nas primeiras horas. Paramos, com o pessoal cansado, às quatro e meia da tarde. João Preto tratou da janta e às seis saímos para parar novamente, às oito e quarenta, para pouso.

3 de setembro de 1947 — Partimos às seis e meia. Vai ser o nosso primeiro dia seguido de zinga. Uma hora depois da saída distribuímos uma ração

para cada um. Com o barco assim sem motor a caça fica mais fácil — patos, marrecos, capivaras e ararinhas se aproximam bastante do batelão. Depois de uma volta de rio demos numa praia com seis capivaras. Conseguimos abater três, mas só pegamos duas. Aproveitamos a parada para tratar do almoço. Durante essa parada, Leonardo e Miguel tentaram fazer funcionar o Penta, mas perderam tempo. Depois do almoço — com capivara no cardápio — continuamos a viagem. Hoje a zinga foi de quatro homens, dois no piloto e dois no remo. A viagem tem rendido bastante. Paramos, depois da saída do almoço, apenas 25 minutos para banho e descanso. Às seis horas encostamos para pouso na barranca da esquerda.

4 de setembro de 1947 — Às seis e cinco saímos, entrando num grande estirão. Às oito distribuímos ração. Esta manhã dificultou muito a nossa viagem, o vento soprou sem parar. Gastamos duas horas no almoço. Pouco depois, quando reiniciamos a viagem, o Piper nos sobrevoou. Reconhecemos Olavo no piloto e dele veio um bilhete numa garrafa: "Tudo vai bem no posto". Às seis horas da tarde chegamos ao Uaraim.

5 de setembro de 1947 — Hoje saímos tarde. No Uaraim lavamos o barco e almoçamos. O Piper esteve novamente nos sobrevoando. Saímos ao meio-dia. O travessão deu muito trabalho, vencemos com muita dificuldade. Chegamos à confluência às quatro horas e paramos para um descanso. O Kuluene, daí em diante, foi vencido com muito mais facilidade. Paramos para pouso perto da entrada do Nariá. Amanhã chegaremos de volta ao Iacaré.

6 de setembro de 1947 — Saímos cedo, não eram ainda seis horas. O Kuluene faz muita curva, mas é bom para a zinga. Distribuímos ração. Navegamos muito bem. Ao meio-dia e meia chegamos ao Iacaré.

Despendemos na viagem, apesar dos contratempos, onze dias. Com motores funcionando teríamos feito tudo em oito dias. Foi muito útil a exploração. Tivemos uma noção muito boa do Xingu, Suyá-Missu e Diauarum. Ficamos sabendo do aldeamento da praia e que as matas da aldeia Diauarum são frequentadas por outros índios que não aqueles da própria praia.

7 de setembro de 1947, domingo. Hasteamos a bandeira às oito horas com a presença de todos do acampamento. Fizemos uma ligeira explicação sobre a data. Às seis arriamos a bandeira.

Olavo decolou hoje muito cedo para o Mortes.

"JURUNA-MÉRE"

Entramos hoje, 8, desde manhã com forte bruma seca.

Pelo primeiro horário soubemos que o CAN saiu do Rio.

Nossos trabalhos hoje — com os homens que aqui estavam — consistiram em pequenos reparos no campo e abertura de uma meia-lua nas cabeceiras para manobras dos aviões. Dois homens na mata derrubaram um landi para fazer uma canoa.

Chegaram dois grandes grupos das tribos kamaiurá e kuikuro.

Veio o velho Karatsipá. É o índio mais velho do Xingu e por isso é ouvido e respeitado por todos. Deve ter uns noventa anos, coisa muito rara entre índios. O velho Karatsipá nos chama de filhos e nos agrada muito. Altas horas da noite ele nos acorda para contar histórias do Xingu. Quando chega é nosso hóspede, e como tal vai para o nosso rancho. Hoje, quando expusemos as peças que trouxemos lá de baixo, chocaram-se as opiniões quanto à origem dos objetos. Uns diziam ser suyá, outros txucarramãe, outros juruna, mas Karatsipá bateu pé firme: "Juruna-mére" (filhos de juruna). Quem estará certo? Confiamos muito no velho xinguano.

A PREPARAÇÃO DE UM CERIMONIAL ÍNDIO

Dia do CAN hoje, 9, segunda-feira. Manhã sem vento.

Ao meio-dia e meia aterrissou o Douglas. Trouxe ótima carga. Veio nos conhecer e visitar o lugar o comandante do destacamento do Exército que se acha em Aragarças, major Paredes.

O dr. Sick, que fora com o último CAN, regressou.

O avião esteve aqui duas horas, voltando para o Mortes.

Passada a novidade da chegada do Correio, entrou o acampamento na calma costumeira e no ritmo de trabalho. Trabalho todo sem urgência, sossegado, caboclo. O mormaço não tem sido brincadeira. Raro é o dia que não suba a temperatura — 36, 37, 38 graus à sombra. Ou temos grande ventania ou calmaria opressiva. Durante duas a três horas do dia a mata, as aves, os bichos, todos, enfim, se aquietam esmagados pelo mormaço pesado de um sol amarelo. Não corremos também, para não contrariar a natureza. Vamos devagarzinho fazendo alguma coisa. O calor é mais sério quando se para. Iniciamos agora um rancho para a cozinha. A palha tem de vir de longe, lá do varjão além da mata.

O rádio continua funcionando mal. Não por culpa dos aparelhos ou motor. Não. É tão somente por falta de desembaraço do operador-praticante. Tudo muito normal, só que não devia ser esta a estação escalada para treinamento. Hoje, depois de 55 minutos de motor girando, o calmo e risonho praticante conseguiu "pegar" a metade de um rádio. Não uma metade contínua, mas 50% das palavras totais. Não há uma frase completa. Virá o rádio quando vier o avião...

Vencendo o calor, terminamos o rancho da cozinha.

O movimento dos índios não para; saem cinco, chegam dez. Agora os kamaiurá estão em grande atividade de pesca, preparando-se para o cerimonial máximo do Xingu — a homenagem aos mortos. Os homens da canoa continuam na mata, aqui perto, escavando o landi. Nenhum deles é mestre canoeiro, mas são habilitados e estão "canso" de ver canoas. Pelo jeito vai sair muito boa. Ela vai nos prestar muito serviço na descida. Mal tínhamos hasteado a bandeira hoje quando chegou o Waco Cabine com Vilella, o dr. Roxo e Joaquim Nunes. O dr. Roxo continua respondendo pela base do Mortes; o coronel Vanique foi para o Rio no dia 12 de julho e ainda não voltou. Não ficou muito tempo aqui o Waco. Logo depois do almoço, variado hoje com um queixada abatido na mata, Vilella e o dr. Roxo saíram para o Mortes-Xavantina, deixando aqui o secretário Nunes para ir com o TGP que virá amanhã. Arriamos a bandeira com a presença de todos no acampamento, menos do dr. Sick, que nunca está presente.

Nosso rádio funciona admiravelmente, desde que não haja mensagem para ir ou vir...

CONVITE PARA O QUARUP

Entramos na terça-feira, 16, com um bom tempo. O termômetro marcou ao meio-dia 34 graus. Chegou o TGP com Saraiva trazendo entre outras coisas um magneto para o Arquimedes. Leonardo, Orlando e Enzo estão só esperando o Arquimedes funcionar para sair com o índio Curuerê e família para a aldeia kamaiurá.

Curuerê chegou como portador, convidando-nos para assistir ao Quarup — homenagem aos mortos.

O Arquimedes resolveu enfezar de verdade. Decidiram, então, os que vão à aldeia, sair a remo. Assim pensaram, assim fizeram.

Aconteceu que o motor não queria era ir ao Quarup, pois de manhã Saraiva, que aqui pernoitou, resolveu voltar à carga com Miguel e pôr o dito a funcionar. Depois de muito bater, descobriram que estava sem parafuso de regulagem. Suprida a falta, tudo entrou nos eixos. Como experiência foram até o último acampamento, na altura do Nariá, buscar o pente da pistola Mauser que lá havia ficado.

Saraiva tentou, depois de voltar do passeio, decolar com Joaquim Nunes para o Mortes. Mas aí foi o tempo que não permitiu. Já que não pôde ir, foi até a aldeia de avião para constatar a chegada dos que haviam ido de canoa. Nesse voo não viu nenhum dos que foram, embora tivesse passado bem baixo no pátio da aldeia. Novo pernoite. Os primeiros trovões já estão se fazendo ouvir. E quando isso acontece o nosso sertanejo sente saudades de casa e diz que é o "primeiro chamado".

Muitos não resistem e pedem mesmo a "guia" — a passagem.

Bem cedo decolou o TGP com Saraiva e Nunes no rumo do Mortes. Na passagem sobrevoariam a aldeia. Se vissem lá os canoeiros de anteontem continuariam viagem; caso contrário, voltariam para dar notícias. Não voltaram, sinal de que tudo está bem.

À tarde chegaram dois portadores canoeiros com um bilhete pedindo o motor e alguns gêneros alimentícios, porque a cerimônia foi adiada por dois dias.

Com todo o pessoal começamos uma carga ligeira no campo. O terreno é de vegetação rala. No mesmo dia a carga chegou ao fim. Aproveitando o sábado, alguns homens foram dormir na praia, para pescar.

Amanhecemos hoje, domingo, 21, com uma ventania desusada. De um dos ranchos a palha se foi. Hasteamos a bandeira. O rádio funcionou mas não falou. Já estamos habituados com essa modalidade de "horário". Voltaram os homens da pesca com um esplêndido resultado. Descemos a bandeira na hora habitual.

A SESSÃO DE CINEMA

Entramos na segunda-feira, véspera do Correio. O rádio, depois de titânico esforço, veio com a notícia de que amanhã o CAN pernoitará aqui com catorze pessoas.

Continuamos mal equipados para esses pernoites. Os pilotos e os demais da tripulação são os que menos aborrecem e que nenhum trabalho dão. Mas visita, há os que cruzam os braços e exclamam: "Será que não se dá um jeito em uma rede para mim?". Outros reclamam: "Isso é uma maçada, se eu soubesse não teria vindo". Esquecem que isto não é um canto de repouso, mas um posto avançado de uma Expedição. Quando isso acontece nos desculpamos "por tanto desleixo" e vamos dormir nos jiraus, enquanto o hóspede exigente, de bota e tudo, refestela-se na nossa rede.

A terça-feira, 23, amanheceu carrancuda.

Nuvens pesadas rolaram daqui pra lá e de lá pra cá. Nosso rádio, ou melhor, nosso motor entrou a funcionar cedo. Mas foi só às dez que conseguimos confirmação da vinda do avião.

Precisamente à 1h45 o Douglas 2044 desceu no campo. Apesar do adiantado da hora estavam todos sem almoço. Preparamos às pressas alguma coisa para tripulação e visitantes. De carga trouxeram 1.100 quilos. É uma beleza esse Correio. Dois cinegrafistas, que vieram com projetor, à noite passaram um filme, mesmo ao relento, que deixou os índios que aqui estavam entusiasmados. Nunca tinham visto ou imaginado coisa igual (nada houve que mais entusiasmasse o índio do que o cinema. Certa feita, nossa imperícia não conseguiu inverter um filme que estava de cabeça para baixo. Foi uma luta, mas não tivemos remédio senão passar assim mesmo. O entusiasmo foi igual. Ficaram todos de cabeça virada para baixo...).

O pernoite foi a confusão de sempre, mas tudo saiu bem.

Convém lembrar que alguns dos nossos trabalhadores também não conheciam cinema e, embora mais reservadamente, ficaram, tal e qual os índios, entusiasmados com a coisa. E o mais interessante ainda não é isso, e sim trabalhadores sertanejos que já tivemos, e ainda temos, que conhecem, viram e andaram de avião, mas desconhecem completamente o automóvel. Trem, então, nem se fala, não fazem a menor ideia.

Quarta-feira, amanheceu azul, um dia bonito. O CAN saiu às seis horas, depois de uma canequinha de café.

QUARUP, A CERIMÔNIA DOS MORTOS

Na hora do almoço chegou o motor da aldeia. A festa havia terminado. Chamamos de festa por causa da luta e das flautas na fase final, mas em verdade o que assistimos foi o mais importante cerimonial dos índios desta região.

Os mortos são representados por toros de madeira (madeira especial, de origem lendária) plantados no centro da aldeia. Cada família enfeita o seu "morto" com os melhores e mais caprichosos enfeites que possuem, e a seu pé choram um dia e uma noite. Para trás, dois cantadores, com o corpo um pouco curvado, seguram com a mão esquerda um arco que serve como bordão, enquanto com a direita sacodem o maracá, que marca o ritmo do canto que entoam. A madrugada inteira, sempre os mesmos cantadores, cantam chorando, sempre agitando o maracá. Ao pé de cada toro de madeira um pequeno fogo é ativado a noite toda pela família, que dele não se desgarra um só minuto. A esse toro de madeira dão o nome de Quarup. O velho Karatsipá foi um dos cantadores deste Quarup. É uma cena sem dúvida impressionante ver um velho de quase noventa anos, já sem voz, chorar toda a madrugada batendo um maracá, instrumento mágico feito de cabaça.

O Quarup é a encenação da lenda da criação. Só se justifica a cerimônia quando morre um índio de linhagem que outro não é senão aquele que foi criado pelo herói Criador, Mavotsinin. O toro de madeira que representa o morto tem mais ou menos um metro e sessenta de altura, sendo que os trinta a quarenta centímetros do topo são de uma madeira que os índios chamam de mavunhá — a mesma usada pelo Criador.

Passado o Quarup, os índios que lá estavam, antes de regressar às suas aldeias, resolveram vir até aqui. Assim é que chegaram seis canoas com quarenta índios kuikuro, duas outras com quinze yawalapiti e algumas dezenas de índios kamaiurá. Karatsipá veio com o motor, acompanhado pelo juruna Tamacu.

Iniciamos a preparação de uma horta.

O rádio funcionou regularmente.

O velho Karatsipá — chegado ontem — manifestou vontade de regressar. Como ele tem muito prestígio neste acampamento, mandamos que Miguel preparasse o motor. Infelizmente nova pane, desta vez mais séria. E o velho, levado por Tamacu, foi mesmo de canoa.

Temos tido quase todas as tardes violentas rajadas de vento. É o prenúncio da estação que se avizinha. No começo e fim das águas o vento toma lugar importante. Os ranchos volta e meia são descobertos, embora firmemos bem as palhas com peso e amarração. O rancho do pessoal foi o último.

Recebemos no último Correio as contas e miçangas para colar e os 150 quilos de rapadura que mandamos comprar para distribuir aos índios.

Com a despedida dos kuikuro hoje, demos a eles colares e rapaduras. Saíram contentes.

Voltamos a refazer as cumeeiras de quase todos os ranchos e tapamos os oitões, por causa das chuvas.

O calor tem sido estafante.

Hoje, domingo, 28, hasteamos a bandeira. Ninguém tem saído para caçar ou pescar. O calor na canoa é pior. Todas as folgas são aproveitadas pelo pessoal, que fica deitado, balançando na rede, na sombra do rancho ou então dentro da água.

Arriamos a bandeira perante todos do acampamento, menos o dr. Sick.

Vamos iniciar mais uma semana de trabalho no campo. Como a largura ficou meio irregular, vamos alargá-lo de um lado dois metros e cinquenta. O serviço será rápido. Vai em bom andamento o nosso batelão. Aguardamos, apenas, pregos para bater as cavernas.

VINTE CANOAS VISTAS NO VOO

Os índios passam o dia dentro da água.

Os yawalapiti que aqui haviam ficado resolveram regressar para o lugar onde estão levantando aldeia. Há muitos anos, com a morte do velho cacique Aritana, a aldeia se esfacelou. Do grupo que já era pequeno restaram na totalidade mocinhos, meninas e crianças. Sem um adulto para orientá-los, acabaram sendo recolhidos por outras aldeias, principalmente kuikuro. Mais de vinte anos viveram assim. Agora, todos adultos, não foi difícil convencê-los a erguer aldeia própria. Eles aceitaram a ideia e é o que estão fazendo, mesmo contra a vontade dos velhos hospedeiros. Para que isso fosse possível, mandamos comprar por nossa conta ferramentas e algum alimento para eles. Hoje estão saindo daqui levando machados, facões, enxadas e sementes de milho, arroz e talos de mandioca para plantio. Para as mulheres demos colares de miçanga e como reforço de boia entregamos boa quantidade de farinha e rapadura. O lugar escolhido por eles foi exatamente o da aldeia antiga, onde imperou o velho cacique cego Aritana.

O último avião que aqui esteve foi o CAN do dia 23. Estamos hoje há trinta dias sem notícias do nosso teco-teco.

Volta e meia o rádio vem anunciando que está para chegar avião. Não damos a menor importância, pois sabemos ser rebate falso de lá, ou engano do nosso radioperador de cá.

Chegou da aldeia o cacique kamaiurá Tamapu. Este gosta de andar e remar. Daqui à aldeia dá um dia duro de remo.

Hoje às seis horas a temperatura era de 35 graus. Despede-se assim o mês de setembro.

Outubro é o mês que traz as chuvas. Este primeiro dia surgiu nublado. Vamos tocando diversos serviços para não ficar parados. Preparamos uma horta e já semeamos. Na cabeceira do campo plantamos mandioca e um pouco de cana. Mais tarde plantaremos milho.

Todas as tardes chegam mais índios kamaiurá, trumai e outros. Estamos hoje seguramente com uns setenta. Paulista e Miguel resolveram pescar, não foram dos mais "panemas" — trouxeram alguma coisa.

Os dias, agora, amanhecem nublados. Preparamos dessa forma o nosso espírito para as chuvas que virão na segunda quinzena do mês. Tem soprado vento de todos os lados, mas o último — leste — foi sério. Muita árvore caiu. Duas dessas últimas noites a chuva foi leve e fina. Chuva fina ajudada por vento que se infiltra pelo pau a pique do rancho e vai lavar a gente lá na rede. Na última, os índios foram se refugiar no nosso rancho, e foram tantos que os esteios começaram a inclinar. Vinham todos com tição de fogo. Concordamos. A noite estava terrível e eles ao relento. Tudo bem, mas sem fogo.

Uma ala de aumento — dois metros e cinquenta — ficou terminada. Vamos fazer o mesmo do outro lado. Nossa pista vai ficar até com certo exagero na largura.

Começou no primeiro horário a vir um rádio, mas o resto ficou para amanhã. O nosso "artista" pegou dez palavras em cinquenta minutos. Cinco minutos para uma palavra já é ser "rápido". O rádio era para o Paulista. Conseguimos adivinhar que era a chefia do Mortes reclamando a presença do fujão. O rapaz veio nos substituir quando saímos na Expedição... e foi ficando.

Levamos ao fim a segunda faixa do campo.

A nossa pista tem agora 1.100 x 57 metros.

Índios kamaiurá continuam aqui; e kuikuro, somente uma família. Amanhã virá o Waco, diz o rádio.

O dr. Sick continua observando os seus pássaros e namorando os curiangos. É um homem sossegado e que vive absorvido com as suas caçadas. Com o seu chapeuzinho meio de tirolês, meio curvado, sai todas as manhãs de espingarda e binóculos rumo à mata. É um namorado ingrato dos pássaros, pois que no fim do namoro traz o objeto da conquista todo furadinho de chumbo, para ser embalsamado. Anda agora às voltas com um casal de anambés, na boca da mata. O dr. Sick vem raramente ao nosso rancho e, quando vem, traz aquele seu ar distraído, que fica muito bem num naturalista alemão. Seu auxiliar é que sofre para destripar, com tesourinhas e pinças, os passarinhos que ele traz. Bruno, o auxiliar, é moço e ainda está se enfronhando na arte da taxidermia. Podemos afiançar, sem medo de errar, que ele não combina com a arte. Isso requer tato, paciência, muito cuidado, e boa dose de gosto pela coisa, e isso tudo não se pode exigir de um rapaz de dezoito ou dezenove anos, habituado às praias do Rio, aos campos de futebol etc. Bruno é obediente, cordato e se esforça, mas sua tendência é mais para a bola do que para a ciência.

ESPERANDO OS PLANOS DE AVANÇAMENTO

Hoje, dia do CAN, 7 de outubro, amanheceu nublado. Conseguiu furar o bloqueio da nossa estação um aviso de que o coronel Vanique, que chegou com este CAN em Aragarças, quer nos falar, o que acontecerá no próximo horário.

Duvidamos, senhor coronel. Volta, assim, depois de uma ausência de quatro meses, o chefe da Expedição. A vanguarda está de olho comprido em sua nova missão. Daí a nossa satisfação por saber da volta do coronel, com certeza trazendo os planos do avançamento.

Não houve o "próximo" horário, nem ao menos ficamos sabendo das "intenções" do CAN. Uma coisa, porém, ficamos sabendo: é que o coronel voltará ao Rio com este mesmo Correio. Quase caímos fulminados com a notícia.

À uma hora mais ou menos chegou o Correio.

Trouxe algumas visitas, deixando, porém, de trazer açúcar, carne e outras miudezas. Pena não ter sobrado para nós pelo menos o coxão duro do tenro boizinho churrasqueado ontem no Mortes.

As visitas agora vêm sedentas de material indígena. Está na moda o suvenir. Há alguns "modestos" que se contentam com arco e flechas, com colar e uma rede. Não vêm de mãos abanando, isso não. Trazem camisas velhas, fósforos e espelhinhos. Os índios estão criando horror a esses espelhinhos redondos que trazem artista de cinema ou jogador de futebol no dorso.

Às duas horas saiu o CAN.

Às cinco horas, o todo-poderoso, compadecido de nós, deu um horário com a presença do coronel Vanique. Disse ele: "Volto com este CAN para o Rio, mas no próximo, sem falta, virei definitivamente". Informou, ainda, que na opinião do presidente a avançada da Expedição não pode ser agora. Gelamos. Quando a vanguarda está prestes a partir, ainda fica duas vezes esperando. Se agora a vanguarda não pode sair, é quase certeza que ficará aqui alguns anos.

Disse ainda o coronel que conversaremos melhor quando regressar do Rio.

O tempo piorou consideravelmente, e de madrugada choveu à vontade.

Paulista não foi com o CAN ontem. Ficou aguardando o Waco que virá hoje.

Vilella apareceu com o Waco; trouxe penicilina, pregos e ordem para levar o Paulista — vivo ou morto. Vai vivo, mas vai tão triste que talvez faleça pelo caminho.

Seguramos Vilella para um voo no Diauarum. Temos umas dúvidas a afastar. Vilella não resistiu ao pedido e marcou para amanhã o voo.

Dia 9 amanheceu bonito. Decolamos às oito e treze — fomos Vilella e nós três (Leonardo, Cláudio e Orlando). Do Diauarum fomos até a aldeia da praia. Já que estávamos lá, descemos mais um pouco. Não precisamos muito para encontrar uma "flotilha" que subia o rio, umas vinte canoas. Não há dúvida de que eram os mesmos da exploração. Usam cabelo comprido. Uns calmos, outros apressados, encostaram as canoas e saíram a se ocultar nas matas. Duas horas depois da saída, aterrissamos de volta no Iacaré.

Depois do almoço decolou para Xavantina o Waco com Vilella, levando o desanimado e choroso Paulista.

Passada a novidade do CAN, voltamos ao ramerrão de todos os dias. Um dia de tempo nublado, outro de tempo bonito. Terminamos a canoa. Vamos ver como vai se comportar na água.

Dos índios kamaiurá, a maior parte se foi.

Chegaram waurá e trumai. Sempre tem índio que chega e que sai.

As chuvas estão caindo à noite para não perturbar o trabalho de dia.

A canoa ficou muito boa, equilibrada, firme e maneira.

A ONÇA DO CEARENSE

Anda fraquíssimo o nosso passadio. Mandamos por isso alguns homens à caça. Entre eles foi um que chamamos de Manoel Cearense. Com este trabalhador aconteceu a coisa mais incrível que pode acontecer no campo ou mata com qualquer caçador. Manoel Cearense, emocionado ainda, nos contou com detalhes. E antes que o tempo altere a história, anotamos a narrativa do "valente".

Ele foi um dos homens que escalamos para a caça, junto de outros três. No campo, como é praxe, dividiram-se dois a dois. Manoel Cearense saiu com Baiano. Pouco mais adiante combinaram e se separaram um pouco. Foi o mal. Manoel dá de cara com uma onça. Não tem dúvida, manobra o mosquetão e atira. A onça, malferida numa das mãos, avança sobre ele; ele corre e trepa numa sambaíba baixa. A onça, lambendo a pata, senta ali embaixo e de vez em quando arrisca um olhar. Ele, meio desajeitadamente, tenta manobrar o mosquetão; afobado, não completa a manobra e o tiro falha. Mal acomodado em cima da árvore, resolve descer e enfrentar a fera — saca do facão, que cai de sua mão. Dá um tremendo grito, a onça se espanta e some. Aliviado, ele sai andando, mas por pouco. Menos de duzentos metros lá está a onça namorando-o. Torna a manobrar o mosquetão com calma e atira. Erra e a onça avança. Ele torna a subir, e a onça ao pé da árvore. Esta é pior que a anterior, não o aguenta e ele cai rente à onça, que se irrita e arreganha os dentes. Ele grita estrondosamente, corre para um lado e a onça para o outro. Já mais de uma hora se tinha passado. Desorientado, ele caminha sem rumo. Contente com o desenlace, mas morto de sede. Chega assim à beira de uma lagoa, barranca alta, lá embaixo água parada, mas bebível. Ele se deixa escorregar pela barranca e de roupa e tudo senta n'água e bebe. Saciado, levanta a cabeça e olha em volta. A três metros, sentada também dentro d'água, a onça o está olhando. Ele não teve ânimo para manobrar o mosquetão, começou a chorar mansinho. A onça se levanta, passa a língua no pelo molhado e sai mancando da mão.

Baiano o alcançou ainda na lagoa, com os olhos vermelhos. Passou a se chamar "Mané da Onça".

Com a perdida do Manoel a caçada ficou esquecida.

No rio o peixe anda difícil. O vento arrepia as águas e o peixe foge.

Não descuidamos nunca da bandeira aos domingos.

Quatro homens, todas as noites, se reúnem no nosso rancho. Cláudio os ensina a ler.

Plantamos nas cabeceiras queimadas um pouco de milho.

Os aweti trouxeram uma índia doente. Inflamação na cabeça, cujo inchaço deformou o rosto da mocinha. Como veio a furo eles fecharam com um tampão de buriti! Carai, o nome da mocinha. Gritava dia e noite de dor. Tiramos o tampão, deixamos drenando, demos uma penicilina reforçada e duas horas depois ela dormia sossegada. Coisa que há muitos dias não fazia.

OUTUBRO, MÊS ENJOADO

O rádio continua bom, o radiotelegrafista, sim, é que piora dia a dia. Bom rapaz esse Celino, mas está francamente na profissão errada. Nasceu para ser "relojoeiro" ou "armeiro". Assim mesmo, depois de muita luta, chegou a notícia da provável vinda amanhã do Waco.

Estamos esperando mehinako e aweti para qualquer momento. Virá o cacique Patacu dos waurá. Estamos tendo garoa todos os dias.

Outubro é um mês enjoado, porque não é nem "verão" nem "inverno". Nem sol nem chuva. É como uma confusão dos dois. Amanhece bonito, venta e logo está o céu todo nublado. Dias há que amanhece nublado, feio, com vento e limpa tudo e suja o céu, descobre nossos ranchos, derruba árvores na mata e encrespa os rios.

O Piper chegou hoje, 17, sexta-feira. Veio com Olavo trazendo o dr. Brazilino — médico de Aragarças. Foi rápida a visita do médico, mesmo assim atendeu alguns índios que estavam doentes. Soubemos por Olavo que o Waco — com Vilella, em Uberlândia — deu um cavalo de pau, estando, parece, definitivamente "fora do páreo".

Mal saiu o Piper o tempo fechou. Foi uma breve concessão para a vinda do teco-teco.

Andamos agora procurando trabalho para não ficar com os homens parados. O campo está em ótimas condições, a roça plantada e a horta semeada. Duvidamos que a horta vingue. Isto aqui é a pátria das formigas. Dia virá em que chegarão à conclusão de que foi aqui o centro de dispersão da saúva.

Chegou um rádio do dr. Roxo dizendo que o coronel Vanique radiografou do Rio, a ele, Roxo, para saber de nós qual a distância daqui ao Suyá-Missu. Pelo mesmo horário informamos. Deve ficar nisso.

Está começando a chover pesadamente. Não estamos gostando desse negócio às vésperas do Correio.

Como toda segunda-feira, temos notícia do CAN. Voltaram da pesca alguns índios que estavam aqui. Deram-nos um bonito pintado. Dos peixes de couro é o melhor. Dois dos nossos trabalhadores vieram com uma gorda pirarara e algumas piranhas.

COMEÇAM AS ATIVIDADES DO PEQUI

Tivemos um horário feliz às três horas. Por ele soubemos da vinda de duas visitas para o acampamento, bem como de 22 pacotes com 389 quilos. Essa coisa toda deve ser dos visitantes e, se for, como é quase certo, a intenção deles é ficar aqui no mínimo meio ano. À hora do horário o avião já havia passado em Uberlândia. Estamos sem gordura há dois dias e mais ficaremos se o CAN não trouxer. O pequi tem variado e melhorado muito o nosso passadio. Começaram nas aldeias as atividades do pequi. Em torno dessa fruta gira todo o trabalho dos índios até o fim de novembro. A polpa vem aderida ao caroço e não à casca, como no abacate, por exemplo. Em tamanho os caroços se comparam. A polpa é tirada do caroço depois de cozida. A massa é acondicionada em cestos de taquara, internamente forrados de folhas e depositados dentro d'água, onde ficam meses. Do pequi eles extraem o óleo, que misturado com urucum dá a pasta vermelha com que untam o corpo. Os caroços, jogados no terreiro, depois de dois a três meses são quebrados e deles tiradas as amêndoas, muito apreciadas.

O pequi pode ser comido cru ou, como nós usamos, cozido com arroz e carne.

O tempo está claro e firme hoje, terça-feira, 21 de outubro, dia do CAN. Temos tido muitas chuvas pesadas.

O rádio nada disse. Às duas e meia chegou o Correio. Na aterrissagem aconteceu o que temíamos: no reduzir a marcha para a manobra da curva, bem na altura do nosso acampamento, o avião afundou uma das rodas. Desceram os comandantes: capitão Eu e coronel Serpa. O tempo resolveu piorar consideravelmente, e forte temporal ameaça cair a todo instante. Julgamos que os comandantes fossem ficar aborrecidíssimos com o caso. E isso estava nos preocupando. Nada disso aconteceu. Coronel Serpa, com toda sua simpatia, exclamou: "Vamos ficar ajudando esta obra até maio", e virando-se para nós disse: "Isso acontece, vamos ver se conseguimos arrancar o bicho antes que caia esse temporal". Providenciamos rapidamente a descarga e iniciamos o desatolamento da roda, que era da direita. Depois de muito esforço conseguimos pô-la fora, em terreno livre e firme.

Coronel Serpa nos deu, na ocasião, uma má notícia — a interdição do campo durante as águas. Queria dizer isso que só em maio veríamos o Douglas novamente — fortíssima maçada! Momentos depois saiu o Correio, sem novidades, no rumo de Xavantina.

Conosco ficaram o dr. Sílvio Grieco e seu auxiliar Geraldo Seliquem (donos dos 22 pacotes), Bruno, auxiliar do dr. Sick que havia ido ao Rio, e Ruy Monteiro, almoxarife que aguardará o Piper amanhã ou depois.

"NÓIS TEM VISGO"

O dr. Grieco veio pelos Fundos Universitários de Pesquisas de São Paulo e recomendado pela Fundação Brasil Central. Vem ele com intenção de ficar largo tempo, pesquisando uma série de coisas. Os volumes, 22, deste médico são "volumosos". Há coisas delicadas, informa ele, que não podem ficar no armazém. No nosso rancho também não dá — se os colocarmos lá, ficaremos todos do lado de fora. O único remédio é construir um rancho. Se assim pensamos, assim fizemos. No dia seguinte iniciamos o "rancho dos 22".

Marcamos bem perto do nosso, pois pelo jeito será muito ocupado.

À noite tivemos chuva pesada, sem relâmpagos e trovões. Alguns índios se refugiaram em nosso rancho.

Celino está atravessando uma temporada de lucidez radiotelegráfica. Informou que amanhã virão um ou dois aviões.

Cada vez que pensamos na suspensão da nossa linha do Correio ficamos acabrunhados. Isso será motivo para retardar ainda mais a saída da vanguarda. Bem certa a exclamação do Baiano um dia destes: "Nóis tem é visgo. Onde nóis senta, nóis gruda".

O dr. Sílvio resolveu hoje examinar a nossa água. Achou-a, apenas, com "matéria orgânica". Nós que estávamos pensando que nosso córrego fosse de água destilada...

Chegaram os dois aviões anunciados pela lucidez do radiotelegrafista Celino. Saraiva e Olavo arranjaram viagem para o Kuluene. O primeiro, a nosso pedido, irá a Aragarças levando uma peça do Arquimedes para conserto.

Terminamos o "rancho dos 22". O dr. Grieco começa a ocupá-lo.

À tarde chegaram quase todos os yawalapiti trazendo um índio mehinako com pneumonia dupla — segundo diagnóstico do médico dr. Sílvio. Iniciamos imediatamente a medicação. Coramina, soro, penicilina. Seu estado é realmente grave.

Olavo voltou da sua primeira viagem ao Kuluene. E Saraiva regressou do Mortes, trazendo a peça. Mesmo com a peça o motor não funcionou bem, comprometendo assim a viagem projetada à confluência.

Veio do Mortes, para passar uns dias conosco, o curtidor daquela base, Antônio Aires.

O dr. Grieco tirou hoje algumas lâminas para exame de malária. Saraiva trouxe do Mortes água para ser examinada pelo dr. Grieco. O exame constatou que a água de lá é mais impura que a nossa. Interessante isso. Rio das Mortes, com 250 metros de largura, sem população a montante, água azul correndo sobre pedra, com inúmeras cachoeiras e saltos, como a longa e belíssima cachoeira da Fumaça, ter água mais impura que esta nossa da lagoa — suprida apenas por um corregozinho que cai na cabeceira. Ciência é ciência, assim como lei é lei, não há como protestar, mas que é gozado, isso é.

Os aviões saíram para o Mortes levando o almoxarife Ruy, que aqui chegara com o CAN.

O doente mehinako está melhorando rapidamente.

O tempo continua chuvoso. Mais índios estão chegando. Agora são os trumai. À medida que chegam, os índios vão tendo os dedos picados, e o pingo de sangue colhido numa lâmina. Vamos pagando com farinha a "hemorragia" provocada.

Os exames feitos têm dado positivo, confirmado assim os diagnósticos do dr. Estilac e do dr. Noel de que os índios são uns "malarientos" inveterados.

Atendendo ao pedido do dr. Grieco fomos até a aldeia kamaiurá. Não encontramos um só índio. A aldeia estava totalmente abandonada. Estavam eles, soubemos, na aldeia da lagoa. Ficamos ali umas duas horas.

A viagem serviu para tomarmos chuva da saída à chegada.

O doente mehinako já está sentado e se alimentando.

O rádio funcionou — o que é uma coisa fabulosa —, e informou — inacreditável — que os pilotos Olavo e Saraiva foram para Uberlândia. Olavo trará o Waco, e Saraiva o avião com que foram.

O médico continua trabalhando com o seu auxiliar.

O doente mehinako melhorou rapidamente. Devido ao tempo cada vez pior, resolvemos trazê-lo para o nosso rancho para ficar mais bem abrigado.

À tarde, a pedido do dr. Grieco, fizemos com ele uma visita à aldeia trumai no Nariá. Chegamos de volta às oito horas da noite, debaixo de chuva. O dr. Grieco devia ser representante de capas de borracha. Basta ele pôr o pé fora do rancho para chover a cântaros.

UM SERTANEJO LETRADO

Hoje estamos entrando em novembro de 1947. Houve uma trégua no tempo. Alguns homens que foram à caça voltaram com quatro veados. O dr. Grieco insiste que venha o avião, pois quer sobrevoar este acampamento e as aldeias dos índios das proximidades. Diz que isso faz parte do programa aprovado pela presidência da FBC. Não cremos que isso seja possível. Com a falta do Correio, aqui estamos quase sem gasolina, e serviços urgentes retêm aviões lá pela retaguarda. Em todo caso, ao Mortes é que cabe resolver.

Hoje, Finados, 2 de novembro de 1947.

Como todos os domingos, hasteamos a bandeira na hora habitual. À tarde tivemos um temporal respeitável. Amanhã deverá vir avião para levar o dr. Sílvio Grieco e seu auxiliar para tomar o Correio no Mortes. Dá ele por encerrado satisfatoriamente seu trabalho.

Às seis horas arriamos a bandeira.

Esperávamos que novembro nos alcançasse, com a vanguarda, lá pelo Maritsauá-Missu. Foram só cálculos. Cá estamos amarrados e não sabemos até quando.

O CAN atrasou 24 horas; aliás, o rádio.

O Waco que viria hoje adiou para amanhã.

Continua conosco o curtidor — sertanejo Antônio Aires. Aires é o protótipo do sertanejo. Natural do Maranhão, saiu há muitos anos do seu rincão rumo ao Brasil Central. Viveu muitos anos à margem do Araguaia. Certa feita atravessou a ilha do Bananal até a região dos índios javaés e, de lá, acompanhou o braço direito do Araguaia, entrou e percorreu os sertões de Amaro Leite, no norte do Estado de Goiás. No sertão de Amaro Leite foi, com alguns companheiros, atacado pelos índios canoeiros, que, segundo consta, são pretos e usam barba, o que faz supor sejam originados da mistura de índios carijó e negros, todos escravos de Anhanguera, fugidos do bandeirante em Goiás e indo parar numa serra que dava para o vale do Araguaia, a serra do Estrondo. Isto teria acontecido no século XVII, e até hoje viveriam ali alguns remanescentes, chamados canoeiros. A flecha desses índios tem ponta de ferro, porque eles já conheciam a forja, e faziam as pontas das flechas de restos de facões e ferramentas.

Aires é um bom "rumeiro" (rumbeador) e ótimo caçador. Está ele agora aqui descansando da sua lida no Mortes.

Com 24 horas de atraso saiu do Rio o CAN da quinzena. Do Mortes saiu também o Waco para vir buscar aqui o dr. Sílvio Grieco e seu auxiliar Geraldo.

Tempo bom o de hoje pela manhã, mas por volta do meio-dia desabou forte aguaceiro. Felizmente foi rápido. Pouco depois da estiagem chegou o Waco com Olavo. Às quatro horas decolou levando o médico e seu auxiliar, deixando aqui o auxiliar de mecânico Ângelo, por não caber no avião em virtude da bagagem do dr. Grieco.

O "rancho dos 22" ficou vazio; resolvemos por isso transformá-lo em farmácia. O dr. Grieco ficou neste acampamento quinze dias, proveitosos para as suas pesquisas. Atendeu com solicitude os índios e a todos que tiveram necessidade da sua assistência.

Olavo prometeu voltar amanhã trazendo carga, correspondência do CAN e levar o auxiliar Ângelo.

O coronel Vanique voltou do Rio. Cremos que a palavra sobre o nosso avançamento foi dada. Nenhuma novidade deve ter ele trazido.

Olavo não apareceu. Durante a noite tivemos fortes chuvas.

COMO SE FAZ UMA CANOA

Com algum atraso recebemos um rádio do presidente da Fundação nos seguintes termos:

Pedido presidente favor nos informar como são feitas canoas dos índios PT Brasília PT

Respondemos:

De casca de árvores PT
Os Villas Bôas PT

Os índios do Alto Xingu fazem suas canoas exclusivamente da casca do jatobá. Na árvore em pé, levantando os jiraus em torno do tronco, sulcam com machado o formato exato da canoa. Com espátulas de madeira de cerne rijo, vão com muita paciência e cuidado desprendendo a casca. Quando ela está quase toda solta, amarram-na com cipó para que não caia. Continuam desgarrando-a do tronco. Quando totalmente solta, fica presa pelos amarrios. Rente ao tronco, deslizando a parte inferior, a casca já desprendida toca o solo. Para desmontar o jirau é preciso muito cuidado, porque é ele que está segurando a canoa, já praticamente moldada e solta. Segura com muita embira e cipó, que vão sendo lentamente afrouxados, a canoa vai se inclinando até tocar o solo. A casca, dois ou três palmos da popa e da proa, é cuidadosamente raspada até se atingir a fibra. Esta, aquecida, deixa-se moldar: levantam-se levemente as duas extremidades — a proa, arrebitando a ponta, e a popa molda-se à semelhança de um gomo, de forma que ficando mais alta resiste melhor na água. Uma canoa de casca costuma durar em média uns dois anos. Não está sendo fácil encontrar jatobá aqui por perto.

Acampados, visitando-nos, mais de setenta índios de tribos diversas aqui estão: kamaiurá e mehinako chegados ontem e yawalapiti, por morarem mais perto, são os mais assíduos.

Ficamos sabendo que o coronel Vanique chegou ao Mortes e, como sempre, com vontade de vir até aqui. Quando? Ninguém sabe, nem mesmo ele. Uma coisa deve ter acontecido; por certo já deve ter dado falta do seu curtidor Antônio Aires há alguns dias. Não estranhamos que de um momento para outro chegue um avião para buscá-lo. O coronel não precisa dele, mas se aflige ao vê-lo longe. Talvez porque o curtume seja a menina dos olhos do coronel Vanique, embora toda sua instalação não passe de dois cochos imensos cheios de uma golda pastosa fedorenta. É que o Aires consegue, com cinza de angico e uma pitada de soda, tirar magníficos couros que o coronel carinhosamente guarda na mala — não aplica, não usa, apenas namora.

O índio doente, Mainave, está quase bom. A chuva continua brava. Aires, de mala pronta, espera o avião. Não houve chamada; se houve, foi telepática.

MARIA-ISABEL, PRATO FÁCIL

Leonardo, acompanhado de Elias e Nélson, foi até a lagoa para onde os kamaiurá se transferiram. É lá a aldeia principal desses índios. Os trumai que aqui estavam foram para o Nariá. Eles andam assustados porque estão pressentindo a aproximação de índios estranhos à sua área. Que índios serão? Suyá?

O rádio, vez ou outra, fala e ouve. Hoje chegou um recado do coronel Vanique. Tínhamos quase certeza de que o assunto seria a movimentação da vanguarda. Tínhamos notícias de que medidas urgentes estavam para ser tomadas. O rádio, funcionando bem, havia nos convocado para ouvir o coronel. Inicialmente, desculpou-se por não poder ter vindo para conversar, mas que no momento o importante era avisar que o Paulistinha (teco-teco) já havia saído com a incumbência de levar de regresso o Antônio Aires, e que, pedia especialmente, mandássemos para ele alguns pequis (!!!). Não demorou chegou o teco-teco. Pilotando veio o Saraiva. Vinha com a recomendação de voltar urgente, o que aconteceu logo após um rápido almoço. Antônio Aires partiu levando um saco de pequis.

Todos os mehinako que aqui estavam se recolheram à aldeia. Tipori, mulher de Kanato, adoeceu repentinamente com febre e fortes dores nas costas. Em índio qualquer mal evolui rapidamente, mas em compensação o remédio faz efeito dobrado.

O motor do rádio anda funcionando satisfatoriamente, mas os aparelhos *não*. Que se há de fazer? Chegaram e no mesmo dia se foram alguns kamaiurá. Leonardo achou a aldeia da lagoa muito bonita. De ontem para hoje a chuva foi diluviana. Alguns homens fizeram uma pescaria com resultado muito bom. Na ponta do campo surgiu uma batida grande de porcos. Elias e Alcides levaram os cachorros e soltaram no rasto. A cachorrada não precisou correr muito, dando logo com a vara numerosa, e a confusão logo se generalizou. Resultado: oito porcos. Nossa boia, que vinha se limitando a arroz com feijão, melhorou muito com a carne, passando a maria-isabel com feijão.

Recebemos aviso de que o coronel aqui viria antes do CAN de terça-feira próxima, e, como estamos na quinta, isto quer dizer que ele deverá vir nestes próximos dois dias. Foi acrescentado que ele tem assuntos ligados à vanguarda.

A pesca agora anda uma beleza.

Alguns homens trouxeram uma quantidade respeitável de bons peixes. Mal clareou o dia hoje, o acampamento foi invadido por mais de quarenta índios waurá. Eles vinham de longe e pela primeira vez ao nosso posto. Chegaram aflitos para ver o avião. Nosso rádio falou! Pedem do Mortes um inventário completo do material do posto. Nossos horários são agora por intermédio do Kuluene. Com isso a coisa complica mais.

Estamos no dia 15 de novembro com um sol limpo, tempo claro e céu azul. O avião está de saída para cá, avisou o rádio. Que Deus o ajude! Bem na hora do almoço, até parece que estava esperando chiar o arroz, chegou o Waco com Vilella e Saraiva. Trouxeram algumas encomendas e um saco de farinha. Aguardávamos o coronel, como havia sido anunciado, aliás anúncio antigo, pois o rádio falou da sua vinda, mas ele mandou apenas um recado dizendo que virá por estes dias. Pelo avião mandamos cópias do rádio que tentamos enviar pelo horário de hoje:

> *Solicitamos mandar Bandeira Nacional para hasteamento este posto PT*
> *Os Villas Bôas PT*

O Waco saiu às duas horas para Xavantina.

A REPÚBLICA DO XINGU

Hoje é o primeiro domingo em que deixamos de hastear a bandeira, por se achar a nossa totalmente rasgada. Os yawalapiti, levando Mainave e Tipori completamente bons, regressaram à aldeia. Continuam aqui os waurá e alguns kamaiurá. À tarde tivemos horário. Iniciamos a semana fazendo o inventário geral do posto: campo, roça, ranchos, barcos, rádios, gêneros etc.

O rádio no primeiro horário nos disse muito vagamente que é possível a vinda do CAN desta semana. Que isso se daria quarta-feira. No horário da tarde, muito confuso, nada foi confirmado ou desmentido sobre o CAN. Vamos ver amanhã.

Terça-feira, o dia amanheceu chuvoso. No primeiro horário começamos a receber um rádio, mas não foi possível ir até o fim. O motor pifou. Vamos tentar à tarde. A chuva caiu durante todo o dia. À tarde Celino com "muita habilidade" transferiu a pane do motor para o receptor! Ficamos assim definitivamente sem rádio, quando justamente íamos tentar restabelecer a nossa linha do Correio. Fabuloso!

A chuva varou o dia e foi noite adentro.

Celino conseguiu consolidar a pane no receptor... Aguardamos agora, como único remédio, o avião.

Chegaram mais alguns índios, um waurá e dois trumai; como sempre, estes últimos, alarmados com índios bravos em volta da sua aldeia.

Vieram os dois nos chamar a pedido de Aluari, chefe da aldeia. Prometemos ir até lá assim que passe o "perigo" do avião.

Dia 20 amanheceu esplêndido. Índios aqui: uns sessenta waurá e um kamaiurá. Os dois trumai que vieram nos chamar regressaram ontem mesmo. Tentando consertar o motor, o nosso risonho Celino queimou o receptor. Hoje tentou consertar o receptor e acabou queimando o transmissor. Estamos, portanto, com pane absoluta: transmissor, motor, receptor. Para completar, só falta adoecer o radioperador. Esse não adoece. Esse, como diz o pessoal, "é duro que só pé de jegue".

Será que lá na retaguarda eles vão perceber que a nossa estação está fora do ar?

Amanheceu nublado, mas sem chuva. Os ventos têm sido brandos. Ao meio-dia, com surpresa para nós, aterrissou o Paulistinha com Saraiva; veio só correspondência e um recado do coronel Vanique dizendo que não veio porque está com dor de cabeça.

Descemos (Cláudio e Orlando) para pernoitar na aldeia do Nariá, onde, dizem os trumai, andam índios bravos rondando. Estamos divorciados da retaguarda.

A República Independente do Xingu sai a qualquer momento. Para garantir a nascente República, organizaremos o mais original exército do mundo — o Exército dos Nus. Com mandioca e peixe aguentaremos mais briga do que os homens do Conselheiro. Faremos do Kuluene um novo Vasa-Barris. A nossa maior arma secreta é enviar o Celino para as estações de rádio dos inimigos.

Regressamos da aldeia trumai. Nada vimos de anormal. Estamos chegando à conclusão de que aqueles índios estão com lombriga assustada.

Com a chegada do Paulistinha de anteontem, e uma bandeira nova, reunimos o pessoal na hora habitual e a hasteamos.

Meia dúzia de homens que foram à pesca regressaram com mais de duzentos peixes. Distribuímos aos índios uma boa parte. Piranha é um peixe que não se presta para salgar, perde-se facilmente.

Do campo vieram dois veados-galheiros. Esses veados, nesta época do ano, têm um cheiro quase insuportável. O pior é que se comemos a sua carne o cheiro se transfere para a gente e não sai antes de três a quatro dias. Às seis horas baixamos a bandeira. O primeiro dia da nova semana entrou belíssimo. O rádio continua mudo. À tarde chegaram alguns kamaiurá e, logo depois, kuikuro. Tivemos uma noite agradável, em tudo parecida com as noites de maio e junho. Já no dia seguinte a coisa foi diferente. Chuva e tempo fechado o dia todo.

Não temos nenhum serviço em andamento. Estamos, em matéria de trabalho, numa folga incrível. Não há mais nada a fazer. Poderíamos acertar um rumo com a vinda do coronel Vanique, caso as novas diretrizes para a vanguarda já tenham sido estabelecidas lá pela presidência.

NÃO É PEIXE, É "PEXA"

Demos aos homens liberdade para caçar e pescar quando bem entenderem. Com a condição de a cozinha não ficar sem "mistura". "Mistura" é tudo o que se fizer, fora o arroz com feijão, para reforçar o passadio.

Aproveitamos a tarde boa, que promete uma noite nas mesmas condições. Alguns homens saíram com a intenção de pernoitar no campo. Todos os waurá regressaram à aldeia. A todos presenteamos com colares. A chuva começou a cair de madrugada. Cedo regressaram os homens que ontem tinham saído. Tiveram regular resultado: um veado-campeiro, um galheiro e mais ou menos uns 25 quilos de peixe. À noite no rancho do pessoal assistimos a um animado jogo de cartas. Uma coisa que temos notado é que o nosso sertanejo nunca diz "sete" — quando se refere a essa carta do baralho diz "seta". Como também não dirá peixe, e sim "pexa". Já que estamos falando nisso, convém lembrar que o "nh" nunca é pronunciado quando usam o diminutivo. Não dizem riozinho, bonitinho etc., e sim "riozim", "bonitim" e assim por diante.

O tempo não tem sido dos piores. A uma noite chuvosa sucede uma outra agradável e serena. O mesmo com os dias: a um chuvoso segue um ensolarado e firme.

Vai assim o mês correndo com sol e com chuva entremeados. Menos sol e mais chuva, mas não devemos esquecer que estamos em plena estação das águas, e que novembro e fevereiro — nessa estação — são os meses mais rigorosos.

DOIS KAMAIURÁ DOENTES

Hoje, domingo, despede-se o mês de novembro. A bandeira, agora nova, foi às oito horas para o alto do mastro.

Os veados-galheiros que trouxeram do campo estão danados de "cheirosos". Nem todos os homens querem comê-los. Em verdade não estão convidativos. Mas sempre é melhor do que só arroz com feijão. Às seis da tarde arriamos a bandeira. Veio toda molhada do dia chuvoso.

1º de dezembro de 1947 surgiu com um sol bonito num céu azul manchado de nuvens brancas.

Inteiramos dez dias do último avião. A nossa estação de rádio alcança hoje o 13º dia de mudez radiotelegráfica.

O dia que surgiu tão bonito tornou-se chuvoso do meio-dia para a frente. A tarde foi brusca e enfarruscada.

Quando menos esperávamos, roncou e aterrissou o nosso teco-teco com Saraiva no piloto. Chegou em boa hora, principalmente pela carga, pois há cinco dias vínhamos cozinhando sem gordura, e o dito trouxe uma manta de toucinho. Pelo adiantado da hora resolveu Saraiva pernoitar aqui. Nada disse o coronel Vanique, com a sua quase centenária promessa de vinda. Saraiva trouxe também um aparelho receptor para substituir o que estava em pane. Além disso, pôs a funcionar o motor que estava encrencado. Boa a visita do moço, que bem cedo decolou para Xavantina aproveitando a manhã bonita. Um rádio que tínhamos começado a receber há quinze dias, e que foi interrompido devido à pane, foi reiniciado hoje, mas infelizmente parou porque o operador do Kuluene, que estava fazendo ponte para transmissão, perdeu a cópia. Essa é muito boa!

Ficamos sabendo que o CAN já havia partido de regresso para o Rio.

Já estamos no quarto dia de dezembro. Saímos (Orlando e Cláudio) para a aldeia kamaiurá atendendo chamado para ver dois casos graves. Fomos certos de tomar chuva no caminho, mas apesar do tempo feio a chuva passou por longe.

O rádio voltou a funcionar satisfatoriamente, e o radioperador está atravessando um período de lucidez radiotelegráfica.

Mandamos por um portador um bilhete pedindo, para amanhã bem cedo, o motor no Tuatuari — a aldeia velha.

NAVEGANDO NA LAGOA

No último horário, notícia da vinda amanhã do coronel Vanique. Só vendo. A noite foi quente e bastante frequentada por pernilongos. O dia surgiu animado. Para a aldeia subiu o batelão com motor. O rádio saiu falante e ouvindo. No primeiro horário não se falou no coronel Vanique. O batelão que saiu cedo voltou à tarde. Nós, que anteontem tínhamos ido pelo campo para chegar à aldeia atravessando a lagoa, voltamos arrependidos e assustados com a viagem. A pernada no campo não é curta, é cansativa, mas dá para vencer; o terrível foi enfrentar a travessia da lagoa.

Além de longa e perigosa, foram quatro horas de remo em canoa de casca num lago sacudido pelo vento, cheio de banzeiro forte ameaçando alagar a frágil embarcação, e ainda por cima numa noite escura como breu. Tão escura que os dois índios acompanhantes, nervosos, não distinguindo o porto distante, começaram a gritar para alertar o pessoal da aldeia, até que alguém vindo de lá (foi o velho Maricá) sacudiu na praia um tição aceso que pela distância mal se percebia. Nessa altura a canoa de casca, recebendo golfadas, exigia que os tripulantes tirassem com as mãos em concha a água que ameaçava levar ao fundo a pequena embarcação. Os nossos dois companheiros nessa quase desastrosa viagem foram Iamuku e Piau.

Com o batelão que foi buscar os doentes na aldeia velha vieram também alguns kamaiurá. Com a chegada destes, os waurá vão se retirar amanhã.

Domingo, 7 de dezembro. Amanheceu com céu limpo como se fosse um dia de junho. Às horas habituais hasteamos e arriamos a bandeira.

Alguns homens foram à caça, outros à pesca. Os primeiros trouxeram dois campeiros e os outros, muitas piranhas.

Hoje não tivemos horário-rádio. O operador Sebastião, que estava no Mortes, foi para Aragarças, devendo ser substituído pelo efetivo Pina.

Os horários domingueiros são extras e, como tal, marcados de véspera.

O dr. Sick hoje deu o ar de sua graça no nosso rancho. Diz que está muito satisfeito com os resultados que vem obtendo. Acha que seu auxiliar, embora esforçado, anda doente e é pouco para o montante de serviço. O dr. Sick também não está com bom aspecto. Está terrivelmente amarelo e magro. Talvez sejam, conforme se comenta, as estimadas amebas que trouxe de fora.

NADA DO CORONEL!

Entramos na segunda-feira falando muito bem no rádio. Por ele soubemos que o coronel pretende vir amanhã. Coisa que pomos de quarentena, pois essas ameaças vêm de muito longe. Virá também, dizem, o dr. Noel, médico efetivo do rio das Mortes. Chegaram mais índios kamaiurá. Para evitar invasões no nosso rancho em noites de chuva, falamos aos kamaiurá e trumai que façam ranchos ou casas para eles aqui. O tempo à tarde piorou um pouco, mas não tivemos chuva.

Amanhecemos terça-feira, hoje, na expectativa do horário para saber da decolagem do avião. Soubemos que Olavo adoecera repentinamente e que por isso o coronel Vanique adiara a viagem para outro dia. Informou ainda o rádio que o Waco virá com Saraiva, trazendo encomendas e correspondência chegadas com o CAN do dia 3.

Ao meio-dia o Waco aterrissou. A aterrissagem não foi das melhores. O avião caiu certo na pista, mas deu um grande pulo e quando voltou entrou numa roda só; novamente equilibrado, desviou para a borda do campo, dando tempo, porém, de ser endireitado.

Recebemos pelo avião pequenas encomendas e o saco de correspondência.

Às três e meia Saraiva decolou com o Waco levando Bruno, o auxiliar do dr. Sick. Esse rapaz, que veio há quatro meses, atravessou os primeiros tempos cheio de vida e saúde. Desde que apanhou uma forte malária, desandou a emagrecer e não se recuperou mais. Curado da malária, foi contagiado de gripe, que o prostrou quase de uma vez. Regressa agora ao Rio para um tratamento sério. Ficará bom. É moço ainda. Durante o tempo que aqui esteve sempre se revelou um excelente companheiro.

Estamos aqui com quarenta kamaiurá e 25 trumai.

Iniciamos e terminamos no mesmo dia uma carpa no campo. Todo o capim nativo foi deixado. Isso reforça muito o piso.

Soubemos que o coronel Vanique pretende ir neste CAN para o Rio!!! Não estranhamos. Isso vem acontecendo há muitos meses. A última vez que estivemos com ele foi aqui no Xingu em 25 de maio, portanto seis meses. De lá para cá suas vindas não passaram de ameaças. É verdade, conforme nos informou, que o Rio tem solicitado sua presença. Daí mais uma viagem amanhã para lá.

Estamos novamente tendo dias bons. Nem por isso as muriçocas nos têm dado folga.

O CURU-CURU

Continuamos com muito índio aqui no acampamento.

Hoje, 13 de dezembro — dia de Santa Luzia — é muito importante no sertão. O sertanejo dá a esse dia uma referência especial. Se chover nesse 13 não haverá aquilo que é ansiosamente esperado — o veranico de janeiro. Se nesse dia, porém, o curu-curu (ave preta que voa na superfície d'água) descer o rio triscando na água a ponta da asa, é sinal de que o mundo virá abaixo desfeito em água. O Santa Luzia deste ano correu com tempo firme e céu azul. Teremos um "inverno" camarada. Longos dias de sol se infiltrando na chuvarada da estação.

Pelo primeiro horário soubemos da vinda, desta vez com certeza, do coronel Vanique com o dr. Noel, no Waco pilotado por Olavo. Vieram com tempo de almoço. O coronel nos pôs a par dos estudos que estão sendo feitos com referência ao avanço da Expedição. Tapajós é a meta, mas para atingi-lo estão surgindo obstáculos. A necessidade de voos detalhados de reconhecimento se impõe a cada dia. Pernoitarão aqui os viajantes de hoje. Pelo horário das três chegou um rádio ao coronel Vanique pedindo dele ciência aos seus auxiliares imediatos que a Fundação Brasil Central passou por decreto presidencial a fazer parte do "Plano da Valorização Amazônica". O comunicado é bastante promissor e, parece, dará à Fundação uma base mais sólida.

Alguns índios saíram, outros chegaram. Os que vieram da aldeia kamaiurá deram notícia de que lá estão doentes diversos índios, inclusive o velho Karatsipá. Recomendamos que voltassem e levassem os doentes para a aldeia do Tuatuari. Ali podemos encostar o barco. Dessa aldeia até a outra, da lagoa, vão bem uns quinze quilômetros de caminho.

O coronel resolveu fazer, não sem antes anunciar que estávamos tendo um dos cozinheiros mais caros do país, uma das suas célebres "caldeiradas"; para isso fizemos um fogo embaixo do pequizeiro. Esse prato é um cozido onde entra tudo o que estiver à mão e que possa melhorar o sabor do ingrediente principal, que no caso é uma enorme pirarara (peixe grande de couro) trazida por um índio. É claro que um cozido feito por um coronel tem sabor elogiável quer se queira ou não, superior àquele feito por um sargento ou um paisano. Nessa noite do cozido surgiu a oeste um belíssimo e bem visível cometa. O dr. Sick correu buscar um binóculo, e pudemos assim admirá-lo à vontade. O coronel se recusava a olhar o cometa, queria, isso sim, uma abobrinha para enriquecer a caldeirada. Abóbora àquela altura, naquela região, era coisa impossível. Cláudio, porém, lembrou que lá na beira do rio havia um pé de cabaça com algumas cabacinhas novas. Depois de ligeira confabulação, ficou resolvido que uma cabacinha pequena — que não é coisa que se coma — não faria mal a ninguém. Cláudio passou a mão numa lamparina e saiu rumo ao rio. Nessa altura o coronel-comandante resolveu olhar o cometa. Instruído de como melhor encontrá-lo, meteu o binóculo no lugar apropriado e deu com o Cláudio que caminhava com a lamparina. Entusiasmada, sua excelência exclamou: "Lá vai indo o cometinha, pulandinho, pulandinho!".

Tivemos uma noite clara, quente e cheia de muriçocas.

AS MEDIDAS DO CORONEL

Presentes todos no pátio — hoje, domingo, 14 — foi hasteada a bandeira pelo coronel Vanique. Nessa mesma manhã, depois de correr o campo, foi lembrada a necessidade de valetas, principalmente em pontos onde o terreno tenha alguma depressão. Terminada a inspeção no campo, foram anotadas todas as medidas que ficaram combinadas. São elas:

a) Redução provisória do pessoal;
b) Fazer regos (drenos no campo);
c) Fazer uma exploração aérea no Ronuro e comunicar o resultado;
d) Descida até o Diauarum com o coronel — se possível no início de janeiro, quando já terá regressado do Rio.

Ficamos sabendo que ele pretende ir ao Rio no primeiro CAN e voltar no seguinte.

Depois de uma folga prolongada, um novo período de serviços, começando pela abertura da valeta na beira do campo com três palmos de largura por três palmos de profundidade.

O horário foi normal, mas sem novidades. O CAN passará a chegar ao Mortes (Xavantina) às terças-feiras e não mais às segundas-feiras como vinha acontecendo.

Mandamos o batelão até a aldeia velha, Tuatuari, para trazer os índios doentes. Vieram cinco, três em estado grave. O velho Karatsipá veio também.

Iniciamos a medicação em todos eles. O CAN chegou ao Mortes e com ele dois passageiros para cá. Não conseguimos os nomes. Estamos no segundo dia de serviço do rego-dreno. Fizemos, usando um pouco de energia, com que os kamaiurá cobrissem dois ranchos destinados ao pessoal da aldeia, principalmente para atender aos doentes.

O Correio pernoitou em Aragarças de volta do Mortes com carga. Continuamos com o serviço do rego-dreno. Alguns homens que havíamos escalado para pescar regressaram com piranhas e pirararas.

Depois de um esforço e torcida enormes conseguimos ouvir o Mortes, mas não ficamos sabendo os nomes dos passageiros em trânsito para cá.

O BOICOTE DA ESTAÇÃO

Quinta-feira, 18, chegou nublada. De ontem para hoje choveu muito. Pelo primeiro horário nada soubemos. Um rádio nosso que estava sendo transmitido para o Mortes foi interrompido, e a estação receptora desviou sua sintonia para outra frequência. Kuluene, acintosamente, não quis nos atender. Fizeram uma confusão enorme! Que coisa estaria acontecendo? Guerra interna e nós do lado dos inimigos? Fuxicos de rádio? A coisa se esclareceu rapidamente. Celino, nosso *radioman*, como diria mr. Wright, por se achar muito novo em serviço, não quis entrar num abaixo-assinado dos colegas pleiteando aumento de vencimentos. Em represália, as demais estações estão deixando de atender a nossa. Que maneira feia de protesto... Esquecem que o rádio é a segurança daqueles que trabalham em áreas isoladas, sujeitos a mil imprevistos. Cobra, por exemplo. Que fazer no caso de um acidente? Perturbar as comunicações não caracteriza protesto. Se quiser protestar como homem, feche a estação e cruze os braços na porta. Isso não fazem. O que preferem é tumultuar as comunicações, tirando do aparelho um assobio-apito contínuo.

As chuvas têm sido pesadas e constantes. Os índios terminaram uma boa parte da cobertura de um rancho que estão fazendo.

Os doentes estão melhorando sensivelmente. Xavantina procedeu hoje com a mesma tática de ontem: atender e desligar.

Kuluene, então, não deu a menor confiança: manteve o apito.

Mortes (Xavantina) se dignou a nos dizer que nossos sinais não estavam chegando lá. Como sabia que estávamos emitindo?

A chuva, hoje, perturbou o trabalho do rego-dreno. Todo peixe que veio com os homens que foram pescar demos aos índios doentes e não doentes.

QUASE QUATRO HORAS PARA QUARENTA PALAVRAS

Sábado, 20. Não temos tido horários. Estamos fora do ar e à margem do mundo. Domingo sem que tremule no alto do mastro a bandeira aqui não acontece. À tarde chegou Olavo com o FBB. Com ele veio a correspondência do último Correio. Olavo dorme aqui e amanhã cedo ruma para o Mortes levando um dos trabalhadores. Em matéria de comunicação a coisa agora está completa: de um lado o boicote das irmãs Kuluene e Aragarças; de outro a "perícia" do nosso radioperador. Marcamos recorde de lentidão: 3h45 minutos para receber um rádio de quarenta palavras! Alcides, um dos nossos melhores trabalhadores, foi embora com Olavo. Dia a dia enfraquece o nosso estoque de gêneros. Sem gordura já vínhamos vindo de muitos dias. De amanhã em diante é só café amargo — lá se foi o açúcar. Hoje lá se foi também a última mão-cheia de farinha. O que não tem faltado é chuva.

A nossa estação está em crise completa: boicote, e numa tentativa de comunicação lá se foi o receptor levado por um disparo do motor. Celino, pressuroso, voltou todas as atenções ao motor. Mexe daqui, mexe dali, o dito espirrou, deu um ronco, dois estalos e explodiu e, como se estivesse se despedindo do mundo, soltou uma língua de fogo e calou. Não ficou nisso, foi mais além a tragédia. A palha do rancho, solidária, aderiu ao movimento, incendiando-se e na fúria levando consigo todo o ranchinho. Não há dúvida de que há um espírito gozador encostado no moço. Alguns trabalhadores que estavam por perto puxaram o que restava do motor.

Estamos no dia 25 — uma quinta-feira com chuva, sem gordura, sem rádio, sem açúcar e quase sem ânimo.

O FBB roncou por perto e minutos depois Olavo aterrissava no nosso campo, agora enorme. Trouxe umas costeletas que foram do avião diretamente para a cozinha acompanhando a manta de toucinho que chegou também.

O jantar foi saudável e silencioso. A costeleta tomou todos os espaços, inclusive o da fala.

Olavo decolou depois que o tempo firmou um pouco, e com ele lá se foi mais um trabalhador em cumprimento ao plano de redução de pessoal. Redução... economia? Falta de serviço? Muita gente? Não. Não pode ser. Só temos sete homens contando o cozinheiro... vamos reduzir mais quanto? O coronel estava muito reticente. Há alguma coisa de podre no reino da Dinamarca...

As valetas continuam sendo abertas. Trabalho com terra em dia de chuva, além de cansativo, é ingrato. Se a gente tira, a água põe; se gente põe, a água tira. Uma similitude como aquela... se a gente corre o bicho pega, se a gente para o bicho come.

Muito contra a vontade abatemos ontem aqui um cervo com uma imensa galhada. Por nós não faríamos isso, mas o coronel pediu empenhadamente que o fizéssemos. Falou ele que tinha necessidade e urgência de um couro e uma galhada grande de cervo. É um animal diferente. Em lugar de sair correndo diante do perigo, o cervo levanta a cabeça imponente, abre o peito largo e enfrenta soberbo seu inimigo. Foi uma barbaridade, ele era lindo.

KARATSIPÁ GRAVE

Todos os índios que vieram doentes já estão bons e regressando à aldeia. Miguel conseguiu pôr o motor em funcionamento e levou todos eles para a aldeia velha, que é a ponta da trilha que vai para a outra mais nova. Conosco ficou apenas Karatsipá. O caso dele não é nada bom. Foi tomado por uma disenteria incontrolável. Já experimentamos de tudo. O velho, nos seus prováveis noventa anos (índio não conta a idade), está baqueando dia a dia. Chegou da aldeia a notícia da morte do velho Paiap. Adoeceu e morreu em menos de três dias. Quando isso acontece, os índios acreditam ser causado por feitiço. Nesses casos o filho mais velho, um genro ou outro parente próximo corta o cabelo do morto e leva para um pajé grande da sua ou mesmo de outra aldeia para que o feitiço vire contra aquele que o jogou.

Hoje destacamos três homens para, com Maricá, verificar a existência de um landi grande que o velho disse conhecer na mata lá do outro lado do rio. Landi dá um tronco bem grosso e é uma das madeiras mais requisitadas para embarcação. A fibra é arrevesada, o que lhe dá muita resistência. Por outro lado, depois de seca flutua muito bem. A duração supera a de muitas madeiras, como almescão e outras.

ÍNDIOS ARREDIOS POR PERTO

Hoje, 28, amanheceu chuvoso. Céu cinzento de chuva pesada, sem vento, calma e enjoada. Um dos doentes piorou consideravelmente. Já o tínhamos morto quando reagiu com uma coramina. Esta gente morre à toa, mas também sara mais à toa ainda.

Olavo chegou à tardinha com o PP-FBB trazendo medicamentos e outras miudezas.

Na hora do hasteamento da bandeira o cordel do mastro partiu-se, e para emendá-lo tivemos de descê-lo. Não foi fácil, ele é grosso, pesado, comprido e por isso deixamos o serviço para amanhã.

Com exceção de um bonito pintado, demos aos índios todo o peixe que os homens trouxeram da pescaria. O doente, Jacareanã, voltou a piorar. Volta e meia some o pulso, esfria, e vai começando a querer "apagar". Daí aplicamos uma coramina ou óleo canforado e minutos depois lá está ele sossegado, ou melhor, menos aflito. O diagnóstico de um doutor que por aqui passou não foi dos mais animadores: "insuficiência cardíaca". Daí as crises que volta e meia o acometem.

Olavo esperou o tempo melhorar e tocou de volta para a sua querência — Xavantina.

Com o vaivém dos aviões, a nossa estação foi recuperada e o motor substituído. Não perdemos muito, pois a greve dos operadores de rádio foi longa. Voltamos a falar, mas, diz o operador, tão baixinho que ninguém ouve.

Estamos chegando nos fins de dezembro. A chuva tem aliviado um pouco. Parece que com medo das previsões do dia de Santa Luzia, dia 13 passado, dezembro está espancando as chuvas para que o veranico de janeiro — que vem a ser de 22 dias de sol — possa acontecer. Repetindo, lembramos a superstição sertaneja que diz que, se não chover no dia 13 de dezembro, não choverá 22 dias no mês de janeiro.

Hoje, último dia do ano (31 de dezembro de 1947), trabalhamos só meio dia. Aproveitamos a chuva da noite e plantamos na cabeceira do campo arroz e milho. O nosso primeiro plantio foi de mandioca e não nasceu. Ficamos surpresos, porque mandioca se adapta a qualquer terra. Começamos a acreditar que a providência é sábia, pois que a mandioca que plantamos (aipim, macaxeira), e que chamamos de mandioca-mansa, não é a cultivada pelos índios. A deles é a mandioca-brava. Se a nossa vingasse, podia surgir o cruzamento indesejável entre as duas. Isso traria um prejuízo muito grande para os índios, pois a brava, sua preferida, é em tudo mais rica do que a nossa, principalmente no teor de polvilho. Foi uma imprevidência nossa, que felizmente a própria terra corrigiu. Nenhum ramo nasceu. Alertados por nós mesmos do que havíamos feito, corremos a área. Nenhum broto saiu. Em lugar plantamos arroz e milho. Milho híbrido, que não cruza. A melancia e a abóbora que plantamos na mesma área da mandioca saíram viçosas, mas também não vingaram, não pela terra, mas pela formiga. Temos a impressão de estar sobre um monumental formigueiro. Não é de estranhar que a qualquer momento ranchos, campos, gentes e tudo o mais que aqui existe seja tragado com ou sem estrondo por uma descomunal solapa disfarçada pela vegetação rasteira do campo.

Como um prêmio à perseverança do nosso radioperador, o nosso aparelho neste último dia do ano despediu-se ouvindo com nitidez e falando alto e bom som. O CAN virá dia 3 para Xavantina, informou o rádio.

À noitinha fomos surpreendidos com um alarido dos cachorros na direção da mata da beira do rio. Os índios vieram correndo contar que ouviram gritos de gente pega por cachorros. Corremos para o local do tumulto. Encontramos numa algazarra incrível todos os cachorros, mas não havia ninguém. Os trumai, assustados, juram de pés juntos que é índio bravo rondando.

O VINHO DO CIENTISTA

Chuva pesada caiu a noite toda, coroando nossa despedida de 1947. Tal como em 1946, foi mais uma etapa vencida. Num aspecto geral tudo correu bem. Só uma coisa poderia ter sido melhor — as nossas comunicações de rádio.

Com a presença do dr. Sick e dos trabalhadores, deixamos para abrir agora, meia-noite, a barriquinha de vinho que o Pedro Lima nos mandou do

Rio. Íamos, afinal, ter também a nossa ceia de fim de ano. Enfeitando-a de maneira palpável lá estavam um pernil de caititu e uma bacia de pastéis de carne de porco-do-mato e palmito. Havíamos passado quase que um dia todo preparando os "comes". De antemão sabíamos que, dada a ordem de ataque, tudo aquilo desapareceria rapidamente.

O ponteiro grande do relógio foi avançando. Marchamos em equipe com faca, alicate, facão, menos saca-rolhas, para o lado do barril. Era sem dúvida o momento grave da cerimônia. Aberto o dito em circunspecção e ritual, o líquido surgiu soberano. Aproximou-se a primeira caneca. Em homenagem à ciência foi ela a do dr. Sick, que, sisudo, ereto, compenetrado, sereno, terrivelmente alemão, aguardou, gentil, que outras também fossem cheias. Quando as ditas foram levantadas em saudação ao ano-novo e o líquido começou a tocar os lábios dos circunstantes, ouviu-se um oh! geral, uníssono, angustiante... era vinagre. Vinagre curtido, fortemente ácido. Ora, bolas! Vinagre nesta altura? Alterou-se o vinho? Trote do presenteador? Imediatamente as atenções foram voltadas para a bacia de pastel e a escura perna de caititu.

Lá fora o 1947 se despedia molhado e molhando o 1948.

AS HISTÓRIAS DO MANÉ ROMUALDO

Nada mudou. A noite correu chuvosa. Só mudou o calendário, que aliás nunca tivemos. O sertão dispensa o compromisso com o calendário, que inibe a criatura, que escraviza, que nos empurra e nos refreia. Nada mudou, repetimos.

Hoje, domingo, a primeira hasteação da bandeira do novo ano foi feita com uma chuvinha impertinente. Dissemos aos trabalhadores que o dia de hoje era em homenagem a todos os povos do mundo. Era o dia da confraternização dos povos. Terminada a cerimônia da bandeira, apesar da chuva ouvimos Elias dizer:

— Esse Baiano é burro que, se cair de quatro, pode ajeitá a cangaia pruque num levanta mais.

— Por quê? — perguntamos.

— Ele tá dizeno que a hasteação da bandeira é por causa dessa confraternização dos ovos.

Nestes dias de chuva o ponto de reunião para conversa é a cozinha. Ajudam o cozinheiro a catar arroz, feijão, cortar carne-seca, ajeitar lenha no fogo e tudo o mais que for preciso, desde que o ritmo da conversa não seja interrompido. Zacarias, Elias, Baiano, Coisa-Boa, o velho Piauí e outros. No meio desses outros está o Manoel Romualdo, chegado há pouco, magro, baixo, o maior contador de histórias que passou por aqui. Conta histórias de fadas, reis, dragão, príncipe encantado e outras que deixam o pessoal suspenso.

Na história do dragão que quase pegou o príncipe, o Baiano, aquele dos ovos, não se conteve:

— Si eu tô lá dava um tiro de 44 no zoio dessa imundice.

— Fica quieto, Baiano, num estrova — protestou Elias.

Se a prosa cai para assombrações, o especialista é o Zacarias:

— Lá no Marabé toda sexta-feira aparece um porco embaixo da ponte que solta fogo pelos olhos. Cabra nenhum tem coragem de passar por lá. Todo mundo fala que é a velha Sabina que mora na ponta da rua.

— Ié — exclama um.

— A véia qui tenha pacença. Si eu vê o porco eu passo fogo — volta o Baiano.

— Qui cabra difício, gente. O porco num é da véia, é ela mesmo — esclarece Zacarias.

— Pió pra ela — diz o Baiano.

A chuva não cessou a tarde toda. Quando descemos a bandeira às seis horas, a mesma chuvinha impertinente continuava caindo.

Dia 2 foi o primeiro dia de trabalho do ano. Só nós reverenciamos a data. Se o nosso pai estivesse vivo, estaria completando 66 anos. Morreu cedo, com 61 anos.

Em homenagem ao ano novo, o nosso rádio emudeceu. Em contrapartida, cobrimos um rancho novo para o motor. O anterior foi queimado naquela operação de conserto do motor antigo.

Mesmo com o pessoal reduzido, vamos dar início a um serviço de fôlego. Vamos derrubar um landi para transformá-lo em tábuas para um batelão grande que pretendemos fazer.

O VERANICO DE JANEIRO

O tempo está querendo honrar as previsões do dia de Santa Luzia, trazendo 22 dias de sol em janeiro. E o veranico da predição. Uma trégua dessa num mundo de chuvas vem a calhar. Só assim podemos trabalhar o landi e o resto das valetas do campo.

Como estamos com pouca gente, não temos desviado ninguém para caça ou pesca. Vamos aproveitar o domingo para reforçar a despensa de forma a aguentar a semana. Peixe agora com a enchente não é fácil. Chegando o veranico a coisa melhora. Na última caçada os homens trouxeram três capivaras. E dois deles, que preferiram pescar, trouxeram também uns quinze quilos de piranha.

O nosso rádio continua em pane. A dita salta do motor para o receptor e deste para o transmissor. Celino, no meio disso tudo, se perde, tonteia e ri. O Waco chegou inesperadamente. Nem podia deixar de ser, se estamos sem comunicação. Olavo, que veio pilotando, trouxe uma pequena carga. Na volta vai levar do Kuluene o encarregado Alfredo Maia. Para substituir o "seo" Maia mandamos daqui um trabalhador alfabetizado — Joaquim Cearense.

Os índios se revezam. Sai um chega outro. Agora são os waurá que estão chegando. Estes são tranquilos, ordeiros, não mexem em nada. Reflexo do grande capitão da aldeia, Patacu, que tem no seu filho Malakuiauá, moço ainda, uma das mais fortes personalidades do Xingu.

Com muito trabalho trouxemos para o porto duas toras de landi. A terceira caiu dentro do sangradouro da lagoa. Para salvá-la será preciso serrar a ponta dentro da água, e de mergulho, tarefa para leão, mas com os homens que temos vamos conseguir. Para ter ideia, basta lembrar que dois homens, um traçador e a resistência dos pulmões, no fundo d'água, trabalham menos de um minuto. Para não perder essa tora levamos todos os homens: seis. A serra golpeão (traçador) é manejada por dois homens, um em cada ponta. Elias e Zacarias mergulharam primeiro, e lá embaixo ficaram um bom tempo. Mal reapareceram, outros dois mergulharam. E assim foi, até que duas horas depois a tora estava serrada. Foi içada para a tona e rebocada até o porto.

DR. VIÇOSO JARDIM, O NOVO PRESIDENTE

Nosso rádio hoje, 7 de janeiro, amanheceu falando. Tivemos muitas notícias. Primeiro, a chegada do CAN em Xavantina. Segundo, a ida do coronel Vanique neste Correio para o Rio. A essas viagens já estamos acostumados. Não constituem mais novidade. Novidade seria ele esquentar o lugar no Mortes. À tarde, para completar as notícias do dia, chegou o Waco pilotado por Saraiva trazendo o nosso amigo do Museu Nacional, dr. Pedro Lima. Desta vez trouxe um auxiliar — Manoel Vitorino. A aldeia waurá é avisada pelo pesquisador. Desta feita ele vai mensurar aqueles índios e colher algumas peças de cerâmica para o acervo do Museu. Leonardo se dispôs a levá-los até a aldeia. Viagem longa, que começa descendo o Kuluene até o Morená. Depois de subir um quilômetro o Ronuro e encontrar a foz do Batovi, vai ter de subir por este um dia inteiro. Rio pequeno, de navegação difícil, em virtude das tranqueiras. Leonardo estava no Kuluene. Foi preciso um voo do Saraiva para buscá-lo.

Já estamos com cinco toras de porte. Trazê-las para o seco é problema sério. Só será possível com o concurso de uma talha.

Estamos declaradamente no veranico de janeiro. Há cinco dias que não chove.

Saraiva chegou trazendo outro motor para o rádio, que já chegou encrencando.

O pesquisador Pedro Lima deu-nos a notícia de que o dr. Manoel Ferreira deixou a presidência da Fundação Brasil Central e em sua substituição entrou o dr. Viçoso Jardim, que vinha há algum tempo ocupando a secretaria-geral da entidade.

JACAREANÃ ESTÁ MUITO MAL

Quebrando o veranico, depois de oito dias de estiagem, tivemos uma chuva pesada.

Voltamos aos trabalhos das valetas, já que não temos talha para tirar as toras da água e iniciar um serviço mais nobre — desdobrá-las em tábuas.

Estamos com poucos índios e um deles, Jacareanã, passando muito mal.

Pedimos a vinda do dr. Noel, agora médico efetivo da Expedição. Sua sede é em Xavantina (rio das Mortes).

Pedro Lima trouxe um motor Johnson. Nosso motor-rádio está funcionando com uma vela emprestada. Não adiantou muito o empréstimo, pois a pane verdadeira é do radioperador. E para isso não há vela que sirva.

As chuvas de ontem e de anteontem foram passageiras. O veranico voltou. A rotina aos domingos é o hasteamento da bandeira e os homens na caça ou pesca. O mensurador Pedro Lima desta vez veio com a bagagem completa, sem perda, sem atraso. Agora somos nós que aguardamos coisas que não vieram.

As noites têm sido ricas em muriçocas, da malária principalmente.

Só se pode dormir um pouco quando a temperatura cai de madrugada.

O índio doente continua tendo crises, que cada vez se tornam mais sérias.

Apesar do aviso de que hoje não viria avião, às duas horas desceu o Waco com Saraiva. Esperávamos que com ele viesse o dr. Noel, mas não veio.

Fizemos nos ranchos uma nova aplicação de DDT, porque a invasão dos pernilongos chegou ao limite do suportável. O DDT, quando aplicado com água, tem uma ação muito curta. O bom mesmo é com querosene. O azar é que nosso estoque de querosene mal dá para as lamparinas.

Só agora tivemos a confirmação oficial da mudança na presidência da Fundação. Saiu o dr. Manoel Ferreira, reconhecido sanitarista brasileiro, para entrar o dr. Viçoso Jardim.

Na esperança da chegada de uma talha, montamos um estaleiro para transformar as toras em tábuas. Só conseguimos subir ao estaleiro a menor delas. Romualdo e Zacarias iniciaram o desdobro. Enquanto isso pusemos os outros homens para concluir os trabalhos das valetas.

Sem conhecimento do Celino, chegou o FBO com Olavo e o dr. Noel. O doente índio foi imediatamente examinado e medicado. O diagnóstico do doutor foi de séria endocardite. É grave a situação de Jacareanã. Aproveitando o dia que amanheceu firme, Tamacu, parente do doente, veio nos comunicar seu regresso à aldeia levando Jacareanã para morrer lá. Não insistimos que ficasse. Só por milagre ele resistiria à noite. Mandamos que Miguel os levasse com o motor até a aldeia velha. O dr. Noel regressou com Olavo. Não tivemos horário à tarde porque o nosso risonho Celino perdeu a hora.

Pedro Lima, Leonardo e Manoel Vitorino estão preparando o material para seguir amanhã cedo para a aldeia waurá.

À tarde Miguel chegou de regresso da aldeia velha para onde fora levar Tamacu e seu parente doente. Trouxe-nos a notícia triste de que o doente morrera na viagem. O dr. Noel havia previsto o desenlace.

MANDIOCA, O ALIMENTO-BASE

A imensa bagagem do cientista Pedro não coube na canoa, seguiu por isso com o batelão, levando ainda a canoa de reboque. Isto porque no córrego que chega até a aldeia o batelão não entra.

Terminados as valetas e os escoadouros no campo, ficamos livres de um serviço ingrato, interminável por causa das chuvas, cansativo e pesado. Já que estávamos no campo, gastamos mais dois dias e demos nele um repasse em regra, acertando, também, alguns sulcos deixados pelos aviões.

Não temos tido notícias do Correio nem do coronel, que há mais de um mês anda ocupado lá no Distrito Federal! O importante no seu regresso aqui para nós é saber qual o resultado dos planos elaborados para a Expedição e, por conseguinte, a tarefa da vanguarda.

Enquanto esperamos vamos modelando o madeirame necessário à confecção de barcos destinados a melhorar a nossa frota.

Agora, no veranico, não é mais o sol que se infiltra nos dias de chuva, agora é um dia de chuva que se mete nos dias de sol.

Os índios, com exceção de Taconi e Aru — kamaiurá — regressaram à aldeia. Estavam com saudades de beiju e cauim. A mandioca é o alimento-base destes índios. O peixe é o reforço obrigatório, mas é na mandioca que encontram a alimentação diária em forma de beiju ou cauim. Cultivam também, em menor escala, a batata, o milho, o cará e outras plantas. O milho consomem quando verde, deixando sempre uma reserva como semente para o próximo plantio.

A mandioca é o trabalho diário das mulheres. Arrancada, é raspada com concha só para tirar a casca. Feito isso, ralam-na e lavam-na em muitas águas. É exclusivamente a mandioca-brava que cultivam. Sua água é venenosa, daí as inúmeras lavaduras que fazem. Da massa apurada fazem pães, que, endurecidos ao sol, constituem a reserva. Essa massa, porém, o teperatô, não é a parte principal do fabrico. A principal é o tepeap, que é o apurado nas muitas lavagens feitas na massa e que indo ao fogo em enormes panelas de barro ferve até ficar fina e bem branca. É o polvilho. À mulher compete todo esse trabalho caseiro. Aos homens as atividades da pesca vêm logo em seguida ao trabalho da roça. A pesca pode ser individual, com arco e flecha, ou coletiva, batendo o timbó. Para isso represam "furos" no rio, sangradouros de lagoa e, na água represada, lavam o cipó-timbó, depois de macerá-lo para melhor desprender a seiva que "narcotizará" a água. O peixe fica entorpecido e vem à tona, onde é facilmente colhido ou então flechado, se ainda estiver com movimentos. Os peixes das pescarias coletivas são moqueados em jiraus feitos no mesmo local da pesca.

Depois de bem moqueados os peixes, os índios armam uns painéis com varinhas e embiras e ali os acondicionam para melhor transportá-los. Peixes de resultado de pescarias individuais quase sempre são cozidos, constituindo isso tarefa da mulher. Assar peixe é função do homem, porque implica ir ao mato buscar varas e confeccionar o jirau.

O COMÉRCIO DOS ÍNDIOS

As muriçocas não acreditam em veranico. Chova ou não elas estão sempre presentes. A noite é delas. Elas se assanham, cantam nos nossos ouvidos e picam levantando as patinhas brancas. Nunca vêm sozinhas, sempre em bandos escalonados — enquanto umas picam, outras sobrevoam e, ainda, cantam.

Para felicidade do nosso passadio, dois caçadores trouxeram um campeiro.

Poucos índios no acampamento. Soubemos que os kamaiurá estão aguardando na aldeia a visita dos kuikuro para um moitará. O moitará é uma prática importante da cultura xinguana. É um comércio todo ele na base da troca. E o valor dos objetos negociados é calculado pelo tempo de trabalho despendido em cada um. Cada tribo tem sua especialização em determinada atividade. Os caribe — kuikuro, kalapalo, nahukuá e outros dessa família linguística — são os donos da fabricação de colares de concha (uruca) e de caramujo (urapeí). Outros índios não fazem esses colares. O uruca é usado no pescoço das mulheres ou na cintura dos homens. Todos os homens da cultura xinguana, sejam de que tribo for, têm na cintura um colar ou, então, qualquer coisa que o substitua, o que não é nada fácil. O urapeí é usado por todos os moços e homens, e quase todos os meninos. No casamento, o moço presenteia o sogro com um colar de urapeí, que tira do pescoço. Ambos os colares são trabalhosos e consomem na confecção nunca menos de seis a oito meses. Geralmente as mulheres só usam o urapeí nos dias do Iamuricumá (cerimonial exclusivo das mulheres). Com esses colares os caribe participam do moitará.

Os tupi — kamaiurá e aweti — fazem de uma madeira escura (provavelmente ipê) belíssimos arcos que chamam de uirapaputan. Com esses arcos participam do moitará.

Os aruak — waurá e mehinako — são os ceramistas. São deles as panelas médias e grandes existentes nas aldeias. Mulatai é o nome das panelas médias; camalupe, o das grandes. E com elas os aruak entram no comércio das trocas. As flechas, cada tribo faz as suas.

Um caribe, por exemplo, com um dos seus colares, adquire uma canoa ou uma panela. Um uirapaputan bem-feito, vigoroso, vale uma panela grande. Penas de gavião, mutum, arara, ricongo e outras entram também no comércio no valor de uma cesta grande. O tuavi — esteira que tem um largo uso nas aldeias — vale na troca um arco médio ou penas de gavião.

Ontem assistimos aqui no pátio do posto a uma troca simbólica entre duas aldeias — kamaiurá e trumai.

Andavam os trumai numa séria crise de alimentação. Nas suas roças, ainda novas, não havia uma só raiz de mandioca.

Na troca-comércio os dois grupos se colocaram um em frente ao outro, e entre eles ficou um terreirinho de um a dois metros quadrados, previamente varrido.

O chefe trumai, nessa ocasião, expôs aos presentes a situação da sua aldeia com respeito à alimentação. Dito isto, colocou no centro do terreirinho, à guisa de troca, uma bolinha de massa de pequi (tamanho de um grão de milho) e pediu em troca massa de mandioca. Tamacu, o cacique kamaiurá, incontinente a recolheu, dela tirou uma partícula minúscula e a levou à boca, oferecendo-a em seguida aos de sua aldeia. Diversos chefes de casa avançaram e imitaram o cacique. Momentos depois, as mulheres daqueles que provaram do pequi colocaram no mesmo lugar — no terreirinho — imensas cestas de pães secos de mandioca. Algumas centenas de quilos.

Sem menos esperar, assistimos a uma belíssima demonstração de solidariedade, e há que levar em conta ainda que esses índios durante anos foram figadais inimigos.

A TALHA NÃO VEIO

Nosso trabalho agora está todo voltado para as toras que deverão ser desdobradas. Sem talha, porém, não há como tirá-las da água.

O rádio está definitivamente calado. Há muito que dele não cogitamos. Se em certa época fomos da "expedição dos homens nus", agora somos dos mudos.

O tempo está correndo amigo. O Waco Cabine com Saraiva chegou trazendo o piloto Juca. Chegaram às três horas. Juca volta assim aos serviços da Fundação. Trouxeram boa carga e correspondência vinda com o CAN. Por eles soubemos que o coronel Vanique veio, ao contrário do que havia anunciado. Aliás, as voltas do coronel do Rio sempre são anunciadas umas cinco ou seis vezes, com intervalos de dez a quinze dias uma da outra. Quando da sua última estada aqui, ficou combinada a vinda de um dos aviões para uma exploração no Ronuro. Até agora, porém, isso não foi possível. Desde o início vínhamos estranhando o interesse do coronel pelo Ronuro, pois este rio vem do oeste e o nosso rumo de avançamento na direção de Cachimbo, Tapajós e Manaus é norte. Em todo caso, não temos outra saída a não ser esperar os planos que estão sendo discutidos no Rio.

A talha não veio. Continua assim parado o nosso principal serviço, o desdobramento das toras. Dali deverão sair barcos que a vanguarda necessita.

O índio Savacapá veio buscar seu filho Aru. A aldeia está em paz com referência a doença. Estão todos na lagoa. Só Karatsipá está na aldeia velha (Tuatuari).

O tempo vinha sendo o melhor desejável, até que hoje (23 de janeiro, sexta-feira) desabou um forte temporal vindo de leste, o que não é fácil, porque o nosso chovedor aqui é oeste.

A cozinha foi reforçada por dois veados trazidos pelos caçadores que saíram de manhã.

As toras "repousam" no rio, e a talha "dorme" em Xavantina.

No posto um único índio: Taconi.

Chegamos no domingo e como de praxe hasteamos a bandeira às oito. A cerração que vinha desde a madrugada sumiu com o sair do sol.

Chegaram para nos visitar o cacique kuikuro Afukaká e alguns acompanhantes. Logo depois chegaram os aweti com o chefe Catuá. Ontem tínhamos um só índio, hoje estamos com quarenta.

Os dias continuam honrando o veranico — firmes com céu azul. Estas últimas noites têm sido claras, exuberantemente claras, graças à lua cheia.

Sem que esperássemos, chegou o Waco com Saraiva trazendo alguma carga e ato contínuo decolou levando o dr. Sick e parte de sua bagagem. Regressa assim, depois de seis meses conosco, o naturalista Helmut Sick. Foi satisfeito com o tempo aqui empregado. Parte da belíssima coleção aqui organizada seguiu com ele.

Saraiva nos informou da chegada hoje em Xavantina do Correio da quinzena. Contudo, não soube dizer se com esse avião veio o coronel Vanique. Olavo irá com esse CAN para o Rio. Daí se conclui que o voo no Ronuro fica a cargo do Saraiva. O rádio continua parado. Pane completa. Motor, aparelhos e o *homo sapiens* encarregado.

A talha não veio. Nada conseguimos sem ela. Tentativas fizemos bastantes.

Três caçadores que saíram cedo trouxeram três veados.

O avião virá novamente de uma hora para outra, informou Saraiva antes de sair. Vem para a planejada exploração. Apesar da previsão do piloto, dois dias já se passaram e o cujo não veio. A nossa aflição é que não venha antes que o veranico se despeça.

A EXPLORAÇÃO NO RONURO

Hoje, 31 de janeiro de 1948, por volta das dez horas apareceu Saraiva com o Waco. O propósito é o voo no Ronuro. Amanhã, ficou combinado, sairemos cedo. À tarde, a nosso pedido, o Waco foi até o Kuluene levando o trabalhador Perpétuo e o *radioman* Celino. À tarde mesmo regressou trazendo 23 galinhas e alguns frangos. Por carta que recebemos e pelas informações do trabalhador Perpétuo, ficamos sabendo das irregularidades de ordem moral por parte do encarregado Joaquim. Pelo primeiro horário determinamos ao mesmo a entrega imediata do posto ao radioperador ou ao trabalhador de nossa confiança, Alcides, e que ficasse de malas prontas para regressar ao Mortes pelo primeiro avião. Avião esse que será o nosso Waco com Saraiva amanhã. No mesmo dia demos ciência da medida ao dr. Roxo da Mota, que responde pela base na ausência do coronel.

Domingo, 1º de fevereiro de 1948. Tempo ótimo, excelente para a exploração. Deixamos o radioperador Celino encarregado do hasteamento da bandeira e decolamos.

Saímos do posto Iacaré às 7h00
Chegamos à confluência às 7h04
Subimos Ronuro/Von den Steinen às 7h15
Rio Von den Steinen acima até 7h45
Foz afluente rio Ferro às 7h45

Sobrevoando o rio constatamos que tanto ele quanto o Von den Steinen correm num imenso chapadão de mata densa, principalmente a da direita. O rio Ferro, depois de alguns minutos de voo, perde a pouca largura que vinha tendo e se transforma num ribeirão. Depois de uma hora sobre ele começamos a avistar lá para o interior, à margem direita, manchas de terra vermelha pisada, sinal claro de aldeia antiga. O rio Ferro nessa altura não passa de um córrego. Às oito e dez — uma hora e dez de voo, sendo que 25 minutos sobre o rio Ferro — a mata se apresenta mais compacta e o rio começa a pender para o norte. Além da mata compacta da margem esquerda distinguimos um cerrado alto onde nos pareceu correr um rio. Saraiva torceu o avião para aquela direção, rumando, portanto, para o norte. Depois de dez minutos chegamos em grandes clarões ao cerrado, parecendo sinais de antigas aldeias. Vimos um ribeirão rumando para o norte. Pela posição e direção, dificilmente deixará de ser um afluente do Maritsauá-Missu. Depois de sobrevoar por alguns minutos o lugar, tocamos de volta, saindo no Von den Steinen, pouco abaixo da barra do rio Ferro.

Iniciamos o retorno às 8h25 e alcançamos o campo do Iacaré às nove e cinquenta.

A duração do voo foi de duas horas e cinquenta minutos.

Chegamos à conclusão, com a exploração feita, de que o lugar não serve para o prosseguimento da Expedição; o terreno é alagado e a mata espessa. O rio mais de oeste (Ferro) não tem água, e o seu sentido não é o melhor. E, ainda segundo notamos, entre ele e o divisor estão as cabeceiras dos afluentes do Maritsauá. Amanhã enviaremos ao coronel Vanique, no Rio, via rádio, a impressão que tivemos da região e dos rios que sobrevoamos.

SARAIVA NÃO PARA

Antes do almoço Saraiva decolou para o Mortes.

Ainda com ótimo tempo arriamos a bandeira.

A nova semana entrou com cara boa no que diz respeito ao tempo.

Para nossa satisfação, o bom seria que chegasse a talha. Com as toras no estaleiro as chuvas não perturbariam tanto, pois ele é coberto.

Nosso rádio está funcionando. Chegou com tempo de almoço o Waco Cabine com o dr. Noel e o dr. Roxo. Duas horas depois da chegada do avião, regressou da aldeia o batelão com Leonardo, o cientista Pedro Lima e o auxiliar Vitorino. À tarde fomos ao posto Kuluene verificar com exatidão as irregularidades que foram apontadas contra o encarregado daquele posto — trabalhador Joaquim.

O dr. Noel examinou o braço do excelente trabalhador Nélson, que se acidentou, achando indispensável uma radiografia, aconselhando, assim, a sua remoção para o rio das Mortes. Iniciamos hoje uma cuidadosa carpa no campo. O Waco voltou do Kuluene para pernoitar aqui. Ficarão conosco, além do piloto, o dr. Noel e o dr. Roxo.

Estamos chegando ao fim do veranico. Hoje, 3 de fevereiro, amanheceu nublado. O rádio funcionou. Aproveitamos a chance para endereçar ao coronel, no Rio, o seguinte rádio:

Realizamos hoje exploração aérea rio Ferro VG conforme combinado coronel PT Horário tarde enviaremos notícias sobre assunto PT Substituição

Miguel consultamos possibilidade vinda primeira condução trabalhador José Valadão motivo diversos serviços andamento campo VG serragem VG lavragem madeira PT Temos um homem fora serviço braço deslocado PT Os Villas Bôas PT

No horário da tarde fizemos ao coronel um comunicado extenso detalhando a exploração tal como anotamos linhas atrás.

Ainda não chegou a talha para puxar o madeirame. O Waco saiu assim que o tempo permitiu.

Chegou o afamado pajé aweti Totoporé com a filha. Não passa de dez o número de índios acampados aqui. O rádio voltou a sua situação normal — pane. Depois que funcionou conseguiu fazer dois horários.

Saraiva com o Waco chegou trazendo gasolina. Não esquentou lugar, pouco depois rumou para o Mortes. Dois caçadores nossos trouxeram dois veados.

O veranico já está abusando da força de Santa Luzia. Janeiro passou praticamente sem chuva, e o mesmo vem acontecendo com fevereiro, que da estação chuvosa é o mês mais rigoroso.

Com o regresso do Waco partiu o nosso cientista e excelente criatura Pedro Lima e, com ele, o seu auxiliar Vitorino. A bagagem do moço não foi de brincar. Com mais algumas viagens dessa esvazia-se o Xingu. É verdade que o material indígena levado é para o acervo do Museu.

As muriçocas voltaram ao ataque sistemático, em escalões de revezamento.

ÍNDIO ESTRANHO

Domingo, 8 de fevereiro, entrou movimentado. Logo após o hasteamento da bandeira, os cachorros acuaram uma onça perto dos ranchos, bem na beira do campo. Malferida, a fera caiu da forquilha do pequizeiro zangada ao extremo. Borduna, cachorro valente, saltou em cima dela e foi por ela bastante machucado, mas mesmo assim não abandonou a presa, impedindo sua fuga. A onça, num tapa, deslocou o maxilar do cachorro.

À tarde chegaram alguns índios — Avacacumá e suas duas mulheres, Akuku e Mavutsá, e ainda a menina Socairu. Contou ele que quando descia o

Kuluene avistou uma canoa que subia tripulada por três homens aqui bem perto, na barreira do Inajá. Julgando tratar-se de trumai, ele gritou oferecendo beiju. Os índios não responderam, apenas encostaram a canoa e se embrenharam na mata. Se fossem trumai teriam parado, pois os dois grupos estão em boas relações. Ficamos sem saber que espécie de índio possa ser.

Às seis horas da tarde descemos a bandeira. O dia correu quente — 37 graus. Índio quando vê um bom dia não fica parado, inventa viagem. Alguns que estavam aqui foram para a aldeia e alguns da aldeia vieram para cá.

Voltam as chuvas. Chegou a talha. Alguma coisa de extraordinário aconteceu na retaguarda. Chegou a talha sem ao menos ser saudada por um tiro de canhão.

Com o engenho chamado talha, pusemos as toras no seco e iniciamos a lavragem. Manoel, Romualdo e Elias são os lavradores.

Chegou uma leva grande de kuikuro. Estamos aqui com mais de sessenta.

CELINO CONSOLIDA TERRIVELMENTE UMA PANE

Fevereiro, 13. O rádio continua mudo. Celino de alicate, chaves de fenda e inglesa "destripa" o motor. Agora, sem dúvida, a pane ficará consolidada, terrivelmente consolidada. O rio volta a ganhar água. Mandamos alguns homens à caça. O arroz já está no fim, e a única maneira de moderar o consumo é aumentar o volume da "mistura". Tivemos sorte. Os caçadores voltaram com a metade de uma anta. A outra metade o motor foi buscar. O rio está enchendo com as águas das cachoeiras, pois aqui o tempo está mais carrancudo do que chuvoso. A anta de ontem chegou em boa hora. Ela assistiu à despedida do arroz e do feijão.

Terça-feira. CAN no Mortes. Logo cedo roncou, chegou e desceu o Waco com Saraiva, incansável. Trouxe um tambor de gasolina e o radiotelegrafista Elpídio, do posto Kuluene, em troca com o Celino. Saraiva não demorou quase nada. Pelo avião veio um rádio do Rio a nós endereçado:

Villas Bôas PT
Preparei tudo a fim avanço ser feito fins abril PT Plano avanço Tapajós francamente aprovado VG recebemos todo material necessitamos mesmo PT Fe-

lizmente nossa situação foi compreendida e grandes esforços serão dirigidos nesse sentido PT Seguirei próximo CAN darei magníficas notícias para os que desejam avançar PT Recomendo serrar bastante tábuas landi PT
Vanique PT

Desde o dia 7 esse rádio em trânsito. Foi preciso que viesse um avião para que o recebêssemos.

No rodapé do rádio consta uma nota do operador Pina, da estação do rio das Mortes:

Este rádio foi transmitido no mesmo dia para ser encaminhado ao seu destino visto que Xingu poucas vezes me atende, e como não tenho confirmação da sua transmissão, remeto nova cópia ao seu destinatário. PINA.

Lá se foi Celino, o radiotelegrafista. Foi-se com a sua perna curta e seu riso fácil, o que já é uma grande qualidade. A troca é temporária, breve estará aqui de novo.

O operador Elpídio trouxe um motor em melhores condições que o nosso. Teremos assim, de amanhã em diante, nossas comunicações restabelecidas. A instalação do motor que chegou tomou muito tempo e por esse motivo não tivemos horário à tarde.

O avião não virá hoje, não por estar o tempo chuvoso e fechado, mas porque não há arroz para trazer. O CAN, que devia ter chegado ontem ao Mortes, não saiu do Rio e lá nem sabem ao certo quando virá.

Dois homens saíram à caça e trouxeram dois veados.

Nada pelo horário da tarde. O CAN continua sem dia certo. As chuvas voltaram a cair pesadas e contínuas. O rádio, agora funcionando, nos informou que o Waco e o Paulistinha estão voando para Leopoldina no Araguaia — para trazer de lá gêneros, principalmente arroz.

EM RIO QUE TEM PIRANHA NINGUÉM MORRE DE FOME

Subimos uma tora para o estaleiro.

Sexta-feira entrou com sol. O CAN saiu do Rio e o coronel chegou com o

Cruzeiro do Sul em Aragarças, devendo vir ao Mortes com o Correio. Saraiva decolou para cá. O primeiro horário foi pródigo em informações. Suspendemos os serviços até regularizar a situação alimentar. Saraiva chegou ao meio-dia com o Paulistinha trazendo um saco de arroz.

O coronel chegou ao Mortes, disse o rádio.

Com ele vieram o dr. Tito, o almoxarife Ruy com a família e o técnico de rádio Juramir. Celino, que seguira para o Kuluene, está fora do ar desde o dia seguinte da sua chegada lá. Deve estar, sem dúvida, ligando com uma hora de atraso ou então já fundiu qualquer coisa por lá.

O veranico teima em continuar trazendo alguns dias de sol no meio do maior mês de chuva — fevereiro.

Apesar da estiagem de um ou outro dia, o peixe anda vasqueiro. Dois homens que saíram à pesca voltaram com três piranhas somente. Aliás, é sabido que em rio que tem piranha ninguém morre de fome. O mesmo acontece na mata onde haja macaco.

O CAN está pernoitando no rio das Mortes. Novo domingo sem bandeira. Novamente o cordel arrebentou. Soubemos que o CAN fez algumas viagens de Aragarças para o Mortes. Tentamos descer o mastro para passar novo cordel, mas desta feita só com três homens não foi possível. Vamos aguardar até que haja mais gente aqui.

A NOSSA FROTA AÉREA DESAPARECE AOS POUCOS

Há muito vimos prevendo, e os pilotos muito antes que nós, a séria crise nos nossos transportes. Volta e meia sai um de voo. Manutenção difícil. Falta material de reposição. O último foi o Waco. É um bom avião, mas antigo, coisa de vinte anos. No momento só temos em voo o TGP, avião aberto de treinamento da FAB, que carrega no máximo cem quilos mal acomodados em cima do banco de trás. É um avião sovado, de aprendizagem, tábua de bater roupa de aluno principiante. Não demora o TGP sairá definitivamente de voo. Sua manutenção não está sendo fácil devido à falta de peças. O problema de transporte, pela sua importância, é da alçada da presidência. Aquisição de avião novo foge de cogitação tal o preço que tem. A solução é continuar arranjando na FAB aqueles que para ela já são obsoletos, como vem acontecendo até agora. Os

Waco, o TGP, o Fairchild, todos vieram de lá. Até o Paulistinha. Chegamos a sonhar com um Northwind, um carroção obsoleto, praticamente encostado pela FAB, mas que em verdade é o ideal para os nossos campos. É pesadão, come campo, mas compensa pela carga que transporta.

Na hora do almoço chegou o TGP com Saraiva. Trouxe um reforço para o nosso magro armazém. De regresso levou o bom trabalhador Nélson, que está com suspeita de fratura no braço.

Não temos tido novidades pelo rádio e, melhor ainda, com o rádio. Elpídio, o operador, é mais tarimbado na profissão. Como gente, não é melhor do que o Celino, empata. Celino está na fase de aprendizagem. De gênio é excelente. Basta esconder dele o alicate, a chave de fenda, a inglesa, e tudo o mais que cheirar a ferramenta.

A nossa serraria manual vai bem. A primeira tora deu cinco tábuas. Manoel — o baiano contador de casos — é o mestre serrador. Os outros estão debutando na carreira.

Coronel Vanique chegou do Rio, mas nem bem chegou partiu para Goiânia. Ninguém sabe até quando ficará por lá. A cabrita (empunhadura da serra) quebrou. Pedimos outra em Xavantina. Deus queira que venha logo, pois sem essa coisinha nada se faz.

O TGP está sozinho se desdobrando em voos. Hoje já esteve aqui trazendo os seus costumeiros cem quilos. Pilotando veio Saraiva. Este moço é notável. Além de bom piloto é uma boa criatura e incansável. Tem-se a impressão de que, se não houver um breque, o cujo é capaz de voar dia e noite. Ele mal chega, desce a carga e antes de cuspir já quer decolar. Nesta última viagem veio carne-seca e, para nosso contentamento, a cabrita da serra.

Soubemos que a Fundação, mais uma vez, apelou para a FAB sobre os prometidos "voantes". Não sabemos quantos, nem de que tipo, nem quando, mas que a esperança é a última que morre, não há dúvida. A FAB é um capítulo à parte na nossa história.

CAÇANDO PACA

Estamos agora mudando de caça. Deixamos em sossego os veados e andamos perseguindo as pacas. Podemos nos dar a esse luxo tão somente porque são poucos os comensais. Há pouco tempo o número de participantes era tal que precisávamos de uma anta. Paca é caça fina, mas não é fácil abatê-la. É desconfiada. Mal percebe o cachorro, se mete numa toca e de lá só sai a enxadão. Quase sempre o seu esconderijo está no fundo de um buraco-corredor com dois a três metros de extensão. E lá no fundo, toda encurvada, ela se aquieta pensando que está bem escondida. E está mesmo.

O tempo tem nos ajudado bastante. Chove só à noite em forma de pancadas fortes acompanhadas de ventania.

Chegamos ao último dia de fevereiro. Amanhã começa março. É o último mês da estação chuvosa. É a época em que se preparam as entradas no sertão. Tudo deve ficar pronto para que nos primeiros dias do estio se inicie o avançamento. Assim é que já devíamos estar com os barcos prontos, ferramentas preparadas, gêneros em estoque e os ânimos em ponto de partida. Mas quá... estamos ainda serrando madeira pra fazer batelão!!!

O AVIÃO DO ESTADO DE GOIÁS

Surge no nosso céu um avião Bellanca. O contentamento foi geral, todo mundo pensou que fosse um dos prometidos pela FAB. Mas... era do Estado de Goiás. Veio de lá trazendo o coronel Vanique. Aproveitando o avião mandaram uma carga do Mortes. Cuia, piloto do Estado, veio conduzindo, ajudado na navegação pelo Saraiva.

Mal terminado o almoço, o Bellanca regressou ao Mortes. Segundo informações regressaria incontinente para Goiânia.

Cada vez mais quente a notícia de que por estes dias virão alguns aviões cedidos pela FAB. Hora melhor impossível. O TGP está na lona.

Inteiramos hoje catorze tábuas. Entrou no estaleiro a quarta tora.

Pelo rádio chegou a notícia desanimadora de que o armazém em Xavantina está praticamente vazio. E uma outra, óbvia, o TGP na sua capacidade voadora não pode sair da área do campo.

Chegaram alguns aweti. Estamos sendo massacrados pelas muriçocas. Não é preciso que ferrem tanto, bastam os zumbidos, só isso é o suficiente para manter a criatura aflita, agitada e acordada. O sossego, em parte, vem de madrugada, quando a frescura do tempo espanca as importunas.

Os dias de março vão indo a toque de caixa ou é a nossa aflição em vê-los passar sem nada preparar? Vínhamos animados com o rádio do coronel enviado do Rio em fevereiro, quando nos disse que todos os esforços seriam despendidos no sentido de equipar a vanguarda para o avanço. Como acreditar nisso? Se vemos a nossa retaguarda próxima desestimulada, aviões acabados, cozinha fraca e armazém vazio e, inacreditável, a chefia no Rio sem prazo de volta!

A nossa serraria continua. Já estamos com duas dúzias de tábuas mais do que boas, excelentes. A peça do casco já está separada. Nela só o mestre Palmeira poderá mexer. Onde andará ele? Será que já foi convidado? Construir um barco-batelão não é coisa fácil. Requer muita perícia e prática. Se todos os preparativos não forem ultimados agora, principalmente os barcos, é mais que certo que não sairemos no início do verão, fins de abril ou maio, conforme é o certo e o desejado. Vamos acabar saindo, como das outras vezes, na boca da estação das águas, quando tudo se torna mais difícil, mais demorado e penoso.

Nada está sendo providenciado, nem mesmo pessoal. Estamos hoje com dez homens: um cozinheiro, cinco trabalhadores, um radioperador e nós três (Leonardo, Cláudio e Orlando).

Os kamaiurá que aqui estavam regressaram para as aldeias. Como sempre deixaram dois ou três "espias". A função deles é ficar sabendo se os outros índios que por aqui passam ganham mais presentes do que eles e, ainda, ficar de olhos abertos para as novidades que possam surgir. A aldeia precisa saber de tudo. A vigilância é organizada.

CELINO NO KULUENE

Nosso rádio agora anda muito bem. Celino, no Kuluene, está fora do ar. Situação essa que vem desde o dia seguinte a sua chegada lá. Mau espírito? Alguma coisa ruim "encostada" no moço? Não. Nada disso, apenas incompatibilidade entre o homem e a máquina, somente isso.

As chuvas que deveriam cair em janeiro e fevereiro estão caindo todas agora em março. A crise do avião continua. O TGP não tem ânimo nem há piloto com peito para vir com ele até aqui. O dito pode surpreender! Em consequência, o nosso armazém está "definhando" rapidamente. As chuvas pesadas, por seu lado, vêm espantando os peixes, os veados, as pacas, os porcos, as antas e tudo o mais do nosso "armazém de coisas vivas".

8 de março de 1948. O TGP com o Juca tentou chegar ao Kuluene, mas voltou no caminho, tocado por um temporal.

Os índios trumai e aweti que aqui estavam aproveitaram umas nesgas de sol e fugiram para a aldeia.

Em matéria de serviço quase nada vimos fazendo. A chuva cai das sete às sete.

O heroico TGP com um não menos piloto-herói iam tentar nos trazer um saco de arroz, mas o tempo não permitiu.

Celino saiu da sua mudez para nos dizer que lá no Kuluene a dieta é exclusivamente veado assado. O prezado colega não sabia que por aqui já vínhamos no mesmo regime há muito tempo. O que nos conforta são as animadoras mensagens da retaguarda. Hoje recebemos do coronel-chefe uma auspiciosa mensagem:

Villas Bôas PT
Todos aviões em pane PT Aquisição gêneros difícil PT

BOIA: ESTOQUE NULO

O CAN chegou ao Mortes (Xavantina). Hoje, 12 de março de 1948.

Maricá e Taconi chegam da aldeia. Vieram dizer que há por lá uma mulher passando muito mal. Má notícia agora sem "voante" e sem doutor. A doente é a própria mulher de Maricá, uma índia suyá raptada pelos kamaiurá ainda quando moça.

O Correio trouxe um motor para o teco-teco Piper.

Mesmo com chuva fomos à aldeia levando os dois índios para voltar com a mulher doente e o marido. O horário-rádio do meio-dia nos trouxe uma notícia suculenta — houve no Mortes, ou melhor, está havendo, um suculento churrasco!

O CAN voltou a Goiânia para buscar arroz, feijão e açúcar. Para nós vai dar para remediar, porque o CAN pode trazer até quarenta sacos, isto é, mais ou menos três mil quilos. Ora, de antemão sabemos que desses "miles" quilos vão chegar até aqui nestes próximos dias uns 100 a 150. O nosso pequeno armazém de tão vazio mais parece um ranchinho abandonado.

Chegou o batelão trazendo da aldeia a índia muito mal.

O fogo está aceso e nele uma panela de ferro com um pouco de água. Mandinga de cozinheiro que diz que a providência pode jogar alguma coisa lá de cima. Mandamos todos os homens à caça. Foi até o cozinheiro.

CHÁ ORIGINAL

Hoje, aliás de alguns dias para cá, não temos tomado café, simplesmente porque há muito não temos café. Em compensação temos nos servido de chá. Um chá diferente, sertanejo. O nome é sugestivo: "chá de quarqué foia". De todos os chás é o mais fácil. O fazedor do dito sai porta afora de olho fechado ou aberto, tanto faz, corre a mão e pega um punhado de folhas, seja lá do que for, e joga na panela. Daí em diante o procedimento é o mesmo da feitura de qualquer chá. É só esperar ferver. Daí é só adoçar e beber. Não havendo açúcar? E só ir até a beira da água e pegar umas folhinhas de "melaço" e jogar dentro da infusão. Muitas vezes não adoça bem, mas em compensação engrossa o caldo.

No primeiro horário consultamos o dr. Noel. No segundo virá a resposta.

Amanhecemos hoje com o mesmo apetite com o qual deitamos ontem. Houve quem sonhasse com ovo de tracajá. Um, mais requintado, chegou a sonhar com "virado de feijão com linguiça e ovo frito". Como sonhar não é proibido, todos amanheceram mais ou menos alimentados. Afirma ainda o sertanejo que o "chá de quarqué foia" tem uma sustança que quem põe é Deus. O que não se sabe é se o bebedor do chá é ou não um pecador. Isto é importante, pois o nosso chá não tinha nada de divino.

Pelos sintomas da mulher doente que transmitimos via rádio, o dr. Noel receitou e acertou na mosca. Ela começou a melhorar.

Entramos no dia 16 com a mesma disposição de saborear um arroz com paca com a qual deitamos ontem.

Não temos nos comunicado com o Kuluene. Eles estão mudos. Com certeza pane, que pode ser dos aparelhos, do motor ou "antropológica". Como a situação lá é idêntica à daqui, não é nada impossível que o Celino tenha comido a estação.

A chuva deu uma hora de trégua. Cinco homens correram atrás de qualquer coisa. Vinham voltando de mãos abanando quando deram de cara com um marreco suicida, pois o dito ficou parado mirando os esfaimados. A janta foi marreco afogado num caldeirão de água puxado no sal. Água farta significa "molho". O nosso acampamento é à margem de uma extensa lagoa.

O teco-teco Piper voltou a voar. Juca saiu com ele às oito da manhã para o Kuluene. No horário das dez soubemos que ele regressou de lá porque não estava se sentindo muito bem. Ora bolas! Ele estava a quarenta minutos daqui e a uma hora e meia de Xavantina, ficou indisposto e resolveu enfrentar a hora e meia! Há manobras que a razão desconhece!

Esta manhã a nossa primeira atividade foi escalar dois homens para tirar um palmito de uma macaúba. Tarefa árdua. O machado não corta, amassa. Outros três homens namoram um buraco que tudo indica deve esconder uma paca.

Chegou o Piper com Saraiva trazendo trinta quilos de arroz e dez de feijão. Decolou antes mesmo de esfriar o motor, deixando no ar promessa de voltar breve. Jantamos arroz solto com feijão de caldo grosso. Kuluene também foi suprido. O Piper está em forma. Tal como o TGP, sua capacidade de carga não vai além de cem quilos.

SÓ UM TECO-TECO

Reiniciamos o serviço da serragem. Os aviões Waco e Bellanca prometidos à Fundação ainda não foram entregues. Deus queira venham logo. Sem avião não teremos carga, nem gente, nem ânimo, nem perspectiva do nosso deslocamento.

O Piper vem assumindo o lugar do TGP, fazendo sozinho todo o transporte da Expedição. Estamos racionando os gêneros vindos com a última viagem. Não deixa de ser um absurdo, mas é o remédio diante das quantidades ridículas que a retaguarda nos manda: trinta quilos de arroz e outro tanto de feijão.

O nosso Piper está se desdobrando em viagens seguidas e não se há de esquecer dos contratempos que as frentes carrancudas do tempo oferecem à navegação. O Piper no ar é uma pena que se agita ao menor vento. Vencer distâncias que demandam horas quase sem alternativas de apoio é, sem dúvida, uma temeridade.

O rádio tem nos trazido notícias alarmantes da situação internacional. Tudo indica que se entendimentos não surgirem com presteza, teremos em breve a volta do conflito mundial. Ou será que isso não passa de onda de jornal?

Para o reinício da marcha da Expedição, forçoso se torna recompor a vanguarda. Para isso novo recrutamento se torna necessário. Bom seria se encontrássemos elementos que já tivessem servido na vanguarda. Alguns foram encontrados, mas o que nos surpreendeu foi saber que muitos se desligaram da Fundação com medo de uma convocação militar!

Pelo último Correio recebemos a revista do DASP, enviada pelo seu diretor, dr. Osório Jordão de Brito, membro da comissão nomeada pelo presidente da República para estudar a situação da Fundação Brasil Central — isto em maio de 1947. Lembramos muito bem de quando esteve aqui essa comissão, mas nunca tivemos ciência das suas conclusões. Só hoje, com a revista, é que ficamos sabendo do relatório enviado ao presidente da República pelo presidente da comissão, dr. Osório Jordão de Brito.

Ainda pelo mesmo avião chegaram dois ofícios da dra. Heloísa Alberto Torres — diretora do Museu Nacional. Em um deles a dra. Heloísa agradece o material de índios desconhecidos que enviamos. No segundo ofício agradece a colaboração que vimos prestando aos pesquisadores do Museu, principalmente ao dr. Pedro Lima nesta sua última viagem aos índios waurá. Mal sabe a ilustre diretora que somos nós que devemos agradecer a oportunidade de ter conhecido os pesquisadores daquela entidade, bem como, particularmente, as excelentes sopinhas trazidas pelos não menos excelentes cientistas daquela casa.

Saraiva voltou aos seus repetidos voos, chegando hoje, sexta-feira, com nova carga. O motor do avião nem chegou a esfriar e já estava ele decolando para o Kuluene.

Subiu para o estaleiro a última tora. Todas as outras foram desdobradas em ótimas tábuas. Serviço moroso, duro e que vem há longo tempo nos ocupando e exigindo persistência. Finalmente chegamos ao fim da serragem com um bom número de peças. Para que tudo isso se transforme em batelões, precisamos, apenas, de um bom fazedor de embarcações. Palmeira, lá da longínqua Aruanã, é o nosso visado. Conquistá-lo é fácil. Trazê-lo não é.

A índia Ipacu, mulher de Maricá, está melhorando lentamente.

Nenhuma "fala" até agora do coronel Vanique sobre a vanguarda. Há um mês regressou do Rio dizendo que tinha grandes notícias sobre o avançamento. Ainda do Rio, estamos lembrados, mandou uma mensagem animadora anunciando que, de acordo com as resoluções do "alto comando" da Fundação, todos os esforços seriam reunidos para equipar a vanguarda diante da nova etapa. Alguma coisa de estranho está acontecendo. Há um mês que regressou, repetimos, e vem se mantendo mudo, indiferente, apenas vez ou outra mandando recado de que breve virá até aqui. Enquanto isso ficamos assistindo às últimas chuvas de março, de olho em abril, que seria o mês ideal para a arrancada da Expedição. Sair em abril já está fora de cogitação. Cadê os barcos? As tábuas continuam empilhadas aguardando o mestre barqueiro.

A ENCHENTE DE SÃO JOSÉ

Março é o findar das águas. É o fim do "inverno". Ontem, dia 19, foi o dia da enchente de São José. Nesse dia a enchente chega ao máximo. Se por uma exceção as chuvas perdurarem, nem por isso as águas irão além dos níveis da enchente de São José.

A vazante começou. Vez ou outra uma chuva pesada. Predominam agora os trovões e as ventanias.

O nosso rádio está ótimo. Não tivemos uma só pane depois da mudança do radioperador. Foi, portanto, com surpresa que vimos aterrissar o Bellanca do Estado de Goiás, pilotado pelo Cuia. Desta feita Cuia trouxe um ajudante, Ludge. Auxiliando na rota veio como copiloto o Juca, da nossa equipe. Nada disseram eles sobre os aviões prometidos à Fundação pela FAB. O Bellanca pernoita aqui.

Hoje, domingo, todos os homens saíram à caça. Voltaram à tarde de mãos abanando. Os campos estão alagados.

Segunda-feira amanheceu azul. O Bellanca voltou ao Mortes (Xavantina), para trazer mais alguma carga. À tarde cá estava ele de volta trazendo, além dos dois acompanhantes, o dr. Noel. Nessa mesma tarde Leonardo levou a tripulação do Bellanca para dar uma volta no rio. Todos eles levaram linhas de pesca. Voltaram com elas molhadas, mas sem peixe. Nem piranha conseguiram trazer. A sorte, compadecida, fez com que o grupo encontrasse na barranca, numa árvore alta, um bando de jacubins, ave de carne boa. Abateram quatro.

O dr. Noel "vistoriou" os índios que aqui estão. Achou que já se encontrava fora de perigo a mulher do Maricá, embora estivesse bastante anêmica. Seguiremos à risca a prescrição por ele deixada. O Bellanca e a sua gente ficarão aqui.

Em homenagem aos visitantes, as muriçocas deram folga. Esses pernilongos, companheiros nossos de todas as noites, não costumam ser delicados assim.

Mostramos aos visitantes, com muito orgulho, o nosso rico "tabuame" — consistindo em 36 excelentes tábuas de landi. A tora menor reservamos para fazer o casco. Essa é a tarefa mais difícil na confecção de um barco. É coisa pra mestre. No casco se assenta não só a capacidade de carga como também, o mais importante, o equilíbrio da embarcação.

Nessa tora só o mestre irá mexer. O difícil não é trazê-lo. É achar quem o faça. O nosso teco-teco poderá ir buscá-lo em Aruanã, onde mora. Para isso é preciso ordem superior. E esse superior é o coronel. Cada vez que se fala nisso, ele desconversa. O que nos deixa confusos, pois sem barco a Expedição não sai da barranca. E os planos auspiciosos anunciados pelo próprio coronel?

22 de março, terça-feira de madrugada fria, manhã firme de céu azul. O jejum foi quebrado por um cafezinho magro sem beiju. Logo depois partiu o Bellanca levando todos aqueles que com ele vieram. Pedimos que falassem das nossas apreensões ao coronel, anunciassem o nosso madeirame e a nossa espera angustiosa para começar o barco. E isso, claro, com a presença do Palmeira.

Basta o tempo melhorar para que os índios comecem a andar. Agora estão chegando em grupos. Primeiro os kamaiurá. Logo depois os yawalapiti.

Chegamos à Semana Santa. Hoje, quinta, suspendemos os serviços. Na quarta mandamos todos os homens à pesca. Queríamos peixe para os dois dias santos. Não trouxeram um só lambari. No caminho foram provocados por uma bonita paca, que chegou a parar e ficar olhando para eles. Parecia, até, que a dita conhecia a abstenção de carne na boia da semana. Nem um gesto foi feito contra a confiante paca. Ah! se fosse sábado...

PALMEIRA, O HOMEM ESPERADO

Passamos inativos a metade da semana. Quinta e sexta, os grandes dias santos, foram religiosamente guardados. Em matéria de boia não saímos do feijão carunchado com farinha, já que peixe não conseguimos e carne não se come. Em se tratando de serviço, não fizemos nem falamos noutra coisa senão no barco. Assim mesmo não fomos além de namorar as tábuas e sonhar com a "nave" pronta. Para desolação nossa, ficamos sabendo que o Palmeira ainda não foi convidado para executar a "obra".

Está engrossando a população indígena aqui no posto. O peixe continua difícil tanto para nós quanto para os índios. Para quebrar a apatia geral pusemos todos os homens numa limpeza a facão no campo.

O rádio anunciou a vinda de Olavo. Pouco antes do almoço chegou ele com o Piper. De notícias boas nos trouxe que vão indo bem os entendimentos FAB-Fundação no sentido da cessão, por parte da primeira, de dois aviões para a nossa frota. Que serão entregues ninguém mais duvida, o difícil é o "quando".

A vinda do coronel até aqui é e continua um "suspense". Notícias-rádio disseram que a ilustre chefia saíra com quase toda a administração para uma pescaria no rio das Mortes!

Olavo pernoitou e saiu cedo. Voltará, informou ele, antes do CAN próximo, que é terça-feira.

Hoje, 31 de março de 1948, o vento continua espancando as chuvas. A mulher do Maricá — Ipacu — continua aqui, restabelecendo-se lentamente. Mais de cem índios pisam o nosso pátio. Barulho, grito, falação e riso o dia inteiro. Meninos que correm, crianças que choram e homens que gritam. Nenhum movimento nosso passa desapercebido por eles. Há sempre nunca menos de três encostados no pau a pique do rancho nos espionando lá dentro. A porta pode estar escancarada, mas eles preferem olhar pelas frestas. Nessa posição "arriscando um olho" passam horas. As atenções dobram e seus olhos brilham se lá dentro alguém ousa abrir uma mala.

Nosso rádio agora funciona. Elpídio é um bom profissional; pode, sem susto, se ombrear com os calejados operadores do nosso quadro de funcionários. Agora não se liga mais com atraso. Nada de mensagens truncadas. Não se fala mais em pane.

O CORONEL CHEGA E NAMORA NOSSAS TÁBUAS

1º de abril, quinta-feira, 1948. Choveu muito de madrugada, mas de manhã o tempo surgiu firme. O "verão" se aproxima de mansinho. Muitos kamaiurá passaram de volta de uma pescaria. Disseram que foram até o Morená, a praia onde começa o Xingu. Tamacu, o chefe da pescaria, com medo de ser desfalcado de meia dúzia de peixes, saiu precipitadamente do nosso acampamento. Não deu um peixe que fosse, nem mesmo ao seu velho amigo Maricá. Hoje as notícias devem ser recebidas com reserva. O rádio falou bem. Como se não bastassem a data e as mentiras diárias, pelo primeiro horário recebemos a comunicação de que o coronel viria com o Bellanca.

À uma e meia mais ou menos aterrissou o Bellanca. Dele desceram o coronel Vanique, o dr. Noel e o piloto Cuia. O coronel veio vazio de informações. Não confirmou nada daquilo que havia dito no rádio. Começou, o que para nós foi uma surpresa, fazendo restrições à admissão de trabalhadores para refazer o quadro da vanguarda. Só falava em dificuldades, nada sobre serviço. Evitou, o quanto pôde, falar nos planos de avançamento da Expedição. Quando enveredávamos para esse assunto, ele desconversava, demonstrando o maior desinteresse. A única coisa que o contagiou foi quando viu as tábuas. Seus olhos brilharam, e com desembaraço e veemência sugeriu que as mandássemos para o Mortes pelo avião. Foi nossa vez de desconversar. E os barcos para a arrancada da Expedição? E o sacrifício para conseguir as tábuas? Enquanto isso ele as alisava com a mão, e dizia na sua voz meio fina: "... estou precisando tanto dessas tábuas...". Talvez fosse para fazer prateleiras no seu ranchão!

A intenção deles era pernoitar aqui. Havia, com certeza, mais tempo para falar sobre as tábuas. Diante do que estávamos ouvindo e vendo, como falar no Palmeira? Ele sepultaria o assunto e o pobre Palmeira. Ele, claro, no início desviava o assunto e depois que viu as tábuas passou a evitar olhar até para a coberta do rancho, que podia ser de palmeira. Ficou aliviado quando, falando sobre o tamanho do nosso rancho, dissemos que a cobertura era de sapé, e, acintosamente, acrescentamos que não era "de palmeira". Ele tossiu, virou o rosto e soltou desenxavido um pigarro.

O dr. Noel examinou um bom número de índios e receitou de acordo com a abrangência da nossa farmácia — agora muito boa, depois que ele veio para o Mortes.

O pernoite foi suspenso em face de uma mensagem vinda do Mortes em que o governo de Goiás pedia o avião para o dia seguinte às nove. O Bellanca decolou às quatro da tarde e o último olhar do coronel foi lá para os lados da beira do rio onde ficaram as tábuas.

O avião decolou e o nosso moral aterrissou. E agora? Mês de abril é o mês de preparativos para qualquer entrada no sertão. E nós estamos na estaca zero. Nem um passo. Nem uma esperança. Sobre a Expedição, a única coisa que o coronel falou foi que ela iria trocar de nome, mas que ele não sabia qual seria a nova designação.

A RESOLUÇÃO QUE EXTINGUE A EXPEDIÇÃO RONCADOR-XINGU

Com o avião em que eles vieram recebemos entre a correspondência cópia de uma série de resoluções da presidência da Fundação e de seu conselho-diretor que haviam sido encaminhadas ao coronel Vanique. Dessas resoluções, que tomaram o número 254, destacamos os trechos que se seguem e sobre os quais ele não disse a menor palavra. É como se não tivesse lido ainda, embora todo o conteúdo versasse sobre os planos da vanguarda.

Resolução nº 254
Rio de Janeiro — 20 de março de 1948
Ilmo. sr. coronel Flaviano de Mattos Vanique, chefe da Expedição Roncador-Xingu. Rio das Mortes.
Deliberação 22. O CONSELHO-DIRETOR DA FUNDAÇÃO BRASIL CENTRAL, tendo presentes o relatório do sr. coronel Flaviano de Mattos Vanique e a proposta para o prosseguimento do serviço — DELIBERA nos termos do artigo 2, letras a, b e d do regimento interno do CONSELHO,

que os trabalhos a serem realizados na Penetração Xingu-Tapajós deverão guardar conformidade com a orientação técnica e administrativa estabelecida nos diversos itens do parecer do CONSELHEIRO CEZÁRIO DE ANDRADE, aprovado na sessão de hoje, Rio de Janeiro, 9 de março de 1948. Assim, pois, terá esta presidência de orientar os trabalhos sob a direção de V.S. para que sejam cumpridas integralmente as diretrizes do CONSELHO e que são:

a) Considerar fim da missão da EXPEDIÇÃO RONCADOR-XINGU que V.S. tão denodadamente dirigiu, com sacrifício de saúde, conforto e dos bens mais preciosos da vida, tendo alcançado com êxito o ponto final da penetração que lhe foi confiada, reunindo um grupo de companheiros devotados, a cujo trabalho abnegado da equipe o CONSELHO rendeu estas homenagens.

b) Orientar os trabalhos a partir de abril vindouro, com pensamento de desdobrá-lo em duas seções.

1º) COLONIZAÇÃO E OCUPAÇÃO DEFINITIVA DO TERRITÓRIO DESBRAVADO PELA EXPEDIÇÃO RONCADOR-XINGU — ENTRE OS RIOS ARAGUAIA E MORTES.

2º) PENETRAÇÃO XINGU-TAPAJÓS.

(A primeira seção segue extensas atribuições do 1º item.)

(À 2ª seção caberá realizar, melhor aparelhada do que a Roncador-Xingu — considerada finda — no menor prazo possível: a PENETRAÇÃO XINGU-TAPAJÓS.)

a) O Conselho recomenda o abandono da ideia de subir o rio Von Steinen ou Ferro para ir por afluentes do rio Telles Pires.

b) Segundo o parecer do relator da Comissão de Legislação, Programas e Projetos — CONSELHEIRO CEZÁRIO DE ANDRADE, e as sugestões do BRIGADEIRO EDUARDO GOMES, deve procurar-se o caminho mais curto entre o Maritsauá-Missu e afluentes do Telles Pires mais ao norte.

c) A DIRETORIA DE ROTAS DO MINISTÉRIO DA AERONÁUTICA E O SERVIÇO GEOGRÁFICO DO EXÉRCITO — O INSTITUTO BRASILEIRO DE GEOGRAFIA E ESTATÍSTICA e, eventualmente, a COMISSÃO AMERICANA vão colaborar para que essa penetração se faça com critério científico, no menor prazo e com a maior segurança, para os abne-

gados vanguardeiros, sob a direção de Vossa Senhoria e chefia imediata dos IRMÃOS VILLAS BÔAS.
d) Nos primeiros dias de abril seguirei para Xavantina a fim de entender--me com V.S. sobre a organização dos serviços e do quadro de pessoal necessário, e estudo das demais providências para a execução das diretrizes aprovadas pelo Conselho.
[Segue mais uma folha de extensa exposição.]

Assina a presente recomendação encaminhada ao coronel o sr. dr. Viçoso Jardim — presidente da Fundação Brasil Central.

Há algumas coisas anteriormente, nas resoluções, que não foram a contento do coronel Vanique, pois não disse que já tinha conhecimento disso tudo. Não quis falar da frustração dos seus planos — Cuiabá-Paranatinga, ou Von den Steinen e Ferro até as cabeceiras e de lá até Paranatinga. O coronel sabia da nossa posição contrária aos seus roteiros totalmente sem sentido. Pelos planos do coronel seria:

1º Sair do Xingu de avião para Cuiabá. De Cuiabá de caminhão até as cabeceiras do rio Paranatinga. De lá pelo Paranatinga abaixo, nome do primeiro terço do rio Telles Pires ou São Manoel.

2º Sair de avião Catalina do Xingu para o rio Telles Pires.

Qualquer um dos dois planos seria muito mais dispendioso. Mais demorado. E, ainda, deixaria o grande divisor (Xingu-Tapajós) sem ser conhecido. Uma expedição desbravadora que deixa no seu roteiro áreas por desbravar, por conhecer, não tem o menor sentido.

Com o conhecimento das resoluções, ficamos mais animados. Basta saber que não vamos ficar ao sabor da retaguarda imediata. Na dependência de um canoeiro que não vem, na perspectiva de perdermos meses de trabalho mandando para a retaguarda tábuas apuradas com trabalho sacrificado, quando, em verdade, são elas vitais para o nosso serviço.

No acampamento não foi quebrada a rotina de trabalho. Terminamos a capina do campo. Continuamos assistindo os índios doentes que aqui estavam e conversando com aqueles em trânsito.

COMEÇA A VAZANTE

As chuvas agora são passageiras. As últimas da estação. Os rios estão em plena vazante. Dias bastante claros. Muriçocas nas noites quentes disputam as "presas". O tempo nos deixa aflitos. O nosso roteiro é longo. É urgente começar já. O presidente da Fundação, se vier até aqui, vamos esclarecer isso a ele. Se dependermos exclusivamente do coronel é claro que ficaremos amarrados aqui. É claro que o seu interesse é prevalecerem os seus roteiros. Enquanto isso ficamos olhando desconsolados as tábuas amontoadas na beira do rio.

Os dias estão estupendos. Abusivamente claros. O rádio, funcionando bem, nos informou que o coronel foi até Aruanã. Lá mora o Palmeira. Será que o coronel vai trazê-lo? Tivemos ainda notícias da vinda de uma comissão agora, nos primeiros dias de abril. Que será?

Matamos o tempo antes que ele nos mate. Por isso vamos melhorando o acampamento, o campo, reparando os ranchos.

O teco-teco continua indo e vindo com a sua carga de cem quilos.

A comissão é uma realidade, a confirmação chegou.

VISITA DO PRESIDENTE DA REPÚBLICA

9 de abril de 1948. Palmeira lá, as tábuas aqui. Armazém vazio. Às quatro horas chegou o Beechcraft pilotado por um capitão cujo nome escapou. Comandando a aeronave veio o major Sampaio, um dos florões da nossa FAB. E, ainda, o dr. Noel, o dr. Frederico e o coronel Vanique. Ficamos sabendo que o capitão veio para inspecionar o campo pelo Ministério, e o dr. Frederico a mesma coisa pela Fundação. Isto tudo talvez porque fala-se na vinda do presidente Dutra.

A conclusão a que chegaram os checadores de campo foi de que o CAN pode estender já na próxima terça-feira a sua rota até aqui. Se isso acontecer, os nossos problemas passam a ser solucionáveis. Dá até para vir o Palmeira!

Esta comissão não é aquela anunciada pelo rádio, que virá na próxima semana. Dela tomarão parte o presidente da Fundação, dr. Viçoso Jardim, o dr. Waldemar da Silveira (secretário-geral), o coronel Vanique e outros.

O Beech decolou de regresso à tardinha.

Piorou a mulher do Maricá. O acampamento limpo como anda impressionou bem os visitantes. Até o campo, bem carpido, rastelado, está bonito.

Chegamos ao domingo. Hasteamos e arriamos a bandeira na presença de todos do acampamento. O mastro, pusemos um reforçado e linheiro, e com corda nova. Nada de surpresa de corda arrebentar na frente do presidente da República, que, além de ser tudo isso, ainda é general e já, já, marechal.

Em verdade visita sempre quebra a rotina e dá trabalho, mas estas comitivas e comissões nos estão dando um alento que quase chegamos à euforia.

O coronel quando foi à beira do rio e viu aquelas tabuonas dando sopa olhou bastante, mas não disse nada.

Não há dúvida de que com a presença do dr. Viçoso a nossa avançada vai ser sacudida. Pelo menos é o que se sente da resolução 254.

O major Sampaio falou em reconhecimentos aéreos. Isso é mais do que bom.

E o Palmeira? O coronel não disse nada, embora tenha estado em Aruanã, a terra do cujo. Quando perguntamos a ele sobre o canoeiro, ele apenas disse: "Não vi".

Vamos aguardar os acontecimentos da próxima semana.

Que venha a comissão!

PARA O POUSO DO CAN É PRECISO UM LAUDO DO CAMPO

As chuvas estão rareando. As noites quentes assanham as muriçocas. Esta noite, antes da madrugada, a temperatura andou na casa dos trinta graus.

Os nossos aviões passaram a ser mais comedidos nos voos para cá. Olavo andou por aqui trazendo um saco de farinha. De regresso levou um volume de sacos vazios e a talha que tão bons serviços nos prestou. O rádio vem nos dando notícias da movimentação na retaguarda. Ora é sobre aviões, ora sobre a comissão que está para sair do Rio com o encargo de inspecionar os diversos setores da Fundação. É claro que o nosso acampamento de ranchos, redes e armazém vazio também vai ser olhado. Índios não param de chegar e sair. É raro o dia que não cheguem algumas levas, como também que não se registre a saída de outras tantas. São excelentes as condições do nosso campo. O próximo Correio é bem possível que desça aqui. Nossas comunicações de rádio estão ótimas. Nem por isso têm chegado os aviões que são anunciados. Rebate falso lá da retaguarda. Algumas vezes realmente saem, mas voltam do Kuluene, posto anterior ao nosso. Uma informação taxativa diz que o próximo Correio, que será amanhã, virá até aqui. Querem, no entanto, urgentes informações do campo e do tempo. O campo está ao nosso alcance, mas o tempo numa escala mais alta. É só não esquecer que abril é o fim da estação das águas, mas ainda chove e, quando chove, é aguaceiro pesado.

DR. NOEL VEM VER KARATSIPÁ

Karatsipá, o velho kamaiurá, chegou há três dias com uma disenteria incontrolável. Consultamos pelo rádio o dr. Noel em Xavantina e estamos seguindo rigorosamente suas instruções, mas Karatsipá não vem acusando melhoras. Está hospedado no nosso rancho, com a sua rede entre as nossas. De um lado a barriga teimosa e, do outro, a insônia dos seus oitenta e tantos anos estimulam a sua verve, e nós somos os seus ouvintes, que também não dormem.

A pedido do Museu Nacional conseguimos dos índios, à base de troca, duas canoas de casca de jatobá. Uma grande, outra pequena, e ainda um par de flautas uruá. Carga volumosa. A canoa grande tem mais de seis metros, a menor quatro, e as flautas dois e meio cada. Aguardamos a vinda do Correio, um C-47, para encaminhar tudo para o Rio.

Hoje, terça-feira, 20 de abril, pelo primeiro horário ficamos sabendo que o Correio saiu do Rio com destino a Aragarças-Xavantina. É quase certa a sua vinda amanhã até aqui. O tempo amanheceu firme, mas só para contrariar à tarde começou a cair uma chuvinha fina, persistente e impertinente. Se assim correu a tarde toda, outra coisa não aconteceu à noite e de madrugada. Levantamos preocupados com o piso do campo. O CAN em Xavantina ficaria aguardando as nossas informações. Uma decisão difícil. No caso de um insucesso, o campo poderia ficar interditado por longo tempo.

Começamos ao raiar do dia uma inspeção minuciosa, principalmente nas pontas da pista, onde os aviões são manobrados. Tudo nos pareceu bem e, logo no primeiro horário, demos sinal verde. É verdade que muitos padres-nossos acompanharam a inspeção. A escala efetiva e normal do Correio aqui em nosso campo, além de apresentar um bom avanço na rotina dos trabalhos, vai facilitar o transporte da carga pesada, inclusive combustível, que deveremos receber para o avançamento da vanguarda.

O nosso rádio está conspirando contra nós. Mal demos o nosso sinal verde, o dito entra em pane. Emudeceu, mas pouco antes nos comunicou que com esse Correio viria o senhor governador do Estado de Goiás, Coimbra Bueno, e o presidente da Fundação, dr. Viçoso Jardim. O Douglas 2043 aterrissou às 2h45. Além dos ilustres passageiros já anunciados, vieram: o chefe da base de Aragarças e esposa, o dr. Noel Nutels e, também, o velho servidor da Fundação "major-gaúcho" Felisberto Muniz Reis.

Além da importante comitiva, o CAN trouxe uma respeitável carga de mantimentos: arroz, feijão, banha, farinha de mandioca, mamão, banana, abóbora e mandioca. As frutas da mata são a graviola, o tatutubá, a cajazinha-do-cerrado, o coco, enfim, todos juntos não valem uma banana. Nosso armazém jamais vira um reforço dessa natureza. Que teria havido? Desvario do órgão supridor? Ou homenagem do grupo visitante?

O presidente Viçoso Jardim correu todo o acampamento, visitou todos os ranchos e falou com veemência sobre a movimentação da vanguarda. Pediu-nos uma relação de material necessário. Deixou a nosso cargo marcar o dia da saída, recomendando, entretanto, que não fosse além dos primeiros dias de junho. Chegou até a nos autorizar a escolher o nosso substituto na direção do posto. Falou-nos ainda da possível vinda do presidente da República, general Dutra, entre os dias 15 e 23 de maio.

Hoje, 21 de abril — feriado nacional —, todo mundo folgou em homenagem à data, à ilustre comitiva e à rica carga aqui deixada.

O CAN LEVOU AS CANOAS DO MUSEU

No regresso o CAN levou as canoas e as flautas do Museu Nacional. Em um dos próximos Correios seguirá uma outra que está sendo terminada para o marechal Rondon, que, soubemos, disse que gostaria de ter uma na sala do Conselho.

Cada vez que desce um avião grande ou pequeno fazemos uma vistoria no campo. Iniciamos um ranchinho para ferramentas. Karatsipá, embora mais ou menos desenganado pelo médico, está reagindo, reação prevista pelo doutor. O rádio entrou em pane de grafia deixando a fonia, embora precária, quebrando o galho, ou melhor, tapando buraco. A notícia da pane movimentou Olavo, que com o teco-teco trouxe o técnico Chico. O moço entende do riscado. Removida a pane rapidamente, o avião decolou com um tempo nada convidativo.

Os índios kalapalo, que aqui estavam em número respeitável, foram embora. Por intuição ou sorte, o temporal que estava ameaçando passou de largo. Perpétuo, que saíra para uma volta na mata, trouxe uma paca. Karatsipá continua falando e melhorando. As noites estão esfriando; em compensação, os dias esquentando: 14 graus à noite, 32 à sombra.

Lituari, capitão trumai que está fazendo a canoa do marechal Rondon, veio avisar que ela está quase pronta. Possivelmente vá com o primeiro Correio.

É claro que com a vinda regular do Correio, com a sua capacidade de dois a três mil quilos, rareiam os teco-tecos. Um índio nos trouxe uma cotia. Cacinha, mas dá para tapear.

Estamos no fim de abril e o Palmeira — o fazedor de barcos — ainda não deu o ar de sua graça. Nem podia ter dado, se até agora não foi convidado.

Nada de Palmeira nem dos trabalhadores prometidos. O coronel Vanique informou que não pode mandar porque está necessitando do trabalho deles lá no Mortes.

1º de maio de 1948. Feriado significa folga, folga quer dizer caçar. A de hoje resultou num filhote de veado. À noite ouvimos o pronunciamento do presidente Dutra. A concentração indígena está respeitável. Estamos com yawalapiti, aweti, trumai, waurá e os vizinhos kamaiurá. Muitos deles saíram à pesca e à tarde voltaram com um quase nada. Notícias de Xavantina dizem que com o próximo Correio virão alguns trabalhadores. Veio também um recado do coronel Vanique pedindo de volta o trabalhador Anastácio, um dos melhores que temos. O nosso pedido foi de no mínimo quatro homens. Sem eles fica difícil manter a segurança do campo. Olavo chegou trazendo o radioperador Sebastião, que substitui o seu colega Elpídio, que aqui ficou dois ou três meses. Sebastião já vem escalado para seguir com a vanguarda. Olavo pernoitará aqui.

ÍNDIOS BRAVOS E A CHEGADA DO PALMEIRA

Com atraso de dois a três dias saiu do Rio o CAN da semana. Olavo decolou cedo para Xavantina levando em férias o radiotelegrafista Elpídio. À noitinha houve uma correria de índios. Diziam eles que perceberam aproximação de índios bravos na nossa área.

Nada notamos de anormal, mas eles diziam que ouviram assobios, gritos ao longe, batidas em árvores etc. A situação de alarme foi até altas horas da noite.

O CAN chegou em Aragarças. Amanhã virá até aqui, provavelmente na parte da tarde. Com ele, fomos avisados que virão cinco trabalhadores e o chorado e esperado Palmeira. Revisamos o campo e ficamos aguardando o avião. Tudo indica que hoje não teremos visitas, apenas carga e gente do serviço.

A aterrissagem foi de mestre. As rodas tocaram suavemente o solo e por ele deslizaram até a parada final. A carga foi quase só de gasolina. Foi com satisfação que vimos saltar trabalhadores antigos e dos melhores que tivemos: Zacarias, Alcides, Elias, Baiano e Nélson. Como confirmação lá estava em carne e osso o sisudo Palmeira. Foi rápida a parada do CAN. O comandante queria alcançar com folga Aragarças para pernoite. Por isso carregamos com certa presteza a canoa para o presidente do Conselho, marechal Rondon.

Passada a curiosidade da chegada do avião, os índios quase todos regressaram às aldeias. Palmeira e Zacarias foram para o barco. O serviço nesta fase não comporta mais do que o mestre e mais um. Com os demais homens iniciamos uma limpeza a foice em torno do acampamento. Sugestão dos índios que daqui saíram. Achamos que a motivação da partida de todos foi a cisma, ou talvez certeza, da aproximação de índios estranhos. Ficamos sabendo que o coronel pretende mandar outro construtor de barcos, de nome Tavares, para fazer um barco para motor de centro. A ideia do Tavares é ótima. Com ele e o Palmeira faremos uma esquadra. O que não concordamos foi com o motor de centro. E escrevemos ao coronel ponderando sobre a inconveniência do projeto. Barco para motor de centro só vale a pena se for grande, para muitas toneladas, o que não é o nosso caso. As nossas pretensões não vão além de embarcações para três mil quilos. E motor de centro para embarcação dessa tonelagem rouba muita praça e aumenta o calado, o que dificulta a navegação em rios de muitos baixios. Ao cair da tarde chegou o Juca no PP-FBC com o dr. Noel e todo o material pedido para a recalafetagem dos barcos. Esqueceram apenas de sebo, coisa imprescindível nesse trabalho. O dr. Noel e Juca pernoitarão aqui. Tivemos uma noite quente e de assanhadas muriçocas. O dr. Noel passou em revista os índios doentes e os não doentes. Depois do almoço o PP, com Juca no manche e o dr. Noel, regressou ao Mortes, devendo, antes, passar no Kuluene.

Pelo piloto e passageiro ficamos sabendo que o CAN vai limitar as suas vindas até aqui para quinze em quinze dias. Se ele vier trazendo carga plena não haverá prejuízo, isto porque já estamos acumulando carga para a avançada.

O coronel não respondeu nosso rádio sobre a inconveniência do motor de centro. Tampouco recebemos notícias do sebo para embarcação.

Para evitar que os tambores de gasolina fiquem expostos ao sol, fizemos um abrigo para eles.

Estamos em pleno estio. Lá se foram as chuvas da estação.

A NOTÍCIA DA VISITA DO PRESIDENTE DUTRA

O coronel nos radiografou sugerindo que levantássemos mais duas tábuas nos batelões velhos. Isto porque o presidente Viçoso Jardim pretende fazer partir a vanguarda da Expedição no dia da visita do presidente Dutra. Nesse caso não daria tempo para construir o barco projetado, e isto acontecendo as nossas amadas tábuas sobrariam e, sobrando, já sabemos de antemão o destino que teriam. Não vai ser fácil. Vamos agarrá-las com unhas e dentes. Vamos contestar a ideia. Tabuado velho não resiste a tábua nova. Vamos iniciar urgente um barco novo menor para andar depressa. Começar já. Trabalhar até tarde. Assim, se o coronel por acaso aparecer, diremos que tínhamos começado. O coronel informou, também, e isso foi muito bom, que está esperando motores de popa novos. Sobre visitas não se falou mais nada.

Prosseguimos na limpeza do acampamento. Queremos deixá-lo bonito para receber a comitiva presidencial. O rádio informou de um CAN extra que deverá chegar amanhã do Mortes. Eles do Mortes não sabem, nem nós, o que vem fazer ou vem trazendo, o fato é que vem até aqui o extra. Isto sim é novidade. Eram exatamente duas horas quando chegou o Douglas, com 2.064 quilos de carga para os "guardados" da descida. Não se falou nada da visita presidencial; aliás, o comandante ignorava que Sua Excelência tivesse intenção de vir até aqui. O que ele queria em verdade era decolar com urgência para alcançar Goiânia, porque ainda teria de escalar em Xavantina para pegar o coronel Vanique, que vai para o Rio de Janeiro.

CHEGOU O MESTRE TAVARES

Com o extra de ontem veio o Enzo Pizano (Paulista) da base de Xavantina e, para buscá-lo, veio hoje o Juca com o Piper. Dormirão aqui. Os pescadores que foram dormir na praia trouxeram uma pirarara tamanho médio, vinte quilos.

As noites têm sido frias e os dias mormacentos. Os ventos destes últimos dias têm sido de sudeste. Tavares, chegado com o Douglas extra, exímio fazedor de barcos, tal como Palmeira, junto com este e mais dois homens — Zacarias e Nélson — trabalha com afinco no nosso "estaleiro".

Domingo, 14 de maio de 1948. Içamos e descemos a bandeira nas horas "regimentais". Os que foram mata adentro trouxeram um quati e um jacubim. O diabo do quati machucou os cachorros. Hoje, por ser domingo, excepcionalmente tivemos horário e tão somente porque soubemos que saiu do Rio um avião doado pela FAB — um Fairchild asa-baixa de dois lugares. Avião de treinamento de alunos. Nesse avião pilotado por Olavo virá do Rio o novo chefe do DRNA, capitão da FAB cujo nome ainda não chegou. A decolagem foi de Uberlândia e não do Rio. Hoje não teremos avião. O teco-teco foi buscar óleo em Aragarças.

O RÁDIO RÍSPIDO DA PRESIDÊNCIA

Coroando a nossa procura, achamos um bom tronco para um bom casco de barco.

Amanhã o CAN quinzenal. Índios aqui chegados nos deram alguns peixes.

Vamos conhecer o Fairchild doado pela FAB. Estávamos esperando o avião, que acabou chegando à tardinha com Olavo, pilotando, e o capitão Neiva, o novo chefe das comunicações.

Tivemos hoje um quiproquó na troca de rádios. Havíamos passado ao presidente Viçoso Jardim o nome do nosso substituto quando do nosso deslocamento. Ele nos respondeu de maneira meio dura, como se estivéssemos quebrando a hierarquia, pois a indicação caberia ao chefe da Expedição, coronel Vanique. Sabíamos disso, mas se o fizemos foi porque havia instrução dele próprio nesse sentido quando aqui esteve, embora verbalmente, e posteriormente confirmada por rádio que ele cancelou sem que soubéssemos. Respondemos o rádio do presidente no mesmo diapasão, dizendo que não aceitávamos a reprimenda. Olavo e o capitão Neiva regressaram ao Mortes logo depois do almoço.

Chegamos novamente ao dia do CAN. Soubemos que ele saiu do Rio e pernoitará em Goiânia, virá a Aragarças e fará dali algumas viagens ao Mortes (Xavantina). Amanhã deverá vir até aqui. Os dois mestres de embarcação e mais os dois homens estão trabalhando num novo casco de barco lá na mata.

CORONEL MOSS VEM INSPECIONAR A ROTA

Noite fria. O CAN chegou cedo. A carga foi muito boa. Com ele vieram o dr. Noel e o capitão Neiva. O CAN fará mais algumas viagens de Aragarças e Xavantina para cá. Na primeira vinda trouxe gasolina. Na segunda vai trazer material para fazer aqui uma casa de madeira para pernoite dos pilotos, principalmente do Correio. Desta feita o comando da aeronave estava com o tenente Décio Leopoldo. Às dez horas saiu para a segunda viagem, pretendendo voltar para o almoço. Dito e feito. Antes da uma hora estava ele de volta trazendo, além de dona Elisa, esposa do dr. Noel, Nunes, Paulista, o trabalhador Raimundo e dois carpinteiros que irão levantar a casa. O comandante Décio nos informou que no próximo sábado virá um Lodestar com o coronel Moss, da Aeronáutica, o coronel Vanique e o dr. Frederico, e que conosco farão uma exploração na região do rio Maritsauá.

Com a perspectiva da vinda do coronel Vanique, recomendamos aos homens do barco apressarem o máximo possível o término do casco. Concluímos o desbastamento da área do acampamento. O presidente Viçoso Jardim nos radiografou dando fim, de maneira satisfatória para nós, ao quiproquó nascido dos rádios trocados.

Confirmada a saída do Rio do Lodestar para o voo de exploração. Esperamos que este seja o último. Que a dúvida sobre os cursos dos rios Maritsauá e Peixoto de Azevedo seja afastada. O Lodestar saiu às oito do Rio e chegou ao meio-dia em Aragarças, e às três em Xavantina. Virão amanhã muito cedo, por isso pediram um horário para as seis. Fará parte da tripulação o radiotelegrafista de Aragarças, Nicola Zétola. Para satisfação nossa, os homens da mata trouxeram o casco pronto. Ficou excelente, trabalho de mestres. A embarcação vai ficar maior do que imaginávamos. Os índios que aqui estavam, e que não chegaram a ficar sabendo da vinda do avião, foram para a aldeia. É claro que um ponta de lança ficou.

Domingo, 23 de maio de 1948. O horário das seis foi esticado até as seis e meia para saber que o avião sairia às seis e quarenta. Às sete hasteamos a bandeira. Trinta minutos depois aterrissou o bojudo Lodestar. No comando, um dos melhores que a FAB tem — major Sampaio. A bordo, o coronel Moss, o coronel Vanique, o radioperador Zétola, Vergílio Nascimento e o sargento radiotelegrafista da tripulação. O avião trouxe uma carga, inclusive reforço para o almoço. Ficou mais ou menos acertado que seriam feitos dois voos, se fosse necessário. Anotação do primeiro voo:

Triângulo marcado em carta. Vértice nosso acampamento. Base rio São Manoel passando sobre a região do rio Maritsauá-Missu.
Decolagem Iacaré (nosso posto): 8h26
Confluência Xingu: 8h30
Rio Maritsauá-Missu: 8h45 — mata compacta com grandes buritizais nos varjões.
Peixoto de Azevedo: 9h — divisor. Águas do Tapajós. Algumas elevações isoladas. Morrotes.
Avistamos fogo à direita da rota: 9:01
Fogo saindo da mata só pode ser de índio. Algumas manchas de cerrado à esquerda da rota.
Morro pelado: 9h11
Morrotes: 9h23 — à esquerda da rota.
Rio Telles Pires: 9h32 — ângulo da base do triângulo marcado em carta.
Acompanhamos o Telles Pires navegando 235 graus, ficando este à direita

paralelo à rota. Rio mostra altas barrancas, muita pedra, ilhas e sem praias.
Navegamos sobre o Telles Pires até as 9h50, até a grande curva.
Aldeias à direita: 9h50 — casas e roças.
Regresso: 9h57

Claro que as plantações avistadas tanto à direita quanto à esquerda devem ser de índios.

Contudo, não conseguimos avistar uma só pessoa. As construções eram novas e habitadas, a julgar pelo que vimos no terreiro.

Anotações do regresso:

Maritsauá-Missu: 10h35 — mata densa com áreas alagadas. Saída acampamento: 11h05
Duração do voo: 2h40
2ª exploração:
Decolagem posto: 13h19
Bifurcação Ferro/Steinen: 13h56
1º afluente rio Ferro: 14h18
Avistamos muito cerrado e fogo. Chegando a Porto Artur (constante mapa), vimos estrada de rodagem cortando grandes campinas e de fácil construção de campo. O rio é mais ou menos navegável. Rio Ferro. Subindo por ele pode-se atingir a região de cerrado já no planalto, onde a abertura de campo é fácil. De Porto Artur às margens do Ferro, saímos para Porto Caneco no rio Paranatinga. Iniciamos viagem de regresso, desta feita alcançando e descendo o Von den Steinen, que é bastante encachoeirado.
Retorno acampamento: 15h30
Duração do voo: 2h20

Às seis horas descemos a bandeira com a presença de todos do acampamento.

No nosso primeiro horário de hoje soubemos que o major Sampaio rumou do Mortes para Cuiabá e de lá para o Rio de Janeiro, escalando em Campo Grande. Felizmente o coronel Vanique não tocou no assunto do barco. Teria esquecido? Estamos concluindo um modesto sanitário. Isto é imprescindível em face da movimentação de visitas. Vamos nós três (Leonardo, Cláudio e Orlando) assistir ao Javari na aldeia kamaiurá. Sebastião, radioperador, ficará olhando pelo acampamento.

O CERIMONIAL DO JAVARI

Nosso regresso foi à noitinha. Tudo tranquilo. Valeu a pena assistir ao cerimonial. É uma violenta disputa entre duas aldeias. Apesar do tratamento esportivo que dão ao encontro, o Javari mais parece uma guerra simbólica entre elas. Os adversários se postam a uns três metros um do outro. Cada um em sua vez lança com um propulsor um dardo com a ponta rombuda e coberta de cera, mas que no interior esconde uma pedra ou alguma outra coisa contundente. Aquele que está na vez de receber o arremesso pode se proteger com um feixe de varas. É da norma que este não pode arredar um centímetro de seu lugar. Vimos alguns ousados, atrevidos, que jogam o feixe fora e se defendem com uma única vara. Para confundir o arremessador, o visado, sem tirar os pés do chão, fica movimentando o corpo num balanço agitado. A cerimônia se encerra quando um índio é atingido pelo adversário. Isso acontecendo, não é que perde ele, mas sim toda a sua aldeia, que em lamentação quebra as flechas e chora.

GENIL, O CINEASTA

Sebastião, no horário da tarde, soube da vinda amanhã cedo do Fairchild. Não nos causa preocupação deixar o acampamento, o nosso pessoal é excepcional e, ainda, são amigos entre si.

Na hora do almoço chegou o avião anunciado ontem. Trouxe um auxiliar de cozinha e os pregos de cobre reclamados pelos mestres barqueiros. À tarde o avião alçou voo rumo Xavantina. Dois caçadores trouxeram um pato e um marreco. O piloto nos informou que virá amanhã novamente trazendo o almoxarife Ruy. Ficamos sabendo que andou um Douglas extra trazendo carga para o Mortes vinda do Rio e que fez diversas viagens entre as duas bases — Aragarças-Xavantina.

Junho chegou. Estamos hoje no dia 1º. Há muito devíamos estar viajando rio abaixo em demanda do Maritsauá-Missu.

O can da quinzena chegou pilotado pelo major Azevedo. Para o posto quase não veio carga, mas para um cinegrafista que aqui está com a máquina na cara o dia todo vieram volumes sem conta. Genil Vasconcellos, o cinegrafista, deve ter um santo forte no Rio. Depois que ele surgiu por aqui não há can que venha do Rio que não traga ao dito toda a sorte de sacos e pacotes. Logo depois do almoço o major Azevedo decolou para Xavantina. Como passageiros deste Correio vieram o dr. Noel, Olavo como navegador, Bruno, da seção de cargas da Fundação, e o Chico, técnico de rádio. Assim como vieram se foram com o mesmo avião o dr. Noel e Olavo. Bruno ficou para ajeitar o ranchinho do dr. Sick, que deve chegar por estes dias para ordenar e expor a sua preciosa coleção de pássaros de maneira a ser vista pelo presidente da República — general Dutra —, que por aqui deve chegar lá pelo dia 23. Chico aqui está numa de suas viagens de rotina.

Com a vazante, a piranha fica assanhada e nós, servidos dela na mesa. Com a perspectiva da vinda do presidente, nosso campo está mais movimentado do que o de Santos Dumont no Rio.

Domingo, 6 de maio. Içamos e arriamos a bandeira nas horas de praxe. A estação de rádio não funcionou. Aos domingos o radioperador vira pirangueiro. Mas nem por isso deixou de chegar o pp com Olavo. Aproveitou ele para trazer de Xavantina o índio kuikuro Kulavi, que estava naquela base. No regresso Olavo vai deixá-lo no campo Kuluene, não muito distante da sua aldeia, apenas dois terços de um dia de caminhada.

O batelão menor está aguardando material para calafetagem, e o grande está na fase das cavernas, que vem a ser um reforço transversal que se põe na parte interior do casco para sustentação do assoalho. Olavo resolveu ir e voltar ao Kuluene. Voltou com tempo de ir conosco assistir à pesca coletiva dos índios trumai lá no Iapeo.

O RÁDIO DO PRESIDENTE

À tarde chegou um rádio da presidência:

Villas Bôas PT
Consulto algum dos irmãos aceita chefia Expedição que deverá subir Ta-

pajós a fim ultimar construção campo Flexal iniciado 46 VG depois subir Peixoto de Azevedo construir outro campo local a ser escolhido PT Presidente PT

Olavo saiu cedo e foi buscar o dr. Noel. Muitos índios chegando febris. O melhor é abordar o surto, e isto só com um doutor. O coronel Vanique nos mandou mapa e relato dos voos de exploração feitos com o Lodestar. Ficou concluída a casa de madeira com telhado e tudo o mais, destinada aos pernoites da tripulação do Correio. Nossa frota está em fase final.

O calor tem sido xinguano, o que significa dizer 33 graus pra cima. O coronel continua no Rio. A notícia de que viria com o avião de carreira Cruzeiro do Sul até Aragarças no voo comercial da semana foi rebate falso. Não só deixou de vir como nada mandou dizer. Junho já anda em meio, e nós aqui confirmando a assertiva do Baiano: "Nóis tem visgo; onde nóis senta, nóis gruda".

Mandamos um rádio ao presidente dizendo que a resposta a seu convite fazemos por carta que já foi encaminhada a Xavantina.

ESPINHO NO PNEU SUSPENDE O CAN

Saraiva chegou com o PP-FBC trazendo o almoxarife Ruy Monteiro. Ruy está respondendo pela base, e o propósito de sua visita é levar elementos para responder à presidência o que teria acontecido aqui com o Douglas 2043. Trata-se do CAN do dia 4, que chegou em Aragarças com um pneu vazio em decorrência de dois espinhos de tucum. Respondemos não ser provável que tenha sido aqui, pois não há na área do campo nem na mata que o circunda um só pé de tucum. Não obstante, fizemos uma rigorosa vistoria, com todos os homens do acampamento, inclusive nós e os visitantes em trânsito. No mesmo dia e no horário mais próximo que houve respondemos à presidência sobre o assunto.

Duas turmas saíram à caça logo cedo. A que foi até os campos do outro lado do rio voltou de mãos abanando. Os que entraram na mata aqui perto do campo tiveram mais sorte: arrancaram uma paca do buraco. Sebastião e o piloto Saraiva, que haviam ido tentar o rio, trouxeram dois lindos pintados pra mais de doze quilos cada um.

Quinze graus para quem passa o dia nos 33 é frio de pedir fogo.

Amanheceu azul, desanuviado. Dia escalado pra ser domingo. Hasteamos a bandeira com todo mundo em forma, até os dois mestres-barqueiros. Índios, quando estão presentes, ficam de longe em grupos. Um ou outro se arrisca a entrar no semicírculo dos patriotas.

Alguns até imitam aqueles mais letrados que empinam o queixo, cerram os dentes e espalmam a mão direita sobre o coração. À tardinha repete-se a cerimônia, só que mais rápida, pois descer demora menos do que subir.

KARATSIPÁ FALECEU NA ALDEIA

Logo cedo, hoje, pusemos n'água o batelão grande. Ficou uma obra-prima. Os dois mestres — Tavares e Palmeira — não deixam nada a desejar.

Começamos a notar que aos poucos está morrendo a notícia da vinda do presidente da República. Sua excelência, por certo, tem mais o que fazer lá no Rio do que vir até aqui dar de comer aos piuns e muriçocas atrevidos e impertinentes.

Ficamos sabendo da saída de dois aviões, um do Correio normal, já que hoje é dia, e outro particular, parece que fretado. Este último virá só até Aragarças. Com o que vem, ou com quem vem, não sabemos.

Chegou da aldeia kamaiurá a notícia do falecimento do velho Karatsipá. Faleceu na aldeia do Tuatuari, mas vai ser sepultado na da Lagoa. Karatsipá era do tempo dos kamaiurá bravos e arredios. Na aldeia era altamente estimado por todos os índios. Ele falava de um "capitão Carlu", que outro não era senão o etnólogo alemão Von den Steinen, que por aqui passou como gato sobre brasa nos idos de 1884. Karatsipá nessa época já era homem-feito. Contava-nos, com todos os detalhes, as lutas da sua gente com os juruna, suyá e trumai, das quais tomou parte. O velho era grande amigo nosso.

O CAN não virá até aqui por causa do espinho que furou o pneu, informou o major Azevedo. A nossa informação da não existência da palmeira de tucum na área do campo não convenceu os fabianos. Mudaram de espinho para ponta de pau! Todos os campos da rota são de piso de terra. Por que então há de ser o nosso? O CAN que aqui não quis vir entrou em pane em Aragarças. Olavo veio com o asa-baixa buscar a correspondência que tínhamos pronta para ser encaminhada ao Rio de Janeiro.

Tivemos hoje uma das manhãs mais frias — treze graus. Para um esquimó seria um calor insuportável; para nós, habituados nos 35 à sombra, foi um frio intolerável.

Chega hoje em Aragarças um avião extra para socorrer o que está em pane. Com ele deve chegar o coronel Vanique, que está no Rio há dois meses.

Chegou hoje pela manhã um número considerável de índios matipu e nahukuá. Vieram umas doze canoas.

CORONEL TRAVASSOS TRAZ O CAN QUE ESTAVA SUSPENSO

Livre da pane, o CAN que vinha sob o comando do coronel Travassos pediu autorização à Diretoria de Rotas para vir até aqui. Foi autorizado, e nós fomos informados de que virá amanhã cedo.

No horário das sete ficamos sabendo que o CAN havia decolado para cá. Isso vai facilitar muito a nossa vida, uma vez que estamos na fase de acumulação de carga para a arrancada rumo Maritsauá. No avião veio um respeitável grupo de pesquisadores, que por aqui ficarão algum tempo. Do Museu Nacional vieram os zoólogos dr. José Cândido Carvalho e João Moogem. O primeiro, além da função normal na sua entidade, está exercendo interinamente a diretoria do Jardim Zoológico do Rio de Janeiro. Ainda do Museu recebemos o ornitólogo dr. Helmut Sick, que já pertenceu à Fundação Brasil Central e aqui esteve conosco quase um ano. Da Escola de Sociologia e Política de São Paulo chegaram os professores dr. Kalervo Oberg e dr. Fernando Altenfelder Silva. Como cerra-fila do grupo veio também o dr. Acary Passos de Oliveira, que para confundir os zoólogos do Museu se dizia especialista em "rato", portanto um "ratólogo" da Fundação. Veio o dr. Acary, tudo indica, assessorando o coronel Vanique. Este nenhuma novidade nos trouxe sobre a partida da vanguarda, nem sobre a vinda do presidente da República. O coronel mal nos cumprimentou, veio vazio de notícias e, ainda, para surpresa nossa, não perguntou das tábuas, dos barcos, dos mestres etc. Ele regressou com o CAN, levando cinco dos nossos trabalhadores. Seria catequese?

Domingo, 20 de junho de 1948. Com a presença dos senhores zoólogos, sociólogos e todos os "subdesenvolvidos" do posto, içamos e arriamos a bandeira nas horas regulamentares. O dr. José Cândido Carvalho, laureado internacionalmente na sua especialidade, não para, não dá sossego aos seus quase um metro e noventa de altura. O dr. Moogem trouxe um saco de estopa cheio de ratoeiras. Tantas armou na mata que é bem possível que muitas lá ficarão para sempre, como testemunho da passagem do cientista. O dr. Kalervo e o dr. Altenfelder, cada qual munido de caderno e lápis, conversam ao seu canto com índios e anotam com paciência tudo o que ouvem.

    Chegaram dois aviões dos nossos. Olavo trazendo um trabalhador, e Saraiva o cozinheiro Rosendo. Saraiva não esquentou lugar. Cumprida a missão deu início a outra, levando para o Kuluene um cidadão do Serviço de Malária que andava por aqui dedetizando. Vai largar o dito no Kuluene por alguns dias. Olavo viera com o propósito de fazer conosco um voo de reconhecimento. Infelizmente adoeceu de repente. Olavo é acometido, vez ou outra, por uma enxaqueca que o joga na rede. Saraiva, que pernoitara no Kuluene, veio até aqui trazendo o índio kuikuro Kulavi, a nosso pedido, para auxiliar os pesquisadores nas suas investigações. Kulavi fala razoavelmente o português. No período da tarde, Saraiva saiu com Cláudio para um voo de exploração sobre o rio Uaiá-Missu, afluente da direita do Xingu.

SARAIVA E CLÁUDIO EXPLORAM O MARITSAUÁ

    Anotações do voo:

Decolagem do posto: 9h06
Cortando o Xingu: 9h26 — na altura de uma grande ilha.
1º afluente Maritsauá: 9h42 — rio sinuoso vindo do sudoeste — grandes buritizais — largura: quarenta metros.
Rio Maritsauá: 9h43 — largura mais ou menos cem metros curvas longas — mata alta.
Retorno voo: 9h53
Aldeias avistadas: 10h
Chegada posto: 11h01
Duração do voo: 2h01

    Olavo está melhorando. Comunicamos ao Mortes a razão da sua demora.
    O pátio do nosso acampamento mais parece o de uma universidade, tal o trânsito de professores.

À tarde Olavo, em face da melhora, decolou para o Mortes levando o assessor dr. Acary. Saraiva fez o mesmo, só que vai escalar no Kuluene para deixar um outro "assessor", o índio Kulavi.

Pelo dr. Acary enviamos ao coronel Vanique as anotações feitas no voo. Nele verificamos que o rio tido como Peixoto de Azevedo na exploração do Lodestar nada mais é do que uma curva do Maritsauá e, ainda, aquele que julgamos ser o Maritsauá nada mais é do que um seu afluente. Num voo mais lento, é claro, observa-se melhor. Provavelmente o coronel nos dirá alguma coisa.

Notícias não confirmadas falam de mudança na direção da Fundação Brasil Central.

O cientista José Cândido está eufórico por ter encontrado um percevejo ainda não classificado.

Chegou da aldeia kamaiurá o índio Kanato dizendo que são muitos os índios gripados na aldeia. Leonardo se dispôs a ir até lá depois do almoço e, se for possível, trazer os mais necessitados de assistência. O dr. Kalervo e o dr. Altenfelder pediram para acompanhá-lo. Raimundo e Zacarias trouxeram um caititu e uma paca. O dr. José Cândido e o radioperador Sebastião, que com eles haviam ido, gostaram da caçada. Aqueles que foram à aldeia só voltarão amanhã.

DR. VIÇOSO DEIXA A FUNDAÇÃO

No horário da tarde tivemos a confirmação da saída do dr. Viçoso Jardim da presidência da Fundação Brasil Central. Não foi designado o substituto. Responde interinamente pela presidência o dr. Marioto.

Na hora do almoço chegaram os que ontem foram à aldeia. Trouxeram 33 índios, dos quais 25 doentes. Aos que estavam mais atacados, como Tanuapu, Turutsi, Katuapó, Kanatu e Taneru administramos uma medicação mais intensa. Apelamos para o Mortes. Soubemos que já saiu para cá, com o Fairchild asa-baixa, o Saraiva trazendo o dr. Noel.

Às dez horas chegou uma nota do coronel Vanique:

Exploração detalhada vocês fizeram concordo situação dada VG assim sendo faremos de uma vez investida em definitivo pelo Maritsauá PT Já passei três rádios para Rio pedindo urgente óleo para motores popa que estamos aqui sem nenhum PT Mandarei próximo CAN motor 10 hp Arquimedes reformado aqui VG bem como restante material mais premente para a descida PT Gasolina já chegou Aragarças parcela do pedido PT Mande relação do pessoal necessário para tal fim VG mantimentos e outras coisas em falta para o avançamento PT Quanto ao rio tomamos pelo Lodestar por Peixoto de Azevedo tenho certeza ser ele mesmo pois acompanhei sempre PT Se motor 6 hp aí não estiver bom VG envie para cá que substituirei por outro melhor PT Nosso mecânico foi Leopoldina e A. Domingos entregar lancha do SPI para poder vir em definitivo VG deve demorar quinze dias PT Penteado está fazendo aqui rapadura que mandarei uma remessa PT Temos aqui um cozinheiro bom diga se precisam dele PT O que houve com os trabalhadores que baixaram daí VG como não têm dinheiro eles querem voltar PT Informe em carta tudo isso PT Coronel Vanique PT

Chegou outro rádio, em resposta a uma consulta nossa:

Coronel diz está bem PT É ideia dele pedir pilotos próximo CAN fazer esse voo e se preciso de mais algum voo de pequeno avião reconhecimento mandarei Olavo aí para isso PT
Pina PT

É que havíamos sugerido ao coronel Vanique que conseguisse dos pilotos do CAN um voo para dirimir as dúvidas sobre os rios. Isto porque com o avião pequeno constatamos que o rio tomado como sendo o Peixoto de Azevedo é na verdade uma curva do Maritsauá. E o rio sinuoso que julgamos ser o Maritsauá não passa de um seu afluente da direita.

Numa exploração aérea, o avião grande ganha do pequeno somente na autonomia. No avião pequeno a gente faz "pião" no ponto visado.

OS QUARENTA VOLUMES DO CINEASTA GENIL

À tarde Olavo com o 0275 chegou trazendo o dr. Noel. Ficarão hoje por aqui. O dr. Noel vai dar uma olhada nos índios doentes. À medida que melhora um, piora outro. Deu à luz a índia Iacuiap, mulher do Avinarrá. Nasceu uma menina. Correu tudo normalmente.

Domingo, 27 de junho de 1948. Às horas habituais içamos e arriamos a bandeira.

Olavo e o dr. Noel regressaram a Xavantina. Passarão pelo Kuluene. Mal o dr. Noel saiu, chegaram alguns índios doentes e não doentes. Um só caso parece grave, um índio mehinako.

Na madrugada de hoje o termômetro marcava dezoito graus. Durante o dia chegou aos 34. O pessoal disponível está todo no campo, capinando. Os dois do Museu Nacional estão satisfeitos com os resultados que estão tendo. O dr. Kalervo e o dr. Altenfelder estão agora "perseguindo" os kamaiurá. A epidemia que entre eles surgiu está sendo rapidamente debelada, tão somente porque trouxemos em tempo os doentes, 25 mais ou menos, só numa leva. Se formos contar aqueles que foram chegando de canoas, o número vai tranquilamente de cinquenta pra sessenta. Caso aparentemente grave, só do mehinako que chegou agora pouco.

O dr. Moogem e o dr. Sick pediram reserva para voltar com o próximo CAN.

O CAN que deveria sair hoje do Rio atrasou o voo e ninguém, nem eles, sabe até quando. Veio um rádio do coronel pedindo que devolvêssemos para Aragarças todos os volumes aqui chegados e que pertencem ao cineasta e cinegrafista Genil Vasconcellos. Chegou em Aragarças um Douglas da AZA, fretado pela Fundação. Não virá até aqui, é fretado. O dr. Moogem e o dr. Sick, cada qual com uma bagagem do tamanho de um bonde, estão de olhos fixos no horizonte procurando um pontinho preto que quando chegar mais perto se transformará em avião. Avisamos os cientistas e os auxiliares do sr. Genil que ponham nos seus volumes etiquetas bem visíveis, porque a bagagem é muita e são dois os pontos de chegada.

RONDON CANCELA FILME DO CINEASTA

Era intenção do sr. Genil de Vasconcellos levar a efeito um filme de enredo envolvendo índios. *Script* pronto, Fundação de certa forma de acordo, tanto assim que cedeu ao cineasta praça nos aviões para a sua carga; o SPI nem consultado foi; a nós, delegados do Conselho Nacional de Proteção aos

Índios (CNPI), nem uma palavra foi dita. Por outro lado, os artistas, já de malas prontas lá no Rio, aguardavam o momento propício para embarcar. A mocinha, Luz del Fuego, já treinava frente ao espelho um olhar lânguido de virgem raptada, e o mocinho, um ar de herói, quando manifestamos a nossa discordância com a filmagem. Alguém importante havia por trás, pois não foi dada a menor importância a nossa posição. Em linhas gerais, o enredo não fugia de uma história piegas muito a gosto dos aficionados de Tarzan. Um avião cairia nas selvas. Todos morreriam, menos a mocinha, que, espantada, é presa pelos índios. Uma expedição com o mocinho à frente avança mata adentro para salvar a "candura". Os índios querem ficar com a coisa linda, reagem. Os expedicionários atiram, os índios flecham. E claro que os primeiros saem ganhando, e o mocinho triunfante resgata a "preciosidade". Este, por alto, era o roteiro da história. Diziam ingênua, romântica, melíflua e dramática.

Tudo estava engatilhado. O mocinho de mala em punho aguardava o avião do Correio para vir conhecer a mata em roda do campo de pouso, onde todo o drama se desenvolveria. Tanto nossa posição não foi levada em conta que os volumes continuavam chegando. Diante disso, fizemos um relato ao marechal Rondon e expusemos o nosso ponto de vista contrário ao filme. Não aconteceu outra coisa. O marechal manifestou a sua desaprovação junto à Fundação Brasil Central. O projeto ruiu. Daí a solicitação de Xavantina pedindo de volta os inúmeros (quase quarenta) volumes aqui depositados, pertencentes ao sr. Genil Vasconcellos.

O COMANDANTE CONCORDA COM O VOO

O nosso motor-rádio começa a dar os primeiros sintomas de pane.

Os zoólogos continuam em atividade. Ser bicho na vizinhança de gente assim é uma intranquilidade. Por isso que os jacarés, que andavam de olho aceso no pé da barranca do rio, mudaram-se para longe.

O CAN saiu do Rio para pernoitar em Aragarças. Fomos informados de que virá amanhã bem cedo. Com ele o coronel Vanique. Parece, não é certeza, que o coronel teria conseguido o voo de exploração que sugerimos a ele. Eram duas horas da tarde quando o Douglas aterrissou. No comando, o nosso velho conhecido major Azevedo. Concordou com o voo, mas com uma condição: que fosse curto. Para a tranquilidade da nossa avançada era imprescindível um voo sobre os rios.

Decolagem Iacaré: 14h58
Afluente Maritsauá: 15h15
Maritsauá: 15h30

Com 32 minutos alcançamos o Maritsauá. O curso mapeado no voo do Lodestar não é o Maritsauá, e sim um afluente seu. Começamos a regressar às três e meia. O voo total foi de uma hora. Aterrissado, o CAN não parou os motores. Recebeu as duas cargas imensas (Museu e etnólogos), todos os passageiros e decolou para Xavantina. Foram o dr. Moogem e o dr. Sick e suas enormes bagagens. Foram também algumas peças indígenas para o estande da Fundação em Quitandinha, e, ainda, com destino a Aragarças, a numerosa carga do senhor Vasconcellos.

Na pressa do voo para a exploração não havíamos notado a chegada do dr. Manoel Rodrigues Ferreira e Kaoro Onaga. O primeiro, escritor e jornalista, foi nosso contemporâneo no Colégio Paulista em São Paulo nos fins dos anos 1920. O segundo é aluno do prof. Kalervo, que já está conosco há mais de um mês.

Olavo chegou do Mortes no 0275 agora à tarde. Pretende fazer amanhã o voo combinado.

Domingo — hasteamos a bandeira com todo mundo presente. Logo cedo soltamos um batelão com motor para uma pescaria. Foi tanta gente que bastaria cada um trazer um peixe para que ficássemos abastecidos por muitos dias comendo fartamente. Foram: Sebastião (radioperador), Onaga (antropólogo), Bruno (auxiliar do dr. Sick), dr. José Cândido (zoólogo), Raimundo, Elias e Alcides, trabalhadores, e dos melhores que temos, e mais três índios.

Olavo regressou com Cláudio da exploração.

Anotações do voo:

Partida posto Iacaré: 8h17
Morená: 8h21
1º afluente Maritsauá: 8h44 — numa grande curva

2º afluente Maritsauá: 8h55 — morrotes — mata densa
Maritsauá: 9h05 — subindo braço direito
Bifurcação: 9h24

O rio que vinha bem dirigido e com grandes estirões tornou-se sinuoso. À direita foi avistada uma água distante que pareceu ser do Peixoto de Azevedo.

Regresso: 9h44
Bifurcação: 10h06
Posto Iacaré: 11h10
Duração do voo: 2h53

Foi boa a exploração. Ficou em dúvida, porém, a água avistada. O avião não tinha condições para essa verificação. É uma temeridade arriscar um frágil monomotor numa floresta extensa, compacta, sem a menor chance de uma clareira, por minúscula que fosse. E mesmo que houvesse seria uma alternativa inglória.

Temos feito alguns voos de reconhecimento na região, mas nunca com tempo necessário para afastar todas as dúvidas. Quase todos, por razões diversas, não tiveram a duração ideal. O retorno era determinado ou por questão de pressa ou então por combustível limitado. Reconhecimentos em áreas assim devem ser feitos de tanque cheio, para que um ponto que desperte atenção não deixe de ser sobrevoado. Por duas vezes sobrevoamos a região utilizando aviões pequenos (monomotores), e outras duas, com aviões de fôlego — Douglas e Lodestar. E ainda algumas dúvidas perduram.

Fizemos ao coronel uma carta detalhada com algumas sugestões sobre a descida. Dissemos entre outras coisas que podíamos nos deslocar em turma reduzida, abrir um campo no baixo Maritsauá, em lugar que vimos favorável, para, dali, explorar com segurança um ponto ideal para um posto definitivo, ou que apoiasse a avançada até o outro lado da mata. O campinho a ser feito seria provisório e de fácil abertura, e utilizável até as primeiras chuvas.

O batalhão pescador trouxe muitos peixes. Valeu a pena.

O primeiro horário foi rico em notícias. Ficamos sabendo da passagem por Goiânia de um Douglas da FAB pilotado pelo major Sampaio (um dos mais seguros e tranquilos pilotos que conhecemos), trazendo a bordo o ministro da Aeronáutica, brigadeiro Armando Trompowscky, com destino a este acampamento. O voo será direto, deixando Aragarças e Xavantina para o regresso.

A VISITA DO MINISTRO DA AERONÁUTICA

Às nove e vinte aterrissou o avião do ministro. Acompanhavam sua excelência o diretor da Aeronáutica Civil, os pais do governador de Goiás — dr. Coimbra Bueno — e alguns jornalistas. O coronel Vanique não veio. Depois de uma hora e meia de estada conosco, o avião com a comitiva ministerial decolou para Xavantina. De lá sairá em voo direto para Goiânia, pois o ministro quer alcançar ainda hoje Araxá, no Estado de Minas.

Sobre a visita, fizemos mensagem ao *Repórter Esso*. Às 8h25 o *Esso* divulgou a visita do ministro e de seus acompanhantes. Falamos ao major Sampaio da possibilidade de um voo de reconhecimento para dirimir todas as dúvidas. Explicamos a ele em que pé estavam os reconhecimentos. A presença dele com um avião possante seria a solução final. Formulado o pedido, o ministro não só concordou como recomendou que o fizéssemos o mais breve possível para nos tranquilizar. O major Sampaio ficou de vir nestes próximos dez dias com um Beechcraft.

LEONARDO FOI BUSCAR ÍNDIOS DOENTES

No acampamento, os serviços de rotina: capina, limpeza e vistoria do campo, que é coisa obrigatória principalmente depois que decola um avião de porte.

Chegou, vindo do Mortes, o PP-FBC com Juca e o dr. Noel.

Logo depois da saída do avião do ministro, Leonardo, o prof. Manoel Ferreira, o dr. Altenfelder e os índios Maricá e Aribaum saíram para buscar alguns índios que soubemos estão doentes. O dr. Noel quer vê-los. O dr. Kalervo, com o seu canhão calibre 12, saiu à caça. Voltou breve com um belo macuco. Não importa saber se foi ele o tiroteador. Ele era o "chefe da comitiva" composta só de índios. O radioperador Sebastião, que saíra por outro lado, trouxe um jacubim. Caça mais fraca do que a do seu colega caçador, mestre Kalervo, mas que ajuda, e bem, a encher a panela.

Esteve em Aragarças o ex-presidente da Fundação, dr. Viçoso Jardim. Regressou em seguida para Goiânia. Foi um bom presidente, por que saiu ninguém sabe, pelo menos nós. Juca sobrevoou a aldeia trumai para constatar se os que foram ontem já estão regressando ou estão acampados. Depois do almoço Juca decolou para o Mortes, devendo escalar no Kuluene. Infelizmente o dr. Noel não pôde ficar esperando os trumai doentes que devem chegar com o batelão. À noitinha chegou o barco com Leonardo e seus companheiros e seis doentes. A velha Cucumim, suyá raptada já mulher pelos trumai, veio na rede.

Os dias têm sido quentes e as noites, frias. Esta madrugada chegou a treze graus. Mas os dias, na sombra do pequizeiro, são constantes nos 33. Nova pescaria nas cabeceiras da nossa lagoa. Mesmo sem bater timbó, mas fazendo uma boa tapagem, os índios conseguem um bom resultado. A de hoje foi ótima. Rendeu: pintado, tucunaré e corvina. Cientistas e visitantes lá estavam, assistindo, anotando e filmando.

Concluímos os cabos de machado, 24 peças. Usamos preparar essas coisas com antecedência, para evitar perda de tempo quando chegar a lugar de novo trabalho. Muitas vezes torna-se difícil encontrar madeira adequada.

O índio Aribaum, lutando com Bruno, fraturou a clavícula. Bruno civilizado. Civilizado não sabe perder, vai ao extremo. Novo apelo ao dr. Noel. Isto foi ontem, hoje chegou o Fairchild com o doutor. Dormirão aqui. No momento, o dr. Kalervo, o dr. Altenfelder, o discípulo Kaoro e o engenheiro cinematográfico Manoel Ferreira se dedicam aos kamaiurá.

JULHO, DESOVA DO TRACAJÁ

Duas onças esturraram bem cedo aqui perto, uma de cada lado do campo. Diálogo amoroso. Elias, Zacarias e Raimundo levaram os cachorros e puseram no rasto de uma delas. Cachorrada boa: Borduna, Bolão, Roncador e outros. Pouco depois voltaram com um bonito exemplar de canguçu. Em princípio somos contra essas caçadas, só quando longe do acampamento.

Perto não é bom deixar. Há sempre muita criança andando na área. Pesava a onça uns noventa quilos.

Cá está de volta o Fairchild com Olavo e o dr. Noel. De doente só a mulher do Maricá. Diz o doutor que o caso dela é coração. Não há muita esperança em levantá-la. Os índios curados começam a regressar às aldeias.

11 de julho de 1948, domingo. Como de praxe içamos e arriamos a bandeira nas horas regimentais.

Rádio hoje mudo. Folga da companhia.

12 de julho de 1948. Junho e julho são os melhores meses no sertão. As vazantes aconteceram e os rios já estão correndo nas suas caixas. Nas praias extensas caminham os tracajás fazendo os ninhos na areia e ali depositando seus ovos. É a época da "botação". Nada difícil que se veja por ali, pombeando, uma onça matreira tocaiando um tracajá. É com uma facilidade imensa que, firmando as unhas, arranca a carapaça da presa. Menor do que a sua irmã tartaruga, o tracajá oferece uma carne saborosa. O rol de inimigos que tem é imenso. Seus ovos, então, têm uma fileira interminável de apreciadores, como por exemplo os guarás (cachorros-do-mato), camaleões, gaviões, urubus e muitos outros. Isto não se falando no seu maior predador: o índio. A fila engrossou, e muito, com a nossa presença, que passou a concorrer não só com as aves e os bichos, mas com o índio. Elias, Alcides, Baiano, Eleutério e mais alguns comem de uma sentada cinquenta ovos cada um, misturados com rapadura como sobremesa. À mistura dão o nome de jacuba.

O ÍNDIO É UM "X" NO MAPA

Sebastião captou pelo horário de hoje um rádio do Rio de Janeiro para Xavantina, dizendo da vinda certa, quarta-feira próxima, de um Beechcraft com o major Sampaio. Está parecendo que é aquele extra que pedimos ao ministro pelo próprio major Sampaio. Se for, vamos, felizmente, afastar todas as dúvidas dos voos anteriores. O Beech, além de ser um avião de boa autonomia, versátil nas manobras, permite uma boa visibilidade. Além de tudo, o piloto é daqueles que pode haver um igual, melhor não.

Chegou do posto Kuluene o zoologista José Cândido, que andava procurando coisa nova por lá para enriquecer a sua vasta coleção de insetos. O dr.

José Cândido veio com o asa-baixa pilotado pelo Olavo. O dr. Kalervo e o seu grupo, por seu lado, andam lá nos kamaiurá. Breve aqueles índios estarão "enquadrados". Vão deixar de ser desconhecidos para participar de um mapa cheio de quadradinhos que recebem um "X". O "X" é o índio! Leonardo voltou da aldeia aonde fora levar os índios restabelecidos do surto epidêmico. Não foi pequeno o volume de medicamentos consumidos nesta crise: penicilina, 4,2 milhões unidades; antigripais injetáveis, 682; xarope broncopneumônico, quinze vidros; sulfa, 850 comprimidos, entre outros. Foi a uma centena o número de índios socorridos.

Deixamos de incluir neste apanhado da assistência outro fator que supera o já citado: a dedicação do médico. Recaiu tudo nas costas do dr. Noel. Ele não se furtou a um só chamado. Foram incontáveis as vezes que, com o piloto, teve de enfrentar, num voo longo, um tempo ingrato com chuva, vento, cúmulos-nimbos ou então a terrível bruma seca, que rouba a visibilidade. E isso tudo num monomotor frágil. Uma vez ainda vai, mas dezenas é demais. Muitas, durante toda uma estação. No final de tudo, uma gloriosa vitória — nenhum óbito! Só morreu Karatsipá, mas este não foi doença, foram, isto sim, os seus muitos e muitos anos.

OS XINGUANOS

Desde que atingimos o grande vale do Xingu estamos em contato diário com quase todas as tribos que povoam a região. Índios, da maioria delas, que já foram focalizados nos acampamentos da Expedição, ou nas aldeias, por órgãos da nossa imprensa. Espetaculares séries fotográficas já foram divulgadas pelas melhores revistas nacionais e estrangeiras.

Não devemos esquecer que cada maloca abriga um povo tão digno de subsistir como qualquer um dos povos civilizados. Todos eles se debatem para não desaparecer, sustentando uma luta desigual com a morte. É um erro pensar que o índio é um indiferente ou um fatalista. Como todas as criaturas, ele é um ser que vibra, que pensa no futuro e que chora saudoso o passado pujante da sua nação, pois estas tribos que habitam hoje o Alto Xingu foram, há algumas dezenas de anos, poderosas nações. Cada tribo, ocupando enorme área, possuía diversas aldeias densamente povoadas.

As "grandes guerras" entre os diferentes grupos foram responsáveis pelo desaparecimento de diversas tribos, das quais só resta hoje o nome: arupati, anumaniá, maritsauá, iarumá, tonori e outras.

Mas não foram as guerras as principais responsáveis pelo minguamento e desaparecimento de grupos indígenas da região. A maior consumidora de vidas entre eles tem sido as epidemias que quase todos os anos grassam na região. Grupos importantes, como os naruvotu-custenabu, tsuva, não existem mais, tragados que foram pelos surtos gripais e suas complicações.

A mortalidade infantil é assustadora. De oito crianças que vimos nascer, apenas duas estão vivas, o que atribuímos à saúde precária das mães. A malária é também uma ceifadora de recém-nascidos.

É neste setor da saúde que a ajuda do civilizado pode ser de transcendente importância. Diante dos acessos violentos da malária, da gripe, da pneumonia, são impotentes os pajés.

Se a estes índios for dada uma assistência conveniente, não temos dúvida de que em poucos lustros teremos novamente o Alto Xingu como hábitat das mais fortes e expressivas nações indígenas do Brasil.

Nenhuma outra região do país oferece melhores condições para um estudo profundo dos nossos índios do que esta. Dos seus movimentos migratórios, da sua língua, dos seus costumes, da sua cultura material e não material, nada se sabe.

Não devemos nos esquecer de que até ontem esta vasta região do centro do país era desconhecida. O limite do país civilizado morria no Araguaia. É por isso tudo que a diretora do Museu Nacional, dra. Heloísa Alberto Torres, vem destacando para a área competentes etnógrafos dos quadros da sua entidade. Não temos dúvida de que o Alto Xingu vai contribuir de maneira efetiva para o conhecimento do índio brasileiro. Tem-se a impressão de que esta região do Brasil Central surgiu para os índios como um ponto de refúgio das pressões que vinham sofrendo por parte dos invasores civilizados. Só assim se explica a multiplicidade de línguas que ali são faladas. Muitas lutas, por certo, surgiram no processo de acomodação. Ainda na nossa chegada, diversos grupos se digladiavam na região.

É preciso que o Serviço de Proteção aos Índios (SPI) inicie, o mais cedo possível, um trabalho efetivo de assistência a todos esses grupos, de maneira a proporcionar-lhes os recursos de que necessitam para que ressurjam com todo o vigor de suas raças e originalidade de suas culturas.

A EXCELENTE EXPLORAÇÃO AÉREA

Agora somos nós que não tiramos os olhos do céu, na esperança de distinguir no horizonte o Beech com o major Sampaio.

O dr. Kalervo nos comunicou que dá por encerrada sua pesquisa com os kamaiurá e que vai agora procurar os trumai. Pensávamos que estudar gente fosse coisa mais demorada. E agora estamos vendo que a coisa não é muito complicada. É uma questão de "enquadramento". Os kamaiurá já viraram um "X" no mapa, agora é a vez dos trumai.

O rádio comunicou que o major Sampaio chegou e vai pernoitar no Mortes. Virá cedo amanhã para os voos programados. Estamos com o nosso acampamento varrido e espanado. O campo ótimo. Poucos índios aqui. Só aqueles que estão sendo "investigados".

15 de julho de 1948, quinta-feira. 33 graus de dia, 14 de noite. Se não houver fogo na beira da rede, é morte na certa, dos índios e nossa. Os esquimós haviam de morrer de rir.

Chegou cedo o Beech. A tripulação: major Sampaio e sargento-mecânico Manoel. Passageiros: coronel Vanique, dr. Noel e dr. Frederico. O dr. Noel não irá no voo de observação; vai ficar para uma revista em todo mundo, isto porque se ausentará por alguns dias com a sua ida para o Rio no próximo CAN. Daqui embarcamos (Cláudio e Orlando).

Anotações do voo:

Decolagem do posto: 9h00 — Velocidade média: 270.
Foz do Suyá-Missu: 9h26
Foz Maritsauá: 9h30 — aldeia da praia.
A bruma seca está dificultando a visibilidade, mas pode-se ainda distinguir bem o chão.
Foz Uaiá-Missu: 9h34 — rio estreito e sinuoso.
Ilha Grande: 9h41 — corredeira braço direito.

Foz Auaiá-Missu: 9h50 — margem esquerda terreno acidentado.
Rio Jarina: 9h58 — afluente da esquerda corredeiras.
Cachoeira Von Martius: 9h59 — sobrevoamos dois minutos. Sobrevoamos a cachoeira. Terreno cheio de morrotes. O Xingu fica com mais ou menos 1.500 metros de largura.
Pequenas ilhotas no meio das corredeiras.
Regresso rio acima: 10h00 — acompanhamos rio Jarina.
Pequeno, sinuoso, meio contrafortes da serra Geral, mais ao fundo.
Largamos o Jarina: 10h11
Alcançamos Maritsauá: 10h31 — subimos por ele. É profundo, bem dirigido, boa navegação.
Afluente da direita: 10h40 — este no voo do Lodestar foi tomado como Maritsauá.
Bifurcação Maritsauá: 11h05 — braço da direita, embora maior, foi abandonado em virtude de vir do sul.
Subindo o da esquerda menor: 11h06 — visto continuar no mesmo rumo do principal.
Sobrevoamos rio largo: 11h18 — largura do Kuluene. Pensamos ser Peixoto de Azevedo. Pelo volume d'água constatamos ser Telles Pires.
Descendo Telles Pires até 11h25 — fixada a certeza, regressamos.
Cruzamos Maritsauá. Volta: 11h40
Aterrissagem volta: 12h23 — pousamos no posto.
Duração voo de ida: 2h25
Duração total do voo: 3h20

A exploração foi excelente. Todas as dúvidas foram dissipadas. Ficou constatada a possibilidade de alcançar as águas do Tapajós indo pelo Maritsauá. O coronel Vanique, mesmo frente à evidência de que, pelo Maritsauá acima, usando o braço da esquerda e cortando mais ou menos uns cem quilômetros de mata que cobre o divisor, alcança-se o rio Telles Pires ou São Manoel (principal formador do Tapajós), não abriu mão do relatório com o seu plano, que consiste em:

1ª alternativa: sair de avião do Xingu para Cuiabá. De lá de caminhão, em péssima estrada, mais ou menos seiscentos quilômetros até o rio Paranatinga, formador principal do Telles Pires ou São Manoel. Descer por este rio até o ponto ideal. Telles Pires tem inúmeras corredeiras e um salto de dezoito metros de altura!

2ª alternativa: subir o rio Ferro (afluente do Von den Steinen, que por sua vez é afluente do Ronuro — formador do Xingu). O rio Ferro no último terço é estreito, só comportando canoa, não batelão. Teríamos de abandonar os batelões no baixo curso e construir canoas — talvez umas dez ou doze. Abandonar os batelões ou construir um posto de apoio e vigilância.

VÉSPERA DE BATALHA

Chegando ao posto fomos informados que o CAN está preso em Uberlândia, aguardando socorro do Rio.

Hoje, 16 de julho, amanheceu com uma forte bruma. Às onze e vinte estava 33 graus na sombra do pequizeiro. À tarde soubemos que o socorro chegou a Uberlândia. Amanhã o Correio deverá estar em Aragarças.

Os pesquisadores continuam em "luta livre" com os trumai. O dr. José Cândido Carvalho, de malas prontas, coleção fechada, entrou no rol daqueles que ficam olhando o horizonte na espera que surja de lá o ponto preto que vai se transformar em avião.

Na praia, aqui perto, apesar da concorrência dos índios, dois homens nossos recolheram quase duzentos ovos de tracajá.

O voo nos trouxe um ânimo forte. Temos como coisa presente que a nossa arrancada agora já não está tão distante como há alguns dias. Já temos definido o plano de avançamento. O coronel não deu ainda a última palavra, mas só o fato de não ter dito nada já significa um disfarçado "concordo".

Em matéria de ciência, o dr. Kalervo é volúvel. Agora mudou de amores. Largou os trumai e se enamorou dos aweti.

Não há serviço a tocar no acampamento. A situação geral é mais ou menos aquela de véspera de batalha. Em véspera de batalha ninguém pensa em varrer casa, remendar roupa, cortar cabelo etc. Batalha é batalha, do jeito que está tem de ficar.

Os dias já não estão tão quentes e as noites já não tão frias. Só a bruma seca perdura, empanando o céu e fazendo do astro rei uma bola enfumaçada sem força para chegar vivo cá embaixo.

Domingo, 18 de julho de 1948. Às sete içamos a bandeira. Domingo é folga do rádio, mas como o CAN está em Aragarças ameaçando vir, o cujo está funcionando. Tanto está que já chegou o aviso de que vêm almoçar aqui. Num outro horário, feito às onze, fomos avisados que resolveram almoçar por lá mesmo. Perderam peixe fresquinho. O passadio no Mortes é melhor. Lá tem vaca, e onde tem vaca tem carne. E carne aqui, escapando do peixe e do tracajá, a mais à mão é a de macaco.

CAPITÃO PAULO VÍTOR TROUXE EXCELENTE CARGA

À uma hora chegou o CAN. No comando, o capitão Paulo Vítor e, na direita, o tenente Eiser. Vieram 2.500 quilos de carga, contando com os passageiros Pedro Lima e o seu auxiliar Vitorino, ambos do Museu Nacional. José Cândido, excelente criatura e respeitável zoólogo, foi embora com o CAN. Ficou ele um mês conosco. Por esse mesmo avião mandamos para Aragarças o índio Aribaum para engessar o ombro, visto ter fraturado mesmo a clavícula numa luta com um troglodita civilizado. Paulo Vítor saiu com intenção de alcançar ainda hoje Uberlândia. Pedro Lima e seu lugar-tenente visam os kuikuro. Os trumai que vieram doentes trazidos por nós estão sem canoa, por isso pedem uma carona de volta. É mais um servicinho extra que arranjamos. A sorte é que Leonardo é um barqueiro e motorista exímio e pleno de boa vontade. A pior carga que se pode imaginar para um batelão é índio, com família é claro: são cestos, panelinhas, panelonas, sacos, trouxa de redes, papagaio gritando, arara se equilibrando na borda da embarcação, crianças chorando, flechas e arcos cortando o caminho e, por fim, cachorros irrequietos que não param e ficam andando por cima da carga tomando pancada até cair n'água. Aí a coisa piora, porque içados molhados ficam tremelicando e jogando água e pulga em todo mundo.

A nova semana que está entrando hoje veio encontrar o batelão grande apinhado de índios trumai e, acompanhando, lá estava a equipe da Escola de Sociologia e Política de São Paulo, chefiada pelo dr. Kalervo Oberg. O destino é a aldeia do Nariá. No piloto, o herói Leonardo. Para aguentar duas viagens dessas por semana, só sendo herói.

Começamos a avistar uma coluna de fumaça lá para o leste — suyá bravos, foi a grita geral.

O PERIGOSO CONSERTADOR DE MOTORES

Chegou o teco-teco com Olavo, trazendo o mestre Antônio para consertar e preparar os motores para a partida. O velho é bom mecânico de motores de popa, mas tem um grave defeito. Gravíssimo. Para ele, lubrificante não precisa ser especificamente óleo. Não, isso não. É mania de gente da cidade, argumenta ele. Para lubrificar carece que seja um trem grosso, pegajoso, como óleo de mamona feito em casa, babaçu, em último caso até banha de toucinho serve. O velho é fogo. Ele conserta, mas sob vigilância.

Cá está desde o último Correio um tenente da FAB, o tenente Jonathas, em férias. Hoje ele, o prof. Manoel Ferreira, Pedro Lima e seu braço direito, Vitorino, saíram à caça.

Mandamos alguns trabalhadores com a função de catá-los no campo na hora de vir embora. Eles foram de motor até a barreira do Nariá. Ali o campo encosta no rio.

Depois do pernoite, Olavo decolou levando o mestre Antônio.

O acampamento está movimentado, mas só por índios e cientistas. Tem tanto que ficam "triscando" uns nos outros, como disse o Baiano. Se vier outra leva de pesquisadores, conforme anunciaram, aí, sim, vai dar um cientista para cada dois índios.

A carga para a descida ainda não chegou toda. Nós que tanto torcemos para partir em maio, quando, então, teríamos pela frente toda uma estação de estio, cá estamos às portas da estação chuvosa, amarrados, esperando, sem saber quando virá, o resto do necessitado.

Um rádio do coronel nos avisa que está aguardando motores de popa Arquimedes neste próximo Correio.

Repentinamente os índios regressaram às aldeias. Os pesquisadores ficaram a ver navios.

O passadio com tracajá e ovos está bem melhor.

Sábado chegou para fechar uma semana vazia. Para fazer algum movimento, resolvemos ir pernoitar no Uaraim, local do Xingu onde começamos a abrir um campo na mata, por não ter antes achado coisa melhor. Deixamos o acampamento com o trabalhador Perpétuo. A caravana foi grande: a equipe do prof. Kalervo, Pedro Lima e Vitorino, Jonathas e Bruno, Glicério, Alcides e Zacarias e, finalizando, nós três (Leonardo, Cláudio e Orlando). Logo na primeira praia colhemos perto de duzentos ovos de tracajá. No pouso — Uaraim — pescamos pirararas e piranhas. O motor Arquimedes entrou em pane, mas com muito juízo, pois foi na chegada do pouso. No dia seguinte Leonardo removeria a pane. O descanso foi bom. Passamos um dia e meio tomando banho no rio e comendo peixe, tracajá e seus ovos.

OS TROVÕES DA CHUVA DO CAJU

Chegamos de volta domingo à tarde. Tudo em ordem. Alguns índios haviam chegado pela manhã. Na subida, quando passamos pela "boca" (entrada da lagoa) do Nariá, alguns índios trumai nos aguardavam para dar beiju.

Os trovões da "chuva do caju" já se fizeram ouvir.

Os índios aweti que chegaram nos trouxeram muitos ovos de tracajá.

A semana que está começando hoje, tudo indica, vai ser igual a que findou, vazia de notícias, de motores e de tudo o mais que nos habilite a partir. Breve virão as chuvas. O sertão com chuva é um mundo diferente, principalmente, como é o nosso caso, para caminhar com uma expedição. Não rende a marcha, não rende o serviço. A malária campeia assanhada e parece que no ferrãozinho dos milhões de pernilongos está pendente um plasmódio da sezão. A nossa sina é partir no tempo das águas. Que Deus nos ajude e o coronel faça a parte dele, mandando tudo o que falta para que possamos aproveitar pelo menos alguns dias do estio que se despede.

O CAN, que podia trazer alguma novidade, atrasou sua saída do Rio e, o pior, sem dia marcado para sair.

Pedro Lima, o etnógrafo, mensurador do Museu Nacional, aguarda o resto da bagagem para ir trabalhar nos kuikuro. Há sempre uma bagagem atrapalhando a vida do cientista. A grande falha de Pedro Lima foi deixar de trazer aquelas sopinhas, o que constitui uma tremenda falha "pesquisatória".

A COMITIVA PARLAMENTAR

Os horários-rádio continuam frouxos, despidos de novidades. E delas é que estamos necessitando para reforçar o nosso ânimo expedicionário. Particularmente entre os dois operadores-rádio, o de lá e o de cá, muita coisa nova em segredo está acontecendo e flutuando no éter, a julgar pelas longas exclamações da grafia e do olhar agudo, interrogativo, do nosso operador Sebastião. Horários extras estão se sucedendo e prolongando. Algo de estranho anda pelas ondas. Depois de alguma reza e cara feia, alguma coisa ficamos sabendo. Em verdade, dantesca! O CAN chegou em Aragarças, até aí nada. Rotina aviatória. Outro, porém, não menos grande, virá ainda esta semana com vinte deputados! Vinte? Mas aqui não se vota! Não será engano? Vinte? Erraram o caminho do Congresso?

O CAN está em Aragarças. Amanhã aqui.

Patacu, o grande chefe waurá, chegou com seu filho Vaifoá nos trazendo dois tracajás.

A bruma seca tinha dado alguma folga, mas está voltando fortalecida, compacta, quase que impedindo o voo de aviões pequenos. Neste CAN repousava toda a nossa esperança de receber mais algum material destinado à partida. Nada, nem a carga-bagagem do cientista Pedro. Trouxe dois motores de popa, o motorista José Matogrosso e o índio Aribaum, aquele que teve fraturada a clavícula. Veio lotado com gasolina 91 (para avião), por recomendação lá do Ministério. Cremos que isso seja para "alimentar" o dito especial que a qualquer momento chega com o Parlamento Nacional. O referido já saiu do Rio, passou em Uberlândia, e já, já chega a Aragarças, onde os senhores deputados pernoitarão.

O CAN já partiu daqui para Xavantina, naturalmente vai pernoitar lá para não aumentar a preocupação em Aragarças.

O cientista Pedro Lima, profundamente desconsolado, coça o queixo e fica de olho fixo no horizonte imaginando surja outro voante com a sua saudosa bagagem. Pela sua cabeça devem passar coisas feias, que não diz porque não fica bem para um pesquisador educado.

Ainda não é hoje, sexta-feira, o dia previsto para a chegada da comitiva parlamentar. Tivemos o primeiro rádio oficial sobre a dita. Ela ficará ainda hoje em Aragarças. Amanhã passará a tarde em Xavantina. Depois de um novo pernoite em Aragarças e uma ida a São Domingos (posto do SPI), nas margens do rio das Mortes, a ilustre comitiva virá até aqui.

Alguns homens que foram dormir na praia trouxeram uma boa carga de peixe: pintados, piranhas e pirararas.

O dr. Kalervo e seu grupo estão agora com os índios waurá. Interrogam no momento o grande chefe Patacu. Não conseguiram muita coisa, tanto assim que mudaram o interrogatório para outro índio mais acessível. O emulau (chefe) Patacu não gosta de falar; aliás, esta é uma das prerrogativas dos grandes chefes. O ponto alto do interrogatório científico é o sistema de parentesco. Isso é tenebrosamente cansativo. Nossa experiência tem mostrado que não se deve interrogar um índio mais que meia hora. Depois disso, ele fica irrequieto ou apático, ou então, não sendo uma criatura de meia-idade e séria, começa a inventar!

Hoje, 31, sábado, é o dia da chegada da comitiva dos vinte legisladores. O avião oficial decolou de Xavantina às sete e dez para São Domingos e de lá vem para cá. Não há uma hora prevista, porque o posto do SPI não possui estação transmissora. Sebastião, contudo, vai tentar contato direto com o avião.

O contato foi estabelecido e a sua hora de chegada ficou marcada: meio-dia e dez. No comando da aeronave estão vindo o capitão Cajueiro e o tenente Passos. Acompanhando a comitiva vieram o presidente da Fundação, o dr. Viçoso Jardim (ainda não oficialmente substituído), e o coronel Vanique. A comitiva, conforme foi anunciado, era de vinte deputados mesmo.

Depois das infalíveis perguntas — "o que eles comem, como eles se casam, como se relacionam" etc. — alguns se interessaram mais em saber dos serviços, saúde, programa de avançamento, vencimentos e, particularmente, malária. Sobre estes aspectos, os que se preocuparam mais foram o dr. Café Filho, Vasconcellos Costa, Toledo Piza e mais alguns. Depois de duas horas de visita, a comitiva embarcou de volta. Tudo correu muito bem. Disseram os deputados na saída que gostaram da visita. Campo e acampamento foram elogiados. Em resumo, a "obra", num todo, impressionou bem. O movimentado sábado chegou ao fim e com ele o mês de julho. Mais um pouco virá a "chuva do caju", e depois a estação das águas. Sobre a partida da vanguarda não conseguimos conversar com o presidente Viçoso nem com o chefe Vanique. O primeiro, como não podia deixar de ser, altamente empenhado em falar à comitiva sobre a Fundação; e o segundo simplesmente reticente.

O mês de agosto entrou com nuvens pretas rolando lá pelos lados do chovedor. Ninguém fala ou falou em nos desgrudar daqui. Prevalece a afirmação do baiano Umbelino: "Nóis tem visgo; onde nóis senta, nóis gruda".

Os waurá levantaram acampamento. O mestre Kalervo volta os olhos novamente para os kamaiurá.

Agosto entrou com 38 graus embaixo do pequizeiro.

Leonardo é um leão de boa vontade e disposição. Daqui a pouco sai rumo à aldeia kamaiurá levando o batalhão científico.

Raimundo e Elias, que dormiram na "espera", mataram uma anta. Vamos ter carne para uns bons dias. O calor tem sido estafante. Ontem chegou a 40 graus no pequizeiro. Nuvens ameaçadoras andam no céu, meio sem rumo, loucas para desabar. Só não o fizeram porque, disciplinadas, estão esperando chegar mais perto da época. Este ano, preveem os índios, teremos um "inverno" bastante rigoroso.

Poucos índios andam por aqui. Ontem fizeram uma tapagem na cabeceira da lagoa e, tal como da outra vez, flecharam peixes sem timbó. O resultado foi muito bom. Pegaram até cachorra (peixe saboroso, mas cheio de espinha).

A cada dia a bruma seca oprime mais. E o sol morre de "rir".

O INSPETOR MEIRELLES VEIO CONHECER O XINGU

Juca-piloto chegou trazendo o técnico de rádio Chico para a inspeção de rotina. Pouco depois chegaram dois aviões particulares. Um pilotado pelo nosso velho amigo Filon; o segundo pelo Bube, do Aeroclube de Goiânia. Trouxeram eles uma comissão do Ministério da Agricultura. Veio com a comissão o inspetor do SPI Francisco Meirelles. A comissão era composta de cinco pessoas. Achamos que vieram para um bate-papo e filar o almoço, pois antes mesmo de começar a digestão os ditos rumaram para Aragarças. Nada disseram, também nada perguntamos. Tudo indica ser mais uma dessas comissões que andam por estes Brasis fazendo inquéritos, enchendo papelórios e nada apurando, e, quando apuram, nada acontece.

Juca, Sebastião, Chico e mais alguns saíram para uma pescaria de pernoite — numa praia enorme lá embaixo perto do Nariá.

O rádio no horário da tarde nos deu uma notícia, ou melhor, uma mensagem do deputado Vasconcellos Costa cumprimentando-nos pelos trabalhos na Fundação Brasil Central.

Mensagem:

Irmãos Villas Bôas PT
De regresso esta capital e sob impressão magnífica nossa visita Brasil Central VG enviamos nossos aplausos notável cooperação vêm dando importantes problemas recuperação das grandes áreas desconhecidas do território nacional PT Queiram aceitar expressão nossa estima e admiração PT
Abraços PT
Dep. Vasconcellos Costa PT

Esse deputado do Triângulo Mineiro foi, dentre os seus colegas, o que mais procurou se enfronhar no programa geral da Fundação, e particularmente nos trabalhos de desbravamento da Expedição Roncador-Xingu. Por carta respondemos o amável telegrama do deputado.

Um outro rádio da administração da Fundação nos dá ciência de que o antigo radioperador Nicola Zétola assumiu a direção do DRNA. Despede-se da Fundação o capitão-aviador Neiva, que vinha com muito préstimo dirigindo aquele Departamento.

Alguns saíram à pesca. Vão tentar pegar tracajá de noite e pescar de madrugada. Sebastião não fez o primeiro horário, estava na pescaria.

As noites têm sido excessivamente quentes. As redes não param. Ficam rangendo a corda na madeira, num interminável balanço daqui pra lá, de lá pra cá. De madrugada refresca um pouco, e as manhãs enfumaçadas vão até o sol alto, porque o vento não tem força para enxotar a bruma.

O VOO VIRGEM

Voltou a turma da pescaria. O resultado foi ótimo. O horário da tarde nos deu conta de que chegou ao Mortes um Lodestar com oito pessoas. Pilotando, o excelente major Sampaio. Dentre os passageiros, o coronel Moss, subchefe da Casa Militar da Presidência da República. Amanhã virá até aqui trazendo uma carga para nós, mas o objetivo da viagem é tirar um voo direto daqui a Manaus. É voo virgem, mas com o major Sampaio é passeio. Não ficou certa a vinda do coronel Vanique nesse Lodestar.

Juca e o Chico-técnico decolaram à tarde com o teco-teco para Xavantina. Leonardo continua na aldeia com a comitiva do dr. Kalervo. Soubemos que virão amanhã. O almoço e o jantar foram coroados com ovos de tracajá, trinta para cada um. Os pescadores não trouxeram peixe, mas sim seiscentos ovos.

7 de agosto de 1948. Tempo firme. Bruma idem. Às oito chegou o Lodestar.

O voo na rota Rio-Manaus, o primeiro a ser feito, espera provar o encurtamento substancial de tempo (talvez seis horas) na mesma rota quando pelo litoral, como vem sendo feita. Do voo participaram, além do comandante Sampaio, o coronel Moss, o sargento-mecânico Manoel, o coronel Vanique, o dr. Frederico Hoepken e o dr. Harry Wright. O reabastecimento foi feito aqui. Foi muito demorado porque todo o combustível teve de ser coado na camurça para melhor segurança. O voo será sem escala: Xingu-Manaus. A partida foi às dez e meia. O regresso será pela mesma rota amanhã. Voo virgem, temeroso, sem alternativa, cego pela uniformidade da floresta, escorado na carta e bússola. A única tranquilidade é a mão do piloto major Sampaio.

Na parada para o reabastecimento tivemos oportunidade de conversar com o coronel Vanique sobre a nossa partida. Falamos do pessoal para completar a turma e no resto do material necessário. Se o voo de hoje entusiasmar essa gente, é bem possível que sejamos em breve "desgrudados" daqui. O major Sampaio já é um entusiasta, mas o que é preciso é "emocionar" o coronel Vanique, pois ele ainda não abandonou o plano de voltar a Cuiabá ou saltar de Catalina. Aquele voo de reconhecimento do Beechcraft foi água na fervura quanto à posição dos rios. Soubemos, até, que há um relatório do dr. Frederico apoiando o nosso roteiro pelo Maritsauá. O coronel ficou de nos mandar uma cópia da exposição, mas infelizmente até agora nada. Aproveitamos sua passagem para cobrá-lo. Jurou que a enviará assim que chegar de volta ao Rio de Janeiro.

Resta-nos torcer para que o voo de hoje saia como se espera, certo de cabo a rabo. Se tudo der certo, a vanguarda parte. O nosso avançamento não faz parte de um programa efetivo de trabalho, é o que parece. Ele depende estreitamente do entusiasmo da retaguarda. Se ela desanima, "nóis gruda".

O voo do Beech respondeu favoravelmente a todas as indagações da rota. Está parecendo, porém, que não chegou a entusiasmar a retaguarda. O plano Vanique continuou correndo paralelo, embora defendido só por ele.

Leonardo voltou da aldeia trazendo a equipe pesquisadora do dr. Kalervo. A parada na aldeia foi de alguns dias. Kaoro Onaga, um dos participantes, voltou com uma imensa conjuntivite. Ele, que já tem olhos apertados, voltou com eles "bloqueados" pelo inchaço.

Hoje amanhecemos com um forte vento sul, constante. Indica que a noite vai ser fria.

Na troca de rádios com o Mortes mandamos dizer que estamos somente com quatro trabalhadores e para o avançamento necessitamos de pelo menos mais uns sete.

Às vezes somos obrigados a pensar que a retaguarda está mais preocupada com o trânsito de visitas do que com os encargos da Expedição. Em resposta ao nosso rádio anterior sobre pessoal, veio um dizendo que vai chegar no próximo CAN o dr. Grieco, com acompanhantes e bagagem. Trememos quando se fala da vinda desse doutor. Não tanto pela sua pessoa, mas pela sua bagagem. Certa vez tivemos de fazer um rancho especial para conter a sua carga. Deus queira que desta feita não tenhamos de fazer um barracão.

Felizmente um outro rádio nos comunicou que no próximo Correio virão os homens pedidos, e boa parte da nossa carga, com prioridade.

Pedro Lima, o etnógrafo do Museu, agora alcunhado de Pedro Bagagem, continua esperando a dita, que ainda está extraviada.

Quando o nosso rádio estava se despedindo no último "alô", chegou uma nota do coronel Vanique sobre o voo de Manaus:

Chegamos hoje voo realizado bastante êxito VG Xingu-Manaus VG executado 4h15 PT Região percorrida completamente coberta extensa floresta VG sem interrupção até barranca rio Amazonas PT Região coletoria excelente para nosso campo VG quase em cima rota PT Outros detalhes darei depois PT
Coronel Vanique PT

Entramos com este rádio em violenta fase de animação.

Lá se foi o vento sul e com ele o frio. Em compensação, a bruma seca voltou com maior intensidade.

O PROFESSOR SE DESENTENDEU COM O MESTRE

O prof. Manoel Ferreira desligou-se da comitiva do prof. Kalervo. Parece que houve um desentendimento entre eles. Nada de grave, neurastenia do sertão, muito comum aos menos habituados. O sertão é danado para essas coisas. O isolamento, a alimentação, o calor, concorrem para a exacerbação de ânimos. E, então, pacatos cidadãos se tornam irritadiços e, às vezes, até valentes. O caso não chegou a tanto. Um bate-boca "científico".

O Correio saiu do Rio, diz o rádio.

Os trumai, com Aluari à frente, chegaram e logo saíram rio acima em pescaria.

Procuramos todo tipo de serviço que nos dê a impressão de que estamos prestes a partir. Vamos assim mantendo o moral dos homens e nos empolgando com as nossas próprias inventivas. Assim é que tiramos zingas na mata e iniciamos a feitura dos remos.

O CAN chegou ontem em Aragarças e está com pane de magneto. Terá de aguardar socorro do Rio. O material "voante" da FAB anda também pelas "caronas". Raro é o Correio que não apresente uma novidade. Felizmente as panes são em terra.

A bruma e a fumaça das queimadas estão terríveis. Não se tem uma visão horizontal a mais de cem metros.

O NOVO PRESIDENTE EFETIVO DA FBC

Sebastião captou notícia da saída definitiva do dr. Viçoso Jardim da presidência da Fundação Brasil Central. Para substituí-lo foi designado o general Francisco Borges Fortes de Oliveira.

Será que esse general vai ajudar o nosso "desgrudamento"?

Nada de oficial, porém, na saída do dr. Viçoso. Por enquanto a coisa não saiu do diz que diz dos operadores.

Sanada a pane, o comandante resolveu voltar com o CAN de Aragarças.

A maçada é das grandes. Era este avião que iria nos trazer os homens e o resto do material para a nossa arrancada. Isto e mais a substituição do presidente significa atraso maior na partida.

O Correio regressou. Olavo chegou trazendo um novo radioperador, Elipídio, para substituir Sebastião, que sairá de licença em visita à família em Caiapônia.

Na correspondência trazida pelo Olavo recebemos cópia do relatório do dr. Frederico. Nessa exposição, o dr. Frederico afasta a dúvida sobre o Maritsauá e apresenta esse curso como o mais conveniente para atingir o divisor e alcançar o rio Telles Pires ou São Manoel, formador do Tapajós. Há muitos meses vimos batendo nessa tecla, contrariada pelo coronel Vanique, que alegava ser o Maritsauá inconveniente ao avançamento da Expedição.

CONFIRMADAS AS ALTERAÇÕES NA FUNDAÇÃO

À tarde, em comunicação oficial ficamos sabendo do afastamento do presidente e do secretário-geral da Fundação.

O dr. Kalervo, o dr. Altenfelder e Kaoro pretendem regressar no próximo Correio.

A bruma seca hoje — sábado — esteve de manhã à tarde terrivelmente densa.

Índios em grandes grupos chegam a toda hora. Primeiro vieram os kamaiurá, depois os trumai, e à tardinha os kuikuro. Pedimos ao Mortes alguns instrumentos dentários e anestésicos para o pesquisador Pedro Lima, que também é cirurgião-dentista, para fazer algumas extrações aqui.

O jantar foi à base de tracajá, peixe, mutum e jacubim.

Hoje, domingo, 15 de agosto de 1948, acordamos com fortes ventos do norte. Apesar de fortes, não conseguiram afastar a bruma.

Juca chegou para levar Sebastião, que irá passar uns dias com a família, isto enquanto não sai o "tudo pronto" para a partida. Vai ser ele o nosso operador na descida.

Juca nos trouxe duas armas de caça mandadas pela presidência — uma chumbeira calibre 24 e uma 22.

Pedro Lima, que aqui está desde 18 de julho aguardando o resto de sua bagagem, inclusive um motor de popa, atingiu seu prazo máximo de espera e paciência. O seu objetivo desta vez é a aldeia kuikuro, distante daqui uns quarenta quilômetros. Designamos o trabalhador Elias, que entende um pouco de motor, para levá-lo até os kuikuro. A viagem foi iniciada antes das dez horas com o nosso motor Arquimedes de 6 hp. Não chegaram a andar dois quilômetros e o motor entrou em pane. Cedemos o nosso $4^{1/2}$, o nosso pé de boi. Ficamos assim desfalcados de dois motores.

Ao Mortes fizemos um rádio pedindo avião para levar o trabalhador Rosendo Santana, que sacou de uma faca para agredir um companheiro de serviço. Rosendo é elemento novo aqui na frente. Desde que o coronel Vanique começou a pôr restrições à vinda de pessoal para cá, retendo no Mortes os bons trabalhadores da vanguarda que saíram de férias, passamos a receber homens indisciplinados, vagabundos e manhosos. Esses, fomos devolvendo à base, não sem antes ter o trabalho de estar constantemente a repreendê-los. Nenhum homem saiu de bons modos. Alguns foram dispensados rudemente.

Chegou hoje o Piper do Aeroclube de Goiânia, pilotado pelo Bube, trazendo duas visitas! Mr. Rough e Kandal, ambos altos funcionários do Frigorífico Anglo, em viagem de recreio. Vieram autorizados pelo coronel Vanique, de quem são amigos. O primeiro é nosso velho conhecido. Certa feita nos visitou no segundo campo que abrimos no chapadão xavante. Vieram os visitantes loucos por uma pescaria. Queriam pousar na praia. Organizamos uma subida até o Iapeo. O piloto Juca e o técnico Chico, que chegaram logo depois, tomaram parte no passeio. O tempo estava ótimo. Os dois visitantes seguiram satisfeitíssimos.

O rádio nada disse no horário da tarde. A bagagem dos homens da Sociologia é alguma coisa respeitável. Eles e elas já estão prontos para o embarque. Elas, as bagagens, repousando no chão; eles, os donos, com os olhos no horizonte esperando aquele que ficou de vir, o avião.

A bruma continua, apesar das rajadas fortes de ventos do norte. O calor continua muito intenso. Durante o dia refresca um pouco, mas parece vindo do deserto.

Os pescadores do Iapeo chegaram às dez horas. O resultado foi bom: dez piraraas, dez barbados e seis piranhas. Mr. Rough, habituado a pescar com linha de carretilha, não foi bem-sucedido. Uma pirarara grande arrastou a linha e enguiçou a carretilha.

Os aviões decolaram logo depois do almoço.

O barco chegou ao Kuluene. Fizeram boa viagem, informou o rádio, embora tivessem chegado na zinga, pois o motor pifou no segundo terço do caminho. Estamos, portanto, com dois motores em pane. Amarrados pela bruma e o mormaço, continuamos caminhando sem pressa pelo acampamento. Os visitantes de São Paulo continuam mexendo em malas e mais malas, numa tentativa ingrata de arrumá-las.

Domingo tivemos 38 graus na sombra ultrafresca do pequizeiro. No sol, o termômetro espouca. A noite que passou foi a das onças. Três delas esturraram o tempo todo. Situadas em pontos diferentes, uma respondia ao esturro da outra. Os cachorros no começo tentaram fazer algazarra, mas, como preferimos a onça à zoada da cachorrada, demos uns gritos e eles se aquietaram.

Taconi, Kanutaré e Avaé, que estavam pescando lá embaixo no remanso, nos presentearam com mais de duzentos ovos de tracajá.

A CRIANÇA ARUIAVI QUEIMA OS PÉS NO FOGO

Inicia-se hoje a semana do CAN. É sempre uma semana movimentada. Logo cedo chegou o chefe trumai Aluari com a família trazendo o seu filho Aruiavi, que caiu da rede e queimou os dois pés no fogo. Queimadura séria, principalmente no pé direito, no qual três dedos ficaram grudados. Uma inflamação feia tomou conta desse pé. Apesar dos "urros" da criança (dois anos), conseguimos remover o cascão que encobria a ferida. Iniciamos um tratamento cuidadoso, mesmo porque Aluari pensa em matar o filho caso venha a ficar mancando desse pé. O dr. Noel anda pelo Rio, senão estaria aqui olhando pela criança.

O vento continua e a bruma também. Hoje, terça-feira, é dia do CAN. Pedimos a Xavantina prioridade para a nossa carga.

Chega da aldeia o índio Maricá. Foi ele quem nos indicou este lugar (Iacaré) para o nosso campo e posto. Andávamos, na ocasião, procurando um lugar, e por não ter encontrado coisa melhor estávamos tentando o Uaraim. Maricá tem uma história que nos foi por ele mesmo contada. Foi ele quem, auxiliado por Avaé, matou o jornalista Albert de Winton, que se aventurou na região à procura de Fawcett. Desceu o homem o rio Kurisevu até a aldeia nahukuá e de lá, seguindo o mesmo caminho do explorador inglês, foi ter na aldeia kalapalo. Amedrontados com o aparecimento desse civilizado barbudo, sozinho, os índios não vacilaram um só segundo em tentar eliminá-lo. Não quiseram, porém, usar de violência. Acharam melhor que ele fosse morrer longe.

De Winton facilitou a tarefa, aceitando e tomando a água adocicada e venenosa da mandioca-brava que eles ofereceram. Quando começaram a surgir os primeiros sintomas de envenenamento, os índios o colocaram em uma canoa e a rebocaram até sair das suas águas. Rolando ao sabor da corrente do Kuluene, de Winton, dono de boa saúde, resistiu aos efeitos do veneno e aos poucos foi se recuperando. Bem abaixo das águas dos kalapalo e da foz do afluente Kurisevu, próximo da grande praia do Morená, onde o Kuluene se junta com o Ronuro para formar o Xingu, o jornalista encontrou uma canoa kamaiurá tripulada por dois índios — Maricá e Avaé.

Certo de que estava salvo, de Winton, muito enfraquecido, magro, mal podendo falar, prometeu dar a carabina 44 que tinha consigo ao índio que o levasse a um porto civilizado. Isso só seria possível se o negociador o levasse de volta ao rio Kurisevu e tocasse rio acima. Depois de uns vinte a trinta dias de viagem chegariam a um porto civilizado. Outro caminho, muito mais longo e bem mais arriscado, seria descer o Xingu, passar despercebido nas águas suyá, idem nas águas vigiadas dos temíveis botocudos, e lá embaixo, antes dos seringais, vencer ainda uma corredeira contínua de dezenas de quilômetros.

Maricá escolheu este roteiro, mas quando o fez já tinha um plano esboçado. Navegaram algumas horas e bem abaixo do Uaraim pararam para um pouso. Ele e Avaé tiveram algum trabalho para tirar da canoinha o enfraquecido jornalista. Pouco depois, conta Maricá, estavam os três em torno de um jirau comendo peixe. Era este o momento esperado. Maricá, empunhando um tosco tacape, desfere um violento golpe na cabeça do jornalista. Morto de Winton, eles jogaram o corpo no rio, e, lembrava ainda ele, na barranca ficaram umas latas fechadas. Provavelmente anotações do infausto americano. Terminado tudo, ele e Avaé tocaram de volta levando a carabina. Mais tarde Maricá trocou com os waurá a arma por uma panela grande.

Hoje, dia do CAN, os cientistas amanheceram com roupa domingueira. É que vão "levantar ferro" com o Correio em retorno aos "pagos". Dos três pesquisadores visitantes, o que melhor impressionou os índios foi o dr. Altenfelder, pelo trato e paciência que sempre dispensou aos seus "interrogados".

Chegou mr. Wright com o CAN. Veio, como das outras vezes, com uma respeitável bagagem. Este cidadão é aquele que da primeira vez se apresentou como médico, jornalista, antropólogo, explorador, sertanista, mas que certa feita confundiu o esturro de uma onça com o mugido de uma vaca! O que é extraordinário no nosso visitante é a sua luzidia careca (os índios também o chamavam de Anhangá — diabo), os seus imensos óculos redondos, o seu macacão de mil bolsos, todos cheios, e sua bota com um solado enorme. Não sabemos, ainda, provavelmente ele também não, o que está estudando. Sua máquina de filmar é uma metralhadora, pelo ruído e pelo volume. Onde quer que esteja, lá está a sua figura enorme, suada, com o engenho (máquina) colado ao rosto.

ALUARI "FAZ" A FACÃO OS DEDOS DO FILHO

O menino trumai, agora bem melhor, hoje andou, mas, como temíamos, mancando. Dois dedos do pé direito ficaram colados. À tarde fomos alarmados por uma gritaria vinda do rancho dos trumai. Mulheres e crianças choravam e no meio da choradeira gritos lancinantes de criança. Corremos para lá. De início, certos de que Aluari, como prometera, estava sacrificando o filho por não poder andar normalmente em virtude dos dedos colados. Aluari, de facão em punho, todo respingado de sangue, olhava satisfeito o pé do filhinho todo tinto de vermelho. Carregamos o menino rápido para o ranchinho da enfermaria, lavamos o ferimento que sangrava abundantemente e constatamos que Aluari nada mais fizera do que separar a facão os dedos colados do menino. Estancamos a hemorragia, fizemos um curativo e fomos saber o que havia acontecido. Aluari explicou, contente, que o filho ia ficar mancando para o resto da vida, por isso ele amolou bem um facão e "fez os dedos". Não saiu melhor, conta ele, porque as mulheres começaram a gritar e nós o estorvamos tirando a criança antes que a operação estivesse terminada. Vai andar direito, afirmava ele. Vai ficar bom, dizia.

Qualquer defeito físico em recém-nascido, eles eliminam o portador. Se algum defeito surge depois de adulto ou crescido, eles toleram. Desde que tal coisa não impossibilite o portador de sobreviver por si. Não há lugar na comunidade a um total dependente.

Esse rigor vai além. Uma viúva ou uma moça solteira que venha a engravidar, na hora do parto abandona a maloca e, dela retirada uma centena de metros, arma sua rede, faz uma cova bem embaixo e, sem a menor assistência ou a presença de alguém, dá à luz sozinha. Nem os parentes mais próximos vão lá. Nascida a criança, ela a sacrifica e enterra. Só depois disso virá um parente trazendo-lhe alimento. Restabelecida, um pouco que seja, ela volta a sua casa. Nada diz e a ela nada perguntam. Justificam dizendo: "Se a criança não tem pai, quem é ela? Quem vai criá-la?". A comunidade, os parentes, a família, não criam uma criança sem pai. A mãe sabe disso. E ela não dirá nunca, se não for casada, quem é o pai. Se nascer uma criança cujo pai tenha falecido, então cabe aos parentes criá-la. Se a criança tiver tio paterno, a este cabe o encargo, pois ele é pai também. Numa comunidade indígena ninguém pode depender de ninguém. O velho, quando sente que suas forças estão acabando, prefere morrer a ser arrimado de quem quer que seja — filho, filha, genro etc. Por isso começa a procurar a morte. Certa feita presenciamos o velho Karatsipá aproveitar um verdadeiro temporal para ficar no meio da chuva dançando e cantando. Chamamos o filho e explicamos que com aquela idade, naquela chuva, ele poderia ficar doente e morrer. A resposta do filho foi taxativa: "Deixa assim mesmo, ele quer morrer".

A criança que nasce é o avô que está voltando. O nome do neto será o do avô. Um índio que seja um grande cacique pode passar ao filho a sua condição na aldeia. O filho, embora herdando a condição de chefe passada pelo pai, nunca será um grande cacique. Esta qualidade está reservada ao seu filho, que encarna o respeito, as deferências e as condições do avô.

A EXPEDIÇÃO PARTE

Estamos em 27 de agosto de 1948. Desde ontem vimos apressando os preparativos do embarque. Tínhamos à frente dois problemas. O primeiro, mais importante, o nosso substituto. Havia de ser uma pessoa de alta confiança, pois o êxito de uma expedição como a nossa se assenta na retaguarda mais próxima. Isso foi resolvido da melhor maneira possível com a decisão de Leonardo de ficar olhando o posto e a nossa retaguarda.

O segundo problema era que já estávamos preparando a partida mas não tínhamos ainda a aprovação do coronel Vanique para arrancar. É claro que ele não ignorava, tanto assim que havia mandado o mestre Antônio para uma última vistoria nos motores. A quantidade de gêneros que tínhamos estava bem aquém do previsto, mas havíamos resolvido sair assim mesmo. Batelões limpos e secos, motores abastecidos, lonas de cobertura da carga no jeito, enfim, tudo pronto, só faltando carregar. Iniciamos cedo o carregamento. No primeiro horário fizemos dois rádios ao coronel. No primeiro dávamos ciência de que os batelões estavam carregados e de que pretendíamos sair dentro de uma hora. No segundo, um rádio oficial dizendo:

Coronel Vanique PT
Partimos hoje Iacaré PT Procuramos dentro alguns dias preparar pista provisória pouco acima barra Maritsauá PT Dali faremos VG conforme combinado VG reconhecimento Alto Maritsauá para abertura campo e posto PT Leonardo VG conforme conversamos senhor VG permanecerá neste posto VG solucionando assim caso nossa substituição bem como conveniência saúde PT
Os Villas Bôas PT

Em resposta recebemos uma nota dizendo que esperássemos, pois aquela chefia ia solicitar à presidência (Rio) permissão para que iniciássemos viagem. Com a mudança na presidência da Fundação, nada mais natural que tal consulta. Pensávamos que isso já tinha sido feito, pois havíamos combinado com o coronel que partiríamos logo após o Correio. Pedimos ao coronel, logo após a sua nota, que solicitasse em horário extra o "concordo" da presidência. Para isso sugerimos um novo horário ao meio-dia. Foram excelentes as nossas medidas, tanto assim que ao meio-dia, no novo horário, veio uma nota do coronel dizendo que a presidência concordava com a partida e fazia votos de boa viagem. Estávamos "desgrudados". Carregamos o rádio e ao meio-dia e meia partimos.

Escalação e carregamento ficaram:

	Batelão nº 1	Batelão nº 2	Batelão nº 3
arroz (sacos)	4	3	3
feijão (sacos)	1	2	2
farinha (sacos)	2	2	2
açúcar (sacos)	2	2	1
sal (sacos)	1	1	—
café (sacos)	—	—	1
banha (latas)	2	2	2
rapadura (tijolos)	10	—	—
sabão (caixas)	—	1	—
gasolina (tambores)	1	1	1
querosene (latas)	1	1	—
óleo BB (latas)	1	1	—
munição (caixas)	—	—	1
cunhete (balas)	1	—	—
lonas	2 grandes	2 grandes	2 pequenas
pedra amolar	—	—	1
corda (rolos)	1	—	—
estopa (sacos)	—	$1/2$	—
farmácia (maletas)	—	—	1
rádio	—	estação	
ferramentas índios (caixas)	—	—	1
ferramentas serviços (caixas)	—	—	1
ferramentas encabadas	—	1	—
miudezas (caixas)	1	1	—
machados (caixas)	1	—	—
ferramentas carpintaria (caixas)	—	1	—
traçador (serra)	1	—	—
Carga (quilos)	1.049	1.070	1.025
Pilotos	José Matogrosso	Cláudio	Orlando
Homens	5	6	7
Cães	Juruna/ Bilingo	Roncador/ Bolão	Borduna

No batelãozinho, que seguiu rebocado pelo batelão nº 1 (Penta 12 hp), foi a tralha da cozinha, gêneros de consumo e dois homens: piloto e proeiro.

Relação dos homens: Cláudio Villas Bôas, Orlando Villas Bôas, Sebastião Garibaldi (radioperador), José Gonçalves (motorista), Tamacu (juruna-kamaiurá), Taconi (kamaiurá), Aribaum (waurá), Raimundo Anastácio Gomes, Alcides Pereira, Zacarias Pereira, Manoel Romualdo, Damásio Ramos, Salomão de Souza, Édson Pinheiro, José Luís Nogueira, José Reis, José Medrado, Antônio Pereira (cozinheiro), Eleutério Santos (auxiliar de cozinha) e Raimundo Alves.

No posto Iacaré ficaram: Leonardo Villas Bôas, um radiotelegrafista, um cozinheiro, um trabalhador e dois visitantes — dr. Manoel Rodrigues Ferreira e mr. Wright. Para a nossa garantia, foi muito bom Leonardo ter resolvido ficar. Os índios continuarão assistidos, e nós bem apoiados.

A VIAGEM

A partida da vanguarda, que deveria ter sido em maio, acabou sendo em fins de agosto. Teremos apenas um mês e pouco sem chuva. Planejamento não faltou de nossa parte. Faltou foi a talha para suspender a madeira; depois o Palmeira para ultimar os barcos; e depois ainda a carga, pessoal e motores. Daí surgiram as dúvidas nos rios e os voos de exploração. Aplainadas todas as arestas, renasceu o alento. Eis que mudou a direção da Fundação e, com isso, novo compasso de espera. "Nóis tem visgo" — falava o baiano Umbelino. A vinda do presidente da República cairia no esquecimento, mas não a do Parlamento.

Estamos viajando. A bruma espessa e baixa prejudica até a navegação no rio, o que não dirá no ar. Aqui não vemos bem as pedras no rio; lá do alto, nem o rio. A bruma esconde tudo.

Na corredeira do Morená tivemos o primeiro obstáculo. Não há um canal franco no meio do pedral. Os batelões, empurrados pelas pontas d'água, bateram nas pedras. Um quase que alagou. Tivemos de passá-los a pulso. Prevíamos uma chegada mais cedo ao Uaraim, nosso primeiro pernoite, mas acabamos chegando tarde por culpa do travessão. O Penta 4$^{1/2}$ engripou, mas foi coisa sem importância. Na praia do Morená, a montante das corredeiras, pegamos quase quinhentos ovos de tracajá. A animação é geral. Todos se mexem sem que se mande. E isso é muito bom. Não há um só elemento que destoe.

O pernoite no Uaraim foi excelente. Há peixe com fartura. Tucunaré briga por espaço com matrinxã. As praias nesta época são extensas, e a areia branca e solta embeleza o rio. No Uaraim o Xingu tem de novecentos a mil metros de largura. Para não perder tempo, já saímos com o almoço pronto. Assim é que às onze, quase meio-dia, paramos numa curva do rio e, enquanto o cozinheiro aquecia um pouco a boia, o pessoal todo caiu n'água.

Próximo daqui encontramos vestígios de uma aldeia. Os índios nos informaram que Avitsá é o nome do lugar e que a aldeia antiga era dos suyá. A navegação tem sido boa e quase sem interrupções. Os baixios, quando não contornáveis, são vencidos a pulso. Os homens, animados, dão graças quando essas paradas acontecem. É a oportunidade para um mergulho e uma fuga do sol terrível que vem nos torrando. Em duas paradas rápidas colhemos mais de oitocentos ovos de tracajá. São tantos que os inimigos naturais não vencem. E nesta altura do rio as praias não são frequentadas pelos índios. A mata vem acompanhando o rio. Não vimos aqui as barreiras descampadas do Kuluene. Tudo é mata. Já estávamos no lusco-fusco do dia quando passamos pela foz de um rio de mais ou menos duzentos metros de largura. Já o conhecíamos de exploração aérea. Sem dúvida sabíamos tratar-se do Suyá-Missu. Sabíamos, também, que pouco abaixo, à margem direita, havia uma barranca que oferecia um ótimo pernoite. Fomos até lá.

DIAUARUM — A EXPEDIÇÃO VON DEN STEINEN

Diauarum havia sido no passado uma grande aldeia suyá. Os kamaiurá já tinham nos informado isso. Alguns desses índios haviam no passado lutado por ali com os seus figadais inimigos suyá. Quando da nossa exploração até aqui, ano passado, fomos até bem mais rio abaixo, e deixamos num mastro uma bandeira. Os índios que por aqui andaram derrubaram o mastro e levaram a bandeira. Que índios seriam? Juruna? Suyá? Txucarramãe? Não sabemos. Seja qual for, temos certeza de que é arredio. São diversos os sinais que encontramos: desenhos em árvores, jiraus de assar peixe etc.

Pernoitamos no Diauarum bem na beirinha d'água. Excelente pouso. Belíssimo lugar. O rio seguramente com mil metros de largura e um lindo estirão de quilômetros rio acima. Diauarum é um lugar histórico. Foi aqui que em 1884 uma expedição chefiada pelo capitão Castro, da Polícia cuiabana, contando com vinte soldados, e doze índios bacaeri, conduzindo o etnógrafo alemão Karl von den Steinen, encontrou os índios suyá. Embora tratando-se de uma expedição com bom número de integrantes, o comando, impressionado com a quantidade de índios e seu comportamento, achou mais prudente não pernoitarem ali e, sim, continuar rio abaixo. Foi, portanto, com grande satisfação que armamos ali as nossas redes. Ao grande patrício cuiabano rendemos em pensamento nossa homenagem pelo êxito da expedição que comandou com firmeza e abnegação de experiente sertanista.

A distância que temos a vencer daqui à foz do Maritsauá-Missu é curta. Por isso não vamos apressar a saída. O rio aqui é muito empedrado e cheio de baixios. Enquanto o motorista José Matogrosso engraxa os motores e dá neles uma vistoria geral e o nosso cozinheiro prepara o almoço (maria-isabel), saímos para uma visita até a parte mais alta do Diauarum, onde ficavam as malocas suyá.

TAMACU CONTA A HISTÓRIA SUYÁ

Tamacu — nosso acompanhante juruna, raptado da sua gente pelos suyá e posteriormente deles pelos trumai e destes, ainda, pelos kamaiurá — vai nos contando a história dessa aldeia que ele conheceu menino.

— Ali — começa o índio — era a casa do Takará, mais adiante a do velho Kakaró. Piá, Uetac e Tiamiti moravam aqui onde estão estas macaúbas. O mangabal é longe. Os pequis lá estão. Os suyá eram muitos, seus inimigos iarumá e miarrão já tinham sido aniquilados por eles. Restavam os maritsauá, com quem às vezes lutavam. Certo dia surgem da mata outros índios. Cercam a aldeia, sobem nas árvores e começam a gritar chamando os suyá. Diante da surpresa choram as mulheres e crianças. Os homens, percebendo a superioridade dos atacantes, se recolhem às casas. Só um índio permanece fora, no meio do pátio da aldeia, batendo os pés e cantando — é o velho Kakaró. Os outros, de dentro das malocas, gritam: "Anorê quê Kakaró, saquerê coman txucarramãe". [Venha, Kakaró, txucarramãe são bravos.] Pouco depois — continua Tamacu — os atacantes se aproximam de Kakaró. Este, com a ponta da flecha, sangra a si mesmo, colhe com a mão o sangue que espirra e passa-o no rosto. Um atacante se aproxima e estende um machado de pedra, como se fosse presenteá-lo. Kakaró se aproxima. O atacante levanta o machado e desfere um golpe na cabeça do ancião. É o sinal de ataque. Os inimigos avançam e envolvem a aldeia. A luta acontece. Os suyá sentem a superioridade inimiga. Uma boa parte suyá alcança as canoas e atravessa o rio. Da margem oposta assiste a noite toda à dança macabra dos inimigos em torno dos seus irmãos trucidados. Daí em diante Diauarum foi abandonado. Os suyá subiram o rio Suyá-Missu e bem longe da barra ergueram nova aldeia.

A PARTIDA DO DIAUARUM

O sol já estava alto quando deixamos o agradável Diauarum. O rio largo possibilita que se distingam além das curvas longos estirões. As ilhas são frequentes. Em longos trechos as matas marginais são alagadiças. As praias enormes, com areia muito branca, acompanham os estirões. Nas barrancas, capivaras se aquentam ao sol. Não fogem do motor, apenas levantam a cabeça. Nas pontas da praia, jacarés sonolentos não se apressam em fugir, deslizam vagarosamente para dentro d'água, sem mesmo virar a cabeça.

Pouco antes da foz do Maritsauá o rio se estreita e desanda a correr. Para quem desce é uma boa ajuda, mas para quem sobe, se não houver motor, o trecho consome um dia. Numa barranca alta aberta ao sol, uma enorme onça-pintada, deitada com a cabeça entre as patas dianteiras, cochilava ou esperava uma presa fácil. Despertada com o barulho do motor, deu um salto e, pondo-se de pé, nos fitou um instante e sem pressa embrenhou-se nos seus domínios. E que belos domínios. Escapando às copas mais altas das árvores, víamos, balançando ao vento, as folhas espalmadas dos inajás. Aqui e acolá distinguíamos capões da palmeira bacaba. Os frutos dessa palmeira dão em cachos grandes e fornecem, quando maduros, uma saborosa bebida, muito apreciada pelo sertanejo, uma espécie de refrigerante que chama de sambereba, ou tiquara.

O ENCONTRO COM OS JURUNA

Depois de três horas de viagem, chegamos à barra do Maritsauá-Missu. Tal como na viagem do ano passado, avistamos dali as silhuetas distantes das palhoças numa ilha de areia. Encostamos as embarcações na bonita e grande praia da foz do rio, descarregamos o batelão pequeno que vinha a reboque e, acompanhados por um trabalhador e os três índios, descemos a remo na direção do aldeamento avistado.

Mesmo a distância começamos a ver inúmeras canoas tripuladas que desciam o rio. Quando pensávamos que não íamos ter a oportunidade de um contato, avistamos numa barranca alta, da margem direita, um grupo de índios. Entre eles havia um com a cabeça coroada por um enfeite de penas. Aportamos o batelão num baixio. Saltamos na água e caminhamos em direção da barranca. Mandamos que Tamacu os chamasse em juruna. Houve, então, um momento de confusão — eles respondiam e Tamacu não os entendia. Já aí estávamos perto da barranca, sempre dentro da água, e podíamos observar as feições dos índios. Tamacu continuava chamando, mas ouvíamos em resposta gritos como que avisando que não nos aproximássemos mais. Como insistíamos, eles recuaram e lançaram algumas flechas que vieram cair nas nossas proximidades, sendo que uma passou a alguns palmos da nossa cabeça. Os surpreendidos desta vez fomos nós, pela rapidez com que executaram a ameaça. Nesse momento, Tamacu recuou rápido e gritou:

— Anité iuruna. Txucarramãe. [Não é juruna, é txucarramãe.]

Embora já tivéssemos sentido hostilidade, não recuamos, continuamos insistindo. Animamos Tamacu para continuar chamando com insistência. Houve um momento de compreensão. Tamacu, satisfeito, dá uns passos apressados na direção da barranca. Os índios recuam e entesam os arcos em nossa direção. Eram oito índios. Tamacu, novamente confuso, grita:

— Tsiuyá, tsiuyá. [Suyá, suyá.]

Estávamos ansiosos para terminar com o encontro, pois sentíamos arrepios de frio, dado o longo tempo com água pela cintura, às vezes pelo peito. Tamacu toma fôlego e começa agora a chamá-los na língua suyá:

— Takará, tahahá caraí, ni nariá. Anorê quê tsiuyá. Caraí itahahá. [Takará — cacique suyá. Branco bom. Não tem trumai inimigo. Venha cá, suyá.]

Os suyá chamam os trumai — seus inimigos — de nariá. Os índios se aproximaram mais da barranca e um deles, aquele de enfeite na cabeça, gesticulando muito, apontava uma direção e gritava:

— Tsiuyá.

Ao mesmo tempo que batendo no peito exclamava:

— Iuruna, iuruna. [Juruna, juruna.]

Estávamos nesse momento bem próximos. Eles na barranca e nós alguns metros abaixo, numa praia submersa, agora com água pela cintura. Houve, então, uma conversa mais calma entre Tamacu e o juruna de enfeite na cabeça. Com muita cautela fomos chegando. O da barranca, ainda desconfiado, com a mão direita empunhando um molho de flechas, sinalizava para que não avançássemos mais nem um passo. Nisso dá um estalo na cabeça de Tamacu: ele lembra seu nome de menino na aldeia juruna e diz alto, batendo no peito:

— Xatuná! Xatuná!

Foi água na fervura. O juruna recolheu o braço e ficou olhando. Todos os outros haviam corrido para a mata. Só o "coroado" ali permanecia. Aproveitando o seu momento de estupefação, subimos a barranca e ficamos a três metros daquela estupenda figura juruna. Espadaúdo, forte, uma cabeleira ondulada que descia ao meio das costas, rijo como uma estátua, sobraçando um enorme molho de flechas e um arco curto de madeira escura, o índio nos olhava duro. Nós, arrepiados de frio, com dois facões cada um, paramos um minuto em silêncio diante daquele tipo extraordinário que há três horas vinha nos mantendo a distância com o seu arco. A barranca onde estávamos era uma barreirinha pelada, de algumas dezenas de metros. Na orla da mata, ali bem perto, quatro índios nos vigiavam. Tamacu rompe o silêncio repetindo:

— Xatuná! Xatuná! — batendo no peito ao mesmo tempo que esticava um facão ao juruna.

Caminhamos para o índio e demos um colar que levávamos. Ele retribuiu tirando o enfeite da cabeça e nos entregando. Nesse momento um índio idoso caminhava firme em nossa direção. Íamos saber depois, era Jubé, pai de Pauaidê, o índio do cocar. Jubé lembrava-se de Xatuná. Modificou-se, assim, completamente o quadro. Tínhamos, agora, um índio idoso, de olhos vermelhos, soluçando baixinho com a cabeça pendida. Não era mais Tamacu que ali estava, era Xatuná. Xatuná chorava em silêncio, enquanto o velho falava alguma coisa. Ficamos sabendo, então, que acabávamos de ter contato com um grupo hostil de juruna, pela primeira vez. Só os velhos conheciam civilizados e deles eram seus inimigos. Os moços, da idade do "coroado", nunca tinham visto um civilizado. Fizemos sinais para os que estavam, ou melhor, tinham ficado na praia: o cozinheiro (um preto de um metro e noventa de altura), e os índios Taconi e Aribaum. Já aí havia ao nosso lado uns cinco juruna. Quando chegou o cozinheiro com a sua cor e sua altura, os índios estranharam e pediram que se afastasse. Um deles deu a entender que se lavássemos o preto com areia ele voltaria ao "normal". O número de índios aumentou para oito. Mibina, o mais velho, terrivelmente mal-encarado durante todo o tempo que estivemos com eles, não disse uma só palavra, e não fez um só gesto. Dono de uma cabeleira já meio grisalha que avança costas abaixo, e de uma barbicha chinesa, não infundia a menor confiança. Os juruna são muito fortes, baixos, troncudos, têm cabelos longos partidos ao meio, barba rala, não se depilam e usam um estojo peniano.

Achamos conveniente não alongar muito esse primeiro contato. Tamacu estava encontrando muita dificuldade para manejar a língua materna. É claro que em breve estará desembaraçado. Em verdade não cabe em si de contente. Ele nunca poderia supor que isso um dia viesse a acontecer.

Explicamos aos juruna, da melhor maneira possível, que íamos subir o Maritsauá, mas que antes disso voltaríamos amanhã para conhecer mais gente da tribo. Deixamos os índios nos arranchamentos da praia e tocamos para nos reunir com o pessoal na foz do Maritsauá, onde iremos pernoitar.

VANIQUE SUSPENDE AS MENSAGENS PARA O *ESSO*

Sebastião instalou a estação de rádio e ligou com Xavantina. Conforme instruções anteriores, vínhamos mantendo contato com o *Repórter Esso* sobre a marcha da Expedição. Tudo o que fosse de interesse, ou de pitoresco, devia ser transmitido para divulgação. O contato com os juruna nos pareceu relevante, por tudo aquilo que presenciamos. Por isso tentamos, via nossas estações, transmitir o episódio. Ficamos surpresos em saber que tais comunicações haviam sido suspensas pela presidência, atendendo pedido do coronel Vanique. Estamos bem lembrados das recomendações do coronel quando da sua última estada no Xingu antes da nossa partida, falando da importância dos contatos da Expedição com o *Repórter Esso*. Recomendação confirmada pelo senhor Peribanez, secretário da United Press, em rádio que dizia:

Villas Bôas PT
Em virtude entendimentos havidos com o coronel Vanique VG solicitamos fineza continuar com os despachos destinados ao Esso PT
Peribanez PT

Há mais de um ano vimos passando essas mensagens. Todas as vezes, claro, em que aconteceram coisas que achamos valer destaque na caminhada da Expedição. Foi assim com o grande eclipse de 1947, como foi agora o encontro com uma geração juruna que nunca tivera contato com civilizado, branco ou preto. Não se fala mais no assunto. Doravante, as ondas ficarão aliviadas desse peso.

As muriçocas são as donas desta ilhota. Não sabemos se atacam violentamente os intrusos por ciúme da propriedade ou por estarem sedentas de "sangue novo". Seja lá por que for, é um cartão de visitas péssimo do Maritsauá.

Se formos bem na navegação é capaz que amanhã possamos chegar à várzea que avistamos na exploração aérea, bem na foz de um afluente da direita do Maritsauá. Nesse lugar é nossa intenção abrir uma pista provisória para o teco-teco. O solo seco da várzea vai nos ajudar. Dali não só podemos confirmar alguns dados da exploração como também repor a gasolina e os gêneros consumidos.

Como havíamos prometido aos juruna, antes da subida pelo Maritsauá descemos com o batelão pequeno até a aldeia da praia. Esperávamos encontrar pelo menos parte da tribo. Isso não aconteceu. Os que estavam nos aguardando, os mesmos de ontem, informaram que os fugitivos haviam ido para longe. Talvez até as cachoeiras lá embaixo. Sabedores de que iríamos subir o Maritsauá, os juruna nos falaram da existência dos txucarramãe.

Não encontramos um só juruna que não tivesse o corpo marcado com cicatrizes das flechas txucarramãe. Presumimos que esses índios sejam os temíveis kayapó do Médio e Baixo Xingu. Os mesmos que Von den Steinen registrou no seu diário: "Esta região é dominada por hordas de índios inferiores".

Os trabalhadores da mata — castanheiros e seringueiros — também os temem.

Cada vez que falávamos no Maritsauá, os juruna estendiam o braço e apontavam o curso do rio. Tamacu, o juruna nosso acompanhante, melhorou o seu vocabulário e compreendeu o que os juruna nos diziam: que lá no alto íamos encontrar muita arara-vermelha e castanha.

SUBINDO O MARITSAUÁ

Deixamos os juruna e regressamos ao acampamento na barra do Maritsauá. Os barcos já estavam carregados, e o pessoal todo pronto para iniciar a subida do rio. Partimos frustrados por não ter visto uma só mulher ou criança juruna. A fuga foi quase geral.

Às onze horas fizemos uma parada a fim de cumprir um combinado horário-rádio. Nessa comunicação despachamos uma mensagem ao coronel Vanique informando a nossa chegada ao Maritsauá e o início da navegação rio acima. O Maritsauá, pela sua estreiteza, 150 metros em média, não possui praias. Embora profundo e com constantes estirões, não deixa de ter curvas fortes. A mata ribeirinha se diferencia daquela que acompanha o largo curso do Xingu. Aqui a mata é limpa por baixo e dominada por árvores altas de troncos retilíneos. As palmeiras, principalmente inajás e bacabas, são encontradiças e embelezam as margens do rio. À tardinha, aproveitamos uma barranca alta, limpa e de bom acesso para o pernoite. Não fossem as muriçocas, que também escolheram o lugar, teríamos um pernoite excelente. Sebastião, o radioperador, instalou a estação de rádio nos batelões. Nenhuma novidade nem de lá nem de cá. O primeiro dia de navegação não rendeu quase nada. Primeiro porque saímos tarde e, segundo, o motor Arquimedes do batelão nº 3 encrencou quase duas horas. Fora esse contratempo a navegação vem sendo boa. Esperamos chegar amanhã ao afluente que avistamos na exploração aérea.

31 de agosto de 1948. O Maritsauá neste segundo dia de navegação está surpreendendo-nos com a sua largura irregular; ora estreita, ora larga. E com isto têm surgido algumas corredeiras que até agora, felizmente, estamos vencendo com pouco trabalho.

VESTÍGIOS DE ÍNDIOS ESTRANHOS

A primeira etapa a vencer neste rio será na barra do seu primeiro afluente da direita, onde verificamos, na exploração aérea, ser possível a abertura de um campo provisório para o teco-teco. Hoje conseguimos derrubar dois patos e abater um mutum-de-castanha que desfilava imponente na barranca. Isto significa um variado almoço e jantar. Ao meio-dia avistamos a foz do afluente e encostamos. Fizemos ali, numa ponta alta do terreno, bem no pontal do encontro, o nosso acampamento. Não houve descanso depois do almoço. A última garfada já foi caminhando no rumo do descampado. Dividimos o pessoal em três turmas e saímos para uma exploração em profundidade do terreno. Todos saíram recomendados de que, percebido qualquer movimento estranho, o regresso devia ser imediato. Isto porque no acampamento na boca do afluente havíamos constatado sinais antigos e recentes de índios estranhos. Estávamos concretizando as previsões juruna. Encontramos até cápsulas de bala 44. Sabíamos que os txucarramãe possuíam algumas dessas armas, tiradas de seringueiros com quem constantemente porfiavam.

Felizmente nada surgiu de novidade. Às cinco horas nos reunimos de volta. Muita coisa foi vista. Uns encontraram uma lagoa de bom tamanho junto a um cerrado denso. Outros deram com um descampado alagadiço. A terceira turma, finalmente, saiu numa área mais ou menos descoberta, favorável à abertura de uma pista provisória. Tamacu e Taconi, que faziam parte desta turma, não perderam tempo: flecharam e trouxeram alguns tucunarés. No pontal ficamos uma só noite. No dia seguinte, com todos os batelões, subimos o afluente até a altura que nos pareceu mais próxima do lugar escolhido e ali instalamos o acampamento. O resto do dia foi de descanso. A caminhada do dia anterior fora exaustiva.

1º de setembro de 1948. Concluímos a instalação do acampamento, descarregamos os batelões e acomodamos a carga em estivas. Não nos preocupamos em fazer coberturas. O tempo está firme e a estação não é de chuva. A nossa previsão é permanecer por aqui uns dez dias no máximo, o tempo suficiente para abrir o campo, receber os teco-tecos, fazer o voo de exploração e repor a carga consumida.

O sereno pesado nos obrigou a pôr uma lona sobre a carga. O acampamento ficou agradável. Rio estreito, água limpa, banho bom e muito peixe. O que não podíamos era perder tempo. No mesmo dia demarcamos o campo e iniciamos a remoção dos murundus. Não teríamos de carpir o terreno, apenas aplainá-lo. A vegetação rasteira facilitava o serviço. Em menos de uma semana teríamos o campo praticável. Uma única coisa deixava-nos vigilantes: os vestígios de índios — amarrados de cipó, pedras de quebrar coco, sinais de fogo antigo e alguns mais recentes. O fogo que pusemos na macega, a fumaça e a bruma seca têm sido os nossos maiores contratempos. A bruma este ano está abusando. O rádio tem informado que os aviões estão retidos na base do Mortes por causa dela.

VISITAS: UMA ONÇA E UMA ANTA-SAPATEIRA

A área onde estamos abrindo a pista é singular. No tempo das águas ela fica alagada, mas na seca mostra uma camada compacta de areia com uns quarenta centímetros de espessura, sobre outra camada de cascalho. Isto numa extensão de mais de um quilômetro. A superfície é plana e toda coberta de uma vegetação mirrada, própria de terreno alagadiço. O fogo que pusemos no capim seco no dia da chegada para descobrir o terreno está se alastrando terrivelmente pelo cerrado. Tivemos de fazer às pressas um aceiro e pôr fogo de encontro para evitar que atingisse o próprio acampamento. Outro contratempo pode surgir, e isto nos preocupa: a fumaça pode alertar o índio distante de que há intrusos nos seus domínios. À noite a fumaça nos obrigou a abandonar as redes. Na noite anterior não foi a fumaça, foi uma onça, que resolveu nos visitar. O barulho do fogo e a fumaça impediram os cachorros de pressenti-la. O seu rasto, contudo, lá estava quase entre as redes.

O dia hoje logo cedo — 3 de setembro — nos premiou com uma enorme anta-sapateira, que, caminhando distraída, enveredou pelo acampamento. Surpreendida, quis retroceder, mas foi abatida por um tiro certeiro. Bom reforço para variar o cardápio, que vinha sendo só de peixe.

O fogo continua violento. Já saltou o rio em diversos pontos. O capim seco é um chamariz e o vento, um veículo certo.

O rádio vem informando que a bruma seca insiste em cortar a ligação aérea Mortes-Xingu. Um dos trabalhadores informou hoje pela manhã que, bem cedo, ouvira repetidos gritos vindos do outro lado do rio. Os cachorros, por seu lado, fizeram esta noite um grande alarido, mas é bem possível que tenha sido uma anta ou uma onça atrevida. Dois patos abatidos aqui perto reforçaram o almoço. Peixe é reforço de todos os dias, garantido por Tamacu e Taconi. A variedade é enorme: tucunaré, bicuda, matrinxã, curimatá e outros.

Sábado, 4 de setembro. A bruma continua, os trabalhos do campo também. Folga só aos domingos. Quatrocentos metros de pista já estão prontos.

O sol, impotente para furar a bruma, contenta-se em ficar lá no alto como uma desenxavida bola amarela.

As muriçocas nos descobriram. Até ontem nada vínhamos sentindo. Esta noite, como se estivessem em festa, não deixaram ninguém dormir. Logo cedo uma onça esturrou tão perto que os cachorros levaram um susto. Despertados, acuaram-na a menos de cinquenta metros. Aflita, ela não teve outra saída senão subir numa árvore inclinada. A acuação renhida dos cachorros a impacientava, e ela fuzilava com os olhos os importunos perseguidores. Quando chegamos, pudemos ainda vê-la arriada nas patas dianteiras, pronta, mas sem coragem para o salto que ameaçava. Era uma belíssima canguçu. Quando nos viu, tirou os olhos dos cachorros e passou a vigiar nossos movimentos. O quadro era estupendo, e por um instante tivemos pena de tirar a vida de tão belo animal. Até ali vinha vivendo feliz e livre como rei invencível das matas. Agora tinha apontado contra si o cano ameaçador de uma carabina 44. Mesmo sentindo-se observada, ela não fez um só gesto brusco nem perdeu a aparente tranquilidade. Seus movimentos continuavam seguros e calmos. Com a nossa presença os cães se calaram, e ela, com os olhos miúdos, vivos, continuava nos fuzilando enquanto com uma das patas limpava vagarosamente a baba que caía da boca. Com o primeiro tiro a onça vacilou, os cachorros latiram, ela se firmou novamente no tronco onde estava. O tiro, porém, fora mortal. Novamente vacilando, ela deslizou pelo tronco até que, perdendo completamente o equilíbrio, caiu pesadamente ao solo. A manhã tinha sido movimentada, mas o campo reclamava os homens. Deixamos um deles tirando o couro da onça e tocamos para lá.

O PRIMEIRO CAMPO DE POUSO NO ARRAIAS

O campo ficou pronto e seguro. No horário da tarde demos ciência ao coronel Vanique.

Embora domingo, em horário extra, fizemos a seguinte nota:

Coronel Vanique PT
Terminamos pista emergência foz afluente Maritsauá PT
Aqui sem novidades PT
Os Villas Bôas PT

Orlando, Leonardo e Cláudio.

Um dos barcos da Expedição.

Cláudio com índios kayabi, suyá e juruna na abertura do campo de Diauarum. Final da década de 1950.

Chegada do presidente Jânio Quadros ao Posto Leonardo Villas Bôas. 1961.

O presidente Jânio
Quadros entre Leonardo
e Orlando Villas Bôas. 1961.

Orlando e Cláudio.

Cláudio jogando xadrez com o rei Leopoldo III da Bélgica. Diauarum, Baixo Xingu, 1964.

Foto aérea de uma aldeia txicão (ikpeng), antes do contato. 1964.

Orlando com índios txicão (ikpeng) no contato de 1964. Foto do Rei Leopoldo III da Bélgica.

Orlando aplica vacina no índio Mengrire, um krenakore (panará) criado desde criança pelos txucarramãe (kayapó).

Cláudio com os índios suyá fazendo anotações. Década de 1960.

O rei Leopoldo III da Bélgica, limpando clareira para decolagem de um avião. 1964.

Marina Villas Bôas com um índio txicão (ikpeng). 1964.

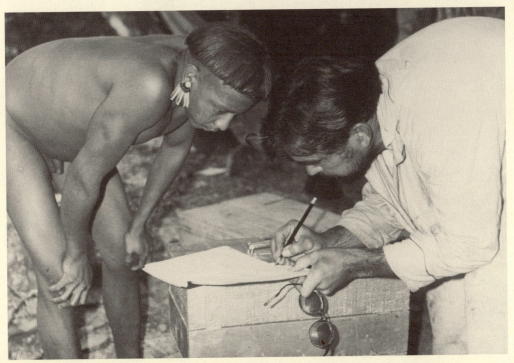

Cláudio fazia anotações dos encontros e procurava sempre compor um glossário básico para comunicação. Aqui, na expedição de contato com os índios txicão (ikpeng). 1967.

Orlando na segunda expedição de contato com os txicão (ikpeng). Somente na terceira os índios foram levados para dentro do Parque Indígena do Xingu. Foto do rei Leopoldo III da Bélgica. 1967.

Marina e Orlando Villas Bôas, recém-casados. Posto Leonardo Villas Bôas, 1969.

Cláudio na primeira expedição de contato com os krenakore (panará). As panelas e outros objetos são presentes para os índios no processo de aproximação. 1969.

Saída de barcos para expedição de contato com os índios txicão (ikpeng). Na água, Orlando. 1964.

Acampamento do rio Peixoto de Azevedo para a expedição de contato com os krenakore (panará). 1972.

Chegada de avião trazendo Orlando para a etapa final da expedição de contato com os índios krenakore (panará). Campo de apoio do rio Peixoto de Azevedo, 1969.

Cláudio no acampamento da expedição de contato com os krenakore (panará). Foi nesta expedição, de 1972, que ele conseguiu fazer contato definitivo.

Aldeia krenakore (panará) antes da tentativa de contato por terra. 1969.

Aldeia krenakore (panará) abandonada. 1969. Quando a expedição chegou, os índios tinham acabado de abandonar a aldeia, deixando pertences e presentes recolhidos em outra tentativa de contato.

Cerimonial do Javari, comum a todos os índios do Alto Xingu.

Orlando Villas Bôas recebe cumprimentos do primeiro-ministro da Alemanha, Willy Brandt, prêmio Nobel da Paz de 1971, do presidente alemão Richard von Weizsäcker e do redator da revista *Geo*. 1984.

Índio pintando o tronco do Kuarup, cerimonial religioso mais importante para os povos do Alto Xingu.

Orlando com os filhos
Noel (no colo) e Orlando
Filho. Aldeia yawalapiti,
Alto Xingu, 1981.

Kuarup de Cláudio Villas Bôas sendo pintado no pátio da aldeia kamaiurá. 1998.

Kuarup do índio Marica Kamaiurá e de Cláudio e Álvaro Villas Bôas. Aldeia kamaiurá, 1998.

Com tudo pronto, passamos a aguardar o avião. Hoje completa uma semana da nossa saída do Xingu. De segunda a domingo subimos o rio, acampamos no pontal da barra do afluente, fizemos a exploração do terreno, mudamos o acampamento e iniciamos e concluímos o campo. Tudo em sete dias. Nem por isso a bruma nos abandonou, nem as muriçocas tampouco o fogo e a fumaça. Agora mais calmos, podemos prestar melhor atenção às coisas que nos rodeiam. Assim é que ouvimos, vinda do interior da mata, a voz surda do anambé, que mais parece o berrante do vaqueiro reunindo o gado. Ao escurecer, o grito da mãe-da-lua e o chamamento monótono do urutau quebram o silêncio da mata e se perdem ao longe.

O lugar para a caça e pesca é excepcional. Dois homens que saíram para os lados do campo até a orla da mata trouxeram dois mutuns e dois patos.

O campo está excelente. O piso dá até para avião de porte. A extensão chegou aos oitocentos metros e a largura a trinta.

Todas as tardes, bandos de araras-vermelhas cruzam por sobre nossa cabeça numa algazarra infernal. A arara-vermelha, sem dúvida, é uma das mais belas aves que se podem encontrar no sertão. As penas da cauda chegam a atingir sessenta centímetros de comprimento e têm o vermelho carregado do urucum. Para o índio é inestimável o valor dessas penas. Com elas fazem os mais belos cocares.

Nos contatos-rádio com o Mortes, pedimos que mandassem um tambor de gasolina. Esse transporte não é fácil, pois tem de ser feito em camburões de vinte litros. O teco-teco não pega mais que cinco camburões desses de cada vez.

Hoje o dia foi calmo, sem serviço, sem anta e sem onça.

7 de setembro de 1948. Hasteamos a bandeira com a presença de todo o pessoal. Logo depois fizemos partir duas turmas para caçar. Uma seguiu pelo rio e a outra foi para a mata levando os cachorros. Nossa esperança era de que esta segunda desse com uma vara de porcos.

Pelo horário da manhã o rádio nos informou que Olavo fez uma tentativa de vir até aqui, mas a bruma não permitiu. Fará outra amanhã. Voltaram à tarde as turmas da caça, trazendo: mutum-de-castanha, patos, um veado-mateiro e um jabuti. Encerramos o dia arriando a bandeira com a presença de todos.

A BRUMA SE FOI, OS AVIÕES CHEGARAM

Graças ao vento que começou a soprar de madrugada, a bruma da manhã estava mais alta. O rádio nos deu notícia de que o CAN viria ao Xingu e que Olavo com o Piper também. De lá, Olavo, numa nova tentativa, pretendia vir até o nosso campo. Fomos ainda informados de que o dr. Noel e o dr. Acary viriam com o Correio até aquele posto, e que o dr. Acary possivelmente viria até aqui com missão especial do coronel Vanique. Missão especial? Que diabo de missão é essa? O plano por nós estabelecido de avançamento e por ele aprovado vem sendo religiosamente cumprido. Ficamos e estamos curiosos aguardando o homem da missão.

Pelos horários-rádio fomos acompanhando os movimentos da retaguarda. As duas aeronaves chegaram bem no Xingu. A bruma está permitindo. O médico e a "missão" lá estão. Ambos virão até aqui, cada qual num voo, já que o teco-teco não carrega mais de um. Em homenagem ao nosso campo a bruma desandou a levantar. Hoje já se distinguia uma criatura a cem metros. A cada dia a bruma melhora.

Olavo aproveitou a boa feição do tempo e aqui chegou ao meio-dia. Com ele veio Leonardo. Depois de almoçar conosco, os dois regressaram ao posto. De tal sorte a bruma vem melhorando que Olavo programou viagens até aqui partindo do Xingu. A intenção é repor tudo aquilo que foi gasto nesta etapa, principalmente boia e combustível. Começa assim uma nova fase dos trabalhos, que Deus haja, não caia na rotina da espera. Em verdade a nossa estada por aqui não vai depender apenas do reabastecimento, mas também do voo de exploração, uma das razões da nossa parada e abertura do campo.

Olavo, no primeiro voo da série programada, trouxe o dr. Noel. No voo seguinte veio o portador da missão especial, talvez secreta, pois só ele sabe do que se trata. Ou não sabe? O dr. Acary, o portador da missão, nada disse. Teria esquecido? Teria sido um ardil para vir passear até aqui? O dr. Noel, para nós, foi um prêmio. Veio designado pela presidência para acompanhar a vanguarda. Quase não acreditamos. Era a primeira vez que isso acontecia na vida da Expedição. Vamos tê-lo, portanto, por bom tempo. A presença de um médico é um conforto. E no caso, tratando-se do dr. Noel, é mais do que conforto. Todos o estimam. Vai ser um excelente companheiro de viagem. Ocupará um lugar no batelão nº 3.

Olavo, toda vez que pode, pernoita nas frentes atingidas pelo avião. Assim é que pernoitou hoje aqui. É sua intenção começar a transportar a carga que houver para cá, principalmente gasolina. Às dez horas chegou na primeira viagem com gasolina e banha. Antes mesmo de esfriar o motor, saiu para uma segunda carga. No meio da tarde chegou com mais combustível, desta feita para o próprio avião e nosso barco. Novamente não esquentou lugar, voltou para o posto Iacaré para pernoitar e poder sair amanhã bem cedo para cá. Nessa viagem levou de volta o índio Tamacu. Enviamos ao Leonardo dois mutuns e alguns tucunarés.

Duas turmas que mandamos à caça voltaram bem tarde. A causa foi a perdida de um deles, que só foi encontrado depois de muita procura e insistentes chamados a tiro. Contudo, o resultado das caçadas foi ótimo: mutuns, jacubins, patos, marrecos, que vieram engrossar a "colheita" com uma anta. Enquanto tudo isso acontecia, Olavo e Cláudio sobrevoavam o Maritsauá. Foram além da bifurcação. Tudo mata, informaram, nem um palmo de descampado. As pequenas clareiras avistadas pareciam empedradas, e lá para o interior da margem esquerda do rio havia uma sequência de morrotes pelados. No alto curso do Maritsauá distinguiram, numa curva do rio, um pedral cortando a correnteza.

Estamos em 12 de setembro de 1948. Olavo, que fora pernoitar no posto Iacaré, chegou cedo com o seu possante "gafanhoto". Trouxe boa carga e como estava bem abastecido empreendeu um segundo voo de exploração. Nada se acrescentou, com este novo reconhecimento, aos dados colhidos no primeiro voo.

DR. ACARY ESQUECEU A MISSÃO ESPECIAL

Com a reposição da carga e os voos realizados, ficaram satisfeitos os nossos objetivos. A nossa parada neste ponto foi de catorze dias. Foi útil em todos os sentidos. Marcamos o prosseguimento da viagem para amanhã, 13 de setembro. Olavo resolveu ficar para partir amanhã pouco antes da nossa saída, levando de volta o dr. Acary — o homem da missão especial que dela se esqueceu... e nós também.

A prosa nesta última noite no acampamento do afluente foi até tarde.

Num canto, à luz de uma lamparina, quatro homens jogam truco com um baralho faltando cinco cartas! Fogos pequenos, aqui e acolá, clareiam o acampamento. Todos conversam. Os do jogo gritam. Eleutério, o cozinheiro, que por falta de material adequado ou imperícia de um dentista prático do sertão ostenta uma dentadura de uns quarenta dentes no mínimo, está sempre com ar de riso forçado pela "massa dentária". Então, quer esteja ou não rindo, está sempre com ar de riso, o que dá na mesma. Na beira do fogo da cozinha, Eleutério arranja os seus trens no saco de viagem. O dr. Noel, meio casmurro, olhar distante, se aquieta na rede. Saudade? É possível. Há pouco deixou a família no Rio. Berta, sua filhinha, a estas horas deve estar chorando querendo o papai. E o papai cá está, querendo a filhinha. Ela nem pode imaginar onde ele anda. Neste instante o doutor da vasta cabeleira está às margens do rio Maritsauá, estirado na rede, olhando, sem ver, o fogo consumir devagarzinho um "duradouro" (pau grosso que o fogo demora a consumir).

Hoje, 13 de setembro de 1948, reiniciamos a viagem. As atividades começaram logo cedo: desinstalação da estação de rádio, carregamento dos batelões, exame minucioso de cada um, para constatar que nada ficou no acampamento abandonado. Às nove horas aconteceram as duas partidas: Olavo com o teco-teco rumo ao posto; nós pelo desconhecido Maritsauá. Antes de partir demos ao afluente onde estávamos acampados o nome de Arraias. A foz do tributário Arraias está a mais ou menos cinquenta quilômetros da barra do Maritsauá.

O trecho que até agora navegamos não impressiona pela largura. O seu volume d'água está na sua profundidade. Não tem praias, e as barrancas quase sempre são altas. Vez ou outra uma linha irregular de pedras quer atravancar-lhe a passagem, mas a água apressada, na ânsia de alcançar o Xingu, não dá importância, não para, o mais que faz é rodear uma ou outra pedra maior, formar um rebojo escuro e sair barulhenta e mais apressada do que vinha, deixando para trás um esboço de corredeira. Volta e meia nas curvas da barranca alta, as águas, solapando-a, fazem tombar sobre o rio árvores enormes. Maritsauá vai sendo vencido. É um rio estranho. Parece-nos "geologicamente" novo, ainda cavando o seu leito, por estreitar-se num ponto para se alargar em outros.

A mata contínua, baixa e densa das margens não oferece um lugar de pernoite, nem mesmo para uma parada de almoço. A nossa primeira parada para almoço foi na boca de um córrego a que demos o nome de córrego do Contra. Justifica o nome o fato de que as águas apressadas desse ribeirão entram de arrepio no rio principal.

Foi breve essa nossa parada. O almoço já vinha pronto. O contratempo surgiu na hora do embarque, com o desaparecimento do cachorro Bilingo, do Zacarias. Cachorrinho de estimação, mirrado, peludo, teimoso, fujão, Bilingo não perde a menor oportunidade para escapulir do barco e desaparecer na mata. Os tiros e gritos de chamada não convenceram o fujão a dar o ar de sua graça. É interessante observar a dificuldade, ou comodismo, do nosso sertanejo em reter e pronunciar certos nomes. Bilingo é um caso. Raro é aquele que o pronuncia certo. "Brelingo", diz um piauiense. Havia um baiano que o chamava de "Bilingrino". E não falta ainda quem reclame: "Diabo de cachorro de nómi mais difícil, gênti".

Nosso pouso foi bem acima da parada do almoço. Não tanto quanto queríamos; acontece que o "Bilingrino" custou a aparecer.

A bruma ainda não nos largou. Contudo, é preferível à chuva. Esta, pelos trovões que temos ouvido, não anda muito distante.

AS HISTÓRIAS DE MANÉ BAIANO

O lugar escolhido para o pernoite não é dos melhores. Além disso, depois que todos tiraram os "buchos" (mochila ou saco com os pertences de cada um) das embarcações, ajeitaram as lonas sobre os barcos para proteger a carga do sereno forte e começaram a armar as redes, percebemos que por perto havia uma toca de ariranha com o seu respectivo "comedor". A ariranha, irmã da lontra, devora os seus peixes na boca da toca onde mora. Os restos do repasto ficam ali, o tempo se encarrega de deteriorar os resíduos e empestar com cheiro azedo os arredores.

Tudo pronto, barco coberto, redes armadas, fogo aceso, passamos a aguardar o aviso de "boia pronta" do cozinheiro: arroz, feijão e a infalível piranha. Em tempo de serviço duro, a janta é o ponto final do dia. Desse momento em diante a rede é a solução. Passar o dia num barco enjoa, mas não chega ao cansaço. E é por isso que terminada a janta vão todos para a beira do fogo e desandam a conversar. Os homens que temos aqui na vanguarda são sertanejos do interior do Ceará, Piauí, Maranhão, Bahia, Goiás e Mato Grosso. A maioria garimpeiros calejados nos afamados garimpos do rio das Garças, ou então do Pium, Piaó e Marabá, onde o homem entra com o trabalho, e a sorte, com o resto. A prosa é a mais variada possível. Ora é um desentendimento na corrutela, ou então a alegria de um diamante achado. E por fim, a pedido de muitos, Mané Baiano, contador de histórias, começa:

— Era uma veiz um rei que tinha uma filha. Aí êli disse: "Quem trouxé um remédio e curá ela, casa com ela. Mais se o remédio num dé conta, o portadô morre!"

A história continuava, cheia de detalhes, até que um dia o "príncipe herói" surge num cavalo ajaezado trazendo nas mãos o remédio milagroso. Na porta do castelo surge uma velhinha (a bruxa) que tenta tirar do "príncipe" a mezinha salvadora, alegando que era ela a necessitada. Nesta altura da narrativa o baiano Umbelino, que ouvia a história, interrompe o narrador:

— Mané, Mané, fala pro prinspo dá um tiro de 44 no peito dessa véia!

Elias, que fazia parte do grupo ouvinte, sacudiu Umbelino:

— Si aquieta cafúzu. Num tá veno que é causo?

Umbelino, meio aturdido, acrescenta:

— Qui é causo eu sei, mais num tem quem guente.

O fantástico é mandar um recado para uma personagem da história. Para Umbelino, narrador e personagens são íntimos.

O fogo, clareando o rosto bronzeado dos ouvintes, ia aos pouco consumindo os galhos secos do carvoeiro, colhidos ali perto. Os nossos sertanejos têm predileção por histórias assim. A maneira simples no falar, a facilidade na expressão, a presteza com que dão uma resposta séria ou jocosa, indicam bem o espírito e a vivacidade desses nossos patrícios. São diferentes do acanhado caipira do Sul — São Paulo e Minas, ou do falante gaúcho. Com este, então, se patenteia a diferença, que vai dos termos aos gestos. Um rio-grandense-do-sul que tínhamos em nossa companhia, quando narrava um dos rodeios nos pampas, dizia:

— Nos dia de pelear, eu montava o meu pingo, cravava as chilenas, ajeitava a boleadeira e saía em disparada pelas cochilhas em procura de gado.

O sertanejo, chapéu de couro, contava o mesmo fato, porém em termos diferentes:

— Nu dia di nóis juntá os gádu, eu muntava na mia mula pelo de rato, juntava c'os ferro a bicha nus quarto e entrava danado pula grota atrais du marruá. Cipó [laço] véio tá na garupa rebuçado de banda.

A troça entre eles é muito comum. A todo momento ouve-se uma tirada e a resposta imediata do atingido:

— Cala a boca, Zacaria, eu num cunverso cum hómi di cara rasa.

A noite ia alta. Resolvemos, por isso, nos recolher. Rapidamente reinou silêncio.

Só o pisar mansinho dos cães na ronda noturna era ouvido.

SUBINDO O MARITSAUÁ

Estamos no segundo dia de subida. Não saímos tão cedo como queríamos porque o "Bilingrino" fugiu novamente. O rio continua monótono. Nada de praia, as mesmas curvas, a mesma mata densa e emaranhada, a mesma água escura correndo com pressa para alcançar o Xingu. Alimentamos sempre a esperança de encontrar acima da curva qualquer coisa diferente. Nada surge. Nada além da sensação de estarmos viajando num rio totalmente desconhecido. Quem em verdade se agita de curiosidade não somos nós, são bandos enormes de macacos que, curiosos, vêm nos olhar dos galhos altos das árvores da margem. Logo depois, num impulso maior, desaparecem mata adentro, gritando e assobiando, não sabemos se de medo ou zombaria.

No ponto em que estamos parece-nos que a mata vem se alteando. Às vezes distinguimos mais para o fundo as copas altas das gigantescas samaúmas. Aqui e acolá, sombreando as árvores menores, estão as copas belíssimas das faveiras. A hostilidade do Maritsauá torna-se patente. Não há sinais novos ou antigos de índios por aqui. Nem um pau queimado.

À tardinha encontramos uma barranca que nos deu um bom pernoite. Notamos que o folhiço na mata forma uma camada de trinta a quarenta centímetros. Sinal de que por aqui ainda não andou fogo.

O pernoite de ontem foi bom. O mesmo não podemos dizer do correr do dia de hoje. Desde o começo da tarde vimos ouvindo trovões. Teremos chuvas mais cedo este ano do que esperávamos. Encerramos o dia bem acampados, mas sem animação. Os homens estão casmurros. A janta correu sem conversa. O fogo foi consumido lentamente até o último pau de lenha, e ninguém se animou em alimentá-lo. É que trovejou muito hoje, trovão traz saudade, e saudade tira a prosa do sertanejo. O acampamento foi entrando em silêncio mais cedo do que nos outros dias. Salomão cantarolava baixinho enquanto arrumava seus trens na mochila:

— *Limoeiro abaixa o galho,*
Eu quero apanhá limão,
Pra apagá u'a mancha
Que tenho no coração.

Limoeiro abaixa o galho,
Torna baixá outra veiz,
Só pra tirá uma nódoa
Que aquela ingrata mi feiz.

Eleutério, auxiliar de cozinha, aproveitou o sossego para torrar café e, por sua vez, desabafar a mágoa que o trovão lhe trouxe:

— *Lá vem a lua surgindo*
Pintando fulô na rama,
E também pinta sodade
No coração de quem ama.

Pouco depois o silêncio só era quebrado pelos gritos da mãe-da-lua, lá bem dentro da mata.

Estamos começando hoje o terceiro dia de viagem Maritsauá acima, a contar do campinho do afluente. Bilingo, o cachorro fujão, amanheceu com uma corda de duas polegadas no pescoço. Desta feita não vai fugir na hora do embarque.

— Tá nu jeito, quebra o pau [tudo pronto], vamos partir!

Era a voz do proeiro do primeiro batelão, que com a zinga jogava a "cara" do batelão para o meio do rio. Assim foi saindo o primeiro, o segundo e o terceiro, que leva de reboque uma montaria (canoa).

— Toca pro meio do rio — grita um proeiro —; o rio nu beradão tá corredô qui só ladrão de galinha em dia de fera!

O vento afastou a bruma e a navegação foi melhorando. O rio e as margens vêm mantendo a mesma feição. Nota-se, porém, que distante das margens o terreno vai se alteando. Novamente gigantescas samaumeiras e grandes touceiras da bananeira-brava. Percebemos que estamos no alto curso do rio. Continua ele sem praias, fundo e apressado.

Mané Baiano, pondo a mão n'água, gritou:

— Vai chovê! A água do rio esquentou.

O TRAVESSÃO DO RIO

À tarde, quase na hora do pouso, demos com um travessão (corredeira) logo depois de uma curva forte. Sem dúvida um lindo trecho do rio, que ali se bifurca formando uma ilha de tamanho regular. As águas, repartidas em dois braços, se lançam com estrondo sobre um pedral. Daí os rebojos escuros e perigosos, os emburrados com pedras de todo tamanho, e o barulho surdo das águas. Paramos os batelões na ponta inferior do travessão. Não vimos nenhuma passagem franca. Tentar lançar as embarcações para a frente seria arriscado. "Valentes" e entendidos opinavam assim. Optamos pela prudência. Encostamos as embarcações na margem direita, onde as águas eram menos violentas, e, submersos até o peito, conseguimos depois de três horas de luta pôr as embarcações na ponta superior da corredeira. A maioria dos homens, fascinada pelo cascalho do fundo do rio, tirava-o às mãos-cheias para exame.

— Feijão reluzente, moço! — grita um.

— Óia aqui, ovo de pomba e ferragem — responde outro.

— Quá — exclama um descrente —, cascaio corrido, coisa à toa e sem valia.

A noite vinha perto e havia muito o que fazer. Deixamos os cascalhos, diamantes, e voltamos a empurrar os batelões corredeira acima. Pouco depois, na foz de um córrego, paramos para pouso. O calor estafante, apesar do banho, parecia confirmar a previsão do Mané Baiano — chuva na certa! Para prevenir uma possível corrida noturna, armamos uma barraca grande. As redes continuavam armadas fora. No caso de chuva o remédio é desarmá-las e correr para o abrigo de lona. Mal terminada a janta, chuva pesada começou a cair.

— Eu sempre achei o Mané com jeito de bruxo — diz um dos trabalhadores.

A corrida para o abrigo da barraca foi geral, cada qual com sua rede embaixo do braço.

Pressentimos, então, a noite desconfortante que íamos ter. O espaço da barraca, embora grande, não permitia que todos se deitassem. Havíamos todos de ficar sentados. Preocupava-nos o dr. Noel. Quando conseguimos localizá-lo, ficamos tranquilos. Lá estava ele sentado na sua rede enrolada, na beira de um foguinho que o cozinheiro fez, numa conversa animada. Raimundo, que esquecera de desarmar a rede, vira-se sério e manda Alcides ir buscá-la. Alcides, rindo, retruca:

— Virge, qui cabra influído, gênti. Sou lá o quê?

Raimundo, sem se desconcertar e perder o humor, resmungou:

— Nu dia que eu achá um diamante, vô arranjá um negrim só pros meu mandado.

A chuva entrou monótona pela noite adentro. Calou-se a mãe-da-lua. Ouve-se agora somente o baque surdo da chuva na mata e na lona e, ainda, a pancada compassada do sapo-martelo. O dr. Noel, enrodilhado num canto, dormia a sono solto. Os demais, alguns meio deitados, outros sentados, cochilavam. De madrugada a chuva cessou. O cozinheiro havia feito o milagre de acender o fogo e já passava o café. O acampamento não deixou saudades. Tão cedo como permitiu a claridade, embarcamos e saímos rio acima.

DOIS RIOS IGUAIS FORMAM O MARITSAUÁ

Depois de uma noite e uma madrugada maldormidas com a primeira chuva da estação que se avizinha, reiniciamos viagem num rio agora mais estreito mas ainda profundo. Entrávamos assim, dia 16 de setembro, no quarto dia a partir do acampamento do afluente. Enfim, às onze horas alcançamos a bifurcação. São dois rios relativamente pequenos que se encontram e formam o Maritsauá. Eles se comparam em largura e volume de água. Correm os dois de sudoeste, sendo que o da esquerda, antes do encontro, faz uma grande curva inclinando-se para o norte, no rumo do Tapajós. Aqui faremos um grande alto. Nosso propósito e solução ideal é encontrar, nesta altura, um lugar, em qualquer um dos braços, de preferência no da esquerda, que se preste à abertura de um campo de aviação. Deste riozinho da esquerda, a partir de um ponto a ser determinado, sairemos com uma picada na direção do rio São Manoel ou Telles Pires.

Há quatro dias que não fazemos contato-rádio, desde nossa partida do afluente. É para poupar o motor, aparelhos e combustível. Acampamos na barra do rio da esquerda, numa providencial prainha. Aqui teremos de ficar alguns dias para melhor conhecer a região. A mata alta ficou para trás. A vegetação nesta altura é baixa, mais parecendo um cerrado alto. As barrancas às vezes baixas indicam que são tomadas pelas enchentes. Temos lembrança de que nos voos de exploração notamos aqui por perto uma área descortinada. Forçoso examiná-la. Enquanto alguns homens ficaram limpando o terreno, instalando a estação de rádio e armando a barraca grande, saímos para a primeira exploração. A impressão foi péssima. A área é toda coberta de madeira mole de terreno alagadiço. Jogamos picadas para todos os lados. Em certos trechos a depressão do terreno é acentuada, mostrando empoçamento de água. Decepcionados, mas não totalmente desanimados, deixamos para o dia seguinte uma nova caminhada de reconhecimento.

A bruma está se despedindo definitivamente, e em seu lugar as águas estão chegando. Preferíamos a bruma, mas não há quem possa interferir nesse campo! Esta noite voltou a chover, não tão forte como na noite anterior, mas o suficiente para não deixar ninguém dormir.

A nova exploração nos convenceu da impossibilidade de um campo. Mesmo que iniciássemos uma pista a cinco metros da beira d'água, não conseguiríamos mais que duzentos metros de campo. Resolvemos investigar em profundidade o formador da esquerda. Amanhã sairemos cedo com o batelãozinho. O acampamento não ficou mau. Pelo menos teremos uma prainha para o sol, banho e pesca. Esta noite foi bem melhor. A chuva que ameaçou acabou não caindo.

Por dois motivos o formador da esquerda tornou-se o nosso preferido: primeiro porque é dele que deve sair a picada para as águas do Tapajós e, segundo, uma pista mesmo pequena nesse ponto facilitaria o reabastecimento da vanguarda. Com o batelãozinho e cinco homens subimos o riozinho. Navegamos até a altura em que ele, depois de uma grande "barriga" para o norte, desanda bruscamente para o sudeste. O trecho do curso que percorremos é tão sinuoso que provocou por parte do Zacarias a exclamação: "Este riozim é tão enrolado que só barbante no bolso".

Até onde fomos, o formador mantém a mesma largura, entre trinta e quarenta metros. As margens são baixas e quase todas invadidas pelas águas nas enchentes. Numa curva, lá bem no alto, descortinou-se uma pequena praia fronteando uma barreira alta. Nesse lugar o barulho do nosso motor despertou e pôs em polvorosa um bando de centenas de araras-vermelhas, uma nuvem de marrecões, maracanãs, curicacas, papagaios, tuins e outras aves. O barulho infernal chegou a cobrir o do motor do barco. Geralmente, onde tem arara tem descampado, daí termos descido para explorar a barreira alta. Puro engano. Era mais uma testeira encobrindo um terreno que descambava na direção de um enorme barreiro, que atrai animais, por causa do sal da terra, e aves, pelas árvores com frutos do mato.

Na volta para o acampamento nossa atenção foi despertada por um terreno com bom aspecto. O adiantado da hora não permitiu que parássemos para conhecê-lo. Estávamos distantes do acampamento quatro horas e meia de motor. Deixamos a verificação para outro dia. Já eram mais de sete horas quando chegamos ao pouso. Não só tínhamos viajado muito, como também explorado dezenas de lugares. Nenhum nos pareceu favorável para comportar uma pista. Só deixamos de verificar um, mas não regressaremos sem examiná-lo. No acampamento encontramos muito peixe, mas a glória estava com o dr. Noel, que havia fisgado um lindo pintado. O resto era quase só piranha, e dela já andávamos enfastiados. Para variar e reforçar o almoço de amanhã, lá estavam três mutuns-de-castanha, abatidos ali por perto. Encontramos a estação de rádio instalada e falando. Dois rádios que havíamos deixado redigidos tinham sido transmitidos. O primeiro:

Coronel Vanique PT
Depois quatro dias viagem do campinho alcançamos bifurcação PT Terreno desfavorável abertura campo PT Continuamos explorando imediações PT Prevalece região mata alagada PT Maritsauá PT
Os Villas Bôas PT

O outro rádio era para o Olavo.

Olavo PT
Terreno barreira bifurcação impróprio campo PT Máximo consegue trezentos metros incluindo trecho mata PT Continuamos explorando PT Maritsauá PT
Os Villas Bôas PT

Não tivemos do Mortes nenhuma comunicação, nem mesmo resposta ao nosso rádio. Só Olavo, dentro de suas possibilidades, esforça-se para auxiliar a vanguarda. Os demais da base pouca ou nenhuma importância dão. Do almoxarifado, estamos constatando agora, o arroz que veio tinha uma porcentagem de casca de trinta por cento; feijão boa parte bichado; banha com água; farinha com bolotas antigas de bolor, e a gasolina não a comum apropriada, mas a de aviação adulterada com uma boa porcentagem de água. Fomos obrigados a coar a gasolina para evitar as panes constantes que vínhamos tendo. Não foi pequeno nosso susto ao constatar que de um tambor tiramos duas latas e meia de água, ou seja, 25%. E, ainda, no tambor não havia dez latas, como seria o normal, mas apenas nove, o que aumentava ainda mais a porcentagem.

Não há de ser nada. O remo não tem água, e ele funcionará se for necessário.

Tudo indica que vamos ter chuva esta noite. Já estamos nos habituando a dormir sentados, ou então enrodilhados em área equivalente, como faz o dr. Noel.

DESAPARECE O CACHORRO BOLÃO

Hoje, 18 de setembro de 1948, saímos cedo com o batelão grande levando todo o pessoal, com o almoço pronto. Depois de duas horas de viagem chegamos na barreira que ontem não tivemos tempo de verificar. Imediatamente iniciamos uma série de picadas com rumos diversos. Embora decepcionados, continuamos a pesquisa. Terrenos alagadiços, um atrás do outro. Tentamos um pouco rio acima. Numa das paradas desapareceu o cachorro Bolão. Para não atrasar outras explorações, Orlando e Zacarias ficaram na procura do cachorro. Cláudio e os demais homens continuaram rio acima. Uma hora depois voltou o batelão. Nada de bom encontraram. Bolão tinha aparecido. Veio cansado de alguma corrida. Com os reconhecimentos de hoje, não resta mais nada nesta altura do Maritsauá que possa merecer exame.

Dia 19 amanheceu ensolarado. Ansiávamos por um dia assim para expor ao sol a carga que dele já está se ressentindo.

Não contentes com o malogro das explorações, resolvemos, como último esforço, verificar uma barreira que vimos na subida em meio caminho daqui ao travessão. Nada encontramos de aproveitável. Sempre a mata alta, que vínhamos acompanhando da metade do rio para cima. Como extrema tentativa, na área da bifurcação resolvemos rever o formador da direita. Talvez tivéssemos passado por alguma barreira que merecesse exame. Depois de muito andar, nada encontramos, além do mesmo terreno úmido. Mata alta no interior, alagadiços nas proximidades do rio.

Foram mais de trinta explorações e nem um só lugar com condições, não necessariamente boas, mas regulares para uma pista de emergência. E para piorar o quadro geral, pressentimos um "inverno" rigoroso e, ao que parece, querendo começar mais cedo. Estamos em setembro e as chuvas já estão chegando. O normal seria fins de outubro. Quando regressamos ao acampamento, já o fizemos sob chuva pesada.

O tempo está engolindo setembro. Hoje, dia 20, tomamos a resolução de retornar. Regressamos frustrados por não ter conseguido assentar no alto rio um ponto de apoio ao picadão que deverá cortar a longa floresta do divisor Xingu-Tapajós. Nesse divisor se denunciam, vez ou outra, os elevados da serra Formosa. No ponto em que pretendemos atravessar, o terreno é de mata alta e um pouco ondulado.

Manhã garoenta, muito ruim para começo de viagem. As lonas estão molhadas e parte da carga também. No horário da manhã fizemos um rádio para o Mortes, ao coronel Vanique:

> *Coronel Vanique PT*
> *Zona bifurcação mata densa alagadiça PT Estamos procurando localizar clareiras avistadas avião PT Até agora tudo desfavorável PT Temos tido chuvas diárias PT*
> *Maritsauá PT*
> *Os Villas Bôas PT*

MARITSAUÁ NÃO DEU CAMPO. O REGRESSO

Depois do almoço o tempo melhorou um pouco. Resolvemos, por isso, iniciar a viagem Maritsauá abaixo. Uma hora depois estávamos no travessão. Observamos com muita atenção a correnteza e notamos que no centro, onde a água era mais apressada, não havia pedras e, assim sendo, não havia por que não descer. Mesmo assim deixamos que o barco mais aliviado de carga fosse o pioneiro. Os outros o seguiram. À tardinha chegamos num ponto que havíamos marcado quando da exploração aérea. Pareceu-nos naquela ocasião que neste ponto, bem mais para o interior, havia uma clareira grande. Ajeitamos um pernoite por ali com a intenção de explorar a área no dia seguinte.

Felizmente amanheceu sem chuva, embora nublado. Levamos para o reconhecimento o índio Taconi e seis homens. Ao meio-dia, já bem distantes do rio, começamos a ouvir barulho de avião. Rapidamente fizemos uma fumaça, e pouco depois o Piper nos sobrevoava. Distinguimos a bordo Olavo e Leonardo. Numa das voltas jogaram uma garrafa com um bilhete. Dizia que as clareiras eram alagadiças. As poucas chuvas já haviam deixado poças. O avião regressou e nós, não obstante as informações, quisemos ver de perto o lugar. Depois de duas horas de andar encontramos o local procurado. Um fundo de lagoa e nada mais. Uma área extensa encravada na mata. Voltamos ao acampamento e reiniciamos viagem. O avião, em outra mensagem lançada no rio, deixara a informação de que na altura de um pedral da margem esquerda, bem para o interior, tinham avistado um terreno descortinado. Chegamos muito tarde no pedral indicado. Deixamos para o dia seguinte a caminhada até lá. O recado falava em uns morrotes na mesma direção.

O jantar foi reforçado com uma paca que os cachorros entocaram a dez metros do acampamento. Há muitos dias vínhamos com a piranha dominando o cardápio. Uma paca era uma novidade e um regalo. O tempo não está de chuva. Tudo indica que vamos dormir esta noite. Ninguém quer perder tempo com conversa. A única atividade além de armar a rede foi fazer um fogo.

A PERDIDA NOS MORROTES

O 22 de setembro surgiu ensolarado. Iriam todos os homens, menos o dr. Noel, o radioperador Sebastião, o cozinheiro e o ajudante. A estes dois ficou a incumbência de expor ao sol toda a carga molhada ou úmida dos batelões. O pedral vinha a calhar para a tarefa.

A nossa caminhada para os morrotes foi longa. Partimos rumo norte através de uma mata alta e sombria. Na partida a bússola foi o sol. Na frente, Damásio ia assinalando aqui e acolá, a facão, algumas árvores que nos dariam o rumo de volta. Os índios Taconi e Aribaum — de arco e flecha — caminhavam no meio da fila. A mata, à medida que vai se distanciando do rio, torna-se mais alta, mais limpa, permitindo que nela se ande com desembaraço. Veem-se a todo momento belíssimos exemplares de jatobá, enormes e frondosas samaúmas, algumas faveiras e inúmeras touceiras de bananeira-brava.

Depois de longa caminhada chegamos aos morrotes. Subimos a elevação na esperança de lá do alto avistar os descampados anunciados pelo avião. Puro engano. A área que lá de cima parecera ao piloto descoberta nada mais era do que a vegetação amarelecida das encostas dos morrotes. Os pés de pati e jurema, afogados por um enorme pedral, haviam perdido o viço. Reis, velho castanheiro do Pará, arrancava aqui e ali pequenas raízes e explicava aos companheiros:

— Lá na castanha no Ipixuna, todo mundo usa isto. Pra dor de dente é só mastigar.

Examinamos o vegetal. Nada mais era que o conhecidíssimo jaborandi. Paramos para descansar. Depois novo reconhecimento mais detalhado do lugar. Nada mais que três morrotes encravados na mata densa. O vento e as pedras haviam se encarregado de deixá-los nus. Era tempo de regressar. Ainda mais que o sol, a nossa bússola, estava encoberto por uma nuvem pesada e negra. Qual o rumo de volta? Onde o rio? Procuramos o pique da vinda e não encontramos. Do alto do morro todos os rumos eram iguais. Um tapete verde, imenso, formado pela mataria densa, ondulada agora pelo vento. Um temporal se aproximava. Alguns homens que saíram à procura do nosso pique de vinda voltaram sem encontrá-lo. Enquanto isso o tempo corria, e o céu, mais brusco, tirava-nos a esperança de ver para que lado ia o sol tombando. Não procurávamos mais o rumo do acampamento. Queríamos, apenas, saber a direção do curso do Maritsauá. Bastaria chegar em suas margens. Mas onde anda ele? Além disso não havia um que não estivesse com sede. Durante toda a caminhada, que não foi curta, não tínhamos encontrado um só córrego. Não tínhamos certeza do rumo. Cismávamos com três direções. Como já estava entardecendo, resolvemos seguir por aquela que nos pareceu a mais provável. Antes, porém, perguntamos ao índio Taconi:

— Umá Maritsauá recô? [Onde o Maritsauá?]

Taconi procura o sol mas não o encontra no céu totalmente encoberto. Vacila um momento. Em seguida caminha apressado para a encosta do morro, larga no chão o arco e a flecha e, com uma agilidade de causar inveja a qualquer trapezista, valendo-se de cipós, atinge o alto de uma árvore de escalada difícil. Cá de baixo mal víamos o seu busto lá no alto, entre as folhas, dominando com o olhar o horizonte distante. Daqui gritamos:

— Taconi, ené Maritsauá aretsak? [Você vê o Maritsauá?]
— Anité. [Não.]

Pouco depois Taconi reuniu-se a nós. Embora não tivesse distinguido o vale do rio lá do alto, a escalada servira para que se orientasse.

— Pen Maritsauá, amoeté. [Lá Maritsauá longe.]

Seu rumo coincidia mais ou menos com o nosso. Resolvemos não perder mais tempo. Depois de uma caminhada de mais de quatro horas, começou a escurecer, e nada de acampamento, nada de rio. Felizmente a chuva que ameaçou a tarde toda não veio. Dois homens já estavam indecisos quanto à direção em que íamos indo, e disso davam demonstração. Paramos para um pequeno descanso e aproveitamos para dar dois tiros de chamada. Continuamos parados na expectativa de uma resposta. Os minutos pareciam longos e na mata já havia penumbra. Quando nos dispúnhamos a continuar a caminhada, ouvimos dois estampidos de resposta, muito longe. Não foi possível fixar bem a direção de onde tinham vindo. Da frente? Da direita? Resolvemos caminhar mais um pouco antes que a mata escurecesse de vez. Meia hora depois repetimos os tiros e ficamos atentos. Desta feita a resposta não demorou. Ouvimos, embora distante, a resposta um pouco à direita do rumo que seguíamos. Eram oito horas da noite quando chegamos. Tínhamos mais sede do que fome e mais fome do que cansaço. O vento tinha limpado o céu, agora todo estrelado. No fogo, ainda num espeto, a paca toda tostadinha nos esperava. Nada mais faltava: boia, rede e céu sem chuva.

Os morrotes, a clareira, não tinham passado de mais um blefe do Maritsauá. Não só em nós como no pessoal do avião também.

DESCENDO O MARITSAUÁ

Mal o dia amanheceu largamos Maritsauá abaixo. Sempre na esperança de encontrar um terreno favorável, parávamos em todas as barreiras para nos certificar.

A chuva que passou ontem o dia todo ameaçando caiu agora de manhã.

O Maritsauá passou para nós a ser um rio hostil. Ele, a mata e tudo o mais. É um rio índio, não quer saber de civilizado. Pensando bem, ele tem razão. Vamos derrubar árvores, abrir campos que não passarão de feridas nas suas matas fechadas, fazer barulho, agitação, quebrar, enfim, a sua tranquilidade milenar. Prefere ele viver áspero, bruto como nasceu. Que vá a máquina do progresso descer em outros vales. Aqui não. Aqui bastam os ruídos que são seus, o estrondo das árvores arrancadas pelo vento e o barulho das águas volteando os pedrais. O rio está nos expulsando.

À tardinha chegamos no último lugar a explorar — a "meia-lua" perto da foz do afluente onde fizemos o campinho. Já o conhecíamos de uma vista rápida. Daí sabermos de antemão que de água seríamos mal servidos, pois do descampado existente até o rio vão bem uns dois quilômetros de mata. Não há o menor sinal de córrego por perto, somente a mata alagada. Mesmo assim não deixaremos sem chumbo a "meia-lua".

NOVAMENTE NO POUSO DO ARRAIAS

A nossa intenção é acampar de novo no Arraias. Lá seremos bem-vindos e estaremos a um pulo do lugar visado. Pouco antes de alcançá-lo, ouvimos o avião que começava a nos sobrevoar. Apressamos a chegada ao acampamento de forma a coincidir com a descida do Piper. Deu tudo certo. Encontramos Olavo e Leonardo no caminho. Reafirmaram eles a natureza das clareiras sobrevoadas. Não houve tempo para conversa, voltarão amanhã. Se pernoitassem, a retaguarda, Xingu e Xavantina, ficaria alarmada com o não regresso do avião.

O acampamento, nosso velho conhecido, não deu trabalho. Houve tempo para vistoriar o campo e constatar que as chuvas já o estão espelhando.

Estamos no dia 25 de setembro. Nosso primeiro pernoite no afluente não foi dos melhores. A chuva foi constante a noite toda. Vamos perder boa parte do dia ajeitando o acampamento: armando barraca e protegendo a carga. Olavo chegou cedo trazendo um saco de café. Embora tenha chegado cedo vai pernoitar aqui porque está adoentado. Já conhecemos as suas periódicas enxaquecas. E depois aqui nós temos doutor, lá no Xingu não. Hoje não vamos à "meia-lua". Vamos explorar a barreira aqui do outro lado do rio. Depois de meia dúzia de picadas, chegamos à mesma conclusão — nada presta. Piso arenoso cheio de bacias que empoçam água.

Choveu a noite toda e amanheceu chovendo. Olavo, agora melhor, decolou cedo levando Zacarias para extrair um dente. O Cara Rasa, como é chamado pelos companheiros, vem de cara inchada há muitos dias. Nosso campinho na ponta norte já está com alguns dedos d'água. Maritsauá pode não prestar para campo, mas para caça e pesca é fora de série. Hoje "empacotamos" uma anta e três patos.

A nossa parada aqui se prende a gasolina e alguns gêneros que o possante Piper nos trará.

Hoje, domingo, não hasteamos a bandeira por causa da chuva. A "pátria" é muito preciosa para ser molhada por uma chuvinha malcriada e, ainda, fora de estação.

Segunda, 27. Erguemos todas as barracas. Não toleramos mais dormir sentados. Na aparência as lonas são novas, mas na realidade uma só está em condições de segurar água. Esta ficou no armazém. O corpo, deixa pra lá, é fácil de enxugar, o arroz e o feijão não. Olavo chegou com arroz. A chuva desta noite pôs um palmo d'água no campo, lá na ponta norte. No regresso foi para o posto o índio Taconi. Ficou aqui o Aribaum.

Fizemos ao coronel um rádio dando conta dos serviços da vanguarda.

Não desistimos, ainda, de explorar terrenos. Chega a ser teimosia nossa. Estamos agora examinando algumas barreiras no Arraias. A melhor encontrada dá um campo de quatrocentos metros, com muito trabalho. Nova chuva, novo palmo de água no campo. O terreno do campo é impermeável, uma gota que caia lá, lá fica. As chuvas estão cedendo lugar aos temporais. Olavo não para. Chegou agora pouco trazendo o trabalhador Elias e um fardo de toucinho totalmente rançoso, mandado pelo Mortes!

O dr. Noel já anda meio agitado por falta de doentes. Vamos aproveitar o Olavo, que está saindo para o posto, não para um voo de exploração, mas de informação. Ele atrasará a saída uma hora, enquanto isso nós vamos chegar na "meia-lua". Do avião ele nos indicará o sentido melhor e mais longo de descampado. Tudo saiu conforme o combinado. Separamos o pessoal em duas turmas, e quando o avião passou já estávamos localizados aguardando-o. Disso tudo resultou: o terreno, enorme, é uma bacia mais baixa do que a mata e, portanto, dela recebe toda a sua água. É uma lagoa temporona. O regresso não foi fácil. Os da turma norte perderam o rumo e só depois de três horas de tentativas conseguiram acertar a saída. Perdida assim é normal. Os zigue-zagues na área anulam o rumo.

30 de setembro de 1948. Olavo tem sido a nossa arma secreta na retaguarda. Cá está novamente ele com um saco de arroz. Contou-nos que o CAN esteve duas vezes no Xingu. Infelizmente quase nenhuma carga transportou devido à concorrência de visitantes, inclusive duas senhoras aparentadas da falecida esposa do coronel Vanique. É quase certo que o Correio suspenda suas viagens para o Xingu durante o "inverno". Nada mais normal e natural que suas últimas viagens fossem aproveitadas para trazer o mais possível de gêneros e combustível. Olavo levou o dr. Noel. Ficará ele alguns dias no Iacaré (Xingu).

Chegamos a outubro. O dito no seu primeiro dia veio encontrar o campinho com dois terços inutilizados pela enchente. Estamos tentando improvisar uma outra pista, em lugar ainda não atingido pela água. Combinamos com Olavo estender até o Mortes sua ida, para trazer de lá gasolina. Sabemos do sacrifício de um voo triplicado, principalmente agora com chuvas. Infelizmente não há outro remédio. Haveria, se houvesse coordenação e critério severo no transporte de carga. Em lugar de visitas e toucinho malcheiroso, que o bojudo Correio armazenasse no Xingu, nestas suas últimas viagens da estação, combustível em tambores e gêneros em sacos. Esses volumes se tornam impossíveis de levar em aviões pequenos. O teco-teco, num esforço inaudito, numa viagem sacrificada de três horas, não pôde trazer mais de cem litros de combustível. O CAN, com menos da metade do tempo, traria dez tambores de duzentos litros! Não somos contrários às visitações, principalmente oficiais. O que nos parece abusivo é o visitante concorrer com prioridade no transporte. Os comandantes franzem a testa quando a carga perde para os passageiros. Eles não opinam sobre a carga. Eles mandam no avião.

Depois da vinda do Olavo com a gasolina reiniciaremos a viagem.

As chuvas diárias estão transformando o nosso campinho em pista para hidroavião.

O campo número dois, que iniciamos há dois dias, já está bem adiantado.

A estação de rádio está funcionando bem. Soubemos que o Olavo chegou ao Mortes. Ele aguarda, apenas, ordem do coronel Vanique para trazer gasolina.

CORONEL VANIQUE ESQUECEU A VANGUARDA

Nosso regime mudou de piranha para pato. O dito não só participa do café, mas é obrigatório no almoço e janta. A mudança contentou quase todo o pessoal. Alguns chegavam a dizer: "Piranha não é pexa, é bicho". O fato é que a piranha no rio e o macaco na mata não deixam ninguém passar fome. Estão sempre à mão. Nas áreas do norte, onde quer que haja água, lá está a piranha, quer seja da preta, da prateada ou cabeça-de-burro. Esta última é enorme, vai até quarenta centímetros, mas não é a mais voraz. A pior delas é a pequena, também chamada de piranha-branca. Esta é terrível por causa do cardume, que é sempre enorme. De todas elas a mais comível é a preta.

Hoje, domingo, dia 3, a chuva começou de madrugada, entrou pelo dia e parece que irá noite adentro. O rádio funciona. O avião continua esperando ordem do coronel para vir atender a vanguarda. Esta, pressionada pelas chuvas constantes e pesadas, está numa fase de emergência. Não é fácil compreender certas resoluções de "comando". Indecisão? Indiferença ou outros "planos"? Uma Expedição é uma campanha, e não se há de parar uma "batalha" porque não se resolveu que munição mandar...

Ninguém saiu à caça. A chuva não deixou. A solução é jogar "treis seta" (três-sete), embora com baralho falho de cartas. E de duas delas falta um terço do "tamanho físico". As demais estão escandalosamente marcadas a unha. Quando se cansam do "treis seta" passam para o ruidoso truco. A gritaria é mais sensacional do que a emoção do jogo.

— Truco!

— Seis... sai do caminho jacá de toicinho!

— Sai do rumo jacá de fumo!

— Doze, papudo! Me adispacha que eu moro longe!

Há os que se levantam de um salto, sobem no banco, levam a carta com as duas mãos à altura do peito para melhor gritar. Nesse barulho Zacarias é mestre. Matogrosso não fica atrás.

Segunda amanheceu com a mesma chuva de ontem. O campo está inutilizado. Transformou-se numa lagoa com pato e tudo. Há trechos com água acima do joelho. O campo número dois, que abrimos depois da nossa volta, deve aguentar ainda uns dois dias. O avião continua retido no Mortes aguardando o "concordo" do coronel Vanique. Nada o retém lá senão ordem para sair. A falta de campo no Maritsauá, para servir de apoio a nossa arrancada com o picadão pela mata até atingir o rio São Manoel ou Telles Pires, não põe em risco nem malogra o nosso plano de avançamento. Diauarum será o ponto de apoio. O que estamos percebendo é que o coronel Vanique continua com o seu velho propósito de abandonar o desbravamento, recuar a Expedição, levar a vanguarda de avião até Cuiabá e de lá sair de caminhão para alcançar as cabeceiras do Paranatinga, formador do São Manoel ou Telles Pires. Plano esse desaprovado pelo Conselho da Fundação Brasil Central. Para que dê certo essa sua intenção, basta trazer de volta a Expedição para o Xingu.

Aguardamos, apenas, a vinda do avião com gasolina para continuar rio abaixo. Mesmo com a intenção de alcançar o Diauarum, iremos Maritsauá abaixo arranhando suas margens com dezenas de picadas.

Pelo rádio soubemos que o coronel está com visitas e assim sendo, claro, não sobra tempo para pensar na vanguarda. E depois, é possível que alguma das visitas possa precisar do avião para fotografias aéreas. E seria um absurdo que a aeronave não estivesse ali pronta, reabastecida, para o voo turístico...

Choveu torrencialmente a noite toda. O campo número um está tomado de ponta a ponta. Trechos há com mais de um metro de água. O número dois ainda está praticável. Dentro de dois ou três dias terá a mesma sorte do outro. Aqui no acampamento a água borbulha quando nele se anda. Enviamos ao Mortes o seguinte rádio:

Solicitamos fineza autorizar vinda Olavo trazendo óleo BB a fim continuarmos viagem serviços PT Pretendemos deslocar acampamento outro ponto melhores condições PT Motivo chuvas abundantes novo campo não oferecerá condições poucos dias PT
Os Villas Bôas PT

Nada responderam de lá. Mantivemos a estação no ar para a resposta, mas ela não veio. O coronel Vanique andava com as duas moças visitantes passeando no rio. Olavo continua de prontidão, foi a única notícia. Na lagoa onde um dia foi o campo, matamos um pato que não podia voar de tão gordo.

O NOVO PRESIDENTE DA FBC

O novo presidente da Fundação, general Francisco Borges Fortes de Oliveira, virá por estes dias a Aragarças e Xavantina, soubemos pelo rádio. O avião do Correio (Douglas C-47) fez uma viagem hoje ao Xingu e, segundo informaram os pilotos, voltará amanhã. Foi o que nos contou o rádio no último horário. O dr. Noel, que saíra daqui em uma das viagens do Olavo, está ainda no Xingu (posto Iacaré).

Nova chuva durante a noite. Nosso pacto com São Pedro está dando certo: chover, só de noite. O CAN chegou no Xingu com a segunda viagem. O coronel e as duas visitantes chegaram há muito do passeio, ontem, mas Olavo permanece de prontidão. O campo número dois continua utilizável. Até quando, não sabemos. Em nossa roda está tudo alagado. Os homens que saíram à caça voltaram de mãos abanando. A água não deixou ir além da periferia do acampamento. Peixe continua difícil. Até a piranha está se fazendo de rogada.

Os horários se sucedem e o quadro não se modifica. As moças e o coronel conversam, e de tal arte deve ser cativante a prosa, que não sobra tempo para pensar na vanguarda. Estamos resolvidos a partir a remo. Tarefa dura, porque os batelões são grandes. Um dia de descida do Maritsauá significa três no remo. Em um dia e meio de subida Maritsauá-Diauarum, consumiremos uma semana. A falta de combustível e o consumo de gêneros vai fazer com que fiquemos ilhados no Diauarum — sem campo, sem boia e sem condições de pelo menos um barco subir o rio numa emergência.

Estamos hoje no sétimo dia de espera. Espera inútil e prejudicial. Teria sido ótimo que o coronel e as suas visitas tivessem ido ontem para o Rio. Estaríamos sem tropeços. E quando ele voltasse daqui a uns meses, conforme praxe, iria nos encontrar no alto do Maritsauá e com o picadão avançando e quase em meio do caminho. Mas quá... ele preferiu ficar rezingando e racionando nossas "necessidades", isto como se "necessidade" pudesse ser racionada.

Choveu pouco esta noite. Em homenagem à estiagem fomos informados pelo primeiro horário que Olavo e Juca, cada qual num voante, pretendem sair hoje para o Xingu e que amanhã estarão aqui. Pelo mesmo horário ficamos sabendo que o dr. Noel, que se encontra no Xingu, foi chamado urgente ao Rio de Janeiro para assumir o Serviço Médico em Aragarças. Fica assim a vanguarda desfalcada do dr. Noel. Ainda bem que é Aragarças o seu novo posto. Porque, sendo lá, ele estará sempre à mão.

A chuva que deveria cair agora em outubro caiu em setembro. Hoje, dia 10, amanheceu sem chuva e com céu azul. Olavo e Juca, que pernoitaram no Xingu, chegaram cedo. Trouxeram alguma carga, inclusive óleo para os motores. Aproveitando a boa vontade do tempo, Juca decolou com destino a Aragarças devendo passar no Xingu e pegar o dr. Noel. Olavo levou Aribaum e pretende voltar amanhã com gasolina.

Dito e feito. Na parte da manhã chegou Olavo com gasolina e logo em seguida rompeu de volta para o Xingu. O sacrifício agora é atingir a pé o segundo campo. Para isso é preciso atravessar o campo velho alagado, com água pela cintura, numa extensão de mais de duzentos metros. Aproveitando o dia bom, Olavo deu mais duas viagens. Na primeira trouxe meio saco de arroz, um fardo de toucinho já meio rançoso e uma lata de banha; e na segunda o trabalhador Zacarias. O coronel Vanique não queria que ele voltasse. Alegava que precisava muito dele, apesar dos quase cem homens que trabalham no Mortes! Vencendo a resistência do coronel, Zacarias veio com o CAN para o Xingu e hoje com Olavo até aqui. Amanhã sairemos aqui do Arraias. Sairemos como gatos, metendo as unhas pelo caminho.

ADEUS ARRAIAS. ZARPAMOS PARA O XINGU

12 de outubro. No dia da América zarpamos do acampamento do campo alagado. Amanheceu azul. O Penta 4 $^{1/2}$ resolveu entrar em pane. Com isso atrasamos quase duas horas. No percurso da descida pelo Maritsauá, exploramos cinco lugares, sem resultado.

Do meio-dia pra tarde o céu estava todo pintado de nuvens pretas. No meio da tarde atingimos o Xingu, e tal como chegamos saímos por ele acima. Temos pressa de chegar no Diauarum. Forçados, porém, por panes em dois motores, tivemos de pernoitar em uma barreirinha da margem direita. Cobrimos o melhor possível a carga e tratamos de armar uma lona, pois tudo indica que vai ser mais uma noite para dormir sentado.

Desde que chegamos ao Xingu tivemos trabalho em segurar e abrigar os barcos por causa do banzeiro. O vento forte levanta ondas que batem com estrondo na barranca. A cada onda mais alta as embarcações engolem água. Amanhã vamos atingir cedo o Diauarum, onde pretendemos instalar um forte ponto de apoio para tocar a picada para o rio São Manoel ou Telles Pires. Lá no alto, no formador da esquerda do Maritsauá, num ponto já mais ou menos conhecido na grande curva, instalaremos um posto provisório onde ficará a estação de rádio e um barracão com víveres e todo o necessário aos trabalhos de avançamento. Para que tudo isso possa ser feito é preciso que o Diauarum não nos decepcione e nos dê um lugar bom para o campo. Quando por lá passamos não nos preocupava pista naquela altura. Daí não termos feito a menor exploração nesse sentido. Lembramos, apenas, que a área descortinada era toda coberta de sapé e que pode muito bem esconder grotões e ondulações acentuadas. Amanhã tudo estará esclarecido.

A segunda preocupação nossa será a de convencer a retaguarda, que se chama coronel Vanique, de que o nosso plano ainda continua sendo o melhor. Vai exigir maior esforço do pessoal da frente, mas disso o pessoal está ciente e confiante.

Dia 13 amanheceu brumoso. O vento da noite e madrugada soprou tão forte que tivemos de manter vigilância nas embarcações. Seis homens se revezaram o tempo todo. O banzeiro chegava a assustar. Felizmente Diauarum estava perto. Eram quase dez horas quando aportamos numa enseada lá existente e que de certa forma protegia as embarcações do banzeiro.

Antes de descarregar os barcos, levantamos as barracas. Logo em seguida, sobre estivas altas do chão, depositamos toda a carga. A tarde chegou enfarruscada e ventando muito. Nessa altura já estávamos instalados e prontos para a infalível chuva da noite. Diauarum teria de nos dar um campo de qualquer jeito. O combustível que temos não dá para voltar ao Xingu, mesmo que fosse um só barco. Tal coisa nem de leve pensamos. Alguns dos trabalhadores que vinham meio desanimados criaram alma nova depois da chegada.

Diauarum terra, Diauarum rio, compunham um dos mais belos cenários do Xingu.

Frente ao porto o rio tem mais de mil metros, e a montante e jusante dois estirões bem longos. A caça não deve ser fácil, a área é muito pisada por índio. Pesca deve ser boa, principalmente peixe de couro: piraíba, piratinga, jaú, pirarara e outros parentes menores de melhor paladar — pintado, surubim, fidalgo, barbado etc. Índios andaram por aqui depois da nossa passagem. Seriam juruna? O mais provável é que sejam suyá que moram no Paranaiuva. Um resto de rancho que encontramos no pontal não é de juruna. Os paus e varas foram quebrados e as folhas de bananeira cortadas a dente. Os juruna teriam utilizado facão, que ganharam no nosso último encontro. Amanhã vai ser um dia cheio. Primeiro um reconhecimento do terreno, depois os detalhes do campo.

A CHEGADA NO DIAUARUM

Começa no dia 14 de outubro o nosso primeiro dia no Diauarum. A noite foi de chuva pesada. O dia amanheceu brusco. Fomos com todos os homens para o terreno das macaúbas e sapé. À tarde, depois de muito trabalho, concluímos ser possível o início de uma pista de seiscentos metros. O terreno é cheio de depressões e valetas. Amanhã iniciaremos o campo. O terreno pode ter ravinas, vales e "montanhas", que daqui não sairemos! O rádio está funcionando normalmente. Por ele enviamos uma comunicação ao Mortes dando conta da nossa chegada e começo dos serviços:

> *Completamos minucioso reconhecimento Maritsauá PT Deslocaremos acampamento e iniciaremos campo pouso acima foz ponto mais avançado partindo Iacaré PT Terreno firme condições campo PT Posto ali abastecerá picada apenas três dias viagem PT Nossas reservas gêneros dão trinta dias PT Tempo qual pretendemos ter pista PT Dentro três dias damos outros informes PT*
> *Os Villas Bôas PT*

Resta-nos agora aguardar a opinião do coronel Vanique.

Hoje, 15, iniciamos com todos os homens o serviço da carpa. Novamente o enjoadíssimo trabalho de abrir campo. O sapé é um "tapete" duro para enxada. À tarde a chuva fez suspendermos o serviço. O terreno que vamos descobrindo é de terra preta e, parece, meio fofa. É possível que seja por causa do sapé, que retém muita umidade. O serviço rendeu pouco, quarenta metros. Nosso acampamento ficou numa várzea seca na beirinha do rio. O banho é o que pode haver de melhor. A enchente ainda não alterou o Xingu. Uma ou outra praia baixa desapareceu, mas aqui em frente as praias continuam de fora. Os cachorros deram com um caititu na cabeceira do campo e fizeram um alarido enorme. Elias largou a enxada, saiu correndo e, de revólver, abateu a caça. Quando voltamos ao acampamento demos com dois patos que o ajudante de cozinha, Eleutério, abateu ali perto. Se a coisa continuar assim, nada mal.

Da saída do posto Iacaré até hoje, gastamos 49 dias. De 27 de agosto a 15 de outubro. Breve Maritsauá nos verá novamente. Não vamos mais molestar as suas margens fazendo picadas. Lá no alto, na grande curva que faz o seu formador da esquerda, vamos levantar um rancho para o armazém e outro pequeno para o rádio.

À medida que vamos nos familiarizando com o Diauarum, vamos nos convencendo de que esta área é constantemente visitada pelos índios. Estiveram aqui há poucos dias. Também não é fácil encontrar lugar como este, onde tudo o que o índio procura ele encontra: pequi, macaúba, sapé, cana-brava pra flecha, inajá, mangaba, açafrão etc. Juruna e suyá andam por aqui. Pelos piques batidos acreditamos que os suyá sejam os mais assíduos.

Esta noite de 17, a cachorrada esteve inquieta o tempo inteiro. Desconfiamos que seja por causa de índios. Os cachorros iam até perto da mata, latiam e voltavam rosnando. Em se tratando de caça, ela foge e os cachorros correm atrás. Eleutério à tarde já havia dito ter ouvido "um baruio muito feio" quando foi buscar lenha na boca da mata. Depois da janta a conversa foi sobre índio. Esta noite não vai haver nada. O tempo está feio. Virá chuva na certa.

Domingo entrou e saiu sem novidade. Alguns homens que foram pescar na boca do Suyá-Missu trouxeram muito peixe, principalmente pirarara. É um peixe que abocanha sôfrego a isca. Ele rápido engole a isca, o anzol e bom pedaço de linha. Nem todos os homens comem dele — chamam-no "remoso" (reimoso). Em verdade sua carne não é das melhores. É muito sanguínea.

Para aproveitá-la melhor, logo que a pirarara é tirada d'água corta-se a cauda e pendura-se o peixe para que escorra a maior quantidade de sangue possível. No entanto, a cabeça assada da pirarara é excelente. Aqui não vamos ter falta de peixe. Elias é que sabe: "Piranha e pirarara andam brigano por farta de lugar".

Zacarias pegou uma pirarara, cortou o rabo e jogou n'água outra vez. Ela se bateu violentamente, e isso só serviu para atrair piranhas, que caíram em cima dela e a liquidaram em poucos segundos.

Outra noite com os cachorros assanhados. Alguma coisa correu no varjão aqui perto. Os cachorros correram no encalço, mas não tiveram coragem para chegar. Da boca da mata voltaram rosnando e vieram se acomodar na porta da cozinha.

VANIQUE MANDA REGRESSAR A EXPEDIÇÃO

Reiniciamos a carpa no sapezal. Pusemos dois homens na derrubada da faixa lateral.

Pelo primeiro horário chegou um rádio do coronel Vanique mandando regressar a Expedição. Foi o seguinte o texto:

Villas Bôas PT
Examinamos detalhadamente nossa situação geral e particular VG recomendo não seja construído outro campo margem Xingu VG pelas razões seguintes PT Muito desvirtuar nossa direção marcha PT Estamos momento precário estado transporte aéreo PT Estação chuva se apresenta grande intensidade e campo Xingu com piso já bastante mole VG dificultará CAN iminência ser suspenso VG pelas razões expostas VG abastecimento Iacaré insuficiente e perigoso PT Virtude termos iniciado avançamento exploração já princípios grandes chuvas região PT Cuja responsabilidade não nos cabe VG e sim falta materiais bem antecipadamente pedidos e não atendidos VG recomendo regressem posto Xingu VG a fim passar estação invernosa VG conforme previsão em relatório apresentado presidência em 25 janeiro 48 PT

Por este rádio devemos parar todos os serviços e "decolar" para o Xingu. O rádio de 18, só hoje, 19, tivemos conhecimento. Estávamos ausentes fazendo um reconhecimento no Suyá-Missu. Os serviços andaram bem. Sebastião, no rádio, estava cheio de novidades. No horário da tarde elas foram reforçadas. O CAN havia saído do Rio e com ele o general Borges Fortes de Oliveira, presidente da Fundação. Resolvemos pensar bem sobre o rádio e só depois responder ao coronel Vanique. Trouxemos do Suyá-Missu um caititu, um pato e um mutum. O dia correu sem chuva e o serviço rendeu bem.

O CAN esteve cedo no Mortes e voltou para pernoitar em Aragarças. O general Borges Fortes ficou aguardando em Aragarças o coronel Vanique. Só amanhã virão para o Mortes, informa o rádio.

Terminamos antes do almoço a capina dos 640 metros. No período da tarde iniciamos o destocamento. Com o coronel ausente da base, não quisemos responder seu rádio. Deixamos para amanhã. As nossas atenções agora estão voltadas para os "pulos" do CAN. A hora que ele parar um pouco e o coronel saltar do bojo do dito, mandaremos a nossa resposta.

Soubemos que o CAN estaria hoje cedo no Xingu e com ele o general Borges Fortes e o coronel Vanique. Soubemos pelo rádio que quase nada o avião e os ilustres passageiros permaneceram no Xingu. O avião saiu para Xavantina e de lá para Aragarças, deixando na primeira parada — Xavantina — o general-presidente. Pedimos à estação de rádio do Mortes que nos atendesse em horário extra às oito da noite, para melhor receber a nossa mensagem, que foi a seguinte:

> *Chegamos ontem noite ficando inteirados seu rádio VG no qual senhor acha conveniente regresso vanguarda PT Sobre assunto tomamos liberdade esclarecer seguinte PT Partindo Iacaré este lugar é o ponto mais avançado oferece condições campo pouso terreno alto VG enxuto firme PT Único ponto roteiro até bifurcação permite pista PT Conforme conversação nossa anterior VG distância Iacaré Telles Pires VG uma hora Douglas VG dispensa campo intermediário PT Campo estamos abrindo aqui não visa servir rota é tão somente apoio abertura picada PT Daqui apenas dois dias e meio alcança bifurcação e do ponto que estamos ficam para trás duzentos quilômetros de navegação difícil Xingu PT Dentro quinze dias teremos pista Cabine quando então senhor poderá determinar regresso parte ou totalidade pessoal*

VG caso situação geral não melhore VG conforme o senhor disse rádio PT Não podemos fazer regresso momento VG atendendo seu rádio VG vista não termos gasolina suficiente motores PT Esperávamos pista Cabine receber alguns gêneros que permitissem dar início trabalho picada dezembro ou verão janeiro VG de modo concluir esse serviço etapa máximo começo próximo verão VG ficando restante estação para localização e abertura campo Tapajós PT Aqui serviço correndo normalmente e chuva até agora não tem atrapalhado PT Dentro duas ou três semanas daremos pista e comunicaremos senhor para deliberações achar oportunas PT Nossos gêneros dão conclusão este serviço com alguma folga PT
Os Villas Bôas PT

O GENERAL CONCORDOU COM NOSSO PLANO E MANDOU CONTINUAR

Levamos 34 minutos para passar este rádio. Havia alguma interferência, mas os dois operadores — Sebastião daqui e Pina de lá — são calejados e hábeis profissionais. Combinamos com Pina que o rádio fosse entregue ao coronel na hora da janta — quando ele estivesse ao lado do general Borges Fortes. Se fosse possível, recomendamos que no ato da entrega dissesse ser "um rádio da frente", de maneira que o general visse e ouvisse. Pina pediu que ficássemos na escuta e saiu com o rádio. Decorridos uns dez ou quinze minutos, voltou ele dizendo (Sebastião foi traduzindo os sinais): "Os homens sentados à mesa jantando. Cheguei e disse bem alto: 'Senhor coronel, chegou agora um rádio da frente', e entreguei. Ele pegou e pôs embaixo do prato. Então eu perguntei: 'O senhor quer responder alguma coisa agora?' Ele disse que não, franziu a testa mas começou a ler a mensagem. Terminado, ele entortou a cabeça e passou o rádio para o general, perguntando se ele queria ler. O general disse que sim e tomou o rádio. Quando terminou, disse: 'É preferível que continuem o serviço'. O coronel disse que amanhã responde no primeiro horário".

Ouvida a reportagem do Pina, calamos a estação e fomos para a rede. Logo depois começou a chover pesadamente. Lembramos, então, que no rádio havíamos dito que as chuvas não estavam prejudicando o serviço e que a nossa boia dava com folga. Nada disso. As chuvas já estão nos perturbando e nossos gêneros não dão, nem de longe, para chegar ao fim dos trabalhos. É que de maneira alguma queremos voltar com a Expedição. Sairemos daqui, se quiserem, com campo pronto e etapa vencida. Por vinte dias o problema está resolvido. Agora é tratar de deitar para digerir o caititu da janta.

A RESPOSTA DO CORONEL

A resposta do coronel Vanique veio pelo primeiro horário:

Após entendimento com o sr. general presidente VG informo estar de acordo com o seu rádio PT
Mattos Vanique PT

A resposta veio tal qual esperávamos. Agora é mão na obra para que dê tudo certo. É rezar para São Pedro e comer menos. A destoca é quase só de macaúba. Macaúba é uma palmeira grossa, dura de cortar e de palma espinhenta. A quantidade no trecho capinado é imensa. Cabe agora derrubar e destocar. Serviço ingrato. Terrivelmente cansativo. O cerne é tão duro que às vezes o machado pula.

Do Xingu veio a notícia que o brigadeiro Ivo Borges interditou aquele campo na estação das águas. Grande maçada, senhor brigadeiro.

Está se tornando cada vez mais insistente a presença de índios nas imediações do acampamento. Se não querem dar fala, de duas uma: medo ou má intenção. Esta noite jogaram paus nos cachorros. Borduna, o cachorro mais afoito, foi o visado. Juruna ou suyá? Qualquer dos dois que seja, precisamos ter cautela. Estamos quase descartando a possibilidade de serem juruna. O nosso contato antes da subida do Maritsauá foi muito cordial. Suyá ainda não tivemos a honra de conhecer nem a satisfação de ver. Sabemos, contudo, que são agressivos. Os suyá são índios jê (família linguística), usam o botoque de madeira no lábio inferior e estão em estado de guerra com todos os índios, sejam os da concentração do sul, sejam seus vizinhos juruna, sejam ainda os seus parentes txucarramãe (menkragnotire ou metotire). Voltando aos juruna: lembramos que, apesar da aparência amistosa, uma coisa nos impressionou — foi o olhar agudo e estranho do chefe Mibina.

Nuvens tenebrosas e prenhas d'água rolam sobre nossas cabeças e o campo. Chuva na certa. Agora que precisamos tanto de uma estiagem. O calor estafante e o assanhamento dos piuns e maruins confirmam a predição.

O rádio, a maior fonte novidadeira que foi inventada, veio nos dizendo, reticências dos operadores, que grandes modificações surgirão na Fundação e Expedição. Conjectura é permitida, adivinhação não. Que coisa haverá?

Outubro, dentro das normas tradicionais, é o primeiro mês de chuva. O "inverno" vai ser rigoroso. Há tanta água lá em cima que a dita começou a cair em setembro. Em roda dos pés de pequi lá no campo havia tanto rasto de índio que ficamos alertados e impressionados. Tudo desta noite. Dá para desconfiar que estejam enciumados com a nossa invasão. Principalmente na concorrência na cata do pequi, fruto silvestre muito procurado pelos índios e, agora, por nós. Nas aldeias onde existem pequizais a economia do índio gira em torno da fruta nos meses de novembro e dezembro. O pequi fornece óleo para os adornos corporais e alimentação — assado ou cozido. E as amêndoas do caroço, depois de seco, além de apreciadas, fazem parte do cerimonial do Javari. O pequi nunca é colhido. Quando chega no ponto exato do amadurecimento, ele cai. Isso acontece geralmente à noite. Daí que aquele que chegar mais cedo de manhã tem melhor colheita.

Aqui no Diauarum o índio, com receio de um encontro com o "inimigo" branco, vem de madrugada. Na ida para o serviço os homens arriscam passar pelos pequizeiros na esperança de encontrar algum. Nunca encontram. À tardinha, depois de encerrado o serviço, Cláudio resolveu ir até o campo. Ao passar pelos pés de pequi, deu com um monte de doze frutos. Os donos deviam estar por ali. Naturalmente juntaram, mas não tiveram tempo de carregar. Cláudio percebeu e propositadamente não tocou nos frutos, continuou seu caminho. Na volta, verificou que o dono da colheita, ou os donos, haviam zarpado com o produto.

Estamos chegando nos fins de outubro. Hoje, domingo, 24, amanheceu ensolarado. Alguns trabalhadores foram à caça. Por recomendação nossa foram para o outro lado do rio. Achamos aconselhável evitar a mata do nosso lado — um encontro com os "pelados" não seria oportuno. No regresso trouxeram seis mutuns. O cardápio com esses "perus selvagens" melhorou muito. Para não distrair do campo, não temos caçado fora dos domingos. Assim, o passadio anda se arrastando até sem peixe. Pescar à noite é sempre bom. Mas muitos têm tentado e nada conseguido. Os peixes daqui dormem cedo.

No campo estamos na fase pior, destoca. Destoca seja qual for é sempre dura, mas macaúba é alguma coisa acima de dura. Felizmente o tempo tem nos ajudado muito. O nosso pacto com São Pedro é chuva só de noite. Agora temos um outro com os índios: eles levam o pequi da noite, nós o do dia. É verdade que a safra deles é maior, mas, afinal, eles são os donos da "roça". Pequi no arroz é coisa boa. E quando tem mutum, vira banquete.

O rádio continua funcionando normalmente. Sebastião é eficiente. Mortes vazio de notícias. O coronel foi para o Rio e deixou respondendo pela base o almoxarife Ruy Monteiro, gaúcho de Santa Maria. O dr. Acary está em Xavantina ajudando a olhar a "organização".

Vencemos outubro e estamos no finados de novembro. Suspendemos o serviço e vamos vagabundear em homenagem aos mortos. O CAN saiu do Rio, mas não virá ao Xingu. Está prevalecendo a interdição do brigadeiro Ivo Borges. Os nossos voantes só vez ou outra nos sobrevoam jogando carga e correspondência. Estamos acreditando que a suspensão decretada pelo brigadeiro atingiu os nossos ares, já que campo não temos. O rádio, porém, não confirma isso. Já que isto aqui é insignificante e nós estamos aqui passeando, a interdição dos nossos ares não foi obra do brigadeiro, mas do almoxarife-chefe da base. O rádio nos deu ciência da sentença: "Se nada está faltando lá, não se justifica a ida do avião". Em verdade estamos em falta somente de açúcar, sabão, fumo e outras insignificâncias, como fósforos, sal etc. Em verdade o melhor mesmo seria que a vanguarda só trabalhasse, não comesse. Esse negócio de comer dá um trabalho danado para a retaguarda.

Depois das destocas entramos agora em outro serviço pesado e que machuca: jogar as tranqueiras para fora da pista. Tronco de palmeira é coisa pesada, raiz e folha com espinho não ficam atrás. As chuvas, que tinham dado uma folga, vêm agora entremeadas com os temporais. A ventania dobra a macaúba. No rio as águas encapelam num banzeiro terrível. As barracas, principalmente a nossa, já não aguentam os amarrilhos: ou deles se soltam ou facilmente se rasgam. As chuvas constantes estão nos maltratando muito. Vários homens adoeceram. Uns mostram sinais evidentes de avitaminose. Os casos mais pronunciados, estamos tratando com vitaminas injetáveis. Os demais, com comprimidos de vitamina B e C. Agora que precisávamos de uma alimentação melhor, sumiram a caça e a pesca. Assim passamos a semana. Domingo a coisa melhorou. Os homens que saíram à caça trouxeram um "abastecimento" variado: dois patos, quatro mutuns, quatro jacus e meia capivara. A capivara foi morta do outro lado de uma enseada do rio, rica em piranhas e de travessia obrigatória. A metade da caça teve de ser lançada às "feras" para que elas, entretidas, "liberassem" a outra metade que viria puxada a nado.

Segunda-feira, 8. O dia amanheceu com sol. Logo cedo, pouco mais de nove horas, ouvimos a aproximação do Piper. Distinguimos Olavo e Leonardo. Depois de três voltas começaram a lançar pacotes. Lançaram tudo aquilo que precisávamos e havíamos pedido: açúcar, sabão, fumo, fósforos, sal e correspondência. Concluído o lançamento, o teco-teco rumou de volta para o Xingu. Havíamos assentado que, aproveitando o dia bom, faríamos uma descida até os juruna. Por isso, mal o avião se distanciou, tomamos o batelão pequeno (Orlando, Cláudio e Sebastião), no piloto o Matogrosso e na proa o Aribaum. O motor, depois de muitos enguiços, começou a funcionar direito.

VISITA À ALDEIA JURUNA

Os juruna nos receberam, inicialmente, com grande reserva. Alguns que haviam fugido quando do nosso primeiro contato foram aparecendo devagar, desconfiados. Mulheres e crianças demoraram bastante para dar o ar de sua graça. Assim mesmo foi preciso que os homens chamassem com insistência. As crianças, quando levadas à nossa frente, abriram um berreiro que a custo foi contido. Depois de distribuir algumas ferramentas e colares que levávamos, o ambiente melhorou, chegando mesmo algumas a esboçar um sorriso. A visita não foi demorada. Não era conveniente que isso acontecesse. Visita demorada nos primeiros contatos com índios arredios desperta desconfiança nos visitados. Não é estratégico. Dá ideia de o visitante estar espionando. Mibina, com seu olhar agudo, lá estava. Com o mesmo vagar com que se aproximou, foi se afastando. Com sua cabeleira corrida, alguns fios brancos, repartida no meio, o velho juruna manteve a mesma postura de reserva, desconfiança, prevenção, tomada no primeiro encontro.

O motor não fez feio. Na primeira cordada ele pegou e sem resfolegar começou a andar. Os índios gostaram da novidade, houve até um que deu um grito de satisfação. À noitinha chegamos ao Diauarum. Tudo calmo. Os serviços correram bem. Concordamos com o baiano Umbelino, que, elogiando a si e aos companheiros, costuma dizer: "É difício ajuntá gênti qui nem nóis, pra trabaiá pareio [parelho]".

Diauarum é o limite norte do pequi. Lá nos juruna já não há mais, daí a dedução de que esse vegetal não é nativo da região dominada pela mata. A espécie que os índios apreciam, grande, carnuda, amarela ou branca, é nativa do cerrado. O pequi do Xingu foi trazido pelo índio no seu proverbial amor ao replante. O seu irmão da mata, o pequiá, é miudinho, amargoso, pobre de polpa e desprezado pelos índios.

Com a ida aos juruna fica confirmada a nossa suspeita de que as visitas noturnas e a "sociedade" no pequi são exclusivamente suyá.

O DIA A DIA NO ACAMPAMENTO

Estamos agora numa situação singular, mais de vento que de água. Vento constante, que arrepia as águas do rio, dificultando a pesca. Nossa posição aqui no Diauarum está se consolidando. As áreas limpas do terreno já recebem as primeiras forquilhas de ranchos. O campo, por outro lado, toma feição de coisa bem-feita. Nas cabeceiras dele a mata tombada amplia o horizonte. Os trabalhos no acampamento tomam a rotina de uma fazenda. O rádio traz e leva notícias. As que vêm são chochas; as que vão não são tão esperadas, pois são quase sempre pedidos.

José Matogrosso, motorista, resolveu virar carapina. Como a matéria-prima de carpinteiro está na mata, o dito começou por derrubar um landi. Não conhecemos nem duvidamos das suas aptidões com plaina, serrote e compasso. Temos certeza de que como machadeiro a coisa falha, pois na terceira machadada confundiu a árvore com o pé e fez no dito um corte fundo e largo.

O rádio nos informou que os nossos teco-tecos nem cismam em sair do chão. O vento não deixa. O CAN continua indo e vindo, mas para nós nada trazendo, pois graças ao brigadeiro Borges, Xingu continua interditado.

O pessoal anda reclamando do frio. Frio em outubro? É possível. Pra gente habituada nos 38-40 graus, dezoito é clima para esquimó.

O rádio nos deu a boa notícia de que, como amanheceu sem vento, Olavo no Piper e Clóvis no Fairchild virão nos sobrevoar. Viriam, seria melhor. O vento reapareceu, eles voltaram do caminho.

Nova estiagem do vento. Nova tentativa. Dessa vez deu certo. Embora o campo não esteja totalmente concluído, os dois aviões, com muita perícia dos pilotos, desceram. Registramos a data do primeiro pouso na pista Diauarum: 24 de novembro de 1948. Campo trabalhoso. Mais de 1.800 macaúbas, de palma espinhenta, foram cortadas, repicadas e jogadas fora da área da pista e da faixa de segurança. A única mágoa foi que tivemos de arrancar, cavando até as raízes, dois pequizeiros enormes. Lá no fundo, no pião da raiz, encontramos cacos de panela. Isto vem confirmar, mais uma vez, que esta espécie de vegetal — típica da zona do cerrado — foi trazida para aqui pelo índio e, mais importante, em muda já crescida, na panela.

Os dois aviões decolaram regressando. O piloto do Piper, lá do alto, gritou que estava chegando uma canoa no porto, conduzida por índios.

Sebastião, o nosso excelente operador de rádio, seguiu com um dos aviões e em seu lugar ficou o principiante Dorival. Voltando do campo encontramos no acampamento três juruna, visivelmente incomodados, nos esperando. Trouxeram-nos dois mutuns-de-castanha que abateram na viagem. Levamos os índios até o campo, onde os homens estavam empenhados na aplainação. De todos os serviços é o menos pesado, mas o mais demorado. Perto do campo havíamos encontrado uma pequena área com açafrão. Tal como o pequi, essa planta deve ter sido trazida pelos índios. De certa forma, um fenômeno mais interessante que o do pequi, pois é sabido que o açafrão é especiaria e, como tal, deve ter vindo do litoral. A novidade correu rápido e chegou até o cozinheiro. Foi o quanto bastou para que passássemos dali em diante a comer tudo com açafrão. Peixe com açafrão, carne com açafrão, açafrão com açafrão... Os pratos vinham para a mesa mais amarelos que o amarelo da bandeira nacional. José, o carpinteiro frustrado, está melhorando do corte no pé e jurando abandonar a "profissão".

A estação de rádio está funcionando regularmente. Dorival, o iniciante que substituiu o veterano Sebastião, está conseguindo falar e ouvir. A nossa aviação é que anda capengando. O Waco Cabine, que estava sendo reparado em São Paulo e no qual depositávamos toda a nossa esperança, no primeiro voo depois que voltou deu um cavalo de pau e lá se foram as duas asas. O único que está ainda conseguindo voar é o Fairchild, embora com vazamento de óleo!

Estamos agora bem alojados em ranchos de palha. Deixamos as lonas que já não seguravam mais as chuvas. O que elas estavam fazendo primorosamente era canalizar para "pontos estratégicos" as águas colhidas, fazendo biquinhas aqui e acolá. Por outro lado, as várzeas onde tínhamos as nossas barracas já andam com mais de um palmo d'água.

Há muito que não sentíamos pane nas comunicações. Hoje o motor pifou. O simpático principiante Dorival maneja os aparelhos com o cuidado de quem não os conhece. Tal como nos tempos do Celino, as panes saltam de um setor para o outro: do transmissor para o receptor; não tendo mais para onde ir, pulam para o motor.

METEOROLOGIA CABOCLA

Assim mesmo, sem o nosso "boletim meteorológico", danado de caboclo, que não vai além do "tá chovendo", ou "não tá chovendo", aterrou à tarde Clóvis no Fairchild. No banco de trás um saco de arroz e uns pacotinhos. Nada além de oitenta quilos! Não há dúvida de que é uma viagem sacrificada para o piloto vencer quatro horas com tempo ruim para trazer tão pouca coisa. O tempo segurou o avião dois dias aqui. Chuva branca, como diz o maranhense Zé Luís.

— Chii, moço, chuva branca é três dias sem pará.

Como percebe um certo ar de descrença nos ouvintes, acrescenta:

— Entonce ocês num viro o curu-curu descê o rio triscano n'água a ponta da asa? Pois é, curu-curu quano noitece sobe o rio pra buscá chuva. Quano tá craereano ele desimbesta cabeça-baxo [rio abaixo], gritano mode a chuva qui vem vino atrais.

O certo é que com ou sem curu-curu, vem desde ontem caindo de um céu totalmente branco uma chuvinha impertinente.

Estamos aqui com um verdadeiro jardim zoológico, mas tudo na solta: uma arara, duas curicacas, uma gaivota (pajé-da-praia), uma mãe-da-lua, um monjolinho, um veado e um caititu com um palmo e meio de altura que pegamos ontem.

Quando começa a chover, a algazarra não tem termo: grita a arara, voam e gritam as curicacas, saracoteia o veadinho, anda de um lado para outro a gaivotinha em passos miúdos e antipáticos. Enquanto isso, indiferente ao aguaceiro, o monjolinho continua marcando compasso com o corpinho. Isto não se falando do caititu, que, mais atrevido, fica dando vertiginosas corridas dentro do rancho.

Hoje, dia de Nossa Senhora — 8 de dezembro —, suspendemos os serviços. Em homenagem ao dia e ao Cláudio, que aniversaria. À tarde chegaram quatro juruna, cada qual com sua rede. Sinal mais que evidente que vão pernoitar. Trouxeram três mutuns e alguns peixes. Alojamos os três em um dos seis ranchos que fizemos no acampamento. Ranchos sólidos de pau a pique e cobertos com palmas de inajá.

Com o céu branco, jogando chuva branca, é claro que não se pode esperar avião. E seria bom que ele viesse. Andamos já sem banha e sem sal. Arroz, café e farinha já foram. Açúcar temos um pouco — tudo indica que a fabricação é de lá mesmo, Xavantina. A técnica, com certeza pouco aprimorada, faz com que o produto azede e crie bicho.

Nossa pane de rádio ou é de tudo ou ainda não foi localizada — se no receptor, transmissor ou motor.

Os índios, carregados de coco de macaúba, regressaram à aldeia.

Hoje amanheceu com chuva, mas o céu está cheio de nesgas azuis. Mesmo assim, o aguaceiro recomeçou pesado e enfadonho. À noitinha, novamente choveu. Na janta o assunto foi o tempo. Todos estranhavam mudanças tão bruscas num só dia. Zacarias não perdeu vaza e deitou sabedoria:

— Hoje, 13 de dezembro, é dia de Santa Luzia. É assim mesmo. Cada hora do dia representa um mês do ano. Se chove nessa hora quer dizer que vai chover nesse mês. Ocês viram que de manhã estiou? Pois eu assuntei — era a hora de dezembro e um pocadinho de janeiro. Sinal que vai ter um verãozinho ainda este mês.

Concordamos com Zacarias, nem podíamos duvidar da força de Santa Luzia. O prestígio do Zacarias ficou meio abalado nos dias 14 e 15 com a chuva branca que continuou caindo. Dia 16 a coisa foi séria. Amanheceu ventando norte. O sol despontou bonito e o dia foi azulando rapidamente. Zé Luís, o outro "meteorologista" — aquele do curu-curu —, não conseguiu ocultar a sua admiração pelos prognósticos do Zacarias. Exclamou:

— Mais moço! Esse Zacarias tem mesmo parte com o "cão". Falô que ia pará de chovê e parô mesmo. Nem o curu-curu gritou mais.

Elias reforçou:

— Nessas coisa eu sempre arrespeitei êssis hómi da cara rasa.

Zacarias, cafuzo de rosto largo, dá mesmo ideia de "cara rasa" de que tanto fala Elias.

Aproveitando o bom tempo, os dois teco-tecos de Xavantina trouxeram cem quilos de carga cada um. Como o nosso rádio vinha fora do ar havia alguns dias, num dos aviões veio um receptor. Dorival, o nosso radioperador aprendiz, anda com muito pouca sorte. Ele e nós, pois, ao ligar o receptor que chegou, houve um quiproquó e lá se foi o "engenho". Queimou! Aproveitando o bom tempo lá se foram de volta as aeronaves. O asa-baixa Fairchild, com Clóvis no piloto, foi até o Xingu com intenção de voltar até aqui com outra carga. O Piper, com Juca na direção, continuará para Xavantina. A previsão de Zacarias está dando certo. O tempo firmou. Não obstante, o rio sobe a cada dia. Deve ser chuva grande no alto, nas cabeceiras. Santa Luzia está do nosso lado. A enchente espantou a caça beira-rio. As praias desapareceram. Jaburus, na mais variada formação, cruzam por sobre o acampamento rumando para o sul. Até a piranha, que andava vasqueira, com estes dias de estiagem voltou a pegar no anzol. Nesta época piranha é bom prato.

Novamente os dois aviões. Num deles chegou outro radiorreceptor, vindo lá do Kuluene. Dorival, com muito cuidado, conseguiu ligá-lo. Anda apanhando para fazer o mesmo com o transmissor. Juca regressou de uma vez para Xavantina; Clóvis, tomado de fúria aviatória, está num vaivém Xingu-aqui, aqui-Xingu.

Nosso estoque de boia dá para quinze dias. O CAN, obediente às recomendações do brigadeiro Ivo Borges, continua não vindo ao Xingu. Não obstante o campo esteja firme. Parafraseando o axioma "há razões que a própria razão desconhece", podemos dizer "há razões que a própria aviação desconhece".

Quatro homens adoeceram: Antônio Ferreira, Zacarias, Salomão e o "meteorologista" Zé Luís.

Dorival, persistente, conseguiu pôr a estação no ar. Funciona, embora não plenamente. Nossos sinais, dizem, chegam bem por lá; os de lá são imperceptíveis aqui.

UM DIA DE PAZ NA ATRIBULAÇÃO DE UM ACAMPAMENTO

Dia de Natal — 25 de dezembro de 1948. Desde ontem ao meio-dia suspendemos os serviços. Hoje, maior dia da cristandade, o mundo católico se inclina ante o nascimento do Salvador.

Dos doentes, só Salomão continua na rede. Nada que preocupe. Indisposição à toa, de quem quer descansar um pouco. Ontem, no período da tarde, alguns trabalhadores que saíram à caça trouxeram um veadinho garapu. Embora bem guardado em jirau alto, à noite o cachorro Juruna conseguiu alcançá-lo e arrastar para o mato. Tiveram assim os cachorros um repasto melhor que o nosso. Muito melhor. O nosso foi arroz, feijão e o lombinho de uma oncinha maracajá, abatida logo cedo aqui por perto.

Tivemos uma boa folga no fim da semana. O Natal emendou com sábado e domingo. Os caçadores que foram para os lados da mata trouxeram um caititu que "devoramos" hoje no almoço.

Voltamos à normalidade dos serviços e das comunicações de rádio.

O CAN chegou ao Mortes. A única notícia, que aliás não constituiu novidade, foi a não vinda do coronel, que estava sendo esperado. Seguira para o Rio no dia 1º de novembro. A notícia que dele tivemos foi a de seu casamento, recentemente, no Rio.

Uma vara de caititus passou esta noite pelo nosso campo. Andava com certeza procurando pequi. Logo cedo, quatro homens que destacamos saíram na batida da vara levando os cachorros Borduna, Bolão, Roncador, Juruna e o principiante fujão Bilingo.

A corrida começou na cabeceira do campo. Os cachorros, a princípio, cheiraram aqui e ali para melhor se orientar sobre a direção seguida pelos porcos. O primeiro sinal foi dado pelo Borduna, que, latindo e saltando os troncos tombados de macaúba, embrenhou-se na mata seguido pelos outros. Numa caçada de porcos os cachorros ficam muito expostos à sanha dos perseguidos, principalmente quando o cão é valente. Raramente voltam sem profundos ferimentos. A vara de porcos, num movimento de defesa, procura na mata os lugares mais fechados para se ocultar. O êxito da caçada depende do caçador. Os cachorros irritam os porcos, mas não avançam sobre eles. Guardam uma pequena distância e não param de latir. Cabe aos caçadores, na animação da caçada, se aproximar depressa:

— Vâmus gênti — exclama um. — Os cachorros já tão chorano muito dentro [longe].

Nessa corrida que começou no campo, pouco depois não se ouviu mais o latido dos cães. O regresso se deu cinco horas depois. Vinham os homens encharcados da mata molhada. O resultado não foi dos piores. Raimundo e Alcides vinham arcados com os caititus às costas. Elias trouxe um belíssimo tatu-canastra, com um metro de comprimento. Os cachorros foram chegando espaçadamente, primeiro um, depois outro. Vinham cansados, andando devagar. Uns feridos levemente, outros mais graves. Bolão com talho no focinho; Bilingo, novato na lida, com um corte profundo na altura da costela; Borduna e Roncador, os mestres, um ferido na pata dianteira, outro no quarto traseiro.

AS CONJECTURAS DO CACHORRO BORDUNA

Medicados, os cachorros procuram cada um o seu canto e lá ficam aguardando o prêmio do esforço. Uma perna de caititu mal assada esfriava em cima do jirau. Por uma coincidência, Borduna descansava a pata machucada sobre uma folha de revista onde se via a fotografia de um cãozinho peludo detentor do primeiro prêmio numa exposição. Se numa exposição desse tipo valesse a "folha de serviço", o que apresentaria esse mimoso peludinho? Nada, a não ser o paladar educado capaz de consumir leite vitaminado, presunto, rações especiais e coisas finas.

Dirão os entendidos que a raça apurada é que vale. Ora bolas — diria o Borduna —, já se esqueceram o que aconteceu às criaturas da super-raça? Raça de galinha, vá lá, dá mais ovos. De vaca também, dá mais leite; de cavalo idem, corre mais. Mas de cachorro? Que se respeitem o útil São Bernardo, o pastor da vigilância, o fila pegador de bois, mas esses peludinhos comedores de presunto, esses fox lisinhos, antipáticos, isso não. Queria ver — continuaria o Borduna ou o Roncador — o que fariam esses grã-finos frente a uma onça; na batida dos porcos; no rasto de uma anta; na toca de uma paca; nas pegadas de um veado; queria vê-los correndo na mata, saltando paus, estrepando-se nos tucuns, furando grotas, atravessando rios e lagoas, esbarrando com jacarés, se alimentando quando há boia, roendo coco e comendo peixe. Queria vê-los, ainda, vigilantes a noite toda para dar o alarme na aproximação do índio bravo. Não dariam no couro esses bonitinhos, como, por outro lado, morreriam entediados os nossos vira-latas se, de coleiras vistosas, ficassem aguardando o julgamento de um concurso.

MAIS UM ANO VENCIDO — 1948

Chegamos a 31 de dezembro de 1948. Um ano vencido cheio de trabalho. Algumas vitórias e muitas frustrações. Um ano onde os malogros foram compensados por coisas que vimos: índios nunca contatados, rios desconhecidos.

Alguns homens saíram à caça. A intenção era pôr os cachorros numa batida de porcos. Mal deram os primeiros passos na mata, toparam com uma bonita onça-preta. Das onças, principalmente para os cães, a preta é a mais perigosa. As outras, pintada, parda, quando acuadas sobem em árvores geralmente baixas, tornando-se alvo fácil — a preta não, a preta procura os lugares mais emaranhados para se ocultar. Se os perseguidores, caçadores ou cães, se distraírem, ela avança. A de hoje, morta por Édson e Salomão, era um belíssimo exemplar da "iauarum" (onça-preta), nome dado pelos índios a essa onça e a este lugar, que, por uma pequena corruptela, ficou sendo Diauarum.

À tarde chegou o Fairchild asa-baixa com Clóvis. É terrível este moço! Havendo autorização e estando o tempo pouco acima do sofrível, ele não para, voa. Voa com boa vontade e destemor. Aliás, essa qualidade todos os nossos pilotos têm. A rota por aqui é o que pode haver de ingrato, um terço de cerrado e dois terços de mata. A nossa frota é paupérrima. O asa-baixa doado pela FAB era de treinamento de aluno. Encostado por obsoleto foi cedido à Fundação. Hoje, já meio descascando, soltando a pintura, e vazando óleo mais do que recomenda a prudência, continua voando em regiões onde as praias e os rios constituem as únicas alternativas. Pelo mesmo caminho vai indo o Paulistinha, manhoso e moroso no caminhar e, também, modesto no carregar.

Não sabemos se já existe o dia da "aeronáutica civil", ou do "piloto civil". É possível que sim. Temos dia de tudo neste país. Justo seria que, naquele dia que fosse o da "aeronáutica", houvesse uma menção especial ao piloto civil do sertão. Pilotos de teco-teco, de taxi-aéreo, que cortam regiões isoladas, descendo em campinhos, saindo de varjões, levando remédios e trazendo doentes. Heróis anônimos.

Seguro pelo mau tempo, Clóvis passou aqui conosco o *réveillon* de 1948. Não festou, não dançou, mas em compensação jantou bife de lombo de onça-preta.

TUDO VELHO NO ANO NOVO QUE COMEÇA

Começou hoje o ano de 1949. Em homenagem à data ele chegou sem chuva, mas ventando muito. Assim mesmo Clóvis, com o seu asa-baixa, foi duas vezes ao posto Xingu buscar gêneros e ainda achou tempo para ir pernoitar lá. Se o tempo permitir, está em seus planos fazer mais algumas viagens antes de se recolher à sua base, Mortes. Sua última aterrissagem aqui foi sob chuva pesada. Felizmente a descida foi normal, graças às suas manobras seguras e desembaraçadas. Melhorado um pouco o tempo, ei-lo alçando voo direto para a sua querência — Mortes. O tempo permitindo, ele escalará em Kuluene, levando suprimento. Valadão, o encarregado de lá, está com o estoque a zero. Compensando essa "abastança", o coronel Vanique instruiu a contabilidade que reduzisse em cinquenta cruzeiros os vencimentos dos três trabalhadores de lá, por medida de economia. O posto tem pouco serviço, foi a alegação.

Vindo do alto rio chegou uma canoa de casca de jatobá tripulada por quatro índios — Cuçapu, Tamacu e Evaú com o filho. Os dois últimos são juruna raptados de sua aldeia pelos suyá e mais tarde desta pelo kamaiurá.

Zacarias, como meteorologista, está levando a palma. As chuvas estão escassas e, quando vêm, são temporais passageiros. Andamos uns terríveis comedores de onça. Não que seja uma carne apreciável. Nada disso. É o que o nosso "criatório" pode oferecer. Os demais componentes da nossa fauna andam ariscos. A enchente que começa vem tocando para longe as varas de porcos-do-mato (queixada, caititu), os veados, as antas, as pacas etc. Hoje foram para a panela o lombo e uma perna de jaguatirica "assassinada" aqui perto. Com a chegada dos índios que vieram lá de cima, começamos a comer peixe. Peixe bom pego na flecha: matrinxã, tucunaré, jaraqui e outros. Ontem eles trouxeram quatro tracajás.

Hoje, dia de Reis, 6 de janeiro, comemos uma macarronada reforçada com os tracajás que os índios pegaram no rio. O macarrão, totalmente fora das nossas provisões normais, foi presente de Xavantina (Mortes). O dia é de rega-bofe. Pra janta vamos ter um tucunaré ensopado e três matrinxãs assados. Só está faltando qualquer coisa que não seja água.

Chegou de surpresa o Fairchild conduzido por Clóvis com carga do Xingu. Com a não vinda do CAN, a estocagem no Xingu está sendo feita pelo Juca com o Waco Cabine.

CORONEL VANIQUE, A SURPRESA

O rádio deu notícias da volta do coronel Vanique. Deve chegar amanhã a Aragarças com o comercial da Central Aérea. Ele foi para o Rio no dia 1º de novembro e volta agora, 8 de janeiro.

Fizemos um voo sobre os juruna. Lá de cima gritamos para eles na praia. Xatuná, que estava a bordo, gritou o seu nome para impressionar os parentes. À tardinha chegou a canoa juruna, uma que vimos na praia. Embarcação enorme, dez metros de comprimento, feita de um tronco só, com capacidade para mais de mil quilos. Vieram Jubé, Pauaidê e mais quatro moços — Daá, Pitsaka, Pixanda e Carandine. Trouxeram um jacá de milho verde. Ficaram muito contentes em encontrar aqui Xatuná e Evaú, os irmãos juruna raptados pelos suyá quando mocinhos e depois pelos kamaiurá quando de uma luta entre as duas aldeias. Contam os dois que da praia ouviram o grito "Xatuná!", do avião.

O rádio confirmou a chegada do coronel Vanique e foi além, disse-nos que ele foi desligado da Fundação Brasil Central e Expedição, por determinação da presidência da República, e volta às fileiras do Exército. Sua vinda até Xavantina é para arrumar seus pertences, bagagens, papéis e, ainda, despedir-se do pessoal. A notícia foi uma surpresa para todos. Alguma coisa aconteceu que precipitou a saída do coronel. Não era intenção dele voltar às fileiras. Na última vez que esteve aqui na vanguarda falou em planos que já estavam assentados e para os quais não havia limite de tempo.

O canoão juruna desceu para a aldeia somente com três índios. Os outros três e mais três que vieram lá de cima ficaram aqui. Amanhã ou depois eles irão conosco. Diauarum está numa movimentação fora do comum.

NOVA VIAGEM À ALDEIA JURUNA

Saímos cedo para a aldeia levando os seis índios que ficaram no acampamento. Como protesto ao trabalho imposto, o motor Arquimedes saiu "espirrando" pela "estrada" afora. O remédio foi repousá-lo no fundo do barco e substituí-lo pelo Penta 4 $^{1/2}$. Com este não houve problema, chegamos sem tropeços ao aldeamento. Em lugar de fuga, desta vez tivemos quase toda a aldeia na barranca nos aguardando. Demos pela falta do Kaiá e do Mibina. O primeiro, soubemos, resolveu dar uma volta na mata, visivelmente contrariado com a visita estranha. Mibina não apareceu no porto. Permaneceu no rancho, sentado na rede trabalhando uma ponta de flecha. O Kaiá mandamos um menino chamar, e o Mibina fomos até lá abraçá-lo. Mais descontraído, sem chegar a ser expansivo, o velho índio nos recebeu sem riso, mas bem mais amável. Queríamos conquistá-lo, não só por ser o mais velho da aldeia, como também por ser o filho mais velho da excepcional índia Jacui, uma juruna-xipaia. Jacui anda beirando os oitenta anos. Gorda, quase 140 quilos, alguns fios de cabelo brancos na cabeleira escorrida, ela é a conselheira da aldeia. Assim que nos viu (Cláudio e Orlando), passou a nos chamar de "uza-puca" (filho).

Jacui, mãe de Kaiá e Mibina, é, sem a menor dúvida, a maior atração da aldeia juruna. Nascida no Baixo Xingu, a jusante do porto de Moz, quase na foz do rio, era descendente direta do grupo xipaia, pertencente aos juruna. Nenhuma mulher xinguana teve uma vida tão atribulada como a extraordinária Jacui.

A história do seu povo e a dela ouvimos narrada por ela própria com a ajuda dos velhos Kaiá e Jubé. São estes dois, mais Mibina, Toro e Ajubarrô, os remanescentes dos juruna daquele tempo, que haviam conhecido seringueiros abaixo das longas corredeiras da serra Encontrada. Perseguidos pelos seringueiros, os juruna foram forçados a emigrar para o alto rio, bem acima das corredeiras. No processo de acomodação na nova região tiveram de lutar com os temíveis menkragnotire, ou metotire, que passaram a chamar de txucarramãe (homens sem arco, em juruna), pelo fato de não usarem mesmo arco. Tentando escapar da região dominada pelos numerosos txucarramãe, os juruna foram esbarrar em outro índio — o suyá (krinkatire), da mesma família dos anteriores mas inimigos entre si.

A luta juruna com esses dois inimigos durou muito tempo, até que outros índios vindos do sul e que brigavam com os suyá passaram a brigar com os juruna também — eram os kamaiurá. Numa luta entre estes dois últimos, os kamaiurá raptaram Jacui e o seu filho Mibina, meninote. Jacui viveu bom tempo com os raptores — até começarem a ter confiança nela, como ela conta. Certo dia, ela e o filho levantaram mais cedo, foram para o banho na grande lagoa do Ipavu, se apoderaram de uma canoa pequena e fugiram para o rio grande — o Kuluene. Em anos de enchente a lagoa emendava com o rio. A perseguição kamaiurá foi tenaz. Jacui conta que mais de uma vez, quando percebia a aproximação dos perseguidores, tocava para a margem, afundava a canoa e escondia-se com o filho na mata ou, então, dentro do próprio rio. Levaram quase "uma lua" (trinta dias) até encontrar os parentes. Depois do rapto de Jacui e o filho Mibina, os kamaiurá, lutando com os suyá, levaram dois juruna que em luta anterior os suyá haviam raptado — Evaú e Tamacu (Xatuná).

Ficamos até a noitinha ouvindo a história de Jacui. A narrativa do índio é sempre minuciosa. Ele é a criatura do detalhe.

Chegamos ao Diauarum noite fechada. Forte temporal passou por nós e foi desaguar lá embaixo. Na estação de rádio só havia uma notícia: o dr. Noel chegara a Xavantina e viria para cá amanhã.

Uma linda garça-branca desceu no pátio do acampamento. Provavelmente veio de alguma aldeia, daí o não ter medo de ninguém e aceitar de bom grado o peixe que lhe foi dado. Janeiro continua nas previsões de Zacarias feitas no dia de Santa Luzia, chuva fraca e sol forte — é o verãozinho de janeiro.

O TELEGRAMA DO PRESIDENTE

À tarde chegaram os dois voantes da nossa minguada frota: Fairchild com Juca e o dr. Noel; Paulistinha com Olavo e Leonardo. Leonardo veio cheio de novidades. O dr. Noel, que chegara com o último CAN do Rio, trouxe uma portaria do general Borges Fortes recomendando que fizéssemos uma estimativa do material, gêneros e pessoal necessário para o término desta etapa. Logo depois os dois voantes decolaram para o sul (Xingu-Xavantina).

Olavo, contudo, ficou de voltar amanhã com gasolina. Com este combustível pretendemos mandar um dos batelões até o posto Iacaré (Xingu), a fim de trazer toda a carga que lá temos. Isto não só para poupar os aviões como também atendendo à crise de gasolina para avião.

No primeiro horário chegou um rádio da presidência dando ciência oficialmente do desligamento do coronel Flaviano de Mattos Vanique, devido a sua reversão ao Exército por ato da presidência da República. Para substituí-lo, o general-presidente convidava Orlando. Foi o seguinte o texto da mensagem:

Orlando Villas Bôas PT
Virtude regresso coronel Vanique Ministério da Guerra VG espero aceite convite ora lhe faço substituí-lo PT Arbitrei cinco mil cruzeiros vencimento substituto aquele oficial PT
Presidente PT

Foi uma maçada a lembrança. Nem de longe esperávamos uma coisa dessas. Nossa primeira reação foi a de agradecer e declinar o convite, mas o dr. Noel, ainda aqui conosco, argumentou de maneira contrária e nos convenceu a tratar primeiro do assunto com o presidente. Aceitamos a sugestão e radiografamos:

Presidente general Borges Fortes PT
Concordo dizeres seu rádio PT Gostaria antes conversar senhor primeira oportunidade PT Aguardo instruções PT
Villas Bôas PT

O vaivém de índios está aumentando. A novidade juruna, inimigos figadais de todos os índios lá de cima, é um convite ao intercâmbio. Agora são os trumai. Em três canoas de casca de jatobá vieram: Aluari e família, Djanari e mulher, Maracuiauá e família. Todos magros e doentes. Com a chegada dos trumai nesse estado, os juruna fugiram com medo de gripe.

Olavo chegou com a gasolina que vai permitir a subida do batelão. O cujo zarpa daqui amanhã cedo. Na última radiocomunicação chegou nova mensagem da presidência:

Atenção Villas Bôas PT
Sugiro vossa vinda esta Capital pelo CAN com regresso avião Central Aérea segunda-feira dia 31 PT
Presidente PT

Diante do rádio do general "não há o que pleitear", é ir para o Rio. Bem cedo saiu o batelão rumo ao posto Iacaré, levando Orlando, o dr. Noel, o cozinheiro Eleutério e os índios Aribaum, Evaú e Tamacu. Orlando seguia para atender o chamado do presidente da Fundação. Antes da partida, em horário extra bem cedo, chegara um novo radiograma:

Orlando Villas Bôas PT
Comunico-vos assinei hoje vossa nomeação chefia base Xavantina com jurisdição sobre atividades Fundação a partir Aragarças inclusive até Tapajós PT
General Borges Fortes de Oliveira PT

Os trabalhos continuam normalmente. No campo os trabalhadores estão empenhados no alargamento da pista, nivelação de alguns trechos e remoção de cacos de panela que surgiram em alguns pontos. À tarde choveu pesadamente. O que não constitui novidade, já que estamos em pleno "inverno". O pessoal do barco deve ter "aproveitado" toda a chuva. Os trumai doentes e examinados pelo dr. Noel estão em tratamento. Alguns homens que foram pescar trouxeram um bom número de piranhas. Além do nosso pessoal, temos de alimentar os doentes. A noite foi toda de chuva. No primeiro horário do dia soubemos que o batelão chegou ao posto Iacaré às três horas da madrugada. Significa que viajaram o dia todo e mais de dois terços da noite e madrugada.

Três trabalhadores, "por solidariedade" aos trumai, caíram doentes, só que começaram com disenteria. Para isto temos uma excelente fórmula do dr. Noel e que batizamos de "bate-entope" — sulfaguanidina com elixir paregórico. O resultado é danado de bom. Para mesmo.

Os pescadores estão melhorando a qualidade da pesca. Em lugar de piranha, agora é matrinxã. A ventania da tarde foi daquelas de desempalhar rancho. Achamos uma fonte de vitamina C — cajazinho do cerrado. O dito quer fazer as vezes do cajá-manga — não substitui, mas arremeda bem. Os trumai já convalescidos foram para a mata à procura de um jatobá troncudo para fazer uma canoa da casca. Alguns índios que estavam pescando no meio do rio pressentiram porcos (caititu ou queixada) na mata do outro lado. Destacamos alguns homens que atravessaram o rio levando os cachorros. Infelizmente nada conseguiram. Mata suja, alagadiça, cheia de tropeços. Há alguns dias vimos sentindo a presença incômoda dos piuns — borrachudos. Hoje piorou consideravelmente! Fomos atacados sem piedade por uma nuvem desses insetos.

Diauarum, um dos nossos cachorros-mestres, morreu picado de cobra. De nada valeram os soros. Pobre cão. Deixa saudade. Não pelas onças que valentemente acuou, mas pela mansidão do seu olhar de cão paciente e obediente. Difícil encontrar um lugar tão frequentado de onças como este. Todas as noites, infalivelmente, elas vêm esturrar aqui na beira da mata. E não fica só nisso; outra lá do outro lado do rio responde. Aribaum, o índio waurá que nos acompanha, jura que a última que ouvimos esta madrugada não era outra coisa senão índio, talvez suyá, nos rondando. Nada de mais. Há dias vimos pressentindo a aproximação deles. Pelo jeito não se trata de uma aproximação amistosa, de bem-querer, nada disso. Todo índio da grande família jê é matreiro. Recomendamos ao pessoal e não permitimos mesmo que alguém vá sozinho para a mata em serviço ou para caçar. Nunca menos que três. É muito difícil o índio, mesmo que seja mais de um, emboscar dois, e muito menos três. Não temos a menor dúvida quanto aos que andam nos rondando: são os suyá do Paranaiuva. Diauarum é a sua querência centenária.

Elias está se especializando em tatu-canastra — é o segundo que traz. Já recomendamos, agora vamos proibir que se mate essa espécie. Ela está em franca extinção. São enormes, chegam às vezes a pesar sessenta quilos, com um metro de tamanho. A carne é comível, mas não é saborosa. Macaco é muito melhor. No campo a atividade consiste na remoção de terra para sulcos pronunciados. Para facilidade da remoção fizemos carrinhos, de caixões de madeira. Não deixa de ser pitoresco homens barbudos, com facões na cinta, empurrando carrinhos como se fossem brinquedos. São muito comuns descargas elétricas no começo e no fim da estação das águas. Neste ano, só porque estamos aqui, a natura resolveu alterar o calendário, promovendo descargas terríveis, secas, às vezes atrevidamente, nos calcanhares da gente. Os trumai que foram à caça voltaram carregados de macacos-pregos e uns dois macacos-pretos — também chamados cuatás ou aranhas. Esses índios, que cansaram de guerrear os juruna, principalmente Aluari, estão assanhados para visitá-los na aldeia, mas em dúvida quanto à recepção que podem ter.

Continuam os carrinhos meio aos pulos, devido às rodas malfeitas, no campo. Mais de duzentas viagens por dia de um lado para o outro. Esta noite os nossos rondantes saíram do sério. Barulhos insistentes e estranhos que não chegaram a nos assustar, mas ficamos parte da noite sentados na rede. A cachorrada, alvoroçada, corria de um lado para o outro. Não tivemos receio de uma surpresa ou mesmo um ataque dos índios, porque, é lógico, quem faz barulho não ataca. Estamos começando a desconfiar de que eles querem nos amedrontar a ponto de abandonarmos o lugar, e com certa razão. Diauarum é que os abastece de taquari para flecha, pequi, açafrão, macaúba e lugares excelentes para flechar peixe.

Para os nossos teco-tecos, Mortes-Diauarum é uma etapa longa. Os aviões pequenos que saem de lá precisam de reabastecimento entre as viagens de ida e volta. Para isso é preciso estocar combustível no Diauarum. Estocar como? Com o Xingu ainda sem CAN? Olavo chegou com o Fairchild trazendo fumo, correspondência e miudezas. Por ele soubemos que é propósito do presidente dar o máximo apoio à vanguarda para que ela possa, no menor prazo possível, alcançar as águas do Tapajós.

Novos entendimentos com a FAB estão sendo feitos no sentido de conseguir outros aviões para a Fundação. Olavo regressou, para pernoitar no Xingu.

TENTANDO CONTATO COM OS SUYÁ

É enorme o volume de terra removida no campo de um lugar para o outro. Terminando esta fase do serviço vamos ter um campo com novecentos metros de pista. À medida que o campo aumenta, aumenta também o pium no acampamento. Parece até que estão sendo desalojados dos seus hábitats. Vacanum, o moço trumai que parece sofrer de epilepsia, segundo a descrição dos ataques que tem, amanheceu bem mal. Está constantemente gemendo e passando por convulsões. A muito custo fizemos com que tomasse algum calmante. Até o momento não apresentou nenhuma melhora. Ao regressarmos do campo, por volta do meio-dia, o radiotelegrafista Dorival e os trumai nos avisaram que, pouco antes, avistaram logo acima do acampamento uma canoa tripulada por dois índios. São os suyá, não há dúvida. Suas moradas são por aqui. Acompanhados por alguns índios, inclusive Cucumim, índia suyá que vive com os trumai, fomos tentar um contato com eles. Por mais que gritássemos, até em língua suyá, eles não responderam. Amanhã faremos uma nova tentativa. Esta noite o que não nos deixou dormir foram as muriçocas.

Logo cedo, com o mesmo pessoal — inclusive a Cucumim — subimos o Suyá-Missu de motor. Tínhamos esperança de encontrar gente na aldeia velha que já conhecíamos. Nada havia, senão sinais recentes. No regresso ficamos sabendo que Vacanum, que tinha amanhecido melhor, teve um acesso mais forte e saiu correndo mata adentro. Procurá-lo na mata é loucura. O melhor é esperar os acontecimentos.

Nosso passadio está melhorando com o matrinxã substituindo a piranha. Os índios têm trazido tracajá. A tarde chegou e nada do Vacanum. As noites quentes como estão acontecendo assanham os pernilongos, que passam a atacar em massa. Índios kamaiurá, em número de dez, chegaram em três canoas. Entre eles Tamacu e Evaú. Todos querem também visitar a aldeia juruna. Amanhã seguirão viagem. Embora contrafeitos, aceitaram a vinda apoiados em Tamacu e Evaú, juruna por eles raptados dos suyá. O constrangimento maior vai ser no encontro com Jacui e o filho Mibina, aquele de olhar firme, fixo e penetrante. É claro que não vão rememorar a epopeia da fuga, mas é certo que ela estará presente na cabeça de cada um.

Do Rio, via rádio, soubemos que o presidente Borges Fortes está empenhado em conseguir na FAB um avião de maior capacidade para transportar gêneros e combustível para a vanguarda.

As canoas kamaiurá saíram para a aldeia juruna. Marcamos hoje, 22 de fevereiro, como um dos dias mais quentes que suportamos nesta estação, e também o mais rico em piuns e maruins. Pode ser muito bem que o dia de hoje seja uma data festiva para esses insetos, ou então, quem sabe, o congresso nacional da espécie.

Há tempos não abatíamos uma anta. Raimundo Anastácio e Medrado derrubaram uma enorme hoje cedo, bem ali na beira da mata. Não foi fácil trazê-la para o acampamento, mas nem por isso deixou de vir. Depois de manteada pusemos ao sol para secar. Vacanum continua desaparecido. Agora somos nós a acreditar que tenha morrido, como vêm afirmando os índios. Faz oito dias que entrou correndo para a mata. A incidência de piuns e muriçocas nestes últimos dias nos leva a crer que está, de fato, havendo um congresso dos ditos por aqui.

— Num sei pru que Deus pois essa imundice pra molestá us vivente! — exclama Zé Luís.

O rádio não consegue ligação com o Mortes. Os trumai foram à aldeia juruna e já chegaram de volta, trazendo com eles Jubé e Mibina — os chefes da aldeia. Ambos bem gripados. Presente, naturalmente, dos trumai. Medicamos os dois com antigripal injetável e comprimidos de vitamina C.

Avião, nada. A farinha e o feijão já se foram. Estamos no arroz com anta e matrinxã no jirau. O que não é nada mau.

Os juruna nos presentearam com arcos e flechas e regressaram à aldeia. Os trumai voltaram impressionados com o aldeamento juruna. Tanto gostaram que acabaram resolvendo voltar para lá com os chefes Jubé e Mibina. Nem parece que foram renhidos inimigos. Na hora da saída, Aluari, chefe trumai, sem a menor cerimônia, avisou que voltará de lá depois das águas! Depois das águas? Ora bolas, daqui a três meses.

No período da tarde, Dorival, o radiotelegrafista, conseguiu falar com o Mortes. Por ele fomos avisados que o FBC está vindo para cá, devendo dormir hoje no Xingu.

Em matéria de clima a noite hoje foi agradável, mas de "imundices", como diz Zé Luís, ela foi plena.

Bem cedo chegou o Clóvis. Deu notícias de que aguardam em Xavantina um avião maior para o atendimento da vanguarda. Parece que vai ser um Northwind.

Alguns homens foram à pesca. O resultado foi estupendo: piranhas, pirararas e matrinxãs. É com certa reserva que o nosso sertanejo aceita a pirarara. Culpam a pobre pelos surtos disentéricos, "perebas" e outros males. O rio está subindo em proporções assustadoras. Estamos próximos da data máxima da enchente, 19 de março, dia de São José. Da enchente de São José em diante o rio começa a vazar. A estação de rádio está tendo dificuldade de se comunicar com as suas irmãs de Xavantina e Aragarças. As chuvas continuam violentas, mas esparsas. Aos temporais se sucedem largos períodos de sol. Mesmo assim o nosso campo, por enquanto, não oferece segurança para aviões acima da categoria dos teco-tecos.

Para pegar a carga que está sendo transportada pelo Northwind para o Xingu e que é destinada à vanguarda, mandamos um batelão grande sair hoje para lá.

Uma bonita e charmosa gaivota que os juruna tinham nos dado foi esta madrugada comida, bem na porta da cozinha, por um jacaré. À noite vamos fazer uma espera para ver se conseguimos pegar o bicho atrevido, que até os cachorros tem posto em perigo. A grande surpresa de hoje foi a volta inesperada do moço trumai Vacanum, que estava desaparecido havia quase 22 dias. Surgiu no campo onde o pessoal estava trabalhando, totalmente transtornado e impressionantemente magro. Depois de banho, demos-lhe alimento. O resto do dia passou ele deitado na rede, falando em voz alta. Clóvis, um dos mais incansáveis pilotos da Fundação, chegou trazendo nova carga e logo em seguida decolou de regresso com a intenção de vir ainda hoje com o técnico de rádio Chico, que está no Xingu.

O CONTADOR DE HISTÓRIAS FOI EMBORA

O trabalhador Manoel Baiano, contador de histórias, pediu demissão. Recebeu ele, com um leve atraso de três meses, uma carta da família lá dos sertões da Bahia, chamando-o com urgência. Foi embora o homem que todas as noites, na beira do fogo, contava aos companheiros longas histórias de "reis", de "fada", de "lobisomem".

O índio Vacanum amanheceu bastante agitado. Clóvis deu mais duas viagens hoje do Xingu até aqui. Logo após a última, chegou da aldeia uma canoa grande com seis juruna, trazendo um cesto de batata-doce, alguns matrinxãs e piranhas. Ficarão conosco alguns dias, disseram.

Março já vai em meio. Último mês de chuva. Hoje, dia 19, é o da enchente de São José. Hoje a enchente vai ao máximo, depois deste dia pode chover quanto quiser que a água não sobe um centímetro que seja. É quando começa a vazante. A mata vai aos poucos se desafogando das águas, que vão baixando e carregando o folhiço. As barrancas das margens vão se livrando do longo mergulho. O vento e o trovão anunciam a mudança de estação.

Da aldeia juruna chegaram os trumai Aluari, Maracuiauá, Arrarri e Cucumim. Todos ficaram surpresos com a presença do Vacanum. Julgavam-no morto, tanto assim que sua rede e seus pertences já haviam sido lançados no rio. Os seis juruna que aqui estavam havia alguns dias, entre eles Jubé, Mibina, Ajubarrô, Dudica, regressaram à aldeia. Pessoas expressivas da comunidade, que nos causaram certa estranheza pelo fato de terem vindo para cá com a chegada dos trumai e kamaiurá lá, e terem ido para lá mal chegado os trumai aqui. O índio em geral é muito hospitaleiro, a atitude inusitada destes juruna nos deixou apreensivos.

Chegou novamente o Fairchild, só que desta vez com Olavo no manche. O tempo o está segurando para o pernoite.

1º de abril de 1949. Dia da mentira. São tantas com as quais temos de conviver que um dia a mais, um dia a menos pleno delas já não impressiona ninguém. É só olhar a cara de santo dos trumai — Vacanum sumiu e eles dizem que ele voltou para a mata. Estamos altamente desconfiados de que deram sumiço no pobre moço.

Os trovões estão levando as chuvas, e o vento vem trazendo o estio. Os dias passaram a ser ensolarados. Édson e Raimundo Major foram para uma espera de anta. "Espera" é uma armadilha feita para o animal visado. Os caçadores se aboletam de maneira estratégica numa árvore escolhida perto do comedouro do animal, dispostos a passar a noite. Quando o animal vem comer, tanto pode ser uma anta, veado ou paca, é recebido por um tiro certeiro. De manhã, quando chegaram, Édson e Raimundo disseram que atiraram numa anta mas ficaram em dúvida se acertaram ou não. Sugerimos que voltassem com os cachorros. Ela poderia estar ferida por perto. Assim o fizeram. Reuniram a cachorrada e soltaram lá na espera, no rasto da bicha. A medida foi acertada. A duzentos metros do comedouro encontraram morta uma bruta anta-sapateira. Trazida para o acampamento com o auxílio de todos, foi ela manteada, salgada em maior parte e exposta ao sol.

UM VOO DE EXPLORAÇÃO DO GENERAL-PRESIDENTE

Tivemos notícias pelo rádio que o general Borges Fortes, acompanhado do engenheiro dr. Frederico, partiu do Rio com destino a Xavantina, a bordo de um Lodestar da presidência da República, pilotado pelo major Sampaio. A finalidade do voo era explorar a região Xingu-Tapajós, não conhecida pelo presidente. Essa região, ainda este ano, deverá ser cortada com uma picada da vanguarda da Expedição Xingu-Tapajós. Como este nosso campo não oferece segurança para aviões do tipo e peso do Lodestar, o Waco Cabine veio buscar--nos (Cláudio e Orlando), para que aguardássemos no Xingu a passagem do avião com o presidente.

Hoje, 9 de abril, vamos novamente voar a região. O Lodestar chegou cedo. A região já era nossa conhecida de voos anteriores. Durante o voo com o general fomos descrevendo e indicando os rios: Maritsauá, São Manoel ou Telles Pires, Peixoto de Azevedo e, de certo ponto, mostramos num horizonte distante, mais parecendo uma nuvem, a silhueta da serra do Cachimbo. O roteiro sobrevoado, em linhas gerais, seria aquele a ser vencido por terra, ou seja: Maritsauá até a grande curva do alto curso, de lá por terra através do divisor até atingir as águas do São Manoel ou Telles Pires. Margear este até abaixo do grande salto e ainda na margem direita, distante do rio mais ou menos dez quilômetros para o interior, abrir uma pista num terreno que do alto parece favorável. Desse ponto saltar para o Cachimbo, via Peixoto de Azevedo, até o primeiro afluente, a que demos o nome de Braço Norte. Dessa altura enfrentar a serra, cheia de descampados na sua chapada. Não deixamos também de informar ao presidente que as fraldas da serra constituíam hábitats de índios desconhecidos. No Xingu o Waco Cabine nos aguardava para retornarmos ao Diauarum.

Assumiu hoje a estação de rádio daqui o operador Elpídio, em substituição ao seu colega Dorival, que irá para o Mortes (Xavantina). Dorival, que conosco trabalhou um bom tempo, acabou revelando-se bom profissional, além de excelente criatura.

Alguns homens saíram à caça e pesca. Tivemos uma boa quantidade de peixes, de um lado, e do outro um pato, um mutum e um marrecão.

Juca chegou cedo com o Waco, trazendo o dr. Noel, que ficará conosco alguns dias.

À noitinha ouvimos, vindo dos lados do rio Suyá-Missu, sons nítidos de buzina. É claro que são os suyá. Acham que não bastam as rondas que fazem. Querem agora ser notados. A buzina ao longe parece um berrante de vaqueiro. Melhor assim. Esses sinais são bons. Se quisessem briga, ou pregar uma surpresa desagradável, não fariam barulho, viriam, isso, sim, de mansinho e entocaiados.

Hoje amanhecemos sem um dos batelões. Soltou-se da amarração e rodou na correnteza. Cláudio e Aribaum pegaram uma ubá e saíram atrás. Tanto desceram que chegaram à aldeia juruna, a trinta quilômetros do posto. Com a chegada de surpresa houve alvoroço na aldeia. Alguns homens e a totalidade das mulheres fugiram em canoas. Foi grande a inquietação dos índios. Os que não fugiram estavam de arco e flecha nas mãos. Logo que reconheceram Cláudio começaram a rir. Avisados, os fugitivos voltaram. Daí a risada foi de todos. A saída da aldeia foi às três da madrugada e a chegada ao posto, ao meio-dia.

À tarde chegaram os dois Fairchild com Olavo e Clóvis. Trouxeram gasolina e alguns víveres. Há muito vínhamos com vontade de voar o rio Peixoto de Azevedo. É muito importante a gente conhecer pelo ar as áreas que vão ser pisadas. Olavo se dispôs ao voo.

Hoje, 26 de abril de 1949. Tempo bom. Avião Fairchild monomotor. Voo sobre as cabeceiras do Peixoto de Azevedo, afluente da direita do São Manoel ou Telles Pires. Saída: oito e meia. Rumo 305 graus. Depois de uma hora de voo sobre uma floresta compacta e contínua, foi alcançado o Peixoto de Azevedo. Um dos objetivos era encontrar alguma área favorável para abertura de uma pista. Nada. A mata é densa e o terreno acidentado. No ponto alcançado pelo avião, o Peixoto de Azevedo é encachoeirado e dividido em três braços. Retorno ao posto Diauarum. Chegada às onze e vinte. Duração do voo: três horas.

Clóvis, que ficara no posto, aproveitou o dia e fez três viagens ao Xingu trazendo duzentos litros de gasolina e víveres. Olavo, que sofre terrivelmente de enxaqueca, voltou do voo com muita dor de cabeça, indo diretamente pra rede. Com o Clóvis fizemos um voo sobre o Suyá, numa tentativa de localizar alguma aldeia. A aldeia não foi vista, notamos longas trilhas e extensas plantações de banana. Regressando do voo, Clóvis decolou para Xavantina. Olavo ficou para um novo voo. Este foi feito sobre o rio Jarina, afluente da esquerda do Xingu. Suas cabeceiras se aproximam do Peixoto de Azevedo. É correntoso e de pouca água. Totalmente fora de cogitação o seu aproveitamento. Voo: duas horas e quarenta minutos. Assim que voltou do voo, Olavo saiu para Xavantina.

ÍNDIOS ESTRANHOS PERTO DO POUSO

1º de maio de 1949. Total descanso. Sem caça e sem pesca. Dois meninotes juruna ajudaram a nossa janta com peixes pegos na flecha.

Maio entrou quente e cheio de piuns, e seus primos borrachudos e maruins. Encontramos muitos rastos de índios quase dentro do acampamento. Ao anoitecer ouvimos gritos e assobios. Achamos coisa muito atrevida para ser de suyá. As aproximações têm sido sutis e não espalhafatosas. A coisa está cheirando a txucarramãe. Estes índios habitam um ponto muito abaixo dos juruna. Suas querências ficam na altura da cachoeira Von Martius, abaixo da foz do Jarina. Área que certa feita sobrevoamos. Os txucarramãe não usam o rio como caminho. Eles não têm canoas. Seus avanços são por terra. Foi por terra que atacaram os juruna e chegaram até aqui no Diauarum para atacar os suyá. São temidos e usam botoque de madeira encravado no lábio inferior. A Von Martius dista daqui do Diauarum mais ou menos 150 quilômetros. Durante a noite aumentaram os ruídos em torno do acampamento. A cachorrada ficou agitada o tempo todo. De manhã, quando corremos o campo, encontramos rastos de gente e um peixe flechado, bem no meio da pista. Que índios serão?

No período da tarde chegaram duas canoas juruna. Vieram ao todo catorze pessoas: quatro mulheres, seis homens e quatro crianças. É a primeira vez que as mulheres nos visitam. Sinal de que depositam em nós toda a confiança. Delas e deles recebemos presentes: batata, cana e muito peixe.

As noites já começaram a esfriar. O trabalho no campo não para. A área é praguejada de sapé. Não andam boas as nossas comunicações de rádio. É questão de aparelho, porque o radioperador é bom. À tardinha chegou Olavo trazendo no Fairchild o dr. Sílvio Grieco. Este doutor tem mais de turista que de médico. Não perguntou se havia doente. Abriu rapidamente a bolsa e sacou nada que cheirasse a remédio, mas complicadas máquinas fotográficas.

O avião pernoitou aqui. Saiu cedo hoje, felizmente levando o doutor-fotógrafo. Logo depois da decolagem de Olavo, os juruna em boa parte partiram também. Ficaram Ajubarrô, Dudica e os meninos Pixanda e Daá.

CHEGOU AO XINGU UMA EXPEDIÇÃO DA FAB

O rádio nos avisou que chegou ontem ao Xingu uma expedição da Aeronáutica (FAB) composta de cinco aviões e chefiada pelo brigadeiro Raimundo Vasconcellos de Aboim. Acompanhando a comitiva vieram o presidente da Fundação Brasil Central e os deputados Juracy Magalhães e Café Filho.

O céu amanheceu sem nuvens. O calor começou "antes de o sol nascer". Sem que o rádio avisasse, já que vem reinando, chegam quatro aviões Beechcraft conduzindo oficiais da FAB, tudo sob o comando do brigadeiro Aboim. Num dos aviões vieram os deputados Juracy Magalhães e Café Filho e, ainda, os repórteres José Leal e José Medeiros, da revista *O Cruzeiro*. O brigadeiro, a exemplo do que fez nos postos de cima — Kuluene e Xingu —, distribuiu presentes aos índios juruna. Os índios, por seu lado, presentearam os visitantes com arcos, flechas e tacapes. Depois de algumas horas no posto, a comitiva decolou de volta para o Xingu. Com o fito de fazer uma aproximação kamaiurá-juruna, o brigadeiro levou consigo o chefe Jubé. A chegada lá do respeitável chefe juruna, soubemos depois, causou certo alvoroço entre os kamaiurá, quase todos concentrados no posto. Os chefes kamaiurá discursaram a noite toda em homenagem ao visitante. E, quando este se despediu, foram muitos os presentes que recebeu.

Clóvis, com o Fairchild, trouxe de volta o velho Jubé, com todos os presentes ganhos. Têm sido impressionantes as atividades "aviatórias" estes últimos dias aqui na região. Andava o Juca correndo no campo o seu Fairchild para decolar quando um Beechcraft o sobrevoava aguardando a vez para descer. Eram oito horas quando chegou o Beech. Na esquerda, pilotando, capitão Alberto; na direita, como copiloto, o tenente Toledo Piza, nosso velho conhecido. Vieram instruídos pelo brigadeiro Aboim para fazer conosco um voo de reconhecimento entre o Maritsauá e o São Manoel ou Telles Pires. Relatório do voo:

Comandantes: capitão Alberto e tenente Piza. Participantes: Cláudio e Orlando Villas Bôas. Decolagem: oito horas e cinco minutos. Avião Beechcraft FAB. Atingido o rio Maritsauá fomos por ele até a sua bifurcação. Dali pegamos o formador da esquerda até a grande curva, mais ou menos trinta quilômetros. Desse ponto em diante seguimos rumo 300 graus. Com doze minutos de voo chegamos ao rio São Manoel ou Telles Pires. Depois do reconhecimento sobre a área e de notarmos alguns pontos descobertos, regressamos ao ponto de partida, onde chegamos às 10h25. Tempo de voo: 2h20.

Às dez e cinquenta o Beech decolou para se reunir à comitiva do brigadeiro Aboim ainda no Xingu.

ONÇA OU ÍNDIOS?

As noites agora já estão sendo bem frias, não obstante o calor intenso durante o dia. A cachorrada tem estado assanhada quase todas as noites. Devem pressentir alguma coisa: onça? Índios? Sendo índios, qual deles? Suyá ou txucarramãe? Nada mais natural venham eles espiar de longe aviões no campo. A movimentação aérea tem sido grande e, claro, a curiosidade, muito maior.

O Waco com o piloto Juca chegou trazendo o dr. Noel, que a nosso chamado veio atender um grupo gripado de juruna. O dr. Noel não podia demorar em virtude de inúmeros casos no pequeno hospital de Xavantina. Atendidos os índios, o Waco saiu com ele para aquela base.

Salomão e Édson soltaram os cachorros numa batida de porcos na beira do campo de aviação. A corrida foi violenta. Os caçadores atrasaram-se um pouco no acompanhar a corrida. Quando chegaram, os porcos já estavam longe e eles tiveram de atender os cachorros, que, sem prática, tinham sido lanhados na perseguição. Um deles estava com os intestinos todos de fora e, assim mesmo, tentava caminhar. Numa caçada de porcos os caçadores não devem ficar distanciados dos cães. A defesa deles está nas mãos do caçador. Cachorro-mestre dispensa essa preocupação. E destes temos agora só Borduna, Bolão e Roncador. Nesta caçada desastrosa só um porco foi morto. Talvez um marrão enfezado que resolveu fazer frente aos perseguidores.

Na vistoria que fizemos no campo à tarde, único passeio possível no pós--janta, encontramos, pela segunda vez, um peixe varado por uma flecha bem no meio da pista. Presente de índios? Ou teriam perdido na corrida com a nossa chegada?

Novos juruna doentes: malária, garganta, gripe etc. Consultado o dr. Noel pelo rádio, iniciamos a medicação com aralém, colubiazol e antigripais.

Sem aviso das nossas estações de rádio, chegou um Beech pilotado pelo major Sampaio, trazendo a bordo o major Basílio, o dr. Frederico e o dr. Vicente Grieco. O major Sampaio foi o braço direito da Fundação na administração do ministro João Alberto. Foi ele quem organizou o departamento de aeronáutica, a radiocomunicação e coordenou os transportes da entidade. Na sua gestão tudo funcionou a contento. Mesmo depois da sua saída, a "máquina" resistiu bom tempo. O Beech veio para uma nova exploração nas cabeceiras do rio Peixoto de Azevedo. Depois de quase três horas de voo, do qual também participamos, o Beech, após nos deixar no Diauarum, tocou para o Xingu, onde pernoitará. Com esta exploração concluímos pela inconveniência de querer alcançar o São Manoel ou Telles Pires utilizando o Peixoto de Azevedo. Primeiro porque aumenta a distância a ser vencida; e, segundo, porque não vimos ao longo do Peixoto de Azevedo uma só área que permitisse a abertura de uma pista.

TXUCARRAMÃE NOS VIGIANDO?

No posto encontramos Jubé com um "bom estoque" de caxirim — bebida fermentada de cana ou mandioca — para nos presentear. O preparo do caxirim não entusiasma muito, mas o sabor compensa. O seu preparo é tarefa das mulheres, que mascam cana ou mandioca, depositam numa gamela com água e esperam a fermentação, que é rápida. O caxirim tem um sabor meio azedo e uma dosagem alcoólica mínima. Jubé nos contou, na subida do rio para cá, que encontrou uma anta rodando na correnteza, ferida por flechas. Examinando as flechas, garante serem de txucarramãe e não de suyá ou de outro índio. Isto vem explicar muita coisa, como a agitação noturna da cachorrada, os assobios, os gritos estranhos, o peixe no campo com uma flecha, os rastos atrevidos quase dentro do pátio do acampamento. Diante da evidência da afirmativa de Jubé, alertamos o nosso pessoal e recomendamos prudência. Reforçamos o que havíamos dito anteriormente: não sair do acampamento para serviço, caça ou pesca sozinho. Sair sempre em três.

Estamos no dia 4 de junho. Marcamos o dia 10 para sair Maritsauá acima. Data esta, claro, se até lá tivermos concluído todos os preparativos: reparo dos batelões, víveres suficientes, reposição de pessoal. Como o nosso volume de carga e gente ultrapassa a capacidade dos nossos aviões, estamos mandando novamente um dos batelões até o Xingu. A carga incômoda aos aviões — como combustível (tambores), sacos, caixas, motores etc. — deverá vir com o barco. Estamos com cinco homens trabalhando na confecção de remos. Matogrosso monta e desmonta motores. Há um cheiro de partida no ar. Isso contagia brancos e índios. O rio continua baixando; com isso, as praias enormes começam a surgir. O céu sempre azul convida ao movimento.

O Waco Cabine, ora com Juca, ora com Clóvis ou Olavo, não para — corre daqui para o Xingu, de onde Leonardo manda coisas e mais coisas. O roteiro já está assentado: Xingu-Maritsauá-Missu, igual a onze dias. Um rancho no fim da navegação, partindo dali um picadão no rumo do São Manoel ou Telles Pires. Resta agora é partir. Pela primeira vez, depois de cada parada, a Expedição vai partir em tempo certo. Deixamos para o dia 12 a partida, amanhã. Hoje, 11, carregamos os barcos — dois batelões grandes com motor e um pequeno que irá a reboque. Neste pequeno irá o cozinheiro com toda a tralha da cozinha e os gêneros de consumo, e mais um homem na proa munido de zinga. Dos índios lá do alto rio, vai só o Aribaum — waurá.

A PARTIDA DA VANGUARDA. SUBINDO O MARITSAUÁ

Dia 12 chegou com uma manhã bonita. Os homens, com o "bucho" às costas, rumaram para o porto. Treze ao todo: dez trabalhadores (inclusive motorista), um índio e nós dois (Cláudio e Orlando). Precisamente às nove e quarenta afastamo-nos do porto. Mal ganhamos o meio do rio, um grito do cozinheiro ao piloto do seu barco. Este imediatamente parou o motor, nós também. O cujo tinha esquecido a trempe de cozinha. Fomos rodando sem motor enquanto o outro voltava ao porto. Pouco depois vinha ele funcionando. Deixamos que passasse à nossa frente. O atraso não foi além de pouco mais de meia hora. O motorista José Matogrosso começou a sentir um acesso de malária. Medicamos com quatro aralém. Aos poucos foi ele vencendo o acesso, sem largar do timão. Às duas da tarde chegamos à aldeia juruna. Lá encontramos muitos índios gripados. Distribuímos e aplicamos remédios com muita parcimônia, pois íamos nos distanciar muito das bases. Recomendamos aos chefes Jubé e Mibina que levassem os doentes para Diauarum. Dois juruna pediram para seguir conosco — Daá e Pitsaca.

Eram quatro horas da tarde quando entramos no Maritsauá-Missu. Achamos o rio com bastante água, sinal de que ainda está vazando das enchentes. Para a navegação isso é bom. As pedras mais no fundo não oferecem perigo. O primeiro pernoite foi à margem esquerda em lugar não muito bom, mas o tempo não permitia que se escolhesse coisa melhor — o escuro estava chegando. À noite as muriçocas tiveram um pasto variado. Não foram só elas, os carrapatinhos tiveram onde grudar!

A lua clara de um lado, os "hospedeiros" de outro, fizeram com que às cinco da manhã já estivéssemos com o acampamento desfeito e os barcos carregados. Café na caneca, saímos Maritsauá acima. Embora tivéssemos saído mais cedo, o dia não rendeu muito. Um dos motores enguiçou o tempo todo e com isso retardou a marcha. O nosso segundo pernoite também não foi bom. Diversos trabalhadores amanheceram queixando-se de dores no corpo, febre e dor de cabeça. Todos foram medicados antes da saída. À medida que vamos subindo o "despraiado" Maritsauá, os homens, que são os mesmos da viagem anterior, vão se divertindo em reconhecer os acidentes do rio. Volta e meia surge discordância, por falha de memória de um deles. Aí a discussão pega fogo:

— Que isso, moço! Desalembra desse lugar onde ocê encheu o bucho de pexa e bebeu água de córgo?

— Quar nada. De cumê pexa eu si alembro. O maior trabaio de quem anda embarcado é cumê pexa. Mais num foi ali não, isso eu aposto.

Numa volta de rio demos com um bando enorme de macacos-pretos encarapitados no alto de uma árvore da margem. Raivosos ou alegres, ninguém sabe, eles saltam de um galho para o outro. Sacodem os galhos menores para chamar atenção. Os juruna, que apreciam bastante a carne desse macaco, pediram que encostássemos o barco. Explicamos a eles que a viagem estava muito emperrada. No próximo bando a gente para. No começo da tarde chegamos à foz do afluente Arraias, aquele onde fizemos acampamento e duas pistas foram alagadas. Não paramos no Arraias, tínhamos pressa em subir o rio. Sabíamos que estávamos longe do travessão e da bifurcação. Antes disso teríamos de passar pelo "acampamento da perdida". Lugar ingrato, cheio de morrotes, onde havíamos ficado sem rumo durante bom tempo. A tarde já ia avançando quando escolhemos um lugar de pouso. Nem bom nem ruim. Mal esticamos as redes e o cozinheiro instalou a trempe, surge, distraída, a passos lentos, uma enorme anta. Ela só percebeu a "mancada" quando viu aquela gente toda se agitando. Um mais afoito pegou uma arma e atirou. Ela, aturdida, meio indecisa no rumo a tomar, parou. Nesse momento um segundo tiro. Aí ela não resistiu à tentação de correr, mas não foi para o lado do rio e, sim, da mata, sumindo em desabalada carreira.

Só dormiram aqueles que armaram mosquiteiro. Os outros não. Passaram a noite, como dizia um gaúcho, "peleando" com as muriçocas.

Às sete da manhã do dia 14 de junho de 1949 reiniciamos viagem. Tudo correu bem hoje. Os motores não pregaram peça. O rio sem praia e ainda bufando com a vazante. O Maritsauá, com mata nas duas margens, breves estirões e muitas curvas, faz com que a viagem se torne monótona. O dia valeu. Andamos muito. Daqueles que estavam gripados, só Aribaum continua febril. Os outros estão bons. Mais um dia vencido.

Esta madrugada do dia 15 foi bem fria. Só não tinham fogo na beira da rede aqueles que estavam com mosquiteiro para se proteger das muriçocas. O cozinheiro hoje amanheceu mais cedo e valente. Quando o pessoal levantou ele já estava com as panelas prontas, com boia que daria para almoço e janta. O principal, é claro, a mistura, quase sempre peixe, é pego e assado enquanto a refeição esquenta. Na saída após o almoço tivemos um atraso: os cachorros saíram na perseguição de uma anta e desapareceram mata adentro. Voltaram bom tempo depois. Cachorro-mestre não pode ser contrariado. Se amarramos os nossos "mestres", eles perdem o estímulo da caça.

O rio está estreitando e, para compensar, correndo mais. Todos nós estamos de acordo de que o pouso da "perdida" não está longe. É um bom lugar. Possivelmente estaremos lá antes de escurecer. Dito e feito. Mal o rio foi ficando sombreado, um homem gritou:

— Depois que nóis desdobrá aquela curva, dá pra vê o acampamento da paca!

Isso mesmo, foi ali que, na chegada, na viagem anterior, demos com uma paca suicida namorando a toca. O acampamento está seco. A enchente tomou ele todo, mas há bons dias que abandonou a área.

Aribaum, graças a uma penicilina que aplicamos, amanheceu sem febre. À tarde, depois de algumas horas de navegação, alcançamos a bifurcação. Antes, umas três horas, enfrentamos o travessão. Como já o conhecíamos, não tivemos dificuldades para vencê-lo. O Maritsauá, como registramos anteriormente, é formado por dois rios iguais em volume. Um vem de leste e o outro, de oeste. É por este o nosso roteiro. Na bifurcação não perdemos tempo. Enveredamos pelo braço do oeste. Neste riozinho a navegação não está nada boa. Ele corre muito e são inúmeras as tranqueiras.

Antes que o sol sumisse, começamos a procurar um lugar menos "péssimo" possível para pernoite. O Maritsauá e seus formadores são hostis. Principalmente estes, que, além de estreitos, são apressados. A todo instante galhadas submersas, ou árvores tombadas, obrigam um serviço estafante e perigoso que é o de cortar tudo isso dentro d'água. O machado facilmente resvala e cai na água ou atinge outro alvo. A posição do machadeiro, além de incômoda, é meio de equilíbrio. Paramos para acampar numa barranquinha, senão péssima, pelo menos sofrível. A alvorada foi cedo. Ninguém dormiu direito. Vamos iniciar hoje o sexto dia de Maritsauá. O período da manhã não foi dos piores, mas no meio da tarde chocamos com o motor num pau grosso submerso que o deixou praticamente fora de serviço. Tínhamos um reserva, não tão bom como o primeiro, mas que daria para chegar ao final da navegação. Paramos cedo para pernoite.

Tínhamos agora de encontrar um ponto que foi marcado quando do último voo de exploração. Devíamos estar perto. O rio já estava começando a entortar para sudoeste. Numa exploração rápida com o batelão pequeno, o ponto marcado foi encontrado. Estava próximo. Voltamos ao local de pernoite. Amanhã sairemos o mais cedo possível para começar a preparar o acampamento grande, que será o ponto de apoio e o início da picada para o São Manoel ou Telles Pires. A dormida foi razoável. O frio espantou os pernilongos. Cansados da navegação, mal terminada a janta foram todos para as redes. Só o cozinheiro ficou lá mexendo nas panelas e cantarolando baixinho.

DAQUI PRA FRENTE, O PICADÃO PARA O SÃO MANOEL

Cedo, na hora do café, ficamos surpreendidos ao ver que quase todos os trabalhadores estavam febris. Grande maçada. Porque o nosso estoque de antigripais, principalmente injetáveis, estava quase no fim. Depois de todos medicados, saímos para atingir o ponto final da viagem. Com os homens menos doentes iniciamos a instalação do acampamento, numa barreira alta. Em primeiro lugar a limpeza do terreno, depois as estivas para acomodar a carga dos batelões. À tardinha já tínhamos três barracas armadas: a de pernoite, a da cozinha e a da farmácia. Enquanto o cozinheiro ultimava a janta, atendemos os doentes. José Reis e Édson Pinheiro, com quarenta graus, eram os que mais nos preocupavam. Daá, o juruna, idem.

19, domingo. Nada de folga. Nossa primeira ação do dia foi matar na área limpa do acampamento duas cobras venenosas. Uma cotiara de regular tamanho e uma surucucu de respeitável porte. Ambas perigosíssimas. Mau começo! Deixamos o dia para que cada um se ajeitasse o melhor possível. Enquanto os homens convalesciam e o acampamento ia sendo melhorado, esperávamos o dia 22, quando o avião ficou de nos sobrevoar para dizer se estamos no local certo, escolhido na exploração aérea, para partir com a picada. Não resistimos ficar parados. Na segunda-feira, dia 20, confiantes no nosso senso de observação, demos início à picada só com três homens — Raimundo Anastácio, Raimundo Alves e José Soares. Os demais, fora os doentes, ficaram dando um aspecto melhor ao acampamento.

O primeiro obstáculo foi um córrego. O rumo da picada para o São Manoel é de trezentos graus. Enquanto o córrego for indo nessa direção, vamos acompanhá-lo. Esta mata nunca viu fogo. O folhiço tem mais de quarenta centímetros de espessura. O córrego, depois de trançar na nossa frente, tomou outra direção. A primeira coisa que encontramos ao sair na mata limpa foi um avantajado capão de castanheiras. Os ouriços que estavam no chão haviam sido roídos, encontravam-se ocos. Na hora do almoço voltamos ao acampamento. Dos doentes, só um continua nos preocupando, José Reis, que não há meio de sair dos quarenta graus. O resto do dia ficamos na expectativa do avião, já que hoje é o dia combinado — 22. Deixamos preparadas as sinalizações, inclusive uma fogueira na ponta da picada, conforme combinado. Mas o avião não veio. Matamos aqui na área do pernoite uma jaguatirica acossada pelos cachorros. É verdadeiramente astronômica a quantidade de piuns e abelhas aqui onde estamos alojados. Com a intenção de aliviar a carga de insetos, começamos a ampliar a área desmatada do acampamento. O avião que ficou de vir ontem está roncando hoje. O fogo foi aceso. Na fogueira jogamos folhas verdes, e pela fumaça fomos localizados facilmente.

Duas mensagens foram lançadas. Falavam elas do acerto do ponto em que estávamos e confirmavam o rumo de trezentos graus que estamos seguindo. Acabada a movimentação da viagem e a instalação da base, entramos no trabalho rotineiro da picada, de que hoje comemoramos o sexto dia. A rotina, às vezes, é quebrada pelas surpresas que o ambiente quase sempre hostil de uma floresta espessa e intocada como esta pode oferecer. Dentro de uma mata sombria, escura, pântanos barram nossos passos, obrigando-nos a desvios longos e trabalhosos.

Habituados mais aos cerrados e campos cheios de sol, os nossos sertanejos estranham o sombrio da mata e se tornam macambúzios, apáticos, quando não adoecem. José Reis e Édson continuam na rede, mais acabrunhados do que doentes. As madrugadas têm sido frias. Escuro ainda, já estão os homens acocorados, mudos, à beira do fogo. Quase não conversam. Distraidamente, um ou outro remexe com um graveto as cinzas do chão. Sabem eles que, mesmo pleno, o sol chega cá embaixo na mata em forma de manchas amarelecidas. E isto é o suficiente para alertar e assanhar a "praga" de piuns e abelhas. É o tormento em forma de inseto. Os trabalhadores, os dois Raimundo e Medrado, trouxeram uma enorme anta abatida num barreiro rio abaixo. Esse barreiro vai ser o nosso armazém de coisas vivas. O almoço na picada vem da base. Os portadores estão levando uma hora na caminhada. O melhor e mais acertado é organizar acampamentos de marcha com cozinha e estoque de gêneros. O estoque de víveres não deve ir além do necessário para no máximo cinco dias, por causa da umidade da mata, que embolora tudo. Estamos com todos os homens em trabalho. Fizemos a seguinte escalação de serviço: um na frente, no pique a facão; quatro na foice; dois no machado e um na baliza.

Na cozinha sempre ficarão dois, obedecendo um rodízio com a participação de todos. Hoje ficaram Raimundo Anastácio e José Soares. A mata está encorpando cada vez mais. De certa altura em diante temos encontrado muita madeira por nós desconhecida. No rol das conhecidas relacionamos: almescão, mururé, pindaíba, sucupira-da-mata, caju-de-janeiro, tarumã, faveira (árvore enorme), murici, pau-mirim, pau-de-óleo, joaru (tucum verdadeiro), inajá e outras. Na margem dos córregos, muito buriti. À medida do avanço, vamos mudando o nosso acampamento, a fim de não perder tempo em longas caminhadas na hora do almoço e no regresso à tardinha.

A ONÇA SUÇUARANA

Em meio ao serviço na picada tivemos a visita do cozinheiro do acampamento, trazendo a notícia de que uma onça-preta matou e comeu o nosso cachorro-mestre Roncador. A cuja, dizia ele, pisou a noite toda em roda do acampamento não deixando ninguém dormir. Recomendamos ao cozinheiro que levasse com ele os cachorros que temos aqui na frente — Borduna, Bolão e Bilingo. Cachorro lá é mais útil do que aqui. Onça desta altura da região não conhece gente e por isso é atrevida. Ontem mesmo, contou o nosso cozinheiro aqui da frente, uma delas nos rondou e roncou ameaçadoramente. Atingimos hoje as cabeceiras de um córrego grande. Vamos instalar um como que subposto, para apoiar nosso avançamento. Nesse lugar abriremos uma clareira e levantaremos um rancho para estocar víveres. No córrego, Daá, o índio juruna, flechou alguns piaus. As abelhas e os piuns continuam nos infernizando. Boia pronta, não se pode abrir a panela sem que nela mergulhe um milhar de "anicetos", como diria Mariano, um trabalhador piauiense. À tarde ouvimos um longo estrondo do lado do poente. Foi mais alto do que um tiro de canhão ouvido de perto. Possivelmente um aerólito.

Ninguém tem saído para caçar. Vez ou outra surge um mutum num encontro de esbarro, inesperado. Um bando de macacos-pretos fez uma enorme estripulia quando passamos perto. Sacudiram galhos, gritaram, jogaram galhos e fezes em nós.

Foi intenso o frio esta noite. A umidade da mata contribui para baixar a temperatura. A mata continua sombria. A todo momento capões de castanheiras. O folhiço espesso continua atestando que por aqui nunca passou fogo. Visitou-nos esta madrugada uma onça suçuarana. Tão perto ela chegou que a afugentamos acendendo a lanterna em sua direção. No castanhal que encontramos hoje, colhemos mais de quarenta litros. Muitos ouriços são encontrados roídos por paca ou cotia.

O AVIÃO LOCALIZA A PONTA DA PICADA

Ao meio-dia começamos a ouvir ruído de avião. Fizemos um grande fogo, e a coluna de fumaça que provocamos jogando folhas verdes indicou a nossa posição. Pouco depois, num voo rasante, foi lançada uma mensagem, dois fardos e um saco. Os fardos eram de carne-seca, e o saco continha verduras e alguns quilos de cebola. Logo depois, pelo ruído, percebemos que o avião havia tomado o rumo do sul.

Não seria exagero se déssemos a esta mata o nome de "floresta das onças". Não há um dia em que não se ouçam esturros, rosnados ou então se veja a propriamente dita, em carne e osso, rondando, negaceando ou nos espreitando. Já que aqui na picada não tem cachorro, possivelmente elas queiram uma "carninha mais tenra". Se houvesse um gordinho entre nós, ainda se justificaria a ronda, mas estamos magros. Gente magra tem carne amargosa. Contudo, não é a onça com sua insistência que constitui o nosso tormento; o tormento está nas asinhas dos piuns, das muriçocas e das abelhas. Entre as inúmeras espécies de abelhas, uma existe, pequenina, atrevida e gozadora, de nome lambe-olhos. Esta dita vem em voo reto para dentro do olho do cidadão. A vítima fecha o olho atacado e, quer esfregue ou não, a intrusa solta uma minúscula secreçãozinha que arde agudamente. O circunstante, depois de uma delicada manobra de expulsão, sente-se aliviado, abre o olho e... vem outra!

O avião não falou nada sobre distância, apenas confirmou o nosso rumo de trezentos graus. A mata não é uma planície. Ela tem altos e baixos pronunciados. Na baixada é espessa e emaranhada e quando se alteia é limpa e bonita. Chegamos com a picada a um córrego todo encascalhado. O sentido em que corre é ainda o do Maritsauá. A ele demos o nome de "Cascalhinho".

TRINTA DIAS ABRINDO PIQUE

Estamos com 36 dias de saída do Diauarum, e trinta dias da barranca do Maritsauá. O divisor São Manoel ou Telles Pires-Xingu ainda está longe. Nos voos de reconhecimento que fizemos sobre a região pareceu-nos que na área do divisor não há córregos, o que significa que teremos à frente uma extensa região sem água. Por isso e pela distância que já está existindo da beira do rio até aqui — sete horas de caminhada —, seria muito bom se conseguíssemos alguns animais.

Poderíamos iniciar com jegue, animal dócil capaz de não criar problemas no transporte de avião até o Xingu e de lá de batelão até aqui. A viagem não será curta, mas é possível. O que não é possível é abrir um campo de aviação nesta mata. Não sendo isto viável, temos de nos agarrar àquela solução. Transportar carga nas costas, como vem sendo feito, é sacrifício muito grande. A marcha na mata rende pouco. O folhiço fofo, as raízes e os buracos seguram o caminhante.

A caça, principalmente a de pena, tem sido abundante. Quem quer que saia à caça traz, invariavelmente, jacubins, mutuns ou jacamins. José Matogrosso, hoje, além de três mutuns, matou uma enorme anta-sapateira, que é a mais encontradiça e a maior. Recuamos com todos os homens da frente para o acampamento da base. Apesar da largura de quatro metros de pique, muitos trechos já foram obstruídos por árvores tombadas. Os três cachorros — Borduna, Bolão e Bilingo — passaram alvoroçadíssimos a noite toda. Latiam, investiam em determinada direção e recuavam arrepiados. Levantamos diversas vezes e nada conseguimos distinguir. A noite estava muito escura e as nossas lanternas, com pilhas muito fracas.

Aproveitamos os homens na retaguarda e erguemos um rancho para melhor abrigar a carga. Matamos mais quatro cobras venenosas em torno do rancho. O aspecto de uma delas era de caiçaca e as outras três eram cotiaras. Este lugar é muito "cobrudo", diz o pessoal. Quase noite, chegou o batelão vindo do posto do Xingu. Vieram Leonardo, o dr. Noel, o radiotelegrafista Elpídio, os trabalhadores Damásio e Eleutério e, ainda, os índios kamaiurá Tucumã e Tapiri. Pilotando o barco veio mestre Antônio. O dr. Noel veio passar uma revista no pessoal. Atrasamos mais alguns dias o regresso à ponta da picada por causa da chegada do batelão. Seguiremos depois que o batelão sair. Enquanto isso, com todo o pessoal, daremos uma abertura na área do acampamento e concluiremos o rancho iniciado. Com a chegada do radioperador e da estação, passaremos a falar todos os dias com os postos da retaguarda. Isso constitui uma segurança à nossa vanguarda.

Foi providencial virmos da ponta da picada aqui para o acampamento da beira do rio. Valeu pela coincidência do encontro com o batelão, que além da carga normal trouxe mais dois homens excelentes e, ainda, a estação de rádio com o seu operador. Isto não se falando no dr. Noel e Leonardo. O primeiro passando em revista todo o pessoal, alguns com sequelas da forte gripe que tiveram; o outro, Leonardo, para acertar conosco uma série de medidas, principalmente na concretização da ideia dos jegues para o transporte. Como aquisição de jegue em Aragarças é fácil, ficou assentado que o José Matogrosso iria com um dos batelões para trazer de lá dois animais. De Aragarças para o Xingu os jegues viriam de Douglas (CAN). Animais dóceis, não precisariam nem ser amarrados, apenas um cabresto. No barco, então, nem se fala: são capazes até de rir. Despachados, os batelões partiram para o Xingu. Terão mais ou menos nove dias de viagem.

Está ficando cansativa a viagem acampamento-picada. Oito ou nove horas no mínimo são gastas no percurso. Com a volta do pessoal aproveitamos para corrigir alguma coisa do caminho, principalmente as estivas. Agora, com os animais, elas precisam estar firmes e transitáveis. Temos estivas até com oitocentos metros. Vamos atravessar diversos capões de castanha.

Nesses lugares a caça é fácil. Atrás do ouriço da castanha anda muita ave e muito bicho. As aves, para aproveitar as migalhas deixadas pelas pacas e cotias, que são os únicos bichos capazes de roer o ouriço. Num desvio da picada demos com um bando enorme de quatis numa árvore alta. Assustados com a nossa presença, despencaram lá do alto dos galhos para o solo. Com as patas dianteiras eles protegem a ponta do focinho, que é a sua parte mais vulnerável. Pouco adiante dos quatis demos com um melete, ou tamanduá-mirim, cuja carne é boa. O melete não se assustou com a nossa chegada. Afastou-se um pouco e ficou esperando. Como resultado da valentia, foi o pobre do tamanduá para a panela variar a janta.

No reinício da picada entramos numa mata alta e limpa, mas logo depois, numa baixada, enfrentamos um cipoal que segurou o serviço. Na volta para o pouso demos com uma vara de porcos. Sem cachorro não conseguimos matar mais que dois. Assim mesmo porque esses dois valentes ou curiosos voltaram-se para ver quem éramos nós. Com isto a janta fica melhorada, embora saia um pouco mais tarde. Não há dúvida de que, dos bichos de porte, o porco — seja queixada ou caititu — é a melhor caça que a mata oferece. Esta mata é farta em caça.

O picadão continua sua caminhada lenta no rumo do Telles Pires. Dias há em que na mata limpa ela avança rápida e animadora. Em outros, porém, fica amassando cipós ou enrascada nas tabocas. Há muitos dias esse quadro vem se repetindo. Os abastecimentos estão ficando difíceis.

Temos a impressão de não estar distante do divisor. Temos encontrado com mais frequência terreno ondulado entremeado de áreas planas com árvores avantajadas e enormes castanhais. Foi num desses castanhais que nos alcançou um dos homens lá da beira do rio trazendo a notícia da chegada do batelão com dois jegues. A notícia foi ótima. Mais alguns dias teríamos de parar o serviço e ir com os homens buscar a carga lá no posto do rio. Escalamos Zacarias e Édson para sair no dia seguinte e ir buscar os jegues com carga. Essa primeira viagem deveria ser feita com carga leve, coisa de no máximo uns cinquenta quilos cada um. Os jumentos vão aliviar muito o trabalho do transporte. O comportamento deles nesta viagem inicial é que vai regular as cargas futuras.

O frio desta noite foi incômodo. Ainda escuro, ele, o frio, nos expulsou da rede. Corremos para a beira do fogo e lá já estava a maioria dos homens. Édson e Zacarias já tinham desarmado as redes e só esperavam clarear para, com o portador de ontem, rumar para a beira do rio. Raimundo Anastácio derrubou aqui perto uma enorme anta. O córrego perto de onde ela foi abatida tomou o nome de córrego da Anta. O cozinheiro, à beira do fogo menor, passava o café. Clareada um pouco a mata saíram os homens do posto, em sentido contrário ao da picada. O assunto eram os piuns e as lambe-olhos que nos aguardavam lá na ponta da picada.

O dia de trabalho foi o mesmo do anterior, mata suja, mata limpa. De volta ao acampamento, à tardinha, o cozinheiro informou que logo depois que saímos de manhã uma enorme vara de porcos invadiu o pouso. Só não fizeram piseiro maior porque os cachorros os escorraçaram. Estamos próximos ou já no divisor. O último córrego foi o da Anta, anteontem. As áreas empedradas que estamos encontrando, aliadas aos morrotes, podem ser a indicativa da transição. Destacamos três homens para procurar água. Foi um dia de sede intensa. Tivemos de nos socorrer de cipó sambaíba. Os homens que saíram à procura de água voltaram com dois cantis cheios. Andaram muito, disseram. Tudo contribuiu para que o dia fosse pesado: falta d'água, terreno acidentado, boia pesada — carne-seca e anta.

Já está se tornando hábito saltarmos da rede ainda madrugada e corrermos para a beirada do fogo. O primeiro serviço do dia foi a volta de todo mundo até o postinho para trazer gêneros. Alguns homens manifestaram profundo desânimo, o que nos levou a repreendê-los. Não estão doentes, a alimentação está razoável, nada há que justifique a moleza. Estamos empenhados num serviço duro e não há de ser o desânimo de uns o malogro da nossa tarefa. Todos são habituados ao trabalho duro e sabiam, muito bem, o que íamos encontrar pela frente.

À noitinha, quando voltávamos para o pouso, uma anta estouvada atravessou a nossa frente quase nos atropelando. Os cachorros esboçaram uma corrida, mas não foram além de algumas dezenas de metros. O frio nos tocou da rede às cinco e meia. Ainda escuro, estávamos em roda do fogo quebrando o jejum com angu de fubá com leite de castanha.

Logo cedo o picadão esbarrou num córrego grande. Antes tivemos de vencer um pântano fofo e enraizado. Fomos obrigados a fazer um longo desvio acompanhando o córrego, até achar um trecho onde ele fosse mais "encaixado". Sobre ele fizemos uma pinguela para a travessia do pessoal. Trouxemos o acampamento de pernoite para o córrego grande. Nada mais cansativo e trabalhoso do que isso de transportar coisas. A cada homem cabe, além da bagagem pessoal — rede, roupa etc. —, levar uma parte dos gêneros. O que enjoa numa mudança é a tralha de cozinha: panelas, caldeirões, chaleira, pratos e canecas e a horrorosa e tenebrosa trempe de cozinha, incômoda e pesada.

Há uma onça, ou umas onças, tentando pegar os cachorros. Acontece, porém, que eles são mestres: estrategicamente, recuam ligeiro, deixando o felino tonto. E essa tática vai se repetindo até que ela, cansada, enraivecida, procura abrigo no alto de uma árvore. A de hoje fez exceção, não quis subir. Saiu trotando, rosnando aos cachorros, mas sempre no chão. Só onça valente faz isso. O caçador respeita a postura e toma cuidado. "A bicha tem luta", resmunga ele. Nesta de hoje o caçador manobrou o mosquetão e atirou. O animal parou e voltou o peito para a direção do tiro. Aos cachorros, que a acuavam nervosos, não deu ela a menor importância. Seus olhos estavam fixos no atirador pouco mais distante. O segundo tiro foi atingi-la bem na "maçã" do peito. Mortalmente ferido, o belo felino roncou forte e tentou levantar as patas dianteiras; fugiram-lhe as forças e ele oscilou e caiu.

A picada desembocou num fechado tabocal. A foice batida com violência resvala, masca e mal corta uma ou duas canas. Num tabocal a picada é um túnel sob folhagem. Os jumentos, com carga reduzida, caminham do posto da beira do rio até o postinho do caminho, onde fizemos um rancho de palha para abrigar a carga. Os animais vêm sofrendo muito com a alimentação, a falta de sol e o piso fofo da mata. Não encontramos uma só clareira, por pequena que fosse, onde eles pudessem tomar sol ou encontrar um pouquinho de capim. Mesmo entre os homens há um visível desalento e cansaço. Não escondemos deles a realidade. Nas conversas ao pé do fogo lembramos sempre que não chegamos ainda à metade da missão. Aquele que se sentir doente ou que, por opressão da mata, por falta de sol, estiver cansado, não se acanhe em nos comunicar para que possamos tratar da substituição. Sabemos de antemão que nenhum deles, isoladamente, tomará uma resolução dessas. Em grupo, sim. Não estranhamos que todos ou parte deles venham, a qualquer momento, pedir a "guia" (termo que significa demissão). Não dirão também que querem sair por cansaço ou desânimo. Procurarão um motivo qualquer, mesmo sem importância.

As abelhas continuam nos importunando terrivelmente. Como se isso não bastasse, estão agora aparecendo varejeiras aos montões nas redes e nos sacos de mantimentos, onde deixam manchas brancas dos ovos que depositam. Elas atacam até os cachorros, que, desorientados, correm mata adentro ou então enfiam o focinho no folhiço do chão. Um bando enorme de macacos-pretos, na hora do almoço, passou sobre nós fazendo barulho e sacudindo galhos. Aribaum, o índio que está conosco, flechou um grandão. Pouco depois estava o macacão sobre um fogo vivo sendo assado com couro, tripa e tudo.

75 DIAS NO PICADÃO

Estamos no dia 4 de setembro de 1949. Contamos 75 dias de serviço dentro da mata. São 75 dias praticamente sem sol. São 75 dias estapeando abelhas, esmagando muriçocas e pisando charcos e folhiço da mata. Ecoou hoje pela mata o primeiro trovão da estação chuvosa que se aproxima. Nem um só dos homens deixou de responder com um grito ao estrondo do trovão. Saímos para o córrego pequeno para esperar a "tropinha", composta de dois desanimados jumentinhos — cada um arrastado por um homem, trazendo quarenta quilos. Ficamos sabendo pelos "tropeiros" que a estação de rádio lá da barranca mandou avisar que chegaram no Mortes mais dois jegues trazidos pelo CAN para engrossar a tropinha. Mandamos que o posto da beira solte o Matogrosso com o batelão para a nova viagem. A picada já está longe. Quatro jegues é melhor. Escalamos Zacarias para acompanhar Matogrosso. Enquanto o "reforço" da tropa não chega, vamos nós mesmos levar a carga de um posto para outro.

Estamos enfrentando um pedral enorme na ponta da picada. O terreno acidentado e empedrado dificulta e retarda o avanço.

9 de setembro de 1949. Chegamos a uma água e pusemos o nome de córrego da Água Gelada. Trouxemos para aqui o acampamento da Estiva Grande. Banho passou a ser suplício. O diabo do córrego parece um filete degelado do Polo Norte.

A VANGUARDA PISA NO DIVISOR XINGU-TAPAJÓS

Eleutério saiu cedo para a ponta da picada a fim de chamar Alcides e Major, que deverão substituir Zacarias e Édson na "puxança" dos jegues com carga. Não se há de chamar de tropeiro essa atividade, mas tão somente de puxador, pois que os "quatro" vêm a pé pisando as mesmas raízes e buracos. Pelos dois escalados mandamos dizer ao radioperador lá do posto da beira do rio que aplicasse no Raimundo, que também está seguindo, uma injeção diária de vitamina C, conforme instrução deixada pelo médico. Vamos ficar sem Raimundo por alguns dias — o "pé de boi" no cabo do machado.

A estiva que está sendo feita vai ser extensa, mas é imprescindível. O nosso acampamento está no córrego da Anta. Temos a impressão de que este córrego já está correndo para o São Manoel, o que significa que já estamos "cavalgando" o divisor. Terminada a estiva, assentamos a bússola e reiniciamos a picada sempre no rumo trezentos graus. O pique avançou quase um quilômetro, apesar das tranqueiras do caminho.

As noites frias e a preocupação em tocar o serviço têm feito com que tudo comece bem cedo. Cinco e meia já estão todos à beira do fogo da cozinha empenhados no desjejum, que vem sendo constituído de angu de fubá, açúcar e leite em pó. Hoje fomos premiados logo cedo com um castanhal extenso, alto e com enormes copas. É bom quando isso acontece. A picada rende na caminhada em mata limpa. Quem não gosta são o cozinheiro e o ajudante encarregados de, além de fazer a boia, levá-la à ponta do serviço. A dupla da semana coube ao Eleutério e ao índio Aribaum. No período da tarde a coisa piorou um pouco;

pouco não, muito: surgiram as lambe-olhos e os benjoins (ou mandaguaris). Estes últimos dão quase sempre, em retorno ao mal que causam, um mel excelente, mas as lambe-olhos são ingratas e não se há de fugir da referência de Zé Luís: "É uma imundice qui só servi pra molestá us vivente".

Os dias vão se sucedendo e se alternando numa caminhada em mata ora limpa, ora com tabocais e morrotes. O conforto só surge quando pisamos castanhais. Se de um lado essas chapadas nos agradam, por outro avisam que por ali não se há de pensar em água.

A ONÇA COMEU O JEGUE

Raimundo, já convalescido, juntamente de Salomão, chegaram do posto da beira do rio conduzindo dois jegues com as suas costumeiras cargas reduzidas. Trouxeram a triste notícia de que um dos jumentos — eram três — ouviu um esturro de onça e foi curioso ver o que era. Não deu outra coisa. A onça o matou e ainda comeu um pedaço da "maçã" do peito. Os tropeiros trouxeram também a notícia de que no posto Xingu (Iacaré) dois burros trazidos pelo CAN aguardavam o barco para vir engrossar a tropa. Disseram ainda que o rádio estava funcionando bem, mas que a notícia mais importante era mesmo a da chegada dos dois muares. Aliás, em boa hora, pois os outros dois jumentos já andam arriados. A carga que vinham trazendo já não compensa a andança. Diante da notícia alvissareira, instruímos o piloto José Matogrosso, que aqui está chegando com a última tropinha, a voltar para o posto do Maritsauá e, o mais cedo possível, seguir para o Iacaré a fim de trazer os dois burros. Como seu companheiro de viagem destacamos o Zacarias. Para voltar com os jegues foram escalados Eleutério e Damásio.

ÁGUA? SÓ DE CIPÓ

À tarde o picadão alcançou um morrote empedrado e coberto por uma vegetação seca e emaranhada de cipós. Não seria fácil vencer esse trecho sem molestar as foices no pedral. Por isso os facões entraram em ação. Cipó tem de ser cortado um a um.

O almoço trazido pelo cozinheiro e o ajudante veio premiado com uma paca. O serviço de hoje, devido à natureza do terreno e da vegetação, foi extremamente cansativo. A volta, que normalmente vem cheia de conversação, foi calada. O mesmo aconteceu na janta. Pouco depois estavam todos na rede. Antes das seis da manhã estávamos todos à beira do fogo da cozinha atacando o angu de farinha com leite de castanha. Há bom tempo vem sendo este o desjejum. Quando há açúcar o mingau é tolerável. Quando não há, é quase intragável.

Como se não bastasse o cipoal de ontem, logo cedo foi enfrentado um tabocal fechado que tomou o dia todo, deixando um resto para amanhã. Alguns homens já andam cansados, ou, talvez, desanimados. Felizmente, hoje à tarde, como prêmio pela caminhada, o picadão desembocou num córrego empedrado com água excelente. O encontro foi auspicioso. A água, que vinha racionada nos cantis, passou a ser farta. Apesar dos percalços do caminho, dos desvios para facilitar a andança dos animais, o rumo continuou rigorosamente mantido em trezentos graus.

A área do divisor é ingrata. Anteontem cruzamos um córrego de água bonita. Hoje estamos em plena mata seca. Embora as valas entre morros e os planos e baixios se alternem, há sempre um lugar que ofereça cacimba. Não é uma água boa como de um córrego, mas é sempre melhor que a do cipó. Nosso acampamento já está distante. Pela caminhada calculamos mais de seis quilômetros. O que determina a mudança de acampamento é a presença de água. Enquanto esta não surge, o remédio é ir esticando a picada para a frente. Nos grandes divisores, geralmente essas distâncias se alongam. Às vezes mais de dez quilômetros para encontrar uma biquinha que dê pelo menos para cozinhar e para refrescar o rosto. O dia hoje foi duro. A água foi de cipó ou da rara sambaibinha, árvore que esconde água no pé do caule.

Com ou sem água, os dias vão passando e a picada se estendendo. O retorno ao acampamento após o serviço é quase tão cansativo como o da abertura do pique. Daí a torcida para que surja a meio do caminho uma água perene. Hoje, apesar da mata, o calor e a sede caminhavam juntos, atacando todo o pessoal. Felizmente surgiu um capão de taquaruçu, que salvou a pátria. Só não tomaram banho, mas se fartaram de beber. Decidimos naquela altura do dia mudar o acampamento para perto do taquaral. Valia a pena. Suspendemos o serviço da picada e demos início à transferência. A distância não permitiu que déssemos mais que uma viagem. Mas trouxemos o necessário para pernoite, a última refeição do dia e o desjejum de amanhã. O jantar terminou tarde. Eram dez horas da noite. Tinha sido ótimo: arroz com mutum e macaco-prego. Cansados e pesados da boia, em menos de dez minutos todos já estavam nas redes, quietos, sem conversação. Nós, por nosso lado, fizemos o mesmo depois de anotar os acontecimentos do dia.

    Levantamos mais cedo hoje do que nos outros dias. A nossa caminhada até a ponta do serviço vai a mais de quinze quilômetros. Antes disso, porém, todo mundo voltou ao acampamento anterior a fim de trazer de lá tudo o que havia ficado: tralha, mantimentos e coisas pessoais. O dia hoje foi corrido. Até o regresso ao acampamento foi apressado. Seria um sério contratempo se a noite nos pegasse na mata, ainda mais num terreno irregular, cheio de morros e áreas embrejadas. Valeu o esforço. Conseguimos trazer tudo dos acampamentos da retaguarda. Os cozinheiros, os únicos que ficaram, aproveitando a folga mataram por ali alguns jacus verdadeiros e jacubins. Essas aves são iguais em tamanho, só diferindo na cor e um pouco no sabor. Os "verdadeiros" são mais apreciados. O pessoal hoje foi cedo para a rede. Nem podia ser de outro jeito, pois foi grande a empreitada do dia.

A INVASÃO DOS QUEIXADAS

    A madrugada ia tranquila quando, repentinamente, o nosso acampamento foi invadido por uma vara de queixadas. Ao sentir a nossa presença, a vara estourou e saiu trincando os dentes. Os cachorros latiram, fizeram uma ameaça de perseguição, mas acabaram, por falta de ânimo, ficando por ali mesmo.

    Hoje não faltou água na cozinha. Deu para lavar panelas, fazer as refeições e tudo o mais. O mesmo não aconteceu na frente de serviço. Não encontramos nenhum córrego, nem mesmo um corixo. Mas, como para tudo há sempre um jeito, à medida que diminui a água corrente, comum, aumenta a variedade e quantidade de cipó que tem água. A sambaibinha é a mais generosa.

    Os morrotes estão nos dando um pouco de sossego. No fim da tarde começamos a cortar uma zona plana, de mata alta e limpa. Tivemos de alargar a picada para que ela não desaparecesse, tal a ausência de vegetação rasteira. Às cinco horas regressamos para o acampamento do taquaruçu. Jantamos ao anoitecer. Ouvimos ao longe o esturro de uma onça. Nos esturros seguintes nos pareceu que ela estava se aproximando. De madrugada quase todos ouviram pisadas nas folhas e nos ramos secos. Seria o "pau-de-rabo", como a chamam os sertanejos?

Deixamos ontem a ponta do picadão com mais de dez quilômetros aqui de pouso do taquaral. No período da manhã chegou, vinda lá do posto do rio, a nossa minúscula tropa: dois jegues e dois tropeiros. Os quatro chegaram cansados. Os homens não trouxeram notícia nenhuma, nem mesmo sobre o batelão que já deve ter saído do Xingu com os dois burros. No serviço tudo correu bem. A picada não avançou muito devido a um brejo extenso que nos obrigou a fazer uma estiva longa, trabalhosa, com mais de quinhentos metros. Pouco adiante da estiva o terreno foi alteando. No alto, caminhamos algumas centenas de metros numa chapada, até que mais adiante começamos a descer novamente. Um belo espigão, com muitos pés de castanha, taturubeiras, cajueiros e, principalmente, cajazeiras.

Até que enfim encontramos um corregozinho de água limpa e fresca. A primeira tarefa amanhã é levar para lá o nosso acampamento. A tropinha não trouxe quase nada. Jegue é bom para carregar água em feira, menina em festinha de vizinho, jacá de jerimum do sítio pra vila; mas carregar carga na mata cheia de buracos, raízes, dias e dias, é exigir muito do "companheiro". Um macuco (a melhor caça de pena) "poeta", que estava piando fora de hora, foi convidado a reforçar o nosso jantar. Um dos homens o abateu. Das aves suras (sem rabo), o macuco tem uma carne branca e tenra. Amanhã vamos fazer a mudança lá para o corregozinho. Os jegues vão ajudar, mas assim mesmo vai sobrar carga para todos os "viventes".

A noite foi boa. Antes que a mata clareasse, todo "bichinho" já andava lá pela beira do fogo esperando o angu para forrar o estômago. A saída de todo mundo carregado, gente e jegues, do pouso do taquaral mais parecia uma partida de fim de feira. Felizmente numa arrancada só conseguimos levar tudo. O "emburrado" (carga volumosa) que cada um levava às costas era impressionante. E mais impressionante ainda se atentarmos para a distância a vencer: dez quilômetros. Nas imediações do corregozinho do novo acampamento abatemos uma ilustre comissão de recepção: dois mutuns, três jacubins e um veado-mateiro. É homenagem demais para pobres viventes com o bucho entupido de angu! O diabo do riozinho é bom de caça. O dia hoje vai ficar na mudança. Limpeza do local, armação das redes, banho de caneca, já que não dá mergulho. Amanhã o picadão vai começar a andar outra vez. Carne de veado dá sustança. Tanto é verdade que a animação em torno do cujo estava festiva. A janta demorou, mas compensou. Até a noite correu tranquila. Uma onça esturrou muito longe. Como ninguém respondeu, a dita aquietou.

A turma levantou animada. Talvez porque soubesse que no almoço haveria ainda um resto de veado, anfitrião que não foi compreendido.

Assentada a bússola no rumo de trezentos graus, vimos que o terreno a vencer é regularmente acidentado. Parece que aumentam os capões de castanha. Quando já estávamos saindo para o serviço, alguém lembrou que era domingo. Ora bolas! Queremos ver logo as águas do Telles Pires, mas não há de ser trabalhando nos domingos. Se até Deus descansou no sétimo dia, quem somos nós para abrir mão das recomendações do Senhor labutando num dia de guarda. Folga, pessoal! Folga na mata agora pode significar mel e caça. Uns vão "melá". Outros vão caçar. Outros, ainda, recolher ouriços de castanha. Mel com leite de castanha é uma boa parelha.

Estamos chegando a fins de setembro. Para o começo da estação das águas, faltam pelo menos uns trinta ou quarenta dias. Assim sendo, por que choveu agora de manhã? Por que trovejou de maneira desusada? Parecia uma guerra nas nuvens. A mata escura, as copas das árvores escondendo o céu lá fora, não deixam que percebamos o que por lá andam tramando. O aguaceiro nos pegou de surpresa. Apagou fogo, molhou redes, um transtorno sem termo. Toda a preocupação foi voltada para a carga. Perder gêneros nesta altura seria um desastre. Sobre ela jogamos a lona e, ainda para maior proteção, reforçamos a própria lona com uma boa camada de folhas de bananeira-brava.

AMNÉSIA COLETIVA

Na frente do serviço continuamos a nos suprir de água colhida dos cipós ou da bondosa sambaibinha. Na volta para o acampamento abatemos alguns jacus e dois macacos — um cuatá e um prego. Altas horas da noite fomos despertados pelos movimentos ruidosos e assobios do macaco-da-noite (ou miriquiná, que os seringueiros reduziram para "minquina"). Índios e seringueiros afirmam que, quando enraivecidos, esses macacos costumam descer das árvores e morder na garganta aquele que estiver dormindo na rede. Não nos convencemos muito da história. O índio, tal como o sertanejo, é muito fantasioso. O exagero e a fantasia fazem parte da criatura, quer seja índio ou civilizado. Por isso existe o dito: "Quem conta um conto acrescenta um ponto". Se as árvores não fossem tão altas, a noite tão escura, o sono tão grande e o cansaço também, tentaríamos trazer para a panela o importuno "minquina". Dizem que a sua carne é tão boa quanto a do macaco-prego.

Estamos possuídos de uma amnésia coletiva. Não houve um só que tivesse certeza da data de hoje. Os palpites e pareceres variam em torno do dia 25 de setembro de 1949. Seja qual for o dia, sabemos que está faltando um passo para outubro. E isso é temeroso, pois lá pelos 20 do dito mês começam os trovões e as pancadas d'água. Queremos nessa altura estar debaixo de ranchos cobertos de palha. Alguns acham que hoje é domingo. Há um cheiro domingueiro no ar. Seja ou não, resolvemos mudar a rotina do dia. Uns saíram à procura de mel, outros de castanha e uns mais animosos na esperança de uma caça grossa.

Nós, acompanhados de Taconi, o kamaiurá, saímos numa exploração no rumo de trezentos graus. Queríamos conhecer até boa distância a natureza do terreno, da mata e seus acidentes. No primeiro quilômetro transpusemos algumas elevações, até que chegamos a uma área plana. Bem à frente, sempre de bússola em punho, saímos numa elevação, ou melhor, um morro alto e isolado. Fomos até o topo. Lá do alto pareceu-nos ouvir, vindo de longe, um estranho rumor de água, não constante, contínuo, mas intermitente. Ia e vinha, ia e vinha. Seriam as águas revoltas ou os saltos do São Manoel? Não pode ser. Ele ainda deve estar longe. Ou não? Brevemente, nos dias que virão, ficaremos sabendo.

A Expedição não para, e não saem do lugar os acidentes da natureza. Nas andanças encontramos, perto do morro alto, uma água boa para onde virá o nosso próximo acampamento. Chegamos de volta quase ao anoitecer. O dia foi profícuo em todos os sentidos: a exploração foi boa; os caçadores trouxeram mutuns, jacus e um jabuti enorme; os meleiros, dois caldeirões de mel da excelente abelha mandaguari; e os frugívoros, dois cestinhos de castanha e um maior de cajá. Do cajá fizemos uma respeitável quantidade de tiquara adoçada com mel. Difícil no mato se faça refresco melhor. Às seis da tarde se deu o "banquete". Na exploração que fizemos chamou-nos a atenção a quantidade de vestígios de índios desconhecidos no alto de uma elevação. Seriam kaiabi, os donos do rio São Manoel? O nosso contato com eles é infalível, pois vamos agir nas suas terras. E quando isso acontecer ficaremos sabendo, ao certo, quem foi que andou quebrando babaçu no alto do morro.

O CANTO DO URUTAU

Dormimos ao som do estranho e melancólico canto de um urutau pousado sobre nossas redes. Embora estivesse a poucos metros de nós, seu canto surdo, diáfano, pausado, parecia vir de muito longe. Era como um gemido, um apelo, vindo dos confins.

O desjejum foi o resto do jantarão de ontem. Reiniciamos o serviço do picadão. O período da manhã, gastamos todo na transposição dos morrotes que ontem encontramos na exploração. A todo momento a picada cortava o pique que havíamos aberto e que ziguezagueava entre os morrotes. Vencida essa área mais ou menos acidentada, passamos a avançar mais rapidamente. Os vestígios de índios evidenciam-se com maior frequência, principalmente quando encontramos babaçuais ou capões de castanheiras. Avançamos uns dez quilômetros mais ou menos. A mata limpa e o chão plano ajudaram bastante.

Amanhã deixaremos este nosso último acampamento de mudança para perto de um córrego de água limpa e abundante que encontramos na exploração. Estamos aqui na frente com os dois jegues. Não deixamos que voltassem à beira do rio, lá no posto, porque estão visivelmente cansados e, ainda, um deles está bem machucado. O pobre animal escorregou no folhiço e foi espetado por uma taboca chanfrada por facão. Amanhã só um deles poderá nos ajudar no transporte da carga. O ferido não tem a menor condição de prestar ajuda. Isto quer dizer que mais carga cabe aos homens.

A noite foi tranquila, embora um pouco fria. Bem cedo começamos a preparar os "emburrados" para a mudança. A cada homem coube um volume de respeitável peso. Infelizmente não deu pra ir tudo numa só viagem. Ficou uma parte boa para outra viagem. O jegue ferido sofreu muito para chegar ao destino. Mesmo sem carga, volta e meia precisava ser ajudado pelo pessoal, principalmente para vencer os morrotes. Chegado ao local do novo acampamento, o animal lentamente deitou-se e sem estertores morreu. Zacarias e Édson, os dois últimos condutores, mais do que os outros companheiros, ficaram pesarosos.

O dia ficou todo ele voltado à mudança. Nem havia coragem ou ânimo para outra coisa. Providencialmente estamos num domingo. Descanso da companhia, ou melhor, serviço mais leve: caçar, tirar mel ou procurar castanha. Os que foram à caça em menos de duas horas voltaram com dois queixadas enormes e três jacus verdadeiros. Valeu a pena o esforço. Os homens do mel e os da castanha nada trouxeram. À noite ficamos assustados com a possibilidade de uma chuva, pois não foram poucos os trovões e os relâmpagos que estrondaram e clarearam a mata. Felizmente não choveu.

Pelo pouco que se via pelas nesgas da folhagem, o céu estava todo azul. Lá "fora" havia de estar uma linda manhã. Despachamos para o posto da beira do Maritsauá dois homens com o último jegue. Notícia anterior havia anunciado a vinda de dois burros. Vamos jogar com a sorte. Se esse reforço chegar, o nosso transporte vai melhorar muito.

AS ARARAS

Retornamos ao trabalho da picada cortando agora uma mata frondosa e limpa. A vegetação rasteira é rala e o chão, quase todo plano. Nem por isso deixou de haver alguns obstáculos em forma de tabocais, cipoais e espesso folhiço. Constantemente espantávamos, principalmente nos babaçuais, enormes bandos de araras, tanto as canindés de peito amarelo e costas azuis quanto as vermelhas, agitadas e estridentes. Estas últimas não são encontradas em todo lugar. Aqui os bandos são numerosos. Suas plumas vermelhas, tanto as da cauda quanto as do peito e pescoço, são verdadeiras joias para os índios. Estas araras cor de sangue têm tanta força no bico que chegam a partir o coco de babaçu, tão duro que nós normalmente usamos o "olho" (costas) do machado para quebrá-lo.

Hoje o trabalho rendeu mais ou menos seis quilômetros. Encontramos diversos corixos com águas limpas e correntes. A chegada ao acampamento no regresso do serviço foi com o escuro. Depois do banho restaurador, mas praguejado pela frieza da água, enfrentamos um bom jantar regado a tiquara de cajá. Percebe-se quando os homens estão cansados pelo fogo, antes vivo mas que aos poucos vai se apagando.

A noite foi tranquila. Nada de esturros de onça, nem do importuno macaco-da-noite. As rajadas de vento que pensamos prenunciar chuva forte foram enganosas.

Quando clareia dentro da mata é sinal de que lá em cima, fora dela, o dia faz tempo que começou. Por isso é que o desjejum é quase sempre na penumbra. Vez ou outra, quando se encontra uma clareira, ficam todos olhando o céu. O de hoje estava azul. Uma ou outra nuvem se deslocava para o norte espancada pelo vento. O desjejum, para variar... foi o mesmo de ontem, anteontem, trasanteontem.

A ponta do serviço, a seis quilômetros daqui, implica um andar de mais de uma hora para ser atingida. Às vezes essas andanças cansam mais do que o bater da foice ou facão. Em meio do caminho encontramos um enorme bando de quatis — o bicho é ágil e assustadiço. Quando surpreendidos se dispersam pelas árvores. Não raro, quando muito assustados, despencam da árvore. Uma vez no chão, desandam a correr. Se porventura for atacado por cachorro, este que se previna, porque os dentes afiados do bichinho põem fora as tripas do cão. Vimos encontrando também capões da palmeira patauá, que dá um coco que quando desmanchado na água morna fornece uma excelente sambereba. Aliás, sambereba (refresco) não se faz só de coco, mas também de muitos outros frutos.

Hoje, quando vínhamos para o serviço, caçamos um quati que deixamos pendurado a dois metros do solo, para ser apanhado na volta para o acampamento. No regresso não o encontramos mais. Alguém o apanhou. Índio não foi, porque não temos visto sinal. Possivelmente tenha sido uma onça ou mesmo um gato atlético tipo maracajá, jaguatirica ou outro da mesma espécie.

OS QUEIXADAS NO BARREIRO

Começamos hoje uma nova mudança. Cada vez que encontramos uma água boa na frente removemos o acampamento. A mudança de hoje não foi das mais penosas. A carga maior foi a de um resto de víveres, que já estão acabando, e os pertences individuais. A cozinha, sim. A trempe e as panelas constituem dose pra jegue. Parte grande do dia foi consumida no vaivém de um para outro acampamento. Tudo terminado, resolvemos ocupar o resto do dia com uma exploração para a frente no rumo trezentos graus magnéticos. O primeiro obstáculo: coisa de dois quilômetros do novo pouso, encontramos uma área pantanosa, onde chafurdava uma vara de queixadas. O momento era propício para ajudar a cozinha em vésperas de entrar no somente feijão com farinha. Aproximamo-nos cautelosamente protegidos por um capão de bananeiras-bravas. Sem que fôssemos pressentidos, dispusemo-nos estrategicamente e convencidos a disparar no bando maior. Em matéria de armas estávamos bem munidos com carabina 44, chumbeira e revólveres. No momento certo, emitido o sinal, num só tempo disparamos as armas. O estouro da vara foi enorme. Os porcos ruidosamente dispersaram-se por todos os lados. Muitos passaram sob nós, que, nessa altura, já estávamos agarrados em galhos e troncos acima do chão. Nessa posição não podíamos fazer novos disparos. Não havia mesmo necessidade. Lá no lamaçal, dos quatro porcos atingidos, um ou outro ainda se debatia. Tirá-los para o seco não foi tarefa fácil. Estripados e amarrados em varas grossas, foram levados para o acampamento. Numa poça funda do córrego foram bem lavados e, já sem couro, manteados. Parte foi salgada e outra foi diretamente ao jirau para ser assada. A caçada inesperada estimulou a conversa até bem tarde da noite.

O quebra-jejum de hoje, como não podia deixar de ser, foi farofa de queixada com café. O picadão avançou bastante. Alguns quilômetros foram vencidos. A certa altura tivemos a nítida impressão de estar ouvindo barulho de cachoeira. Para nos certificar, pedimos a Taconi que subisse em uma árvore alta. Isto para índio é coisa à toa. Lá de cima, para desconsolo nosso, ele afirmou que nada ouvia. Nem por isso desanimamos. Cachoeira é assim mesmo. Sua zoada parece pulsar indo e vindo, inflando e contraindo. O vento é que comanda. Pelos nossos cálculos não devemos estar longe do São Manoel ou Telles Pires. Isto é bom para duas coisas: primeiro, porque significa o fim da pesada jornada pela mata — há cem dias vimos caminhando passo a passo no folhiço do picadão; segundo, porque tal perspectiva vai levantar o ânimo do pessoal, que vem se mostrando combalido com a duração da jornada. Deus permita que com mais duas ou três mudanças a gente chegue à beira do riozão.

No final do dia de trabalho chegamos às margens de um córrego de água excepcionalmente limpa. Amanhã traremos o acampamento para cá. Este trecho que estamos cortando parece a pátria dos jacubins. Abatemos cinco deles. No regresso, quando estávamos quase chegando no pouso, demos pela primeira vez com um numeroso bando de bugios encarapitados nos galhos de uma árvore desfolhada. Lá do alto eles tranquilamente nos fitavam, e nós cá de baixo fizemos o mesmo e continuamos nosso caminho.

Esta madrugada tivemos uma chuva forte, felizmente passageira. Um vento, aliado nosso, empurrou a chuva para o sul. Ao amanhecer o céu estava limpo. Antes das sete já estávamos empenhados na enjoativa faina da mudança. Desta feita foi mais fácil. A carga pesada, que sempre é de víveres, está maneira, simplesmente porque já não temos quase nada. A aborrecida tralha da cozinha foi distribuída entre todos os "viventes". Às nove horas já estávamos com tudo no novo acampamento, simpático e de boa água. O cozinheiro preparou rápido o que havia de ser feito e que não era muito — carne de porco que sobrou de ontem e umas mãos de farinha. Em face da "fartura", abolimos o descanso para a digestão, já que houve pouco a digerir, e reiniciamos a picada. De início topamos com um fechado tabocal e, mal o dito foi vencido, surgiram alguns capões de taquari. A mata limpa veio logo em seguida. Tanto foi ela se alongando que chegamos ao fim da tarde com o resultado de cinco quilômetros.

Andamos de olho na estrada esperando a "tropilha". O feijão já se foi, e o arroz está se despedindo.

A TROPA DE UM JEGUE SÓ

Estamos nos despedindo, também, do mês de setembro. Se hoje saímos cedo da rede, mais cedo chegamos à ponta da picada. A mata permitiu uma caminhada rápida do serviço. De certo ponto em diante começamos a ouvir nitidamente o rumor longínquo das águas nos pedrais da cachoeira. Devemos estar a mais de 150 quilômetros do posto do Maritsauá. O riozão não está a mais de dez quilômetros daqui. Amanhã avistaremos o São Manoel nem que seja sem bússola e baliza. Chegamos cedo ao acampamento e fomos surpreendidos com a chegada da "tropa", agora reduzida somente a um jegue. Os condutores — Zacarias e Édson — informaram que o batelão saíra do Xingu trazendo alguma carga e dois burros. Sua chegada ao posto do rio foi estimada em dez a doze dias, por isso eles resolveram vir até aqui com o último jumento. Daqui faremos sair dentro de dois dias dois dos nossos homens para trazer lá do posto maior suprimento com os burros, que, por seu lado, devem ter chegado também.

À noite a conversa foi até tarde. Os homens estavam visivelmente agitados. A razão era tão somente o barulho da cachoeira. A ânsia de ver o rio, o sol e o horizonte a todos animava. Cessada a prosa, um ou outro fogo permaneceu aceso. Os demais foram virando braseiros. A noite foi avançando sem vento, sem chuva, sem esturro de onça ou canto de urutau.

Bem mais cedo do que esperávamos, os homens saltaram das redes. O cozinheiro ultimava o café e a farofona com o resto da carne-seca do porco. Lá do pé de uma árvore alguém gritou: "Hoje eu bebo água do riozão!".

ENFIM O SÃO MANOEL OU TELLES PIRES

A mata plana e desimpedida facilitou o avanço da picada. Até a hora em que o cozinheiro e o ajudante nos alcançaram com o almoço já tínhamos avançado muito. Até o arroz com mutum estava com sabor melhor. É que o tempero era a novidade da aproximação do rio. O vento que vinha de lá trazia o barulho da água no pedral. Não houve o habitual descanso de pós-almoço. Todos queriam ir para a frente. Depois de uma hora e tanto de caminhada, sem bússola, sem baliza e picada, chegamos à beira do São Manoel ou Telles Pires. Desembocamos bem na altura das corredeiras. Não houve um só que não entrasse n'água. O banho foi compensador e o descanso mais do que oportuno. O regresso não foi corrido, mas rendeu bem porque o chão já era conhecido. Eram seis horas quando chegamos ao acampamento. Não havia para quem contar a novidade, pois todos foram até lá, até os cozinheiros. A conversa sobre o rio ficou animada à beira do fogo, enquanto o cozinheiro aprontava o "decumê". Um mais exagerado dizia:

— O diabo do rio tem bem uns mil metros de largura.

Um outro retrucava:

— Que isso, moço, pode ser que chegue nos quinhentos, mais não.

Fazia tempo que não se ouvia uma prosa tão viva e cheia de riso. Alcides, animado, dizia aos companheiros:

— Amanhã a gente chega com o picadão na barranca. Depois de amanhã, o acampamento.

Eleutério, que foi cozinheiro no período agudo da falta d'água, exclamou, lembrando:

— Adeus, sambaibinha, taquara e cipó, não carecemos mais de ocês, água agora sobeja.

Noite sossegada. Vez ou outra um vento mais forte trazia até nós o estrondo da corredeira.

A chegada do picadão até a beira do rio não foi demorada. Houve tempo ainda de escolher um bom lugar para o acampamento. O ponto escolhido foi um pouco abaixo de onde desembocou o picadão, bem na foz de um riacho com mais ou menos dez metros de largura. O acampamento ficou muito bom. O essencial tínhamos à mão: água, peixe, caça e até taturubá (fruto silvestre saboroso). Isto, claro, não se falando no sol, num imenso céu azul e num distante horizonte. Há mais de cem dias que não víamos essas coisas. Na mata o sol é adivinhado, não visto.

Os índios Taconi e Aribaum flecharam na boca do riozinho pacus e tucunarés. Voltamos, assim, a comer peixe bom. Os pescadores de anzol pegaram pintados e uma enorme piraíba.

Designamos dois homens para ir ao posto Maritsauá — Raimundo e Medrado — e trazer de lá suprimentos nos dois burros que já devem ter chegado.

Na exploração que fizemos margeando o rio encontramos pouco abaixo do acampamento três ilhas que havíamos anotado na exploração aérea. As águas que envolvem as ilhas são rápidas e muito encachoeiradas. No lado direito da última delas, o rio, com mais ou menos duzentos metros de largura, despenca de uns doze metros, formando uma catarata de grande beleza. Abaixo desse salto escolhemos o ponto ideal para o acampamento definitivo. Dali partiremos, largando a margem do rio, com uma picada para o interior, até alcançar os cerrados avistados no reconhecimento aéreo. A intenção é abrir naquela área um campo de pouso.

Tudo planejado, saímos da beira do ribeirão e alcançamos o ponto ontem escolhido para a nossa base efetiva. Consumimos dois dias na abertura do pique para o interior, até atingir a clareira. Assentamos que só mudaremos para lá depois de reconhecer a área e demarcar o campo. A distância do rio até o cerrado vai além de dez quilômetros, talvez doze.

O nosso acampamento na beira do São Manoel ficou muito bom. Como teremos de ficar por aqui algum tempo, fizemos duas tapagens de palha para a carga e as redes. Um tempo longo há de nos prender aqui. É preciso que tenhamos certeza da possibilidade de abertura de uma pista lá na clareira. Daí o vaivém diário rio-clareira. O rumo da picada partindo do rio é de noventa graus magnéticos. Nos diversos voos de reconhecimento havíamos constatado que a única área onde se pode pensar numa pista é esta que localizamos. A ligação rio-clareira é ingrata. Partindo da margem, avançamos por uma área plana uns dois quilômetros. Daí em diante começaram a surgir elevações, grotas empedradas, encostas íngremes que obrigavam a desvios. A bússola, que na área plana vinha em suporte, determinando balizas, passou a ser de mão, sem baliza, mantendo o rumo de noventa graus magnéticos. Numa deriva grande ante obstáculo sério, como no nosso caso, é preciso ter muito cuidado. Embora mantendo o rumo geral, é preciso que não se perca a clareira restrita encravada dentro da mata. O trabalho foi grande, mas o progresso no terreno foi relativo em virtude das voltas da picada.

Para compensar a trabalheira, jantamos uma suculenta peixada. Dois homens que deixamos pescando trouxeram muito peixe, inclusive uma piraíba com um metro e oitenta de comprimento. Esse peixe fresco não é tão bom, mas manteado, salgado e posto para secar, melhora o paladar.

O acampamento ficou bem instalado. No começo o barulho da cachoeira atrapalha o sono, mas depois de alguns dias ele passa a embalar.

Bem cedo saímos para o serviço. A picada, com os seus sobe e desce, não é convidativa, mas não se pode arranjar coisa melhor. A região é assim mesmo, toda ondulada. No fim da tarde saímos da mata alta para o cerrado visado. Fizemos uma exploração na clareira. Deu para constatar que é possível abrir um campo, mas com muito trabalho.

Estamos como índios nômades, vivendo de caça e pesca. Os víveres estão se despedindo. O feijão já se foi, o arroz vai indo, a farinha não vai além de umas mãos-cheias; açúcar, fubá, café e óleo estão no mesmo caminho. Estamos pensando seriamente em ir com todos os homens até o postinho do Maritsauá e trazer de lá o que for possível. Essa é uma alternativa, a outra é rezar para que cheguem os dois burros carregados.

25 QUILOS NO LOMBO

Antes de dar início aos trabalhos do campo de pouso, acabamos resolvendo ir com todos os homens até o postinho do Maritsauá para uma boa carga de víveres. A viagem foi dura. Quatro dias de caminhada em passo apertado. A distância não é menor que 150 quilômetros. Felizmente encontramos o posto bem suprido. Mais de dois mil quilos de gêneros bem variados lá estavam vindos do Xingu, nossa base supridora. O que nos deixou mais satisfeitos ainda foi a presença dos dois burros que vínhamos esperando. Descansamos dois dias no postinho. Sabíamos que a volta seria mais dura ainda. Éramos dezesseis. A cada um coube de 25 a 30 quilos. No lombo dos burros ajeitamos 160 quilos, 80 em cada um.

A volta consumiu seis dias puxados, ou melhor, puxadíssimos. Depois de um descanso de dois dias, sentimo-nos recuperados do excepcional esforço despendido. Os animais, descansados como estavam, chegaram muito bem. Assim mesmo só voltarão ao Maritsauá quando estiverem bem refeitos da caminhada. E, antes disso, eles vão nos ajudar na mudança daqui da beira do rio lá para a beira do cerrado, onde pretendemos fazer o campo. A distância é de vencer num dia, mas o sobe e desce do ondulado do caminho é desanimador. Parte grande da carga deixamos sobre jiraus num ranchinho na beira do rio. Virá cá pra cima devagar. Dela vamos ficar nós incumbidos, pois não vamos querer distrair gente do campo.

Mesmo antes de levantar abrigo para pessoal e carga, demarcamos a pista a ser aberta. Todo o nosso êxito e segurança estão nos contatos aéreos que nos cabe estabelecer. Abrir uma pista em área desconhecida não é nada fácil. Depende da extensão do piso, da vegetação e dos murundus que podem surgir e que estão ocultos pelo mato. A primeira medida é ter uma visão global da área. Com avião isso é fácil e ligeiro. Mas no nosso caso aqui, o remédio é escolher uma árvore alta e lá das suas grimpas procurar ter uma impressão do todo. Isso foi feito. A árvore não era lá muito alta, mas deu para ter uma ideia da direção para onde mais se distanciava o cerrado. A nossa área era de um cerrado alto e baixo encravado na mata, mais ou menos elíptica. Depois de verificar o número certo de graus com a bússola, abrimos uma picada larga cortando de ponta a ponta a área elíptica da clareira. Por sorte não encontramos um só obstáculo irremovível. Demarcada a primeira etapa da pista, com seiscentos metros de comprimento por quarenta de largura, demos início à limpeza do terreno a foice. A etapa seguinte, depois de removida a tranqueira deixada pelas foices, é a capina. O primeiro dia, contudo, foi consumido na demarcação, que em verdade é tarefa que exige experiência, cautela e reza forte para que não apareçam reprováveis murundus.

SURGEM OS KAIABI

No acampamento só ficou um cozinheiro. Os demais homens foram para os trabalhos do campo. Enquanto isso nós dois (Orlando e Cláudio) tomamos a mais ingrata das tarefas, ou seja, trazer da beira do rio (doze quilômetros em terreno acidentado), em viagens sucessivas, toda a carga que ficou guardada no ranchinho. De ida, livre da carga, leva-se duas horas e meia. De volta, com 25 a trinta quilos nas costas, com arroz, feijão, farinha e rijas rapaduras, não dá para fazer em menos de três horas. Os burros, depois de um bom descanso, já tinham partido para o Maritsauá com dois tropeiros, para trazer nova carga. Estava conosco um jegue; mas, de tão fraco que estava, gozava de licença-prêmio, passeando pelo acampamento. Não era de bom alvitre deixar por muito tempo a preciosa carga no ranchinho lá na beira do rio. Sabíamos de antemão, e agora confirmado por sinais encontrados, que naquela altura do rio há aldeias de índios kaiabi. Surgiriam a qualquer momento. Disso não tínhamos a menor dúvida. Como viriam, isso sim, não podíamos saber.

O kaiabi é um índio irrequieto e imprevisível. O SPI vinha sendo frustrado nas suas tentativas de contato com eles. Nas nossas andanças campo-beira de rio, beira de rio-campo, vez ou outra dormíamos na barranca num misto de descanso e vigilância. Vigilância porque a noite passada, e mesmo de tardezinha, ouvimos esturros de onça, assobios de macacos, pios de aves, até ronco de queixadas. Claro que percebemos, pela insistência, pela manifestação simultânea de animais que não se dão bem, como onça com porco, macaco com mutum, macuco perto de jacamim, que aquilo tudo não passava de imitações feitas por índios. Se fosse de um só bicho ou ave, ficaríamos em dúvida, visto a imitação perfeita, mas todos ao mesmo tempo não se há de acreditar. E isso tudo vindo lá do outro lado do rio. Diante da evidência não tivemos dúvida, gritamos por eles. Sabíamos que os kaiabi, tal como os kamaiurá lá do Xingu, são tupi, então gritamos algumas palavras nessa língua. As imitações cessaram como por encanto. Não demorou quase nada, começamos a ouvir gritos vindos de lá. Nitidamente ouvimos "Aiôt" (venha cá). Repetimos o chamamento que eles haviam feito. Percebemos logo de início que não atenderiam o nosso chamado, por isso resolvemos tomar a iniciativa: embarcamos em nossa canoinha e iniciamos a travessia do largo São Manoel ou Telles Pires. Achamos que não devíamos perder a oportunidade de um contato com aqueles índios — que julgávamos ser kaiabi, mas não tínhamos certeza. Estávamos no meio do rio, na travessia, quando avistamos a ubá dos índios romper da margem em nossa direção. A decisão deles, contudo, não foi adiante, pois assim que nos viram retornaram apressados para a sua margem, onde deixaram a canoa e se embrenharam na mata. Nessa altura, porém, já estávamos bem próximos e pudemos distinguir dois vultos por entre a vegetação. Estavam nervosos e agitados, andavam de um lado para o outro. Não fugiram com a nossa chegada. Olhando-nos atentos, batiam no peito e diziam perturbados: "Kaiabi! Kaiabi! Kaiabi!".

Lentamente subimos a barranca e lhes estendemos, cada um de nós, um facão dizendo pausadamente no tupi dos kamaiurá: "Icati ié" (somos amigos). Com gestos, os mais expressivos que nos ocorriam, e usando algumas expressões kamaiurá, conseguimos incutir confiança nos dois índios a ponto de convencê-los a nos acompanhar até o nosso pouso do outro lado do rio. No acampamento não foi difícil encontrar mais algumas coisas para lhes dar. Depois de algumas horas de permanência conosco, voltaram para a sua margem, prometendo nos visitar novamente no dia seguinte.

Dito e feito. Hoje voltaram eles bastante desembaraçados e confiantes. Trouxeram-nos batatas e um cesto de castanhas. Ficaram conosco pouco tempo. Naturalmente estavam ansiosos em levar a novidade para a aldeia. Assim é que se despediram e, tomando a canoa, rumaram rio abaixo.

Quando já estávamos com a carga às costas para partir no rumo do acampamento do campo, chegou a "tropa" de dois burros, tangida por Édson e Zacarias. Trouxeram 160 quilos e, tanto eles quanto os animais, estavam visivelmente cansados. Recomendamos que pernoitassem ali e só no dia seguinte, depois de descansados, completassem a viagem até o campo. Dito isso saímos com a nossa carga.

Com a nossa ausência de dois dias lá na beira do rio, não se alterou o ritmo do serviço no campo. O espesso folhiço tem dado muito trabalho para ser removido. As raízes são tão entrelaçadas que não há enxada que aguente. Entortam o corte e deixam a ferramenta imprestável. Esses imprevistos não desanimam o pessoal. Aproveitamos a estada dos muares aqui e, segurando-os mais alguns dias, trouxemos toda a carga lá da beira do rio. Temos ainda longe, além do tabocal, uma carga que, não sendo perecível, foi ficando para trás. Ela vinha no jegue que se acidentou na taquara. Se de um lado ela não é perecível, do outro é terrivelmente incômoda para o lombo da gente. Não se amolda às costas como arroz, feijão, farinha, nada disso. São latinhas de leite condensado e tijolões de rapadura, ambos cheios de quinas.

Partimos nós dois (Cláudio e Orlando). Dois dias e meio de ida e o que Deus quiser de volta. Nada levamos de matula. Confiávamos na castanha, no taturubá e mais alguma fruta que macaco coma. Na ida tudo correu bem. Um macaco incauto foi assado e devorado. Na volta, carregados, não atentamos para caça. No primeiro dia a castanha foi almoço e janta. Não há barriga que aguente uma dieta dessas. As cujas desandaram em protesto. No auge da revolta entérica tivemos de caminhar longa extensão da picada sem os "panos" protetores das "partes baixas do corpo". Sabíamos que nessas situações, se mudássemos a alimentação de castanha para leite condensado ou rapadura, a emenda seria pior que o soneto. Resolvemos apelar para a caça. Não foi nada difícil abater um gordo cuatá, macaco abundante na região. Ali mesmo armamos um jirau, acendemos um fogo e sobre ele ajeitamos o macacão. Apesar da "soltura", a fome era muita. Enquanto o fogo fazia o seu papel e o "moço" no jirau ia cada vez mais parecendo um salvado de incêndio, fomos tomar banho num córrego próximo.

Quando voltamos já estava escuro. Fomos surpreendidos com o fogo totalmente apagado. Isso não nos contrariou. Tínhamos uma binga que nunca falhava. Nesse dia, ou melhor, nessa noite, falhou. Quando ajeitamos folhas secas e gravetos e nos dispusemos a acionar o fuzil da binga, o dito fuzil escapuliu do seu compartimento e se perdeu no folhiço. Durante um bom tempo ficamos apalpando o chão na esperança de encontrar no meio das folhas a única peça que poderia nos dar fogo. Embalde a busca. Desanimados da procura, resolvemos comer o churrasco no ponto em que estava. Passávamos a mão e quando sentíamos o pelo queimado e o couro tostado, cravávamos a unha e "pescávamos" um pedaço de carne. Vinha quente, às vezes magoando os dedos. Uma como que gordura corria pela mão, pingava no peito e provocava uma exclamação: "A carne está gorda, pingando gordura". Tocamos a fome e dormimos satisfeitos. De manhã! Oh! de manhã... não era gordura, era sangue que saía da carne crua do macaco. Tínhamos a barba, o queixo e o peito vermelhos!!!

O JEGUE TEIMOSO

As idas e vindas ao picadão carregando as cargas que ficaram pelo caminho um dia chegaram ao fim. Como também chegaram ao fim as reservas do armazém. A perspectiva do esvaziamento total do nosso estoque começou a amedrontar os trabalhadores. Alguns até já falavam em sair, sempre arranjando desculpas, quase sempre esfarrapadas. Saudade era uma delas, embora não soubessem de quê. Outras vezes era um mal que nunca haviam sentido, ou então um negócio que nunca foi concluído — e que nunca será, porque estava sendo bolado como desculpa. Nessa altura, por sorte nossa, os índios kaiabi já estavam começando a chegar em massa para nos visitar. Em boa hora essa aproximação. A nossa provisão começou a ser reforçada por eles. Nenhum grupo kaiabi chegava de mãos abanando. Peixe, caça, palmito, começaram a chegar quase todos os dias.

Os burros, ou melhor, os jegues, já tinham desaparecido. Uns por falta de alimentação adequada, outros comidos por onça. O último, extremamente manso, quase sem-vergonha, era terrivelmente teimoso. Quando queria, tudo bem. Caso contrário, nada o demovia. Na última viagem, trazendo um resto de carga, resolveu se rebelar na travessia de um ribeirão fundo. Mesmo aliviado da carga ele se recusava. Com ar sereno, superior, não reagia aos nossos agrados nem se comovia com os nossos apelos. Há muito vinha sendo chamado de "Mocinho". No auge dos nossos esforços no atravessar a carga, tivemos a nítida impressão de que o malandro estava com ar de riso. Removido o último volume, restava ele, o jegue. E agora? Ele esbirrou as pernas, endureceu o pescoço e recusou-se energicamente a se mover. Com muito esforço conseguimos arrastá-lo até a barranca. Em um momento seu de descuido, empurramos o bicho para dentro d'água. Ele se recusou a nadar. Lentamente foi sendo levado pela correnteza. Incontinente saltamos no ribeirão e, com muito esforço, o mantivemos ora com a cabeça, ora com a anca à tona. Dizem que, tal como o boi, o jegue morre afogado pelas narinas e pelo ânus.

Depois de uma luta ingrata, chegamos com ele do outro lado do ribeirão. Pusemo-lo em pé. Ele resolveu não dar um passo. Perna aberta, olhar ao longe, ignorava a nossa presença. Aproveitamos a sua postura rígida para ajeitar a cangalha e a carga pequena. Indiferente, continuava imóvel. Empregamos, então, um velho método. Pegamos um tição ainda com brasa, levantamos o rabo do cujo e, meio de longe, esquentamos a sua "parte sensível". O "Mocinho" amoleceu o corpo e começou a ter pressa em caminhar. Foi a sua última viagem. Andava ele solto pelo acampamento, mas sempre vigiado quando havia roupa lavada e úmida pendurada por perto, já que ele, sem a menor cerimônia, mascava esse tipo de achado. Um dia foi surpreendido comendo um resto de comida! Ele vagava pelo acampamento, entrando nos riachos, empurrando redes ou, então, tropeçando nos índios que, deitados em esteiras, dormiam ali perto na beira da mata.

Uma manhã o jegue ouviu, e nós também, um esturro vindo lá de dentro do cerrado. Curioso, saiu correndo naquela direção para ver de perto o que era. Não houve tempo para segurá-lo. Nem ele atendeu o nosso chamado. Foi e não voltou. Era uma onça! Pobre "Mocinho". Talvez tivesse pensado que aquele esturro fosse de algum parente, pois, embora longinquamente, os esturros se parecem.

O SUPRIMENTO DO AVIÃO. O CAMPO NA FASE FINAL

O campo chegou à sua fase final. Mais uma semana de serviço e estaria pronto. O armazém vazio, cada vez mais, influenciava o ânimo dos homens. O trabalho, na sua produção, caía visivelmente. A causa talvez fosse o enjoo de comer, quase todos os dias, peixe e palmito. Alguns chegavam a dizer que estavam com "fome de arroz". O rádio lá do Maritsauá dera conta disso em comunicação para o Xingu, Xavantina e Rio de Janeiro. Passado algum tempo, uma manhã fomos surpreendidos com um avião grande nos sobrevoando. Era um C-47 sem portas. Isso significava que ia lançar volumes. Corremos para o campo. O avião, depois de algumas voltas, começou a voar baixo. Assim que os pilotos nos avistaram no campo, foram arremessados três fardos. Nova manobra, novos fardos. Depois que tínhamos recebido dezoito fardos, a aeronave, inclinando as asas de um lado e de outro, despediu-se. Uma mensagem encontrada em um dos volumes deu-nos ciência de que a iniciativa do lançamento havia sido do brigadeiro Aboim, com o conhecimento, é claro, do presidente da Fundação, general Borges Fortes de Oliveira. Feliz iniciativa. Estávamos supridos para levar o campo ao término. Dez dias o quebra-jejum foi à base de café com leite. Dez dias depois, estávamos com o campo pronto.

OS RECONHECIMENTOS AÉREOS. OS IPEUÍ SÃO BRAVOS

O primeiro avião a chegar da nossa base do Xingu foi o Stinson, bonzinho mas manhoso e pouco confiável. Pilotando vieram Olavo e Juca. No regresso seguiram dois trabalhadores. Sabíamos de antemão que assim aconteceria nos voos seguintes — quase todos iriam embora. Uns pela experiência do falta-boia; outros, pela surpresa da nova etapa — Cachimbo.

A notícia de ser praticável o campo do Telles Pires animou a nossa retaguarda, do Xingu ao Rio de Janeiro. Quase que diariamente chegava um avião. E no regresso infalivelmente levava um ou dois trabalhadores. Por nosso lado não insistíamos que ficassem, pois já andávamos de olho e namoro com os kaiabi ali acampados em bom número. Os poucos que voluntariamente nos auxiliaram no campo nos entusiasmavam. Foi com um misto de surpresa e satisfação que conheceram o avião. A FAB no Rio, sempre com o brigadeiro Aboim na ponta das decisões, não poupava autorização de voos aos seus pilotos. Capitão Leal Neto, de todos, era o mais assíduo. Desta feita apareceu ele com um Northwind acompanhado pelo tenente João Carlos Gomes de Oliveira. Nessa altura, a Fundação já contava na sua frota com um Bellanca, que de todos era o que maior carga transportava. Era lerdo de cruzeiro, mas difícil de ser "derrubado".

Vencida a etapa Telles Pires, a conversa obrigatoriamente girava em torno da próxima: Cachimbo. Voos de exploração começaram a ser feitos. O tenente João Carlos, no Northwind e conosco a bordo, num minucioso voo na chapada da serra do Cachimbo, para testar o piso, tocou com as rodas no solo. A impressão foi de que era firme. Convinha agora procurar no todo uma extensão sem obstáculos para uma possível aterrissagem. Com isso surgiram duas hipóteses para a tomada do Cachimbo: a primeira, que vinha sendo alimentada, era descer o Telles Pires até a foz do Peixoto de Azevedo e por ele acima alcançar um afluente que vinha da serra e que, pelo rumo do seu curso, tomou o nome de Braço Norte. Por essa via já havíamos constatado, em voos anteriores de reconhecimento, a existência de aldeias de índios ainda não contatados. Os kaiabi, que com eles já haviam lutado, informaram tratar-se de índios muito aguerridos e que chamavam de ipeuí. A outra alternativa seria uma aterrissagem na chapada da serra. Essa seria possível, mas não fácil. Um malogro redundaria no fracasso da missão.

GELO NO CARBURADOR DO STINSON: "VAMOS BATER... VAMOS BATER!"

As alternativas eram a tônica das conversas. Depois de muito considerar, uma solução quase que coletiva ficou assentada. Sem que a retaguarda soubesse, haveria outra tentativa de pouso no trecho em que o tenente João Carlos tocou o solo. Tudo preparado, aproveitando o dia firme e claro, saímos com dois aviões: o Northwind com João Carlos no piloto e Olavo na observação; e o Stinson com o capitão Leal Neto e nós três (Leonardo, Cláudio e Orlando). O Northwind daria o rumo, porque o Stinson estava com a bússola em pane. Outro detalhe: o Stinson tinha transmissor mas não tinha receptor. O Northwind, por seu lado, tinha receptor mas não tinha transmissor. Coisas que não se discutem. Era essa a aviação do sertão. No Stinson, além dos três citados, ia uma carga de emergência: boia para um dia, um machado, uma enxada e cada qual com o seu facão. As duas dinamites que iam no colo do Leonardo eram destinadas a uma pedra grande que tinha sido avistada. No mais, o que não faltava era o ânimo para a empreitada.

Tudo foi bem na decolagem e no início da viagem. O Northwind pouco na frente, embicado para o Cachimbo, ia soberano seguido pelo vacilante Stinson. Vacilante porque já havia tossido duas vezes. Resolvemos não dar folga ao transmissor. Mais para manter contato íamos dando nossas impressões do itinerário. É claro que comunicamos ao Northwind os "pigarros" do nosso motor. A tudo o Northwind confirmava ter recebido, balançando as asas. Com 28 minutos de voo o motor do Stinson rateou, tossiu e ameaçou calar perdendo a rotação. Lá embaixo a mata, que antes nos parecia um tapete, começou a mostrar infinitas pontas de pau! O piloto, senhor da pane, não fez por menos, gritou: "Gelo no carburador!... Vamos cair!". Não houve pânico, apenas uma aflição controlada. Capitão Leal Neto, o piloto, conhecia a pane e seu único remédio: perder altura para derreter o gelo. Mas perder altura? E os morrotes?

Cláudio, avistando dentro da mata uma lagoinha com uma relva circundando, aconselhou: "Desce lá". Orlando, vendo o rio se descortinar na frente, sugeriu: "Desce ali". Só Leonardo não pôde falar. Estava com uma enorme caixa no colo e mal podia se mexer. "Olha os índios", gritou o piloto. Com o degelo no carburador, Leal Neto, com muita perícia, conseguiu numa curva larga dar 180 graus — o que vinha a ser retorno. Sem bússola e obrigados a fazer desvios largos dos morrotes, fomos perdendo o rumo do acampamento. O Northwind, de início, acompanhava os nossos movimentos, mas pelas voltas que também foi obrigado a dar acabou nos perdendo de vista. Era difícil distinguir um avião pequeno voando rente à mata. O nosso retorno não se dava no rumo do campo, mas no rumo geral sul.

A cada morrote que surgia à nossa frente vinha a advertência, agora um pouco nervosa, do piloto: "Segurem, segurem... cuidado... vamos bater!". Não batia, pois, habilmente, antes levantava o avião o tanto necessário para transpor o morrote. Feito isso voltava imediatamente para o voo rasante, atendendo o carburador que tossia.

Certo de que o Northwind continuava nos ouvindo, Orlando começou a ditar a partilha dos seus bens: "A arara, aquela do peito amarelo, para o Maricá; os bem-te-vis para o Coá; a curicaca para o Kanato; e uma rede grande, que está no armário, para Tipori, mulher de Kanato". Enquanto isso, o Stinson, sem o rumo do Northwind, voltava para o sul. Em toda elevação, a mesma advertência do piloto. Em voo alto poderíamos nos localizar vendo o rio e a mata, mesmo distante. Mas, e o carburador? Mal subíamos o diabo engasgava.

Surge à nossa frente um morrote pontudo, mais alto do que os outros, pelado, ameaçador, que amedrontou o piloto: "Cuidado, vamos bater!... Este não dá... vou placar... vou placar...". Alcançamos o morrote. O avião não conseguiu subir o necessário para transpor a elevação. O piloto, quando viu que íamos nos chocar com o cocuruto do morrote, aproveitando a velocidade do avião, puxou o manche levantando o nariz da aeronave. Assim fazendo pro-

513

curou evitar um choque frontal com as pedras do morro. Com essa manobra, claro, a cauda baixou, fazendo com que a bequilha batesse na pedra mais saliente. Isso acontecendo, como o baque foi grande, o avião voltou o nariz para a terra, e lá outra coisa não havia senão o campo aberto e todo ensolarado. O que em verdade nós não sabíamos era que o nosso "anjo da guarda" estava ali do lado de fora, rindo.

O piloto não se conteve, saltou do avião e beijou o solo. Nós, Cláudio e Orlando, saímos apressados e só lá fora ouvimos alguém "delicadamente" chamando alto lá de dentro do avião. Era Leonardo, que, sem ajuda, não podia desvencilhar-se das caixas, pacotes e coisas mais que o prendiam ao banco. Demorou bem uns quarenta minutos até que ouvimos o ronco de uma "serraria" ao longe. Era o Northwind chegando. Soubemos depois pelos pilotos que, perdendo o Stinson de vista, ficaram desorientados e preocupados, porque a transmissão que dele vinham recebendo subitamente desapareceu.

A volta do campo para o acampamento foi num clima de abatimento. Tudo indicava que o Northwind, peça indispensável na operação, regressaria ao Rio no dia seguinte. Só com o Stinson o plano seria inexequível. E, por outro lado, ele não era mais confiável. A nossa esperança era de que à noitinha, depois da janta, na conversa costumeira, surgisse uma solução. Não havia dúvida de que fora o Stinson o responsável pelo mau sucesso da empreitada. Afastando a ideia do avião, não teríamos outra alternativa senão a de enfrentar os ipeuí no rio Peixoto de Azevedo. O que implicaria uma perda muito grande de tempo. Tal coisa só seria viável depois de um longo namoro com os índios até chegar à atração. Sem isto não seria possível atravessar a região, navegar no estreito Peixoto de Azevedo e, etapa pior, realizar a lenta subida da serra do Cachimbo margeando o afluente Braço Norte.

UM PEDIDO PARA UMA ATERRISSAGEM "FORÇADA"!

O piso sólido experimentado pelo Northwind foi o argumento mais forte para que não fosse abandonado o plano da aterrissagem. O concordo foi geral. Começou, porém, a nascer o receio, com bastante fundamento, de que um insucesso, como por exemplo a danificação de uma aeronave, refletisse mal no Ministério da Aeronáutica, principalmente estando presentes dois oficiais-aviadores. Ficou resolvido, então, que se faria uma consulta, assim como uma concordância, para a execução de uma aterrissagem de "emergência"! Coisa mais do que ingênua, mas que valeria o risco. E claro que tal rádio não poderia de forma alguma ser assinado por um dos oficiais. Seria a coisa mais contraditória do mundo pedir "emergência" antes de ela acontecer! Nós assinaríamos. Brigadeiro Aboim seria o consultado. O rádio foi. Para adiantar o expediente, encostamos o malfadado Stinson. Para substituí-lo pedimos que viesse o Fairchild, sugerindo que trouxesse uma carga, mas sem tocar na missão que o esperava. No dia seguinte chegou o avião com Juca. E, no outro dia, a resposta do brigadeiro Aboim. Inicialmente falou ele no absurdo da proposta, dizendo com outras palavras que "emergência" é uma coisa inesperada, nunca premeditada. No longo rádio da resposta, depois de muitas considerações, encerrou dizendo, sutilmente, que confiava no nosso senso e parabenizava-nos, desejando sucesso na nossa orientação na esperada conquista do Cachimbo.

Todos concordaram com a não aquiescência, clara, do brigadeiro, mas não negavam uma sutileza na resposta que nos encorajava. Assentou-se, com o acontecido, que no dia seguinte repetiríamos a operação. Iríamos com dois aviões, o Fairchild com Olavo no piloto e nós como passageiros (Cláudio e Orlando); o Northwind com o capitão Leal Neto pilotando e o tenente João Carlos como copiloto e navegador, já que conhecia melhor a área. Como passageiro, apenas Leonardo. O Fairchild, como era muito mais lento, sairia uma hora antes do Northwind.

Assim foi feito.

Às oito horas mais ou menos, saiu o primeiro avião. Uma hora e meia depois chegou à serra do Cachimbo. Localizada a área escolhida para a aterrissagem, Olavo reduziu a velocidade e habilmente pousou procurando correr o menos possível. Ato contínuo, saímos de facão afastando os empecilhos notados pelo piloto. Menos de uma hora ouvimos a aproximação do Northwind. A manobra foi mais ou menos a mesma. Ambos eram hábeis pilotos. Os aviões foram descarregados. As cargas eram pequenas. Contávamos com uma nova viagem no dia seguinte. Depois de limparmos a área o melhor possível, os dois aviões decolaram para o Telles Pires. Nós três (Leonardo, Cláudio e Orlando) ajeitamos a carga de maneira segura e armamos as redes na beira de um riacho.

Bem cedo, no dia seguinte, voltou o Fairchild com o trabalhador Raimundo, o índio Coá e o menino Pionin. No período da tarde tornou a vir trazendo o radioperador Dorival com uma precária estação de rádio, um tanto de mantimentos e o aviso de que todos seriam recolhidos, homens, cargas, aviões. Enfim, o posto Telles Pires ia ser desativado. A nossa provisão daria para algum tempo. Possivelmente até o preparo de uma pista para avião pequeno. Pequeno mas valente, pois a distância Xingu-Cachimbo não era curta. Felizmente, na segunda e última viagem o avião nos trouxe o excelente machadeiro Raimundão.

O nosso primeiro dia de trabalho consistiu na mudança do campo de emergência para um descampado acima da cachoeira. Lá ficaríamos com o rancho à beira do Braço Norte. A área era realmente descampada. Vegetação rasteira que cobria, para nosso desalento, inúmeras pedras que afloravam. O desbaste da vegetação não foi difícil. A dureza foi quebrar as pedras. Felizmente tínhamos duas marretas. Serviço árduo, cansativo até a exaustão. O serviço em si seria vencido pela persistência, mas as nuvens de piuns e borrachudos iam além da tolerância. Nos dias de sol bem quente, que na verdade eram todos, tínhamos de cobrir meio corpo com sacos brancos ou de estopa, abrindo, apenas, lugar para os olhos.

A CAÇA FRUSTRADA

A descida dos aviões, a fumaça do fogo que fizemos, atraíram os índios. Daí os vestígios que a todo momento encontrávamos. De tal sorte foram se acentuando esses vestígios que não se tornava mais aconselhável uma pessoa sozinha ir tentar a pesca abaixo da cachoeira.

Para adiantar o serviço, aproveitávamos as noites de lua e as madrugadas, porque só assim ficávamos livres de insetos, donos da terra.

Em uma manhã, quando o sol ainda não havia saído e nós trabalhávamos no campo, surgiu à nossa frente, pastando tranquilo, um veadinho-campeiro. Para aqueles que já andavam roendo coco e raspando os últimos sacos da estiva, o veadinho veio a calhar. Leonardo, que estava em posição mais favorável, pegou uma arma que estava à beira do campo e saiu abaixado no rumo da caça. Nós outros, parados, acompanhávamos o avanço do caçador e a calma indiferente da caça. Fomos ficando agitados quando vimos que Leonardo, já bem próximo, não se dispunha a atirar. De repente, o caçador levanta-se, o que faz com que o animal assustado saia correndo. No mesmo instante, de uma moita próxima, saem correndo acompanhando o veado três índios. Na volta, Leonardo contou que não atirou no veado porque notou que ele trazia um colar de embira no pescoço, o que significava tratar-se de um animal manso e que, se estava ali, era porque acompanhava os índios.

A PERÍCIA DO TENENTE DÉCIO

A pista propriamente dita estava pronta. Restava derrubar as árvores das cabeceiras do campo. Essas aberturas nas extremidades da pista, às vezes com mais de cem metros, são imprescindíveis para a segurança nas aterrissagens e decolagens. Estávamos nessa fase quando sentimos a aproximação de um avião grande. Dito e feito, instantes depois surgiu sobre nossas cabeças um C-47 do Correio Aéreo Nacional. Notamos que vinha sem porta. Sinal de que estava preparado para lançamento. Ficamos atentos para não perder o trajeto de qualquer volume. O avião deu umas duas voltas e de repente surgiu à pequena altura. Deslizando sobre uma das asas, alcança o campo bem no começo e para antes dos quinhentos metros. Sorridente, salta do comando o tenente Décio Leopoldo de Souza. Pelo adiantado da hora resolveu pernoitar no nosso rancho. Quis antes conhecer a cachoeira, e fomos com ele até o pedral do alto da queda. Ali tirou ele de uma sacola um litro de "Aristocrata" (uma excelente cachaça paraguaia) e disse: "Neste momento, quatro horas da tarde, estão assinando a minha promoção a capitão. Vamos brindar com a paraguaia".

O pernoite, para ele, não deve ter sido dos melhores. Bem cedo decolou o C-47 para o Xingu e depois para o Rio. A carga trazida nos deu uma folga e uma mudança substancial no cardápio. Com o avião regressaram para o Xingu Leonardo e o trabalhador Raimundo. Nessa carga providencial identificamos num bilhete o dedo do brigadeiro Aboim. Figura incomparável a desse homem. Mesmo não sendo de sua responsabilidade, o brigadeiro sempre aparecia nas horas mais difíceis trazendo sua ajuda. Tenente Décio informou--nos ainda que a notícia da tomada do Cachimbo foi muito bem recebida no

Rio. Os comandos das Rotas Aéreas e do DM — brigadeiros Eduardo Gomes e Vasconcellos de Aboim — viram coroada de êxito uma difícil e diferente missão. A Fundação, pelo seu presidente general Borges Fortes, regozijou-se pela conquista da área e pelo encurtamento do programa, que haveria de ser cumprido a qualquer tempo.

O CENTRO DO BRASIL

Com o reforço trazido pelo CAN a situação melhorou muito. O alento fez com que em mais alguns dias o campo ficasse pronto. A designação do local na serra do Cachimbo para a instalação de uma futura base de controle e segurança de voo fazia parte dos planos do brigadeiro Eduardo Gomes e do general Borges Fortes. A localidade escolhida foi a mais próxima possível do centro geográfico do Brasil. E a colocação de um marco nesse ponto foi recomendação do marechal Rondon. Foi ele quem determinou ao Serviço Geográfico do Exército que nos enviasse o levantamento fotogramétrico da área com a marcação precisa do ponto.

A demarcação não foi muito trabalhosa, mas, isto sim, cuidadosa. Saindo da margem esquerda do Xingu, quinze quilômetros a montante da cachoeira Von Martius, caminhamos para o interior até cobrir a distância de 17.800 metros especificada na carta. Como estávamos desprevenidos de trena, emendamos embira até cinquenta metros e fomos puxando por ela picada afora. Com oito horas de caminhada chegamos ao pé de uma árvore imensa, um jatobá com tronco de quatro metros de topo, plantado sobre um vastíssimo formigueiro de saúva. Nem por isso deixamos de fazer uma capina retangular com sessenta metros por quinze, deixando no centro da área limpa, ao pé do jatobá, um marco lavrado de madeira.

A notícia do campo pronto valeu como um convite ao general para vir conhecer o Cachimbo. Assim foi que nos primeiros dias de outubro, precisamente quinze dias depois da notícia alvissareira, chegou hoje, num Lodestar conduzido pelo experiente piloto major Sampaio, o presidente da Fundação, general Borges Fortes. Queriam conhecer Cachimbo-terra, pois do alto já o conheciam de bom tempo. E a nossa pobre instalação, que não vai além de um tosco rancho de dormida e outro menor de cozinha. O banho é no rio e o sanitário na vastidão da serra! Infeliz daquele que pensar em se aliviar depois do pôr do sol. As tatuquiras assanhadas não perdoam um "pasto" aberto à sua sanha devoradora. Infelizmente, nunca se tem hora marcada para o "descumê"! Pobre daquele que, levado pelas contingências, tiver de se valer do descampado...

Mal clareou o dia, passageiro e piloto já estavam prontos para a decolagem. A intenção é ir até Santarém e de lá dar um pulo a Bel Terra e Fordlândia, áreas de propriedade da Cia. Ford. Ali a possante multinacional resolveu — numa experiência na Amazônia — formar um extenso seringal. O general queria que um de nós dois — Cláudio ou Orlando — o acompanhasse. Como o regresso seria por aqui, via Cachimbo, a volta ficaria assentada. O acompanhante foi Orlando, e a decolagem se deu às oito horas.

Durante a permanência do general-presidente falou-se muito nas bases de segurança de voo mantidas pela FAB nas cidades e nos postos que surgiram na linha de penetração da Fundação Brasil Central. Xingu, Cachimbo e Jacareacanga passariam definitivamente para o Ministério da Aeronáutica. A este caberia a consolidação dos campos, as instalações, principalmente aquelas ligadas à segurança de voo, os estoques de combustível e tudo o mais que constituísse a dinâmica da base. O brigadeiro Eduardo Gomes estava altamente empenhado nesse propósito e, claro, interpretava todo o desejo do Ministério. Por outro lado, a Fundação Brasil Central, através de seu presidente, general Borges Fortes de Oliveira, e de seu Conselho Diretor, estava de pleno acordo com os planos em andamento. O plano, aliás, pelo custo e pelo envolvimento de transporte aéreo, só seria exequível pelo Ministério.

NOVO PRESIDENTE DA FUNDAÇÃO[*]

Despede-se o ano de 1950 e, pesarosamente com ele, despede-se também o probo general Borges Fortes. A Fundação, com a mudança de governo, terá um novo presidente. Por certo esse novo "mandatário" virá com uma nova equipe sedenta de emprego, novos planos, sem a preocupação da continuida-

---

[*] A partir deste momento há uma interrupção no diário. A narrativa se constituirá de fragmentos de memória e outras vezes de retomada de anotações em forma de diário. (N. E.)

de. O administrador novo quer obras novas para deixar a marca registrada. Getúlio Vargas reassume o governo e põe na Fundação Brasil Central um político — Arquimedes Pereira Lima.

A Fundação, que vinha criando prestígio no Brasil Central, seria, por certo, um bom degrau na ascensão de pretendentes novatos altamente empenhados na "salvação" do país. Logo no início da gestão do novo presidente da entidade, ficou patente a aversão ao avançamento da Expedição. Consequentemente, à consolidação das bases instaladas. As atenções da nova administração foram concentradas em Aragarças. Lá sua excelência, o presidente da entidade, resolveu assentar residência. Ficaria assim mais perto do futuro colégio eleitoral a ser criado. Sua mais próxima ambição política era uma senatória por Goiás. Em Xavantina, a base da vanguarda, foi posto um amigo, de Goiânia, com a missão "secreta" de desativar a frente. Isso valeu porque apressou o Ministério da Aeronáutica em tomar a si a responsabilidade de instalar e manter a sua linha de segurança de voo em Aragarças, Xavantina, Xingu, Cachimbo e Jacareacanga.

Foi ainda na gestão do presidente Arquimedes Pereira Lima que seu irmão Alcir — funcionário do Estado em Cuiabá —, por desentendimentos pessoais e que envolviam também venda de terras do Estado por parte do Departamento de Terras, prostrou a tiros o dr. Ari Coelho, prefeito de Campo Grande e forte concorrente à governança do Estado. Alcir Pereira Lima desapareceu logo após o acontecido e assim permaneceu até a prescrição do delito.

PRESIDENTE VARGAS NO CACHIMBO

Cachimbo, já entregue à FAB, contava com o campo alongado e algumas construções. Isto justificou o convite ao presidente da República, Getúlio Vargas, para a inauguração da base. Na ocasião fomos convidados a participar da cerimônia, com a recomendação de levarmos alguns índios. No dia aprazado, nós (Cláudio e Orlando), acompanhados por três índios botocudo (txucarramãe), chegamos ao Cachimbo. O presidente Vargas, impressionado com os índios, fez questão não só de falar com eles como de mantê-los sempre próximos.

Tudo correu muito bem, e melhor teria sido para nós se não sentíssemos, como aconteceu, uma disfarçada preocupação em nos afastar dos acontecimentos. Fomos informados até que no avião do presidente correu a informação de que Cachimbo havia sido aberto, num rasgo heroico, por paraquedistas. Destarte, oficialmente ficaria esquecido o nosso esforço na longa permanência do começo. Às vezes são estranhas as coincidências, pois o piloto do avião da presidência da República, neste voo, não era outro senão o irmão do tenente João Carlos de Oliveira, que tripulava o avião Northwind que participou com o Fairchild daquela aterrissagem de "emergência" no Cachimbo. É claro que sua excelência foi informado do "engano". Assim, ao descer do avião o presidente perguntou por nós e fez questão de que permanecêssemos junto dele.

Se até aquela altura o Ministério da Aeronáutica havia se empenhado nas instalações do Cachimbo, muito mais esforços seriam feitos após a inauguração.

Dois acontecimentos marcaram o Cachimbo no correr dos seus anos de instalação: primeiro, a morte de Mason pelos índios desconhecidos da serra. Participava ele de um grupo de três recém-formados de Oxford que resolveram fazer uma expedição ao centro do Brasil. Escolheram como roteiro sair da serra do Cachimbo para alcançar o rio Iririe e ir nele água abaixo até Altamira. Advertidos do perigo que corriam nessa região de índios bravos, os três teimosos não acreditaram nas nossas ponderações. Chegamos a indicar outra região também dura e áspera, mas sem o perigo evidente de índios arredios. Riram das nossas informações e não aceitaram o novo roteiro. Soubemos que haviam arranjado passagem para a base de Cachimbo e de lá tinham partido no rumo desejado. Mais alguns dias e nova notícia: Mason havia sido morto e junto dele encontraram seis bordunas e uma dezena de flechas.

ÍNDIOS ARREDIOS SE APROXIMAM DO CACHIMBO

Outro acontecimento também importante, alguns anos depois de instalada a base, foi a aproximação dos índios. Vinham com bons propósitos. Os civilizados que lá estavam, amedrontados com aquela gente toda que caminhava na pista na direção das casas, repeliram-nos a tiros, apavorados. Verdade que o medo não dominou a todos. Um houve, sargento, que, controlado, gritava aos companheiros que não fizessem aquilo. Infelizmente seu esforço pouco adiantou. Os tiros disparados a esmo e o voo rasante de um avião, que por coincidência procurava aterrissar, puseram os índios em debandada. Mais tarde, ao examinar a "invasão", ficou constatado que entre eles havia mulheres e crianças e, ainda, no terreno da "guerra" foram encontrados, como "munição e armas" dos índios, peixes assados, aves moqueadas, cestas, esteiras e arcos amarrados às flechas, sinais evidentes de que vinham em paz. Cansados de ver e assistir à curiosa vizinhança a andar daqui pra lá, e coisas estranhas descer e subir roncando, resolveram "pacificar" aquela gente barulhenta. Infelizmente o movimento pacificador não foi bem compreendido e eles, os índios, levaram a pior.

Todo o país tomaria conhecimento também do trágico acidente do avião C-47 da FAB, que desapareceu quando se dirigia ao Cachimbo. Vinte e tantas pessoas morreram, foi lamentável.

A PRIMEIRA TENTATIVA DE ATRAÇÃO DOS KRENAKORE

Com receio de que os índios repetissem a visita, já agora com outro propósito, pois haviam sido violentamente repelidos, resolveu o Ministério do Interior determinar que fosse iniciada a atração desses índios. A missão nos foi dada em 1971. Restava agora escolher o melhor acesso para o Peixoto de Azevedo, rio que corre nas fraldas da serra do Cachimbo até desaguar no São Manoel ou Telles Pires, formadores do Tapajós. De avião já havíamos localizado as aldeias ipeuí — lá do baixo Peixoto de Azevedo. Para atingir este rio escolhemos um ponto no alto Maritsauá, rio paralelo ao Peixoto, mas que guarda uma distância de mais ou menos 150 quilômetros. Para esta tarefa vamos levar só índios, a maior parte kaiabi, porque a região deles é a do rio São Manoel. A nossa intenção é abrir nas margens do Peixoto um campo do tamanho que for possível para teco-teco. A tarefa primeira é cortar a distância entre os dois rios, isto o mais rápido possível.

Plano feito, pessoal recrutado, a picada foi iniciada. Um pique somente, para andar mais depressa. Toda vez que o terreno permitir, vamos abrir uma clareira para receber o lançamento que o teco-teco fizer. Na linha em que vamos indo, de morrote em morrote, não vai ser fácil encontrar um plano para uma clareira. Se for assim até o Maritsauá, não haverá um lugar para uma pista, mesmo pequena.

Felizmente não tem faltado córrego para acampamento, mas dificilmente se encontra uma área tão pobre de caça como esta. A vegetação começou a mudar. Possivelmente estamos chegando ao fim dos morrotes. Felizmente os dias estão correndo sem chuva, embora ameaça não falte. Queremos chegar o mais rápido possível ao Peixoto de Azevedo. Bom seria um campo aqui no Maritsauá, mesmo pequeno, que bastasse para um teco-teco. Seria um excelente ponto de apoio para a picada. Não vai ser fácil. O terreno aqui é ingrato. A mata ribeirinha é espessa e mais para o interior o terreno vai ficando ondulado. Os morrotes não estão longe. Em matéria de campo, até os índios já estão ficando bons. Logo cedo tocamos alguns deles em direções diversas para examinar a área. Sem campo, a nossa retaguarda vai ficar distante. Todo e qualquer suprimento, ferramenta, medicamentos ou o que quer que seja terá de vir por embarcação da longínqua base do Iacaré descendo o Kuluene, os 150 quilômetros do Xingu e quase sessenta do Maritsauá. Um campinho evita tudo isso.

Prepori e aqueles que foram com ele vieram dizendo que pouco abaixo, uns duzentos metros para o interior, encontraram uma área mais ou menos plana que parece dar um campo pequeno. Fomos até lá, examinamos e levantamos as mãos ao céu. Iniciamos a demarcação imediatamente. Seria uma pista curta e estreita. Só para teco-tecos em mãos de gente boa. Restringiríamos ao máximo o uso. O trabalho foi árduo. Jogamos todos os homens furiosamente nos serviços. Com quinze dias e vinte homens demos uma pista de 400 x 25 metros. Fomos até o último metro possível. A estreia foi acompanhada de reza de nossa parte. Felizmente os nossos pilotos são de primeira linha. Olavo, o chefe deles, foi o estreante. A descida com 110 quilos foi cuidadosa e com muita perícia. Reza forte é na subida. Piso novo, faixa estreita e corrida curta, só com Deus.

Sabíamos que a Universidade de Brasília tinha uma aeronave adaptada a pouso curto e, ainda, com boa capacidade de carga. Combustível não era problema, tínhamos um bom estoque no Iacaré e um razoável no Diauarum.

Não foi fácil "descolar" o avião da Universidade. Inicialmente não queriam separar o avião do piloto, teriam de vir os dois. Embora o dito fosse uma excelente criatura e bom piloto, a nossa intenção era entregar o "voante" ao comandante Custódio, que, além de voar "a leite de pato" (sem paga), conseguia casar a "genialidade pilotífera" em qualquer avião com uma disposição e gênio fora do comum. Com ele e o Filadélfia (nome do avião), ficamos conhecendo o Peixoto de Azevedo das cabeceiras à foz.

A PICADA MARITSAUÁ-PEIXOTO DE AZEVEDO

Terminado o campo, descido o primeiro avião, partiu a picada. Não precisaria ser muito larga, pois não haveria trânsito de tropa. O plano era, sempre que possível, abrir uma clareira para os arremessos do avião. Na linha que vamos indo de morrote em morrote, não vai ser fácil encontrar um plano para o desejado. Em terreno assim é difícil encontrar água. Não havendo córrego não haverá caça. Não havendo caça, a boia enfraquece. Se em lugar de índios fossem sertanejos, o ânimo cairia. O índio não. Em crises assim ele ri, fica mais falante. Em verdade, é preciso saber tratá-lo. Deixar, sempre que possível, que a iniciativa seja dele. Cordato como é, a tendência é se tornar dependente. Mesmo numa perdida sempre deixam a nós a solução do rumo. Basta, porém, realçar a sua experiência e devolver-lhe a iniciativa.

Prepori, um dos melhores rumeiros da aldeia kaiabi, de facão em punho, levava a ponta da picada. Cláudio, com a bússola, ia dando o rumo geral. Nos morrotes Prepori contornava, enquanto Cláudio de morro acima confirmava o rumo. Entre Prepori e Cláudio, alargando o pique, seguiam Ipó, Cuiabano e Betsabá (os dois primeiros kaiabi e o último, juruna). Mais para a retaguarda, o resto do pessoal alargava o pique só no pisotear. Vez ou outra uma corrida desordenada quebrava a monotonia do avanço. Eram os marimbondos, aborrecidos com o barulho e o movimento. Vencidos um, dois ou mais morrotes, seguia-se, quase sempre, uma área plana. Nesses trechos o serviço rendia.

Já andávamos com saudade de um córrego quando um surgiu pela frente. Água limpa e mais fria que a fresca.

Estamos agora num trecho que está nos parecendo longo, em que predomina uma mata alta e compacta por onde o sol forte do mês de julho mal consegue pôr umas manchas claras. Mata suja, emaranhada, cheia de arranha-gato nas baixadas. Da retaguarda mal se vê o vulto do Prepori lá na frente batendo o facão. Os três alargadores da picada estão no seu rasto. O nosso acampamento está bem uns quatro quilômetros lá para trás. Já não se percebe mais o sol. As folhas estão ficando escuras, e não está longe a hora de voltar. Agora estamos ouvindo claramente um barulhinho que parece de água chiando nas folhas. Dito e feito. Prepori acaba de dar um grito de água à vista. Chegamos. Córrego bonito.

— Vamos embora, minha gente. Amanhã cedinho estamos lavando a cara aqui no ribeirão — avisou Cláudio.

— Vem tudo? — indagou um.

— Tudo. Até o cozinheiro com a tralha.

Apesar do passo apressado da volta, chegamos ao acampamento com a noite. Os córregos, um por um, iam tomando nome. O primeiro tomou o nome do chefe juruna, Mibina. O segundo ficou sendo o da Abelha, em homenagem ao excelente mel de tiúba que ali encontramos. O terceiro foi o Tatu. Foi bem ali no beicinho do córrego que tiramos de um bruta buraco um tatu-canastra enjoado de grande. O quarto foi o Lamparina. Diabo de córrego de barranca ruim. Foi ali que caiu a lamparina da cozinha no dia da mudança. Não é só córrego ou ribeirão que recebe nome. Isso não. Um acontecimento justifica um nome. Daí o Grotão da Serra, o Grotão dos Porcos, a Grotinha e outras, pois em lugar de morrotes grota não falta.

Mudar o acampamento levou quase que a manhã toda. Valeu a pena. A água é fria, mas dá pra gente "enterrar" até o pescoço. Duas viagens cada um, carregando a carga, não é brincadeira.

— Vamos descansar — sugerimos. — À tardinha damos um arranco pequeno.

Os homens foram esperar a "boia pronta" esticados nas redes.

No começo parecia um trovão a distância. De repente Bedjai (txucarramãe), pulando da rede, gritou:

— Catí nacricríquet. Angrô, angrô gramptí cambrét. [Não é trovão. É porco, bando de porco.]

O grito funcionou como um alarma. Mais de dez índios saltaram das redes como que impulsionados por uma só mola. Uns com armas, outros com tacape e outros ainda com arco e flecha enveredaram mata adentro no rumo dos porcos. Breve, tiros, gritos e o tropel das gentes e dos porcos se confundiam num só barulho. Beptó, em corrida louca, saltando troncos e desviando das tranqueiras, passou como um bólido pelo acampamento para cercar pela frente a vara enfurecida dos queixadas. A gritaria e o matraquear dos porcos desorientados sacudiam a mata. A vara em atropelo foi se desviando do rumo em que estava e entrou na área do acampamento, que se transformou num campo de luta. Saltando e gritando no meio da porcada, mais ágeis e agitados do que os próprios queixadas, Cocebire, Tangai e Megaron desapareceram na mata junto da vara. O primeiro a chegar de volta foi Bedjai, com um pesado porco nas costas. Outros, também carregados, foram chegando: Beptó, Cocebire, Moicare, Tangati, Tangai, Copeany e Cavaíp. De oito queixadas enormes foi a colheita. Os jiraus foram surgindo rápido, e sobre eles os porcos já estripados. A grande e movimentada caçada não parou por aí. Acontecimento maior e adverso havia de vingar a vara atacada. Violenta "desanda" marcou a caçada. A culpa foi da "carne cansada", dizia um.

— Quar nada, foi de tanto que cumemo — respondia outro.

A coisa ficou feia. A todo momento se via o vulto apressado de um qualquer procurando uma árvore grossa... Porco mal assado dá nisso.

A MATA, O NOVO CAMPO E A CHEGADA AO PEIXOTO DE AZEVEDO

Aqueles que pensam e por pensar dizem que andar na mata é altamente agradável, que é fresca e aconchegante, a está confundindo com bosque. A mata, principalmente a amazônica, é hostil, agressiva, ciumenta de suas raízes, dos seus espinhos, das pontinhas de pau que cutucam o pescoço ou tiram seu chapéu, gorro ou o que quer que seja e jogam no chão. Ela agride, mas não quer ser agredida. É preciso saber conviver com ela. Se uma raiz prendeu seu pé, retire-o sem arranco, sem praga, tal como ela, lentamente. Se no folhiço espesso que nunca viu nem sentiu fogo seu piso foi até o fundo, puxe o pé sabendo que a próxima pisada vai ser idêntica. Não tente puxar o pé bruscamente, faça-o com calma, evite o cansaço.

Foi com todos esses tropeços que chegamos às margens do Peixoto de Azevedo, e com sacrifícios além dos limites abrimos o segundo campo.

A imensa galhada amontoada nas laterais e a descomunal massa de vegetal das derrubadas das cabeceiras escondiam o campo. Só lá do alto distinguia-se um risco vermelho-escuro que era a terra nua, livre do folhiço impressionante que à força de rastelo foi afastado para as margens da pista. A chuva não dava chance ao fogo. O primeiro pouso com o Filadélfia, temos a impressão de que só foi possível graças à experiência, coragem, perícia e a tudo o mais quase impossível de ser encontrado num homem só, que é o comandante Custódio. Exuberante nos gestos, descontraído na fala, não exaltou as dificuldades, portou-se como se estivesse descendo nos asfaltos do Galeão. E não que viesse de avião vazio fazendo contato. Nada disso. O Filadélfia estava bojudo de carga. Pouco depois decolou, dizendo que voltaria dentro de dois dias.

O sol, por seu lado, como uma criança peralta, espiava a gente pelas nesgas das nuvens. Que bom seria se ele embolasse o peito, secasse o piso do campo e esturricasse o mato num convite ao fogo.

O acampamento na beira do rio já contava com uma coberta grande, sem paredes, para a dormida do pessoal. Uma idêntica, menor, para a cozinha. Outra ainda cheia de jiraus para a carga e, finalmente, outra, menor que a primeira mas maior do que a segunda, que era a nossa. O rio, no auge da seca, mostrava trechos que mal molhavam a sola do pé. O leito empedrado, às vezes com fundões, por onde as águas corriam mais livres. Os nossos acampamentos eram só índios. Nenhum sertanejo, muito menos garimpeiro, mas a nossa vivência com o todo do Brasil Central podia prognosticar o que seria no futuro o Peixoto de Azevedo!

A CHEGADA DO DOUTOR

Nova chegada do Filadélfia. O campo era agora um pouco mais visível com um fogo atiçado que baixou mais a galhada. O comandante Custódio, em voz alta, anunciou que trouxe mais dois para engrossar a turma, um doutor e um pescador. O doutor era o nosso velho conhecido dr. Murillo, que se fez acompanhar do tranquilo e excelente companheiro Afonso Muniz, o nosso amigo Sinhô. A presença de um médico, e ainda com a experiência do Murillo, é um sossego e garantia. Se houvesse por ali algum sertanejo, teríamos ouvido: "Dotô de curá perto da gente é bom pra daná".

Sinhô, por seu lado, bom de anzol e de tiro, de vida e de experiência, constituía uma aquisição que igual se encontra, mas melhor não há. Em matéria de gente, só repetindo o que disse certa feita o preto Dionísio: "Arreuni pessoalão cumo a este... é difício".

Dos índios era difícil diferenciar um do outro, desde que se tirasse o chapéu ao gênio rumeiro e à experiência índia de Prepori. Um, porém, se destaca pela bondade extrema, pela mansidão da fala, do gesto e da atitude: Arrarri, índio trumai. Os sertanejos que o conheceram diziam: "Esse caboco num molesta ninguém, nem borrachudo, pium ou muriçoca".

Mal chegados os visitantes, Moxocó, menino txicão, com bule e canequinha trazia o café que Arrarri, aquele dia na cozinha, havia preparado.

A travessia Maritsauá-Peixoto de Azevedo — cem quilômetros — e logo depois o campo haviam marcado os homens. Eles estavam visivelmente abatidos, mas nem por isso sem ânimo. A longa ausência do sol na demorada travessia na mata a todos havia empalecido. A malária, sempre presente, ora batia num, ora noutro. Em um deles a coisa tinha sido mais séria — esse voltou na primeira viagem do comandante Custódio. Apesar do abatimento geral, todos estavam na mata fazendo canoas, uns de madeira escavada, outros de casca de jatobá. Dos índios arredios, que constituem os objetivos da nossa movimentação, longínquos e distantes sinais. Aqui uma árvore onde há muito tempo tiraram embira, acolá um pau onde tiraram mel. O sinal mais recente foi o de um macaco morto a flecha. À noite a conversa girava sempre em torno da caminhada que há pouco terminaram. Copeany contava com detalhes o seu entrevero com uma onça, no qual ele "quase foi comido". Andava ele, Prepori, mais Ipó e Tapaiê, caçando. A certa altura resolveram se separar. Cada qual para um lado. Depois de andar um bom pedaço, Copeany sentiu uma pisada leve bem à sua retaguarda. Virando-se, deu com uma onça comendo um tatu-canastra que acabara de atacar. Copeany resolveu atirar na fera. Esta, assustada, abandonou a presa e bateu em retirada. Copeany, animado, gritou para a onça: "Né crie eté cuiamaié ié" (Não tenho medo não, sou homem). A onça, irritada com o grito e com a perda do almoço, voltou-se enfezada, ligeira, meio encurvada, disposta a brigar, na direção do caçador, que já agora amedrontado disparou duas vezes sem resultado. A onça, mais irritada ainda, avançou em Copeany. Ele, descontrolado, largou a espingarda e mais que ligeiro subiu numa árvore fina e de lá desandou a gritar pelos companheiros. Prepori, o primeiro a chegar, ainda avistou a onça furiosa que vagarosamente abandonava o local. Inteirado do acontecido, Prepori, caçador velho, ponderou:

— Essas coisas não se fala para onça. A bicha fica danada de brava. Minino é bicho bobo mesmo, num sábi nada.

Mas susto maior mesmo foi do Ipó. O acampamento na mata estava silencioso. A noite ia alta. Quase todos dormiam. Vez ou outra o ruído do rato da taquara, ou então o sapo-martelo batendo ali perto. Ipó resolveu descer da rede, pra quê, só ele sabe, mas o seu ouvido agudo e o seu nariz sensível perceberam qualquer coisa estranha embaixo da rede.

— Cláudio, Cláudio, acenda a lanterna. Clareie aqui embaixo da minha rede. Puxa... que bruta cobra.

Realmente lá estava uma enorme caiçara, irmã terrível da jararaca. Cobra danada essa caiçara, sorrateira, malandra, traiçoeira e cheia de arte.

O tempo vinha ajudando bem o serviço. Em verdade, o mormaço vinha insinuando mudança para breve. O calor na mata oprime. Nuvens pretas, ontem, rolaram no céu, mas à noitinha lá estava ele todo azul começando a estrelar. Hoje não. Hoje a noite está escura e um vento quente invadiu a mata. Nada de estrela. O quadro foi se modificando com presteza. As árvores, que até há pouco se agitavam com brandura, passaram a ser violentamente sacudidas. O céu pesado e escuro parecia encostado na copa da mata, agora convulsa. Folhas caíam em abundância das árvores sacudidas. Galhos enormes estrondavam no alto, para cair pesadamente ao solo. Árvores começaram a tombar. A confusão começou a se generalizar, folhas, galhos, gente correndo de um lado para outro como se tudo fosse uma dança incontida. A primeira a levantar voo foi a barraca da cozinha. Os ranchos toscamente cobertos se foram com o vento. Tenebroso um temporal na mata. A agitação parecia confundir o princípio com o fim. De repente cessou o vento e, das nuvens pesadas, caiu um dilúvio. Novos esforços, agora dobrados, no abrigo das cargas.

— Segura o rancho, Acuí! Sai de baixo que o bruto já vem — grita um.

— Olha a cozinha, Arrarri. Salve a janta... tá danado... o arroz já se foi.

— Por quê? — pergunta alguém.

— Com o tanto de água, o referido alagou — respondeu um civilizado.

— Da janta só se salvou o macaco — gritou outro caribe (civilizado).

— Pudera — responde um terceiro. — O cujo já andava todo encruvinhado, assado, faz tempo.

Só noite alta com chuva já longe foi que tudo se acalmou. Tudo ensopado, roupas, redes e tudo o mais. Um fogo bem grande, atiçado com jeito, secou todo mundo e as coisas também. Forquilhas e varas rodeavam o fogo, com roupas secando. As redes principalmente. O convite para comer um tiquinho do macaco e arroz com chuva foi aceito por alguns. O fogo criou condições de dormida. No dia seguinte a tarefa foi reerguer os abrigos e apurar o salvado. As loninhas salvaram boa parte dos gêneros.

    A aldeia que localizamos em voo dista trinta quilômetros de avião, o que significa cinquenta por outra via. E destas a mais viável seria por água, por causa da carga. E depois, andança na mata em terra estranha e de índio hostil não é bom plano. Vamos apertar o trabalho das embarcações. Sabemos de antemão que a viagem por água deixa a gente mais vulnerável ao índio da margem. Mas, por outro lado, é de defesa mais lógica. É só saltar n'água e arrastar a canoa para a outra margem. Vamos precisar de cinco embarcações. O trabalho da construção prossegue afoitamente. O batelão é o que está dando mais trabalho. Nove machados bateram durante nove dias de sol a sol num tronco enorme de almescão com quatro metros de diâmetro. Depois dos machados entraram os enxós. Os juruna Dudica e Tininim dirigiam o serviço, sendo que popa e proa ficariam a cargo pessoal deles. As embarcações estavam chegando na parte final. Restava agora o rio criar vergonha e aumentar a água.

    O Peixoto de Azevedo, nesta altura do curso e nesta época do ano, é um palmo d'água correndo num leito empedrado cheio de poções. A reza agora é para chover. É um contrassenso. Ontem abominamos a chuva que levou nosso acampamento. Hoje rezamos por ela. Um pouco de água que venha, poremos as embarcações no leito e sairemos de arrasto. Antes disso, como começo de conversa, um serviço duro está à nossa frente: trazer as embarcações para o porto. Começamos logo de manhã a nos desincumbir da tarefa. As de casca de jatobá pediram mais cuidado do que esforço. As menores cansaram, mas eram menos vulneráveis a danos. O grandão foi fogo. Dois dias com todo mundo. Embira, cordas das redes e cipós se uniram no esforço comum do arrastão. Agora tudo na beira d'água. E a água?

    O comandante Custódio, com o seu Filadélfia, fez conosco alguns voos sobre o rio e a aldeia. Uma delas, a mais próxima, tinha sido abandonada. Sinal de que já sabem da nossa presença. Havíamos de descer de qualquer jeito. No voo notamos que o rio mais abaixo estava mais encorpado. Algum afluente não visto, mesmo pequeno? A fuga dos índios nos preocupava. Havíamos notado que os ranchos eram toscos, mas definitivos, de morada permanente. Ora, é claro que voltariam logo às primeiras chuvas. E elas já estavam se aproximando. Tanto assim que o rio já estava com dois dedos de água a mais. Sabíamos que as chuvas iam nos causar grandes transtornos, pois estávamos paupérrimos de lona, mas rezávamos para que viessem.

A DESCIDA DO PEIXOTO DE AZEVEDO

Outubro de 1971 entrou na minguante e ela trouxe um pouco de chuva. De repente o rio começou a crescer. Só pode ser chuva nas cabeceiras. Não podíamos perder a "maré alta", tínhamos de zarpar. Pusemos em linha as sete embarcações: duas de casca de jatobá e cinco de madeira, incluindo nesta última o batelão-mestre, para 1.500 quilos mais ou menos. A carga geral — gente, gêneros, enfim, tudo, foi além da capacidade de todos os barcos. Pensávamos na força que teríamos de fazer nos baixios empurrando a "frota", e nos "apressados" segurando a dita. Por sorte nossa, quando íamos começar o carregamento, veio a chuva. Pesada no primeiro dia, mais branda no segundo. Nem por isso o rio encorpou. Resolvemos sair assim mesmo. No acampamento vamos deixar o kaiabi Sabino com três companheiros — um kaiabi e dois txucarramães. Teriam eles de manter em ordem o pequeno posto e, principalmente, limpo o campo de pouso. A nossa saída foi em boa hora. Os índios da Expedição já estavam irrequietos e sem parada. Era urgente começar a empurrar os barcos rio abaixo. A carga foi distribuída e bem acomodada. Restava agora sair, e essa era a maneira melhor e mais prática para consumir tanta energia acumulada.

No início tudo foi farra. Gritos, pulos n'água, mergulhos nos poções, se confundiam com o esforço na empurração da pesada frota. Eram curtos os trechos em que todos podiam embarcar. Em verdade, preferiam a farra do empurra do que a calmaria do embarque. Os dias foram se sucedendo, com todo mundo mais empurrando do que navegando. O ânimo era excelente. Os mais velhos, calejados, prevenidos, não tiravam os olhos das margens, mesmo quando as embarcações deslizavam rápido na correnteza. Nenhum pau quebrado, sinal de fogo ou embira tirada passaria desapercebido aos olhares atentos de Prepori, Ipó, Cuiabano, Dudica e outros. Córregos, ribeirões e até corixos de ambas as margens foram avolumando o rio a ponto de permitir o avanço com remos. Só nos travessões, nos espraiados, é que a navegação passava a ser no empurra.

Vez ou outra nos canais estreitos do rio o batelão tinha de ser parcialmente descarregado. E claro que isso retardava a viagem, já que não eram poucas essas passagens apertadas. Numa curva do rio, avistamos uma enorme faveira que havíamos marcado do avião. Era o ponto assinalado para que dali saíssemos no pique rumo à aldeia. Quando do sobrevoo, calculamos que do ponto do rio onde estávamos agora levaríamos no mínimo meio dia de marcha para chegar à aldeia que na ocasião nos pareceu abandonada. Próximo a ela, o marco mais evidente era o de uma gigantesca samaúma. Era bem nela que havíamos de chegar com o pique vindo do rio. Resolvemos acampar. Levantamos jiraus à beira do rio e neles acomodamos a carga. Os armadores de rede não eram dos melhores, mas mesmo assim deu para que todos se ajeitassem com os galhos retorcidos da vegetação. A cozinha ficou em bom lugar, e o banho pouco abaixo era excelente. A noite foi agradável.

Bem cedo escalamos os que deviam ficar e com o resto partimos para a aldeia. Com exatamente meio dia de caminhada alcançamos a samaumeira imponente com as suas três a quatro dezenas de metros de altura, e com um tronco descomunal. Na aproximação pareceu-nos, e aos índios também, termos visto um movimento apressado de gente por lá. Com muita cautela fomos avançando, mostrando com as mãos levantadas facões, panelas de alumínio, colares e espelhos grandes. Verificamos que a aldeia havia sido abandonada há poucos dias, mas que naquele momento alguns deles haviam estado por lá. No chão encontramos casca fresca de banana, pedaços de embira recentemente tirada e outros sinais que evidenciavam a estada de alguns que por certo vieram buscar qualquer coisa. Investigamos bastante o lugar. Encontramos o caminho da água e descobrimos uma trilha batida que avança pela mata. Prepori deu alguns gritos de chamada, mas não houve resposta, nem esperávamos ouvir. Em lugar bem visível e abrigado por uma tapagem deixamos uma boa quantidade de presentes: facões, fósforos, machados, colares, panelas etc.

Tudo indicava que eles voltariam. Num buraco camuflado encontramos alimentação em estoque. Por tudo o que vimos, confirmamos a suspeita de que há muito eles vêm nos vigiando. Talvez desde lá do acampamento de cima. Hoje fugiram com a nossa chegada. A nossa caminhada, a fuga dos índios, os ranchos abandonados e, principalmente, a majestosa samaúma absorveram o nosso dia, não deixando tempo para explorar a área à procura de um possível campo de pouso. Encontramos perto da aldeia, o que nos deixou curiosos, uma ossada humana quase à flor da terra. Não seria de índio porque eles jamais deixariam insepulta uma gente sua. Não era, pareceu-nos, coisa recente, mas também não muito antiga. Levamos, apertando o passo, três horas na caminhada de volta. Estirão ingrato e cansativo, por causa do arraizado do terreno, dos grotões e do espesso folhiço do caminho.

Nossa saída hoje foi bem cedo. Pretendíamos, se possível, demarcar uma pista com o maior comprimento possível. No acampamento deixamos um civilizado e quatro índios, por precaução e segurança. Nada difícil surgissem índios por lá, como em verdade surgiriam. Pouco abaixo do acampamento o rio faz uma curva para a direita. Nessa curva, despreocupadamente, um índio e dois meninos vinham caminhando por dentro d'água, talvez pescando, quando deram de cara com o acampamento. O adulto, que vinha atrás, passou para a frente e ficou olhando. Dudica, juruna que nesse dia ficaria no acampamento, foi até a ponta da prainha e gritou chamando o surpreso visitante. Tudo foi feito com a maior tranquilidade, prudência, sem espalhafato, de forma a não o espantar. Um documentarista, auxiliar de Adrian, conseguiu fotografá-lo com teleobjetiva. Assim que voltamos do campo fomos até o lugar do rio onde eles apareceram para um exame. Ficamos satisfeitos em saber que eles, embora não tenham respondido ao chamado, saíram lentamente subindo a pequena barranca.

O cerrado fino e grosso, mais grosso do que fino, permitiu que demarcássemos uma pista não muito comprida, mas que graças à perícia dos nossos pilotos poderia atender algumas operações. Cansados da caminhada rio-campo, resolvemos ir para lá com armas e bagagem.

Os presentes eles recolheram todos e em seu lugar deixaram tacapes, arcos e flechas e uma cestinha muito bem composta feita de talos largos de bananeira. Das nossas coisas não gostaram dos espelhos. Quebraram todos e nem um só levaram. Os pedaços que ficaram grandes eles puseram virados no chão para ocultar a imagem. Existem índios que acham que a imagem refletida é a alma que está saindo. Talvez estes índios pensem assim.

A DESCIDA NO CAMPO DA SAMAÚMA

A primeira seção do campo, cem metros, depois de duro trabalho, ficou pronta. Descobrimos que ele poderia sair mais rápido e mais fácil se derrubássemos a samaúma. No seu eixo, o cerrado era bem mais extenso e seguia numa lombada do terreno. Tudo ficou bem verificado. Nem por um minuto, porém, passou pela nossa cabeça tombar a samaumeira gigante. Mal a pista atingiu 250 metros, o comandante Custódio desceu com o Filadélfia. O dr. Murillo já estava de prazo esgotado. Decolou com ele. Custódio reclamou do campo, compreendeu o drama e ficou do nosso lado. "É um crime derrubar uma árvore dessas", foi a única coisa que disse. Ficamos apreensivos com a decolagem, ao mesmo tempo confiantes na sensibilidade e perícia do comandante.

Campo na mata ou em cerrado grosso esmorece qualquer um, menos índio. Há sempre um rindo ou falando alto. O folhiço a ser rastelado, os troncos, galhos e raízes a serem afastados, os buracos a serem tapados, aplainados, socados e capinados são tarefa para trabalhador valente. Contudo, mesmo não sendo no rumo ideal, demos o campo pronto com seiscentos metros.

Os índios que haviam dado sinais nos primeiros dias desapareceram. Fomos visitar uma outra aldeia que o avião nos indicou. Em dado momento percebemos movimento numa clareira que se abria à nossa frente. Era a aldeia. Os índios, percebendo a nossa aproximação, abandonaram tudo e tão apressadamente saíram que deixaram arcos, flechas, tacapes e machados de pedra. Retribuímos com largueza estes presentes deixados, embora, forçoso dizer, por esquecimento ou na corrida da fuga. Já que estávamos em uma aldeia habitada, embora vazia, fizemos minuciosos exames no lugar. Ranchos toscos. Esteios cortados com machado de pedra. Varas de amarração quebradas à mão. Folhas de bananeiras cujos talos foram torcidos até rebentar, ou então cortados com os dentes. Nenhum utensílio caseiro. Nem a antiga e tradicional cabaça. Encontramos, isso sim, um recipiente feito com casca de pacová destinado ao carregamento de água. Nenhum sinal de rede nem de esteira. Nos abrigos notamos rebaixos no solo que, forrados com folha de bananeira-brava, servem de leito.

Depois disso, os índios sumiram.

A estação do inverno há muito havia chegado. Dezembro entrou mais chuvoso e monótono do que novembro. Vez ou outra, tínhamos a impressão de ter ouvido, vindo da mata, o grito do índio arredio.

— Desta veiz eles vêm — dizia um kaiabi.

Nada disso. Cada vez mais arredios, os ipeuí, ou krenakore, foram se internando na mata. Teriam ido para longe? A chuva, agora abundante, cai de um céu cinzento. Talvez só voltem no estio. Um dia eles voltarão. Aqui estão suas roças e suas querências. Quando isso acontecer, aqui nos encontrarão.

O RIO TELLES PIRES E A CUIABÁ-SANTARÉM

O vale do São Manoel ou Telles Pires, nas décadas anteriores à de 1960, constituía uma área interditada pelo risco. Foram poucos os que se aventuraram a invadi-la. Assim mesmo esses poucos não se animaram a nela criar raízes. Foram de passagem. Os índios barravam a entrada do vale. No alto curso, duas concentrações kaiabi impediam a entrada dos extrativistas que namoravam o possante rio. E não eram só eles. Inúmeras aldeias estavam semeadas, principalmente à sua direita até lá embaixo, onde existiam os grandes saltos. As tentativas de atração feitas pelo extinto Serviço de Proteção ao Índio malograram. Os seus encarregados eram mortos pelos índios, que, em homenagem ao feito, dançavam no pátio da aldeia com a cabeça da vítima espetada na ponta de uma vara. E, ainda, se as vítimas tivessem porventura dentes vistosos, eles não deixavam de exibi-los em bem-feitos colares.

Nas primeiras décadas do século, a Comissão Rondon incorporou na nossa geografia os dados colhidos na expedição de levantamento e conhecimento do rio. O nome Telles Pires foi dado em homenagem ao capitão-chefe da expedição, que ali morreu num acidente nos pedrais.

Em 1949, a Expedição Roncador-Xingu, órgão de vanguarda da Fundação Brasil Central, atingiu o Telles Pires atravessando o extenso divisor com o Xingu, numa distância de nada menos de trezentos quilômetros. Não foi fácil a atração dos rebeldes kaiabi, mas é forçoso confessar que foi altamente compensadora a sua conquista, principalmente num momento em que estava se tornando cada vez mais difícil o ajuste de trabalhadores caboclos. Corajosos, valentes e incansáveis, sem ambição e sem troco, os kaiabi desde o início foram se mostrando insuperáveis. O campo do Telles Pires foi começado com sertanejos, mas concluído pelos kaiabi, com algazarra, riso e disposição. No correr de 1949 contatamos e conquistamos todos os kaiabi. Curiosos, animados e cientes de que além da grande mata dentro da qual viviam existiam muitos outros índios falando a sua própria língua e, ainda, outras que eles desconheciam, não tiveram dúvida — começaram a emigrar, não todos num só momento, mas no correr do tempo.

A partir da notícia de que os kaiabi, tatuê e apiaká estavam em paz com a Expedição, o vale começou a ser ocupado. Povoações, vilas e cidades começaram a nascer no grande vale: Sinops, Renato, Peixoto de Azevedo, Matupã e inúmeras outras.

No alto da serra do Cachimbo, bem no começo do chapadão, havíamos aberto em 1949 um campo de aviação como parte do programa da Fundação Brasil Central. Entregue posteriormente ao Ministério da Aeronáutica, foi ele equipado para constituir importante base de segurança e proteção de voo. Consolidando a ocupação efetiva do grande vale, foi projetada a estrada Cuiabá-Santarém, cuja abertura foi entregue ao 9º BEC, sediado em Cuiabá, ficando portanto a missão entregue ao seu comandante, coronel Meirelles. Sabendo esse comando que a sua vanguarda teria de cortar áreas de índios arredios não só nas fraldas da serra como na extensa região do rio Peixoto de Azevedo, solicitou da Fundação Nacional do Índio (FUNAI), através do Ministério do Interior, uma ampla colaboração. O Parque Nacional do Xingu, criado na área xinguana no governo Jânio Quadros, foi designado a prestar a cobertura solicitada. Isto feito, começou-se, imediatamente, a organizar o grupo que iria atender a nova frente de trabalho. Assentamos que ela deveria ser composta somente de índios e com uma proporção maior de kaiabi, uma vez que iríamos agir numa região que fora sua. Cláudio seria o encarregado dessa missão. Pela primeira vez se estabeleceria um quanto a cada índio participante. Com o saldo apurado comprar-se-ia para cada qual aquilo que por ele fosse solicitado. Todo o ônus — pessoal, abastecimento e estoque em Cachimbo, ferramentas, roupas, farmácia e tudo o mais que implicasse despesa — seria da Fundação Nacional do Índio.

Em viagens extras do Correio Aéreo Nacional, foi levado para o Cachimbo todo o pessoal com a sua tralha. E em viagens posteriores o material, principalmente gêneros, para estoque. Num galpão da base, meio abandonado, ajeitou-se, da melhor maneira possível, uma montanha de trens destinados ao suprimento da frente.

Felizmente o tempo nos tem dado alguma folga. Hoje, por exemplo, estamos tendo uma chuvinha mansa, mais parecendo gotas de orvalho que despencam de folhas e exercem uma ação repousante, provocando sono em todos. Daí o silêncio que reina no acampamento, próximo ao do BEC. Vimos notando que a região em que estamos é paupérrima em caça. Só é abundante o macaco. Até os pássaros são poucos. Deus haja que a noite seja tranquila, pois que amanhã bem cedo devemos nos deslocar para a frente do BEC. Vamos tratar de acordar o pessoal ao alvorecer.

A noite foi boa. Bem cedo pusemos todo mundo fora das redes. Nem bem levantaram, começaram, cada qual, a pôr os seus tarecos no saco para transportar. Nada é comparável ao ânimo desses índios. Estão sempre prontos para o que der e vier. Não desanimam, e nada arrefece sua disposição e alegria. As feições desanuviadas deixam suas almas à vista. As chuvas frias, o cansaço, os tombos inesperados e inevitáveis, as ferroadas dolorosas dos marimbondos, a fome e a sede em razão dos contratempos e secura dos trechos, enfim, tudo é motivo de gozo e de riso. As dificuldades e os perigos à vista não alteram a sua preocupação. Euclides da Cunha, se tivesse conhecido o índio, teria, por certo, alterado, com relação a ele, a sua máxima dedicada ao sertanejo: "... antes de tudo é um forte". Teria, sem dúvida, acrescentado: "Não se fanatiza nem perde a oportunidade de rir de tudo". Temos sempre em mente que toda a sociedade brasileira tem para com o índio uma dívida imensa que não vem sendo paga. Vítima de uma sociedade mais forte, ele teve de ceder a nosso favor um patrimônio que era seu, e isto para que pudéssemos nos transformar em uma nação. Hoje espalhados pelo imenso território, não passam, eles os índios, de diminutas ilhas humanas abandonadas pelos conquistadores que se arvoraram em seus tutores.

A nossa carga ia sendo transportada por uma carreta rebocada por um dos tratores do BEC, para ganhar tempo e aproveitar a estiagem. Para nós foi um alívio. Carga grande, em piso de mata molhada, chega às raias do sacrifício levá-la às costas. O sonho, quase sempre, caminha parelho à realidade, mas quase sempre perde. Foi o que aconteceu conosco nesta etapa da caminhada. Eis que na dobrada do caminho o trator foi encontrado "peleando", como diria um gaúcho, para subir uma pequena ladeira. Tudo foi tentado. Inclusive a carreta desatrelada e puxada pelo trator com o auxílio de uma corrente comprida. Nada. Nem à força dos 28 homens o diabo do reboque vencia a ladeira. O remédio, aquele que queríamos evitar, foi o descarregamento completo da carreta. Nas costas dos homens lá se foram os mil quilos de carga ladeira acima. Vazia, saracoteando como se estivesse num samba, lá se foi a carreta também.

Estamos notando que a região vem se mostrando mesquinha em matéria de água. Era só o que faltava. O olho-d'água que encontramos, de tão acanhado, mal dava para mergulhar uma caneca.

Não se há de pensar em fazer um campo de pouso aqui. Não há dúvida de que seria ótimo, principalmente para o avião que está sediado em Cachimbo. A área que encontramos de mata baixa estava cheia de morrotes. Do alto do serro a vista que se descortinou foi muito bonita. De lá, olhando para o sul, distinguia-se um vale onde o folhiço abundante dava ideia de um rio serpenteando entre os morrotes. Para o norte o nosso ribeirão imaginário dava-nos a impressão de longos tetos brancos de casas enfileiradas que chegavam a confundir os próprios índios. Aos mais impressionáveis, até roças parecia haver.

À tarde a nossa precária estação captou uma mensagem da FUNAI, que pedia informações sobre o andamento dos serviços e dos índios arredios.

O avião sediado em Cachimbo, encarregado do lançamento de víveres, sobrevoou nosso acampamento, não jogou nada e tomou o rumo do sul. Nas primeiras horas da tarde novamente o ronco do avião. Desta feita girou sobre o acampamento do 9º BEC. Na suposição de que tivesse lançado lá alguma coisa, mandamos alguns para verificar, mas nada aconteceu. Enviamos à retaguarda resposta ao rádio vindo, dizendo que nenhuma novidade havia. Acrescentamos que nosso acampamento está pouca distância à frente do posto avançado do 9º BEC.

Até o momento nenhum sinal de índio.

30 de janeiro de 1972. São nove horas da noite. O frio, embora úmido, e o embalo da chuva mansa estão prometendo um repouso bem-dormido. Estamos nos deslocando no rumo sul, no momento a 45 quilômetros da base do Cachimbo. Temos a impressão de estar próximos de zonas de frequência de krenakore. Vamos fazer algumas explorações para informar a retaguarda com maior precisão. Por enquanto a maior novidade foi a matança de seis macacos pelos índios que iam na frente. Bom reforço para a cozinha. Para tapear um pouco um começo de fome que se anunciava, comemos como antepasto, ligeiramente assados, os dois mais novinhos. Às quatro da tarde, com o apetite aguçado pela leve e prévia ingestão dos macaquinhos, almoçamos de verdade.

Estamos num bonito trecho da mata onde a predominância é das palmeiras, principalmente os açaizeiros. À tarde, como uma rara exceção, surgiu um sol totalmente descoberto, mas para contrabalançar tanta satisfação começaram a chegar em levas sucessivas piuns e borrachudos, saudosos de um pasto tenro. Era tão grande a saudade que não nos largaram até que anoitecesse.

Nesta nossa caminhada vimos atravessando os mais diversos trechos da mata. Ora são morrotes que se encadeiam por boa distância, ora — agora, por exemplo — um córrego grande correndo para o sul e dividindo ao meio um aprazível vale. Na mata limpa, devassável à vista num raio de mais de cinquenta metros, encontramos vários pés de cajá, mamuí (semelhante a um mamão pequeno), cacau e "pé-de-cão", todos carregados de frutos maduros.

Depois de caminhar mais de uma hora em direção transversal ao vale, tomamos o rumo sul, e nesta direção continuamos. Começamos a sentir que a mata ia em breve se modificar. Dito e feito — encontramos uma elevação. Do outro lado dela saímos num plano um pouco mais baixo, coberto de cerrado. Vista do avião esta área parecia aceitar um campo de aviação. A clareira, embora ampla, era cercada de elevações e, ainda, sulcada de escoadouro d'água. Transposto o cerrado, entramos novamente na mata. Constatada a impraticabilidade de um campo, voltamos à nossa linha de avançamento. Nesse grande giro verificamos que a região é pobre de caça. Em todo o percurso feito não encontramos mais do que um jacu e dois jabutis embaixo de uma cajazeira.

Estamos no 18º dia de abertura da picada. Nunca vimos chover como nesta região. As costumeiras precipitações noturnas se prolongam até o meio-dia. Logo cedo o índio trumai Sancri veio nos dizer que queria ir embora. Alegou saudades da família e de comer beiju. Logo depois do almoço voltou pela picada até o acampamento do 9º BEC, de onde seguirá para o Cachimbo com a primeira viagem do trator. Está se tornando monótono registrar aqui as chuvas que caem. Isto já passou a ser uma regra do tempo. À tarde atravessávamos um córrego grande de leito empedrado. Se nele, que não passa de um córrego, estamos encontrando peixe, muito mais devemos encontrar no Braço Norte, que dentro de alguns dias devemos alcançar.

Já andávamos todos acomodados à noite quando uma grande algazarra começou no acampamento. Os índios, dando gritos e rindo a valer, tinham sido despertados por um enorme tatu-canastra saído da toca ali mesmo perto das redes. Ao amanhecer reiniciamos a picada. A mata limpa permitiu que avançássemos bastante. E foi tanto, que gastamos no regresso ao acampamento três horas de caminhada. O pior é que durante o tempo todo debaixo de um aguaceiro pesado e contínuo. Nas encostas dos morrotes o caminho estava tão liso que tínhamos de nos agarrar nos arbustos para evitar tombo mais sério.

Mesmo assim um kaiabi caiu sobre um tronco, magoando as costelas. Apesar da dor não diminuiu o passo apressado em que ia. Na chegada encontramos a janta pronta — arroz, feijão e macaco ao "molho".

Hoje, dia 11 de fevereiro. Tudo indica que estamos chegando perto do Braço Norte. Convém esclarecer que o Braço Norte nada mais é do que um razoável afluente do Peixoto de Azevedo que vem lá do alto da serra. É ele que passa pela base da FAB lá no alto. Próximo ao campo, o Braço Norte, que tomou o nome de Capitão Décio (o piloto que inaugurou o campo da serra em 1949), despenca de uns quinze a vinte metros de altura, o que permitiu se instalasse ali um gerador que fornece força e luz à base.

Estamos acampados às margens de um córrego que tem um bom volume d'água. Como em todos os nossos acampamentos, a cozinha sempre fica instalada na margem do ribeirão. À noite, uma chuva que vinha monótona o dia todo resolveu repentinamente engrossar. O ribeirão estufou e avançou nas margens, provocando um transtorno imenso. A fúria das águas levou sem a menor cerimônia as duas panelas básicas dos nossos cozimentos. E agora? Apesar da chuva e da água fria do rio, os índios pularam da agradável quentura das redes e saíram garimpando os panelões. Depois de uma hora de mergulhos e apalpadelas deu-se o milagre — a maior foi encontrada. Felizmente estava engastalhada numa galhada submersa. Mandamos suspender a busca — o sacrifício estava além do merecido e suportável. Só na tarde do outro dia, com todo mundo na procura, inclusive nós, é que a segunda vasilha foi encontrada. Doravante elas ficarão bem longe da correnteza, bem no seco.

ENCONTRO COM O AFLUENTE CAPITÃO DÉCIO LEOPOLDO

Há muito que a nossa meta vinha sendo o encontro com o Braço Norte, ou Capitão Décio. Não era um rio largo, mas importante na geografia da serra. Sabíamos que lá no alto ele corria próximo à pista de pouso, e que no seu primeiro salto movia uma pequena turbina geradora que supria de força a base militar lá instalada. No ponto em que alcançamos o rio Capitão Décio há uma ruidosa cachoeira, cujo barulho há muito vínhamos ouvindo, e a margem do nosso lado é revestida de uma laje negra e ondulada.

No dia 18 de fevereiro demos conta à retaguarda de que havíamos chegado no Capitão Décio e que nos dias seguintes faríamos explorações em busca de um lugar para campo de pouso e vestígios de índios. Oportunamente voltaríamos com novas notícias. Como primeira medida, encontrar uma área que permitisse a abertura de uma clareira destinada aos lançamentos aéreos. A mata espessa e as elevações empedradas dificultaram a busca. Até que à margem de um estirão do rio demarcamos uma área de 60 x 60 metros para ser derrubada. Amanhã iniciaremos o desmatamento.

Tivemos chuva mansa a noite toda e durante a maior parte do dia. Mesmo assim demos início ao desmatamento. Os trabalhadores da topografia do BEC, que no momento estão acampados ao nosso lado, ficaram impressionados com a disposição dos índios da Expedição. E há quem diga que o índio é indolente... Os três que escalamos para pescar trouxeram uma boa quantidade de peixes. Os macacos de beira-rio devem estar gratos pela trégua que estamos dando a eles. Talvez um deles, mais sabido, diga lá com os seus botões: "Enfim estão começando a entender que somos seus colaterais!" Colaterais ou não, eles que abram o olho, pois estamos apenas numa variação de cardápio.

Quem há que possa entender o tempo! Tivemos lua nas primeiras horas da noite. E o dia que veio em seguida transcorreu sem uma gota d'água. À tarde o vento forte ameaçou trazer coisa feia, mas acabou desistindo. Para que tudo, porém, não ficasse assim em um mar de rosas, os borrachudos e os piuns atacaram de rijo. Felizmente, não apareceram à noite. Ela foi recuperadora.

Logo cedo saíram alguns para pescar. Voltaram logo, queixando-se do rio. Nada, somente uma meia dúzia de piranhas. Para duas dezenas de ictiófagos natos isso é coisa para covas de dentes. Se o problema se repetir amanhã, a única saída é guerrear macacos. Se eles soubessem disso, não continuariam do outro lado do rio a se exercitar nos galhos das árvores.

Os trabalhos continuam sem novidade, na derrubada da área destinada aos lançamentos. Como quebra de rotina, só duas coisas aconteceram: uma foi o "assassinato" de uma enorme anta-sapateira. Chegou em boa hora. A piranha alternada com o macaco já estava cansando. A outra foi o naufrágio no rio veloz. O acontecimento não molestou os tripulantes, que morreram de rir e nadaram até a margem. Houve tempo, ainda, para correr margeando o rio e salvar a canoa antes dos pedrais e de uma corredeira forte pouco mais abaixo.

Notícias vindas do Cachimbo informam que alguns sobrevoos serão feitos sobre as aldeias encontradas, onde serão lançados alguns presentes.

O desmatamento da área destinada a receber lançamentos, e mesmo o helicóptero, chegou ao fim. Começa agora a limpeza da pista. Isto quer dizer que o duro e cansativo trabalho de campo vai prosseguir. Uma centena de troncos será arrastada; cada galhada imensa nas duas margens da pista parecerá uma muralha com três metros de altura. E depois vem o piso a ser aplainado, socado, carpido.

Nesta altura em que nos encontramos mais próximos dos aldeamentos dos krenakore, todo cuidado será pouco. Não estamos fora dos riscos de uma surpresa. Um descuido poderá comprometer a atração, que é o nosso objetivo principal. Tivemos hoje mais um dia quente e ensolarado. Temos a impressão de que aqui é o quartel-general dos borrachudos e seus afins. Os tornozelos estão sendo as áreas preferidas por eles. Embora os conservemos envolvidos em panos, quase todos os têm inflamados e purulentos. Isto já não é apenas uma área preferida por eles. Nada disso. Já é guerra, onde eles entram com os ferrões e a gente, praguejando.

No trabalho de escavação no campo para remover raízes, estamos surpreendidos com a quantidade de cacos de panelas de barro. Parece até haver duas camadas soterradas. O que chama mais a atenção é que a mais profunda das camadas é constituída de restos mal-acabados de cerâmica. São pedaços espessos e não apresentam nenhum polimento nos desenhos. A outra camada, a mais de cima, é completamente diferente da primeira. São peças finas, polidas e riscadas, formando desenhos e quadrados inseridos. Não há dúvida de que são duas cerâmicas distintas. Provavelmente uma mais rústica e a outra mais recente e avançada. Há, nesta última, cacos com menos de meio centímetro de espessura. Em alguns deles notamos desenhos que fazem lembrar os padrões kadiwéu — índios do sul de Mato Grosso. Que índio teria ocupado esta região de acesso tão difícil? Nada impossível que estejamos pisando e revolvendo um verdadeiro sítio arqueológico. Uma pesquisa bem-feita poderá encontrar coisas curiosas.

Com o reforço de onze índios vindos do Xingu para o Cachimbo no último CAN — um txicão, um juruna, um trumai, três suyá e cinco kaiabi — e aqui chegados trasanteontem, dia 9, a Expedição ficou ao todo com 38 pessoas. Com esse aumento do pessoal a limpeza do campo ficou pronta em um dia. Logo na manhã seguinte foi iniciada a carpa da área limpa. O serviço rendeu bem. Oitenta metros carpidos e rastelados. A pista vai ficar com 20 metros de largura por 300 de comprimento.

Em explorações feitas na área foram encontradas algumas árvores golpeadas a facão. Não estranhamos, pois desde 1968, quando descemos pela primeira vez o rio Peixoto de Azevedo, deixamos uma boa quantidade de facões em uma das suas aldeias abandonadas. Estão se tornando frequentes as trilhas, rastos e outros vestígios dos índios aqui por perto. Anteontem encontramos galhos quebrados nas imediações do acampamento. Os sinais mais evidentes estão na beira do rio. Os ramos quebrados, ainda verdes, e os rastos frescos em razoável pisoteio mostram que não eram poucos os nossos espiões. Também, não é para menos, o rumo que estamos seguindo é de uma de suas aldeias.

Diante do que vimos constatando, recomendamos ao nosso pessoal, extensiva ao numeroso pessoal do BEC, muita cautela e que andem sempre em grupo. Na volta de uma exploração no Peixoto de Azevedo, fomos surpreendidos com uma gritaria de índios. Pelo tanto que ouvimos percebemos que o grupo não era pequeno. Como vínhamos fazendo a vanguarda do pessoal da topografia do BEC, paramos e ficamos aguardando. Reiteramos as recomendações, principalmente aos civilizados. Alertamos que estávamos próximos de um aldeamento.

Hoje, 25 de maio, onze horas da manhã, quando voltávamos ao acampamento para o almoço, chegaram trabalhadores do serviço de locação da estrada, pessoal do BEC, para comunicar que um dos homens fora flechado pelos índios. Os trabalhadores traziam as flechas que foram lançadas. E só parte da que atingira o ferido — a outra parte, com a ponta, estava cravada na costela do homem, que vinha amparado por eles e gemia muito. O chefe do serviço, o topógrafo Víctor, que sempre mostrava indiferença por tudo que se referia aos índios, revelava grande preocupação e espanto. Vimos logo que o ponto atingido no corpo da vítima nada tinha de mortal. Embora bem implantada — sinal que havia sido atirada de perto e com força —, a flecha não atingira nenhum órgão interno. O incidente veio confirmar o que vínhamos dizendo quanto à surpresa que poderíamos ter a qualquer momento.

Apesar de tudo, baseados na experiência do contato com índios arredios, começamos a achar que eles estavam querendo se aproximar, ter contato conosco. Por diversas vezes sentimos as suas pisadas nas folhas secas e que se aquietavam ou se afastavam quando dirigíamos o foco da lanterna na direção suspeita. Ficamos sabendo também que tudo não se resumiu a uma flechada. Houve tiros também. Quem tomou a iniciativa, não ficamos sabendo. Por isso resolvemos ir examinar a área do entrevero. Levamos facões, machados, facas, colares, peças de alumínio e outras coisas. Verificamos que os objetos deixados por eles foram abandonados no momento da fuga. Lá estavam 82 flechas, um arco e dois tacapes. Pela posição das coisas encontradas deu para perceber que foi um encontro nada amistoso. Armamos ali uma cabana e nela penduramos tudo o que havíamos levado, e debaixo da mesma coberta de folha de pacová deixamos tudo o que havia sido largado por eles.

O incidente foi comunicado ao coronel Meirelles, que estava no Cachimbo. Ele respondeu que estava providenciando a vinda de um helicóptero para remover o trabalhador flechado. No dia seguinte, o coronel-comandante determina por rádio a suspensão dos trabalhos de abertura da estrada. Ficamos sabendo também pelo rádio que um helicóptero vindo de Santa Catarina, no bojo de um avião Búfalo, retirou o flechado, isto tudo no dia 27 de maio. Aproveitando o helicóptero, o coronel Meirelles veio até o nosso acampamento, onde foi cientificado das causas do incidente. Foi-lhe dito que as imprudências dos trabalhadores, apesar de todas as recomendações, podem provocar um novo incidente. Há poucos dias alguns deles, sem nosso conhecimento, cumprindo naturalmente instruções do seu chefe, fizeram longo reconhecimento rio abaixo, expondo-se a um encontro inesperado com os índios. O que, claro, não seria um encontro amistoso, mas movimentado por flechas de um lado e tiros de outro, a exemplo deste que acabou de acontecer. E com isto estamos considerando só o lado de cá. E o de lá? Não teria sido atingido por tiro algum índio? Só se saberá depois da atração, mas se isto aconteceu podemos afastar a possibilidade de um contato breve. E além disso temos a considerar que essa gente toda, terminado o trabalho, vai embora. Estão em trânsito pela área. Nós, não. Nosso trabalho tem de ser lento e sem tempo. Atraído o índio, termina uma parte da missão, a mais cautelosa, mas surge outra mais árdua e permanente — a assistência.

Para aumentar as nossas preocupações, chegou-nos a notícia, por um dos encarregados do trabalho — sargento Jurandir —, que, no momento em que pressentíamos a aproximação dos índios, tudo indicando em boa paz, um elemento do BEC, que nada disso estava percebendo, pela sua inexperiência, disparou por três vezes sua arma automática num macaco que estava numa copa de árvore. Só depois dos disparos foi que o atirador e o sargento perceberam, pelo barulho e movimentação, que os índios estavam bem ali ao pé da árvore. No mesmo instante, acompanhados pelo sargento e alguns índios nossos, fomos ao lugar. Lá verificamos que o grupo era numeroso e havia deixado na fuga, esparramados pelo chão, flechas, arcos, bordunas e alguns traçados. Já que estávamos ali, resolvemos avançar pela trilha até o lugar onde havíamos deixado presentes. Nada encontramos. Os índios haviam levado tudo. Diante disso, concluímos que eles vinham com intenção pacífica, não para um contato, mas também sem o propósito de uma surpresa.

No acampamento da beira do rio, novo campo foi projetado. Este deveria ser de extensão tal que oferecesse condições de aterrissagem para aviões acima de teco-teco. Voltou assim o trabalho moroso do desmatamento e todo o resto. A vigilância por parte dos índios vem sendo constante. As marcas de pé no lugar do campo eram tantas que podiam até ser de nossos índios descalços.

Os rastos insistentes, apesar da dúvida, começaram a nos parecer ser dos krenakore. Isto foi nos tentando a provocar um contato. Uma de suas aldeias não parece longe. Os aviões a sobrevoam na rota para o Cachimbo. As voltas que dão sobre as malocas nos animam a um avanço até lá. Tanto ruminamos a ideia que acabamos não fazendo outra coisa. Em uma manhã convidativa, rumamos na direção indicada.

Depois de uma longa caminhada percebemos pelas trilhas batidas que estávamos nos aproximando. Começamos a usar de toda a cautela, evitando conversa e barulho. Em dado momento pareceu-nos ouvir fala, como também percebemos que antes já haviam notado nossa presença. Resolvemos, por isso, nos descobrir, avançando para a orla da clareira. A aldeia estava totalmente queimada, coisa recente. Os índios que ali haviam estado, possivelmente para pegar alguma coisa, alimento talvez, não empreenderam uma fuga, nem tampouco uma saída precipitada. Encontramos, deixados por eles, um machado de pedra, algumas bordunas, arcos e flechas. Pareceu terem sido deixados propositadamente. Em dois lugares à beira da área da aldeia encontramos dois murundus bem cobertos de palha, o que nos chamou a atenção. Um deles havia sido mexido há pouco, o que nos possibilitou constatar ser de reserva de alimentos. Diante do que acabávamos de receber como presente, a nossa animação para um contato cresceu. As nossas andanças pelas trilhas beirando o rio, visivelmente pisadas por eles, nos convenceram de que uma descida pelo rio com embarcação seria uma medida oportuna.

Com dois barcos ajoujados, levados por um só motor de popa, iniciamos a navegação. Depois de dois ou três dias de descida alcançamos uma lagoa que verificamos logo de chegada ser um frequentado pesqueiro dos índios. Não precisou muito tempo para que ouvíssemos gritos vindos de menos de cem metros de onde estávamos. Ajeitamos alguns presentes e caminhamos em sua direção. Mal perceberam nosso movimento, eles desapareceram na mata. Na segunda noite da nossa estada no local, os índios voltaram a gritar e foram vistos agitando tições, como quem pretende atiçar a chama para acender fogo. Com essas demonstrações abertas, ficamos convencidos de vez de que há muito vimos sendo observados. Os presentes deixados por nós nos seus caminhos foram todos pressurosamente recolhidos. Estávamos, nessa altura, certos de que de um momento para o outro contataríamos os "gigantes" krenakore. Qual não foi nossa surpresa ao receber a notícia, lançada por um avião de reconhecimento, de que os índios haviam abandonado e queimado a aldeia da qual estávamos próximos, deixando no centro do pátio um varal com presentes. Fomos até lá recolher o que deixaram e pôr no lugar a nossa retribuição.

Diante da evidente recusa dos krenakore de entrar em contato conosco, resolvemos voltar rio acima até o nosso posto-base com campo de pouso, no cruzamento da rodovia em abertura (Cuiabá-Santarém) com o rio Peixoto de Azevedo. A volta foi oportuna e estratégica. Havia necessidade de remanejar o pessoal índio do serviço. Alguns haviam mostrado interesse em voltar às aldeias. De lá viriam outros para preencher as vagas. A nossa parada e a troca de gente foi de poucos dias. Tudo consumado, planejamos nova incursão rio abaixo. A intenção era ficar mais próximos das áreas de perambulação dos índios.

Setembro já ia bem além do meio quando iniciamos a descida. A seca, no auge, mostrava agora um rio raso com imensos baixios onde as embarcações teriam de ser arrastadas. Num determinado trecho surgiram índios na margem. Recomendamos calma ao nosso pessoal, enquanto agitávamos nas mãos facões e colares. Essa noite foi maldormida, pois percebemos que o nosso acampamento estava totalmente cercado. Não houve alarme. Os nossos índios estavam tranquilos. Muitos deles, há pouco tempo, haviam sido também arredios, alguns até muito mais violentos do que os "gigantes" de agora. O acampamento permaneceu tranquilo, embora ninguém dormisse. Quase todos acordados, até percebermos que os "bravos" haviam levantado o cerco. A nossa orientação geral era para que todos, embora atentos, demonstrassem indiferença. Com isso os arredios foram se chegando cada vez mais.

Hoje, 1º de outubro, mudamos nosso acampamento da margem esquerda para a direita, onde vínhamos empenhados em abrir uma nova pista para aviões. Será pequena — 500 por 25 para rolagem e mais 15 de cada lado para proteção. Nas pontas, que chamamos de cabeceiras, uma derrubada de 100 a 200 metros para facilitar a aproximação da aeronave.

No dia 3, dois dias depois da mudança, os krenakore foram vistos recolhendo os presentes que deixamos no pouso velho. Quando viram-se surpreendidos, correram para a mata.

OS "GIGANTES" GRITAM

Dia 15, hoje, foi o dia D. Um grupo arredio aparece gesticulando, falando alto e com gestos largos. Cláudio, que estava na beira do rio, levantando os braços, procurou acalmá-los e, ato contínuo, tomou uma canoa e se dirigiu para o lado deles. Eles recuam e sempre falando alto se internam na mata. Um, porém, permaneceu esperando. Quando Cláudio pisou na barranca, ele sumiu na mata também.

Depois de alguns dias, eis que hoje, já com o sol tombando, a cena se repete. Surgiu uma meia dúzia de índios. Novamente Cláudio, agora com quatro índios, vai ao encontro. Quando a canoa encosta na barranca, um índio forte entesa o arco na sua direção, os nossos índios gritam alertando Cláudio, o índio do arco se arrepende e apressadamente se embrenha na mata. Depois desse acontecimento os dias estão se sucedendo sem novidades. Contudo, a presença dos krenakore é sentida a todo momento, mas nenhum grupo se arvorou a se apresentar de peito aberto. Eles não são fáceis. Desde que chegamos no vale do São Manoel ou Telles Pires vimos "lutando" com índios arredios. Primeiro foram os kaiabi, depois os tatuê, perseguimos os apiaká, agora os krenakore. O vale do São Manoel ou Telles Pires, em verdade, era praticamente interditado ao avanço. Agora, com as notícias que já correm sobre a paz no vale, com a emigração espontânea dos kaiabi para o Xingu, seduzidos pelos nossos caminhos deixados no divisor, o retraimento dos tatuê para as bandas do rio Arinos, os apiaká fugindo para o longínquo divisor do Juruena, e finalmente os "gigantes" prestes a dar "fala", o vale voltou a ser namorado pelos extrativistas da seringueira, da castanha e dos garimpos. Para evitar a invasão do rio nesta fase difícil e demorada da atração dos índios, sugerimos às nossas vigilantes autoridades, em verdade nada vigilantes e sempre ausentes, a interdição provisória da área do rio Peixoto de Azevedo, da foz até o ponto em que é cortado pela rodovia Cuiabá-Santarém, ainda em fase de trabalho do 9º BEC.

OS KRENAKORE RECUAM

Contudo, o tempo continua correndo e os arredios krenakore não deram ainda de maneira efetiva o ar de sua graça. Estamos começando a conjecturar que alguma coisa está acontecendo de fundo supersticioso que os faz manter de nós uma distância inexplicável. Já que por duas vezes se aproximaram confiantes para de repente entesar o arco, arrepender-se do gesto e sair correndo. Lembramos que na atração dos índios txucarramãe tivemos uma pausa longa por causa de um eclipse. Aí foi o instinto supersticioso que vigorou.

Já faz algumas semanas que os índios desapareceram. Coisa estranha, pois vinham persistentemente rondando nosso acampamento, ou então gritando do outro lado do rio. Resolvemos, por isso, dar um giro até as lagoas de suas pescarias. Nenhum sinal vimos encontrando. Caminhando, porém, nas suas trilhas às margens da lagoa, começamos a notar paus quebrados e, um pouco mais para o interior, encontramos um amassado no folhiço, sinal evidente de que pernoitaram por ali. Uma peculiaridade que nos chamou a atenção foi encontrar galhos indiscutivelmente quebrados a mão na altura do ombro de uma estatura normal. O homem ou os homens que o fizeram, sem dúvida alguma, haviam de ser bem altos, fora do comum. Isto nos fez lembrar da figura de um krenakore chamado Menkrire, raptado pelos txucarramãe quando criança. Menkrire tinha dois metros e sete centímetros de altura.

Naquela última aparição, os "gigantes" haviam feito um longo discurso, cheio de gestos largos e em tal tom que eram bem audíveis do outro lado do rio. O que teriam dito? Estariam se despedindo e agradecendo os presentes recebidos? Ou estariam nos advertindo de que qualquer avanço mais ousado nosso poderia marcar o início de um confronto? Naquela manhã, lembramos bem, eles falaram com ênfase. Deviam estar tentando nos comunicar alguma coisa importante. Em verdade ninguém entendeu a "fala" krenakore. Nem mesmo os txucarramãe, seus velhos inimigos e longínquos parentes. De todos nós empenhados na atração dos "gigantes", Cláudio vem se distinguindo pela paciência e persistência. Neste último dia de dezembro de 1972, saiu na imprensa uma matéria sob o título "O Sertanista Aguarda":

"O sertanista Cláudio Villas Bôas, responsável pela vanguarda da expedição aos krenakore — os índios gigantes —, vai passar este domingo que marca o fim de 1972 estirado em uma rede sob uma pequena tenda coberta de lona, perdida na imensidão solitária e escura da selva brasileira, sem ter ao menos o prazer de saborear seu vinho preferido. E os índios, acocorados em redor, nas margens do rio Peixoto de Azevedo, no extremo norte de Mato Grosso, jamais perceberão — pela sua voz e pelo seu olhar— que Cláudio, apesar de sua expressão serena e confiante, inicia um novo ano travando consigo mesmo uma luta intensa que, apesar de ser mental, chega a ser dilacerante. Junto com o seu corpo, a rede balançará a tática de aproximação de um experiente sertanista que vive há trinta anos entre os índios e as determinações apressadas que nascem nos gabinetes burocráticos da FUNAI. Cláudio Villas Bôas pode ser considerado um general da selva e um dos mais autênticos e pertinazes chefes indigenistas do Brasil. Sua serenidade, sua compreensão maior dos problemas menores dos indígenas, constituem seu guia e a sua máxima orientação. Sua vivência na selva ensinou-lhe a avançar e recuar quando preciso. Ninguém melhor do que Cláudio para saber a hora exata para uma aproximação. Para os repórteres que acompanham a Expedição, Cláudio lembra sempre que "o índio não é um animal que deve ser perseguido e caçado. É um ser humano e a diferença principal entre um índio e um civilizado é que o índio — no caso o kre-

nakore — ainda não se corrompeu e, fugindo e destruindo suas próprias aldeias, insiste em preservar a pureza da sua raça, a autenticidade da sua cultura primitiva. E não serei eu que forçará essa aproximação".

Para os repórteres mais insistentes, Cláudio, com a serenidade que lhe deu a verde paz da floresta, diz apenas: "Calma, filho. Eles virão como amigos, como irmãos".

As chuvas de janeiro ameaçam as esperanças de um contato com os "gigantes". Se isso só vier a acontecer depois das águas, teremos pela frente três meses de espera. O campo empapado pelas águas da estação não vai aceitar avião, mesmo sendo teco-teco. Não haverá temporal nem os ventos do começo da estação. Vai, isso sim, ser um tempo de uma chuva mansa caindo de um céu cinzento-claro coberto de nuvens brancas, todas as noites, todos os dias. É a chuva branca, como diz o sertanejo. Fevereiro, no rigor da estação chuvosa, contrariando a preocupante perspectiva, trouxe um inesperado alento.

Depois de um grito, dois gritos, muitos gritos vindos do outro lado do rio, surge um grupo krenakore. O contato foi rápido, cheio de batidas no peito, gestos largos, voz alta, rostos apreensivos, alguns mais calmos, mas todos demonstrando nervosismo. A nossa precária estação de rádio mandou para a retaguarda as notícias do encontro. *O Estado de S. Paulo* noticiou com o título "Novo encontro, uma festa na selva":

Os irmãos Villas Bôas conseguiram, em menos de cinco dias, o segundo contato com os índios gigantes, a oitocentos metros do acampamento no rio Peixoto de Azevedo!

O PRIMEIRO APERTO DE MÃO

O encontro aconteceu ao meio-dia. Dele participou o médico da Escola Paulista de Medicina, dr. Rubens Belfort de Mattos, que lá havia chegado para checar a saúde do nosso pessoal. Inicialmente dois índios haviam surgido na margem oposta, agitando-se e gesticulando. O momento era oportuno para uma aproximação. Para que eles não ficassem assustados, pedimos que ninguém atravessasse o rio. Só nós dois (Cláudio e Orlando) e o médico atravessaríamos. Levamos conosco colares, facões, machados e espelhos. De uma das vezes que havíamos deixado presentes na mata, eles levaram os colares, as ferramentas, mas amassaram as panelas de alumínio e quebraram todos os espelhos. A canoa com os três passageiros e o piloto aportou na margem oposta. Os índios recuavam à medida que avançávamos. Esses dois mais próximos acabaram se ocultando atrás de uma árvore grossa. Munidos de presentes, nós dois caminhamos visando cada qual um índio. O dr. Belfort, empunhando sua máquina munida de teleobjetiva, se posicionou de forma a documentar a cena. Com cautela, rindo, sem gestos bruscos, fomos nos aproximando dos índios. Um recebeu nas mãos um facão, o outro permitiu, embora um tanto agitado, que fosse colocado um colar em seu pescoço. Os demais continuavam no interior da mata. Demos a entender que não estávamos preocupados com eles. Voltamos mais para a beira do rio, não olhamos para o interior, e nos dispusemos a fazer um fogo. Reunimos gravetos, folhas, acendemos um fósforo e, mostrando a maior indiferença possível, começamos a conversar, e ajeitar o fogo. Os dois índios voltaram para perto da árvore grossa. Sorrateiramente observávamos que estavam atentos não ao fogo, mas ao jeito de consegui-lo. Para eles o fazer fogo é uma tarefa ingrata, demorada, cansativa e impossível ao relento em dia de chuva. O que não estariam pensando ao ver o fogo surgir de um golpe na ponta de um pauzinho? O rosto de um deles não se conteve e abriu um sorriso diante de um palito de fósforo em chama. Sabíamos que os outros que lá da mata a tudo observavam, dia mais, dias menos, chegariam em paz. Abraçados aos dois índios, fizemos sinal para que o pessoal da outra margem, sem atropelo, tomasse o batelão e atravessasse com calma, principalmente os documentaristas, que lá estavam aflitos.

Desse dia em diante os krenakore perderam a cerimônia e começaram a frequentar o posto. De início, claro, com muita reserva, desconfiados, atentos a todos os nossos gestos.

À chegada de um dos nossos monomotores, ficaram de longe. De começo só homens apareciam, nada de mulher, nada de criança. Mas não durou tanto tempo essa reserva. A nossa indiferença aparente, claro, do que se passava do outro lado do rio onde eles se concentravam foi muito boa. A primeira mulher que se encorajou a atravessar o rio foi uma índia idosa. Os presentes que levou foram um estímulo para as outras. Os meninos foram de início os mais esquivos, mas também foram os primeiros a se confraternizar com os nossos índios e conosco. Não demorou muitos dias para que toda a barreira desaparecesse. Andavam eles entre nós confiantes e desenvoltos.

8. Cachimbo-Creputiá

O campo aberto no chapadão da serra do Cachimbo, pela posição estratégica na segurança de voo, desde o início, ou melhor, do assentamento do plano, preocupou o Ministério da Aeronáutica num dos seus aspectos mais importantes: o abastecimento de combustível. A estocagem, pela distância e ônus do transporte aéreo, era desaconselhável. O plano de uma estrada começou a ser estudado. Daí o projeto da rodovia Cuiabá-Santarém passando pela base do Cachimbo. A três órgãos públicos caberia a implantação do projeto: Ministério da Aeronáutica, Fundação Brasil Central e Superintendência do Plano de Valorização Econômica da Amazônia (SPEVEA). Comunicação e transporte com a FAB; reconhecimento e traçado no solo, por meio de uma picada, com a Expedição Xingu-Tapajós da Fundação Brasil Central; custo da obra, SPEVEA.

Os cálculos da distância falavam em seiscentos quilômetros, aproximadamente, entre Cachimbo e Jacareacanga. A sacrificante abertura do picadão teria duas etapas. A primeira, Cachimbo-Salto de Creputiá, no rio Cururu, com mais ou menos 450 quilômetros de pouco cerrado e muita mata em terreno asperamente ondulado. A segunda, saindo de Jacareacanga, devia alcançar o mesmo ponto no Cururu vencendo uma distância de menos de 150 quilômetros em área pouco acidentada e mais favorecida, pois em longa extensão seria de beira-rio.

Em certos aspectos os três órgãos falharam, uns mais, outros menos. Os reconhecimentos aéreos e os oportunos lançamentos de paraquedas feitos pela FAB foram utilíssimos. Nem sempre, porém, subalternos encarregados da base no Cachimbo foram expeditos. Viam eles, quase sempre, naqueles homens de barba por fazer, meio molambentos pelo duro serviço do picadão, nada mais do que meros pleiteadores de favores. Os responsáveis por Aragarças, setor da Fundação, não se sensibilizaram com os trabalhos árduos do longínquo Creputiá. Na jornada morreram 35 burros, mas convém lembrar que mais de dois terços deles eram animais velhos e cansados.

A frente que partiria do Cachimbo — dezesseis homens e uma reduzida tropa de três burros — viera de Aragarças, setor principal da Fundação. A base da FAB em Cachimbo, pela sua posição, ficaria sendo o mais seguro e avançado apoio da vanguarda.

Cláudio foi o indicado pela presidência da Fundação para conduzir os trabalhos de avançamento. Não fosse a pressa dos três órgãos conveniados, a arrancada da vanguarda seria programada para maio e não janeiro, em plena estação das águas. Acontece, porém, que a invernia brava do sertão não atinge os gabinetes diretores das capitais.

Neste ano de 1956, janeiro não fugiu à regra em oferecer uma estiagem de alguns dias. E foi aproveitando essa trégua que a vanguarda partiu.

Os descampados do chapadão da serra possibilitaram um avanço rápido nas primeiras semanas de serviço. Os homens sempre rindo, conversando, cantando, iam de facão em punho ou batendo o machado, avançando com a picada. Terminada a trégua do veranico, as chuvas começaram a perturbar o andamento dos serviços. Apesar disso, tudo ia bem. Havia ainda um vasto horizonte, e nos intervalos dos aguaceiros o céu surgia limpo e azul. O cerrado foi sendo vencido sem grandes esforços, os burros caminhando pachorrentamente, abocanhando aqui e ali um ramo mais saliente do capim. Pequenos córregos amenizavam a secura natural da chapada.

À medida que vão sendo alcançados, os córregos recebem um nome sempre lembrando um acontecimento ou uma sua característica peculiar. O primeiro foi o da Formiga; o segundo, o da Sucuri. A imensa cobra, que roncara diversas vezes de madrugada, estava de manhãzinha estirada bem no apanhador de água. Joca, sonolento, no lusco-fusco da manhã, quando foi lavar o coador, deu com aquela coisa enorme na beirinha do córrego: "Virge Maria, que bicho imundo [grande], minha gente".

Acontece às vezes que um mesmo lugar sugere dois nomes. O tempo deixará um no esquecimento. É o caso do Sucuri, que também foi chamado de córrego da Perdida: o velho Porfírio, que ia na Expedição junto com o filho e cuja função, pela idade, era fazer companhia ao cozinheiro, resolveu caçar um jacu que piava por perto. A picada já estava bem dentro da mata. Cerrado e mata às vezes se entremeavam. Porfírio foi caminhando, passou um capão de mato, atravessou um córrego, novo capão, novo cerrado e quando resolveu voltar, com o sol já tombando, percebeu que estava perdido. O velho, afamado brigador das lavras da Bahia, atrapalhou-se e, já sem rumo, ia ora numa direção, ora noutra. À tardinha, quando os homens voltaram da picada, o cozinheiro foi logo dizendo: "Véio Porfírio saiu cedo. Acho que se perdeu no agreste". Manoel, o filho, se afobou com a notícia e cinco minutos depois, acompanhado de Cláudio, saiu no rasto do perdido.

Caminharam os dois até que a noite chegou. Tiros e mais tiros ficaram sem resposta. À margem de uma "aguazinha", eles pernoitaram. No dia seguinte, ao sair do sol, largaram o leito, que improvisaram de folhas, e continuaram à procura do desaparecido. Vez ou outra encontravam um ramo quebrado. Os tiros que iam dando continuavam sem resposta. Quando o sol já ia descambando, ouviram um grito do velho em resposta a um já quase desesperado do filho. Manoel não se conteve. Saiu correndo pelo cerrado em direção ao grito. Seu nervosismo era grande. Ia dizendo que repreenderia energicamente o pai. De repente, numa clareira pequena, deram com o velho, parado, cansado, olhar vago voltado para o alto. Manoel correu em sua direção. Cláudio correu atrás, para conter o desatinado filho, mas a cena foi diferente:

— Oh! pai...
— Pois é, fio...

O rio Cristalino, afluente do São Manoel ou Telles Pires, é o limite da zona do cerrado. Dali em diante começa a mata. Densa, uniforme e contínua, ela domina quase toda a região. Os descampados do chapadão da serra do Cachimbo, no sentido da picada, não vão além de uns trinta quilômetros. Subitamente, sem acidentes de transição, passa-se do cerrado à mata bruta, escura e fria.

Um solo seco, arenoso, coberto por uma vegetação mirrada e sem vida, caracteriza os campos da serra do Cachimbo. Serra pobre, castigada pelo sol e pelo fogo que de tempos em tempos lhe atiçam os índios. É notável nessa região, na época seca, a ausência de vida animal. Não se vê uma ave, ou outro vivente qualquer, a não ser os calangos que, aqui e acolá, correm fazendo chiar as folhas secas do chão.

Do outro lado do Cristalino tudo se modifica. Começa a mata, grossa, úmida e cheia de tudo aquilo que caracteriza as grandes matas. Ali os queixadas invadem os acampamentos; as antas e os veados assustadiços "desembalam" arrebentando cipós e ramadas no peito; os bandos de jacamins estouram, quando surpreendidos, se dispersando em todas as direções; e finalmente os milhões de formigas e abelhas não dão um segundo de trégua a quem quer que seja.

Há mais de um mês saímos da base do Cachimbo e chegamos ao Cristalino. Água bonita, clara, correndo num leito de pedras e despencando, nos desníveis bruscos, em esplêndidas cascatas de mais de vinte metros. De muito vimos ouvindo o rumor dessas cachoeiras, que constituem, sem dúvida, um extraordinário potencial hidrelétrico.

Na entrada da mata ainda contávamos com dezesseis homens, mas dali em diante começariam as dispersões. Uns temiam a solidão, outros não resistiam ao racionamento da boia, outros ainda não se conformavam com o desconforto no interior da mata. A falta de sol, a umidade excessiva, a terrível praga dos insetos, foram, aos poucos, tirando aquela euforia do começo.

O primeiro córrego encontrado depois do Cristalino recebeu o nome de Surucucu, a mais perigosa de todas as cobras da floresta. Além de ser grande (chega a dois metros e sessenta), a surucucu ataca. O bote pode atingir acima do joelho. Aumenta ainda o seu perigo o fato de ser raro o contraveneno e, mais ainda, a quantidade de veneno que injeta. Um trabalhador quase foi abocanhado por uma delas. *Lachesis muta* é a classificação da surucucu e nem mesmo o antiofídico polivalente tem ação sobre o seu veneno.

A mata está ficando cada vez mais encorpada à medida que vamos nos distanciando do Cristalino. Pouco além do córrego Surucucu caímos num pantanal que deu o que fazer para a gente sair. Esses barreiros são muitos procurados por todo tipo de caça. Não há uma vez que não se encontre capivara roncando ou porco-do-mato fuçando. A mata ali é emaranhada, alagada e coberta por um folhiço que nunca viu fogo. Além do pantanal, encontramos um outro ribeirão, a que demos o nome de Meia Ponte. As chuvas estão "animadas", parece que não vão parar tão cedo. Os homens, alguns, já demonstraram abatimento físico e moral, muito mais moral do que físico. Os burros já estão dando sinal de cansaço. Por qualquer coisa dobram o joelho. Isto em animal é mau sinal.

Chegamos num ribeirão que tudo indica ser o último tributário do Cristalino. Demos a ele o nome de Estiva. Pelo espraiado e pela rasura, fizemos nele uma estiva para melhor trânsito dos cargueiros.

Nosso rumo vem sendo o de 314 graus. Demos com mais dois córregos, um perto do outro. O primeiro chamamos de Bonito; o segundo, Trairão. Desde que entramos na mata vimos atravessando vastos seringais. Um dos burros não aguentou a cangalha encharcada, arreou para sempre. O transporte está se tornando cada vez mais difícil. Isto vem nos obrigando a racionar um pouco os gêneros em face do paupérrimo estoque. Não na quantidade, é claro, mas economizando a reserva quando há caça. Com a medida, alguns homens começaram a esmorecer.

Encontramos hoje um rio pequeno, muito encachoeirado. Deve ser o primeiro braço do rio maior, São Benedito. Pouco adiante encontramos o segundo. O primeiro mede uns trinta metros de largura e o segundo, mais de quarenta. De hoje em diante estaremos sem tropa. Os dois burros restantes pediram "aposentadoria". Estão de tal arte, que mal se animam a dar um passo. A mata é generosa com a sua fauna, mas é cainha pra bicho domesticado, e gente também. Onça pega porco-do-mato, porco come folha e fuça o brejo, guará pega ave rasteira, mas cachorro "civilizado" morre de fome.

Para que os serviços não parassem, foi preciso que os homens voltassem aos acampamentos da retaguarda — principalmente ao Cristalino, a cinquenta quilômetros, para trazer, nas costas, os gêneros que lá estavam.

A mata neste trecho resolveu testar todo o pessoal. Chegamos num córrego que outro não podia ser o nome senão o das Abelhas. Eram verdadeiras nuvens, que durante dias molestaram os homens a ponto de inquietá-los. A quantidade era tanta — colando no corpo, entrando nos olhos, no nariz — que muitos homens resolveram abandonar o serviço. O velho Porfírio entrou no rol dos retirantes; Libânio e Carmino engrossaram a turma dos despedidos. E por aí foi. Só quatro homens iam permanecer. A fama de "serviço duro" chegou ao Araguaia, onde normalmente são recrutados os trabalhadores. Já estávamos, nessa altura, conformados com os piuns, borrachudos, lambe-olhos, abelhas, quando uma nova praga surgiu: varejeiras. Um dos trabalhadores, o mais perseguido por elas, alcunhado de Luís Doido, chegou quase a enlouquecer de verdade. As varejeiras põem os ovos onde quer que sentem, nas redes, nos sacos de viagem, nos surrões de alimentos etc. Roupa úmida de suor é salão de festa para os "anicetos", como os chamava o sertanejo Mariano. Marimbondo foi a praga seguinte, e que deixou seu nome no córrego encontrado. A mata, cada vez mais emaranhada, acabou nos presenteando com um tabocal compacto e agressivo. O filete d'água que encontramos correndo ali perto e cheio de mistério volta e meia desaparece num grotão, ressurge e torna a desaparecer, por isso tomou o nome de Cabeceira do Escondido.

A MORTE DE ANTÔNIO ALVES

Mata surpreendente. Ali atrás o tabocal fechado, o córrego escondido, aqui o castanhal imenso. As chuvas que caem impiedosamente não nos têm deixado admirar o novo trecho. A tarde já vai indo e temos de procurar pernoite. Uma vez encontrado um bom lugar, temos de levantar um rancho rapidamente, coberto de patauá, mais um tipo de palmeira comum na região amazônica.

Ficamos preocupados com o trabalhador Antônio Alves da Silva, que adoeceu repentinamente. O mal veio violento e com sintomas desconhecidos para nós. A distância, as chuvas incessantes, o rancho improvisado e tudo o mais se juntou para esmagar o pobre doente e nos abater ante a nossa impotência em aplacar a febre cada vez mais alta que o acometia. Não saíam de nossos ouvidos os lamentos do companheiro no seu incontido delírio:

— Oh! seu Cláudio, o senhor estava sumido nas Gerais. Como é ruim ficar sumido.

E de repente gritava:

— Tirem esta mata de cima do meu peito! Oh! como é pesada esta castanheira!

Seu estado piorava a todo momento. Ao anoitecer, agora quase sem febre, com o olhar parado, alheio a tudo o que se passava ao redor, foi acometido de violento soluço. Quando voltava a si, exclamava baixinho:

— Jesus venturoso... Virgem Maria...

Pouco depois, ao despontar do quarto dia, ele faleceu.

Lá dentro da picada, a dez dias de caminhada da base, ficou sepultada a primeira vítima da mata bruta da serra do Cachimbo. Em homenagem ao companheiro morto demos seu nome ao primeiro braço formador do rio São Benedito.

Nosso sertanejo é extremamente supersticioso, e coisas há que acontecem que mais o convencem disso. Antônio Alves, por exemplo, dias antes, ainda bem de saúde, quando batia o facão no pique, ia contando aos companheiros o sonho que tivera na noite anterior. Contava ele:

— De madrugada uma coisa levantou minha coberta, espiou para mim e foi embora.

— Que coisa era? — pergunta um.

— Sei lá. Era como uma sombra — responde Antônio.

— É a morte — acrescenta outro.

— Tá besta cabra, tô rijo e muderno para morrê.

— Óia, Antônio, dexa a loninha pra mim? — acrescenta Alcides (loninha era a carteirinha de lona feita a capricho nas horas de folga e onde Antônio Alves guardava o dinheiro).

OS TRABALHADORES FOGEM DA PICADA

A morte do Antônio Alves foi a gota d'água que faltava para a debandada total. No dia seguinte todos os trabalhadores pediram dispensa. De tal arte estavam impressionados que na noite desse mesmo dia tomaram o rumo do Cachimbo. Antes insistiram para que os acompanhássemos. Depois de agradecer-lhes a demonstração de solidariedade, dissemos que aguardaríamos ali mesmo a vinda de outros homens, ou eles próprios, se desejassem voltar. Estávamos a mais de duzentos quilômetros da base do Cachimbo.

Durante dois meses a Expedição ficou parada por falta de gente. Como a ponta da picada estava uns dez quilômetros à frente, às margens do rio São Benedito, transferimos o nosso acampamento para lá, onde havia abundância de peixe e de caça de todo tipo. De mantimentos tínhamos somente farinha e sal.

Exatamente três meses e dez dias após a debandada do pessoal, começaram a chegar novos trabalhadores, enviados pela superintendência de Aragarças em atendimento a pedido nosso feito através da leva de despedidos. Com os novos trabalhadores, só não reiniciamos os trabalhos de avançamento porque não tínhamos alimentação.

Aproveitamos o tempo, enquanto parados, para fazer explorações em todas as direções. As nossas dificuldades em grande parte seriam solucionadas se encontrássemos uma área que permitisse a abertura de um campo de pouso. Foram exaustivas as explorações e a única saída foi continuar com o picadão. Talvez lá pra frente a sorte nos sorrisse. A fartura de caça e peixe nos animou a avançar. Chegava a ser impressionante a variedade de caça nos barreiros. Antas, queixadas, capivaras, disputavam lugar. Ave é o que não faltava. Mutuns, jacus, jacamins, se confundiam num desfile constante. As ruidosas araras-canindés não cessavam de gritar, voando sobre o barreiro. Mas o nosso "celeiro" principal estava ali mesmo no rio, que impressionava pela variedade e quantidade de peixes.

Até agora não vimos o menor sinal de fogo, indício mais que evidente de que nem índio anda por aqui; caso contrário a área, pela riqueza da fauna, seria altamente frequentada. Macaco, então, nem se fala. Os homens já não querem mais abatê-los. Embora a carne seja apreciável, a verdade é que no barreiro tem coisa melhor. E, depois, o macaco ferido proporciona uma cena comovente. O cuatá, o maior da espécie, quando ferido, firma-se num galho com uma das mãos enquanto com a outra colhe folhas para limpar o ferimento. Houve um que, atingido por um tiro, caiu das alturas e na queda pôs os intestinos para fora. Indiferente ao caçador, sentou-se e começou a recolhê-los com cuidado.

A região do São Benedito não nos impressionou apenas pela fauna. Não. A qualidade excepcional da terra e da vegetação está em primeiro lugar. A madeira que estamos encontrando é a de maior padrão até agora visto. A figueira, a paineira, o jaracatiá, a itaúba, a peroba, o ipê, a muiracatiara, o mogno e outras mais são encontradiças nos altos e nas baixadas. Isto não falando das enormes áreas de seringueiras e extensos castanhais. Só mesmo o São Benedito, com a sua exuberante riqueza, poderia nos convencer a permanecer em atividade até chegar a nova tropa que estava sendo providenciada. É claro que o tempo vinha sendo dividido entre o serviço e a procura de alimento. Em tais condições os trabalhos não podiam progredir muito, mesmo assim avançamos quase vinte quilômetros. O rumo que vínhamos seguindo não sofreu desvios, graças ao terreno — o 314 graus foi mantido. A mata dominou todo o percurso. Nem de longe um descoberto que nos trouxesse o sol como presente. A mata é a pátria dos mutuns. Ave de carne saudável, com o porte de uma perua, ela vem participando com destaque do nosso cardápio.

Com a chegada da tropa a situação melhorou sensivelmente. Andávamos com saudade do arroz, do feijão e da farinha. A mata continuava a mesma, mas o São Benedito já havia ficado a mais de trinta quilômetros. Embora o sol não fizesse parte do nosso dia a dia, a caminhada vinha sendo solta, só com os obstáculos da mata: excesso de folhiço, das raízes que seguram o pé, das pontinhas de pau que tiram o chapéu e ameaçam o olho. Tudo isso no começo, que já vai longe, era um tropeço, um tributo que a mata cobra. Mas o tempo nos pôs em paz com ela. Previamos, é claro, que a mata seria interrompida, e foi isso que aconteceu. Entramos de súbito em região abrupta. Morros e valões se sucediam. Tentamos contorná-los. Foi impossível. As grotas impediriam a passagem da tropa. A extensão do acidente nos parecia sem fim. Diante disso, só uma alternativa: voltar alguns quilômetros e começar de lá o desvio.

Tempo e trabalho perdidos, mas único remédio. Lá de trás saímos com o rumo norte. Depois de alguns dias, inflectimos para o rumo certo. A nossa frente, contudo, continuava impedida. Só depois de voltar mais, além dos dez quilômetros, foi que conseguimos contornar a área ruim, e retornar os nossos primitivos 314 graus magnéticos em terreno favorável. O serviço não vai mais rápido porque em matéria de alimentação o nosso "umbigo" está amarrado ao posto do São Benedito, onde temos um rancho com os gêneros que a nova tropa vem trazendo. De lá até aqui na frente são mais de trinta quilômetros. Os mantimentos são transportados nas costas por todo mundo. Tipo da "excursão" enjoada e cansativa. Cada homem, além dos petrechos de dormir, rede, roupa etc, traz nas costas 25 quilos de gêneros e afins. Além do tempo gasto nessas caminhadas, o que se perde de energia não é brincadeira. A cada quinze dias fazemos uma viagem dessas.

Às vezes uma depressão mais forte do terreno faz clarear a frente, dando-nos a impressão de uma mudança de vegetação, uma clareira, ou coisa que o valha. Ledo engano, é só depressão mesmo, onde o piso, quase sempre mais úmido, piora a marcha. Numa dessas baixadas, onde serpenteava um corixo, encontramos um dos mais belos exemplares de tatu-canastra. Com muito esforço, dois homens conseguiram levantá-lo.

Hoje tivemos a surpresa de receber dois tropeiros sem tropa, sem muares. Vieram trazendo a notícia de que todos os burros haviam morrido. Xavantina, a base da retaguarda, havia mandado só burros velhos, já em fim de carreira. Uma incompreensível insensatez. Voltamos assim à estaca zero em matéria de abastecimento. Justo agora que estamos às portas da estação das águas. Tivemos, diante disso, de levantar o avançamento e ir com todo o pessoal recolher a carga deixada pelo caminho para armazená-la no rancho do posto do São Benedito. Um grande contratempo. Terminada a árdua tarefa, despachamos os tropeiros para a longínqua base do Cachimbo com a incumbência de aproveitar o Correio Aéreo até Aragarças e lá comprar em nosso nome três ou quatro burros novos e bem escolhidos. Tal coisa caracterizava a indiferença, a irresponsabilidade, a ausência de interesse dos comandos das bases da retaguarda para com os trabalhos da frente. Não davam esses senhores chefes das bases a menor importância ao empenho que tinha a direção da presidência no cumprimento da sua parte no ajuste convencionado com o Ministério da Aeronáutica.

Esta última etapa foi rica em contratempos: o recuo em mais de vinte quilômetros para o grande desvio, os retornos com todo o pessoal para transportar a carga da retaguarda para a frente, a morte dos últimos burros e outros problemas menores nos absorveram quase um mês. Assim mesmo alcançamos um outro rio, o Cururu-Açu. Nas proximidades encontramos uma castanheira que, pelo porte e beleza, nos deixou enfeitiçados. Mediu de circunferência nove metros.

O PÉ DE GARRAFA

Estamos hoje com 250 quilômetros de picadão. Quarenta quilômetros foram de descampados, logo que saímos do Cachimbo, e 210 de mata virgem, até aqui. Completamos dez meses de caminhada. Vinte e cinco homens passaram pelo serviço. Vinte foram tocados pela aspereza e a carranca feia da mata.

Um faleceu e quatro permanecem. Os morros, morrotes e grotões se sucedem. Esperamos para breve a saída nos grandes campos do Cururu. Andamos saudosos do sol. Mais à frente atravessamos uma larga zona de cerrado, sempre entremeada de pedrais. Matamos assim a saudade do sol, mas a convivência com ele não foi demorada, pois logo à frente uma nova mata nos esperava. Só que esta não tem a graça da mata do São Benedito, porque o terreno é fortemente acidentado. Para ter ideia, tivemos de vencer perto de dezesseis morrotes divididos por vales profundos. Logo saímos da mata, mas não fomos premiados com coisa melhor. Estamos agora numa região descampada, arenosa, de espigões que descambam para baixadas embrejadas de vegetação cerrada. E assim continua para a frente até onde a vista alcança. A nossa esperança permanece em encontrar uma área propícia para a abertura de um campo de pouso. Só assim não teremos mais o problema da tropa e, por conseguinte, do abastecimento.

Diante do quadro nada animador, resolvemos mudar a estratégia de avançamento. Vamos substituir o picadão por um pique, o que significa que, em vez de três quilômetros de picada por dia, vamos avançar de dez a quinze. Assentado o plano, mãos à obra. Saímos hoje com o pique. Logo adiante, num pequeno córrego, encontramos uma batida recente de queixadas e, junto dela, um rasto redondo estranho, como se fosse feito por um fundo de garrafa. Imediatamente Alcides, Anésio e outros sertanejos exclamaram: "É do pé de garrafa!" (lenda que fala de uma figura horrenda que vagueia pela mata e cujo rasto é redondo. É um duende meio gente, meio macaco, com dois palmos a mais que um ente normal. Seu alimento é cérebro humano, coisa que ele tira depois de remover o tampo da cabeça das pessoas. É o grande temor do seringueiro).

Com a boa ideia do pique estamos avançando rapidamente. Hoje, depois de transpor uns espigões arenosos, enfrentamos uma mata que tomou toda a nossa frente. Passando-a, saímos novamente em zona de campo com algumas restingas de mata alta. De certa altura em diante começaram a surgir novamente os pedrais, que foram se acentuando até se transformar, em alguns lugares, num verdadeiro caos de pedras quase intransponíveis.

A impressão que temos é de que se trata da encosta de um chapadão que deve estender-se para o norte, à nossa direita. A cada dia aumentam as dificuldades. Após as chuvas, o solo empedrado facilita a formação de verdadeiros rios que correm em tumulto por entre as pedras, num ímpeto e fragor verdadeiramente impressionantes. Algumas dessas avalanches constituem obstáculos impossíveis de transpor.

Continuam nossas esperanças de encontrar ao longo da caminhada um terreno melhor, mais acessível. Como isso não acontece, resolvemos recuar um pouco e tentar avançar mais pela direita do nosso rumo 314 graus magnéticos. Fizemos várias tentativas nesse sentido, mas sem resultado. Tentamos, forçando ainda mais para a direita, alcançar um chapadão que calculamos exista por lá. Tudo em vão. A natureza é uma só: vales profundos, baixadas pantanosas, paredões de pedra e escarpas íngremes. Se o pique ligeiro não deu resultado, muito menos daria o picadão. De tal arte é agressivo este solo que resolvemos, em definitivo, voltar nossa atenção à procura de um lugar encaixado nesse mundo hostil que dê um modesto campo de pouso. Nesta altura já estamos praticamente sem mantimentos. Resta-nos apenas um pouco de sal.

Cinco dias levamos sondando os descampados irregulares e ásperos do Cururu-Açu. No alto de um espigão arenoso encontramos um lugar que parecia servir aos nossos propósitos. Apesar de piso ruim e área curta, assentamos abrir ali uma pista. A nossa preocupação é tal que começamos a achar bom o que não passa de passável a regular.

Falta-nos até ferramenta adequada para um trabalho de campo, como enxada, enxadão, pá, picareta e mais machados. Como conseguir tudo isto sem tropa? Mantimentos, então, nem se fala. Há muito que estamos a zero. Só há uma alternativa: acomodar as coisas que aqui estão e voltar todos para o Cachimbo. E, uma vez lá, recompor, se ainda for de interesse dos três conveniados (FAB, FBC e SPEVEA), a conclusão dos planos Cachimbo-Creputiá. Não há outra saída. E sugerir, para evitar maior perda de tempo com espera de nova tropa com mantimentos e ferramentas, suprir tudo via paraquedas lançados na ponta do picadão.

DIA 20 VIRÃO OS PARAQUEDAS

Uma vez no Cachimbo, a comunicação foi feita à presidência da Fundação, com o sinete de urgência. A resposta não se fez demorar: em três dias tudo havia sido acertado, inclusive a data do lançamento dos paraquedas, que seria dia 20 do mês corrente, março (1956). Recomendava ainda a resposta que no ponto escolhido para o lançamento, no dia aprazado, uma coluna de fumaça indicasse o lugar.

Hoje, 3 de março, estamos no Cachimbo. É urgente partir. A distância que nos separa do ponto onde devem ser lançados os paraquedas é de trezentos quilômetros. Março é o mês culminante da estação das águas. As chuvas torrenciais cairiam até o dia 19 — dia da enchente de São José. Teríamos de vencer a distância no máximo em doze ou treze dias. Sabíamos de antemão que eram inúmeros os tropeços no picadão. Havíamos, ainda, de caçar e pescar pelo caminho, pois a matula arranjada no Cachimbo não ia além de meia dúzia de rapaduras e algumas mãos-cheias de farinha.

Iniciamos a marcha com o propósito de caminhar as horas inteiras, só parando no auge do cansaço. Os primeiros trinta quilômetros foram vencidos rapidamente, graças à "ternura" dos campos e cerrados. Um dia e um pedaço de outro foi gasto no percurso. Agora teremos, na mata com chuva, de pisar num folhiço escorregadio e ingrato. Já no terceiro dia a farinha virou papa. A nossa esperança agora está na caça e na castanha. As chuvas não param. Os corixos viraram ribeirões e os ribeirões viraram rios. Que tamanho estaria o São Benedito? Os grotões antes secos são agora tomados pelos caudais. Transpô-los constitui risco de vida, pela violência das águas, o escorregadio das barrancas e, ainda, o imprevisto do outro lado.

Alcançado o São Benedito, o maior rio da região, o problema cresceu e assustou. Como atravessá-lo? A nado? E a força das águas? Até onde ele vai dentro da mata? Não houve um dos agora oito homens que se dispusesse à aventura. Uma parada longa punha em risco o prazo da chegada. A solução é uma canoa. Arrarri, um índio do grupo, apontou um enorme jatobá-cascudo. É da casca espessa do jatobá que o índio xinguano faz a sua embarcação. Era a solução. Imediatamente os homens, orientados pelo índio, foram levantando um jirau em torno do tronco. Em dois dias, eis a canoa flutuando nas águas do rio. Ficou pequena, mas muito boa. Com ela foi feita a travessia. Sem ela não havia quem se atrevesse a enfrentar o rio apressado.

Chegamos no Cururu-Açu no dia 16. Treze dias corremos do Cachimbo até aqui. Tínhamos quatro dias para limpar a área para os paraquedas e abrigar madeira que estivesse seca no dia do fogo, porque as chuvas continuavam torrenciais e empenhadas em levar ao ponto máximo a enchente de São José.

Dia 20 tocamos fogo na caieira. O céu continuou enfarruscado, mas não choveu, e o avião também não veio. Amanhã voltaremos à luta com novo fogo. À noitinha, a chuva que não caiu durante o dia começou a desabar pesada. De madrugada recrudesceu. De manhã bem cedo, quando levantamos, ela parou. Um outro obstáculo surgiu: o Cururu-Açu, com as águas da noite, criou corpo e invadiu as margens, começando a nos desafiar a atravessá-lo. Tínhamos urgência em alcançar a outra margem. E reunir lenha para nova caieira. A única solução é transpô-lo a nado. E foi o que fizemos. Apesar da violência da correnteza, que pouco abaixo despencava num boqueirão profundo, tudo correu bem. Todos se queixaram da água fria. Prestes reunimos lenha e atiçamos fogo. Nos primeiros rolos de fumaça surgiu o avião. Depois de sobrevoar durante algum tempo, começou a lançar os paraquedas. Dois deles se perderam, os demais, em número de oito, foram colhidos. Calculamos uns seiscentos quilos ao todo, mantimentos e ferramentas.

Pelo avião ficamos sabendo que os dois homens que tínhamos deixado no Cachimbo já haviam saído com quatro burros carregados para o rancho do rio São Benedito. Esses burros chegaram de Aragarças no avião do CAN e tínhamos recomendado aos tropeiros que não enfrentassem com eles as águas daquele rio.

ONÇA NA COZINHA

Hoje tivemos uma bela surpresa aqui no acampamento. Uma enorme onça curiosa resolveu fiscalizar os nossos movimentos. O dia estava clareando e o cozinheiro, atarefado, passava o café quando deu com aquele bichão deitado a dois metros do fogão improvisado. Ninguém havia notado a presença da onça, tão perto ela estava. O engraçado é que alguns, tal como o cozinheiro, já haviam transitado por ali. E se ela não tivesse feito um movimento brusco que chamou a atenção, é possível que os homens tivessem saído para o serviço e ela continuasse em sossego, pois, pelo jeito, há muito estava ali. Com a agitação dos homens, alguns até procurando arma, ela se levantou, esticou o corpo se espreguiçando e saiu calmamente, sem olhar para trás. Um ou outro que já havia pego em arma ficou estático, sem coragem de atirar.

Não há dúvida de que a retaguarda está tomando consciência da frente.

Hoje, 17 de abril, um mês após o lançamento dos paraquedas, um c-47 do CAN lançou mais nove paraquedas com mil quilos de víveres.

Junto com a carga chegou uma bandeira nacional, acompanhada de uma carta informando que a mesma estava sendo enviada pelo diretor da Agência Nacional, dr. Manoel Fernandes.

Estamos em maio, no início da estiagem. Vamos aproveitar ao máximo a estação para levar o picadão ao seu ponto final. O nosso rumo continua o de 314 graus magnéticos, que é o de Cachimbo-Creputiá. O terreno e o tempo estão do nosso lado, ajudando em tudo o avanço da picada. Hoje, no caminho do serviço, presenciamos uma cena rara. Duas enormes onças-pintadas brigando. A desavença era séria. Estremeciam a mata com seus esturros, e ao se engalfinhar rolavam pelo chão. Rapidamente desvencilhavam-se e, novamente de pé, pata com pata, arreganhavam a dentuça e voltavam a rolar pelo chão. Tão entretidas estavam, que não deram pela nossa presença. Depois de algum tempo, uma delas nos avistou. Nem por isso saiu de carreira, apenas franziu a testa, embodocou o lombo e foi se distanciando, fazendo um grande círculo. A outra se aquietou lambendo a pata e nem sequer olhou para o nosso lado. Houve, isso sim, um movimento de alguém querendo atirar. Aconselhamos que as deixasse em paz.

O campo trabalhoso onde foram lançados os paraquedas não chegou a ser inaugurado pelo avião. Tivemos de interditá-lo. O solo, aparentemente firme, passou, por força das chuvas e dos ventos, a se mostrar frouxo e excessivamente arenoso. Começamos a nos convencer de que os tropeços no correr dos trezentos quilômetros do Cachimbo até aqui não poderiam ser vencidos pelos animais cargueiros da tropa. Um campo havia de ser feito. O socorro daquela base até aqui na frente, feito por homens pisando a picada, consumiria na ida e volta mais de vinte dias. E não estamos falando no desgaste físico do infeliz, ou melhor, dos infelizes caminhantes.

O PRIMEIRO CAMPO É ABANDONADO

Com a impraticabilidade do campo feito, voltaram a nos preocupar a tropa e o abastecimento cada vez mais complicado, principalmente por causa da distância. Estamos convencidos de que sem um campo de pouso dificilmente chegaremos ao Creputiá. Em decorrência disso, resolvemos esquecer um pouco a picada e tentar através de piques encontrar um lugar que ofereça condições para uma pista. Assim pensamos e assim fizemos. Só não fizemos pique para a retaguarda, mas para a frente avançamos em leque. A trinta quilômetros, mais ou menos, do ponto de partida, alcançamos uma área que nos pareceu favorável. Trabalhosa ela seria, não havia muito o que pensar. Ou a tentativa do campo, ou o regresso para o Cachimbo. A estiagem está no começo, estamos em maio. O campo foi demarcado. Faltava, agora, mudar o acampamento e pôr mãos à obra. A mudança foi rápida, e o acampamento mais ainda.

Hoje, 25 de maio, iniciamos o campo. O trabalho vai ser longo e árduo. Vamos precisar de ferramentas e reforço de mantimentos. Destacamos dois homens desenvoltos com uma mensagem para o Rio de Janeiro. Nela pedimos ao presidente da Fundação um novo arremesso de carga por paraquedas. Explicamos que, para contornar definitivamente esse problema, estamos empenhados na abertura de um campo de aviação com condições de receber o C-47 do CAN. Instruímos os dois homens a pisar na estrada e descansar três dias em Cachimbo. Eles se prepararam e meia hora depois partiram. Venceriam, pisando bem, em nove a dez dias a distância. Confiamos nas providências da presidência.

Estamos no dia 28 de maio. Os trabalhos do campo prosseguem em bom ritmo. O dia no serviço começava muito cedo, ao mal clarear, e encerrava-se no lusco-fusco. O esforço para a remoção de terra foi incomensurável, considerando o estado físico dos homens, mal alimentados e maldormidos. Nem uma queixa, nem um reclamo. Só a lembrança do desafogo com o campo pronto punha um ar de satisfação na cara de todos. Segundo nossos cálculos, deste acampamento que vamos chamar de Campo do Divisor, teremos ainda uns cem quilômetros até Creputiá. Etapa longa, mas com um campo recebendo o CAN de semana em semana, ou de quinze em quinze dias, trazendo boia, notícias, levando gente cansada e trazendo "fogo novo", tudo vira novidade. Enquanto isso não acontece nos despedimos dos últimos grãos de arroz e feijão. Já vamos virar novamente comedores de macaco.

Quando estávamos com duas horas de trabalho no campo, começamos a ouvir um ronco de avião. Felizmente fomos localizados sem precisar fazer fumaça. Era um quadrimotor menor que o C-47 do CAN, que vinha sem porta, sinal evidente de que era para jogar carga. Dito e feito: da terceira volta em diante, começou a operação de lançamento de paraquedas. Foram doze, com mais de mil quilos. Terminada a missão, o avião regressou. Recolhemos os paraquedas e armazenamos a carga. Felizmente não houve nenhuma perda. O piloto havia de ser um cabra bem tarimbado, porque a tarefa não é tão fácil como parece. Tínhamos muita razão na conjectura — no meio da carga vinha um bilhete do piloto. Trata-se do nosso velho conhecido e amigo Custódio Netto Júnior — oficial da reserva, um dos mais respeitáveis pilotos que conhecemos. A chegada do avião foi um alívio. As nossas reservas havia uns três dias tinham evaporado. Nem por isso o passadio deixou de ser variado. Durante aqueles três dias tivemos macaco, capivara e um meleta, tamanduá pequeno. Com o reforço jogado do avião, concluiríamos o campo e chegaríamos no Creputiá. Foi um dia auspicioso para a Expedição — 19 de junho de 1957.

Concluído o campo, reiniciamos a picada para o Creputiá, no rio Cururu. Acreditamos poder atingir o rio, na altura do salto do Creputiá, dentro de três meses aproximadamente. Com o Campo do Divisor em condições de ser operado normalmente, fica afastado o problema mais sério da Expedição — reabastecimento. Com isto a vanguarda poderá avançar sem interrupções retardadoras.

Mantendo sempre os 314 graus magnéticos, rumamos para o Creputiá. Não foi fácil colocar o picadão no rumo certo, devido aos inúmeros desvios que haviam sido feitos. Felizmente, todos haviam sido cuidadosamente anotados.

A CHEGADA NO CREPUTIÁ

Depois de um percurso de quase cem quilômetros, sentimos que não estávamos longe do rio Cururu. O terreno ia se modificando e grandes matas aparecendo. Não demorou muito começamos a ouvir ao longe a zoada da cachoeira. Retificamos o rumo naquela direção, e depois de um bom tempo, em passo apressado, chegamos ao salto. O espetáculo era simplesmente magnífico.

O que nos deixou um pouco confusos foi não ter encontrado ali a turma que na mesma data nossa deveria ter saído de Jacareacanga, no Tapajós, para vencer trecho bem mais curto, talvez uns cem a 120 quilômetros, enquanto o nosso foi muito além de quatrocentos.

O nosso último acampamento, partindo do Campo do Divisor, ficou instalado a uns dez quilômetros do salto. Por isso a satisfação foi imensa quando descobrimos ali bem perto uma área de cerrado ralo escondendo um piso excepcional. Era um estirão de mais de mil metros, com uma largura acima de cem. Todo ele, verificamos minuciosamente, quase por inteiro coberto de lajes regulares, com pouquíssimas saliências ou frinchas. Ajudados por essas condições naturais, conseguimos entre uma semana a dez dias concluir o campo. Pela sua consistência o batizamos de Cimento Armado.

Com a chegada da Expedição ao salto de Creputiá, no rio Cururu, fica concluído o trabalho que há dois anos vem sendo desenvolvido na região do Centro brasileiro, em conjunto com o Ministério da Aeronáutica e a SPEVEA. O trabalho da Expedição consistiu num traçado cortando as vastas regiões desconhecidas do divisor Xingu-Tapajós, com a florescente base da FAB no maciço do chapadão da serra do Cachimbo.

Hoje é um picadão, amanhã será uma estrada. O ponto de chegada era Creputiá, alcançado há poucos dias exatamente nos seus dois saltos — um pequeno e um grande, ambos caindo de mais de 35 metros de altura.

Lá do inferno da cachoeira, as pedras que recebem o baque das águas devolvem uma bruma que "serena" e esfria as matas da margem. O terreno é acidentado e a mata densa do tope é a mesma do socavão, onde córregos pequenos, volteando as pedras, caminham apressados pro rio grande.

A região é "aspra" — fala o sertanejo. Mas é nessa região áspera que a Fundação Brasil Central incluiu no seu programa a instalação de uma base. Próximo, tão próximo como possível, far-se-á ali um campo de aviação. Essa base, que será um novo Porto Seguro das nossas rotas aéreas, conquistará mais uma imensa região, até ontem desconhecida.

Do Cachimbo a Creputiá, dois campos de aviação foram abertos: um já aposentado, pela distância em que está da vanguarda; outro ainda em atividade, que resistirá até que um terceiro, mais próximo do grande salto, possa ser aberto.

O apoio aéreo é imprescindível nesse tipo de trabalho. A tropa com burros dá certo em regiões descampadas, ou numa travessia, mesmo longa, desde que haja um ponto de partida e outro de chegada fora da mata. Não, porém, num picadão onde se eterniza um vaivém cansativo, sem pasto, sem sol e sem tréguas. Embora se diminua o peso da carga, o animal fraqueja de tanto pisar o chão incerto, coberto de um folhiço espesso, falso e enraizado. E, depois, não é só — há sempre por perto uma onça matreira que não perdoa um descuido. Numa árvore grossa, perto de uma das barracas de pernoite ao longo do picadão, um sertanejo escreveu: "Aqui nesti pauzão uma onça véia e disgraçada cumeu um burro ruão".

E os comentários surgiram então:

— Burro véio zonzo cuma a esse tô pra vê. A onça esturra, inveis dêli fugi, êli ia oiá.

— Assim tomém num carece nem sê burro, uai.

Para as mudas de acampamento, o burro é um grande remédio, mas não resiste o levar da boia grossa da base ao acampamento do pique, e isso só é possível com abertura de campos de pouso. Campo de pouso, porém, pede avião, e avião para esse tipo de apoio, não há que fugir, é apelar para a FAB.

Muita gente não sabe o que é a FAB no sertão.

A nossa Força Aérea, muito mais que os jatos e as fortalezas-voadoras, são esses Douglas (DC-3) bojudos que diariamente saem calados das bases para os mais longínquos pontos de nosso território. É extraordinária a indiferença com que esses pilotos do nosso transporte aéreo olham o grande quadro-negro de escala, ali na sala de operações do comando. Tanto faz ser para o sul, oeste, norte ou nordeste o rumo a seguir. Isso não importa. Sabe, isso sim, que vai ser útil, que em qualquer lugar que desça, encontrará gente falando a mesma língua, sem dialetos. Se é no sertão, encontrará o caboclo com o bucho estufado pela mesma farinha que empanzina o caiçara do litoral. Mas o Correio Aéreo Nacional não é só transporte; para nós, é o cordão que nos liga com o mundo agitado lá de fora. CAN, para nós e para os índios quando necessitam, é o "doutor", é o remédio e o transporte. CAN, lá no picadão, não é só o transportador de farinha, sal e rapadura. CAN, lá, é a bússola que sempre que passa confirma o rumo, que volteia sobre a fumaça, que escapa da mata e que joga bilhete falando dos morros na frente, da mata extensa e sem fim. Lá do alto, eles vivem e sentem os problemas cá de baixo e deixam de ser só pilotos para ser também vanguardeiros na marcha.

O coronel Spinola e o coronel Cláudio, num longo voo, de mais de 150 quilômetros, sobrevoam pela primeira vez o salto de Creputiá, objetivo da Expedição. O major Alceu e o capitão Passos sobrevoam todo o rio Cururu e revelam informações preciosas, Ruy de Abreu e Cavalcanti, partindo do nosso posto avançado, palmilham a região e traçam croquis utilíssimos dos acidentes mais notáveis. O coronel Peixoto e o major Carvalho fazem verdadeiro levantamento "aerovisual" de longo trecho do Cururu, numa colaboração preciosa. Vêm o coronel Leal Netto e o capitão Irajá e ultimam as informações num longo voo de Beechcraft entre o posto avançado e o imponente salto há pouco alcançado.

Vê-se, assim, quão grandemente valiosa tem sido a cooperação da nossa FAB nos trabalhos de desbravamento que a Fundação Brasil Central vai levando a efeito na nossa dilatada e bravia hinterlândia. E não parou por aí. Cada avião que passa é uma informação que desce. Há poucos dias, a nosso pedido, o coronel Moreira Lima sobrevoou longamente o Creputiá, já com um novo objetivo: procurar além dos morros um novo lugar para campo de aviação.

Esse é o CAN que nós conhecemos. Essa é a gente da nossa Aeronáutica. Não há que distinguir. Só mesmo dizendo como pretão Dionísio: "Pessoalão cumo a esse é duro de juntá otro".

ATRAÇÃO DE TRIBOS, BRASIL
CENTRAL, ARAGUAIA, IMPRENSA
E PARQUE NACIONAL DO XINGU

9. A atração dos txucarramãe

Caiapó é uma designação cabocla, dada principalmente pelos seringueiros, aos índios que usam botoque de madeira no lábio inferior. São os jê-botocudo. Os juruna, vizinhos mais próximos dos botocudo do Xingu, chamam-nos de txucarramãe.

Os txucarramãe da área xinguana constituem uma poderosa nação que vem resistindo energicamente ao contato com os civilizados. Entranhados inimigos de todas as tribos vizinhas e não vizinhas, os txucarramãe, em permanente estado de guerra, fazem dos seus domínios um país interditado a qualquer estranho. A vigilância que exercem sobre os seus hábitats e suas áreas de perambulação é diuturna. Há mais de meio século vêm eles sofrendo uma pressão brutal do civilizado invasor. Não há quem não tenha ouvido falar dos kayapó, nação temida pela sua altivez e rebeldia e, atualmente, uma das mais numerosas do nosso vasto sertão.

É um erro pensar que o índio guerreia movido simplesmente por um costume inato. Em princípio sua índole é boa, melhor ainda era no começo, quando aqui chegaram os primeiros navegadores europeus. O primeiro encontro foi pleno de paz e compreensão. Mas essa harmonia não teve longa duração. O interesse pelos bens da terra nova atiçou a ambição do conquistador. Um verdadeiro estado de guerra foi criado pelos métodos de exploração e, principalmente, pela tentativa de escravização do índio. Com a instituição das capitanias, os donatários tinham o direito, reconhecido pelo rei, de aprisionar e escravizar o silvícola. Essa situação durou muito tempo, a despeito das missões jesuíticas e da Lei nº 1.680, que o tornava livre. Mas na prática a situação continuava a mesma, e assim continuou até a época dos famosos *Apontamentos para a civilização dos índios bravos do Brasil* — de José Bonifácio. Tudo em vão.

As tentativas de trabalho escravo perduraram. Só no começo deste século alguma coisa foi feita em favor do índio, assim mesmo visando, em primeiro lugar, a proteção do civilizado, com a criação do Serviço de Proteção aos Índios e Localização dos Trabalhadores Nacionais. A regulamentação, porém, só veio quatro anos depois, em 1910. Começa, então, aquilo que, com justeza, poderíamos chamar de rondonismo, verdadeira escola que surgia inspirada nos mais profundos sentimentos de justiça e humanidade. O índio, até então menosprezado, considerado coisa sem préstimo e facilmente descartável, surgia agora aos olhos de Rondon não como o selvagem cruel e agressivo, mas como o homem tragediado na plenitude do seu drama histórico. Rondon remia-o, assim, da desumana condição de espoliado, vítima do egoísmo brutal do "branco" invasor.

OS TXUCARRAMÃE

Os jê — grupo etnográfico desses índios — são encontrados em diversas regiões do nosso extenso território. Nem todos, porém, usavam botoque. Estes são os kayapó, que vivem quase sempre ocultos em seus hábitats nas grandes matas do interior do país. Os nomes diferem: no Sul são os kaingang e os acuén; no Centro-Oeste, os apinayé e xerente; no Brasil Central, os xavante. Afirmam os antropólogos que os jê, pela sua dolicocefalia e outras características morfológicas, pertencem à raça paleoamericana, que tomou a designação de "Homem da Lagoa Santa". Sendo isso verdade, é possível que os povos dessa raça tenham chegado a esta parte da América em plena Idade Paleolítica. Em hordas nômades, como hoje ainda vivem alguns grupos representantes daquela cultura primária, mantêm-se exclusivamente dos meios que a natureza oferece: frutos, peixes, caça, como autênticos coletores que são.

As primeiras notícias que tivemos dos txucarramãe foram dadas pelos kalapalo. Chamavam-nos de atuvotos (homens sem arco) e os apontavam como os índios mais numerosos e perigosos de toda a região. As informações mais claras só viemos a ter quando entramos em contato com os kamaiurá e os trumai, que não os conheciam de viso — os juruna tinham sido os seus informantes. Karatsipá, o velho kamaiurá, contou-nos muitas histórias sobre os txucarramãe. Falou do ataque que deles sofreram os suyá: foi tão violento que não tiveram outra alternativa senão abandonar o Xingu e se internar no rio Paranaiuva, ou Suyá-Missu.

Depois que fizemos a atração dos juruna, os inimigos mais próximos dos txucarramãe, foi que tivemos as melhores informações. São traiçoeiros, diziam, atacam com a borduna, com grande alarido e violência. Durante o tempo que estivemos parados na foz do Suyá-Missu, fizemos muitas explorações Xingu abaixo, ultrapassando bastante as barras dos rios Maritsauá-Missu e Auaiá-Missu. Nesses reconhecimentos nosso objetivo era travar contato com a região e os índios. Não tínhamos presentes a oferecer-lhes. E isso é muito importante nas primeiras aproximações. Constantemente encontrávamos trilhas, sinais de fogo de pernoite e demais vestígios dos "homens sem arco". Nesses lugares sempre deixávamos alguma coisa, como que atestando a nossa boa intenção. Pacífica, pelo menos. A primeira vez que os avistamos foi em uma praia distante, bem abaixo da foz do Auaiá-Missu. Assim que nos viram saíram apressados e se internaram na mata. Deixamos na praia os últimos dois facões que nos restavam.

Dois meses depois fizemos novas explorações descendo o rio. Do acampamento que havíamos encontrado na viagem anterior, eles recolheram todos os presentes que deixamos na ocasião. Bom sinal. Como continuávamos pobres em brindes, deixamos desta vez algumas linhas de pesca de nosso uso e fizemos com que os juruna que nos acompanhavam deixassem também, como demonstração de amizade, algumas flechas e enfeites de pena. Depois disso tudo, para economizar gasolina e tempo, suspendemos por um razoável período nossas incursões na sua área.

O estio estava chegando ao fim. Nuvens pretas corriam desarvoradas no céu, descargas elétricas amiúde pressagiavam a estação das águas. Os txucarramãe, aproveitando este último período, começaram a rondar insistentemente nosso acampamento. No macaubal aqui das imediações encontrávamos todas as manhãs vestígios de sua presença. Certa manhã devem ter-se aproximado tanto dos ranchos que deixaram os nossos cachorros extremamente agitados. Nessa manhã encontramos sob um pé de pequi duas flechas e umas tiras de inajá. Para não os amedrontar, restringimos ao máximo o uso da arma de fogo, ao mesmo tempo que depositamos presentes nos lugares mais batidos. A ronda continuou até que as primeiras chuvas começaram a cair. Foram por água abaixo as nossas esperanças de um contato. Infelizmente não chegamos a vê-los, mas os juruna continuavam firmes na informação de que eram os "beiço de pau" os nossos visitantes.

As chuvas chegaram. Deixamos de incursionar em suas áreas e eles na nossa. Resta-nos agora esperar o "verão" — a estiagem.

Mal começávamos a nos despedir das águas quando os juruna, apreensivos, vieram nos comunicar o assédio de "botocudo" à sua aldeia. São muitos, diziam. Fomos até a aldeia juruna. Realmente constatamos, pouco abaixo dela, na mesma margem, grossos rolos de fumo toldando o céu. Haviam de estar por perto os temíveis botocudo. Pusemos o motor em ação e descemos até a fumaça. Para desconforto dos juruna, encontramos uma picada nova beirando o rio quase até a aldeia deles. Um pouco abaixo, à beira de um córrego, encontramos um grande acampamento vazio que tudo indicava estar sendo ocupado por um avantajado número de índios. Deixamos ali alguns presentes. Os juruna que estavam conosco ficaram meio alarmados, tanto assim que mal chegados de volta trataram de fechar as casas e improvisar um acampamento em uma praia ilhada bem à frente da sua aldeia da margem do rio.

Depois desse acontecimento, os txucarramãe deram uma folga grande aos seus perseguidos, que não os temiam — honra seja feita, os juruna são valentes, afeitos à luta e destemidos.

Passados dois anos, os txucarramãe voltaram à carga. Surgiram repentinamente em frente à aldeia juruna, do outro lado do rio. Gritando e chamando insistentemente, gesticulando e sacudindo os arcos, os "beiços de pau" não demonstravam nem inspiravam confiança. Os juruna, claro, não se abalaram em ir ao seu encontro. Permaneceram em suas casas do lado de cá do rio. Os visitantes incômodos, depois dos chamamentos persistentes, afastaram-se. Avisados do ocorrido, voltamos à aldeia juruna, para com eles fazer um minucioso reconhecimento nas redondezas.

Andamos mais de meio dia por uma picada larga aberta pelos "visitantes". Picada com galhos e ramos quebrados e torcidos à mão, o que atesta ausência total de ferramentas, principalmente facão. No fim da caminhada chegamos a um córrego onde eles haviam pernoitado. Havia doze palhoças cobertas com folhas de bananeira-brava. Tivemos a pachorra de contar quantas "camas" havia nos abrigos. Ficamos estarrecidos e convictos da má intenção dos "visitantes". Nada menos de oitenta "leitos" (chão forrado com palmas de banana). Saíram dali momentos antes da nossa chegada. Possivelmente nos perceberam. Sob um fogo ainda mal apagado, pedaços de terra de cupim de árvore, enegrecidos pela fumaça, ali estavam para ser comidos. Isso confirmava a nossa suspeita de que esses índios comiam terra. Não contentes com a exploração feita pela mata, fomos no dia seguinte de barco, margeando a barranca do rio, até a foz do Auaiá-Missu. Íamos afluente acima, mais de uma hora de viagem, quando encontramos uma jangada feita de paus secos. Os índios haviam cortado o rio nesse ponto e dali, numa trilha larga feita sem facão, rumado para o Xingu.

Ainda bem que os txucarramãe, entre uma surtida e outra, deixavam correr um bom tempo. Nem por isso os juruna ficavam tranquilos. A maior preocupação numa distante caçada ou pescaria era encontrar vestígios dos seus importunos vizinhos. Volta e meia nos pediam que fizéssemos exploração rio abaixo para um possível contato ou, em última instância, para conhecer a sua movimentação. Havia fundamento na solicitação juruna. Irrequietos e numerosos, os "beiços de pau", andejos como são, denunciam a sua passagem. Foi numa dessas nossas incursões, por volta de 1953, quando passávamos num local de antiga aldeia juruna denominado Piá, que sentimos a presença dos índios. Piá, rica de pequi, num passado distante havia sido morada dos juruna, até que um dia, num ataque violento dos txucarramãe, foram obrigados a fugir rio acima.

Depois de muito chamar obtivemos respostas vindas de diversas direções. Afastamos a embarcação da margem e continuamos a chamar. Momentos depois surgia na barranca do rio, como primeiro grupo de vanguarda, um bom número de índios enegrecidos de jenipapo. Mostravam-se muito agitados, confusos, fazendo gestos largos e falando sem parar. Logo em seguida novos grupos foram surgindo. Lá estavam mais de cinquenta, a maioria homens moços. Aglomerados na barranca, inquietos, nervosos, alguns bastante assustados, se ocultavam rápido na mata mal apanhavam os presentes que havíamos deixado. Não havia mulher nem crianças. Sem dúvida devia ser um grupo em caça.

Este contato direto com os txucarramãe deu-nos a certeza de que eram realmente índios jê-botocudo, com todas as características das demais hordas comumente chamadas de kayapó. Tinham eles, com poucas exceções, o lábio inferior exageradamente deformado por enormes botoques de madeira. A cabeça raspada acima da fronte, as orelhas rasgadas e os cabelos caindo livremente sobre os ombros. Todos apresentavam relativa robustez e boa compleição física. Os olhos, pelo estado de tensão que apresentavam, tinham brilho selvagem, excepcionalmente vivo. Um bom número deles trazia na cabeça enfeites de penas de papagaio. Indistintamente todos conduziam arcos, grossos molhos de flechas e pesados tacapes estriados. Cingindo a cintura, um fio de algodão, e protegendo o pênis um estojo feito de folha da palmeira inajá. Em seguida regressamos ao nosso posto. Na passagem pela aldeia juruna demos a notícia, que foi recebida com muita satisfação e alívio. A partir desse encontro com os "beiços de pau" pararam as rondas na aldeia juruna. O que não podíamos agora era deixar esfriar a novidade da aproximação. Havíamos de voltar o mais cedo possível a fim de consolidar o trabalho tão bem começado. Por tudo o que vínhamos observando, fomos nos convencendo tratar-se de um grupo numeroso e ainda, por fundadas suspeitas, serem eles os responsáveis por incursões ao Araguaia, Tapirapé e Baixo Xingu. A região desses rios contava com inúmeras povoações civilizadas que viviam alarmadas com a presença de "índios estranhos".

O segundo encontro com os txucarramãe foi na foz do afluente Jarina, pouco acima da cachoeira Von Martius. O número de índios era muito maior que no primeiro encontro. Vieram mais amistosos e traziam um dos seus grandes chefes, Kremuro. Embora não tivéssemos levado presentes que dessem para todos, eles ficaram satisfeitos. Convidado por nós com alguma insistência, Kremuro e seis homens dos seus aceitaram ir conosco ao nosso posto, dez dias de viagem rio acima. Os que regressaram à aldeia levaram essa notícia, bem como o aviso de que voltaríamos dentro de "uma lua" — um mês.

OS TXUCARRAMÃE NO XINGU

A chegada de Kremuro e seus companheiros ao nosso posto constituiu o acontecimento do ano. As outras aldeias duvidavam de que conseguíssemos contatá-los. Essa impressão tinham também os juruna. Quando passamos por sua aldeia com o barco cheio de txucarramãe, os juruna levaram um susto, mas no fundo ficaram contentes. Não teriam mais de temer os tradicionais inimigos. Viveriam agora tranquilos. Pescariam e caçariam sem estar atentos a vestígios, ruídos, fumaças no horizonte. Receberam bem os "beiços de pau", chegando até a rir. O mesmo aconteceu por parte dos visitantes. As catorze aldeias lá do alto rio repetiriam a cena juruna. Ficaram pasmados, confusos, nervosos, ante aquilo que achavam impossível.

— Aveotó!? — exclamavam os kalapalo, kuikuro, nahukuá e outros.

A visitação ao posto foi intensa. Todos queriam conhecer de perto os temíveis suyá-cati, aveotó, txucarramãe — todos com a mesma significação: "homem sem arco".

Com os txucarramãe acampados dentro do nosso rancho, não tivemos dificuldade em obter importantes informações. Soubemos da presença de civilizados entre eles, raptados quando crianças. Nenhum falando português. Eram: Maria, uma mulata na faixa dos 40 a 50 anos; Bemotire, 40 a 45 anos, sardento, ruivo, de botoque; Tik, 20 a 25 anos, bem clara, troncuda; Iusé (José), que não era nem um nem outro, era João, 20 a 25 anos, branco, espigado (quando foi raptado menino, chamava por José, seu companheiro que foi morto na ocasião, e os índios entenderam que esse era o seu nome); e Oi, um mulatinho esperto de uns doze anos que sumiu quando os índios sentiram que, tal como o João, o queríamos de volta.

Trocamos Tik por uma série de coisas, com a intenção de devolvê-la à família. Desistimos da ideia quando sentimos seu comportamento. Constituiria, sem dúvida, um incontornável problema à família. João entregamos, depois de muita negociação, à irmã e seu padrinho e cunhado. De Maria e Bemotire não cogitamos. Eram mais índios do que civilizados. Não falavam mais o português nem imaginavam o que fosse o outro lado. Kremuro falava de outro índio, Critão, como o maior incursionador das zonas civilizadas e, portanto, o maior responsável, com o seu grupo, pelos raptos e ataques. Ficamos sabendo também que os seus verdadeiros nomes eram metotire e menkragnotire.

A VOLTA DOS TXUCARRAMÃE. NOVOS ÍNDIOS APARECEM

Um dia levamos de volta o grupo kayapó. Despediram-se contentes e nos chamando de "igamú" (irmão). De uma coisa tínhamos certeza: eles não incomodariam mais os juruna. Mas, claro, teríamos de manter viva a nossa presença entre eles. Foi por isso que, antes que 1953 acabasse, resolvemos, embora com algumas chuvas, visitá-los novamente. Sabíamos (eles haviam nos contado) que na primeira vez um grupo grande se recusara a nos conhecer. Preferira ficar acampado dentro da mata. Para completar a atração teríamos de ir ao seu encontro. Na viagem, passando pela aldeia juruna, levamos Pauaidê, Pitsaka, Pixanda e Dudica. Mibina, o chefe juruna, desistiu da viagem no último momento por julgá-la perigosa. Iam juntos também o repórter Jorge Ferreira e o fotógrafo Henri Balot, da revista *O Cruzeiro*, que fazia tempo vinham dando excelente cobertura ao trabalho da Expedição. No fim do segundo dia, chegamos ao primeiro pedral da cachoeira. Lá encontramos Kremuro e alguns companheiros. A recepção foi cordial. Acampamos. Kremuro achou aconselhável aguardarmos ali a chegada de sua gente. Apesar de "chefe grande", não podia prever a reação do grosso da tribo. Na tarde do terceiro dia chegaram os primeiros índios. Vinham gritando e prevenindo que eram bons: "Ba igamú, ba igamú" (Seu irmão, seu irmão). A todo momento chegavam mais índios. Iguais no alarido e no aspecto. Pintados de preto, agitadíssimos, falavam batendo no peito e sem parar um segundo no mesmo lugar. Pareciam pisar em chapa quente. Alguns mais nervosos não se cansavam de gritar, apontando para o interior da mata: "Critão uê, Krumare uê" (Vem Critão, vem Krumare). A primeira mulher surgiu quase arrastada pelos homens.

À noitinha, o número de índios que pisava em redor do nosso acampamento subia a mais de quatrocentas criaturas, Critão entre elas. No dia seguinte, na maior ordem possível, que nem por isso deixou de ser barulhenta e confusa como um mercado, fizemos a distribuição dos presentes. Felizmente ficaram satisfeitos e, para demonstrar tal coisa, começaram a cantar ao pôr do sol e foram cantando noite adentro. O nosso objetivo era desentocar os índios que estavam acampados lá na mata. Sabíamos que número igual ou maior havia ficado por lá. Queríamos conhecer a todos. Só assim poderíamos ficar tranquilos. Nós e os juruna. Ainda mais que falavam num tal de Toquiê, desafeto gratuito do resto do mundo. Parte dos presentes destinados a esses índios deixamos bem abrigada no barco, sob uma lona grande. Os índios nossos acampados no pedral estavam instruídos para, ao sinal de qualquer pressão, levantar acampamento e tocar rio acima até um ponto estratégico à margem do rio, de onde pudessem perceber o nosso regresso quando acenássemos com um pano. Porque de manhã íamos ao encontro do grupo que se recusava a vir ao nosso acampamento.

À PROCURA DE UM NOVO GRUPO

De início não achamos aconselhável deixar muitos deles ali à margem do rio. Por isso combinamos com Kremuro e Critão que a maior parte seguiria conosco. No dia seguinte bem cedo iniciamos a caminhada. A fila indiana era a perder de vista. De nosso lado iam o repórter Jorge Ferreira e o fotógrafo Henri Balot. A partida foi ordeira e animadora. Critão à frente, diligentemente ia dando o rumo e afastando os galhos para que não importunassem os caminhantes. Não havia ainda corrido uma hora de marcha quando Balot resolveu fotografar a fila. O que ouvimos foi uma exclamação: "Uai, cadê a fila?". Olhamos para trás e vimos apenas um índio como cerra-fila. Pareceu-nos que o cordão imenso da saída não passara de uma encenação. Paramos todos. Entreolhamo-nos. Critão, calmo, olhava para a copa das árvores. O cerra-fila distraidamente raspava o chão com o dedão do pé direito. Fazer o quê? Voltar seria sinal de receio e desconfiança. Caminhar seria a cada passo ficar mais próximo do "fígado" de Toquiê.

Para a frente teríamos uns duzentos índios a nossa espera, para trás nada menos que quatrocentos nos aguardando. Veio-nos à cabeça a advertência do juruna Pauaidê: "Terrão uãmbi txucarramãe" (São maus os txucarramães). Resolvemos seguir em frente. A sorte estava lançada. Não havia como voltar. Fizemos um gesto e Critão reiniciou a caminhada. À tardinha, já com dez horas de marcha batida, ao atravessarmos um córrego largo, afluente do Jarina, avistamos uma mulher que vinha carregando bananas maduras. Era a índia mais velha da aldeia, mulher do velho Taion. As bananas eram para nós. A velha não disse uma palavra. Apenas nos olhou tranquila e com ar risonho nos entregou as bananas. Caminhamos ainda uma hora até que atingimos o acampamento onde eles estavam. Critão e o cerra-fila advertiam de longe, os que lá estavam, da nossa chegada. Ouvíamos, então, tanto de lá quanto de cá: "Igamú, igamú" (Irmão, irmão). Mesmo assim, a nossa chegada estabeleceu uma confusão. Homens batiam no peito dizendo que eram irmãos; mulheres se ocultavam apressadas atrás das árvores ou se embrenhando pela mata; meninos e meninas corriam. Crianças gritavam. Ninguém se entendia. A calma foi voltando devagar à medida que ouviam a fala de Critão. Foi devagar, bem devagar, voltando aos poucos. Quando tudo já estava sossegado, conseguimos com meia dúzia de palavras e mímica saber que mais além existiam outras aldeias, ou melhor, acampamentos, iguais àquele. Travamos ali conhecimento com um grupo novo, mais de cem criaturas. Encontramos as duas civilizadas das quais já tínhamos tido notícias — Maria, a cafuza; e Tik, a branca.

PRESOS PELOS ÍNDIOS

Depois de permanecer ali dois dias, regressamos à beira do rio. Conosco vieram quase todos os índios, índias e crianças. A volta foi bem mais rápida do que a ida. Na beira do rio encontramos tudo em ordem. O número de índios havia aumentado. O nosso pessoal melhorara o acampamento. Não fosse o pium durante o dia, o local seria o ideal para descanso. Fomos atrasando o nosso regresso para o posto porque a cada dia chegavam mais índios.

Tudo corria muito bem quando, certa noite, uma confusão ia pondo por água abaixo todo o nosso trabalho. Da ilha onde estávamos acampados, fomos despertados altas horas da noite por repetidos gritos nos chamando insistentemente. Sem perda de tempo fomos atender o chamado. Atravessamos o braço de rio. Ao descer sonolentos da embarcação, fomos cercados por mais de cem homens pintados de preto (sinal de que estão bravos), agitados, nem um só deles demonstrando a camaradagem de poucas horas antes.

Diziam, e a custo compreendemos, que as mulheres haviam fugido para a mata, amedrontadas e avisando que naquela noite nós iríamos atacá-los. Rimos sem dar muita importância, certos de que com uma nova demonstração de amizade faríamos com que regressassem tranquilos, chamassem as mulheres e se recolhessem aos seus ranchos. Mas a coisa estava muito mais séria do que julgávamos. Não só não aceitaram a nossa solução, como exclamaram com veemência: "Menire metereté" (As mulheres estão com medo), exigindo que fôssemos pessoalmente chamar as mulheres. Não havia outra solução. Concordamos e tomamos o rumo da escuridão. Antes deixamos o acampamento sob os cuidados do jornalista Jorge Ferreira, com a recomendação de que zarpassem dali se sentissem alguma coisa fora do normal. Para isso, deixassem os motores preparados e pusessem no barco a carga valiosa e a pesada.

Levamos conosco Pauaidê e Dudica — dois juruna de primeira água. Mal pusemos os pés na trilha, fomos energicamente seguros pelos pulsos por um índio de cada lado. Os dois juruna ficaram na mesma situação, só que no Pauaidê ficaram quatro, em respeito ao seu porte e ao destemor que sempre demonstrou nas lutas passadas com os txucarramãe. (Certa feita, flechado nas costas pelos "beiços de pau", Pauaidê pulou no rio e nadou mais de quatrocentos metros.) Algum tempo depois chegamos ao acampamento. Logo à chegada verificamos que não havia uma só mulher por ali. Pequenos fogos clareavam um pouco o ambiente.

Depois de soltos e colocados no centro de um círculo formado por mais de duzentos homens pintados de preto e portando pesados tacapes, fomos advertidos para que chamássemos as mulheres. Diziam: "Menire metereté" (As mulheres estão com medo). Usando termos que já havíamos decorado, gritávamos: "Menire nembei. Kubencrid maitiri. Catí ingrugne. Caraí igamú" (Mulher venha cá. Civilizado bom. Não bravo. Caribe irmão). O fogo apagava, nós gritávamos: "Kuã, kuã" (Fogo, fogo). Um índio se adiantava e soprava o fogo. A coisa continuava nesse pé: "Menire nembei... Kuã, kuã", quando um "beiço de pau", lá do meio, gritou: "Bakubin, bakubin, kubencrid atxueri" (Mata, mata, branco não presta).

É claro que um convite desses sempre encontra guarida e nunca falta um bom número que acata e reforça a sugestão. Ia a coisa nesse pé quando o fogo da roda que clareava o ambiente tornou a virar brasa. Novo chamado: "Kuã, kuã". O índio avança e, em lugar de soprar o fogo, dá um pontapé, deixando tudo escuro. O círculo se desfez. O "Bakubin, bakubin" se generalizou e encontrou eco na turba. Pauaidê, que conhecia de sobejo o temperamento txucarramãe, estava sendo seguro pelo Cláudio, pois sua intenção era avançar num botocudo, tomar o tacape, abrir uma brecha no círculo e fugir. Ninguém o seguraria. Forte, grande, ágil e bravo, dentro da mata em noite escura seria imbatível. E nós (Cláudio e Orlando)? Dudica o imitaria, com menor possibilidade de glória, mas apto para a luta. E nós? Nós seríamos prostrados ali mesmo ao pé do fogo, a peso de borduna.

Tudo, porém, indicava que o nosso anjo da guarda estava ali na copa da árvore mais baixa. Talvez tenha sido ele que tenha trazido lá de dentro da mata uma velha que, assim que foi vista por um índio, foi anunciada por um grito: "Mebenhite, mebenhite" (Uma velha, uma velha). Foi água na fervura. A mulher jê, principalmente a idosa, tem grande ascendência na comunidade. A confusão foi estancada como por milagre. Um "beiço de pau" avançou e atiçou o fogo. No rosto de nós dois civilizados ela passava a saliva que vinha impregnada da seiva de uma raiz que vinha mascando. A velha levantou a voz. Os homens calaram-se. Ela gritou. As mulheres vieram. A tensão caiu. Agora os homens riam. Riam nervosos, mas riam. Duas mulheres nos escoltaram até o porto. Nossa canoa ainda estava lá. Chegamos ao acampamento com uma história longa para contar. Contar e ouvir, pois os que ali estavam aguentaram a presença incômoda e hostil de um grupo carrancudo, que, provavelmente, estava aguardando algum aviso do continente! Ato contínuo, abandonamos a ilha e fomos acampar lá do outro lado do rio.

Hoje, com as viagens periódicas que para lá fazemos, podemos considerar atraídos esses menkragnotire e metotire. Saíram do estado de guerra e são hoje nossos grandes amigos. Não sendo agricultores, vivendo mais da coleta de frutos silvestres, caça e pesca, esses índios despendem uma energia inaudita para a subsistência. Suas habitações são toscas, consistindo em uma armação simples, da altura de dois metros, e comprimento variando entre três e dez. São cobertas de folhas de bananeira-brava. Excepcionalmente, vê-se uma habitação coberta com folha de inajá. O teto de bananeira-brava não tem declive para escoamento das águas da chuva. O que segura a água é a camada grossa de folhas. No interior da habitação, nem uma vasilha para uso doméstico. As coisas que comem... peixe, caça... são assadas também em folhas de bananeira-brava. Não possuem ralador. A pouca mandioca que aparece, tirada quase sempre de roças antigas de outros índios, ralam em pedras ásperas. Para espremer a massa da mandioca utilizam pequenas esteiras que confeccionam com o broto da palmeira buriti. A água, transportam em grossos gomos de taquaruçu. São paupérrimos, portanto, em utensílios caseiros.

A banana é o alimento de toda hora. É o primeiro e último alimento do dia. É impressionante a variedade da banana nativa. Eles as replantam em lugares estratégicos das suas caminhadas. São diversos os tipos de banana e quase todos por nós desconhecidos. Há uma grande, semelhante à banana-da-

-terra; outra, parecida com a nossa banana cabocla... banana-branca, e, bem comum, outra muito próxima da banana-maçã. O estranho é outra espécie que não dá cacho e sim uma penca de frutos com um longínquo formato de banana e cuja casca, rija, só é removível à força de pedra. Uma vez aberta, expõe umas sementes parecidas com as da romã. Finalmente outro tipo também estranho: o fruto aparentemente não amadurece nunca. A casca é sempre verde, o formato comum. Para afastar a casca, tem de ser levada ao fogo. Feito isso, surge o fruto, que é rijo e não tem gosto. Para os txucarramãe ela substitui a farinha, pois embora não pareça estar madura, se esfarinha. Não selecionam o peixe, comem de todos. Os txucarramãe não recusam caça. Mexeu, eles comem. A falta do sal faz com que o procurem na terra do cupim que dá em árvore. Essa terra é sempre um pouco salobra. Para comê-la, eles a levam ao fogo num jirau. Talvez o calor consiga libertar o sal.

Os menkragnotire e metotire (txucarramãe) não são ociosos. A luta pela subsistência é uma constante. Para preencher a falta da mais primária ferramenta, eles tiram da mata, da pedra, tudo o que possa ajudá-los. Trabalhadores como são, temos plena certeza de que dentro em pouco os txucarramãe terão grandes aldeias, imensas roças e estarão fazendo grandes canoas para substituir suas toscas jangadas.

O MENINO JOÃO DA LUZ LEVADO PELOS TXUCARRAMÃE

João morava em Porto Velho, lugarejo que estava nascendo às margens do alto rio Tapirapé, afluente do Araguaia. Por volta de 1947 tinha ele uns oito anos de idade quando foi raptado pelos índios txucarramãe. João e seu companheiro Xandó, este já moço, cortavam palha de piaçava no campo para cobrir os ranchos que estavam levantando. Tinham levado um carro de boi com uma só junta, mas que dava para aproveitar bem a viagem trazendo um bom carregamento. Pegando uma moita aqui, outra acolá, iam caminhando pelo campo e conversando em voz alta. De repente, surgem os botocudo. O moço Xandó caiu no primeiro golpe de borduna. João não. João, apavorado, foi levado por eles. Tudo se passou num curto espaço de tempo. Breve o campo voltou à calma. Os bois não foram molestados. Continuavam pastando tranquilos.

Antônio Barroso, padrinho de João e casado com a irmã do menino, começou a estranhar a demora dos apanhadores de palha. Resolveu, por isso, ir até o campo. Coisa fácil, pois é hábito ter sempre, senão arreado, pelo menos preso um cavalo à beira do rancho. De longe Barroso distinguiu os bois pastando, desatrelados e distantes do carro. Sertanejo prático, teve um pressentimento, mas pensou lá com os seus botões: "Os meninos soltaram os bois para cortar mais palhas. Devem estar aí por perto agachados no corte da palha... deve ser isso". Não era. Logo adiante, preocupado, encontrou o carro abandonado, a carga no chão, as correias cortadas. Gritou por Xandó. Nada. Esporeou o cavalo e saiu apressado pelo campo. Não andou muito. Poucas dezenas de braças à frente, além do carro, deu com Xandó estirado no capim, morto, com a cabeça esmigalhada. Ao lado do corpo um tacape estriado, típico dos kayapó-botocudo. Coisa recente. Havia sangue e cabelo grudados na maça guerreira. Barroso compreendeu tudo num instante. Faltava, agora, o corpo do João. Havia de estar por ali, como o de Xandó. Os índios ainda podiam estar por perto. Tudo parecia muito recente. Desprezando todos os cuidados, Barroso avançou pelo campo em diversas direções. Ansioso, embora desarmado, sem contar com o perigo a que estava exposto, percorreu exaustivamente o campo. Encontrou batidas dos índios, coisa de momentos atrás, mas nada do João. "Foi levado", pensou, "como vai sofrer nas mãos dessa gente!" Estava escurecendo quando voltou para casa trazendo o carro de boi. Sua mulher, Joaninha, irmã do João, não pôde conter o desespero. A notícia correu célere. Vizinhos de perto e de longe vieram correndo. Eram todos amigos, sabiam e partilhavam do mesmo isolamento e perigo da região.

Barroso estava ligado por parentesco com os da Luz, sobrenome conhecido e respeitado naquelas bandas. Em Mato Verde, povoado grande, já no Araguaia, viviam muitos dessa família, inclusive o patriarca do clã — Lúcio da Luz, fundador de Mato Verde, fazendeiro e dono de respeitável rebanho. A ideia de procurar João foi contagiando muita gente. A palavra final, porém, cabia ao velho Lúcio. Foi dele que partiu a iniciativa de compor um grupo e seguir a batida dos índios. Dois dias depois, as matulas estavam prontas, os cavalos arreados, e quatro homens, todos práticos do sertão, liderados pelo velho, ganharam o campo. A região era deserta. Só índios arredios vez ou outra por ali passavam. As cabeceiras do Tapirapé estavam lá nos contrafortes da serra, área do divisor Araguaia-Xingu. Do outro lado as águas corriam para o norte. Eram do Xingu. Por tudo isso passou o grupo de resgate. A batida dos índios pulou o divisor e começou a ganhar a mata grande do caudaloso rio. A caminhada foi dura. Vadearam rios, contornaram serrinhas, furaram buritizais e cerrado grosso. Algumas semanas depois regressaram os quatro homens. O desconsolo da mulher fez com que Barroso abandonasse tudo em Porto Velho e viesse de mudança para Mato Verde.

Barroso, trabalhador, incansável, persistente, acabou dono de fazenda, de boa ponta de gado, boa roça e uma espaçosa casa na povoação, de telha e alvenaria. As novas atividades e a nova morada num povoado movimentado trouxeram outras motivações à família. João, claro, continuou sendo lembrado, mas a ideia dele vivo trazia certo alento. A casa de Barroso era ponto de reunião. Amigos lá estavam todas as noites filando o cafezinho e o doce de leite feito pela dona da casa. A lembrança de João só para Joaninha e Barroso trazia tristeza. Nessas ocasiões Joaninha se trancava no quarto e rezava pela volta do irmão.

QUINZE ANOS DEPOIS, A VOLTA

Com a pacificação concretizada do numeroso grupo kayapó da nação menkragnotire-metotire, pensamos que seria possível encontrar a família de João. Araguaia, onde ele morava, é rio da nossa região, e Krumare foi o melhor informante. Por ele soubemos que João foi trazido do rio Tapirapé. Os detalhes do rapto foram tantos que, sem a menor dúvida, ele, Krumare, deve ter participado do grupo raptor. João, esquivo, não queria a menor prosa conosco. Reagia contrariado à nossa aproximação. Com muita paciência, agrado e presentes, conseguimos amansá-lo. Era nosso propósito levá-lo até o posto. A primeira vez que tocamos no assunto, a reação foi brusca, dele e de Krumare. Os outros não viam nada de mais nisso. A resistência era somente dos dois. A ascendência de Krumare era indiscutível. Era ele que devíamos conquistar, e não João. Foi o que fizemos. Dois dias demorou a catequese. A perspectiva do passeio e das coisas que podia ganhar amoleceu a sua turra.

Dois dias depois, já passando pela aldeia juruna, João, bem desembaraçado, não perdia um detalhe das coisas que estava vendo. A chegada ao posto, depois de alguns dias, foi tranquila mas cheia de novidade. Lá estavam, além de muitos índios da área, duas canoas com juruna, velhos inimigos. A chegada de Krumare e João redobrou a curiosidade.

As verificações que levamos a efeito lá pelos lados do Tapirapé, afluente do Araguaia, sobre o João, coincidiram com o desaparecimento de um menino de uns oito anos levado pelos índios. Não havia dúvida. João era esse menino. Para afastar toda e qualquer incerteza, mandamos buscar em Mato Verde, no Araguaia, Antônio Barroso, padrinho e cunhado de João. Barroso reconheceu o afilhado, que, retraído, desconfiado, indeciso, fitava-o longamente. O encontro recente não aconselhava que se forçasse um reencontro com a família. Deixamos passar o tempo. Despedimos Barroso e pedimos que mandasse pelo CAN, que escalava na ilha do Bananal, José, irmão de João.

Depois de uma aproximação cautelosa, que durou uns dois dias, os dois irmãos acabaram se entendendo. O domínio de Krumare sobre João continuava a desaconselhar a sua reintegração familiar. Volta e meia eram vistos cochichando pelos cantos. Começamos a temer uma fuga. Com a partida de José, Krumare ficou aliviado. Certo dia Krumare amanheceu saudoso da sua gente, e como naquele dia os juruna resolveram regressar à aldeia, ele se dispôs a partir também. Ele e João começaram a arranjar a bagagem. Foi a nossa vez de ficar preocupados. Com muita diplomacia e insistência convencemos os dois a esperar mais um pouco. Krumare concordou para não nos contrariar, mas ficou visivelmente aborrecido. Daquele momento em diante os dois não mais se largaram, mas também não desfizeram a bagagem. Tanto conversavam que pareciam estar montando um plano. Resolvemos, por isso, precipitar o nosso plano. Pegaríamos o primeiro Correio Aéreo e rumaríamos para o Bananal e de lá, de barco, até Mato Verde. Revelamos o nosso propósito. Fecharam a cara, mas não tiveram coragem de nos contrariar. No dia seguinte viajamos para a ilha do Bananal.

A chegada de Krumare no posto Santa Isabel, pátria dos karajá — seus inimigos figadais —, provocou correria no campo. Os homens não se aproximaram, mas também não fugiram. As mulheres, sim, saíram correndo arrastando as crianças e fazendo um alarido infernal. Krumare, cenho fechado, botoque contraído, indiferente ao que se passava ao redor, a todos deu as costas. A uma advertência nossa aos karajá para que fossem cumprimentar o visitante, alguns deles adiantaram-se estendendo a mão e dizendo: "Bom dia, cumpadre". Krumare sorriu e a todos cumprimentou. À noite, em homenagem ao botocudo, os karajá dançaram o Aruanã, oferecendo a sua bebida — "calogí".

No dia seguinte, aparelhado o barco, saímos para Mato Verde.

Mato Verde é uma fileira de casas a duzentos metros do rio. Um misto de casas de tijolos, outras de adobe e, ainda, umas poucas de pau a pique. A rua é de um absoluto sossego. Um ou outro cavalo sendeiro pastava tranquilo no capinzal que vai das casas à praia. Na rua não se via viva alma. Galinhas-d'angola e caboclas beliscavam a grama da rua e, aqui e acolá, um cachorro magriço esticado numa soleira de porta não levantava a cabeça para saudar o "chegante". Na praia, duas mulheres lavavam roupa. O mais que fizeram foi levantar os olhos para o botocudo e responder, sem olhar, o nosso "boa-tarde".

Rumamos para a casa do Ranulfo, filho do velho Lúcio da Luz, o patriarca do lugarejo. João e Krumare mantinham-se calados. A notícia da nossa chegada correu célere. Breve a casa ficou cheia de curiosos. A maior parte, parentes do João. Só com insistência nossa João arriscava um olhar breve a um parente mais idoso. Perguntamos por Barroso.

— Tá tudo na roça — informou um velhote.

— Topei com ele, a cumadre Joaninha e as mininas na cabecera da lagoa. Num tem nada, vô mandá um positivo [portador] jazinho no piso dêli. Um nadinha êli tá aqui — esclareceu um outro.

Dito e feito. No mesmo momento o informante gritou:

— Tião, ô Tião, pega a égua, minino, e dá uma corrida na roça e fala pro cumpadre Antonho qui tá qui um magote de gente trazendo o João da Joaninha. Vá depressa minino.

Dito isso, resmungou com os seus botões:

— É de inchê o coração de aligria!

Para quebrar o encabulamento do Krumare e o encabulamento do João, pedimos licença ao Ranulfo e nos retiramos para dar uma volta.

— Vamos até a casa do Barroso — esclarecemos.

— Não demorem — replica Ranulfo.

— Antônio pode demorar e eu já mandei fazer um almoço para vocês.

Saímos — a casa de Barroso era ali mesmo na ponta da rua. Ao chegar já a encontramos cheia de gente. Não foi preciso que alguém a abrisse. Num canto da sala, três bancos nos aguardavam. Entramos e sentamos. João e Krumare, sisudos, nem um só olhar dirigiam aos que a todo momento entravam. Os homens, os poucos que estavam na vila, davam um rápido "boa-tarde" e procuravam assento. As mulheres e moças atravessavam a sala rapidamente e desapareciam pelos lados da cozinha, para logo mais surgir devagarzinho e ficar olhando lá da porta.

Não demorou muito começamos a notar um movimento desusado, um espichar de cabeça, que nos levou a perguntar o que havia.

— Cumpadre Antonho e cumadre Joaninha tão chegano — esclareceu alguém.

É muito comum no sertão o tratamento de "cumpadre". No mais das vezes não há batismo no meio. Minutos depois entrava Antônio Barroso, sorridente, falando macio. Ao mesmo tempo que nos cumprimentava dizia aos demais:

— Estejam a gosto, minha gênti, estão em vossas casas.

João ficou satisfeito ao avistar Antônio. Quando Joaninha, sua irmã, entrou, João desanuviou o rosto e retribuiu alegre o abraço que recebeu. A cena foi rápida. Joaninha desapareceu apressada pelas portas do fundo, quase não contendo as lágrimas.

Da casa do Ranulfo chegou um portador com um recado:

— Seu Ranulfo mandô dizê que o decumê tá pronto.

Explicamos ao Barroso as providências do Ranulfo em mandar fazer um almoço e nos retiramos. Almoçamos otimamente e voltamos à casa do Barroso, onde ficaríamos hospedados. A vila estava assanhada. A todo momento chegava mais gente. Os homens que vinham da roça, antes mesmo do banho no rio, passavam para cumprimentar Barroso e ver o moço que conheceram criança.

— Deus guarde todos desta casa e Nosso Senhor Jesus Cristo que proteja e abençoe a volta do minino.

— Muito obrigado, dona Benvinda, muito obrigado — respondeu Barroso. — Dona Benvinda — continuou Barroso — já está com mais de noventa anos e conheceu João quando ele era bem novinho.

— Todo mundo aqui sabe a minha idade mais do que eu. Agora qui eu tô entrano no noventa — replicou a velha rindo.

Foi uma risada geral. Ninguém esperava que dona Benvinda tivesse ouvido Barroso.

— Nasci em Carolina — continuou a velha — em 10 de abril de 1860. Casei com dezoito anos e vim pro Araguaia. Meu sogro nesse tempo alicerçou lá no Conceição [Conceição do Araguaia — um dos lugares mais antigos do baixo rio]. Lá andava duro de índio tudo de beiço de pau qui nem esse moço [apontou Krumare]. Tavam brabos. Meu sogro comprou o sossego dando dez bois e umas tantas quartas de farinha. Eles nunca molestaram nóis.

À medida que ia escurecendo, mais gente chegava.

— Boa noite, cumpadre. Boa noite, meus senhores — dizia um.

— Boa noite, cumpadre, senta, olha o banco — respondia Antônio.

— Bença, padrinho — dizia um moço com a mão espalmada como um louva-a-deus na direção do Barroso.

— Deus te faça filiz — respondia este.

Ouvimos a tarde inteira umas dezenas de "Deus te faça filiz" de Antônio respondendo a sua legião de afilhados.

Dona Joaninha não se cansava de trazer rodadas e rodadas de café. Não demorou ouvimos a boa notícia de mesa pronta.

— Vamos chegá, meu povo, tá na mesa — disse o dono da casa.

— Bom proveito — foi a resposta geral.

Essa, porém, não foi a nossa, nem de Krumare e João, que incontinente chegamos a um suculento arroz com frango, feijão, carne fresca e torresmo pururuca. João, agora desembaraçado, andava com desenvoltura pela casa. Krumare, no seu canto, de cenho cerrado, digeria a janta. Nessa altura pensávamos que todos da vila que deviam vir já teriam vindo, mas nos enganamos. Aí é que começou a chegar gente. Aqueles que passaram de carreira quando vieram da roça chegavam agora para um papo sem pressa. Lá estavam Hermenegildo, velho Felipe, tio Eliseu, o "seo" Joaquim e o "seo" Quinzinho, Pedro Pereira e Pedro Arueira. O assunto saltava do índio kayapó para os trabalhos da roça, atividade de todos no momento.

— Cumo é, cumpadre, já plantou a roça?

— Quar nada. Ando ronceiro, mas daqui pro fim da sumaria acabo.

— E ocê Menegirdo, e as prantação?

Hermenegildo, preto trabalhador, que tocou este ano uma roça enorme sozinho, respondeu:

— Tô furano na ponta da lagoa. Si num tô com tudo prantado é só por mode a berdroega, que é uma praga.

Minervino, lavrador e comerciante, entrou e foi logo dizendo:

— Boa noite, minha gênti. Cumadre Joaninha, ô cumadre Joaninha, entro com três quilo de café pra festa do João.

João, por seu lado, não dava a menor importância aos visitantes. A todo momento estava turrando com uma das três Marias, filhas do casal. Barroso se desdobrava em atenções e não deixou de agradecer Minervino pela contribuição à festa.

— Tá palavreado, cumpadre. Tá palavreado. A festa vai ser logo.

Ficou ele deveras contristado quando anunciamos a nossa partida para o dia seguinte.

— Que isso moço, parece qui veio buscar fogo!

Desculpamos alegando pressa em voltar, pois estávamos amarrados à passagem do avião já com lugares reservados.

No dia seguinte, a separação, que pensávamos fosse embaraçosa em face do agarramento dos dois, transcorreu chocada somente por parte do Krumare. João, na despedida, mostrava um ar despreocupado e sorridente. O acompanhamento até a embarcação lá no porto foi enorme. A despedida, só para Krumare foi constrangedora. João ria. Krumare escondia o choro. No barco, assim que se sentou, cobriu o rosto com as mãos. As margens foram ficando distantes. Lá do porto os braços continuavam se agitando em despedida. Krumare, na mesma postura, não queria olhar e muito menos responder aos acenos. Tentamos distraí-lo. Nada adiantou. Só pesamos a sua irritação e tristeza quando, duas horas depois, aportamos numa praia com muitos arranchamentos dos índios karajá. Não teríamos parado se não tivesse vindo de lá um chamamento insistente. Krumare desce na praia. As mulheres, por medo ou por fita, saem correndo, arrastando os filhos pequenos. Os homens permaneceram a distância. Krumare, agitado, fez um gesto brusco e começou a voltar para o barco, falando em voz alta:

— Catí maitíre karajá. Metereté atxuéri. [Karajá não presta, é feio e medroso.]

Nessa altura resolvemos intervir. Explicamos a ele que os karajá estavam com vergonha e não medo. E depois, o chefe do grupo estava ausente. Num gesto largo chamamos os índios. A primeira a chegar foi uma mulher que se apresentou como sendo a esposa do chefe. Ao mesmo tempo que ela o presenteava com uma cana, tomou sua mão e a colocou sobre a cabeça do filho que trazia ao colo. Krumare, confraternizando-se com todos, ria e dava as mãos.

Em Aruanã, final da viagem, os índios de lá tornaram a dançar o Aruanã em homenagem ao visitante. Bem cedo, no dia seguinte, chegou o Correio Aéreo e com ele regressamos a nossa querência no Xingu.

10. A atração dos txicão

Quase seis horas da tarde. Irrequieto, delgado de corpo, Kamalive chegou gesticulando e, com movimentos largos, estendia o braço indicando o poente. Estava irritado:

— Inhocorro txicão tuelava omuro inhicorro vegue. [Os txicão são bravos; os txicão atacaram minha aldeia e roubaram minha filha criança.]

Foi a primeira notícia que tivemos dos índios txicão. Há quarenta anos eles eram completamente desconhecidos na região dos rios formadores do Xingu. Mais ou menos nessa época — isto é, há quarenta anos — irromperam na região, vindos do oeste. De início, os kamaiurá do rio Kuluene procuraram identificá-los com uma poderosa nação do passado, denominada tonorê, que, surgindo do mesmo ponto, costumava assaltar as aldeias xinguanas de tempos em tempos.

Outros índios da área — especialmente os nahukuá e mehinako — julgaram tratar-se dos kaiabi, por não saber da existência de outros moradores a oeste além dos kaiabi e dos bakairi do rio Paranatinga.

Posteriormente, os bakairi, que viviam em boas relações com os xinguanos, afastaram a suspeita que pesava sobre os kaiabi. "Chamam-se txicão", disseram eles referindo-se aos novos e terríveis invasores do Alto Xingu.

Surgiram os txicão pela primeira vez no rio Batovi e logo desfecharam um ataque contra os waurá, grupo xinguano que habitava esse rio. A luta foi dura e os waurá acabaram transferindo sua aldeia para o rio Kurisevu, onde, no ano seguinte, foram descobertos e atacados. Na mesma ocasião, os trumai, que haviam se juntado aos waurá no Kurisevu, sofreram, também, alguns assaltos e tiveram de lamentar a morte de adultos e o rapto de crianças.

NOSSA CHEGADA À REGIÃO

O rio Kuluene corria sereno, deixando na margem esquerda barrancas altas e arenosas. À direita, o terreno se estendia em longas baixadas que as águas cobriam na estação das chuvas.

Numa barranca da margem esquerda, em frente a uma curva do rio, levantamos nossos ranchos de pau a pique. Pouco além dos ranchos, abrimos um campo de pouso. Pista pequena, para aviões pequenos. Lá para o interior — cerca de quinze quilômetros — erguia-se a aldeia dos índios kalapalo.

A grande notícia (gente estranha nas margens do Kuluene) correu depressa por todas as aldeias e então kuikuro, matipu, nahukuá e outros grupos xinguanos vieram ver de perto os caribe.

Foi aí que conhecemos Kamalive, o valente cacique da tribo nahukuá. Kamalive — alto e magro como um espantalho — morava com seu grupo às margens de uma lagoa, bem no interior, muito a oeste da aldeia kalapalo. Naquela tarde, Kamalive estava nervoso, agitado. Gesticulando, apontando na direção do poente, contou-nos uma história longa e dramática. Ficamos sabendo que os "inchicorros" (txicão) não davam descanso à sua gente pacífica e bondosa. Todos os anos, na estação de seca, lá estavam eles atirando flechas, incendiando malocas, raptando crianças.

No último ataque — dizia Kamalive — doze nahukuá foram mortos, três crianças raptadas, a aldeia reduzida a um monte de cinzas. E mais: uma das crianças levadas pelos txicão, a menor delas, era sua filha. Muito justa, portanto, a revolta de Kamalive. Fácil de compreender a insistência com que reclamava o auxílio das nossas armas de fogo para destruir os txicão.

Depois desse ataque, os nahukuá mudaram-se para outro lugar, e os txicão, por sua vez, desapareceram por algum tempo. Ressurgiram mais tarde na aldeia dos índios mehinako, situada no alto curso do ribeirão, não muito longe do Kurisevu.

Inicialmente, limitaram-se a mover uma espécie de guerra de nervos contra os mehinako: ronda, gritos, uma ou outra flecha atirada à noite na direção das malocas. Um dia, cansados, talvez, desse divertimento, atacaram a aldeia, e os mehinako mal tiveram tempo de escapar da saraivada de flechas lançadas contra eles. Ninguém saiu ferido, mas as seis grandes malocas que formavam a aldeia foram consumidas pelo fogo.

Temendo um novo assalto, os mehinako abandonaram o lugar e trataram de levantar outra aldeia mais abaixo, na margem do mesmo ribeirão, o Tuatuari. No ano seguinte, localizados pelos txicão, fugiram de novo. Dessa vez escolheram um terreno alto, defendido por extenso pantanal que dificultava o acesso à aldeia para quem viesse do oeste, como era o caso dos txicão. A estratégia mehinako teve como resultado um longo período de paz, durante o qual puderam reconstituir aos poucos o seu antigo sistema de vida. Casas espaçosas e grandes roças de mandioca e milho surgiram na aldeia nova. A flauta do jacuí, de som grave e mavioso, voltou a acalentar a aldeia nas noites de luz; o banho da madrugada, animado pelo grito das mulheres, o assobio dos moços, o choro dos nenês, reviveu movimentado e alegre como nos velhos tempos; o foguinho dos pajés, que estivera apagado por muitos anos, clareou de novo a grande praça circundada de malocas. E os txicão foram completamente esquecidos.

A VOLTA DOS TXICÃO

Os mehinako estavam em preparativos para a festa do Quarup. Enquanto os homens recondicionavam as canoas para a pesca em grande escala, as mulheres, num vaivém constante da aldeia para as roças, tratavam de aumentar as reservas de polvilho.

Certa manhã, voltavam as mulheres de uma dessas viagens quando foram surpreendidas pelos txicão. Como já estavam perto das malocas, conseguiram escapar, mas ainda tiveram tempo de vê-los flechar o chefe Aiuruá, que as vinha acompanhando alguns passos atrás. A chegada das mulheres à aldeia provocou enorme confusão. Gritos anunciando a suposta morte de Aiuruá se juntavam ao choro desesperado das crianças. Apesar do tumulto, a situação foi controlada: enquanto a maior parte dos homens — todos armados — permanecia de guarda na aldeia, um grupo reduzido partia em socorro do chefe. Não muito longe da aldeia encontraram Aiuruá. Vinha cambaleando, todo ensanguentado, com uma flecha cravada nas costas. Trazido imediatamente para o nosso posto no Kuluene, Aiuruá foi operado e salvo.

Depois desse acontecimento, os mehinako abandonaram para sempre a aldeia grande e vieram se instalar nas imediações do posto. E por alguns anos não se ouviu falar em txicão.

Na estação chuvosa de 1956, após um longo período de calma, recebemos uma notícia perturbadora: os txicão haviam atacado a aldeia waurá e raptado a neta do cacique Upatacu. Má notícia. Soubemos também que houvera cerrada troca de flechas entre waurá e txicão, mas que ninguém morrera na luta. Finalmente, fomos informados de que os waurá, na esperança de reaver a criança roubada, haviam saído no encalço dos txicão. Saíram dispostos a tudo, mas o emaranhado das trilhas que cortam as matas do Batovi fez com que desistissem da ideia.

Diante do malogro, os waurá passaram a planejar um ataque em massa contra a aldeia txicão, no que seriam ajudados pelas outras tribos xinguanas. Era esta a situação na área quando decidimos intervir. Temos por princípio não promover a atração de índios isolados ou arredios enquanto tal medida não se faça absolutamente necessária. No caso dos txicão, como estamos vendo, não havia alternativa.

A PRIMEIRA TENTATIVA DE CONTATO

Tínhamos pela frente uma empresa difícil. Que língua falavam os txicão? Nossa ignorância a respeito constituía um obstáculo muito sério. Por isso, procuramos aprender alguma coisa entre os xinguanos, especialmente entre aqueles que tinham visto e ouvido de perto os "inhicorros" (bravos) do oeste. Nada conseguimos. "Aitô!" "Icarama!" — gritados no momento de lançar suas flechas — eram as únicas expressões que os nahukuá guardavam na memória.

Deixando de lado a ideia de usar a língua, resolvemos empregar os recursos disponíveis: um pouco de mímica bem estudada e alguns presentes vistosos, coloridos, visíveis a distância. Se tudo isso falhasse, empregaríamos o recurso supremo: pernas ágeis e em movimento acelerado pelo tempo que fosse necessário...

Partimos no verão, acompanhados por oito índios escolhidos a dedo nas diferentes aldeias xinguanas. Várias línguas — cinco, precisamente — estavam representadas no grupo: waurá, kamaiurá, trumai, kaiabi e português. Mais ou menos bem informados quanto ao rumo da aldeia txicão, seguimos Kuluene abaixo até a boca do Ronuro e, depois de subir pequeno trecho deste rio, entramos pelo sinuoso e estreito Batovi, que, segundo os nahukuá, "é cortado em certo ponto bem acima por uma trilha larga dos índios txicão".

Começamos a viagem usando nossos velhos motores de popa, mas, infelizmente, logo no início da jornada eles entraram em pane e tiveram de ser encostados. Como não queríamos voltar, nem adiar o contato, resolvemos prosseguir a varejão e remo Batovi acima. A época era boa, pleno estio. Nossos companheiros índios, muito animados e capazes, nem sequer pensaram nos motores que tinham ficado para trás.

Oito dias de viagem acima da aldeia waurá, começamos a encontrar os primeiros vestígios dos txicão: acampamentos abandonados, velhas tapagens de pesca e outros sinais. No décimo dia, vimos uma flecha flutuando no rio e, pouco adiante, alguns rastos numa barranca lamacenta.

Nada que houvesse nas margens escapava aos olhos vivos e atentos dos nossos companheiros — um jirau desfeito, um ramo quebrado, um pedaço de embira, tudo era visto, examinado e julgado.

No 12º dia de viagem encontramos a trilha de que falavam os nahukuá. A trilha dos txicão. Era uma picada que partia da margem do rio e enveredava pela mata. Saímos por ela na intenção de fazer um reconhecimento preliminar. Uma centena de braças adiante encontramos um acampamento recém-abandonado e, como daí para a frente a picada continuava no rumo oeste, não tivemos dúvidas: aquele era o caminho da aldeia.

Voltando à margem do Batovi, damos por terminada a subida, atravessamos o rio e instalamos um acampamento na margem oposta. Em seguida, ocultamos nosso batelão, afundando-o à sombra de uma ramagem que pendia sobre as águas.

Finalmente, escolhemos por entre a carga umas peças bem leves, de alumínio, alguns facões, e partimos ao encontro dos índios. Estávamos plenamente convencidos de que seria possível estabelecer um contato amistoso com os txicão naquele mesmo dia, ou no dia seguinte. Se fosse necessário, faríamos um pouso no caminho. O importante era descobrir os txicão, que, pelos sinais encontrados, não deviam estar muito longe.

Caminhávamos com muita cautela, devagar, parando de espaço em espaço para atentar melhor aos pequenos ruídos, que mal podíamos perceber quando em movimento. Após três horas de marcha, começamos a ouvir pancadas de machado. Como as pancadas vinham de um ponto distante, resolvemos apressar o passo para ganhar tempo. Logo, porém, tivemos de diminuir o ritmo da marcha. Um grito havia soado perto de nós, em resposta a outro vindo lá do fundo da mata. Coisa estranha, um grito ao longe na mata! Continuamos avançando pela trilha, às vezes por fora da trilha, mas sempre no rumo dos txicão. Assim, conseguimos vencer mais um trecho do caminho. Nessa altura já não ouvíamos gritos isolados, mas um vozerio de homens, mulheres e crianças. Pisando leve, adiantamos mais alguns passos até que, espiando através da folhagem, pudemos ver os txicão acampados. Mais de uma centena de pessoas despreocupadamente reunidas. Por entre as redes armadas, vários mutuns, papagaios e araras passeavam tranquilamente. Aqui e acolá, pequenos fogos meio acesos. Só se percebia que estavam acesos pela fumacinha azul que soltavam.

O CHOQUE

O sol estava a pino. Era a hora da quietude geral. Em qualquer ocasião, na solidão da selva, tem-se a impressão de que nessa hora do dia a natureza descansa. Aquietam-se as folhas nas árvores; cessa o sopro do vento. Mais devagar parecem correr as águas do rio e até os encachoeirados revoltos não estrondam com o mesmo vigor; as aves não voam, os animais terrestres não caminham. A natureza toda dorme por um instante. E o índio repousa.

Naquele momento, não levados pela emoção, mas por uma certa experiência, percebemos que seria muito difícil entrar em contato com os índios. Entretanto, como estávamos a alguns passos dos falados e temidos txicão, resolvemos caminhar ao encontro do impossível. Então, acompanhados por dois índios kaiabi, chamados Acuchim e Coá, entramos no acampamento.

Numa rede, meio sentado, um velho modorrava. Aquela gente que ele viu quando abriu os olhos não lhe causou espanto. Estava distraído, ausente, mas a distração não durou mais que dois ou três segundos. Encarou-nos. Demos um passo à frente e estendemos ao velho um belo facão de cabo vermelho. Ficando de pé, retesando o corpo, o velho começou a gritar. Como que sacudidos por um estrondo, puseram-se todos de pé e então o acampamento mergulhou em tremenda confusão. Mulheres berravam e corriam arrastando os filhos para o mato; araras e papagaios voavam espavoridos em todas as direções; homens bradando palavras incompreensíveis agarravam suas armas, e o ruído de flechas se entrechocando chegou aos nossos ouvidos.

Embora sentindo que era inútil, resolvemos insistir mais um pouco nas nossas demonstrações de amizade. Tudo em vão. Quando as flechas começaram a zunir, procuramos refúgio atrás de uma árvore grossa que se erguia à margem do acampamento. Aí, raciocinando com rapidez, concluímos que uma simples fuga já não era possível. Isto porque havia a área limpa do acampamento e seria necessário atravessá-la para atingir o caminho de volta. E, nesse caso, nenhum de nós escaparia das flechas.

Compreendendo que a situação era difícil, procuramos uma saída. Só existia uma: afugentar os txicão por meio de alguns disparos feitos para o alto. Não havendo outro remédio, disparamos e eles fugiram para o mato. Nessa altura, os companheiros que haviam ficado para trás correram ao nosso encontro e um deles, se não fosse contido, teria alvejado um grupo de índios que, vindo de outra direção, cruzava o terreno do acampamento. Felizmente, o desastre foi evitado.

Passada a agitação, depositamos os presentes em local bem à vista e tratamos de alcançar o rio o quanto antes. Percebemos então que os índios tentavam bloquear a nossa retirada, o que afinal não conseguiram, porque, enquanto avançavam através da mata cheia de obstáculos, tínhamos diante de nós a picada larga e desimpedida.

Ao anoitecer, chegamos ao rio e verificamos que o batelão e a carga estavam no mesmo lugar. Ninguém havia passado por lá. Sem perda de tempo, juntamos os presentes que restavam — quatro caixas de machados, uma de foices, quatro dúzias de facas — e depositamos tudo na barranca.

Em seguida iniciamos a viagem de volta. Sabíamos que era um tanto arriscado viajar num rio estreito, cheio de curvas e cercado de índios bravos. Por isso partimos sem nenhum ruído, conversamos em voz baixa, remando silenciosamente rio abaixo. No dia seguinte, estávamos longe dos txicão.

O AVIÃO DESCE NA ÁREA DOS TXICÃO

No posto Leonardo, sede do Parque Nacional do Xingu, realizava-se mais uma vez o cerimonial do Quarup, quando os índios aweti vieram nos comunicar que sua pequena aldeia estava sendo rondada pelos txicão. Quatro ou cinco dias mais tarde, aviso semelhante chegava da parte dos yawalapiti, tribo que tem sua aldeia e suas roças nas vizinhanças da sede do Parque.

Diante disso e por várias outras razões, decidimos reiniciar o trabalho de pacificação. Dispondo de materiais e de recursos necessários à realização da empresa, começamos a agir. O tempo das chuvas havia chegado, e os txicão já deviam estar de regresso às suas aldeias.

Na ocasião, o Parque Nacional tinha às suas ordens dois aviões — um Cessna 170, da Fundação Brasil Central, e um Hélio, da Universidade de Brasília. Com estes aviões, presentes em boa hora, realizamos em outubro de 1964 uma série de voos de reconhecimento sobre a região habitada pelos txicão. Nosso objetivo era verificar a exata localização dos índios naquele ano e ainda as condições de navegação dos rios Ronuro e Jatobá, que deviam ser percorridos mais tarde, quando se quisesse atingir a área dos txicão.

Certa manhã, no princípio de outubro, realizando um voo com o Spirit of Filadélfia (o Hélio da Universidade), localizamos a aldeia e logo em seguida uma várzea aparentemente enxuta nas imediações. Atendendo a um nosso pedido o piloto do Spirit rodou demoradamente sobre o descampado e finalmente desceu até tocar com as rodas no chão para testar sua consistência. Era regularmente sólido. Os aviões — se bem comandados — poderiam descer ali. Quanto a esse detalhe, estávamos tranquilos. Conhecíamos muito bem a extraordinária habilidade de Genário e Timothy Johnson, pilotos do Cessna e do Hélio, respectivamente.

Depois dessa experiência, resolvemos empregar aviões, em lugar de barcos, para alcançar a aldeia. Então, numa data previamente marcada, decolamos do posto Leonardo. No Cessna embarcaram os autores deste relato e o índio Pionin; no Hélio seguiram o professor Eduardo Galvão, o cinegrafista Jesco von Putkammer e o trabalhador Benedito Celestino.

Prevendo que os índios — atraídos pelos voos — estariam no descampado, combinamos o seguinte: os aviões, depois da aterrissagem na várzea, não teriam os motores desligados; desceriam apenas os autores e o índio

Pionin. Na eventualidade de um malogro completo, os aviões decolariam imediatamente.

Decorridos quarenta minutos de voo, atingimos e sobrevoamos a aldeia. Não vimos pessoa alguma. Mesmo assim, deixamos cair sobre ela uma parte dos objetos que havíamos trazido. Rumamos em seguida para o descampado e, chegando lá, avistamos grupos de índios que procuravam se ocultar nas moitas de capim ralas e distantes umas das outras. Todos eles seguravam arcos em posição de lançar flechas. Não resistiram, porém, ao ruído dos aviões que davam rasantes sobre o descampado e saíram correndo. Logo em seguida, os aviões aterrissaram, mas os motores continuaram funcionando. Desembarcamos então, acompanhados pelo jovem Pionin, e caminhamos rapidamente na direção de um grupo de índios, o único visível naquele momento.

Era grande o alarido que promoviam, ao mesmo tempo que recuavam à nossa aproximação. Acabaram desaparecendo, mas logo ressurgiram em maior número. Gesticulando nervosamente, gritando, falando todos juntos uma língua estranha, davam a impressão de que nos mandavam embora. Com os braços levantados, falando também o que nos ocorria no momento, continuamos avançando pela várzea ao encontro deles. Alguns — os mais destemidos, com certeza — mantiveram-se firmes, no mesmo lugar. Outros fugiram. Entretanto, mesmo os corajosos recuaram quase num salto quando fizemos menção de tocá-los. Em dado momento, tivemos a impressão de que o contato havia fracassado: todos eles, batendo em retirada, desapareceram por completo das nossas vistas. Mas a ausência não durou muito tempo. Retornaram gritando e gesticulando ao cabo de um minuto. De repente, vinte ou trinta índios, dispostos em linha, brandindo energicamente seus arcos e flechas, vieram correndo para o nosso lado. À pequena distância pararam, mas não permaneceram no mesmo lugar, passaram a caminhar agitadamente de um lado para outro, como se estivessem pisando em brasa: seus olhos vivos não perdiam nenhum dos nossos movimentos. Passo a passo, fomos caminhando na direção do grupo. Sentíamos que aquele momento era decisivo; se recuassem, seria necessário começar tudo de novo. Mas os txicão não recuaram. Falando sem cessar, gesticulando, dançando, estendiam para nós seus arcos e flechas ou simplesmente os lançavam aos nossos pés. Não se podia esperar uma demonstração de paz mais evidente. Então fizemos um aceno aos pilotos, e os motores foram desligados.

Em seguida tratamos de desembarcar os presentes que seriam distribuídos. Mas era necessário aguardar a chegada das mulheres. E as mulheres foram chegando, quase que arrastadas por seus maridos e parentes. Tremiam tanto, choravam tão alto os seus nenês, que tivemos dificuldade em acalmá-los. Bastava que um de nós se aproximasse, para que mãe e filho se retraíssem tremendo.

Finalmente demos início à distribuição dos brindes. Não foi muito fácil, conforme havíamos previsto. No entanto, recorrendo a mímica, a cara feia, a certas palavras que naturalmente não eram compreendidas, conseguimos dominar o grande tumulto provocado pela exposição do material.

As primeiras ferramentas entregues foram imediatamente escondidas nas moitas, e a mesma mão que já havia recebido uma se estendia à espera de outra. O machado e o facão — por sua extraordinária utilidade — provocaram exclamações de alegria. O fósforo despertou risos e expressões de assombro. Um fogo tão fácil para quem deve lutar tão arduamente para consegui-lo! Vasilhas de alumínio também foram distribuídas. Iriam substituir as cabaças e os gomos de taquaruçu.

Mas, entre tantos índios ansiosos para receber presentes, havia um que, afastado dos outros, apoiado num arco sem flechas, olhava tudo com atenção. Em que estaria pensando? Fazia um paralelo entre o seu povo e aquela gente estranha que acabava de chegar do alto trazendo coisas que nunca imaginara existir? Ou estaria preocupado com o imenso perigo que, daquele momento em diante, poderia pesar sobre todos eles? Não podíamos saber. Mas algo estava acontecendo no seu íntimo. Seu alheamento, sua atitude interrogativa, não nos passaram despercebidos. Como socorrê-lo? Como explicar-lhe? Sua língua era estranha. Seu mundo era outro. Contudo, para que a cisma do txicão não se perdesse no vazio, fomos até ele em pensamento: "Txicão, não tema. O que queremos é protegê-lo. O que não queremos é que continue a hostilizar os teus irmãos de raça. Não viemos aqui para o ameaçar com nosso mundo, mas para defendê-lo contra ele".

As mulheres, retraídas no começo, logo se revelaram mais afoitas do que os homens. Parecendo até aflitas. Falando, puxando-nos pelas roupas, tentavam segurar mais coisas do que comportavam suas mãos. Terminada a distribuição de presentes, os índios continuavam falando. Às vezes, em tom lamentoso, apontavam para o oeste. Pareceu-nos que se referiam à existência de outros índios — provavelmente inimigos — naquela direção.

Nenhuma palavra conseguimos dos txicão nesse primeiro encontro. Nem mesmo seus próprios nomes. Foi em vão que, jogando água nas mãos, procuramos saber como a chamavam. O fósforo aceso e exibido cinquenta vezes não bastou para arrancar-lhes o nome do fogo. Mal acendíamos um palito, o txicão que se encontrava mais perto — homem ou mulher — apressava-se em soprá-lo com força.

Quando já nos preparávamos para retornar, ouvimos gritos anunciando a chegada de mais índios. Eram três mulheres retardatárias que estavam com medo de chegar. Soubemos que alguns homens tinham ido buscá-las e regressavam naquele momento com as três bem seguras pelos pulsos. Dentre elas, reconhecemos a menina waurá raptada anos antes: a neta do cacique Upatacu — estava quase moça. Como fora roubada ainda criança, já não se lembrava da língua dos pais, mas sorriu ao se defrontar conosco. Reconheceu-nos vagamente, com certeza.

O sol já estava baixo quando decolamos de regresso ao posto Leonardo, depois de prometer aos índios, por meio de mímica, que voltaríamos no dia seguinte. Voltamos.

Vários índios que não tínhamos visto no primeiro contato apareceram no segundo. Embora estivessem nervosos, não hesitaram em vir ao nosso encontro, acompanhando os parentes que já nos conheciam. Para que relaxassem os nervos e ficassem à vontade, não lhes demos muita atenção, o que naturalmente produziu o efeito desejado.

Nessa segunda visita aos txicão passamos a maior parte do dia procurando conhecer algumas palavras da língua. Os resultados foram escassos, pois, em resposta a nossas perguntas, vinha invariavelmente um discurso acompanhado de gestos e nada mais.

Depois de muito suor e insistência, conseguimos obter os nomes de quinze coisas diferentes. Quinze palavras apenas.

Não se podia esperar, é claro, que aqueles índios dessem qualquer atenção a outras coisas que não fosse aos aviões, a nós, às panelas e às caixas de fósforo. Isolados do mundo não se sabe desde quando, era natural que ainda estivessem empolgados com a nossa presença e com a série de "milagres" que haviam presenciado.

Retornando ao posto, planejamos uma nova visita aos txicão, desta vez por água, através dos rios Kuluene, Ronuro e Jatobá. Durante as explorações aéreas tínhamos verificado a possibilidade de usar esse caminho para alcançar a aldeia.

Sem a limitação de tempo imposta pelo avião, poderíamos fazer um contato suficientemente longo para concluir e consolidar a pacificação iniciada.

A ALDEIA TXICÃO DO RIO JATOBÁ

Alguns meses depois resolvemos consolidar o encontro indo às suas aldeias no rio Jatobá, afluente do alto Ronuro. Reunimos para isso todos os brindes que tínhamos: facões, machados, peças de alumínio, colares, fósforos e tudo o mais que foi possível. Sabíamos de antemão que a viagem não seria curta. Venceríamos de saída o labirinto que é o Tuatuari, alcançaríamos o Kuluene e por ele abaixo até a sua foz, ou melhor, o seu encontro com o Ronuro na bonita e extensa praia do Morená. Dali em diante os dois rios perdem o nome para o novo rio que começa — Xingu. O nosso itinerário desta feita seria o largo Xingu. O nosso avanço seria Ronuro acima até encontrar um afluente de curso médio, o Jatobá.

Não sabíamos quantos dias levaríamos de subida. A única informação que tínhamos, dada pelos índios, era que o rio era "corredor". O nosso motorzinho 4 $^{1/2}$ hp haveria de sofrer nos estirões. O Ronuro, largo, com oitocentos metros em média, não se mostrou hospitaleiro. Nenhum pernoite agradável tivemos. Ora era de barranca alta, lisa, incômoda, ora cheio de tranqueira. O Ronuro, num passado não tão remoto, foi hábitat dos extintos índios araputi. Tivemos oportunidade de conhecer uns três ou quatro remanescentes araputi vivendo com os kamaiurá.

É um rio piscoso, de águas claras e de fauna rica. Volta e meia dávamos com enormes bandos de capivaras modorrando ao sol nas praias. Antas bobas e ruidosas ariranhas aproximavam-se do barco, curiosas, ingênuas, não demonstrando receio ante o perigo a que se expunham. Ronuro, na língua dos kamaiurá, que são tupi, significa água boa, água bonita, com o nome de Paranacatu.

No quarto dia chegamos à foz do Jatobá. Rio pequeno, cinquenta metros, de cara feia, barranca feia, baixa e alagadiça. O primeiro pernoite foi desagradável. Porto ruim, mata baixa, péssimos armadores de rede, piso mole e, para completar o quadro, rico em muriçocas. Felizmente, dali em diante tudo começou a melhorar. As barrancas se altearam, as matas também. Com meio dia de navegação começamos a encontrar vestígios de índios. Ora em uma tapagem numa enseada do rio, ora em um acampamento recém-abandonado. À tarde, com o sol ainda alto, chegamos a um porto onde duas canoas amarradas denunciavam ter sido usadas pouco antes da nossa chegada. Possivelmente os índios tenham ouvido o nosso motor e, se isso aconteceu, nada mais natural que estejam ocultos aqui por perto. Como a trilha batida no rumo da aldeia saía da margem direita, fizemos nosso acampamento na esquerda.

Depois de tudo instalado, redes armadas, o fogo já embaixo da trempe, resolvemos fazer uma breve incursão por aqueles lados. Não era de bom alvitre que fossem todos, deixando o acampamento abandonado. Escalamos os que deviam ficar e, em número reduzido, nada mais do que cinco, atravessamos o rio e alcançamos a trilha larga. Tudo indicava que as moradas estavam perto. Dito e feito. Não chegamos a andar quinhentos metros, demos com uma casa grande e duas pequenas. Não havia ninguém. Não que fosse uma maloca abandonada, mas momentaneamente desocupada. Não havia dúvida. O barulho do motor de popa os afugentara.

Verificamos as casas e concluímos que aquela não devia ser a aldeia principal. Um ponto de pesca na beira do rio, isso sim. Para marcar bem a nossa presença, resolvemos dar uns gritos de chamada. Não conhecíamos nada da sua língua. Dos poucos termos que ouvimos falar, "aitô" nos pareceu ser de chamada. Daí os "aitô txicão" que gritamos do pátio da aldeia.

Para surpresa nossa ouvimos outro em resposta. Pouco depois apareceram uns quatro ou cinco moços, ressabiados, nervosos, que, embora nossos conhecidos do primeiro contato, não foram chegando de peito aberto. Permaneceram distantes, na orla do pátio.

A aproximação foi iniciativa nossa. Assim como não chegaram, também não fugiram. Animados com a nossa descontração, foram se desinibindo e falando com desenvoltura, embora não entendêssemos uma só palavra. Com a chegada de algumas mulheres com crianças, o ambiente melhorou mais ainda. Convidamos que nos acompanhassem até o acampamento. De início concordaram e descontraidamente foram caminhando pela trilha larga na direção do porto. Não esperavam que lá houvesse mais gente. As mulheres se retraíram e os homens ficaram indecisos. Fizemos de conta que nada notamos e fomos embarcando no batelão chamando por eles. Um mais decidido avançou sem constrangimento. Os demais foram imitando-o, inclusive as mulheres. Lá no acampamento tínhamos algumas coisas a dar-lhes. De tudo o que receberam, mostravam grande satisfação ao acender um fósforo. Fixavam os olhos e riam do milagre do fogo.

Ficamos três dias com os txicão. Quase todos nos visitaram. Saímos dali levando a certeza de que jamais voltariam a incomodar outras aldeias. Embora prometessem ir ao nosso posto, sabíamos que isso jamais aconteceria. Seus inimigos não permitiriam.

A AMEAÇA DOS GARIMPEIROS

Os txicão, mestres em molestar aldeias vizinhas, começaram a ficar assustados com movimentos estranhos nas proximidades das suas aldeias. O primeiro sinal foi um pau cortado a facão. Não demorou, um tufo de fumaça surgiu numa curva distante do rio. Até que um dia ouviram, ali mesmo nas imediações, um tiro, possivelmente de carabina. Assustados, recolheram-se à aldeia mais distante. Nem por isso ficaram tranquilos, pois as roças estavam lá perto do rio. Breve tivemos notícias dos receios dos txicão. Num sobrevoo que fizemos sobre o rio Jatobá, constatamos gente nova abrindo garimpo. Realmente os donos do rio estavam ameaçados. Breve seriam perturbados pelos vizinhos incômodos, violentos e sem lei.

As incursões garimpeiras, vez ou outra, chegavam às proximidades das habitações dos txicão. Os tiros estavam cada vez mais perto e as canoas cada vez mais assíduas na área de pesca dos índios. Afastá-los, proibi-los, não havia como — o rio Jatobá estava fora dos limites do Parque. Os índios, sim, viviam nos limites e, claro, desconheciam fronteiras. A solução, para não assistir ao desaparecimento de mais uma nação indígena, foi planejar se internassem na área do Parque, trazê-los para dentro do posto. Ficariam sob a nossa guarda e vigilância. Tentaríamos, assim, contornar as divergências com outras tribos. Sabíamos que o tempo aplainaria tudo. Embora soubéssemos também que teria de ser viva a nossa vigília. O ponto de partida seria mantê-los dentro da área da aldeia, até uma conciliação geral.

De início os waurá e mehinako não concordaram. Queriam um desforço, principalmente os primeiros, cujo "emulau" (líder cultural da aldeia) namorava a filha que há muito fora raptada pelos txicão, quando menina. Hoje mulher casada, preferia ela continuar onde estava. Malakuiauá cedia aos nossos argumentos com muita reserva, mas permanecia de olhar triste e cabeça baixa. Aiuruá, chefe mehinako, por seu lado, não cansava de mostrar nas costas a cicatriz da flecha txicão. O tempo e os presentes que instruímos os txicão dessem a todos os que os visitavam amainaram os ânimos belicosos dos inimigos. Os txicão, como garantia, no caso de precisar fugir, determinaram que nenhuma mulher poderia engravidar enquanto não fossem aceitos por todas as tribos. Hoje, passados alguns anos, os txicão, perfeitamente integrados na comunidade xinguana, estão bem instalados, com uma aldeia no Avitsá, margem esquerda do Xingu. Ali, num passado distante, moraram os kamaiurá. Um dia, porém, foram expulsos pelos suyá e os desconhecidos e hoje extintos tonori.

11. A atração dos krinkatire (suyá)

Os krinkatire, índios da família jê, devem ter chegado ao Xingu vindos do oeste. A chegada deles à região não foi nada mansa ou pacífica. Aguerridos e de índole seminômade como todos os jê, lutaram com quase todos os moradores da região e só se acomodaram quando, descendo o rio Xingu, encontraram, bem mais embaixo, um afluente da direita convidativo chamado Paranaiuva (água amarela), nome possivelmente dado pelos tupi (kamaiurá), vindos do leste num passado bem mais distante.

Acomodados na foz do Paranaiuva, os krinkatire foram afastando da área alguns vizinhos. Os primeiros foram os maritsauá. Em longas incursões rio acima, os krinkatire, também chamados suyá ou tsiuyá confraternizaram-se com os kamaiurá, waurá e outros. E tanta foi a convivência que os suyá adotaram traços fortes da cultura dos seus visitados; por exemplo, o plantio da mandioca, a confecção do beiju, a construção da casa, o estilo da aldeia e até a aculturação mais difícil, como cânticos, danças e cerimônias. Em verdade os suyá, nessa fase, estavam fadados a ter uma vida atribulada. Em paz com as aldeias do alto rio e vivendo em sossego numa barranca saudável, um quilômetro abaixo da foz do Paranaiuva, no local que denominaram Diauarum, foram surpreendidos por novos índios do baixo rio, chamados juruna. Índios aguerridos, portando armas de fogo (carabina 44), vinham estes de áreas seringueiras abaixo das corredeiras da serra Encontrada, aliás a umas centenas de quilômetros. Lá nessa lonjura tiveram os juruna um período razoável de convivência com os extrativistas, até que desentendimentos sérios aconselharam-nos a abandonar os seus hábitats e tocar rio acima. Depois que entraram em paz conosco, os juruna nos contaram que certa feita o dono de um afamado seringal, de nome Constantino, organizou uma festa e convidou os juruna mais próximos. Foi uma lástima e uma traição: a farinha servida estava envenenada com arsênico. Morreram quase todos os juruna que lá estavam. A ilha onde se deu essa festa é chamada até hoje de ilha da Traição. Diante de tanta crueldade, os índios resolveram abandonar suas aldeias e rumar rio acima. Antes, porém, alguns dos mais aguerridos e atrevidos foram uma noite até o barracão principal do seringal e ali se ocultaram até altas horas. Num momento que acharam propício, invadiram o rancho, surrupiaram as carabinas possíveis, vasculharam embornais à procura de balas e saíram sem ser pressentidos.

A subida do rio não foi fácil. Logo de saída teriam de vencer as longas corredeiras, que, pelas distâncias comparadas, diziam chegar a mais de 150 quilômetros. Depois de uma dezena de dias de viagem encontraram outra cachoeira curta, mas brava — a Von Martius.

Em uma ilha no pé da cachoeira, os juruna resolveram levantar aldeia. A área era boa, abundante em peixe e com terra fértil no continente. Nem bem se acomodaram, começaram a sentir a aproximação de gente hostil. No começo foram apenas sinais insistentes, até que um dia surgiram gritos. Eram muitos e vinham de pontos diferentes da margem esquerda. O assédio começou. O número cada vez maior demonstrava a superioridade incontestável dos "visitantes". A situação incômoda não podia durar. Numa madrugada, os juruna zarparam cachoeira acima. Quando se julgaram distantes da cachoeira e, portanto, em segurança, tornaram a erguer aldeia. Porori — terra preta — foi o lugar escolhido. Dali, já alicerçados com casas, roças e novas embarcações, começaram a incursionar rio acima. Tanto subiram que começaram a encontrar vestígios de outras gentes. Não seriam os da cachoeira, pois aqueles não tinham canoa e estes haviam deixado uma abandonada. O primeiro contato com os novos índios foi de luta — eram os suyá. Em verdade não eram vizinhos de "grito", pelo jeito moravam longe, mas volta e meia encontravam-se.

Porori era praguejada de insetos: piuns, borrachudos, maruins e outros. A terra boa, a cana-brava para flecha e o pequi nativo faziam com que tudo fosse tolerável. O transtorno surgiu com o reaparecimento daqueles índios terríveis da cachoeira. De tal arte estavam se tornando assíduos que os juruna não tiveram alternativa senão abandonar tudo de novo: casas, roças e tudo o mais, partindo rio acima.

Depois de muito navegar encontram a foz de um afluente da margem esquerda, de bom volume d'água. Hoje sabemos ser o Maritsauá-Missu. Tal como na cachoeira e em Porori, o lugar era bom de peixe e de terra. É claro que ficariam mais perto dos suyá, mas em compensação se distanciariam daquela gente estranha que nem arco usava e que eles passaram a chamar de txucarramãe (homens que não têm arco).

Por seu lado, os suyá haviam abandonado o Diauarum e subido o Paranaiuva, que passou a se chamar Suyá-Missu (água dos suyá). Bem acima, ergueram nova aldeia às margens de uma lagoa, a que deram o nome de Tamuricumá. Nem por isso ficaram tranquilos. Os juruna passaram a ser seus inimigos mais próximos. Volta e meia encontros belicosos aconteciam, resultando em raptos de mulheres e crianças. Graças às armas de fogo, a vantagem era sempre dos juruna.

Foi nessa época que a nossa Expedição chegou à região. Ao chegar ao Diauarum, onde assentamos base, começamos a encontrar fragmentos de utensílios civilizados: um resto de pequeno torno de ferro, semienterrado, cacos de porcelana finíssima, ainda com a inscrição "France", fios de cobre e outros indícios. É claro que não estavam à flor da terra, mas foram surgindo na limpeza do terreno ou, então, na abertura de buracos para a colocação dos esteios dos ranchos. Pesquisas chegariam à conclusão de tratar-se de restos de uma expedição etnográfica americana, dizimada pelos suyá nos fins do século passado. Índios idosos contaram-nos a estratégia suyá para aniquilar a expedição: os visitantes foram bem recebidos, eram doze homens, contando cinco índios possivelmente bakairi. Levavam muita coisa que os índios começaram a cobiçar, principalmente as armas de fogo. Os civilizados, porém, não largavam um só instante dos seus "trabucos". Com muita cautela, os suyá separaram os índios bakairi, levando-os para conhecer a aldeia, e trouxeram um banco para cada um dos civilizados, que, sentados, mantiveram as armas nas mãos. As mulheres trouxeram beiju e ofereceram aos visitantes. Como os beijus estavam muito quentes, cada qual socorreu com a outra mão aquela que segurava a massa. Foi o suficiente para que alguns índios, estrategicamente dispostos, avançassem nas armas, enquanto outros, munidos de tacape, prostravam todos os civilizados. Um grito, apenas, foi o suficiente para que os bakairi da comitiva fossem também atacados pelos seus "gentis" anfitriões.

A expedição anterior que teve contato com os suyá foi a do etnólogo Karl von den Steinen, em 1884. Além dele e dois patrícios alemães — um desenhista, outro cartógrafo —, a expedição contava com um destacamento da polícia cuiabana, doze homens chefiados pelo enérgico capitão Castro, a quem se deve o êxito da caminhada. Tudo cedido pelo barão de Batovi, governador da Província. Na passagem pela aldeia dos bakairi, nas cabeceiras do rio Kurisevu, na chapada dos Guimarães, foram agregados à expedição onze índios. Do livro *Entre os aborígenes do Brasil Central*, no qual o grande etnólogo fez seus registros, consta o encontro com os suyá. A recepção não foi das mais calorosas, tanto que a expedição não se predispôs a ir até a aldeia do outro lado do rio. Tratou, isso sim, de abreviar o contato, por sentir insegurança. Com relação aos menkragnotire (txucarramãe), o etnólogo registrou no seu diário: "Esta região é percorrida por hordas de índios inferiores".

Estavam, portanto, os suyá, em "estado de guerra" com todos os seus vizinhos e conosco, certamente, quando chegamos a sua área. Atraídos os juruna e consolidada a paz entre eles e os txucarramãe, restava agora conquistar os suyá. Sinais de sua ronda encontrávamos todos os dias, principalmente abundantes rastos no campo de aviação.

Certa manhã, dois índios juruna vieram nos dizer que havia canoas suyá ali perto, na foz do Suyá-Missu. Aparelhamos o nosso barco, abastecemos o motor e saímos levando os dois juruna. Ouvindo o motor, os "visitantes" se internaram Suyá-Missu acima. Quando chegamos à boca do rio ainda conseguimos avistá-los se internando num afluente da esquerda. Tocamos para lá. O ribeirão era estreito e a navegação tinha de ser cautelosa por causa das pontas de pau. Mesmo assim, fomos avançando, sabendo, contudo, que eles estavam se distanciando. Depois de vencer o trecho mais difícil, mais no remo do que no motor, saímos numa parte larga do ribeirão, avistando pouco à frente uma barranca alta com duas canoas aportadas. Chegamos até lá. Um índio, no alto da barranca, com o arco de prontidão e cara de poucos amigos, fez gestos para que ficássemos onde estávamos. Obedecemos, mas nos portamos o mais indiferentemente possível quanto à sua presença, dando-lhe as costas. O número de índios na barranca aumentou. Gesticulavam violentos para que fôssemos embora. Fizemo-nos de desentendidos e começamos a conversar, fingindo ignorar a presença deles. Eles, sem alternativa, baixaram os arcos e ficaram nos fitando. Com a maior naturalidade, tiramos do barco uma caixa com presentes (espelhos, colares, facas, facões e machados) e os pusemos no pé da barranca. Fizemos gestos para que viessem apanhar. Ficaram perplexos, sem ação. Um deles, mais atrevido, desceu a barranca e aproximou-se da caixa para apanhá-la... antes que o fizesse, avançamos e a abrimos. Demos a ele uma faca, um facão e um machado. Chamamos os outros. Vieram. Pedimos que trouxessem as mulheres. Saíram correndo e foram até as casas ali perto. Pouco depois surgiram na barranca, cada qual trazendo a sua mulher, mais arrastada do que outra coisa. Fomos até lá e cada um de nós tomou conta de uma, tirando-a das mãos do marido e decorando-a com um vistoso colar. Para elas o espelho foi um sucesso. Alguns gritos e mais mulheres surgiram. Vinham ressabiadas, mas curiosas com o espelho e o colar. A confraternização foi plena. Riam, mas evitavam, eles e elas, olhar para os dois juruna que permaneciam sentados no barco. Constatamos que os suyá, tal qual os seus parentes e inimigos txucarramãe, usavam botoque de madeira incrustado no lábio inferior.

Para consolidar o bem viver naquela região, aproximamos os suyá dos seus inimigos juruna, tal qual tínhamos feito com os juruna e os "homens sem arco".

Deixamos o Soconti (garça), ribeirão da aldeia, e regressamos a nossa querência.

12. Brasil Central — um mundo sem história

Extinta a Fundação Brasil Central, foi criada em seu lugar a Superintendência do Desenvolvimento do Centro-Oeste (SUDECO). Na tradição dos 24 anos de vida da Fundação e da Expedição, seu órgão de vanguarda, perderam todo o acervo de documentos e fotos. Tudo foi destruído. É sabido que em 1979, nos porões da SUDECO, uma máquina picotadora, com desculpa de espaço, inutilizou tudo o que havia. Quem há que possa atinar com os motivos de tanta intolerância? Ciúme do órgão novo, a SUDECO, por se sentir ofuscada diante do pioneirismo dos seus antecessores? Será que o superintendente da época ignorava, ou haja alguém que ignore, que a história se faz calcada em documentos?

A vasta região do Brasil Central saiu do desconhecido para um desenvolvimento ponderável, e, em lugar de tomar o seu lugar na história, ficará restrita à memória de alguns? Será que as centenas de quilômetros de estrada que nasceram dos piques da Expedição, e que hoje servem dezenas de vilas e cidades surgidas da iniciativa privada na região do Roncador e lá adiante no vale do rio São Manoel ou Telles Pires, antes interditados, foram obra do acaso? E a ponte sobre os dois grandes rios e as fazendas implantadas lá pelo interior, também foram por acaso? E as bases militares para segurança de voo em Aragarças, Xavantina, Xingu, Cachimbo e Jacareacanga? E o Parque Nacional do

Xingu, onde vivem seis mil índios falando dez línguas diferentes? Não teria sido também da Marcha para o Oeste, nascida em 1943, que se consolidou a ideia de Brasília em 1959? Em consequência disso, claro, nasceram as rodovias Belém-Brasília, Araguaia e Cuiabá. Além disso, deu-se a integração do Vale do Araguaia na economia do Brasil Central, com a implantação de centenas de fazendas e de mais de quarenta vilas e cidades nascidas no rasto da Expedição.

13. A imprensa no Brasil Central

Todo o movimento de interiorização levado a efeito pela Fundação Brasil Central através de seu órgão de vanguarda, a Expedição Roncador-Xingu, foi desde o início apoiado pela imprensa. E, se mais não foi feito, a causa se deve somente por estar o mundo todo envolvido na Segunda Grande Guerra. Esta, pela sua amplitude, absorvia divulgação, recursos e tudo o mais.

O velho *Correio da Manhã*, na época (1946) representado pelo seu redator-chefe, o jornalista e político Costa Rego, chegou à nascente Vila de São Pedro do Rio das Mortes — nome logo depois mudado para Xavantina — poucos dias após a partida da vanguarda expedicionária Roncador-Xingu. Foi o primeiro órgão de imprensa a chegar à região, e foi pelo jornalista, quando de regresso, que mandamos a nossa primeira mensagem ao marechal Rondon. Mas a presença efetiva do *Correio da Manhã* aconteceu na gestão do jornalista e escritor Antonio Callado. Certa feita Callado, em artigo de fundo do seu jornal, contestou as declarações de um idoso missionário que, a troco de sua acomodação no "alto posto" de capelão da Fundação, ajustou com o seu presidente uma campanha contra nós, visando principalmente Leonardo, o mais moço dos três. Callado, no seu artigo, lembra que o preço pago pelo feito mereceria ser "por um chapéu de cardeal, e não um de simples capelão". A Missão, não gostando da advertência, recolheu o octogenário religioso e o mandou para uma das celas dos seus conventos na Europa.

Em São Paulo, naquele começo da avançada da Expedição, o mais presente foi *A Gazeta*, com Américo Bologna na redação e o jornalista e escritor Manoel Rodrigues Ferreira na divulgação. Liderando um grupo de engenheirandos, Manoel Rodrigues pisou em Aragarças e Xavantina, chegando a fazer uma incursão na área dos bravos xavante, na trilha da Expedição.

O primeiro monomotor da Fundação que desceu na serra do Cachimbo levando o médico Noel Nutels para uma vistoria nos cinco "exilados" que lá estavam levou também o jornalista Hideo Onaga. Foi dele a primeira reportagem sobre a difícil conquista da serra do Cachimbo, luta árdua na abertura de um campo que consumiu quase duzentos dias, cercado pelos aguerridos krenakore (panará) e visitado do nascer ao pôr do sol por nuvens de borrachudos, piuns, maruins e outros parentes.

A velha rede associada de Assis Chateaubriand de início marcou presença com a dupla David Nasser e Jean Manzon. Depois deles vieram outros, até que surgiu a cobertura memorável da revista *O Cruzeiro*, com o repórter Jorge Ferreira. A revista *O Cruzeiro*, desde essa época até quando parou de circular, foi o mais precioso órgão de divulgação e apoio da Expedição. Em outra fase de trabalho, também nada curta, foi constante a cobertura dos jornais *O Estado de S. Paulo* e *Jornal da Tarde* — com as reportagens de Luiz Salgado e José Marqueiz e o fotógrafo Carlos Manente. Na atração dos índios "gigantes" (dois metros e oito) foi relevante a cobertura das revistas *Veja* e *Realidade*, com seus documentaristas Pedro Martineli (Pedrão) e Luigi Mamprim.

14. Araguaia, rio dos karajá e dos mariscadores

Largo em certos trechos, relativamente estreito em outros, ostentando imensas e belíssimas praias, ora margeado por matas, ora por campos e cerrados, o Araguaia — discutido como afluente do Tocantins, já que sem dúvida é o mais caudaloso — estende-se por mais de duzentas léguas, separando Goiás, à direita, do Mato Grosso e Pará, à esquerda.

Foram os bandeirantes paulistas que há mais de dois séculos descobriram o Araguaia. Dizem que as primeiras entradas tinham por objetivo prear índios para a tentativa de trabalho escravo, atividade rendosa que antecedeu o ciclo da mineração. Nessa época já se tinha notícia da fabulosa serra dos Martírios. Dela, o descobridor Campos Bicudo citava folhetos que reluziam à flor da terra e lâminas que os índios encontrados traziam pendentes como enfeite.

A geografia das lendas é confusa. A dos Martírios era atraente. Todos conheciam a história, mas ninguém sabia onde encontrar a serra encantada. Toda lombada azul no horizonte parecia ser ela. Todos os rios largos e rasos pareciam ser o Paraopeva, o rio das vizinhanças da Mina. No Araguaia, porém, todas as serras eram longe. Nem por isso deixaram de ser pesquisadas: Roncador à esquerda e a do Estrondo à direita. A julgar pelas indicações pioneiras de Campos Bicudo, a serra da Chapada, lá para oeste, em Mato Grosso, seria a dos Martírios, e Paranatinga, o Paraopeva (rio que dá vau).

Nenhum rio do nosso interior distante foi tão explorado por expedições como o Araguaia. O governo da Província não o esquecia. Volta e meia uma entrada organizada pelo Estado percorria o rio. Tentaram até agrupar os karajá, donos do rio. Pesquisas atestam que no final do século XVIII existiam quinze mil arcos karajá, o que significa quinze mil homens, ou seja, cinquenta mil almas no todo. Não foi pequeno o empenho da província em tentar organizar os índios nos moldes dos civilizados, isto é, agrupá-los em povoações, distribuir ferramentas para a lavoura e, mais grave, por meio do batismo e da catequese religiosa, convencê-los ou mesmo proibi-los das práticas tradicionais do seu mundo mítico-religioso. Na altura de 1780 foi aberta a navegação no Araguaia, e neste caso os governantes foram mais felizes — se na tentativa de "civilizar" os índios fracassaram, o mesmo não se pode dizer do desenvolvimento da navegação fluvial. Embora não regularmente, batelões desceram o rio até Belém do Pará, de lá regressando até o ponto de partida em Goiás, estabelecendo assim um comércio entre as duas vastíssimas regiões.

A navegação, contudo, nunca foi fácil. As distâncias — quase dois mil quilômetros —, as grandes áreas despovoadas e as corredeiras do Araguaia e Tocantins esfriaram os ânimos dos navegadores. Só na altura de 1866 voltaria o Araguaia a ser navegado, agora com barcos a vapor, graças à fascinante epopeia do general Couto de Magalhães. (Como testemunho do seu grande esforço, ainda hoje pode ser vista nas barrancas de Aruanã, toda enferrujada, a caldeira do navio que ele trouxe das águas do Prata, em inaudito sacrifício.)

Nesse largo período registraram-se outros fatos importantes que alteraram a feição do grande rio: a chegada das missões religiosas, o surgimento de inúmeras vilas, a descoberta de diamante no alto curso e a consequente corrida de garimpeiros, principalmente da Bahia, vindos pelo vale do rio dos Peixes. A invasão, claro, trouxe epidemias, e os karajá pagaram com a vida a chegada dessa coisa nova. Como meio mais rápido de transporte, os motores de popa começaram a subir e descer o rio. Aruanã, antiga Leopoldina, acima do meio-curso do rio, e Conceição, a maior cidade do baixo curso, passaram a ter contatos frequentes, graças aos barcos pequenos e grandes. Foram esses motores que tiraram o emprego de Tião, o estafeta-correio. Emprego, aliás, nada cobiçado, pois o estafeta levava quatro meses descendo o rio e sete subindo!

Os estirões abandonados e as praias desertas, nessa época, davam ao visitante a impressão de estar nos tempos de Kanaxivue, quando o "urubu-rei" ensinou os karajá a fazer esteiras e canoas. O progresso começaria a chegar ao Araguaia, e o Araguaia começou a pagar pelo progresso. As praias antes desertas passaram a ser estivadas de couros de jacaré e ariranha. Os grandes peixes, como a piratinga e o filhote, que facilmente chegam a cem quilos, passaram a ser afoitamente pescados. Sem falar no pirarucu, o bacalhau brasileiro, também chamado de "pirosca" na região. As enormes tartarugas não ficavam atrás. Se apanhar tartaruga era um divertimento, passou a ser atividade altamente lucrativa. Fugindo do rio largo essas espécies se refugiaram no afluente Tapirapé ou no braço menor da ilha do Bananal. Mesmo assim não escapavam dos mariscadores.

O "apanha" da tartaruga é uma atividade rendosa e fácil. Fala-se "apanha" porque tartaruga não se caça nem se pesca, apanha-se, simplesmente virando-a de barriga para cima. Vivas, são levadas para viveiros improvisados em qualquer ponta de córrego. Espaço é que não falta para o mariscador expor ao sol, depois, as carnes manteadas e os couros estaqueados. Terminada a safra, ele entrega ao patrão-financiador o produto da temporada. O acerto de contas não é fácil. O "senhor" desconta tudo: do material usado à comida do mariscador, e numa base de preço indiscutivelmente estabelecida por ele. Quando o mariscador é um karajá, o lucro do "patrão" é ainda muito maior. Seja qual for o saldo recebido, o mariscador logo desaparece, pois não se há de viver sem farinha, sal, rapadura e cachaça. Alguns metros de pano, também, claro. Se por azar na conta do mariscador entrou remédio, a coisa piora, sobra bem menos para ele, que, sem dúvida, é o "seringueiro" do rio.

ARAGUAIA HÁ CINQUENTA ANOS

A primeira base da Expedição Roncador-Xingu foi assentada na confluência do Araguaia e Garças (Goiás à direita, Mato Grosso à esquerda). Em cada uma das margens, uma currutela garimpeira. Como se fossem gêmeas, eram a Barra Goiana e a Barra Cuiabana. Na época não passavam de inexpressivos centros de comércio garimpeiro. Mais tarde ganharam nomes definitivos: Aragarças e Barra do Garças.

Da confluência para cima, o Araguaia — o mais largo dos dois rios — contava como cidade próspera Baliza, e um rol de garimpos que fluíam para a cidade. No Garças a afluência era bem maior: Matovi, Poxoréu, Cassununga, Lageado, Guiratinga, Tesouro, Criminosa e outros, que, quase sem exceção, foram a seu tempo tumultuados e violentos.

O Araguaia no seu todo seria um rio manso, não fossem os desníveis no seu curso. O primeiro, pouco abaixo de Baliza, recebeu o mesmo nome da cidade. O segundo surge abaixo da confluência com o Garças e se chama Pitombas. De cada lado da corredeira uma cidade. Na margem direita, Registro do Araguaia; na esquerda, Araguaína. O terceiro desnível, o mais bravo de todos, é o que fica a montante de Santa Maria do Araguaia. Nessa altura o rio já deixou lá para cima do seu encontro com o Garças toda a área garimpeira. Agora nas pequenas vilas e moradas ribeirinhas vive uma população tranquila de pescadores e vaqueiros.

A trezentos quilômetros da confluência, na margem esquerda, fica Aruanã, antiga Leopoldina. Meia dúzia de ruas saindo do beiradão do rio. De Aruanã até Conceição do Araguaia, a maior cidade do baixo curso, iam mais ou menos 120 léguas. No caminho, antes da ilha do Bananal, a única vila era São José do Araguaia, na margem direita. Na esquerda, só barranca. Somente depois da ponta da ilha e da foz do rio das Mortes é que se encontrava um lugarejo, inexpressivo na época: São Félix.

A ilha do Bananal, com seus quase 350 quilômetros de norte a sul, só no seu primeiro terço contava com um posto indígena — Santa Isabel. Em toda a sua extensão, nem um único povoado. Fronteando o posto Santa Isabel, só São Félix. Dali em diante, sempre no continente, a Missão Fontoura, Mato Verde, Santa Terezinha, Furo de Pedra, Lago Grande, Barreira de Santana, Barreira do Campo. Nessa altura foi aberto, nos tempos da Segunda Guerra, o maior garimpo de cristal do Brasil Central — o Chiqueirão.

Conceição do Araguaia encerra o rol de vilas e cidades pequenas ao longo do rio, nas suas divisas com Mato Grosso e Pará. À margem direita, abaixo de perigosa corredeira, está a cidade de Santa Maria, que ficou bastante conhecida graças a uma ativa charqueada.

ARAGUAIA HOJE

Os karajá andejos do rio se acomodaram nas aldeias do baixo curso. A fiscalização do Araguaia agora civilizado espantou o mariscador inconsciente e o inconsequente predador. Os pescadores de rede e bomba desapareceram tocados pela vigilância. Os apanhadores de tartaruga e os coletores de couro de jacaré fugiram do rio.

A explosão demográfica no vale foi uma realidade. Isso veio facilitar a abertura de fazendas em ambas as margens do grande rio.

As vilas de ontem são as cidades de hoje. As ruas largas e enlameadas da Barra Cuiabana são hoje a progressista Barra do Garças, o município que mais progrediu no leste do Estado, constituindo a mais importante área pecuarista e agrícola da região. Não há dúvida de que concorreu para esse desenvolvimento extraordinário a ponte Ministro João Alberto, construída pela extinta Fundação Brasil Central, ligando de maneira efetiva Goiás a Mato Grosso.

Aragarças não teve o mesmo impulso desenvolvimentista que a sua irmã de Mato Grosso, mas é perfeitamente explicável. A primeira, livre das peias oficiais, foi entregue de corpo e alma à iniciativa privada. A segunda — Aragarças —, plantada em terras de propriedade da União, sentiu as peias da burocracia governamental. A Fundação Brasil Central emperrava a iniciativa privada. Caberia a ela, como zeladora das terras da União, incentivar a construção. O comércio que ainda hoje existe ocupa o mesmo lugar há quarenta anos. O hotel, a igreja, as casas que não estão em ruína, caminham para isso. Nenhuma vila no Araguaia, por mais esquecida que fosse, deixou de sentir o sopro desenvolvimentista que percorreu o grande vale. Aruanã, por exemplo, foi além de um centro turístico. É hoje um atrativo de fim de semana. O asfalto que sai de Goiânia continua até esbarrar na barranca do rio. Nas férias e nos feriados longos, quem quer que esteja em Aruanã tem de enfrentar a fila do pão e do leite. Não se assuste quem for a Aruanã com o barulho das motos vindas de Brasília, Goiânia e de outras cidades do percurso.

São Félix, à margem esquerda, abaixo da foz do rio das Mortes, era um correr de casas à beira do rio e lá, na ponta da rua, um avanço de ranchos no rumo da lagoa, que, mais propriamente, não passava de um modesto banhado. Severiano da Luz e Bento de Abreu, os fundadores do povoado, até há pouco viviam por lá. Não foi fácil fazer com que São Félix vingasse. Como o povoado estava defronte à reserva indígena da ilha do Bananal, o Serviço de Proteção ao Índio da época, apoiado num truculento tenente da polícia goiana, pretendia transferir o povoado para outro lugar. Não fosse a teimosia de Severiano da Luz e a ajuda dos demais moradores que ali estavam se "alicerçando", não teriam sido frustrados os esforços do inspetor de índios e do tenente. São Félix vez ou outra tolerava a contragosto foragidos da justiça. Não que a população propiciasse tal coisa. Contudo, era mais fácil tolerar a presença incômoda do "visitante" do que com ele entrar em conflito, já que polícia por lá não existia. Hoje São Félix é um importante centro de contato de fazendeiros que se instalaram nas cabeceiras do rio Suyá-Missu. A antiga vila já está tomando feições de cidade.

No outro lado do rio, em terras da ilha do Bananal, o posto indígena Santa Isabel ganhou um campo asfaltado, um hotel (hoje desativado) e uma estrada que sai da ilha e se interna em Goiás. O hotel tomou o nome de JK — que tanto pode ser John Kennedy como Juscelino Kubitschek.

Mato Verde, hoje Luciara (catorze léguas rio abaixo), tomou esse nome em homenagem ao pioneiro fundador Lúcio da Luz, sertanejo arrojado e de grande valor. Luciara é hoje um respeitável centro pecuarista. A ilha em frente é o socorro do gado nos estios demorados. Nessas ocasiões, mais de trinta mil reses saltam o rio para as várzeas e os campos gerais da ilha. Ali as terras mais baixas do que as do continente seguram o verde por mais tempo e soltam, depois do fogo de agosto, mais rápido os brotos nos campos.

Santa Terezinha, na foz do Tapirapé, que era apenas um ponto no rio, é hoje sede da prelazia do Araguaia. Logo abaixo, menos de dez léguas, o lugarejo Furo de Pedra. Mato Grosso considera ser nessa altura a linha divisória com o Pará. Este, por sua vez, tenta empurrar essa linha rio acima.

Lago Grande ficou conhecida porque a dez quilômetros dali, já na serra que tinha o nome de Tamanacu, caiu um avião transcontinental da Pan American. O avião daquele modelo era chamado de Presidente. Com o acidente, a serra perdeu o nome antigo para serra do Presidente. E, depois, o nome não prestava para ser dito em televisão... Lago Grande, tal como Aruanã, era um centro catireiro. O catira, com dança e canto tipicamente sertanejos, tinha na localidade afamados cantadores. O rádio de pilha, transistorizado ou não, trouxe música nova e o "balo" (baile), e o catira desapareceu.

A predição do ministro João Alberto estava acontecendo. Inúmeras fazendas começaram a ser instaladas na região. Com as vilas que se tornaram cidades, a navegação foi estimulada. Consolidando o progresso, linhas aéreas se estabeleciam em diversos pontos.

O Araguaia é o único rio brasileiro que tem sua história bem contada. Nada escapou do historiador e do geógrafo. O rio foi descrito das nascentes à foz. As vilas, cidades e as gentes foram lembradas. Os índios, donos do rio, não foram esquecidos. *O Araguaia — corpo e alma*, do historiador Rosa Borges, atingiu plenamente aquilo a que se propôs. Resta agora que se dê ao rio a glória de chegar ao mar. Cabe ao Araguaia engolir o Tocantins e não ser engolido por um rio menor.

15. Parque Nacional do Xingu

O Parque Nacional do Xingu nasceu depois de uma campanha de quase dez anos.

O Estado de Mato Grosso via com preocupação uma "nesga" do seu vasto território ser transformada em reserva indígena. A União, a quem foi feita a proposta na época, não se deu ao trabalho nem sequer de examiná-la. Não havia por que perder tempo, pensou-se, em "mutilar" o Estado para atender essa gente estranha, pelada, sem direito a voto, só porque havia quem dissesse que eles andavam por cá há dezenas de milhares de anos.

Nem perspectiva teve uma comissão ilustre liderada pelo vice-presidente da República; pelo marechal Rondon; dra. Heloísa Alberto Torres; o hoje senador Darcy Ribeiro; o falecido e respeitável sanitarista Noel Nutels; José Maria da Gama Malcher — diretor do Serviço de Proteção ao Índio na época; e dois Villas Bôas como "cerra-fila". Sua excelência, de mãos às costas, cenho cerrado, ouviu a proposta e só não se tornou mais sisudo porque foi obrigado a abrir um largo sorriso ante uma irreverência inteligente e desafogadora do dr. Noel Nutels.

Um longo espaço de tempo, mais de um lustro, incentivou o Estado de Mato Grosso a alienar — através do seu Departamento de Terras — a todo aquele que quisesse uma gleba na região. Nenhuma autoridade do Estado, na ocasião, se deu ao trabalho de confirmar o que por certo já sabia: que a Constituição concedia aos índios a posse e usufruto das terras por eles ocupadas, já que pertenciam à União.

Ante a facilidade da conquista, a corrida não foi pequena. Os requerimentos se acumulavam, as concessões eram concedidas. Na imprensa uns alertavam, outros aplaudiam. Na época, o prefeito de Campo Grande, médico estimado e político respeitado, candidatou-se à governança do Estado. Escandalizado com o leilão de terras, voou para a capital do Estado (era só um Mato Grosso) e se dirigiu ao Departamento de Terras. Foi morto no corredor, com tiros certeiros de um dos diretores.

O Supremo Tribunal Federal tem recusado, ante conclusão da Justiça Federal, recursos reivindicatórios de pretensos proprietários, já que o Parque, hoje demarcado, foi instituído na gestão do presidente Jânio Quadros num dos seus primeiros atos na presidência da República.

Considerada por renomados pesquisadores nacionais e estrangeiros, a área xinguana do Parque é distinguida como uma das mais belas da América. Por um convênio que há 25 anos vem vigorando com a Escola Paulista de Medicina, através do seu dinâmico Departamento de Medicina Preventiva, o índio xinguano vem tendo uma invejável assistência. O Hospital São Paulo, entidade-escola da faculdade, de tal arte vem ampliando o seu amparo ao índio, que já não se restringe ao xinguano, para alcançar todo aquele, seja de onde for, que necessite de sua atenção.

Homenagens

Aos pilotos Olavo Siqueira Cavalcante, Gilberto Araújo, José Vilella, Levindo Vilella, comandante Custódio Netto, sargento Filon, Ramalho, Caiado, Cid, Francisco Milhomem (Chico Doido) e José Póvoa (Juca). Estes dois últimos desapareceram em acidentes: Chico, em Santa Catarina, numa ravina traiçoeira embuçada na neblina; e Juca, num Bonanza, foi surpreendido por uma pane quando decolava em Aragarças.

Aos radiotelegrafistas Maia, Venâncio, Sebastião, Pina e Alencar, fora a geração que veio mais tarde e fica nas anotações do Diário.

Ao responsável pela contabilidade em Aragarças, Paulo Alencastro Guimarães.

Aos irmãos Wanderley — Antonio, Álvaro, que faleceu cedo, e Edmundo. Antonio, que foi chefe do pessoal da FBC por longo tempo, escreveu um excelente livro sobre sua história no Amazonas, Pará e Goiás: *Madrugadas e crepúsculos*.

A Raul Soares da Silveira, que foi secretário-geral da FBC e chegaria à presidência do Tribunal de Contas do Distrito Federal.

Ao velho Jacobson, dono da farmácia de Baliza e, na prática, o doutor da cidade.

A outras figuras extraordinárias da região de Aragarças: José Joaquim

Santana, figura típica do líder sertanejo, e seus filhos Mané Santana, Antonio, Dutra e o quarto, que chamávamos só de Santana; Artiaga, com sua pensão à beira do rio, Vicente Camelo, Pedro Martins, Pedro Matos, Sinhozinho, os criadores Cristino Cortes e Moraes, o prestativo e solidário Antônio da Costa Bilego e Valden Varjão, mais tarde senador e historiador (escreveu uma série de livros sobre o Brasil Central).

Ao Ministério da Aeronáutica, nos nomes do capitão Antônio Eugênio Basílio, do capitão Uruguai e do brigadeiro Raimundo Vasconcelos Aboim, que se afeiçoou a tudo o que ocorria na área da Expedição: desbravamento, campo de aviação, bases e atração de índios arredios.

Todos os presidentes da República, com exceção de Médici e Sarney, visitaram o Parque Nacional do Xingu ou a vanguarda da Expedição.

Outras visitas ilustres: governador Pedro Ludovico, de Goiás; dr. Simão Lopes, diretor do Departamento de Administração do Serviço Público (DASP); Aldous Huxley; Assis Chateaubriand; rei Leopoldo III, da Bélgica; André Siegfried, sociólogo, da Academia Francesa.

Posfácio

Os Villas Bôas e o Xingu: contatos, contribuições e controvérsias

(Paper para a Conferência da SALSA, Society for the Anthropology
of Lowland South America, Miami, janeiro de 2004)
John Hemming

Os três irmãos Villas Bôas tiveram o primeiro vislumbre das cabeceiras do Xingu em novembro de 1945, mas quase um ano se passou antes que encontrassem seus primeiros indígenas, alguns kalapalo. Filhos de um cafeicultor falido, os três tinham empregos comuns em São Paulo quando se abrasaram com as promessas da Marcha para o Oeste, do presidente Getúlio Vargas. Nenhum deles tinha ainda trinta anos na época em que se juntaram à Expedição Roncador-Xingu, da recém-criada Fundação Brasil Central, disfarçados de sertanejos analfabetos porque a expedição não aceitava rapazes instruídos da cidade. O objetivo era criar um caminho diagonalmente pelo centro do Brasil e abrir pistas de pouso que serviriam de estações meteorológicas e pontos de aterrissagem de emergência para aviões na rota Rio de Janeiro-Miami. À medida que a expedição avançava pelo rio das Mortes através de território xavante, os irmãos revelaram sua educação e suas qualidades de liderança, sendo então postos no comando.

Sabemos que a região das cabeceiras do Xingu destacava-se por abrigar dez tribos que viviam em relativa harmonia, apesar de falarem as quatro principais línguas indígenas do Brasil e duas línguas isoladas. Esses grupos (da cultura que alguns denominam uluri) eram parecidos em quase todos os aspectos da vida material e espiritual. Até então, as corredeiras do Xingu e a ausência de seringueiras em suas florestas os haviam protegido da interferência externa.

O primeiro ocidental a ver essa extraordinária confederação (ou zona de livre-comércio) foi Karl von den Steinen em 1884 — falei sobre ele no encontro da SALSA, em 2002. No meio século seguinte, cerca de vinte expedições percorreram o Alto Xingu — antropólogos alemães e norte-americanos, funcionários de Rondon no Serviço de Proteção aos Índios, missionários protestantes, topógrafos, cineastas e aventureiros (inclusive um coronel lunático). Alguns se deram mal e foram mortos, mas a maioria foi acolhida com a típica hospitalidade xinguana, especialmente quando levaram presentes. Contudo, nenhum deles permaneceu por muito tempo. Assim, exceto pela queda da população, decorrente de doenças importadas, pouco mudara desde o tempo de Steinen.

Os irmãos Villas Bôas encantaram-se de imediato com a beleza do Xingu e seus povos indígenas. Prosseguiram intermitentemente na missão da FBC ao longo da década seguinte, abrindo pistas de pouso e picadas a oeste e noroeste do Tapajós. Mas seu interesse pelos índios foi aumentando. Não tiveram dificuldade para fazer amizade com os povos do Alto Xingu, em especial os kalapalo e os kuikuro (ambos caribe) e seus favoritos, os kamaiurá, falantes do tupi.

O primeiro contato com uma tribo isolada aconteceu em agosto de 1948, com um grupo juruna. Esse povo havia migrado lentamente Xingu acima para escapar da perseguição de colonos, e acabara por isolar-se. O contato se deu rio abaixo, na foz do Maritsauá-Missu. Seguiu-se, em 1949-50, a abertura de uma trilha do Maritsauá até a nascente Telles Pires do Tapajós e a realocação de alguns kaiabi — adiante voltaremos a esse episódio.

Um contato mais importante ocorreu em 1953, com os metotire, o grupo mais meridional dos kayapó do norte (então conhecidos pelo termo juruna txucarramãe). Esses ferozes guerreiros haviam se deslocado na mata pelos dois lados do Médio Xingu; massacraram os suyá em Diauarum e até enxotaram os xinguanos rio acima. Os Villas Bôas vinham abrandando os metotire desde 1949 presenteando-os com ferramentas, mas ainda assim seus contatos em 1953, e posteriormente, demonstraram grande coragem. No primeiro encontro, vadearam por uma ribanceira próxima das corredeiras Von Martius em direção a um grupo de quarenta índios cobertos com pintura negra de guerra feita com tinta de jenipapo. Cláudio escreveu em seu diário que eles pareciam muito agitados, confusos, faziam gestos largos e falavam sem parar. Um brilhante estudo do antropólogo belga Gustaaf Verswijver concluiu que desde os anos 1920 vários grupos kayapó se mostravam ávidos por ferramentas cortantes de metal e, mais tarde, por armas de fogo e munições para suas guerras internas e contra tribos vizinhas. Portanto, os sertanistas estavam empurrando uma porta aberta, já que os kayapó ansiavam por mais lâminas de metal. Compreensivelmente, porém, naquela época andavam todos aterrorizados por aqueles guerreiros impiedosos e suas clavas. Em novembro de 1953, Orlando e Cláudio foram convidados a visitar uma aldeia metotire, no Jarina. Chegaram à noite, depois de dez horas de marcha pela floresta através de uma longa linha de potenciais inimigos.

Assim que os metotire foram "pacificados" (como se dizia na época), os Villas Bôas tiveram uma iniciativa ousada. Levaram uma delegação de líderes desse povo para visitar seus apreensivos ex-inimigos no Alto Xingu. A partir de então, a "Pax Xinguana", que pôs fim a rixas intertribais, ataques e massacres, passou a ser uma das maiores realizações dos irmãos. Gradualmente, os Villas Bôas persuadiram todos aqueles povos indígenas a se tolerarem mutuamente e confrontar a ameaça maior: o avanço da fronteira da colonização.

O último contato na área, que se tornaria o Parque Indígena do Xingu, foi com os suyá, do grupo jê. Von den Steiden tivera um encontro infeliz com essa nação, que depois passou a hostilizar todos os forasteiros, inclusive outros índios. Em 1959, Orlando e Cláudio, com sua usual combinação de habilidade expedicionária, coragem pessoal e presentes, fizeram contato com alguns suyá nas proximidades de Diauarum. No ano seguinte, 1960, os suyá, ameaçados pela fome já que suas colheitas haviam sido destruídas por caititus, aceitaram estabelecer-se em caráter permanente perto de sua ex-aldeia Diauarum.

Orlando e Cláudio Villas Bôas passaram trinta anos no Xingu. De início, o marechal Cândido Rondon nomeou-os agentes do SPI, depois eles passaram a administrar independentemente o Parque Indígena do Xingu e, por fim, se tornaram seus representantes na FUNAI. Em 1953, construíram bases rio acima em Iacaré (que se tornou a base xinguana da Força Aérea Brasileira), no Posto Capitão Vasconcellos (rebatizado de Leonardo depois que o terceiro irmão morreu em 1961 durante uma cirurgia cardíaca) e no norte em Diauarum. O extrovertido Orlando, que segundo Adrian Cowell tinha a aparência de um frequentador de banho turco, trabalhava em Posto Leonardo, e o mais discreto — e intelectual —, Cláudio, marxista e filósofo diletante, lidava com as tribos mais ao norte de Diauarum. Ambos se tornaram sertanistas de renome, laureados com a medalha de ouro da Royal Geographic Society por suas explorações e trabalhos humanitários. Estive com eles em expedições e posso atestar que seu único luxo era um vidro de pimenta forte para temperar peixes e caça trazidos pelos índios — os quais, naturalmente, eram os guias e peões das explorações.

Durante essas décadas, os irmãos desenvolveram várias técnicas originais. Foram os primeiros não missionários a residir permanentemente com povos indígenas, e os primeiros a tratá-los como iguais e amigos. Mesmo sem serem bons linguistas, conversavam por horas (em português) sobre assuntos que interessavam aos xinguanos — política tribal, pesca e caça, às vezes sexo — e aprenderam quando ser sérios e quando fazer graça. E mesmo sem formação antropológica, publicaram três livros úteis sobre mitologia xinguana.

Os irmãos tinham uma habilidade de político para conhecer todo mundo pessoalmente e atingir objetivos através da diplomacia e da persuasão, e não como colonialistas superiores ou agentes do governo. Um dos muitos exemplos desse pendor foi a reconstituição da tribo yawalapiti, que havia se desintegrado; hoje a tribo ocupa uma das maiores aldeias do Xingu, e seu jovem cacique, Aritana, que os Villas Bôas prepararam para a chefia, é hoje a mais influente autoridade do Alto Xingu. Quando integrei a equipe da Sociedade de Proteção aos Aborígines, que em 1972 fez um relatório sobre o tratamento dispensado aos índios de todo o Brasil, o Xingu foi o único posto da FUNAI no qual sentimos que os indígenas genuinamente tinham poder para gerir seus próprios assuntos. Esse autogoverno continua até hoje.

Outro legado dos Villas Bôas foi a mudança da cultura. Eles tentaram dar aos povos do Xingu tempo para entender o que lhes era oferecido e introduzir as mudanças no ritmo e do modo desejados pelos índios. Os únicos artigos que procuraram excluir foram os produtos manufaturados que competiriam com os ofícios especializados das tribos. Por exemplo, importavam ferramentas de metal e utensílios de cozinha, mas não frigideiras largas que tirariam das mulheres waurá a tradição de manufaturar tostadores de mandioca feitos de cerâmica. Limitaram as importações de armas de fogo, sabendo que os xinguanos eram tão bons caçadores que dizimariam rapidamente a caça disponível, além de poderem ser tentados a usar as armas uns contra os outros. Também excluíram missionários, refletindo que essas tribos já tinham problemas suficientes sem se preocuparem com pressões espirituais.

Os Villas Bôas, em especial Orlando, também foram pioneiros em suas atitudes com a mídia, os políticos e os militares. Perceberam o valor publicitário de índios garbosos e de primeiros contatos emocionantes. Por isso, cultivaram a atenção de jornalistas e cineastas e se tornaram, eles próprios, celebridades nacionais. Além disso, compreenderam a importância da política e deram boa acolhida a políticos de todas as linhas no edênico mundo do Xingu. Por fim, como dependiam da Força Aérea para voos regulares de abastecimento, toleraram a base da FAB no Xingu e seus ocasionais exercícios de treinamento na selva.

Críticos censuraram os irmãos por buscarem a publicidade e cortejarem políticos tendo em vista o engrandecimento pessoal. Eu, porém, tenho certeza de que eles fizeram tudo isso para o bem dos índios: um fim que justificava quaisquer meios. Missionários frustrados acusaram os Villas Bôas de manter um "zoológico humano" para deleite de antropólogos, dignitários e fotógrafos. Empresários ambiciosos e colegas invejosos acusaram os irmãos de viver luxuosamente, enriquecer ou subtrair propriedade do governo. Porém todos nós, que vivenciamos seu espartano Xingu, podemos descartar essas calúnias como ridiculamente infundadas.

Dois aspectos dos anos dos Villas Bôas no Xingu são abertos a críticas. Um é o catastrófico declínio demográfico na região. Houve epidemias de gripe logo depois de sua chegada; a primeira, em 1946, matou 37 pessoas, entre elas seu amigo, o poderoso cacique kalapalo Izarari; a outra grassou em 1950. O sarampo se alastrou de aldeia em aldeia em 1954 e fez 114 vítimas fatais. Essas doenças não eram novas. Steinen estimou, nos anos 1880, que havia três mil pessoas em 39 aldeias; mas a gripe espanhola de 1918 e outros flagelos nos anos 1930 reduziram essa população para 763 índios (no alto Xingu), em 1952. A culpa não foi dos Villas Bôas. Eles suplicaram a seus superiores que enviassem mais penicilina e sulfa, e persuadiram médicos a ir até lá para ajudar. Um dos primeiros médicos a chegar foi um grande amigo de Orlando, Noel Nutels. Em fins dos anos 1960, o dr. Roberto Baruzzi apareceu com médicos voluntários da Escola Paulista de Medicina, e representantes dessa faculdade continuam a atuar no

Xingu até hoje. Graças a esses profissionais, hoje cada índio do Xingu tem uma ficha médica pessoal tão boa quanto a de qualquer milionário da América do Sul; e a população agora é maior do que a da estimativa de Steinen.

Uma controvérsia maior tem por base as quatro migrações de povos indígenas para o Xingu. A primeira foi a dos kaiabi. Chegaram em três ondas, pela trilha que Cláudio abriu do Maritsauá ao Telles Pires: uma em 1952, liderada pelo carismático pajé e ex-seringueiro Prepori; outra com quarenta índios em 1955, e finalmente trinta índios vindos do rio dos Peixes (mais a oeste, próximo ao Arinos), em 1965. Esses kaiabi estavam sendo salvos de seringueiros que vinham subindo o rio e de colonos e madeireiros vindos do sul; haviam sido assolados pelo sarampo e a malária, e os do rio dos Peixes estavam sob a influência dos jesuítas da futura Missão Anchieta. Alguns lamentaram a mudança e ansiaram por retornar às suas terras. Entretanto, seus líderes, pelo menos, haviam sido postos a par do que lhes estava sendo oferecido no Xingu antes que a migração acontecesse – portanto, foram voluntariamente. Os laboriosos kaiabi prosperaram no Xingu e se tornaram a espinha dorsal do regime dos Villas Bôas.

A mudança seguinte foi dos txicão (ou ikpeng, como eles se denominam), que se haviam estabelecido nas proximidades do Ronuro, um tributário do Xingu a sudoeste. Esse povo habilidoso e agressivo vinha atacando e aterrorizando aldeias xinguanas desde o começo dos anos 1940. Os Villas Bôas tentaram um contato de surpresa em 1952, mas tiveram de fugir sob uma chuva de flechas. Na década seguinte ocorreram frequentes agressões dos txicão. Em 1964, os irmãos fizeram nova tentativa. Com Eduardo Galvão e Jesco von Puttkamer, conseguiram aterrissar perto de uma aldeia e fazer contato. Os txicão foram realocados para as vizinhanças de Posto Leonardo, e os musculosos guerreiros xinguanos se espantaram ao ver como eram franzinos seus temidos inimigos. As terras que haviam pertencido aos txicão, porém, foram prontamente ocupadas por garimpeiros e fazendeiros.

A migração seguinte foi dos tapayuna, trazidos de avião em 1968 e 1969 dos rios Arinos e Sangue, quatrocentos quilômetros a sudoeste. Anthony Seeger e o jesuíta Antonio Iasi haviam descoberto que os tapayuna tinham parentesco próximo com os suyá dos arredores de Diauarum. Sua nação também estava sob forte pressão dos projetos de colonização — dizia-se que eles eram vitimados por presentes genocidas: alimentos envenenados e roupas contaminadas com germes. Assim, parecia imperativo reuni-los com seus primos suyá, porém as migrações foram efetuadas precipitadamente. Nem todos os tapayuna tiveram conhecimento delas, e muitos dos que se mudaram não entenderam muito bem o que estava acontecendo. Demoraram a se acomodar no Xingu. E, também nesse caso, o território que eles deixaram vazio foi rapidamente invadido e perdido para sempre.

A derradeira migração com um travo de limpeza étnica foi a dos panará, em janeiro de 1975. Participei em 1961 de uma expedição nas proximidades de Cachimbo que sofreu uma emboscada por esse povo, na época desconhecido. Houve mais escaramuças com eles e, a partir de 1968, Cláudio e Orlando chefiaram expedições para fazer contato com aquela "tribo que se esconde do homem" — chamada então de krenakore e conhecida por seus índios gigantes. A urgência era tremenda, pois a construção da rodovia BR-163 avançava em direção norte a partir de Cuiabá, diretamente para o território desse povo. Cláudio, enfim, conseguiu o contato pessoal em 1973; depois disso, a situação dos panará deteriorou-se catastroficamente. Em dezoito meses, sua população despencou em 85%, de cerca de quinhentas pessoas para apenas oitenta. Os sobreviventes, doentes, abatidos e famélicos, eram importunados por garimpeiros e especuladores ávidos por suas terras. Alguns estavam se deslocando para perto da nova rodovia. Orlando inicialmente insistira para que os panará recebessem a reserva de quatrocentos mil hectares a que tinham direito pela constituição, mas a situação tornou-se tão desesperadora que ele, assim como o bem-intencionado presidente da FUNAI, general Ismarth de Araújo Oliveira, mudou de ideia e conseguiu que a FAB transportasse de avião os panará restantes para o santuário do Xingu. Os migrantes não ficaram satisfeitos no grande rio Xingu. E mais uma vez as ricas florestas no entorno do rio Peixoto de Azevedo foram invadidas, destruídas e recentemente convertidas para o agronegócio da soja.

Deixei para mencionar por último a maior realização dos Villas Bôas: o Parque Indígena do Xingu. Já em 1953, Orlando e os antropólogos Darcy Ribeiro e Heloisa Alberto Torres apresentaram ao governo uma arrojada proposta de uma imensa área protegida de 25 mil quilômetros quadrados. Ela permitiria conservar não só os povos indígenas do Xingu, mas também o meio ambiente. A reserva seria inalienável e de propriedade coletiva. Protegeria os índios de doenças e do "alistamento compulsório em um sistema econômico" que nada lhes oferecia além da degradação. Prepararia os índios para "enfrentar biológica e culturalmente o contato com nossa sociedade [...], protegendo-os de atritos e pressões externas, permitindo que sua evolução econômica se desenvolva a um ritmo natural". Poderia, adicionalmente, tornar-se um refúgio para outras tribos oprimidas.

A luta para que o parque se transformasse em lei demorou oito anos. Sua área foi reduzida para 22 mil quilômetros, levando à perda das nascentes de todos os tributários do Xingu, das terras dos panará e de alguns kaiabi. Contudo, o parque foi um marco, o protótipo de outros grandes territórios indígenas protegidos no Brasil e em outras partes da América do Sul. Depois de várias mudanças de fronteiras, o parque agora ocupa quase 26.500 quilômetros quadrados, e limita-se ao norte com um enorme triângulo de reservas kayapó. Foi uma grandiosa realização.

Os Villas Bôas deixaram o Xingu em fins dos anos 1970, e o êxito de sua política evidencia-se no bem-estar geral dos povos indígenas do rio. Existem problemas, sem dúvida. Mas, recentemente, jornalistas da revista *Veja* deslumbraram-se com o modo como os xinguanos vêm lidando com as mudanças sem perder sua herança e autoestima.

Assisti aos Quarups, as cerimônias funerárias que os povos do Alto Xingu celebraram para Cláudio em 1999 e para Orlando no verão passado. Os índios não são dados a efusividades, mas não deixaram dúvida quanto a seu afeto e gratidão pelos extraordinários irmãos Villas Bôas, nem quanto às saudades dessa era.

[tradução de Laura Teixeira Motta]

1ª EDIÇÃO [2012] 2 reimpressões

ESTA OBRA FOI COMPOSTA EM MINION PRO PELA PÁGINA VIVA
E IMPRESSA EM OFSETE PELA GEOGRÁFICA SOBRE PAPEL PÓLEN NATURAL
DA SUZANO S.A. PARA A EDITORA SCHWARCZ EM MARÇO DE 2023

A marca FSC® é a garantia de que a madeira utilizada na fabricação do papel deste livro provém de florestas que foram gerenciadas de maneira ambientalmente correta, socialmente justa e economicamente viável, além de outras fontes de origem controlada.